Scratch 3

Introducción a la programación, la robótica y la IA a través del juego

Descarga

Ejemplos de proyectos

Sarah **Lacaze**

ISBN: 978-2-409-04938-5
Edición original: 978-2-409-04488-5

Ediciones ENI
P° Ferrocarriles Catalanes, 97-117, 2a pl. of. 18
08940 Cornellá de Llobregat (Barcelona)

Tel: 934 246 401
Fax: 934 231 576

e-mail : info@ediciones-eni.com
http://www.ediciones-eni.com

Autor: Sarah Lacaze
Edición española: Roberto Salas
Colección **La Fábrica** dirigida por Émilie Villetorte

Para poder acceder durante un año
a la versión online de este libro,
envíenos su justificante de compra a

librodigital@ediciones-eni.com

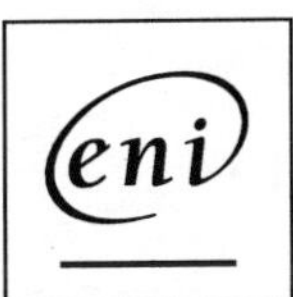

Podrá descargar algunos elementos de este libro en la página web de Ediciones ENI:
http://www.ediciones-eni.com.
Escriba la referencia ENI del libro **LFTHS-23SCRA** en la zona de búsqueda y valide.
Haga clic en el título y después en el botón de descarga.

Introducción

Parte 1: Présentación de las técnicas de programción

Capítulo 1
Presentación

Capítulo 2
La interfaz

Capítulo 3
Los editores

Capítulo 4
Los bloques de programación

Capítulo 5
Técnicas para la animación

Capítulo 6
Técnicas para videojuegos

Parte 2: Creación de juegos

Capítulo 7
Crear videojuegos

Capítulo 8
Juego del laberinto

Capítulo 9
Juego del loro

Capítulo 10
Carreras de coches

Capítulo 11
Juego de disparos

Capítulo 12
Juegos de puntería

Parte 3: Extensiones de Scratch 3

Capítulo 13

La extensión Lápiz

Capítulo 14

La extensión Música

Capítulo 15

La extensión Sensor de vídeo

Capítulo 16
Las extensiones Texto a voz y Traducir

Capítulo 17
La extensión Makey Makey

Capítulo 18
La extensión micro:bit

Capítulo 19
La extensión Lego Boost

Capítulo 20
Scratch Lab

Capítulo 21
Machine Learning for Kids

Capítulo 22
Adacraft y Teachable Machine

Anexo

Introducción

Scratch es un software libre y gratuito (conocido como "de código abierto"), desarrollado por el Instituto Tecnológico de Massachusetts (MIT) para iniciar a los niños en la programación. La primera versión del software, Scratch 1.4, se publicó en 2009 y fue sustituida en 2013 por la versión 2.0, y en 2019 por la versión Scratch 3.0.

El lema de Scratch es "Aprende jugando y experimentando". Programar con Scratch consiste en ensamblar bloques que representan instrucciones para crear juegos y animaciones interactivas. Estos bloques están categorizados para facilitar su selección.

Scratch es un software sencillo e intuitivo para cualquiera que quiera descubrir la programación de forma divertida. No hay más requisitos previos que saber utilizar las funciones básicas de un ordenador.

Este libro no tiene como objetivo enseñar un lenguaje de programación, sino dar a conocer el proceso de programación. De manera sencilla e intuitiva, Scratch le introduce en los conceptos inherentes a cualquier lenguaje de programación, como variables, bucles y condiciones. Familiarizarse con estos conceptos le será útil si desea aprender un lenguaje de programación textual posteriormente.

Este libro no es sólo para principiantes. Para los más experimentados, es una oportunidad de dar rienda suelta a su imaginación sin preocuparse por las limitaciones técnicas.

Este libro es también una herramienta educativa para padres y profesores que quieran iniciar a los más jóvenes en la programación informática o crear herramientas didácticas divertidas e interactivas.

Por último, los lectores más jóvenes encontrarán en este libro las respuestas a sus preguntas, ejemplos para crear sus primeros proyectos, y aprenderán divirtiéndose.

El libro se divide en tres secciones principales.

La primera parte está dedicada a descubrir el software. Tras presentar la interfaz y los editores (gráficos y de audio), se describen los distintos bloques utilizados para crear programas y se apoyan con ejemplos de su uso. Los dos capítulos siguientes están dedicados a las técnicas de animación y videojuegos.

La segunda parte del libro se centra en los proyectos relacionados con los juegos. La creación de un videojuego o una animación requiere la participación de varios especialistas: diseñador de juegos, diseñador gráfico, diseñador de sonido y programador. Scratch es un paquete de software completo que permite desempeñar todos estos papeles a la vez. Gracias a la paleta de gráficos y las bibliotecas de Scratch, puede crear sus propios personajes y fondos, o importarlos. Gracias al editor de audio y a la biblioteca de sonidos, puede importar sonidos fácilmente y modificarlos. Con bloques de programa que se ensamblan para formar pilas de código, programar con Scratch es un juego de niños.

Se proponen distintos tipos de proyectos para ofrecer un enfoque práctico de las diferentes técnicas. Al final del libro encontrará un cuadro resumen de los proyectos desarrollados y de las técnicas abordadas en ellos.

La tercera parte está dedicada a las extensiones disponibles en Scratch 3. De hecho, esta nueva versión ofrece una sección de Extensiones en la que encontrará bloques ya presentes en versiones anteriores (Pen, Música). También hay algunas novedades, como la posibilidad de programar la tarjeta micro:bit y diferentes tipos de Lego. Con el mismo espíritu, estas extensiones se tratan a través de ejemplos de juegos y joysticks, así como de proyectos de robótica.

Los diversos proyectos que se ofrecen están diseñados para ayudarle a descubrir ciertas funcionalidades a través de ejemplos de la vida real. Estos juegos y animaciones únicamente requieren que usted los mejore.

Todos los proyectos utilizados como ejemplo en este libro pueden descargarse del sitio web de Ediciones ENI. Puede consultarlos o descargar los objetos y los fondos con sus programas.

Parte 1
Presentación de las técnicas de programación

Capítulo 1
Presentación

1. Introducción

Creado en 2009 por el MIT (*Massachusetts Institute of Technology*), Scratch es un lenguaje de introducción a la programación y al pensamiento computacional diseñado para niños a partir de ocho años. Software libre y de código abierto, Scratch es fácil de instalar y utilizar. Este capítulo le introduce en el mundo de Scratch a través del sitio web oficial, donde puede utilizar Scratch en línea o instalarlo localmente, y descubrir los numerosos proyectos creados y compartidos por la comunidad de usuarios.

2. Scratch y la programación

2.1 El lenguaje de programación

Sin un programa, un ordenador es un cascarón vacío. Un programa informático corresponde al conjunto de instrucciones ejecutables por la computadora.

El lenguaje de un ordenador es binario, es decir, sólo incluye 0 y 1. Para comunicar instrucciones a un ordenador, el programador utiliza un lenguaje llamado lenguaje de programación. Un lenguaje de programación es un lenguaje que pueden entender los humanos porque es similar al suyo: consiste en instrucciones formadas por palabras y símbolos. Para que el ordenador lo entienda y lo ejecute, el programa es traducido a lenguaje máquina (lenguaje binario) por un compilador.

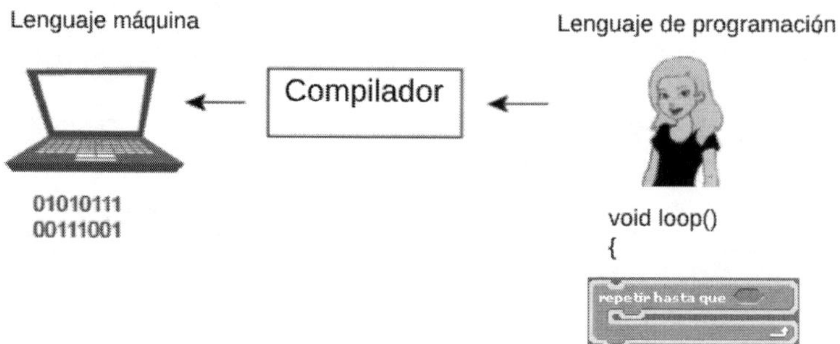

Un programa informático consiste en una sucesión de tareas ejecutables que podría compararse con una receta de cocina. Está ordenado y desglosado en instrucciones y comandos cortos. Las líneas de programación son leídas y ejecutadas una tras otra por el ordenador.

2.2 Programación con Scratch

Scratch es un lenguaje visual formado por bloques que pueden ensamblarse mediante la técnica de drag-and-drop (arrastrar y soltar). Divididos en diferentes categorías, los bloques se arrastran al área de programación para ser apilados. Con Scratch, ¡no hace falta escribir líneas de código! Los bloques se apilan y encajan como Lego para formar los programas.

Aprender un lenguaje de programación lleva tiempo y puede resultar desalentador. Con sus bloques y colores, Scratch simplifica la programación y permite crear un programa enseguida. A pesar de su aspecto lúdico, este software utiliza los principales conceptos de programación, como variables, condiciones y bucles, y los pone al alcance del usuario.

Scratch no es sólo un lenguaje de programación para niños. Permite a todo el mundo aprender lo básico antes de pasar a un lenguaje más complejo, como Python, utilizado en la enseñanza secundaria.

Hoy en día, muchos lenguajes (Python, JavaScript) han desarrollado editores basados en bloques.

2.3 ¿Qué puedo hacer con Scratch?

Scratch es conocido por utilizarse para crear videojuegos y animaciones.

Tanto si eres un entusiasta de los juegos o la animación, un programador experimentado o un novato, o simplemente un curioso, su facilidad de uso le permitirá desarrollar su creatividad.

Gracias a sus bibliotecas de imágenes y sonidos, puede empezar a programar sin tener que pensar en el diseño de los distintos elementos.

En comparación con las versiones anteriores, Scratch 3 incluye bloques denominados extensiones para controlar periféricos en forma de microcontroladores, como la tarjeta micro:bit de la BBC, así como diversos tipos de Lego. Pedagógicamente, estas extensiones tienen la ventaja de facilitar la transición de la programación gráfica a la programación física. Ofrecen la posibilidad de programar distintos tipos de sensores, lo que permite iniciarse en la robótica y la electrónica en un entorno familiar.

3. Instalación y uso

Scratch 3 puede utilizarse directamente en línea (con o sin cuenta) o instalarse localmente. La versión local se llama Scratch Desktop. Hay que tener en cuenta que la versión local, sin conexión a internet, no permite utilizar la mayoría de las extensiones que son la gran novedad de esta nueva versión.

3.1 Scratch en línea (online)

Con Scratch 3, ¡adiós al Adobe Flash Player! Scratch 3 ha sido desarrollado en HTML5, CSS y JavaScript. La tecnología Flash ya no se utiliza, lo que significa que Scratch se puede ejecutar con los siguientes navegadores:

- Chrome (63+)
- Edge (15+)
- Firefox (57+)
- Safari (11+)

Para navegadores móviles:

- Chrome para móviles (62+)
- Safari móvil (11+)

Otra novedad de esta versión es la posibilidad de utilizarla en tabletas y teléfonos móviles (iOS 11+ y Android 6+). En los teléfonos, debido al tamaño de las pantallas, no podrá desarrollar proyectos, pero sí ejecutarlos y jugar a sus propios juegos.

Si lo prefiere, puede utilizar Scratch sin instalarlo en su ordenador, directamente desde la web oficial. Sitio web oficial: https://scratch.mit.edu/

Se puede acceder a Scratch Online sin necesidad de tener una cuenta.

⇉ Para abrir la interfaz de programación desde la página de inicio, seleccione **Crear** (en la barra de menús) o **Empezar a crear**.

Observación

La versión online ofrece las mismas características que la versión offline, con la diferencia de que la ayuda está traducida a la mayoría de los idiomas seleccionables. Para guardar los proyectos que haya creado con la versión en línea, puede guardarlos directamente en su ordenador o guardarlos en la plataforma Scratch (si tiene una cuenta).

3.2 Scratch Desktop (offline)

Si instala Scratch directamente en su ordenador, podrá trabajar en sus proyectos sin conexión a Internet. La última versión de Scratch, Scratch 3.0, puede descargarse del sitio web https://scratch.mit.edu/download.

Se ha anunciado que el editor **Scratch Desktop** puede utilizarse en Windows (10+) y macOS (10.13+).

Observación

Para escribir este libro, he utilizado Scratch en modo local (y en línea). A pesar de las recomendaciones anteriores, descubrí que Scratch 3 podía utilizarse en Windows 7.

A continuación, sólo tiene que seleccionar la versión que necesita para su sistema operativo. La instalación es rápida y sencilla.

Para utilizar determinadas extensiones de hardware (Lego y micro:bit), deberá instalar Scratch Link (véanse los capítulos sobre las extensiones micro:bit y Lego).

4. La comunidad Scratch

Desarrollado para facilitar el aprendizaje de la programación a niños a partir de los ocho años, el software Scratch ha conquistado desde entonces a los adultos.

Visite el sitio web de Scratch para descubrir millones de proyectos compartidos. Pueden servirle de base para sus propias creaciones.

El sitio web oficial de Scratch es una gran fuente de información e inspiración. Es un recurso completo para:

- utilizar el programa gratuitamente en línea, sin necesidad de crear una cuenta;
- descargar el software gratuito e instalarlo en su ordenador;
- descubrir los proyectos creados y puestos en línea por otros usuarios. Cada día aparecen nuevos proyectos en la página de inicio;
- compartir sus proyectos con otros usuarios creando su cuenta de Scratch;
- encontrar ayuda en el foro y la Wiki. Para los que no hablan inglés, hay un foro en español.

4.1 Crear una cuenta personal

Sencilla y gratuita, no es obligatorio abrir una cuenta en la plataforma Scratch para utilizar la versión en línea. Pero tendrá que crear una si quiere compartir sus proyectos con la comunidad.

⇛ En la página de inicio, haga clic en **Únete a Scratch** o en **Unirse** en la barra de menús.

⇛ Primer paso: elija un nombre de usuario y una contraseña.

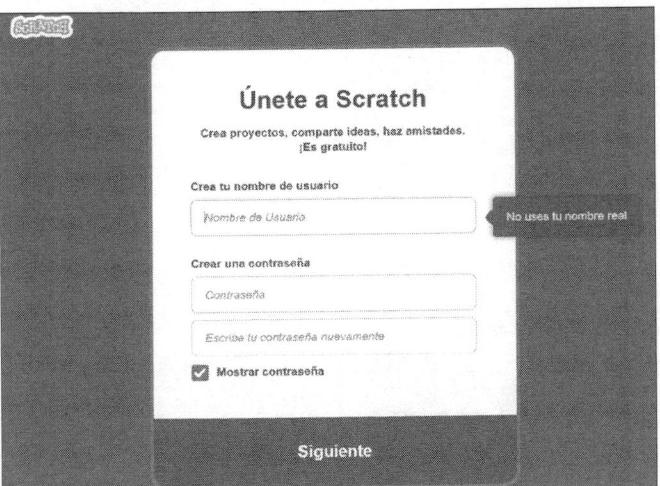

⇉ Segundo paso: introduzca sus datos personales (país, mes y año de nacimiento, sexo).

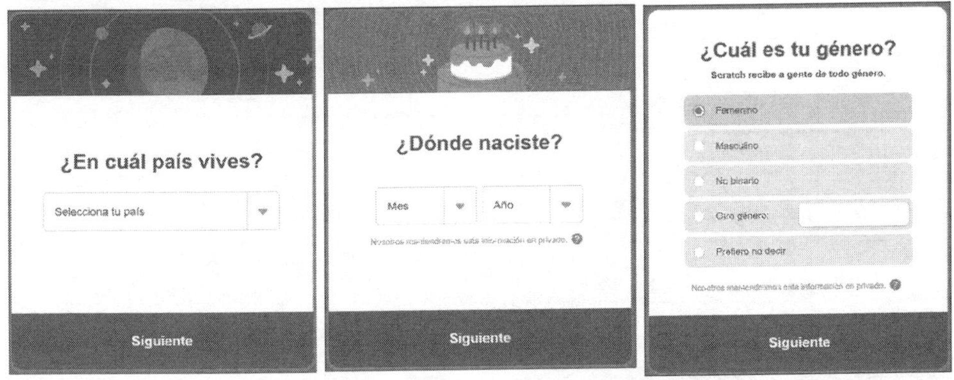

⇉ Tercer paso: introduzca su dirección de correo electrónico. Su registro ha finalizado.

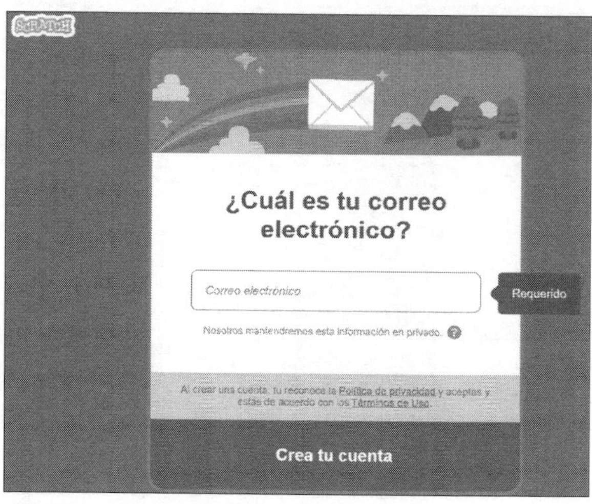

⇒ Cuarto paso: conéctese a su buzón de correo electrónico. Se ha enviado un mensaje para finalizar su inscripción y comprobar que la dirección de correo electrónico es válida.

Para acceder a su cuenta, sólo tiene que seleccionar **Iniciar sesión** en la página de inicio.

4.2 Crear una cuenta de educador

Scratch está dirigido a enseñar a los niños a programar, y cuenta con una gran comunidad de profesores y educadores. Como la plataforma es utilizada tanto por profesores como por sus alumnos, es posible crear una cuenta especial, conocida como cuenta de educador. La ventaja de una cuenta de educador es que puede gestionar varias cuentas para su clase y sus alumnos.

Para crear una cuenta de este tipo:

⇛ En la página de inicio de Scratch, seleccione **Para educadores**. Se le redirigirá a la página de Scratch para educadores.

Observación

Esta página contiene una serie de recursos e información para profesores y educadores.

⇛ En esta página, seleccione **Cuentas de maestros**. De nuevo será redirigido a una página **de Cuentas de profesores en Scratch**.

Observación

En esta página, puede encontrar toda la información necesaria para crear y gestionar una cuenta de profesor haciendo clic en **Preguntas frecuentes de la Cuenta de Profesor**.

⇛ Haga clic en **Solicitar una cuenta** y rellene los datos.

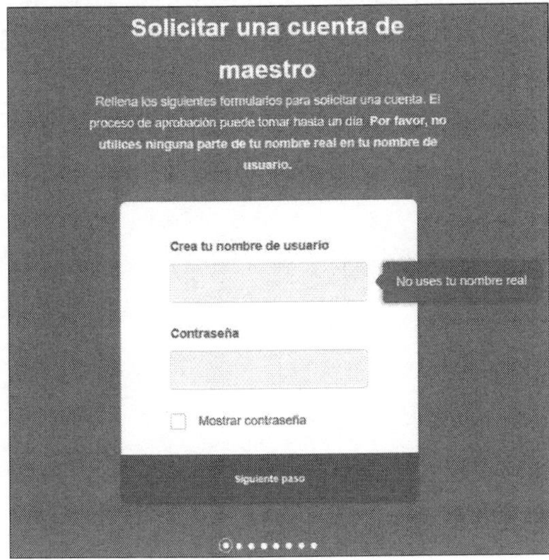

La información solicitada es más detallada que la requerida para crear una cuenta normal. El objetivo es crear una comunidad de educadores y profesores que puedan compartir sus prácticas. Se lleva a cabo una "verificación".

4.3 Descubrir proyectos

El sitio de Scratch es una fuente de inspiración para imaginar proyectos, pero también para encontrar soluciones a problemas que hay que resolver. Cuando tenga una idea, no dude en utilizar el buscador del sitio para ver si el tema ya ha sido tratado e inspirarse.

El lema de Scratch es "Imagina - Programa - Comparte". La comunidad de usuarios enriquece a diario la plataforma. Los proyectos compartidos van desde simples animaciones a remezclas de videojuegos de culto, pasando por tutoriales creados en y sobre Scratch, y simulaciones en 3D. Puede descargar estos proyectos para utilizarlos en sus propias creaciones, mejorarlos o simplemente jugar con ellos.

⇒ Para acceder a los proyectos compartidos, seleccione **Explorar** en la barra de menús. En esta página, encontrará dos categorías principales:

Proyectos (1): los proyectos más recientes o destacados aparecen en la página de inicio. A continuación, todos los proyectos compartidos se clasifican por categorías: **Animaciones - Arte - Juegos - Música - Historias - Tutoriales**.

Estudios (2): reúnen proyectos y usuarios sobre temas comunes. También se clasifican por categorías.

Un menú desplegable (3) le permite destacar los proyectos **Tendencias - Popular - Recientes** en estas dos categorías.

Todos estos proyectos son fuente de inspiración, pero también de ayuda. Tiene acceso al código utilizado y puede inspirarse en él.

⇉ Para acceder a los programas, seleccione **Ver dentro**.

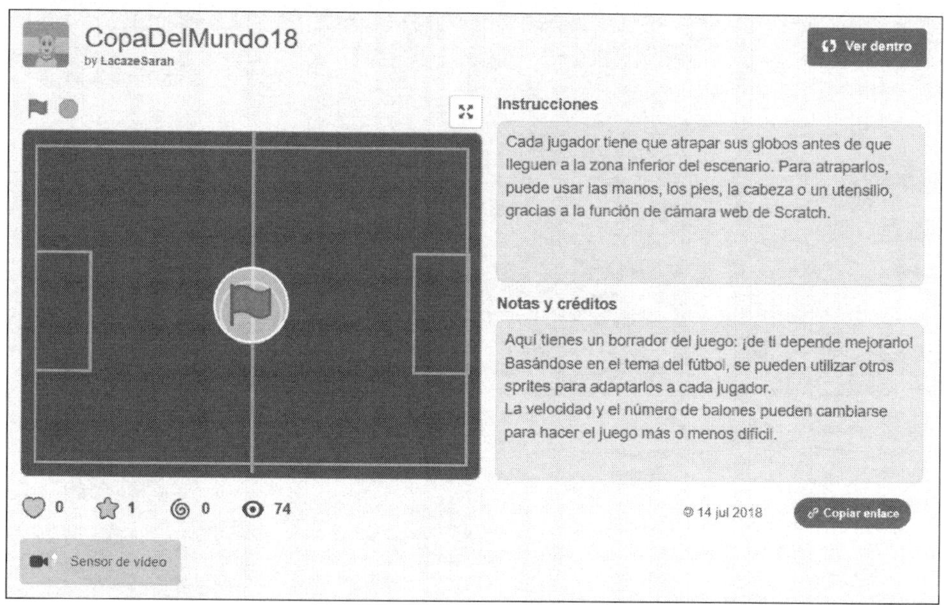

Observación

Si comparte sus proyectos, no olvide comentar sus programas (véase el capítulo La interfaz).

Como hay muchos usuarios, también puede encontrar ayuda en el foro o en la Wiki. Puede acceder a ellos directamente a través de los enlaces que encontrará en la parte inferior de la página de inicio.

https://scratch.mit.edu/discuss/

https://en.scratch-wiki.info/

Para complementar este libro, el sitio web oficial de Scratch es el lugar ideal.

5. Convenciones de redacción

Para facilitar la lectura y el uso de este libro, se han utilizado convenciones tipográficas.

En negrita (por ejemplo: **Movimiento**): nombre de una herramienta, pestaña o categoría.

En cursiva (por ejemplo: *juego de disparos.sb3*): nombre de un archivo disponible para su descarga en el sitio web de Ediciones ENI.

⇉ Este símbolo indica manipulación.

⇉ **cuando se pulsa la bandera verde**: manipulación y título del bloque que se va a utilizar.

// Este símbolo se utiliza para insertar comentarios después de los bloques en las manipulaciones. Los comentarios son elementos escritos que no se leen ni se ejecutan.

Además de descripciones, los programas se presentan en forma de capturas de pantalla para que pueda ver cómo encajan los bloques.

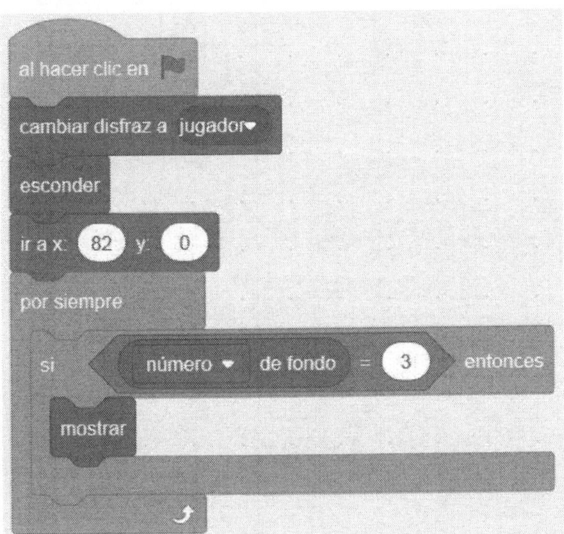

Al final de este libro encontrará una lista detallada de los archivos que puede descargar del sitio web de ENI.

Capítulo 2

La interfaz

1. Introducción

Este capítulo presenta la interfaz de Scratch 3. Es casi idéntica a la versión anterior, solo que el escenario que antes estaba a la izquierda se ha desplazado de nuevo a la derecha, como en Scratch 1.4.

Colorida e intuitiva, la interfaz se divide en varias áreas:

- En la parte superior y horizontalmente: la barra de menús.
- A la izquierda: la paleta de bloques donde están clasificados, por categorías, todos los bloques que pueden utilizarse para elaborar programas.
- En el centro: el área de scripts, es decir, la zona dentro de la cual se colocan los bloques seleccionados para formar los programas.
- A la derecha: el escenario, la ventana de objetos y la ventana de fondos, que contienen los diferentes elementos gráficos utilizados en el proyecto.

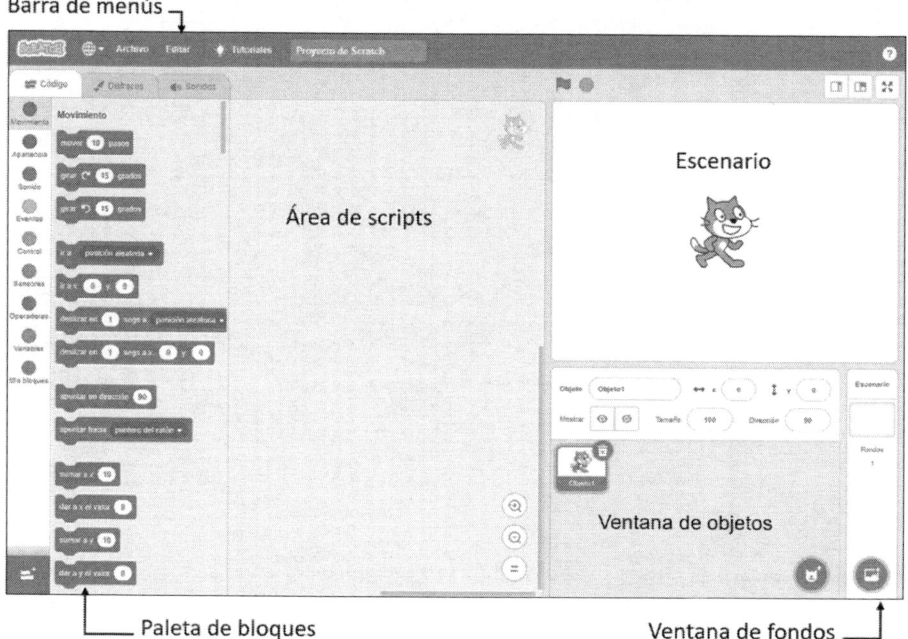

2. La barra de menús

La barra situada en la parte superior de la interfaz se compone de un icono para elegir el idioma de la interfaz y menús para guardar y compartir sus proyectos, acceder a tutoriales, etc. Las funcionalidades disponibles en esta barra difieren dependiendo de si utiliza:

- Scratch offline, es decir, **Scratch Desktop** (para la instalación, véase el capítulo Presentación).

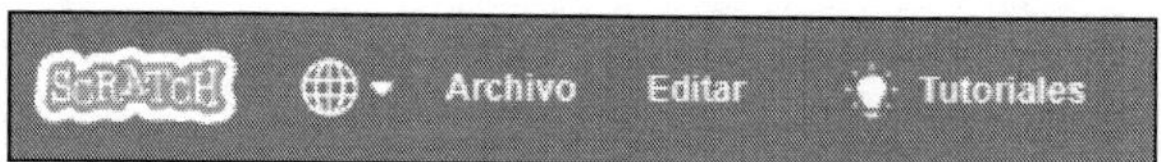

- Scratch desde un navegador web, pero sin estar conectado a su cuenta personal.

- Scratch desde su cuenta personal (más funcionalidades).

2.1 Los iconos

Este icono es un acceso directo al sitio web de Scratch: https://scratch.mit.edu/

Por defecto, la interfaz de Scratch está en inglés. Puede seleccionar el idioma de su elección haciendo clic en este icono. Se abrirá un menú desplegable que ofrece un gran número de idiomas.

Observación

Algunos bloques no están traducidos, dependiendo de si utiliza Scratch localmente o en línea.

2.2 Los menús

El menú Archivo

fuera de línea

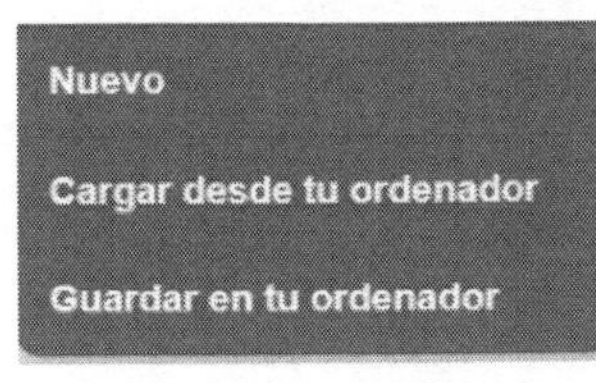

en línea

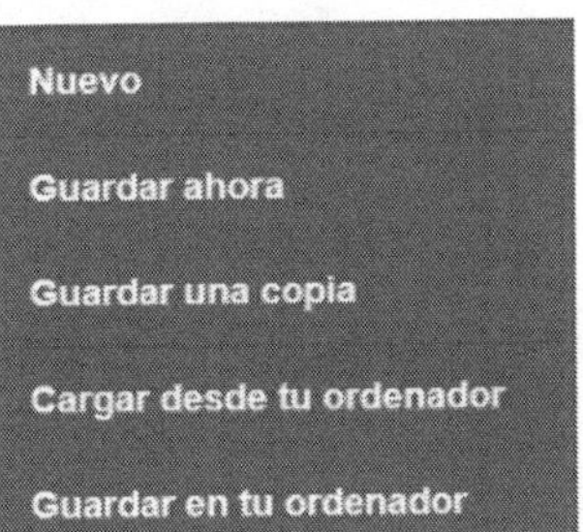

- **Nuevo**: para abrir y crear un nuevo proyecto.
- **Cargar desde tu ordenador**: para abrir un proyecto previamente creado y guardado en el ordenador.
- **Guardar en tu ordenador**: para guardar los cambios realizados en el archivo.

- **Guardar ahora**: para guardar su proyecto. Se guardará en su espacio personal.
- **Guardar como copia**: para hacer una copia de su proyecto. Resulta muy útil si desea conservar distintas versiones de un proyecto antes de finalizarlo. El proyecto abierto se guarda con su nombre seguido de «copia» como extensión de su nombre.

El menú Editar

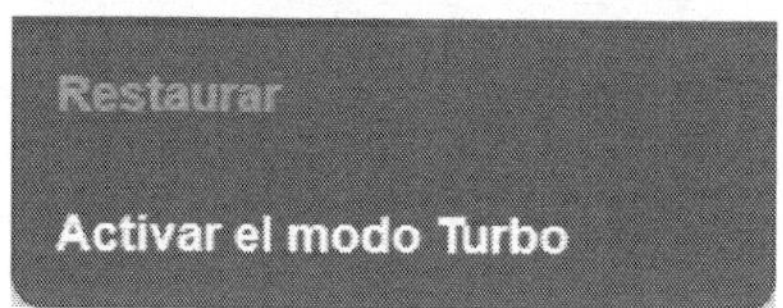

Este menú permite **Activar el modo Turbo**, que acelera la lectura de los bloques, en particular de los bucles. Esta función es útil para proyectos complejos, ya que acelera los cálculos matemáticos y las visualizaciones gráficas.

Cuando esta función está activada, la información aparece en la parte superior de la escena como **Modo Turbo**.

En el menú **Editar**, **Activar el modo Turbo** se sustituye por el botón **Desactivar el modo Turbo**. Basta con seleccionarlo para eliminar el modo Turbo y volver a la velocidad de lectura y ejecución por defecto.

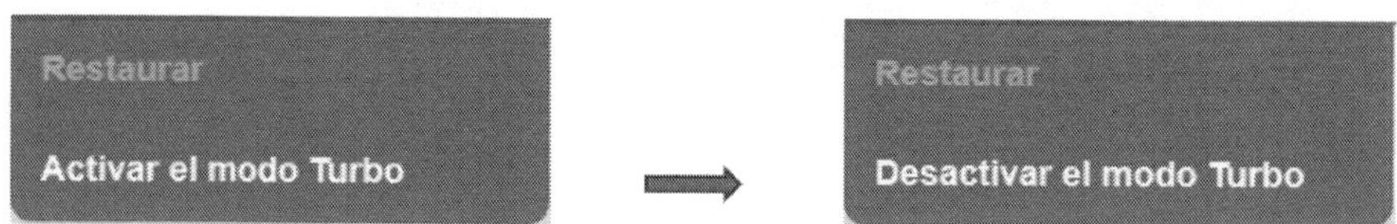

El menú Tutoriales

Al igual que en la versión anterior de Scratch, hay una serie de tutoriales en formato paso a paso que le ayudarán a descubrir las principales funciones y trucos.

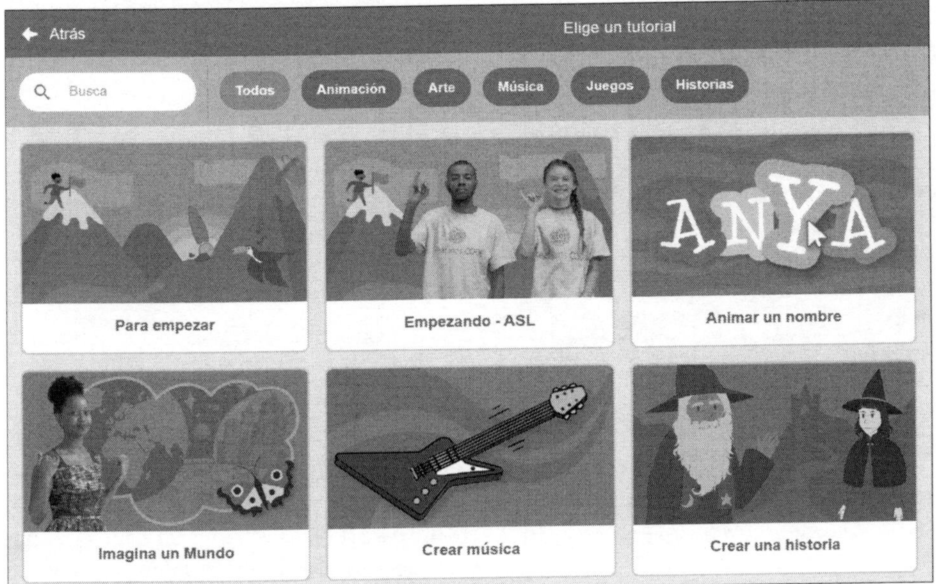

2.3 Opciones de una cuenta personal

Los usuarios de Scratch forman una comunidad de usuarios que disponen de una cuenta gratuita de Scratch (ver capítulo Presentación) desde la que pueden compartir sus proyectos en la plataforma de Scratch. Cuando utiliza Scratch desde su cuenta, dispone de funciones adicionales.

Compartir

Esta función sirve para cargar directamente su proyecto. Al hacer clic en ella, se abre una ventana de **Página de proyecto**. Aquí puede introducir cualquier información que considere útil para futuros usuarios.

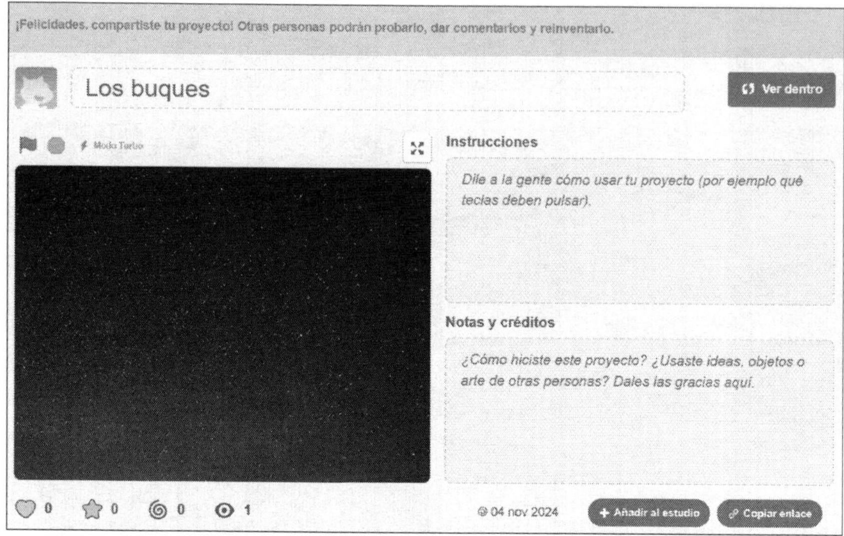

Ver la página del proyecto

Para abrir la página asociada a su proyecto, tanto si está compartido como si no. Aquí es donde puede empezar a introducir información que será útil para futuros usuarios (cuando lo comparta) o solo para usted si no quiere compartirlo. Esta página actúa entonces como recordatorio.

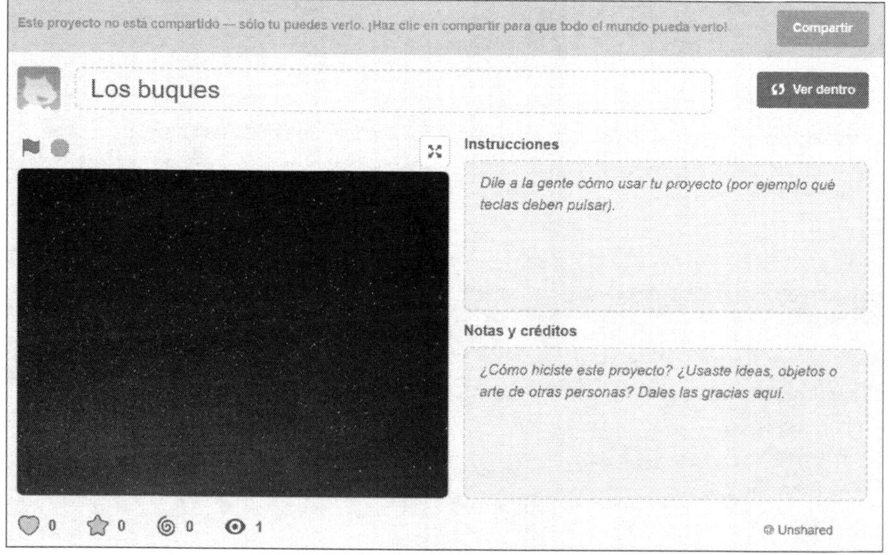

Este icono le lleva a la página que contiene todos sus proyectos, compartidos o no.

Utilice el menú desplegable para acceder a los distintos elementos de su cuenta.

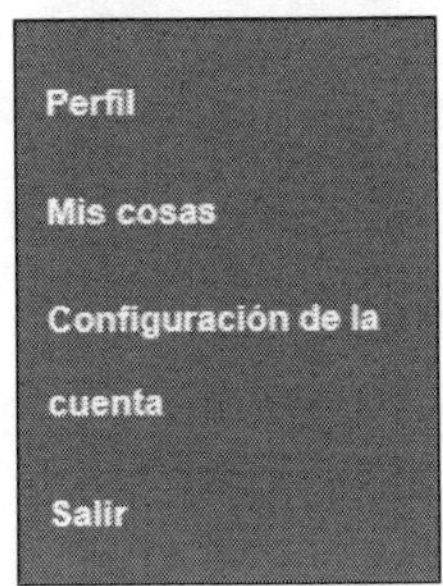

- **Perfil**: para acceder a su perfil y personalizarlo.
- **Mis cosas**: para acceder a todos los proyectos guardados en su cuenta, estén o no compartidos.
- **Configuración de la cuenta**: para cambiar su configuración (nombre de usuario, ubicación) o eliminar su cuenta.
- **Salir**: para desconectarse. Cuando desee volver a conectarse, simplemente vaya a la página principal de Scratch y seleccione **Iniciar sesión**.

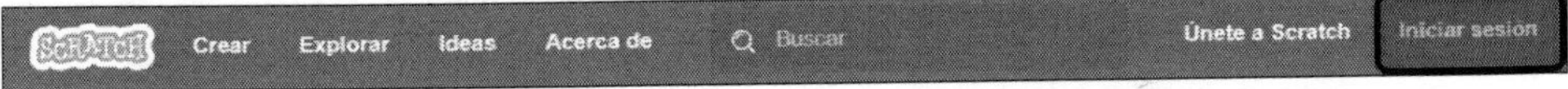

En la ventana, introduzca sus datos de acceso: **Nombre de Usuario** y **Contraseña**.

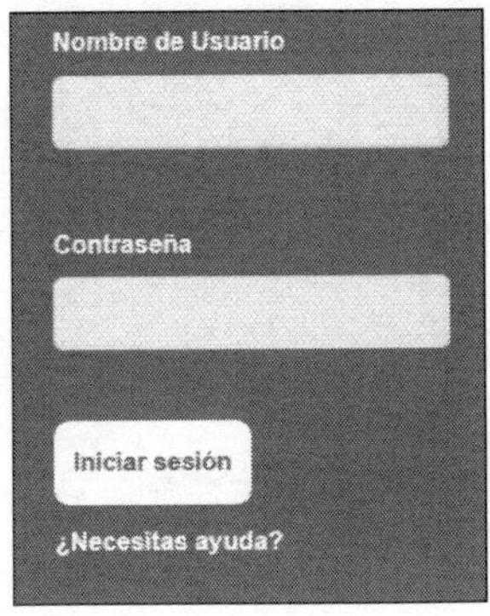

3. La paleta de bloques

Situada a la izquierda de la interfaz, la **paleta de bloques** se compone de tres pestañas.

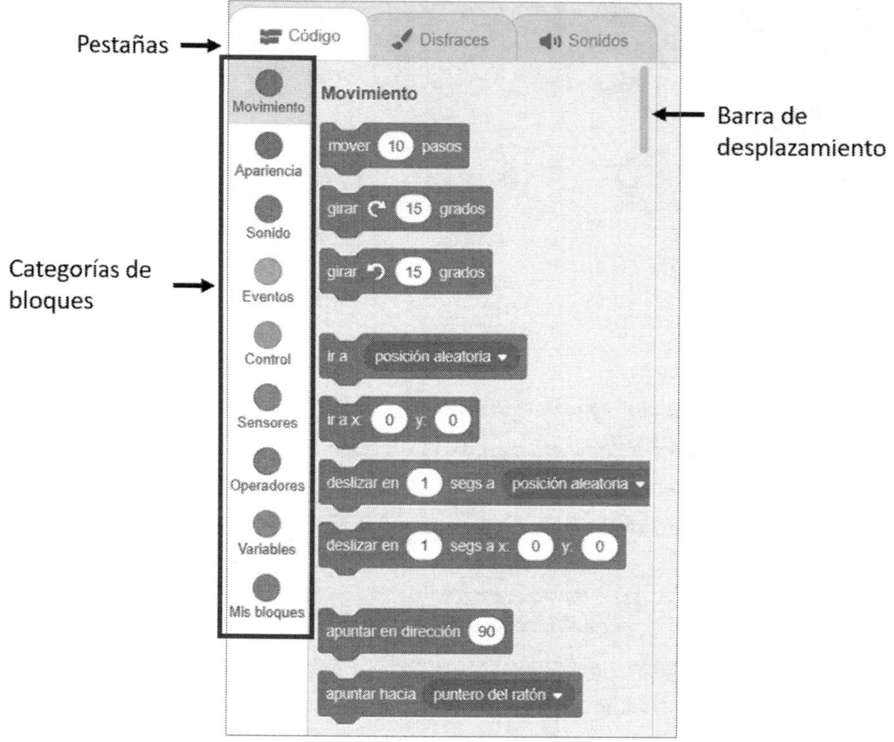

Acceso a los bloques

- La pestaña **Código**: permite acceder a los bloques utilizados para escribir programas. Están clasificados por categorías en función de sus características. Para acceder al conjunto de los bloques disponibles, puede utilizar la barra de desplazamiento o la rueda de su ratón.
- La pestaña **Disfraces** o **fondos**: esta pestaña le da acceso a la lista de disfraces o fondos de los objetos para que pueda gestionarlos y modificarlos. También abre la paleta gráfica.
- La pestaña **Sonidos**: abre el editor de audio (véase el capítulo Los editores).

3.1 Las categorías de bloques

La pestaña **Código** reúne los diferentes bloques que se colocan y organizan en el **área de scripts** para componer un programa. Hay más de cien bloques de programación disponibles, divididos en nueve categorías con colores diferentes, lo que facilita su identificación.

Observación

Algunos bloques solo están disponibles en determinadas condiciones. Por ejemplo, se añaden nuevos bloques a la categoría **Variables** cuando se crean variables o listas.

Movimiento (azul oscuro): dieciocho bloques utilizados para controlar el movimiento de los objetos en el escenario (véase el capítulo Los bloques de programación - sección Los bloques Movimiento).

Apariencia (violeta): veinte bloques sirven para modificar la apariencia gráfica de los objetos. Puede hacerlos aparecer y desaparecer, aplicarles efectos, hacerlos hablar o pensar (véase el capítulo Los bloques de programación - sección Los bloques Apariencia, capítulo Técnicas para la animación).

Sonido (morado): para integrar efectos sonoros, paisajes sonoros, y para gestionar el volumen (véase el capítulo Los bloques de programación - sección Los bloques Sonido).

Eventos (amarillo): estos bloques se utilizan para activar scripts tras determinados eventos (véase el capítulo Los bloques de programación - sección Los bloques Eventos).

Control (amarillo anaranjado): estos bloques se utilizan para controlar la ejecución del programa usando bucles y condiciones e insertando pausas (véase el capítulo Los bloques de programación - sección Los bloques Control).

Sensores (turquesa): estos bloques de detección se utilizan para crear interacciones, pero también para crear condiciones (véase el capítulo Los bloques de programación - sección Los bloques Sensores).

Operadores (verde): estos bloques sirven para crear funciones matemáticas, gestionar cadenas o crear condiciones (véase el capítulo Los bloques de programación - sección Los bloques Operadores).

Variables (naranja): esta categoría contiene los bloques utilizados para crear y gestionar las variables y las listas. Las variables y las listas se utilizan para almacenar datos e información (véase el capítulo Los bloques de programación - secciones Los bloques Variables y Los bloques Listas).

Mis bloques (rosa): para crear sus propios bloques (véase el capítulo Los bloques de programación - sección Crear bloques).

3.2 La forma de los bloques

Los bloques, que se ensamblan para crear programas, no tienen todos la misma forma. Se utilizan varios tipos de bloques: bloques de inicio, bloques C, bloques de comandos, pero también bloques de valores y bloques de información.

Los bloques de inicio

Estos bloques redondeados se encuentran en la categoría **Eventos**. Se colocan en la cabecera de una pila de programa.

Qué hacen: esperan a que se produzca un evento (hacer clic en la bandera verde, pulsar una tecla, etc.) para lanzar la ejecución de los bloques que tienen debajo.

Los bloques C

Con forma de corchetes, estos bloques se sitúan en la categoría **Control**. En sus corchetes se insertan otros bloques. Estos bloques se utilizan en particular para crear bucles o condiciones.

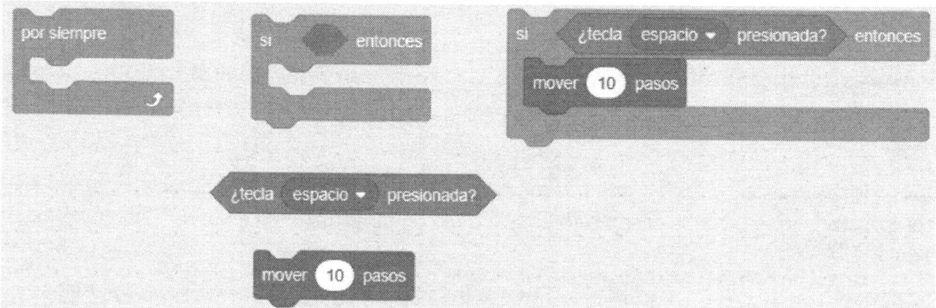

Los bloques de comando

Con sus hendiduras y muescas, estos bloques encajan en otros bloques para formar pilas de comandos. Algunos tienen una zona de entrada (texto, valor numérico); otros, un menú desplegable.

Estos bloques son los más numerosos.

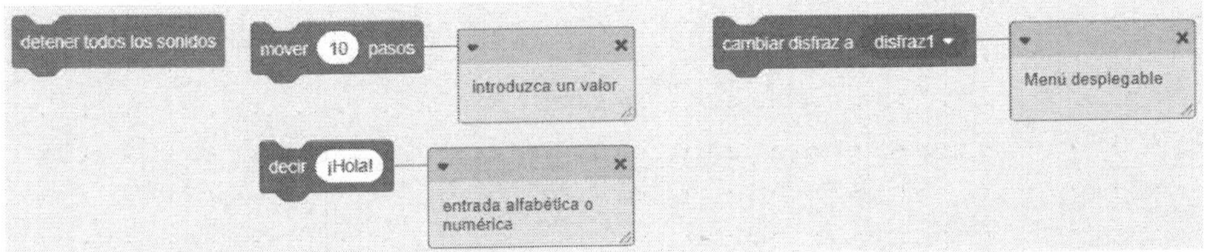

Los bloques de valores

Con sus bordes redondeados o puntiagudos, estos bloques se insertan en la zona de entrada de otros bloques.

Los bloques redondeados se integran en zonas de entrada redondeadas, mientras que los bloques con extremos puntiagudos encajan en bloques con zonas de entrada redondeadas o hexagonales. Suelen tener un menú desplegable o una zona de entrada.

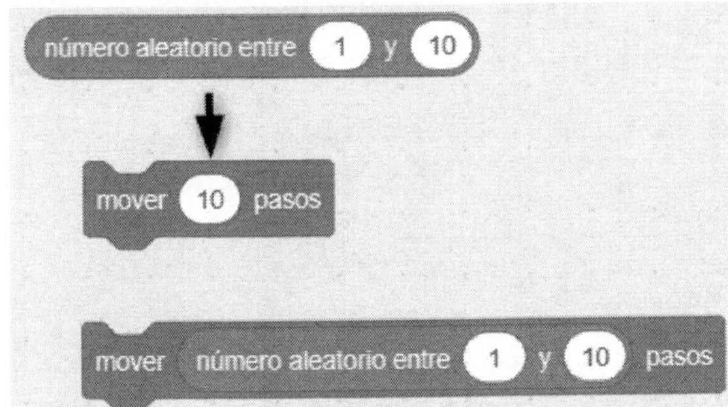

Los bloques de información

Algunos bloques con valores están asociados a una casilla de verificación en la paleta de bloques.Cuando la casilla está marcada, aparece una pequeña pantalla en el escenario que muestra el valor actual del bloque. Cuando se cambia el valor, el escenario se actualiza automáticamente.

Mostrar la información directamente en el escenario es especialmente útil para comprobar el estado de un score o de un cronómetro.

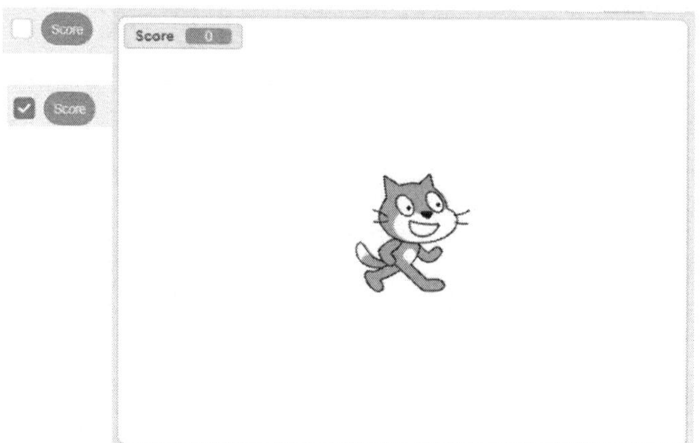

4. Los bloques de extensiones

La novedad en Scratch es la presencia de nuevas categorías de bloques llamadas **extensiones**. Para acceder a ellas:

⇒ Seleccione el icono **Añadir extensión** en la parte inferior izquierda de la interfaz.

Se abre una ventana con todas las extensiones disponibles.

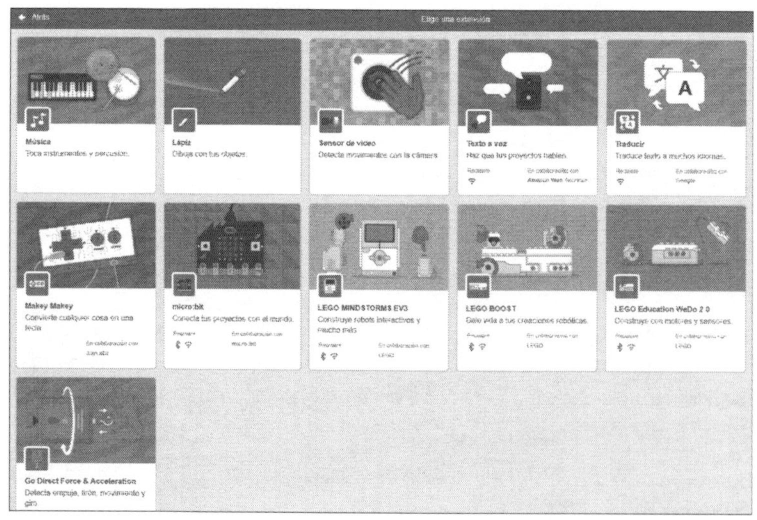

Actualmente hay once extensiones disponibles:

Extensión **Música**: en la versión antigua de Scratch, estos bloques no estaban en una categoría separada. Se encontraban en la categoría **Sonidos**. Estos bloques están dedicados a los instrumentos musicales y al tempo (véase el capítulo La extensión Música).

Extensión **Lápiz**: cada objeto tiene asociado un lápiz. Los bloques Lápiz permiten activar y desactivar esta función, así como modificar el color y el grosor del trazo (véase el capítulo La extensión Lápiz).

Extensión **Sensor de vídeo**: en la versión anterior de Scratch, los bloques Sensor de vídeo estaban enterrados dentro de la categoría Sensores. Poco utilizados hasta ahora, sirven para crear proyectos interactivos con la webcam (ver capítulo La extensión Sensor de vídeo).

Extensión **Texto a voz**: estos bloques se crearon en colaboración con Amazon Web Services. Se trata de un sintetizador de voz que permite a los objetos pronunciar frases. Para utilizarlo, necesitará una conexión a Internet (ver capítulo Las extensiones Texto a voz y Traducir).

Extensión **Traducir**: estos bloques han sido creados en colaboración con Google y son una extensión de Google Translate. Se utiliza para la traducción simultánea. Al igual que la extensión Texto a voz, requiere una conexión a Internet (ver capítulo Las extensiones Texto a voz y Traducir).

Extensión **Makey Makey**: la tarjeta Makey Makey es un dispositivo de emulación de teclado diseñado por dos estudiantes del MIT. Puede utilizarse para transformar cualquier objeto fabricado con un material conductor en un joystick (ver capítulo La extensión Makey Makey).

Extensión **micro:bit**: es una tarjeta microcontroladora creada por la BBC para que «enseñar y aprender sea fácil y divertido». Dispone de una matriz de LED, dos pulsadores y sensores. Se le pueden conectar otros componentes para crear proyectos interactivos y robóticos (ver capítulo La extensión micro:bit).

Extensión **LEGO MINDSTORMS EV3**: es un set de robótica diseñado por Lego para adolescentes y adultos. Incluye sensores, motores y diversas piezas de Lego para construir proyectos robóticos controlados e impulsados por el brick EV3.

Extensión **LEGO Education WeDo 2.0**: se trata de sets educativos de Lego que introducen a los alumnos de primaria en la robótica. Al igual que LEGO MINDSTORMS, el set incluye sensores y motores controlados y alimentados por un SmartHub.

En 2023, Lego ha anunciado el fin de los robots WeDo y MINDSTORMS. Las extensiones dedicadas siguen siendo utilizables, pero no se tratarán en esta actualización.

Extensión **LEGO BOOST**: se trata de robótica Lego para el gran público. Al igual que LEGO MINDSTORMS y LEGO WeDo, el set cuenta con sensores y motores controlados y alimentados por un Move Hub (ver capítulo La extensión LEGO Boost).

Extensión **GO Direct Force & Acceleration**: se trata de una extensión que permite conectarse con un sensor de fuerza y de aceleración (Go Direct).

Para añadir bloques de extensiones a la paleta de bloques:

⇒ Seleccione la extensión que desee; por ejemplo, la extensión Makey Makey (1).

⇒ Los bloques utilizables aparecen ahora en la paleta de bloques (2). Y se ha creado una nueva categoría de bloques, llamada **Makey Makey** (3).

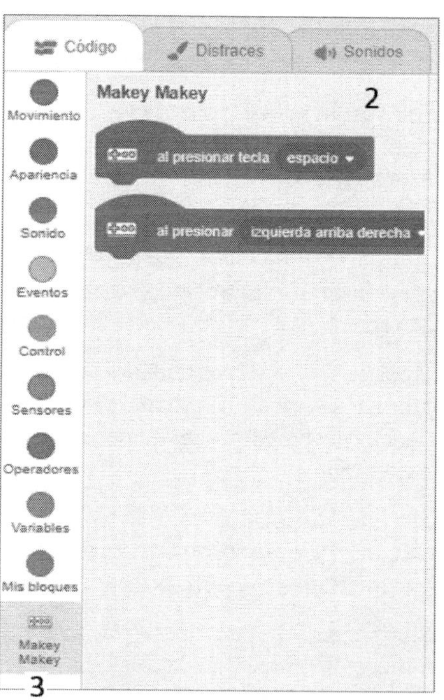

5. El área de scripts

El área de script es el espacio donde se ensamblan los bloques para crear programas.

Este espacio incluye:

- En la parte superior derecha, una representación del objeto relacionado con el script.
- En la parte inferior derecha, tres herramientas para **Ampliar - Reducir - Restablecer** el tamaño de la visualización de los bloques en el espacio.

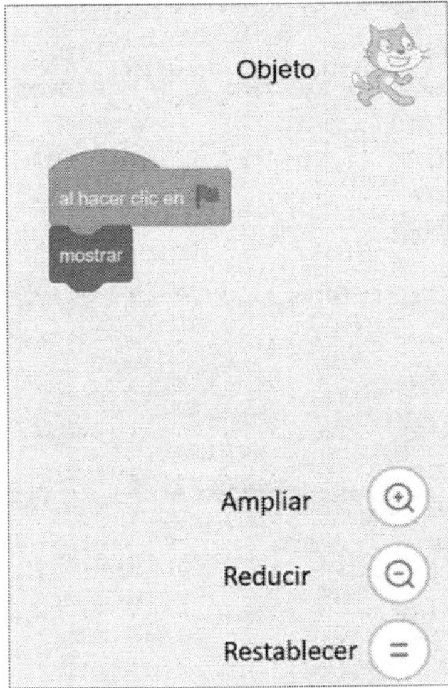

Al hacer clic con el botón derecho del ratón en el área de scripts, se abre una ventana de menú.

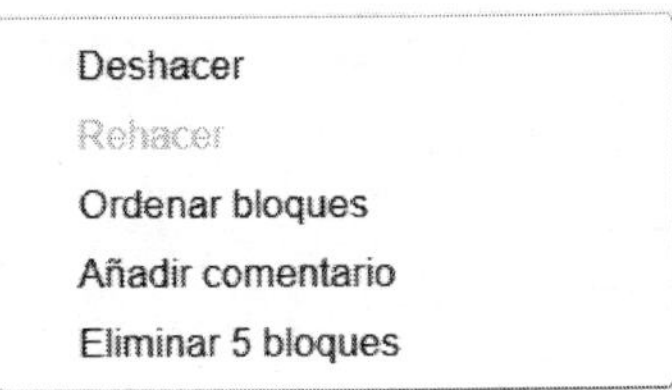

Deshacer: permite volver atrás. También puede utilizar [Ctrl] Z.

Ordenar bloques: sirve para organizar visualmente los bloques en la ventana.

Añadir comentario: abre una ventana amarilla en la que se pueden introducir comentarios.

Eliminar (número de bloques en el área de los scripts): se utiliza para limpiar el área de scripts, es decir, eliminar todos los bloques que se han colocado allí.

5.1 Utilizar los bloques para crear programas

Crear programas en Scratch es muy sencillo. Basta con seleccionar los bloques, soltarlos y ensamblarlos en el **área de scripts**.

⇉ Seleccione un bloque con el ratón.

⇉ Mantenga pulsado el botón del ratón y arrastre el bloque al área de scripts.

⇉ Suelte el botón del ratón: ahora hay una copia del bloque en el área.

Observación

La acción contraria, es decir, mover un bloque del área de scripts a la paleta de bloques, borra el bloque o la pila de bloques.

Al hacer clic con el botón derecho en un bloque (o pila de bloques), se abre una ventana con las siguientes opciones:

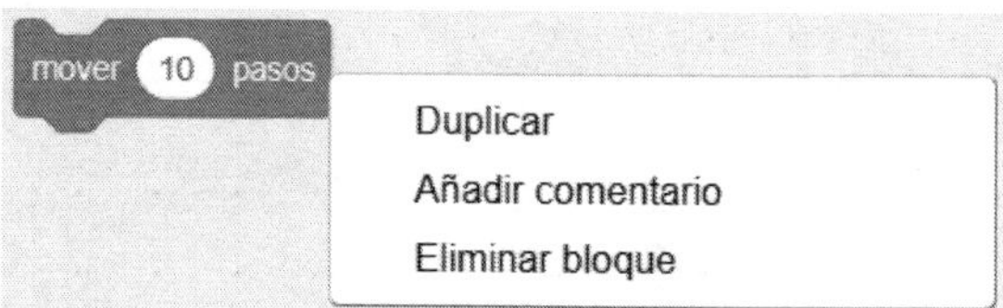

- **Duplicar**: copia un bloque y todos los bloques situados debajo de él. Esta función es útil cuando una pila de bloques se utiliza varias veces en el mismo programa.

- **Añadir comentario**: los comentarios son útiles para documentar su programa, de forma que otros usuarios (o usted mismo unos meses después) puedan entenderlo fácilmente.
- **Eliminar bloque**: borra el bloque y todos los que están asociados a él, es decir, los bloques que quedan debajo.

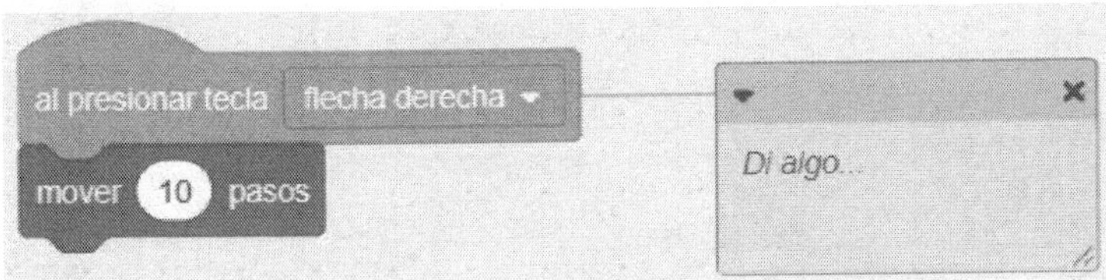

⇉ Para redimensionar el tamaño de la ventana de comentarios, utilice la esquina inferior derecha.

⇉ Haga clic en el triángulo de la parte superior izquierda para reducir o aumentar el área de comentarios.

⇉ Seleccione la cruz para borrar el comentario.

5.2 Crear programas

Escribir un programa (script) con Scratch consiste en ensamblar bloques para crear pilas de órdenes. En la cabecera de estas pilas, se coloca un bloque del tipo inicio para crear una instrucción.

Un programa = varias pilas de bloques.

Un programa = varias acciones.

Una pila de bloques = una o más acciones.

Todos los programas empiezan por al hacer clic en . Situado en la categoría **Eventos**, este bloque activa la reproducción de todos los scripts cuando se hace clic en la bandera verde, situada en la parte superior derecha del escenario.

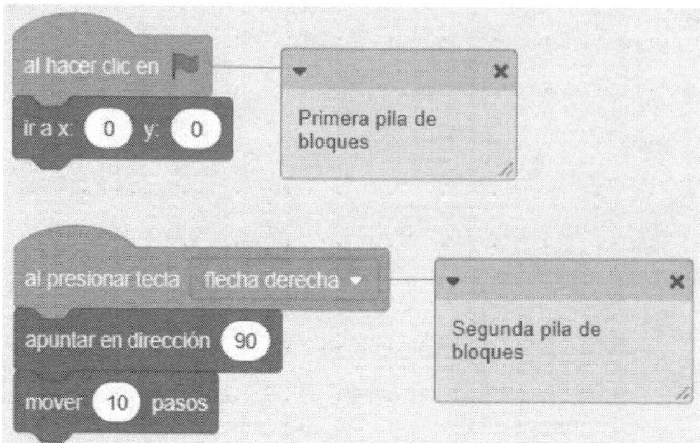

El mismo programa, o el mismo objeto, puede tener varias pilas de bloques que comienzan **cuando se pulsa la bandera verde**. Esto permite ejecutar simultáneamente diferentes algoritmos.

Un programa se lee y se ejecuta de arriba abajo. Al crear un programa, hay que pensar en el orden de ejecución de las distintas instrucciones.

Dependiendo del orden de los bloques, el resultado obtenido puede diferir del esperado.

Ejemplo de disposición

Aquí tiene dos programas para mover un objeto hacia la derecha, utilizando los mismos bloques, pero con posiciones diferentes.

Si traduzco el programa 1: cuando se pulsa la tecla [Flecha derecha], el objeto girará hacia la derecha y luego avanzará 10 pasos hacia la derecha.

Si traduzco el programa 2: cuando se pulsa la tecla [Flecha derecha], el objeto avanzará 10 pasos y luego girará a la derecha. Si el objeto estaba previamente mirando a la izquierda, ¡se moverá 10 pasos a la izquierda y luego girará a la derecha! No tendrá un programa fiable si su intención es mover el objeto hacia la derecha.

Para mover una pila de código

⇉ Seleccione con el ratón el bloque en la primera posición.

⇉ Arrástrelo hasta la posición deseada en el programa.

Observación
Si selecciona un bloque en el centro de la pila, se seleccionarán ese bloque y todos los bloques situados debajo de él.

Para eliminar una pila de código

⇉ Haga clic con el botón derecho del ratón en el bloque de inicio situado en la parte superior de la pila: se abre la ventana **Menú**.

⇉ Seleccione **Borrar**: se borra toda la pila (o arrastre toda la pila a la paleta de bloques).

Para copiar una pila de bloques en otro objeto

En un mismo proyecto, algunos objetos pueden tener pilas de bloques idénticos. Para importar un programa de un objeto a otro:

⇉ Seleccione el bloque superior de la pila que desea importar.

⇉ Con el ratón, arrastre el conjunto a la ventana de objetos.

⇉ Suéltelo en la miniatura del objeto, en la ventana de objetos.

También puede copiar y pegar la pila con las teclas [Ctrl] C para copiarla y [Ctrl] V para pegarla.

Para probar una pila de bloques o un bloque

No tiene que esperar a haber escrito un script en su totalidad para probarlo.

⇉ Haga clic en la pila de bloques que quiera probar y observe su ejecución en la escena.

Observación
Cuando una pila de bloques está en marcha, aparece rodeada de un halo amarillo.

6. La ventana de objetos

Los objetos representan a los actores de su programa, y los fondos representan el decorado.

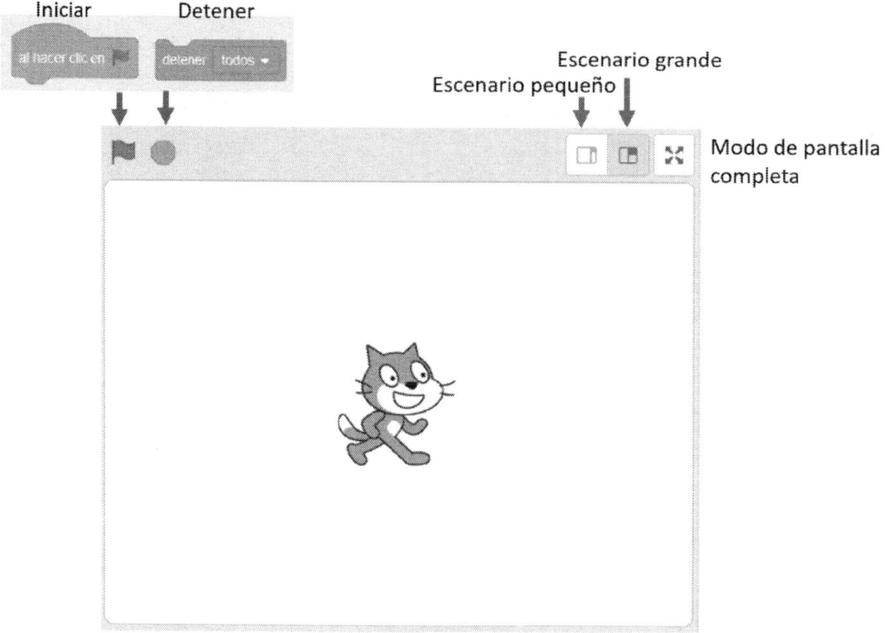

El escenario y la interfaz pueden visualizarse en tres modos:

- El modo de escenario grande corresponde a la visualización por defecto.
- El modo de escenario pequeño se utiliza para reducir el tamaño del escenario con el fin de disponer de un mayor espacio de guion.
- El modo de pantalla completa oculta toda la interfaz de programación. Solo se ve el escenario, a pantalla completa. Esta configuración es ideal para jugar.

Para iniciar la ejecución del programa, haga clic en el icono de la bandera verde. En su programa, esta acción corresponde al bloque en el que se **hace clic en la bandera verde**.

Para detener la reproducción del programa, haga clic en el círculo rojo correspondiente al bloque **Detener**.

6.1 Crear objetos

La ventana de objetos es el espacio en el que se muestran todos los objetos de un proyecto. Se pueden seleccionar varios iconos para crear, importar o dibujar un objeto.

En la ventana de objetos, seleccione el icono **Elige un objeto**  .

Se abre una lista de iconos.

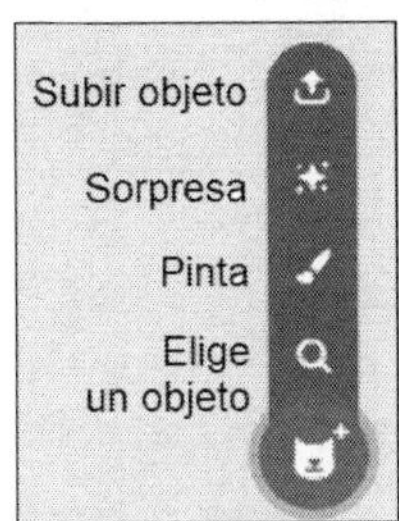

Elige un objeto: permite acceder a la biblioteca de objetos y elegir uno. Los objetos se clasifican por categorías.

Algunos objetos tienen varios disfraces que se utilizan para ponerlos en movimiento. Cuando un objeto tiene varios disfraces, su miniatura se anima al pasar el cursor del ratón por encima de él en la biblioteca.

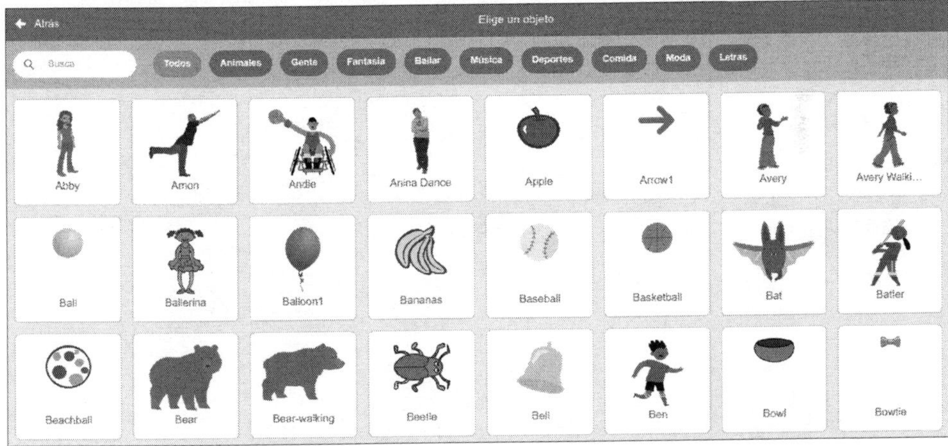

Pinta: abre la paleta gráfica (ver capítulo Los editores) y dibuja un objeto.

Sorpresa: selecciona aleatoriamente un objeto de la biblioteca.

Subir objeto: permite seleccionar un objeto desde un archivo de su ordenador.

A medida que se crean los objetos, se muestran en la ventana de objetos.

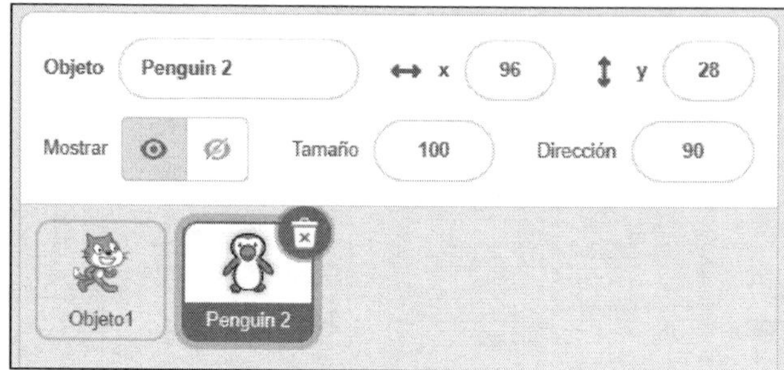

Para acceder a las funcionalidades específicas de cada objeto, seleccione el objeto que le interese en la ventana de objetos haciendo clic en su miniatura. Este aparecerá rodeado por un rectángulo azul.

Las tres pestañas (**Código** - **Disfraces** - **Sonidos**) situadas encima de la paleta de bloques le permiten:

- Crear los programas de objetos (**Código**).
- Modificar, organizar y dibujar los trajes de los objetos (**Disfraces**).
- Gestionar los sonidos asociados al objeto (**Sonidos**).

Observación
Al crear un programa, asegúrese de seleccionar el objeto correcto.

6.2 Información sobre los objetos

Cada objeto tiene sus propios programas y características, como su nombre y estilo de rotación.

⇉ Al hacer clic con el botón derecho en una ventana de objeto, se abre un menú con tres opciones:

duplicar: se utiliza para hacer una copia del objeto y sus scripts asociados.

exportar: para guardar un objeto junto con las distintas características y programas asociados a él. Práctico para reutilizar sus objetos en otros proyectos.

borrar: para borrar el objeto.

La parte superior de la ventana del objeto es un espacio para información sobre las características del objeto.

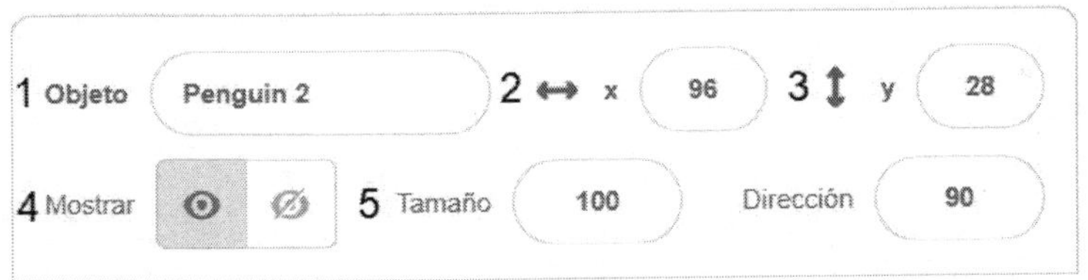

- (1) **Objeto**: espacio donde se muestra el nombre del objeto. Este nombre se puede cambiar.

Observación

Para que sus programas sean más fáciles de leer, recuerde dar nombres explícitos a sus objetos.

- (2 y 3) coordenadas **x** e **y**: indican la posición del objeto en el escenario.

- (4) **Mostrar**: el objeto puede ser visible o invisible en la escena. Puede cambiar su visualización seleccionando uno de los dos iconos. La visualización del objeto puede programarse utilizando los bloques **mostrar** y **esconder** (categoría **Apariencia**).

- (5) **Tamaño**: el tamaño del objeto puede modificarse manualmente ajustándolo en esta área. Un valor superior a 100 aumenta el tamaño del objeto y un valor inferior a 100 lo disminuye.

Observación

También puede utilizar el bloque **fijar tamaño al () %** dentro del programa (categoría **Apariencia**).

- (6) **Dirección**: indica la dirección en la que se moverá el objeto. La dirección puede cambiarse introduciendo un valor o utilizando el círculo de orientación que se muestra.

  Los estilos de rotación del disfraz del objeto, al cambiar de dirección, también se pueden establecer en esta ventana.

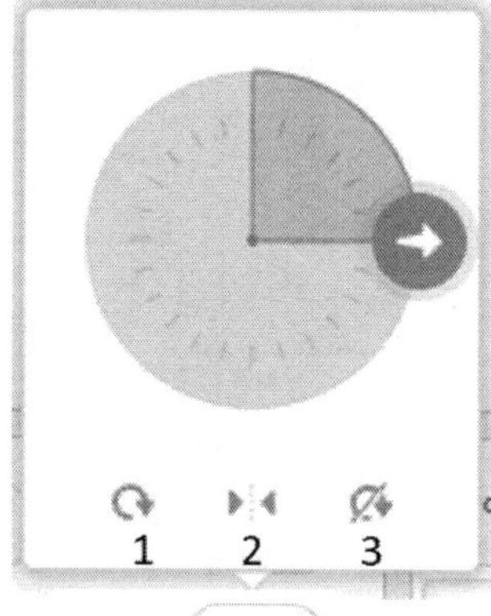

1 Todo alrededor

2 Izquierda - Derecha

3 No gira

Observación

La orientación, al igual que el estilo de rotación, puede definirse directamente en el programa:

- Utilizando el bloque **apuntar en dirección ()** situado en la categoría **Movimiento** (ver capítulo Los bloques de programación - sección Los bloques Movimiento).

- Utilizando el bloque **fijar estilo de rotación a ()** situado en la categoría **Movimiento** (ver capítulo Los bloques de programación - sección Los bloques Movimiento).

6.3 Los disfraces

Un mismo objeto puede tener varios disfraces. Algunos objetos de la biblioteca tienen varios disfraces utilizados para simular movimientos, cambios de humor o simplemente cambios de aspecto.

Para asignar varios disfraces al mismo objeto:

⇒ En la ventana de objetos, seleccione el elemento al que desea añadir nuevos disfraces (1).

⇒ En la paleta de bloques, haga clic en la pestaña **Disfraces** (1). Se abre una ventana con una lista de los diferentes fondos asociados al proyecto, junto con la paleta de gráficos que le permite hacer modificaciones en los disfraces. Por defecto, el objeto gato tiene dos disfraces (2).

Puede renombrar los disfraces (3) con nombres explícitos, sobre todo si determinados disfraces solo se muestran en fases muy concretas de sus proyectos, durante eventos particulares, por ejemplo.

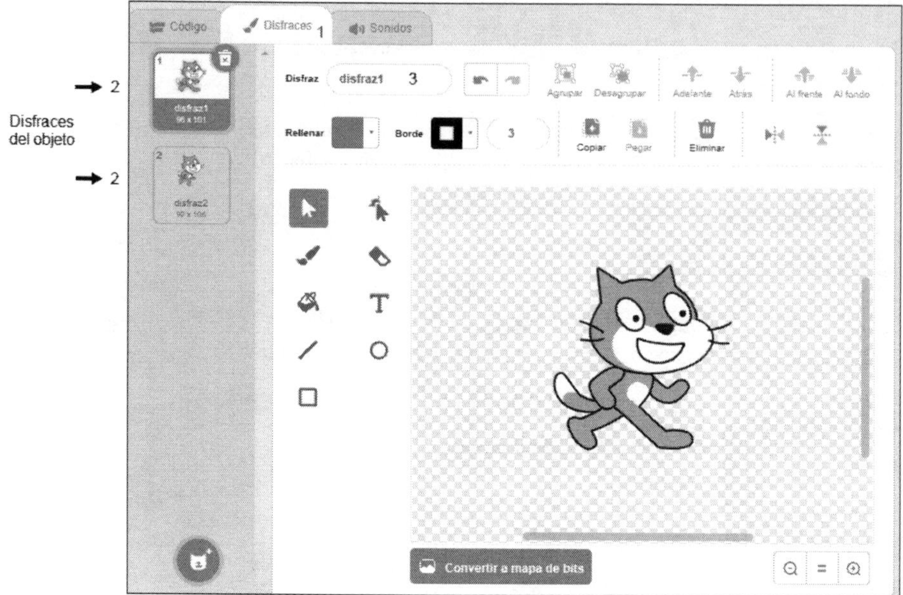

Si hace clic con el botón derecho del ratón en una de las miniaturas que representan los disfraces disponibles, se abre una ventana con tres opciones:

duplicar: hacer una copia del disfraz. La copia se añade a la lista de disfraces.

exportar: para exportar el disfraz.

borrar: para eliminar el disfraz seleccionado de la lista de disfraces disponibles para este objeto.

6.4 Crear un nuevo disfraz

Para crear un nuevo disfraz:

⇉ Seleccione el icono **Elige un disfraz**  en la parte inferior izquierda, debajo de la lista de disfraces.

Tiene los mismos iconos que los utilizados para crear nuevos objetos: **Elige un disfraz - Pinta - Sorpresa - Carga un disfraz** y un nuevo icono llamado **Webcam**. Si su ordenador tiene webcam, puede hacer una fotografía y utilizarla como objeto.

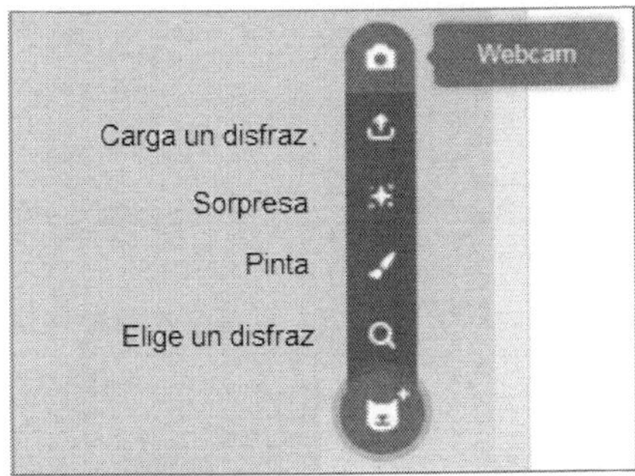

⇉ Seleccione un disfraz de la biblioteca. El disfraz elegido se coloca después de los anteriores.

Observación

A medida que se crean los disfraces, se muestran uno tras otro. Para cambiar su posición, basta con hacer clic en la miniatura del disfraz y arrastrarla a la posición deseada. El orden de los disfraces es importante, sobre todo si el bloque **siguiente disfraz** se utiliza para cambiar los disfraces del objeto.

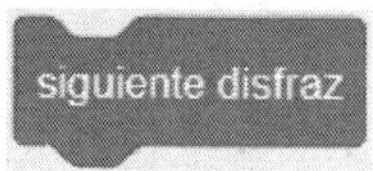

7. La ventana de fondos

Los fondos representan los escenarios que permiten crear una dinámica en los juegos y las animaciones. Un mismo proyecto puede contar con varios fondos.

7.1 Los fondos

Al igual que los objetos pueden tener varios disfraces, los fondos de un proyecto también pueden tenerlos. Se mostrarán en función de determinados eventos, gracias a los bloques de programación situados en la categoría Apariencia (ver capítulo Los bloques de programación - Los bloques Apariencia). La mayoría de los juegos presentados en este libro suelen tener un mínimo de tres fondos:

- Un fondo del juego.
- Un fondo de fin de partida si el jugador ha perdido: Game Over.
- Un fondo de final de partida si el jugador ha ganado: Ganado.

Al igual que los objetos, los programas pueden asociarse a fondos mediante bloques situados en la pestaña **Código**, pero estos bloques de programación no son completamente idénticos. Los objetos y los fondos tienen sus propias características y funciones específicas.

⇒ Seleccione la **ventana de fondo**, llamada **Escenario**, situada a la derecha de la **ventana de objetos**.

Las tres pestañas (**Código** - **Fondos** - **Sonidos**) situadas encima de la paleta de bloques le permiten:

- crear programas de fondos (**Código**);
- editar, organizar y dibujar fondos (**Fondos**);
- gestionar los sonidos asociados a los fondos (**Sonidos**).

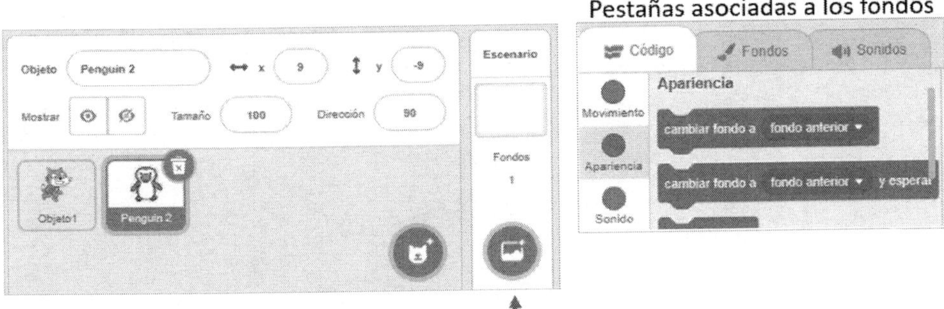

⇒ Haga clic en la pestaña **Fondos (1)**: se abre una ventana con una lista de los distintos fondos asociados al proyecto, junto con la paleta gráfica que puede utilizarse para realizar cambios en los fondos.

Los fondos previamente seleccionados se muestran uno tras otro (2) en una lista según el orden en que fueron creados. Este orden puede modificarse arrastrando y soltando con el ratón las miniaturas correspondientes.

Observación

El orden de los fondos es importante, sobre todo si se utiliza el bloque **siguiente fondo**, situado en la categoría **Apariencia**.

Puede renombrar los fondos (3) con nombres explícitos relacionados con su visualización: introducción, nivel o mesa 1, Game Over, etc.

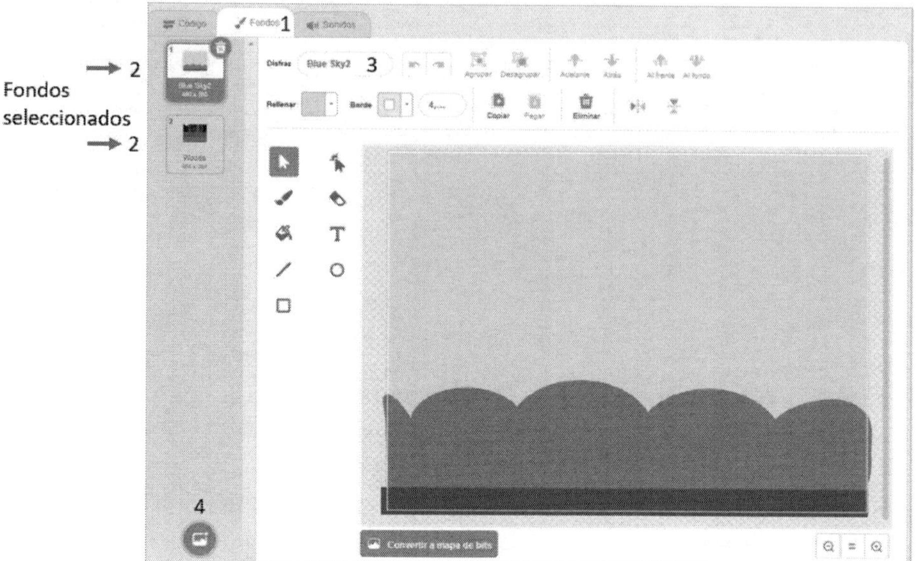

Si pulsa con el botón derecho del ratón sobre una de las miniaturas que representan los fondos disponibles, se abre una ventana con tres opciones:

- **duplicar**: para hacer una copia del fondo. La copia se añade a la lista de fondos.
- **exportar**: para exportar el fondo.
- **borrar**: para eliminar el fondo seleccionado de la lista de fondos disponibles en el proyecto.

7.2 Crear un fondo

En un juego, el fondo puede cambiar en función de los niveles del juego. En una animación, serán los fondos los que se modifiquen para simular un personaje en movimiento, por ejemplo, o el paso del tiempo.

Para crear un nuevo fondo:

⇉ Seleccione el icono **Elige un fondo** ( ) Están disponibles los mismos iconos que para crear disfraces: **Elige un fondo - Pinta - Sorpresa - Carga un fondo - Webcam**.

Observación
Este icono está disponible en la pestaña **Fondos** (abajo a la izquierda) o desde la ventana de fondos.

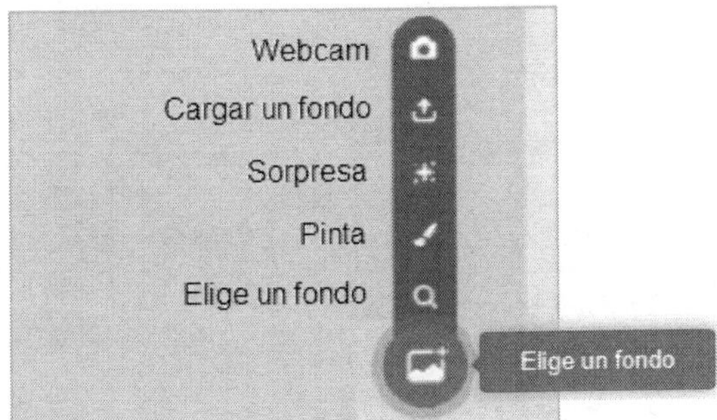

⇉ Elija un fondo en la biblioteca.

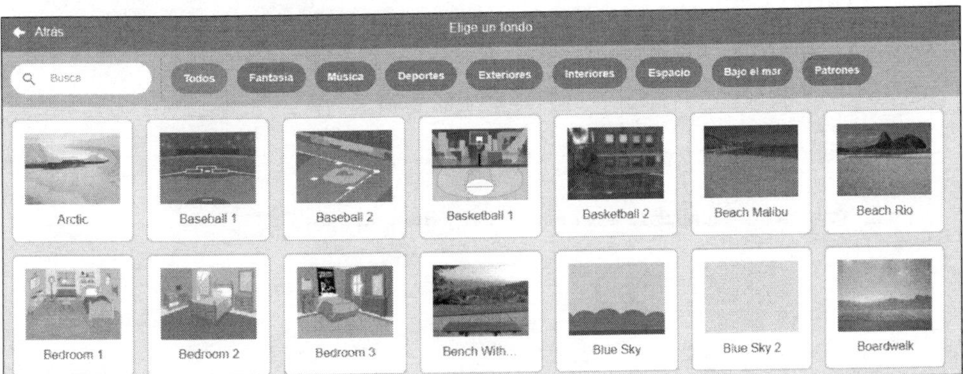

⇒ El nuevo fondo se coloca después de los anteriores.

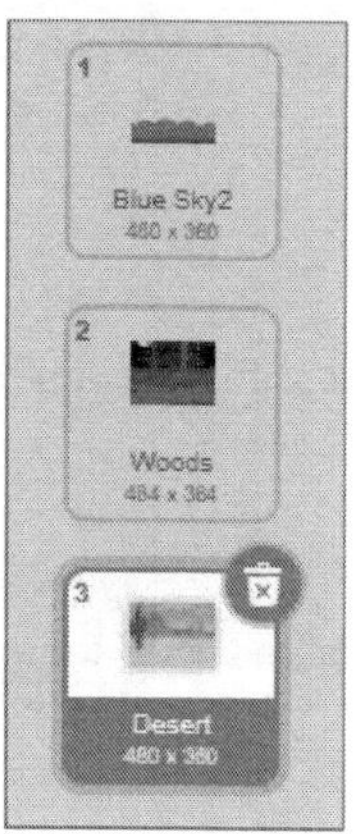

Observación

A medida que se crean, los fondos se muestran uno tras otro. Para cambiar su posición, basta con hacer clic en la miniatura del fondo y arrastrarla a la posición deseada. El orden de los fondos es importante, sobre todo si utiliza el bloque de **siguiente fondo** en su programa.

Si ha utilizado la paleta gráfica para dibujar el fondo (icono **Pinta**), puede guardarlo para utilizarlo en otros proyectos.

⇒ En la pestaña **Fondos**, seleccione la miniatura del fondo (1) que desea guardar para que su miniatura aparezca en la ventana de fondos (2).

⇒ En la ventana de fondo, haga clic con el botón derecho en la miniatura.

⇒ En la ventana que se abre, seleccione **Guardar imagen como** (3).

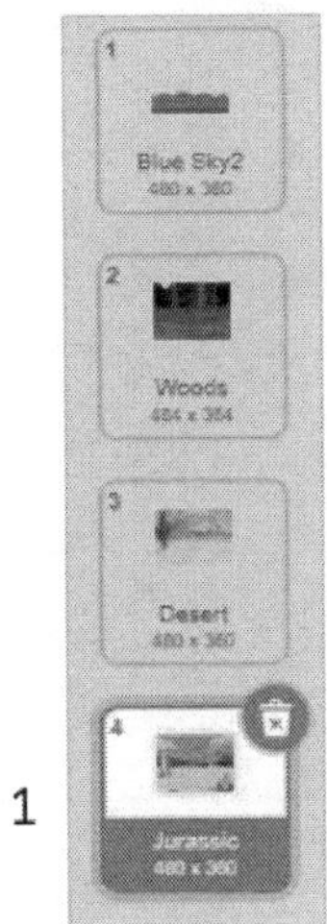

1

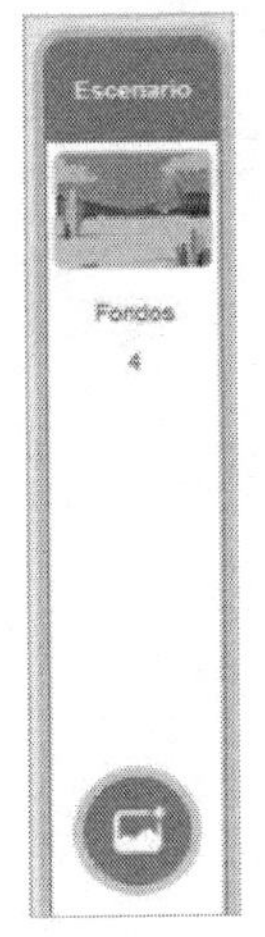

2

Abrir imagen en una pestaña nueva
Guardar imagen como... 3
Copiar imagen
Copiar dirección de imagen

⇉ Seleccione la ubicación en la que desea guardar la imagen en su ordenador y asigne un nombre al archivo.

Se creará un archivo (.svg).

Observación

Dé a sus fondos nombres que se expliquen por sí mismos, como Nivel 1 para un juego de varios niveles, Game Over.

8. Conclusión

Colorida e intuitiva, la interfaz de Scratch facilita el acceso a las distintas funciones que permiten crear proyectos vivos e interactivos. Con las líneas de código ya escritas en los bloques, programar es muy fácil. No hay riesgo de cometer errores tipográficos.

Scratch es un completo paquete de software con una paleta gráfica para dibujar o modificar los distintos elementos programables. Antes de ver las funciones y características de los bloques de programación, veamos cómo funcionan la paleta gráfica y el editor de audio.

Capítulo 3

Los editores

1. Introducción

A diferencia de otros programas, Scratch incorpora:

- Una paleta gráfica para dibujar y modificar objetos y fondos.
- Un editor de audio para grabar sonidos o modificar los existentes.

En este capítulo, descubrirá la interfaz de estos dos editores y aprenderá a utilizarlos en sus futuros proyectos.

2. La paleta gráfica

Hay dos formas de acceder a la paleta gráfica:

⇉ Seleccione la pestaña **Disfraces** o la pestaña **Fondos**.

⇉ Haga clic en el icono **Pinta** en **Elige un objeto** o **Elige un fondo**.

La paleta de gráficos tiene un escenario en el centro para dibujar y modificar elementos gráficos utilizando una serie de herramientas.

2.1 Imágenes vectoriales

Cuando usted abre la paleta gráfica, se abre en modo vectorial. Esto se debe a que la mayoría de las imágenes disponibles en las distintas bibliotecas (objetos y fondos) están en este formato.

Se selecciona el modo vectorial.

Una imagen vectorial está formada por objetos geométricos (curvas, rectángulos, segmentos, etc.) a los que se asignan coordenadas, colores, texturas, etc. La ventaja de estas imágenes es que pueden ampliarse sin pérdida de calidad. La propia interfaz de Scratch se compone de imágenes vectoriales. Programas como Illustrator e Inkscape crean imágenes vectoriales.

Observación

Si convierte una imagen de mapa de bits en una imagen vectorial, todos los elementos creados previamente permanecerán en formato de mapa de bits. Scratch no puede convertirlos.

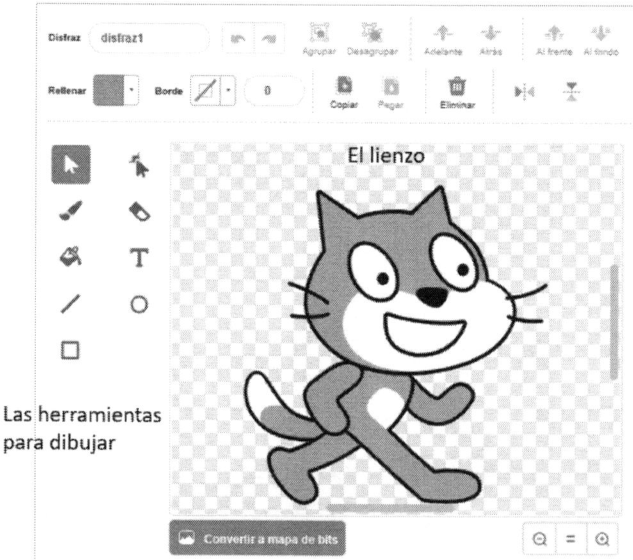

Las herramientas para modificar

2.2 Las herramientas para modificar

Situadas horizontalmente en la parte superior del lienzo, se pueden utilizar varias herramientas para modificar los dibujos del lienzo.

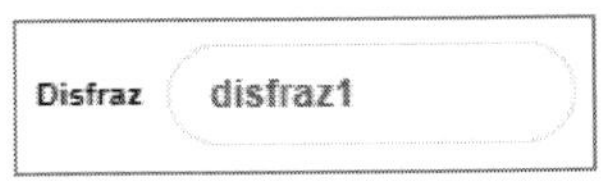

Este espacio se utiliza para cambiar el nombre de los disfraces (o fondos).

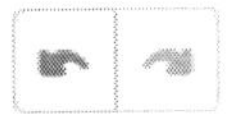

Deshacer y **Rehacer**: utilice estas dos flechas para deshacer o rehacer las últimas acciones pulsándolas tantas veces como sea necesario.

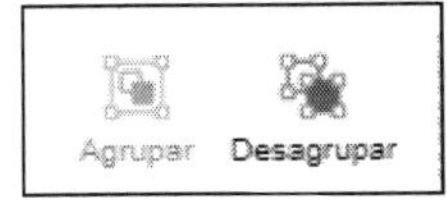

Agrupar y **Desagrupar**: los elementos creados en el lienzo pueden agruparse para formar un único objeto. Por ejemplo, cuando se dibuja un personaje elemento por elemento (cabeza - cuerpo - brazos - piernas), estos no están asociados.

⇉ Posicione los objetos como desee que se coloquen unos respecto a otros.

⇉ Una vez colocados los objetos, haga clic en la herramienta **Seleccionar** . Trace un cuadro de selección alrededor de los objetos que quiera combinar. También puede seleccionar los objetos uno a uno con el ratón mientras mantiene pulsada la tecla [Mayús].

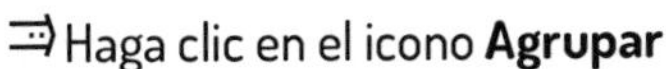

⇉ Haga clic en el icono **Agrupar** 

.

Los distintos dibujos forman ahora un único objeto. Pueden moverse todos juntos.

Para separarlos de nuevo:

⇉ Seleccione el dibujo y haga clic en el icono **Desagrupar** 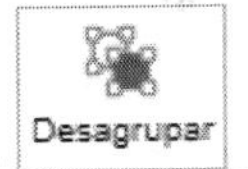

. Vuelven a ser independientes entre sí.

Observación
La mayoría de los objetos de la biblioteca están en formato vectorial. Por tanto, pueden modificarse fácilmente separándolos.

Adelante y **Atrás**: coloca uno de los dibujos del lienzo hacia delante o hacia atrás en relación con los demás dibujos, creando superposiciones. Estas herramientas se utilizan para añadir profundidad a las imágenes.

⇉ Con la herramienta **Seleccionar**, seleccione el dibujo que desea desplazar.

⇉ Haga clic en el icono de la acción deseada (**Adelante** o **Atrás**) hasta alcanzar la posición deseada.

Observación

Este cambio de posición se realiza gradualmente, a diferencia de lo que sucede con las herramientas siguientes, que permiten pasar al primer plano o al fondo sin posición intermedia.

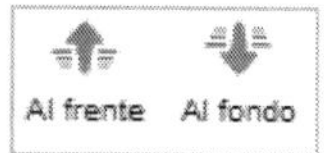

Al frente y **Al fondo**: para posicionar un elemento en el primer plano (**Al frente**) o en el último plano (**Al fondo**) sin posiciones intermedias.

Estas dos herramientas se utilizan en particular para colocar un fondo detrás y el personaje que se está reproduciendo delante. Los demás elementos se posicionan entre sí mediante las funciones **Adelante** y **Atrás**.

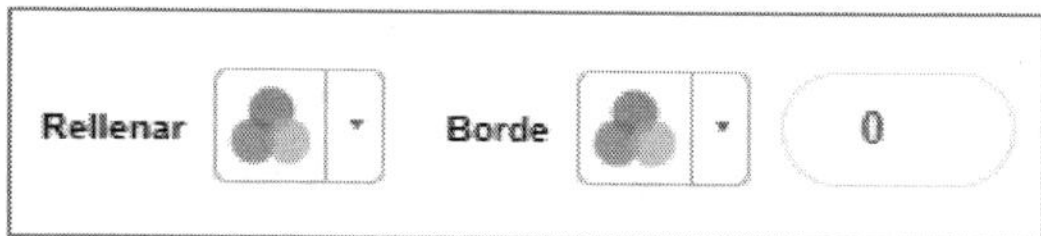

En modo vectorial, el trazado de los dibujos esta provisto de:

- un relleno, es decir, un color dentro de la forma. Es posible no elegir ningún color.
- un borde cuyo color puede ser diferente al del relleno.

El color de relleno y el color del borde (así como su grosor) pueden definirse independientemente el uno del otro. Se utiliza un selector de color (*color picker* en inglés) para definir el color de **Relleno** y el color de **Borde**. Dispone de tres deslizadores para modificar **Color - Saturación - Brillo**.

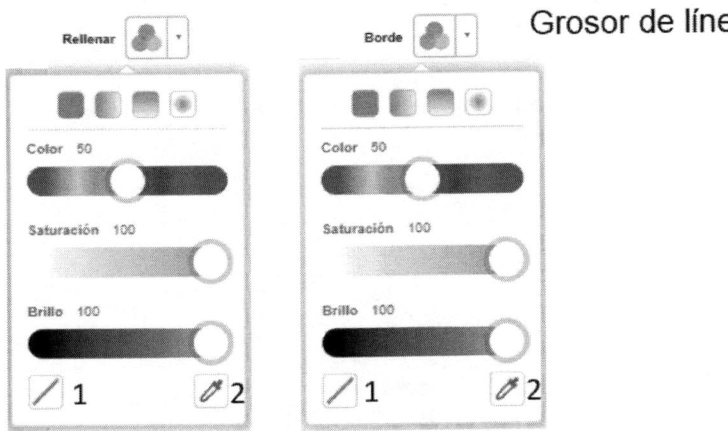

La herramienta **Sin color** (1) se utiliza para dejar la forma sin rellenar o para no asignar ningún color a su contorno.

La herramienta **Selección de color** (pipeta) (2) se utiliza para seleccionar un color del lienzo y aplicarlo a un elemento.

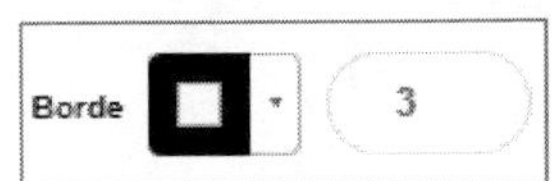

Grosor de línea: se puede modificar el grosor de la línea de borde.

Copiar y **Pegar** permiten hacer una copia de un elemento y duplicarlo (pegarlo) en otro lugar del lienzo o en otro disfraz o fondo. Esta función es útil para reproducir un diseño en otros objetos, disfraces o fondos.

⇉ Seleccione el elemento que desea copiar con la herramienta **Seleccionar**.

⇉ Haga clic en el icono **Copiar**.

⇉ Abra el lienzo en el que quiera pegar la imagen (otro disfraz, un fondo, por ejemplo) o quédese en este lienzo si quiere hacer una copia.

⇉ Haga clic en el icono **Pegar**.

Eliminar: permite borrar uno o varios elementos seleccionados. También puede utilizar la tecla [Supr].

Voltear horizontalmente (o **Flip horizontal**) y **Voltear verticalmente** (o **Flip vertical**)

Herramienta **Voltear horizontalmente**: sirve para cambiar la dirección de los disfraces. Por ejemplo, un personaje que mire hacia la derecha será volteado y mirará hacia la izquierda.

Herramienta **Voltear verticalmente**: en algunas aplicaciones de software se denomina herramienta de espejo.

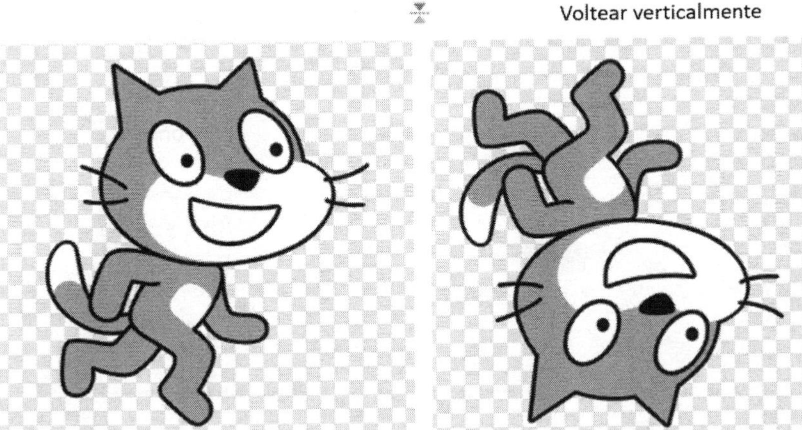

Situadas en la parte inferior derecha del lienzo, estas tres herramientas sirven para alejar (-) o acercar (+) el lienzo de fondo de la paleta gráfica. La imagen se amplía (o se reduce) en la pantalla, pero su tamaño permanece invariable.

El botón central (=) permite restablecer la visualización al 100 %. Cuando el aumento es superior al 100 %, aparecen dos barras de desplazamiento en la parte inferior y derecha de la pantalla.

2.3 Las herramientas para dibujar

En la parte izquierda del lienzo hay nueve herramientas de dibujo.

Herramienta **Seleccionar**: permite seleccionar un objeto haciendo clic en él para modificarlo o desplazarlo. Una vez seleccionado, el objeto queda rodeado por un rectángulo de selección.

- La flecha doble situada debajo de la selección sirve para girar el objeto.
- Los círculos situados en los bordes exteriores del área de selección permiten modificar el tamaño del objeto.

Herramienta **Volver a dar forma**

Sirve para modificar el borde de un objeto mediante círculos de selección que aparecen en el borde del objeto cuando se selecciona.

- Los círculos pueden moverse con el ratón para cambiar la forma del objeto.
- Se pueden añadir otros círculos de modificación simplemente haciendo clic en una zona del gráfico. Al añadir círculos, se puede curvar el segmento en el que se colocan.
- Se puede eliminar un círculo de modificación haciendo clic en él, lo que cambia la forma del gráfico.

⇉ Haga clic en un círculo mientras mantiene pulsada la tecla [Mayús]: el círculo desaparece.

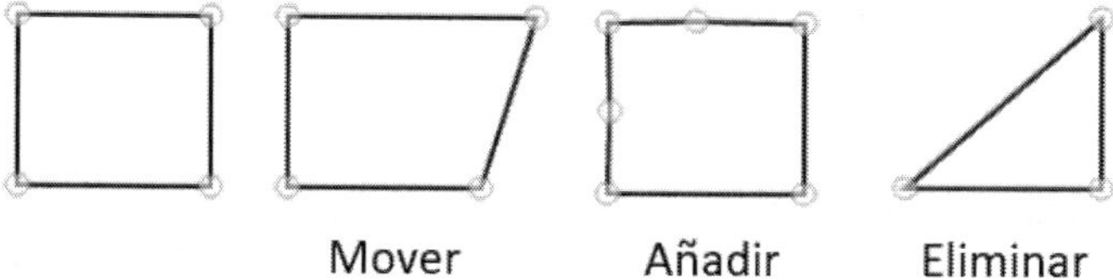

Herramienta **Pincel**: esta herramienta se utiliza para dibujar. El tamaño del trazo puede ajustarse en la casilla que aparece junto a las herramientas **Rellenar** y **Borde**.

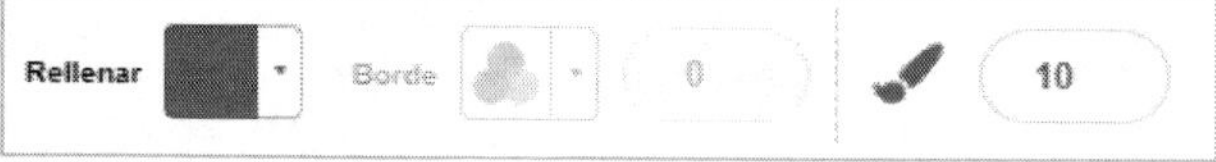

Herramienta **Goma**: en la versión anterior de Scratch, Scratch 2, el modo vectorial no disponía de goma. Esta herramienta es muy útil para borrar ciertas partes de los dibujos. El diámetro de la goma de borrar puede ajustarse en el área que aparece junto a las herramientas **Rellenar** y **Borde**.

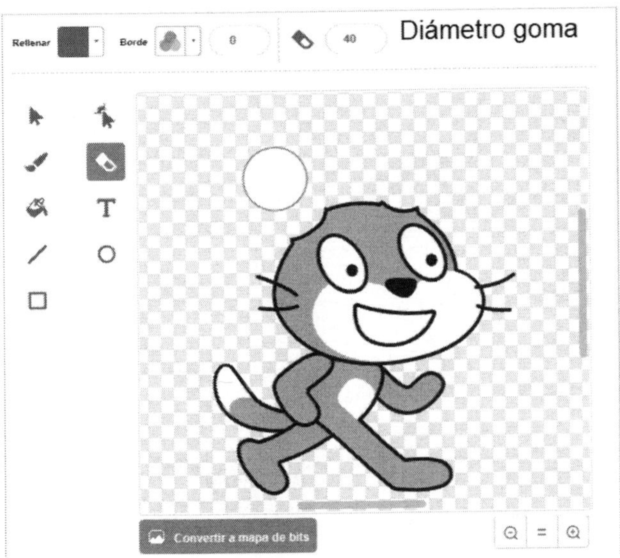

Herramienta **Rellenar**: sirve para rellenar un objeto con un color o para cambiar el color de su trazo.

Herramienta **Texto**: sirve para escribir texto. Cuando se selecciona la herramienta, aparece un menú desplegable que ofrece varios tipos de letra.

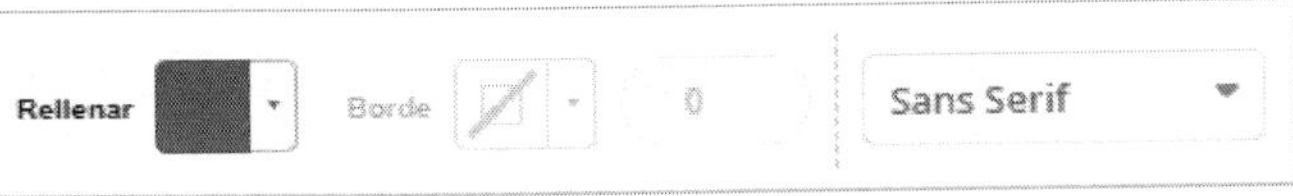

Herramienta **Línea**: permite dibujar líneas cuyo grosor puede modificarse.

Para obtener líneas perfectamente rectas, mantenga pulsada la tecla [Mayús] mientras dibuja.

Herramienta **Círculo**: para dibujar un círculo perfecto, mantenga pulsada la tecla [Mayús] y arrastre el ratón.

Herramienta **Rectángulo**: para dibujar un cuadrado perfecto, mantenga pulsada la tecla [Mayús] y arrastre el ratón.

Observación

Ampliando el lienzo de fondo, puede utilizar los azulejos como cuadrícula para dibujar en estilo pixel art (ver capítulo Juego de disparos, capítulo La extensión micro:bit, sección Juego de disparos con micro:bit).

3. El modo mapa de bits

Para crear un objeto o un fondo, la paleta de gráficos se abre por defecto en modo vectorial. Sin embargo, puede elegir crear sus imágenes en modo mapa de bits, seleccionando **Convertir a mapa de bits**.

Una imagen de mapa de bits está formada por una multitud de puntos llamados píxeles. El número de píxeles determina la resolución de la imagen. Una imagen de mapa de bits no puede ampliarse sin perder calidad.

Observación

Si convierte una imagen vectorial en una imagen de mapa de bits, todos los objetos vectoriales perderán sus propiedades, pero las recuperarán si vuelve atrás.

En términos de píxeles, el escenario sobre el que se mueven los objetos está formada por 172 800 píxeles (360 * 480 píxeles). Programas como Paint, Photoshop y Gimp utilizan imágenes de mapa de bits.

Las herramientas en modo mapa de bits son más o menos comparables a las del modo vectorial.

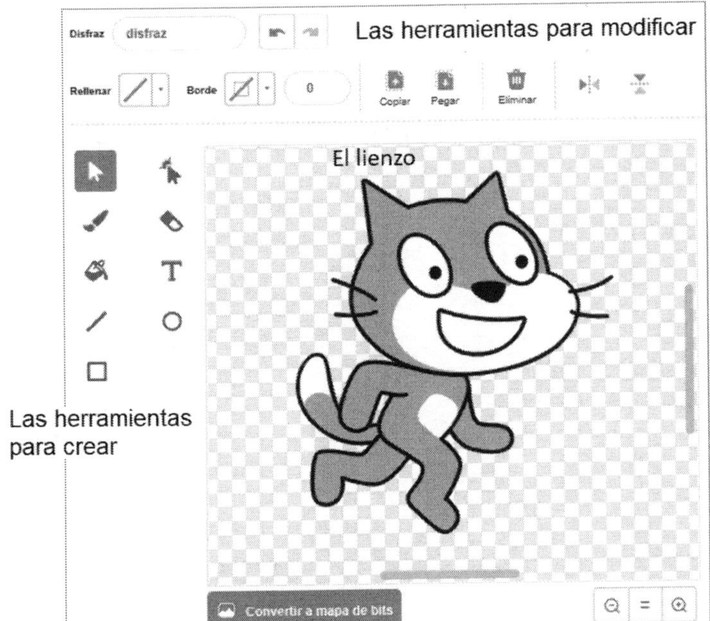

Situadas horizontalmente en la parte superior del lienzo, las herramientas utilizadas para realizar modificaciones son idénticas a las del modo vectorial, pero hay algunas menos.

Pincel: esta herramienta se utiliza para dibujar. Puede cambiar el grosor de la línea.

Herramienta **Línea**: para dibujar líneas perfectamente horizontales o verticales, mantenga pulsada la tecla [Mayús] mientras dibuja. Puede cambiar el grosor de la línea.

Herramienta **Círculo**: para dibujar un círculo perfecto, mantenga pulsada la tecla [Mayús] y arrastre el ratón.

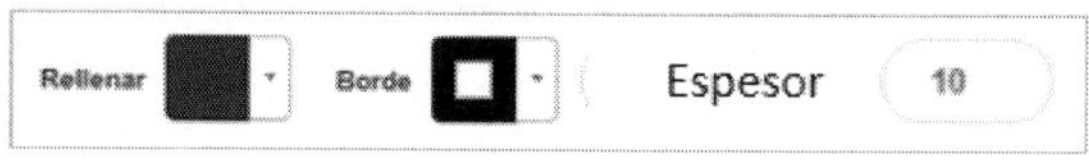

Puede elegir entre dibujar un círculo completo o sólo un contorno cuyo grosor puede definir.

Herramienta **Rectángulo**: para dibujar un cuadrado perfecto, mantenga pulsada la tecla [Mayús] y arrastre el ratón.

Puede elegir dibujar un rectángulo (o cuadrado) completo, o sólo un contorno cuyo grosor puede definirse.

Herramienta **Texto**: cuando se selecciona esta herramienta, aparece un menú desplegable con nueve tipos de letra.

Herramienta **Rellenar**: para rellenar un objeto con un color o cambiar el color de su trazo.

Herramienta **Goma**: esta herramienta se utiliza para borrar determinadas partes de los dibujos. El diámetro de la goma de borrar puede ajustarse cambiando el valor.

Herramienta **Seleccionar**: permite seleccionar elementos del lienzo mediante un cuadro de selección. Este cuadro puede utilizarse para copiar elementos o para combinar/disociar los distintos elementos que componen un dibujo, o para modificarlo.

⇉ Dibuje un cuadro de selección alrededor del área que desea separar.

⇉ Arrastre el ratón para alejar la selección del resto del dibujo al que estaba asociada.

- Dibuje un cuadro de selección alrededor del área que desea duplicar. Puede ser todo el elemento o solo una parte.

- Haga clic en el icono **Copiar** o pulse la combinación de teclas [Ctrl] C.

- Haga clic en el icono **Pegar** o pulse la combinación de teclas [Ctrl] V.

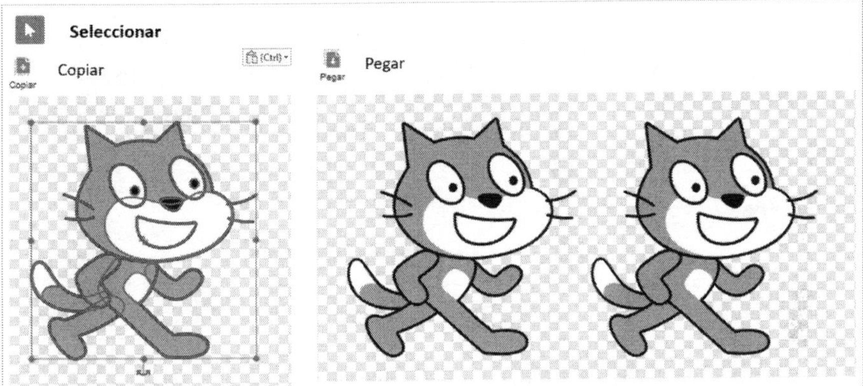

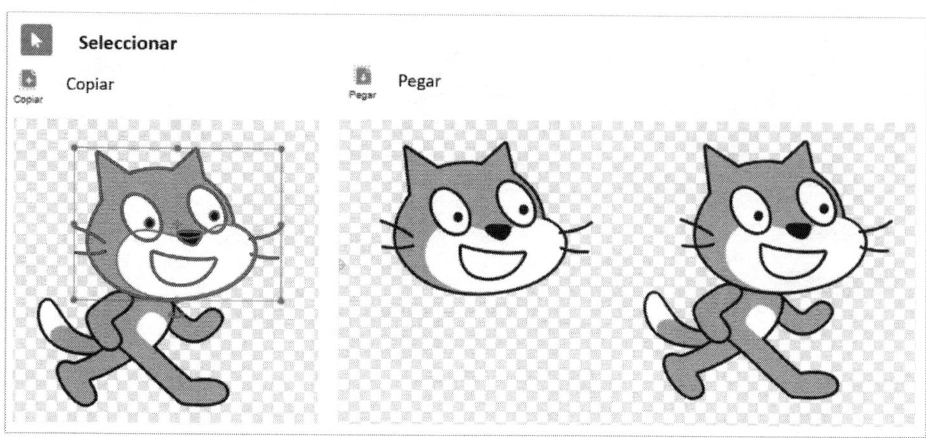

Observación

Puede pegar el elemento seleccionado en el mismo lienzo, es decir, el mismo disfraz, o en otro lienzo (nuevo objeto, disfraz diferente, fondo, etc.).

Gracias a su paleta gráfica, puede utilizar Scratch para crear sus propios gráficos o para modificar imágenes importadas. No es necesario utilizar distintos programas de dibujo. La amplia selección de objetos y fondos disponibles en las bibliotecas facilita la creación de juegos sin necesidad de ser un especialista en dibujo. Por último, al aceptar la importación de imágenes en diversos formatos (JPG - BMP - PNG - GIF - SVG), Scratch es un paquete de software muy abierto.

4. El editor de sonido

Para abrir el editor de gestión de sonidos, seleccione la pestaña **Sonidos** (1), disponible para objetos y fondos.

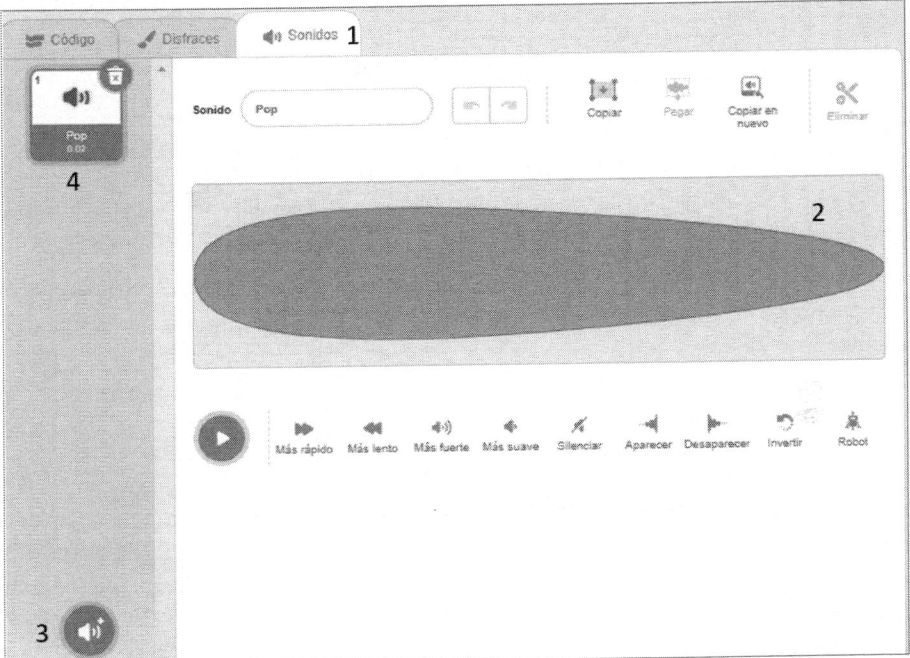

Los sonidos, ya sean grabados, importados o tomados de la biblioteca, pueden modificarse con el editor de audio. Se representan en forma de onda (2) formada por picos de altura y anchura variables.

El eje x (horizontal) mide el tiempo.

El eje y (vertical) mide la amplitud, es decir, el volumen de la señal de audio. Cuanto más altos sean los picos, más fuerte será la señal sonora. Cuanto más bajos sean los picos, es decir, más cerca del eje central, más débil o silenciosa será la señal sonora.

La anchura de las curvas representa la duración. Cuanto más anchas son, más larga es la señal en términos de duración.

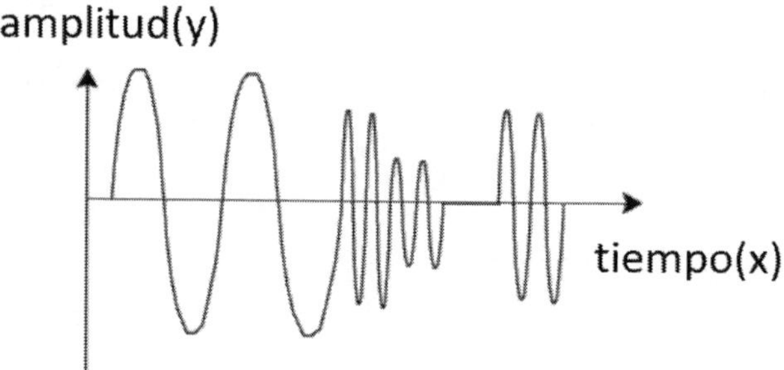

Dado que indica claramente los cambios de amplitud, la representación del sonido en forma de una onda es ideal para identificar los cambios abruptos en las voces y las percusiones, etc.

Por ejemplo, para localizar una palabra concreta que se ha pronunciado, basta con buscar el pico correspondiente a la primera sílaba. El siguiente pico corresponderá a la última sílaba.

4.1 Añadir sonidos

Puede incorporar tantos sonidos como quiera a sus proyectos. Para añadir nuevos sonidos:

⇉ Seleccione el icono **Elige un sonido** (3). Aparecerán cuatro iconos.

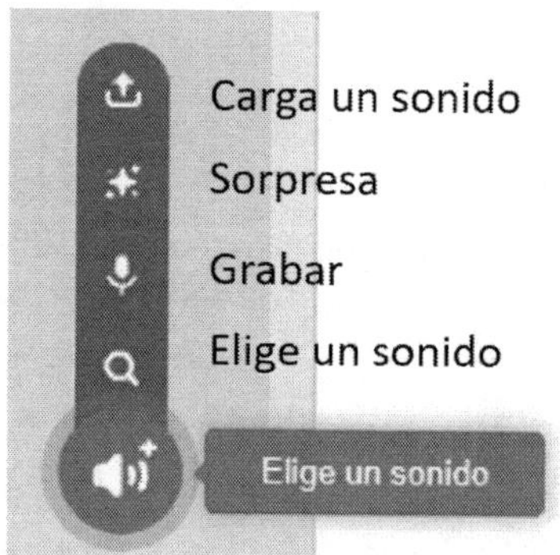

Elige un sonido: le permite elegir un sonido de la biblioteca de sonidos. Estos sonidos, clasificados por categorías, son muy variados: desde animales hasta instrumentos musicales y efectos sonoros.

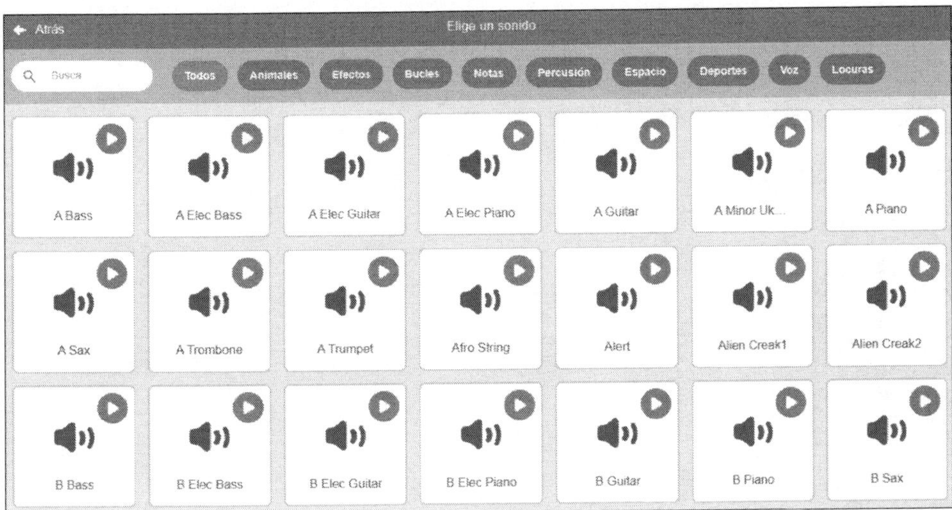

Al pasar el cursor del ratón por encima de una de las miniaturas, se reproduce la pieza musical correspondiente. La miniatura del sonido seleccionado se añade a la lista (4) de archivos seleccionados para el proyecto. Esta miniatura contiene dos datos:

- El nombre de la canción, que se puede modificar.
- Su duración.

Grabar: si su ordenador dispone de un micrófono, puede grabar sonidos directamente, como diálogos, y asociarlos a sus objetos.

⇉ Seleccione el icono **Grabar**.

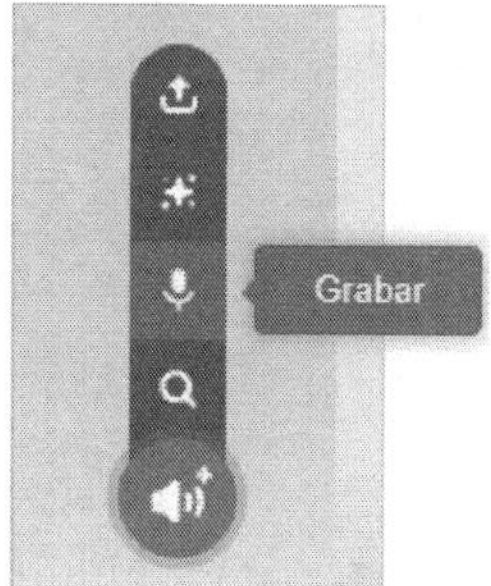

Se abre la ventana **Grabar sonido**.

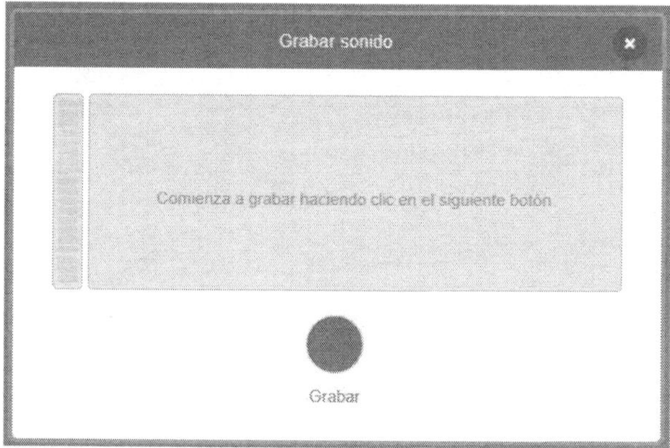

⇉ Haga clic en **Grabar** para iniciar la grabación.

Cuando se graba un sonido, se representa mediante una onda (1). También se dispone de información sobre su volumen (2).

⇉ Cuando haya terminado de grabar, haga clic en **Dejar de grabar** (3).

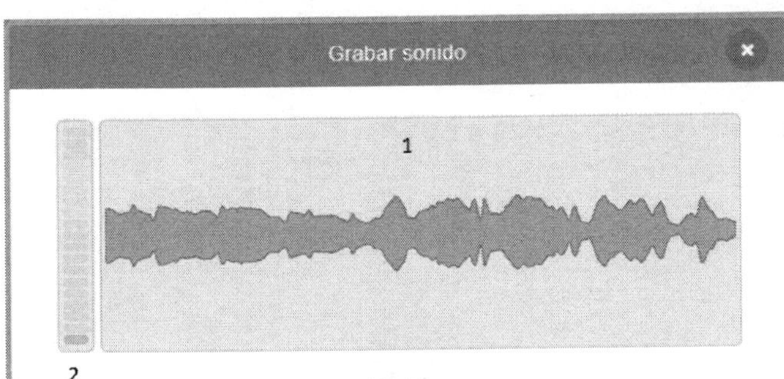

Antes de **Guardar** definitivamente (4) el sonido grabado, puede:

- Utilizar las barras de selección (5) para realizar una primera selección.
- Escuchar la grabación: **Reproducir** (6).
- **Volver a grabar** (7) si no está satisfecho con el conjunto.

Una vez guardado el sonido, se crea una miniatura correspondiente a la pista. Se coloca después de las demás pistas disponibles en el proyecto. Puede cambiar el nombre por defecto de **recording ()** por algo más explícito y fácil de usar.

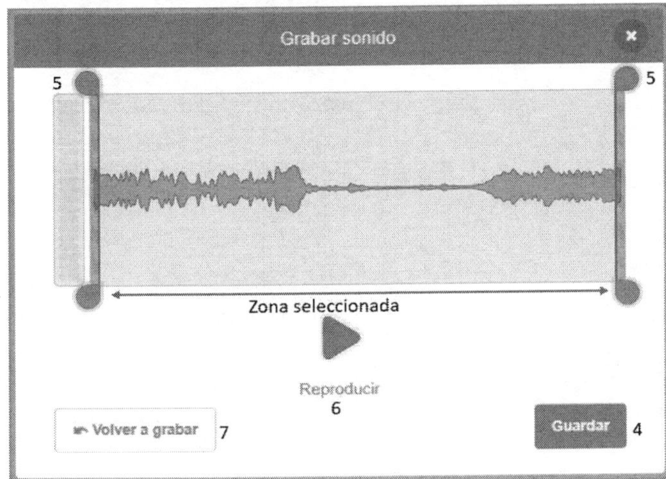

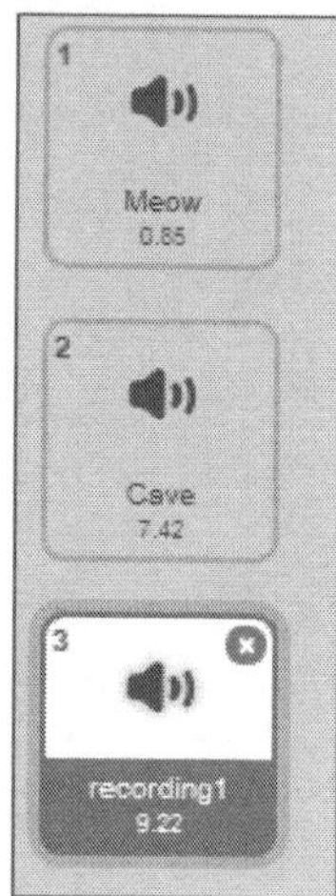

Sorpresa: se selecciona aleatoriamente un archivo de sonido de la biblioteca.

Carga un sonido: selecciona e importa un sonido de su ordenador. Scratch acepta formatos MP3 o WAV.

4.2 Las herramientas para gestionar sonidos

El editor de audio sirve para modificar sonidos y crear otros nuevos.

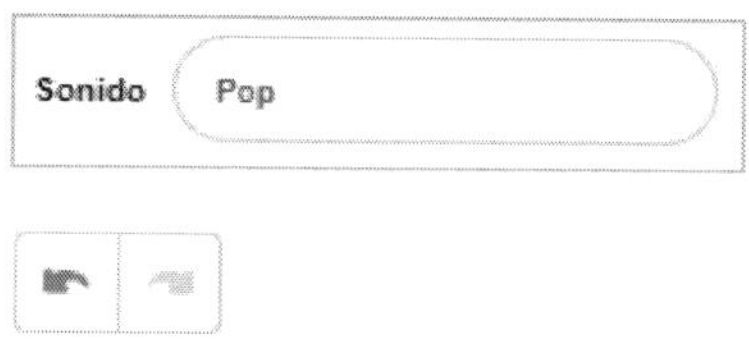

El nombre de las pistas seleccionadas, modificadas o creadas puede cambiarse para facilitar su uso.

Deshacer y **Rehacer**: utilice estas dos flechas para cancelar (**Deshacer**) o volver a aplicar (**Rehacer**) las últimas acciones pulsándolas tantas veces como sea necesario.

Modificar el sonido

Herramienta **Recortar**: permite recortar una parte del sonido. Al hacer clic en la herramienta, aparecen unas barras de selección (1) al nivel de la onda sonora. Estas pueden desplazarse a izquierda y derecha con el ratón para definir la zona que debe conservarse (y la que debe suprimirse).

Antes de **Guardar** (2) la selección, puede escucharla haciendo clic en el icono **Reproducir** (3). La parte que quede fuera de la selección solo se borrará una vez que se haya hecho clic en la herramienta **Guardar** (2).

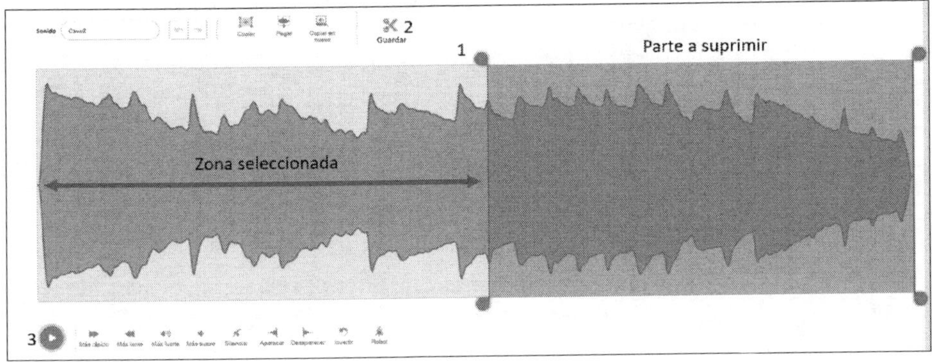

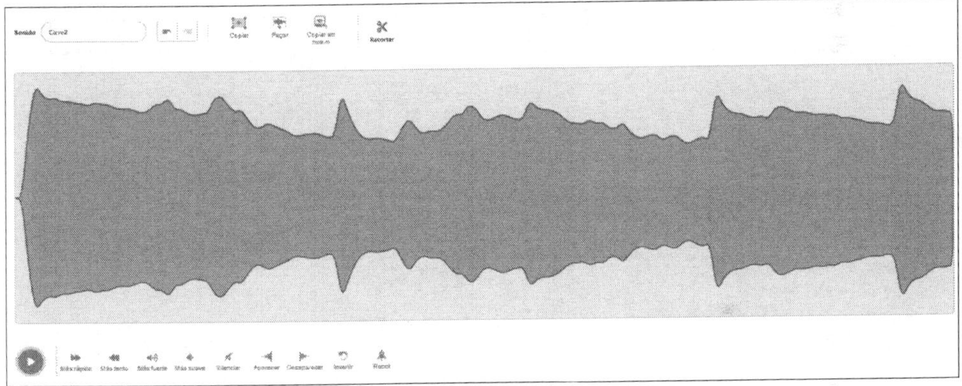

Reproducir: reproduce el fragmento musical.

Cuando se está reproduciendo, este icono se sustituye por el de **Detener**. Sirve para detener la reproducción del fragmento.

Aplicar efectos al sonido

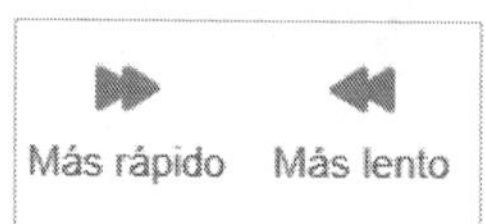

Más rápido o **Más lento**: estos dos iconos sirven para aumentar o disminuir la velocidad de reproducción del fragmento. Puede obtener el efecto deseado pulsando varias veces uno de los dos efectos.

Efecto **Echo**: es un efecto de audio que añade más o menos reverberación al sonido. Cuanto más pulse el icono, mayor será el efecto.

Efecto **Robot**: este efecto de audio da una textura metálica al sonido. Cuanto más pulse el icono, mayor será el efecto.

Más fuerte o **Más suave**: estos dos iconos sirven para aumentar o disminuir la amplitud del sonido. Puede pulsar varias veces uno de los dos efectos hasta obtener el efecto deseado.

Invertir: reproducir todo o parte de un sonido en sentido inverso.

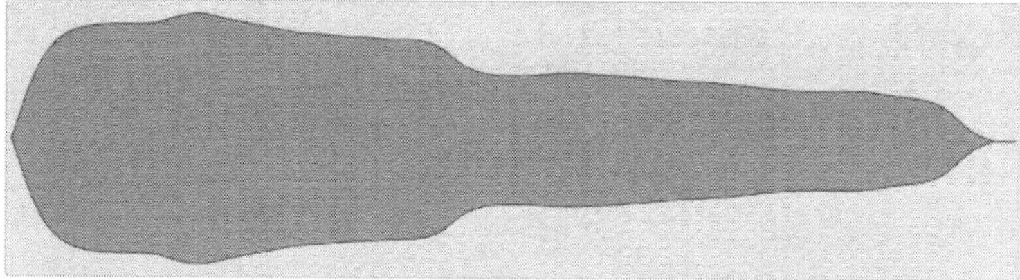

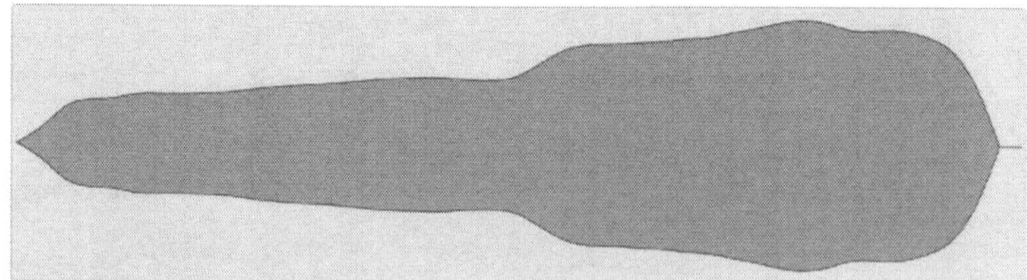

La música es una parte importante de los juegos, ya que ayuda en la inmersión de los jugadores y en la creación de suspense y tensión. Algunos juegos se han hecho famosos por su música, como Mario Bros o Zelda. La mayoría son bucles de notas repetidas. Hay una categoría en la biblioteca de sonidos llamada **Bucles**. Uno de los bucles más utilizados en los juegos creados con Scratch es el bucle **Cave**.

5. Conclusión

Los entornos sonoro y gráfico son elementos importantes en un videojuego. Crean una atmósfera y un estilo. Gracias al editor de audio y a los bloques de la categoría **Sonido**, podrá asociar sus temas favoritos a sus proyectos o crear fácilmente su propia música. La paleta gráfica, por su parte, le permite dar rienda suelta a su imaginación dibujando sus propios objetos y fondos, o modificando a su antojo los de las distintas librerías.

Capítulo 4

Los bloques de programación

1. Introducción

Scratch es un lenguaje de programación denominado gráfico. A diferencia de los lenguajes basados en texto, los programas están formados por bloques que se ensamblan uno tras otro, uno dentro de otro. En este capítulo, conocerá los diferentes bloques que se pueden utilizar para crear programas. Situados en la pestaña Código, están clasificados por categorías. Hay más de cien bloques de programación disponibles, divididos en diez categorías con colores diferentes, lo que facilita su identificación.

Además de estas diez categorías, existen bloques vinculados a extensiones. Cada una de estas extensiones será objeto de un capítulo independiente con la presentación de proyectos concretos.

2. Los bloques Movimiento

Los videojuegos y las animaciones presentan diferentes objetos que se mueven e interactúan entre sí. Algunos son controlados por el jugador mediante teclas del teclado asociadas a bloques **Movimiento**, mientras que otros están preprogramados, de forma aleatoria o no.

Los bloques de la categoría **Movimiento** se utilizan para colocar y mover objetos de forma absoluta o relativa en la escena. Definen su orientación y posición en relación con otros objetos.

En esta sección, descubrirá las características específicas de los distintos bloques que componen la categoría **Movimiento**.

Observación

En el capítulo Técnicas para videojuegos, se describirán en detalle varios programas utilizados para mover objetos.

2.1 Movimientos relativos

Los movimientos basados en los denominados valores relativos se realizan en relación con la posición del objeto, sin referencia a las coordenadas de la escena, o en relación con otro objeto. Cuando mueve a un personaje en un videojuego, sus movimientos son relativos.

Se utilizan tres bloques para mover objetos en Scratch de forma relativa. Estos tres bloques tienen una zona de entrada para especificar el valor de los pasos. El valor por defecto es de 10 pasos. Los pasos corresponden a la unidad del escenario.

El objeto avanza el valor especificado. Para hacerlo retroceder, basta con especificar un valor negativo: **mover -10 pasos**.

Este bloque suele asociarse a una tecla del teclado **tecla () presionada** para crear una instrucción.

Este bloque cambia la posición x del objeto en el valor especificado. El objeto se mueve horizontalmente hacia la derecha si el valor especificado es positivo o hacia la izquierda si el valor es negativo.

Por ejemplo, para un objeto situado en x = 150 e y = 50, el bloque **sumar a x 10** posiciona el objeto en x = 160 e y = 50. La coordenada y (ordenada) no se modifica.

Este bloque cambia la posición y del objeto en el valor especificado. El objeto se mueve verticalmente hacia arriba si el valor especificado es positivo, y hacia abajo si el valor es negativo.

Por ejemplo, para un objeto situado en x = 150 e y = 50, el bloque **sumar a y 10** posiciona el objeto en x = 150 e y = 60. La coordenada x (abscisa) no se modifica.

Ejemplos de uso

Este programa es un ejemplo de cómo mover de forma relativa un objeto en el escenario, modificando alternativamente el valor de su abscisa y su ordenada.

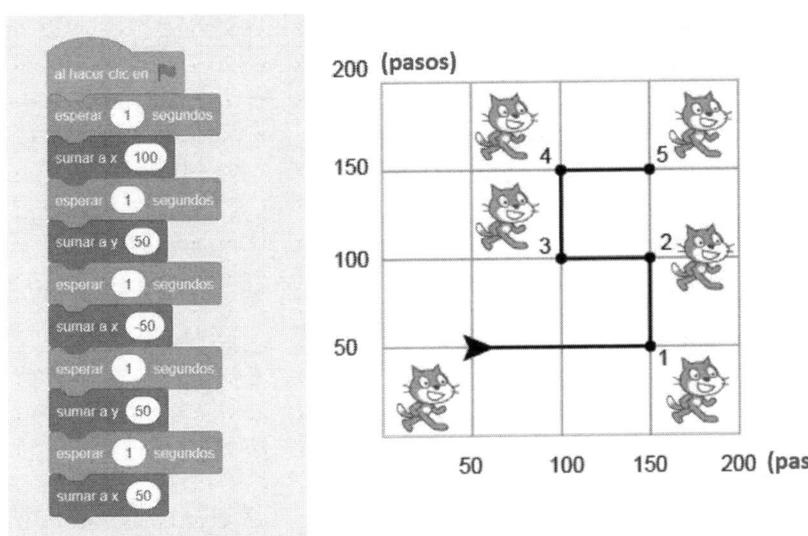

⇉ **al hacer clic en bandera verde**

⇉ **esperar 1 segundos** // para insertar un tiempo de espera entre la ejecución de cada bloque de movimiento para que pueda ver el objeto moverse por la escena.

⇉ **sumar a x 100** // añade 100 al valor x del objeto. Se mueve a la derecha (1).

⇉ **esperar 1 segundos**

⇉ **sumar a y 50** // añade 50 al valor y del objeto. Se mueve hacia arriba (2).

⇉ **esperar 1 segundos**

⇉ **sumar a x - 50** // resta 50 al valor x del objeto. Se mueve hacia atrás (3).

⇉ **esperar 1 segundos**

⇉ **sumar a y 50** // añade 50 al valor y del objeto. Se mueve hacia arriba (4).

⇉ **esperar 1 segundos**

⇉ **sumar a x 50** // añade 50 al valor x del objeto. Se mueve a la derecha (5).

Observación

Para ver el camino que recorre el objeto en el escenario, puede añadir el bloque de **Lápiz sellar** (categoría **Añadir extensión - Lápiz**) al inicio del programa.

2.2 Orientación y rotación

Varios bloques están dedicados a la orientación y la dirección de los objetos. Estas pueden definirse o realizarse en función del ratón o de otros objetos presentes.

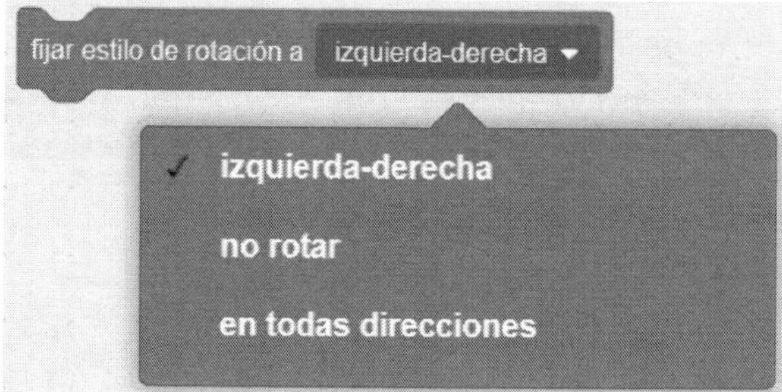

Este bloque define la orientación que toma el objeto cuando encuentra un obstáculo o uno de los bordes de la escena, cuando se orienta con respecto al ratón o a otro objeto. Se pueden seleccionar tres direcciones en función del efecto deseado. La dirección izquierda-derecha es la más utilizada para conseguir un efecto más realista al cambiar de dirección.

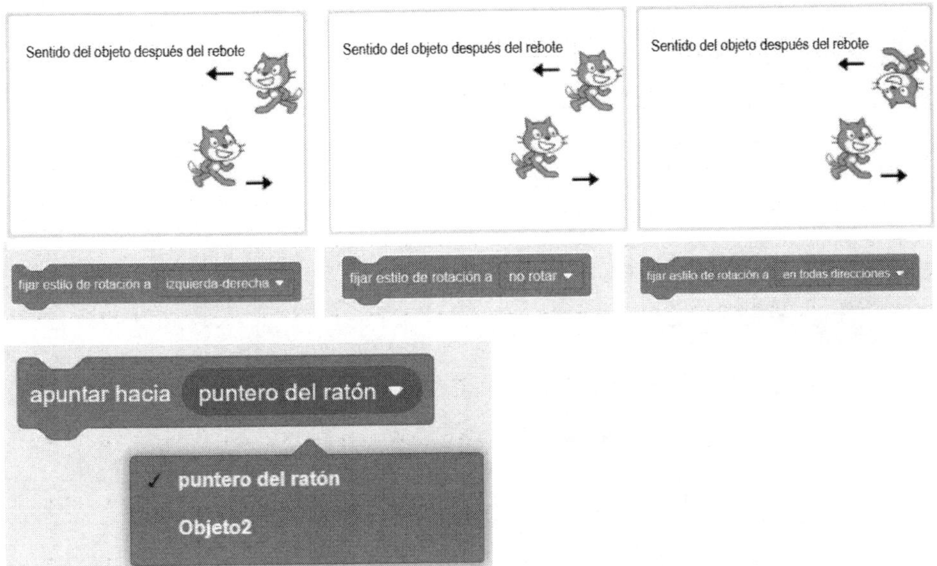

El objeto gira hacia el puntero del ratón o hacia otro objeto. Todos los objetos utilizados en el proyecto pueden seleccionarse mediante el menú desplegable.

Ejemplos

Pruebe estos dos programas para ver cómo se comporta el objeto.

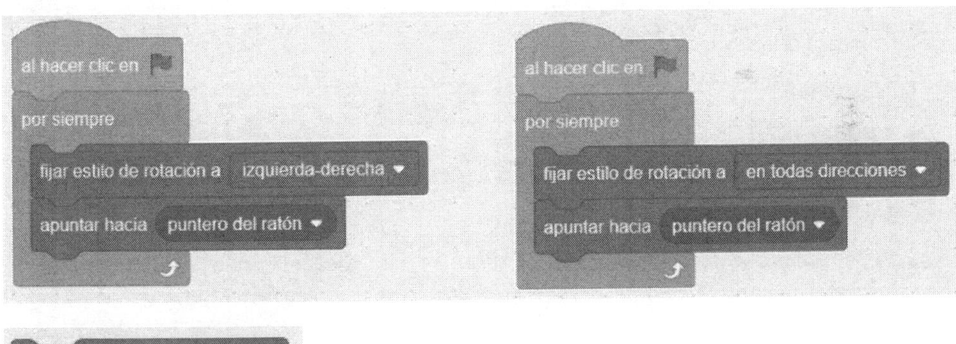

Este bloque se utiliza para girar el objeto en el sentido de las agujas del reloj, según un valor modificable expresado en grados.

Este bloque se utiliza para girar el objeto en sentido antihorario, es decir, en el sentido contrario a las agujas del reloj, según un valor modificable expresado en grados.

Este bloque se utiliza para orientar el objeto de modo que se mueva en la dirección correcta. Cuando selecciona el área de escritura, aparece un círculo que recuerda a la esfera de un reloj o a un transportador de 360 grados. Basta con cambiar la posición de la flecha con el ratón para determinar la orientación:

- hacia arriba (0°);
- hacia abajo (180°);
- hacia la derecha (90°);
- hacia la izquierda (-90°).

Estos cuatro ángulos se utilizan en los programas para mover el objeto por el escenario. Se pueden especificar otros valores, por ejemplo, para que las bolas reboten.

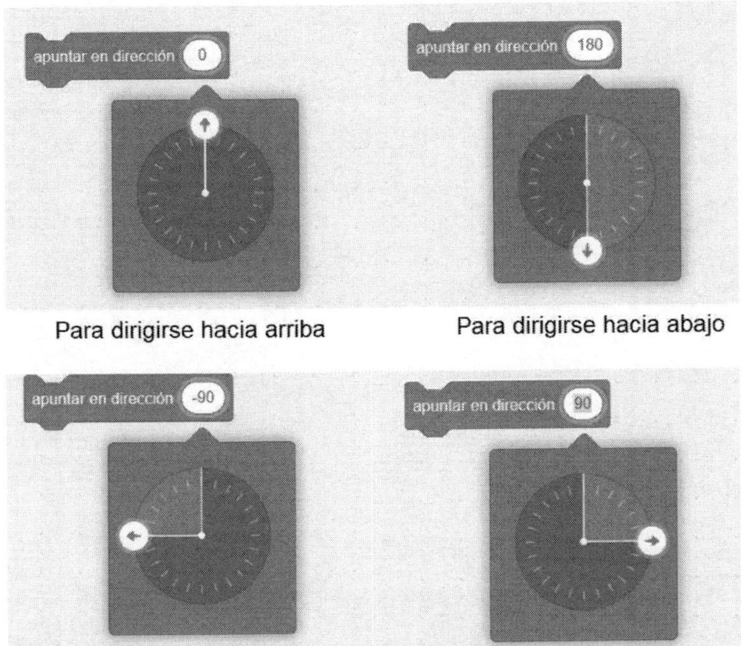

Para dirigirse hacia arriba

Para dirigirse hacia abajo

Para dirigirse a la izquierda

Para dirigirse a la derecha

2.3 Los desplazamientos absolutos

Los desplazamientos de valor absoluto permiten mover el objeto según coordenadas precisas en el escenario.

El escenario en el que se mueven los objetos es un rectángulo de 480 por 360 pasos. El centro de la escena corresponde a las coordenadas x = 0 (abscisa) e y = 0 (ordenada). Todos los puntos situados hacia arriba y a la derecha corresponden a coordenadas positivas. Todos los puntos situados a la izquierda y hacia abajo corresponden a coordenadas negativas.

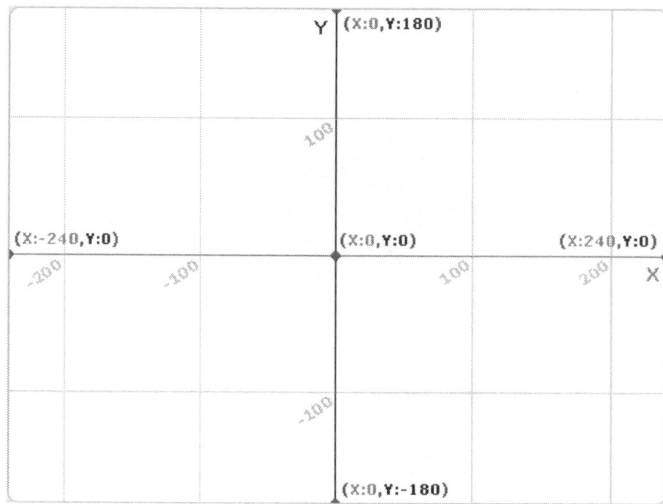

El eje de las abscisas (x) está graduado de -240 a +240.

El eje de las ordenadas (y) está graduado de -180 a +180.

Se pueden utilizar cuatro bloques para mover el objeto en la cuadrícula de la escena en función de valores absolutos, es decir, en función de las coordenadas x e y.

El objeto se posiciona en las coordenadas especificadas. Se desplaza rápidamente: el objeto desaparece y reaparece en el lugar especificado.

Observación

Al iniciar un programa, ya sea un juego o una animación, es importante colocar los objetos en lugares bien definidos. Por ejemplo, en un juego de tipo laberinto, el objeto con el que se está jugando (es decir, que mueve el jugador) debe estar posicionado en la entrada del laberinto cuando se inicia el juego. Puede volver a esta posición si «falla» al moverse.

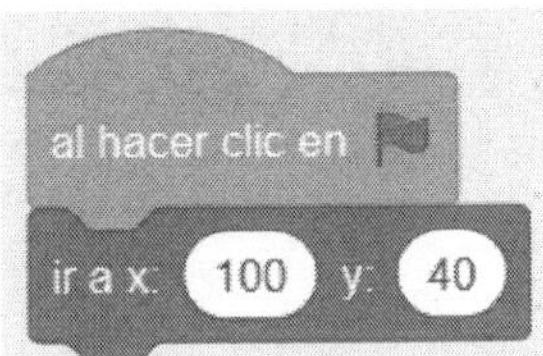

Cuando el programa comienza a ejecutarse, el objeto se sitúa en las coordenadas x = 100 e y = 40.

Un objeto también puede moverse modificando independientemente el valor x o y de sus coordenadas. Si cambia el valor x, el objeto se mueve horizontalmente. Si cambia el valor y, se mueve verticalmente.

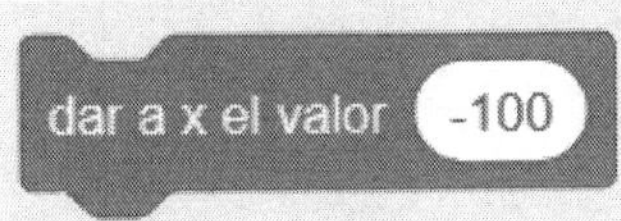

Este bloque se utiliza para mover el objeto en el eje de las abscisas (horizontalmente) en función de un valor especificado, que está comprendido entre -240 y +240.

Con este bloque, el valor antiguo de x se sustituye por el nuevo valor -100.

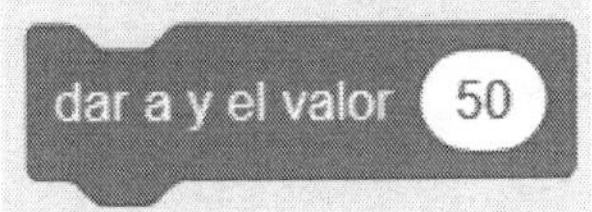

Este bloque se utiliza para mover el objeto en el eje de las ordenadas (verticalmente) en función de un valor comprendido entre -180 y +180.

El valor antiguo de y se sustituye por el nuevo valor 50.

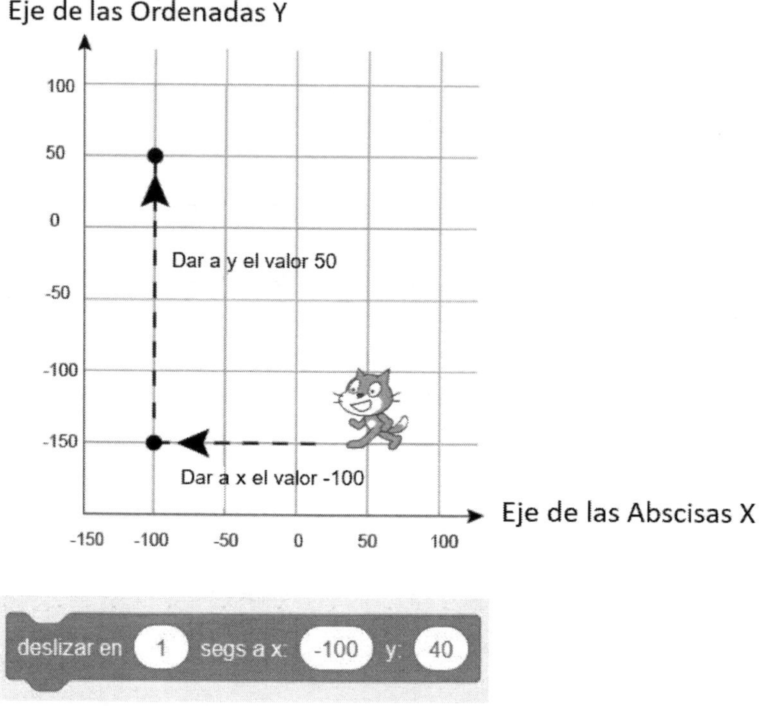

deslizar en (1) segs a x: (-100) y: (40)

A diferencia de los otros bloques, este bloque muestra el movimiento del objeto en el escenario. El objeto se desplaza «suavemente», como si se deslizara, hacia las coordenadas especificadas. La duración del movimiento puede ajustarse: cuanto mayor sea el tiempo especificado, más lento será el movimiento.

2.4 Otros bloques de movimiento

Otros bloques se utilizan para movimientos específicos: en relación con los bordes de la escena, con otros objetos o con el ratón.

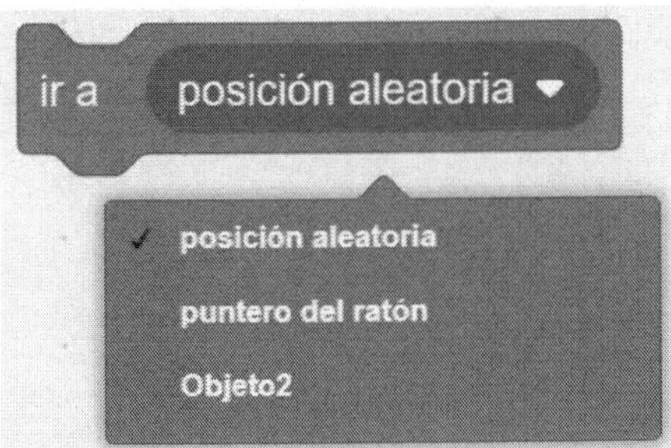

El objeto asociado a este bloque puede colocarse:

- de manera aleatoria en el escenario;
- en las coordenadas x e y del puntero del ratón;
- en las coordenadas de uno de los otros objetos utilizados en el proyecto (Objeto2).

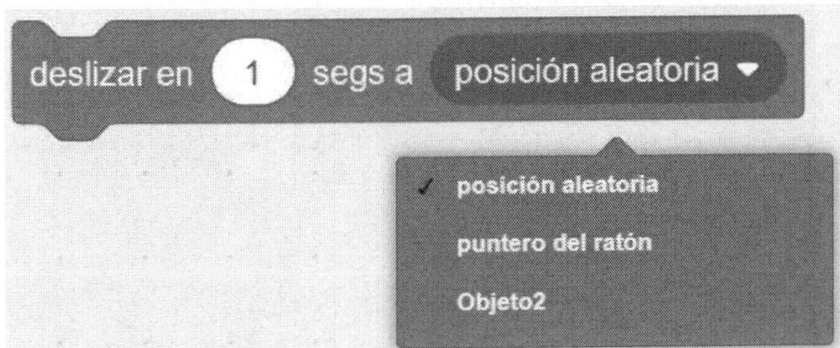

El objeto asociado a este bloque se mueve deslizándose hacia:

- una posición aleatoria en el escenario;
- el puntero del ratón;
- uno de los otros objetos utilizados en el proyecto.

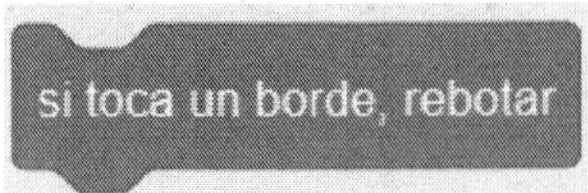

El objeto rebota cuando entra en contacto con uno de los bordes de la escena. El tipo de rebote depende del estilo de rotación del objeto.

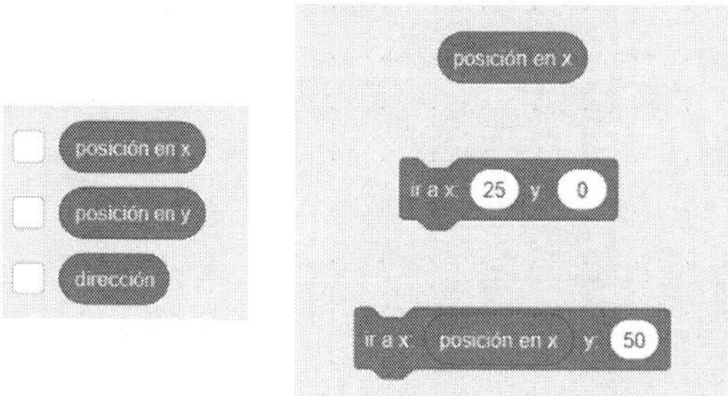

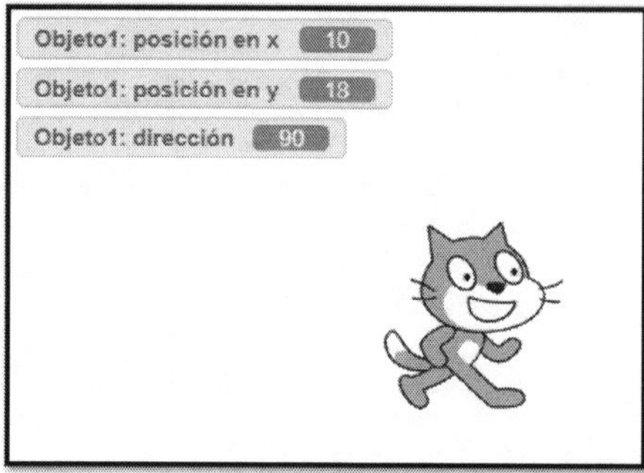

Estos tres bloques, de forma redondeada, se insertan en las zonas de entrada de otros bloques.

En la paleta de bloques, van precedidos de una casilla. Cuando está marcada, se muestra en el escenario información sobre la posición x (abscisa), la posición y (ordenada) o la dirección del objeto. Cuando se modifica un valor, se actualiza automáticamente en el escenario.

Los bloques de la categoría **Movimiento** se encuentran entre los más utilizados para diseñar programas. La forma en que se mueven los objetos confiere un estilo particular a los proyectos. Las técnicas de movimiento específicas de los videojuegos, como el salto, se tratan en el capítulo Técnicas para videojuegos.

3. Los bloques Eventos

Un programa se compone de una serie de instrucciones que se leen y ejecutan una tras otra, como los distintos pasos de una receta de cocina. Un procedimiento forma parte de este programa. Formado por instrucciones, el procedimiento se utiliza para desencadenar acciones específicas.

La utilización de varios objetos y fondos en un mismo proyecto requiere la implementación de procedimientos específicos para ellos, pero también la creación de procedimientos para coordinar sus acciones entre sí. Para ello se utilizan los bloques de la categoría **Eventos** (y **Control**).

3.1 Programación de eventos

Los bloques **Eventos** se utilizan para lanzar instrucciones específicas cuando se realiza una acción. Esta acción puede consistir en pulsar una tecla del teclado, hacer clic con el ratón en un objeto o enviar o recibir un mensaje.

Los bloques utilizados para programar eventos o acciones bien definidos suelen empezar por **al hacer clic en []**.

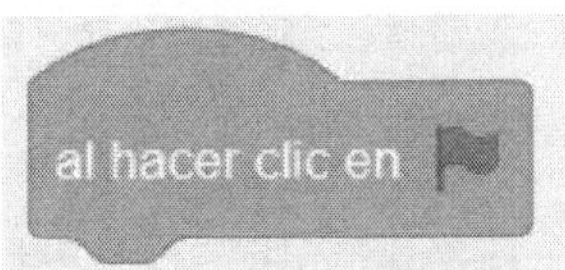

Presente en la parte superior de todos los programas, este bloque se utiliza para iniciar la lectura y ejecución de instrucciones cuando se pulsa el icono de la **bandera verde**, situado en la parte superior izquierda del escenario. Este icono corresponde a un botón de inicio.

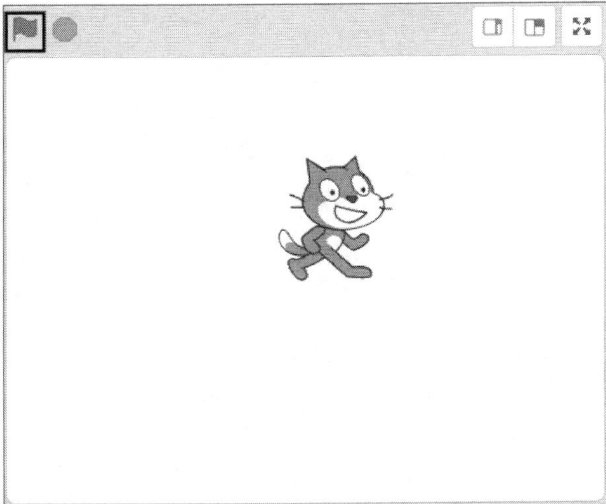

El programa para un solo objeto puede incluir varias pilas de bloques, cada una encabezada por **al hacer clic en una bandera verde**. Esto permite ejecutar los programas en paralelo.

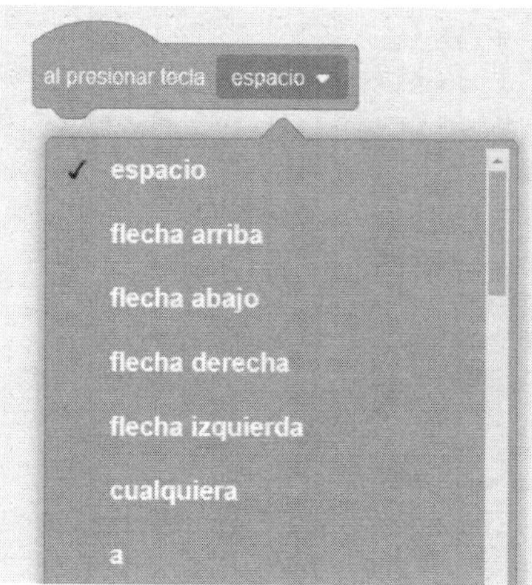

Ejecuta la instrucción enganchada debajo de este bloque cuando se pulsa una tecla del teclado, especificada mediante el menú desplegable. Se pueden seleccionar teclas direccionales, alfabéticas y numéricas.

Ejemplos de uso

Combinado con bloques de tipo **Movimiento**, este bloque se utiliza para mover el objeto utilizando las teclas del teclado.

- Acción: se pulsa una tecla.
- Reacción: el objeto se mueve.

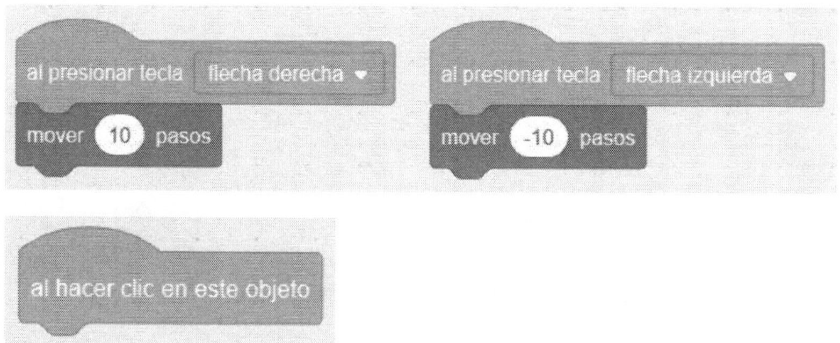

Se puede utilizar el ratón del ordenador para desencadenar acciones. Cuando se hace clic con el botón del ratón en el objeto asociado a este bloque, se ejecutan las instrucciones adjuntas a este bloque de tipo inicio.

Ejemplos de uso

- Cuando se hace clic en un elemento, este desaparece o cambia de aspecto.

- Cuando se hace clic en un objeto, este entra en una lista. Este tipo de acción se utiliza mucho en los juegos de búsqueda.

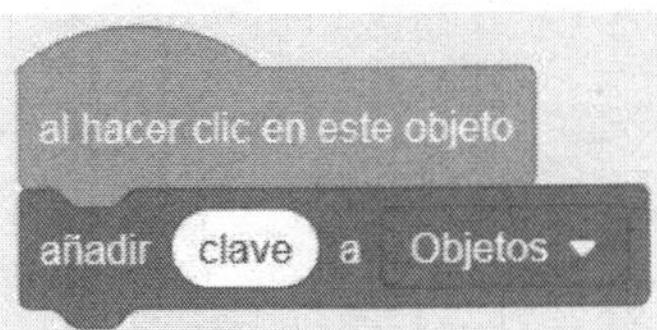

- Cuando se hace clic en un objeto, este se mueve.

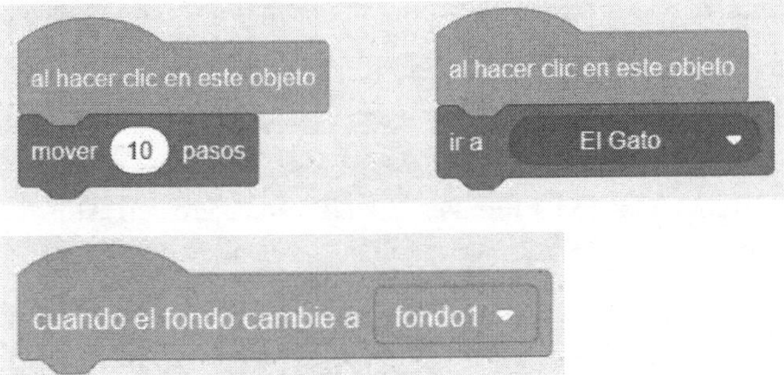

Este bloque se utilizará para asociar una acción a un cambio de fondo, sobre todo en los juegos de varios niveles.

Ejemplos de uso

- El cambio de un fondo hace que desaparezcan (o aparezcan) ciertos objetos, sobre todo cuando dicho cambio de fondo corresponde a un cambio de nivel en un juego.

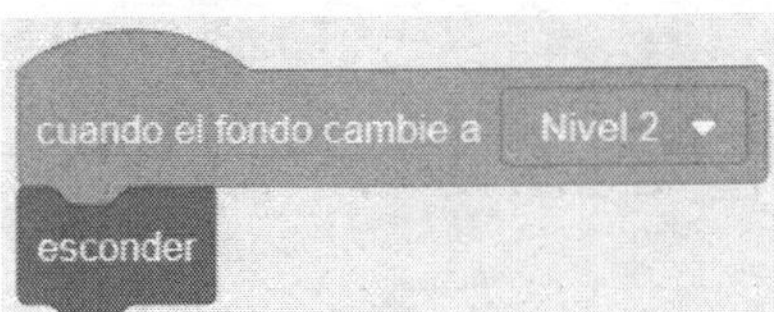

- El cambio de un fondo restablece un cronómetro, modifica una variable, como por ejemplo una variable Score.

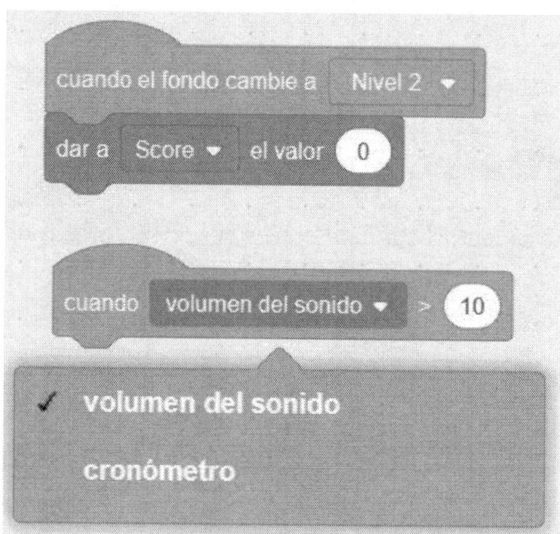

Permite asociar un programa determinado cuando el volumen del sonido, el cronómetro o el movimiento del vídeo superan un valor establecido.

Ejemplos de uso

Cuando el cronómetro haya alcanzado un valor determinado, decir: «Quedan x segundos», «¡Date prisa!». Se puede activar un sonido especial. Puede mostrarse un objeto con la forma de una cuenta regresiva.

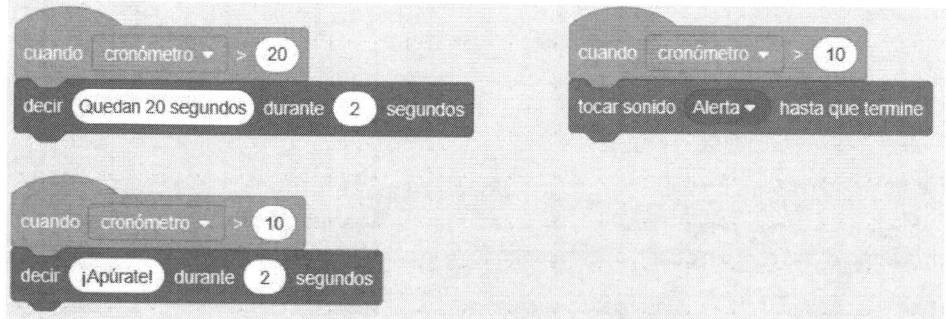

- Cuando el volumen alcanza un determinado valor, se muestra un nuevo disfraz.

3.2 Usar mensajes

Los mensajes se utilizan para desencadenar acciones, que pueden o no ser comunes a objetos y fondos. Un mismo mensaje puede provocar acciones diferentes en los objetos afectados por el mensaje, pero también puede repercutir en los fondos.

Cuando se envía un mensaje, solo los objetos con el bloque de recepción se verán afectados por el mensaje. Los demás objetos no reaccionarán.

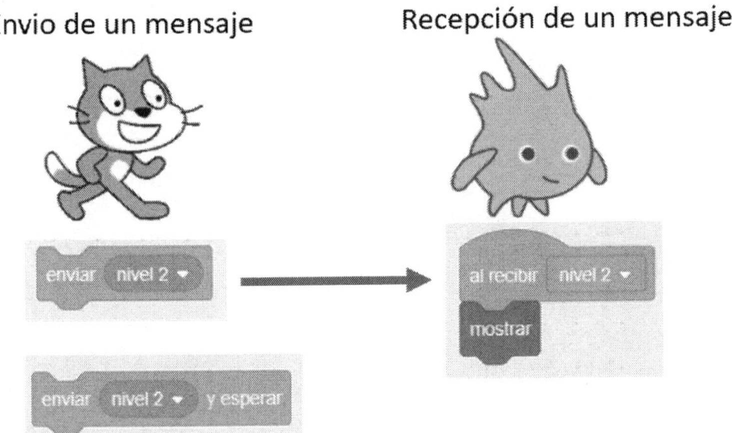

Observación

El mismo mensaje puede ser enviado y recibido por diferentes objetos. Y un mismo objeto puede enviar y recibir varios mensajes.

Este bloque, de tipo instrucción, se utiliza para enviar un mensaje. Una vez enviado el mensaje, se leen y ejecutan las instrucciones siguientes. No hay pausa.

Puede definir el nombre del mensaje que se enviará y recibirá:

- En el menú desplegable, seleccione **Nuevo mensaje**.
- La ventana que se abre le permite introducir el nombre del mensaje en el cuadro de entrada. Confirme seleccionando **Aceptar**.

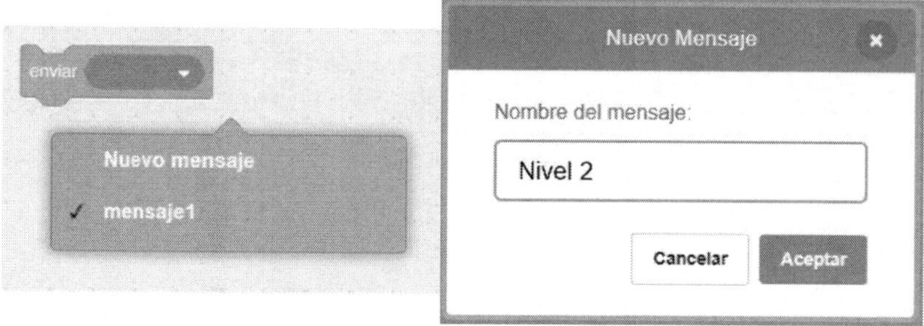

⇒ En el menú desplegable del bloque **enviar ()**, ahora está disponible el nombre introducido.

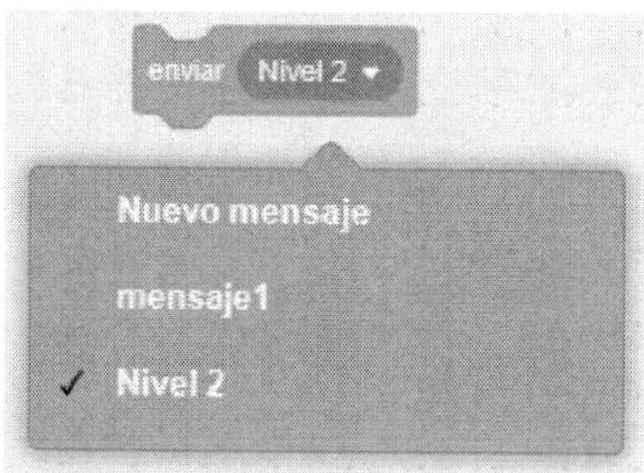

Observación

Cuando utilice mensajes, use nombres explícitos. Elija términos que hagan referencia a las acciones que desencadenarán (**nivel** seguido de un número, **Presentación**, **Fin**, **Game Over**, etc.).

Al igual que el bloque anterior, se utiliza para enviar un mensaje, pero, a diferencia del otro bloque, el objeto que envió el mensaje suspende la ejecución de las instrucciones siguientes hasta que los objetos (o fondos) autorizados para recibir el mensaje hayan ejecutado la acción asociada. Una vez ejecutadas todas las acciones, se puede reanudar la ejecución del programa emisor.

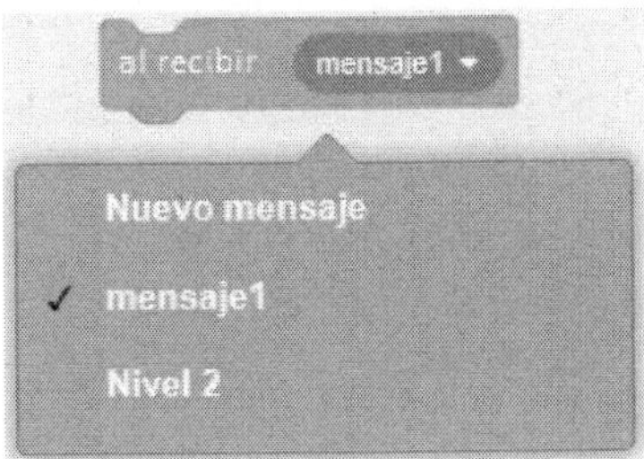

Se trata de un bloque de recepción que permite a los objetos recibir los mensajes enviados. Una vez recibidos, las instrucciones enganchadas pueden ser leídas y ejecutadas. Un objeto puede recibir varios mensajes con diferentes consecuencias. El menú desplegable se utiliza para seleccionar el mensaje esperado.

Ejemplos de uso

- Para cambiar el fondo o el disfraz (1).
- Para hacer aparecer o desaparecer objetos en el escenario (2) a medida que avanza el juego.

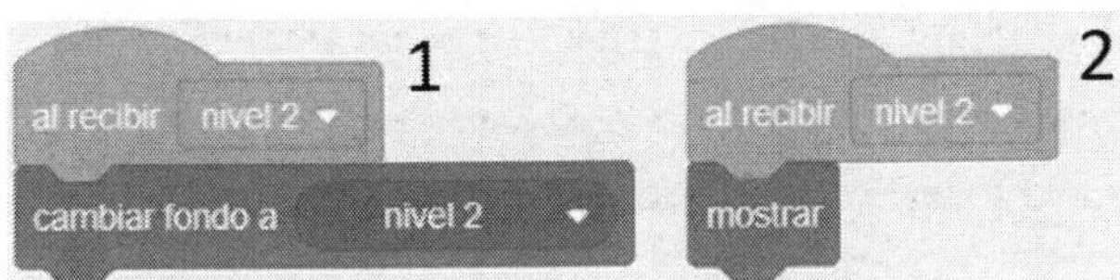

- Para dar la señal de que comience un diálogo.
- Para empezar a reproducir determinados sonidos.
- Para definir si un jugador ha ganado o perdido.

4. Los bloques Control

Algunos bloques controlan la ejecución de los programas. Pueden utilizarse para pausar o detener la reproducción de algunos o todos los programas.

Este es un bloque de control utilizado para pausar la reproducción de instrucciones. Cuando el ordenador llega a este bloque, espera un número determinado de segundos antes de leer y ejecutar los bloques siguientes. Este bloque se utiliza siempre que un objeto tiene que esperar otra acción.

Ejemplos de uso

- Al iniciar un juego de disparos: esperar unos segundos después de pulsar la bandera verde para que el jugador se coloque en posición.
- En un diálogo: esperar la respuesta antes de continuar con el programa.
- Crear una animación; por ejemplo, un personaje andante, alternando sus disfraces.

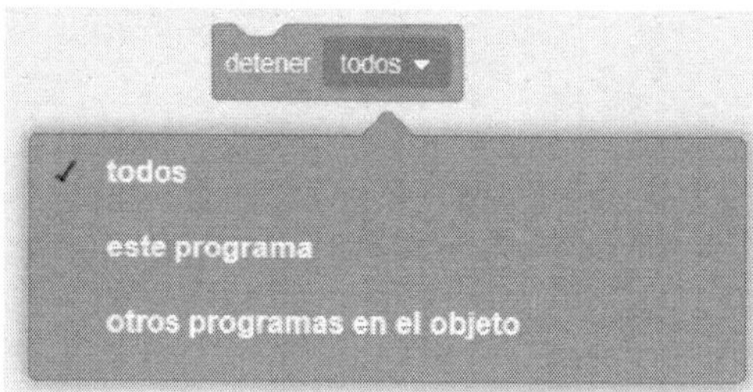

Este bloque, dotado de un menú desplegable, se utiliza para detener, según la selección realizada:

- todos los programas (parada completa del proyecto): **detener todos**;
- solo la pila de bloques en la que está colocado este bloque: **detener este programa**;
- solo los programas del objeto al que concierne este bloque: **detener otros programas en el objeto**.

4.1 Crear bucles

En un programa, algunas instrucciones están destinadas a repetirse. Para aligerar el programa y evitar repetir código, se utilizan bucles de repetición. Los bloques de bucle tienen forma de paréntesis y pueden encapsular instrucciones que pueden repetirse indefinidamente o un número determinado de veces. Una condición suele determinar el final de su ejecución.

Se trata de un bucle de repetición. El programa insertado en este bucle se repite indefinidamente, o al menos hasta que una «acción», una condición, contradiga su ejecución. Este bloque es inseparable de las condiciones, de modo que estas se comprueban constantemente.

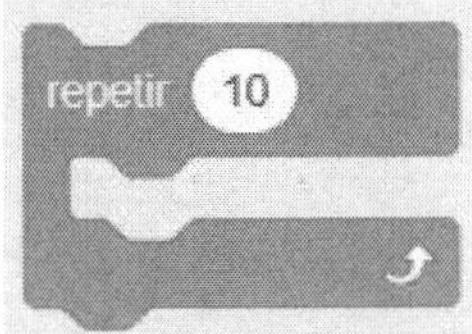

Este también es un bucle de repetición, pero el programa en el bucle se repetirá un número determinado de veces. Una vez alcanzado el número de repeticiones, dejará de ejecutarse.

Ejemplos de uso

- Para alternar los disfraces de movimiento de un objeto y crear una animación.
- Para crear clones un número determinado de veces.

Observación

Estos dos bloques se utilizan mucho en programación.

4.2 Establecer condiciones

Los bloques condicionales ejecutan las instrucciones asociadas una vez que se ha cumplido la condición. Antes de cada ejecución, el programa comprueba la condición para determinar si es verdadera o falsa. Se trata de condiciones denominadas booleanas.

Los bloques utilizados para crear estas condiciones tienen espacios en los que otros bloques, situados en las categorías **Sensores** y **Operadores** en particular, encajan para especificar la condición. Estos bloques se denominan bloques de valores con extremos puntiagudos (ver capítulo La interfaz, sección La paleta de bloques).

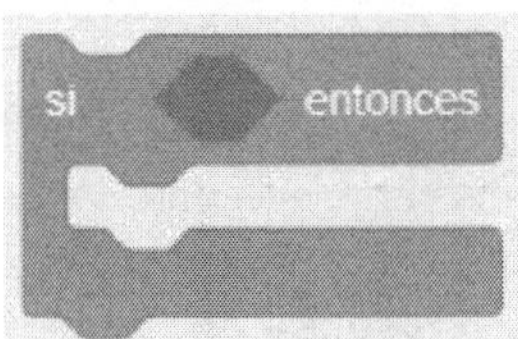

Si se cumple la condición especificada (verdadero), se ejecutará el programa dentro del paréntesis. Si la condición no se cumple (falso), el código dentro del bloque será ignorado y el script continuará.

Cuando se utiliza sola, es decir, sin un bucle de repetición, la condición solo se comprueba una vez. Por esta razón, las condiciones deben colocarse siempre en un bucle.

Observación

Si la condición se convierte en falsa mientras se ejecuta el script dentro del bloque, este continuará ejecutándose hasta que finalice.

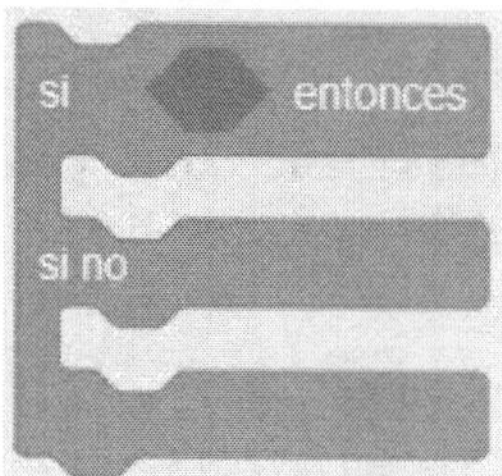

Si la condición especificada es «verdadera», se ejecutará el programa de la primera parte del paréntesis. Si la condición especificada es «falsa», se ejecutará el programa ubicado en la segunda parte del bucle (**si no**).

El programa se detiene hasta que la condición booleana especificada es «verdadera».

El programa ubicado entre los paréntesis se repetirá hasta que la condición booleana especificada sea «verdadera». Antes de cada ejecución, el programa comprueba la condición. Si el resultado es «falso», los bloques se ejecutan de nuevo. Tan pronto como la prueba devuelva «verdadero», los bloques que están debajo de este pueden ejecutarse y los que están dentro del paréntesis ya no pueden ejecutarse.

4.3 Utilizar clones

La utilización de clones evita multiplicar el número de objetos, sobre todo cuando estos son idénticos y tienen el mismo programa. El uso de clones es muy útil para agilizar un programa reduciendo el número de objetos que hay que crear. Un mismo objeto puede clonarse un gran número de veces y adoptar diferentes apariencias utilizando distintos disfraces.

Por ejemplo, en un juego de combate, se creará un único objeto «enemigo», pero esto no impedirá un gran número de ataques simultáneos (ver capítulo La extensión micro:bit, sección Juego de disparos con micro:bit).

al comenzar como clon

La creación de un clon se considera un evento. A este bloque de tipo inicio se añaden una serie de instrucciones para definir las acciones, es decir, el programa que ejecutará el clon.

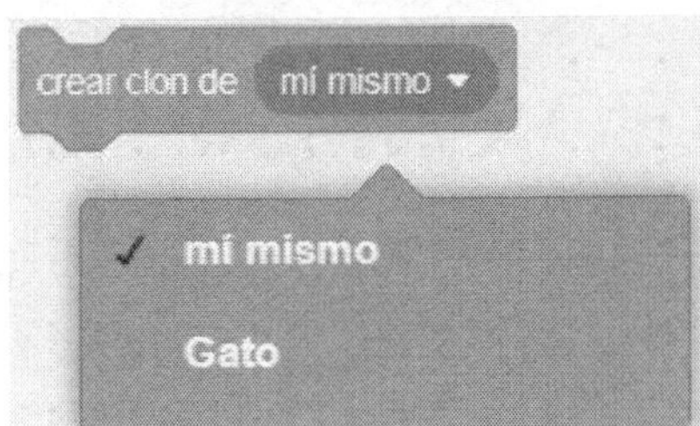

Este bloque tiene un menú desplegable para elegir el objeto que se ha de clonar. El clon tiene los atributos (disfraces y programas) del objeto clonado.

Observación

Esta copia es temporal. No hay que confundir clonar con duplicar un objeto. A diferencia de un clon, un objeto duplicado no tiene los programas y disfraces del objeto original. Es, simplemente, una copia gráfica.

Este bloque sirve para borrar o eliminar el clon creado anteriormente. El clon se borra del escenario, pero no del programa.

Los bucles, las condiciones y los mensajes son elementos comunes a todos los lenguajes de programación. Los capítulos dedicados a la creación de videojuegos le permitirán descubrir los distintos usos que pueden hacerse de estos bloques. Estos ejemplos no son exhaustivos. El único límite a la utilización de estos bloques es su imaginación.

5. Los bloques Sensores

Casi todos los bloques de la categoría **Sensores** se utilizan, por su forma, junto con bloques de otras categorías. Los bloques **Sensores** se usan para crear condiciones e interacciones entre los diferentes objetos de un programa.

5.1 Sensores y condiciones

Los bloques con valores en los extremos puntiagudos son bloques booleanos que se utilizan para crear condiciones. Las condiciones booleanas en informática corresponden a variables que pueden tener dos estados: un estado «verdadero» o un estado «falso». Por su forma, estos bloques se insertan en otros bloques.

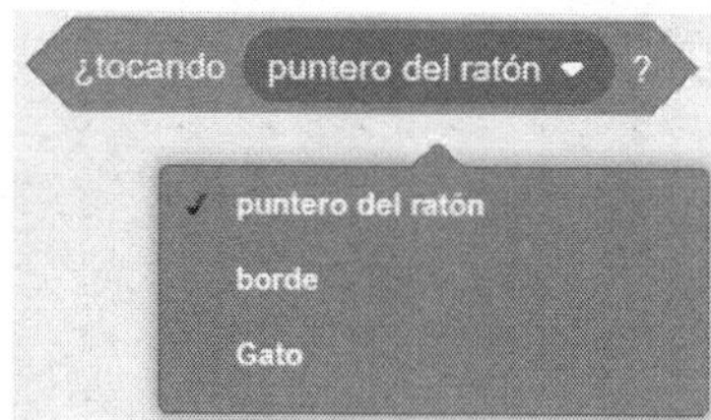

Devuelve «verdadero» si el elemento especificado usando el menú desplegable es tocado. Puede ser el puntero del ratón, el borde del escenario u otro objeto utilizado en el proyecto (aquí, el objeto del gato).

Observación

Encontrará este tipo de condiciones en los juegos en los que tiene que evitar el contacto, como los juegos de disparos, los laberintos, etc.

Ejemplos de uso

- Si un objeto es tocado por el objeto que se está reproduciendo, desaparece o cambia de apariencia (1).
- Si un objeto es tocado por un proyectil, el jugador gana puntos, pero el objeto alcanzado pierde vidas (2).
- Si se golpea el borde, el objeto retrocede (3).

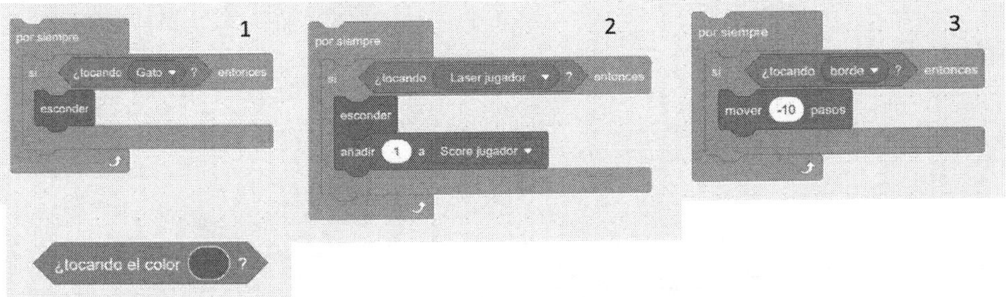

Devuelve «verdadero» si el objeto entra en contacto con el color especificado. Para establecer el color:

⇉ Haga clic en la muestra de color (1): se abre una ventana con herramientas para definir el color.

⇉ Tres controles deslizantes permiten definir el color: **Color** (2), **Saturación** (3) y **Brillo** (4).

⇉ También puede elegir un color del escenario seleccionándolo con la pipeta (5).

Ejemplos de uso

- En un laberinto: cuando el objeto toca las paredes del laberinto, vuelve a la entrada del laberinto, retrocede y pierde puntos o una vida.

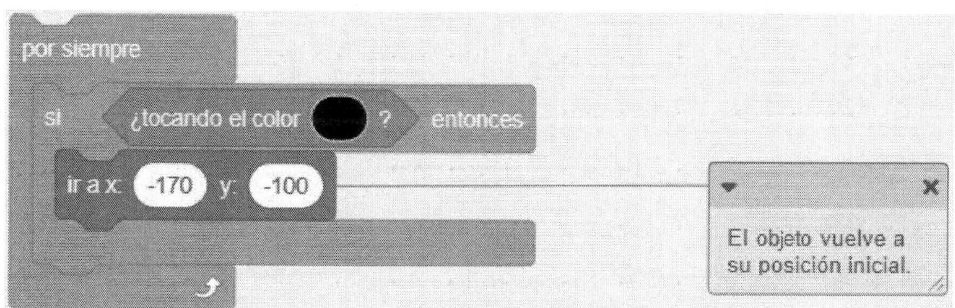

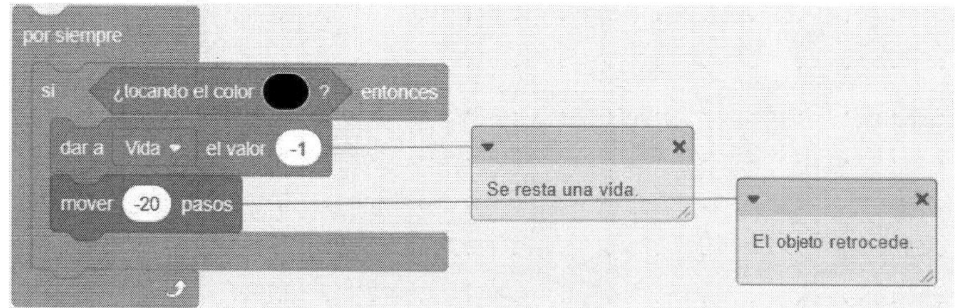

- Al saltar, se puede utilizar el color del suelo para detener el descenso del objeto (ver capítulo Técnicas para videojuegos, sección Técnicas para saltar).

Devuelve «verdadero» si el primer color es tocado por el segundo color.

Ejemplo de uso

La flor amarilla solo es tocada por el personaje en el momento en que el amarillo de la flor entra en contacto con el rosa de la mano.

Programa Personaje | Programa Flor

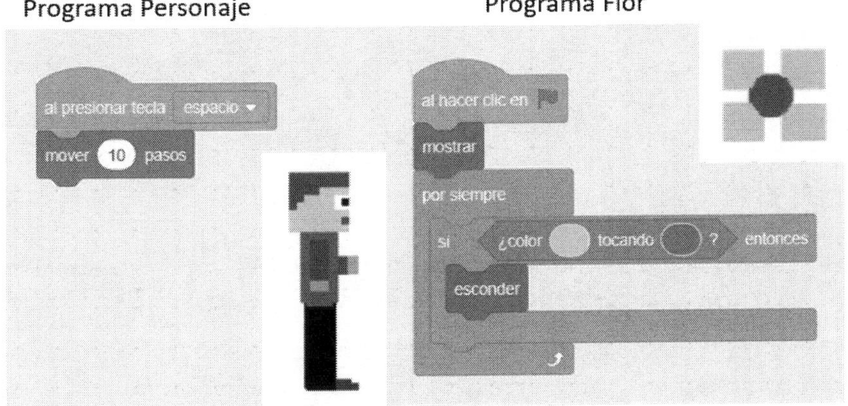

⇉ **si ¿color (amarillo) tocando (rosa)? entonces** // si el color amarillo de la flor es tocado por el color rosa de la mano del personaje.

⇉ **esconder** // para que la flor ya no sea visible en el escenario.

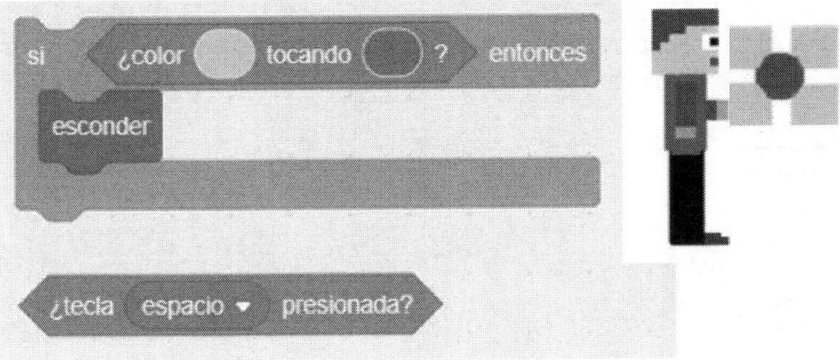

Este bloque es a la vez un bloque de detección y un bloque booleano. El programa comprueba si la tecla especificada está pulsada. Si la prueba devuelve «verdadero», significa que la tecla está pulsada y se puede ejecutar la acción asociada.

Gracias al menú desplegable se pueden seleccionar las teclas alfabéticas y numéricas, así como las flechas direccionales.

Ejemplos de uso

- Para desencadenar acciones en los juegos (desplazamiento del objeto controlado, disparos, etc.).
- Para iniciar una partida sin pasar por el bloque de **al hacer clic en la bandera verde**, sino enviando un mensaje específico.

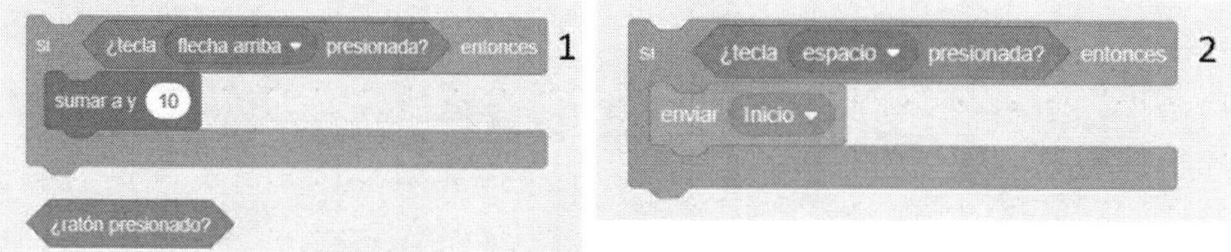

Devuelve «verdadero» si se pulsa el botón del ratón. Al igual que las teclas del teclado, el ratón de su ordenador puede utilizarse para desencadenar acciones.

Ejemplos de uso

- Para mover un objeto al punto donde se hizo clic con el ratón en el escenario.
- Para reproducir música al hacer clic con el ratón.
- Para apuntar a los objetivos con el ratón (ver capítulo Juegos de puntería).

5.2 Bloques de información

Con forma redondeada, estos bloques se insertan en las zonas de entrada de otros bloques. Algunos bloques informativos disponen de una casilla que se puede marcar para mostrar en el escenario, en tiempo real, la información que corresponda.

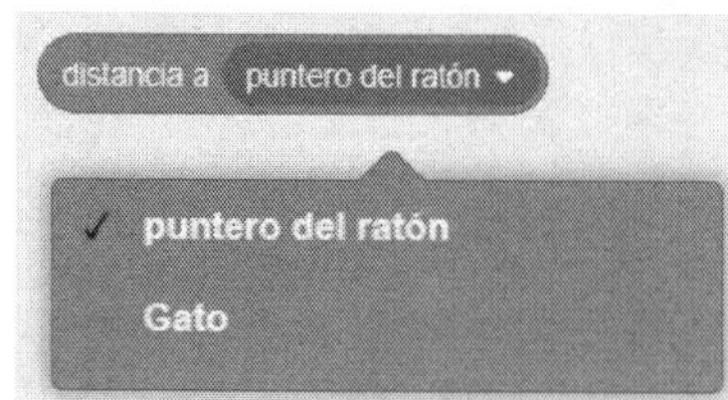

Indica la distancia que separa el objeto del elemento especificado, es decir, del ratón o de otro objeto utilizado en el proyecto. Por ejemplo, cuando un objeto se encuentre a una distancia de 100 (pasos) de otro objeto, le envía un saludo (también puede desaparecer, cambiar de disfraz, etc.).

Ejemplos de uso

- Crear un perímetro de protección, como un escudo invisible.
- Activar un diálogo o interacción entre dos objetos cuando se encuentren a cierta distancia el uno del otro.

Debido a su forma redondeada, estos bloques se insertan en otros bloques: se utilizan para averiguar la posición exacta del puntero del ratón y poder crear acciones en consecuencia.

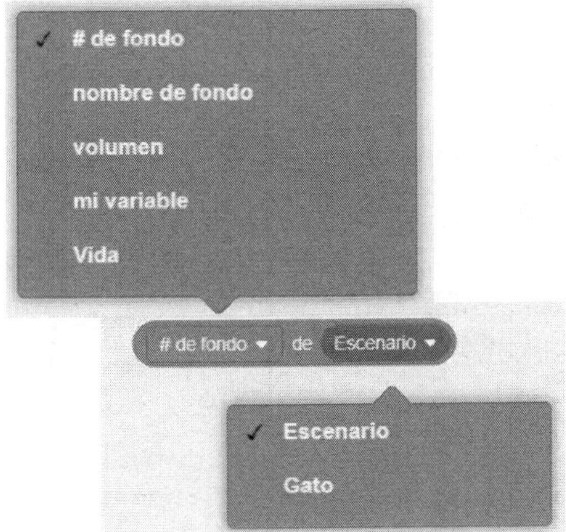

Por su forma, este bloque se inserta en otros bloques. Se utiliza para averiguar un valor específico asociado al escenario o a uno de los objetos. La información obtenida se refiere a:

- datos de contacto;
- disfraces y fondos;
- tamaño;
- el volumen del sonido.

Por lo tanto, se puede establecer una condición para crear una acción basada en el valor de uno de estos elementos.

días desde el 2000

Este bloque muestra el número de días transcurridos desde el 1 enero de 2000.

Muestra el nombre del usuario creado a partir de una variable.

Cuando la casilla está marcada, la información almacenada en el bloque **nombre de usuario** se muestra permanentemente en el escenario y se actualiza cada vez que se realiza un cambio.

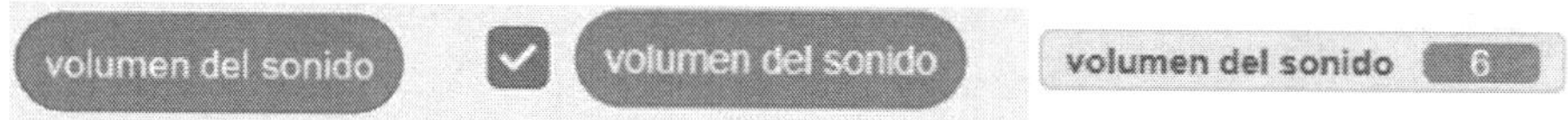

Para utilizar este bloque, el ordenador debe disponer de un micrófono. Mide el volumen del sonido detectado por el micrófono en una escala de 0 a 100. Esto le permite programar instrucciones en función del volumen (ver capítulo Juego del loro).

Cuando se marca la casilla situada delante del bloque en la paleta de bloques, la información sobre el volumen del sonido se muestra en tiempo real en el escenario.

Este bloque devuelve el valor del cronómetro en segundos para poder asociarlo a una acción, por ejemplo. Cuando la casilla está marcada, el cronómetro se muestra en tiempo real en el escenario (ver capítulo Juego de disparos).

Este bloque se utiliza junto con el bloque 

para poner a cero el cronómetro cuando empieza una partida.

Ejemplos de uso

En un juego sobre completar un recorrido en un tiempo limitado, cuando el cronómetro ha superado los 50 segundos, se muestra un mensaje en el escenario.

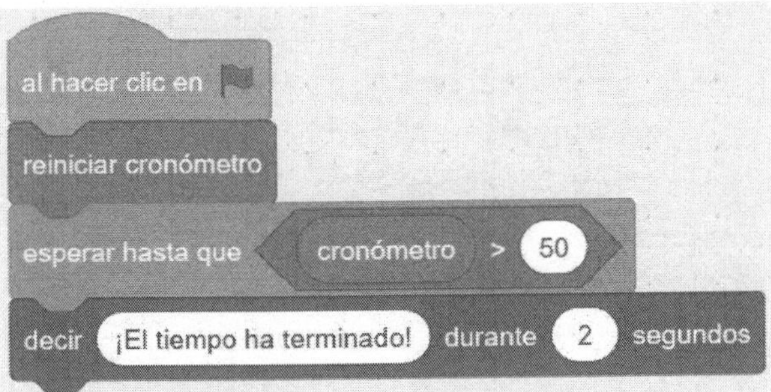

⇉ **al hacer clic en la bandera verde**

⇉ **reiniciar cronómetro** // para poner el cronómetro a cero.

⇉ **esperar hasta que cronómetro > 50** // cuando el cronómetro ha superado los 50 segundos, el ordenador puede pasar a leer el siguiente bloque.

Observación

La unidad de medida del cronómetro es el segundo. Como el cronómetro muestra los milisegundos, pueden utilizarse los símbolos menor que (<) y mayor que (>). No se puede utilizar el símbolo de igualdad.

⇉ **decir ¡El tiempo ha terminado! durante 2 segundos**

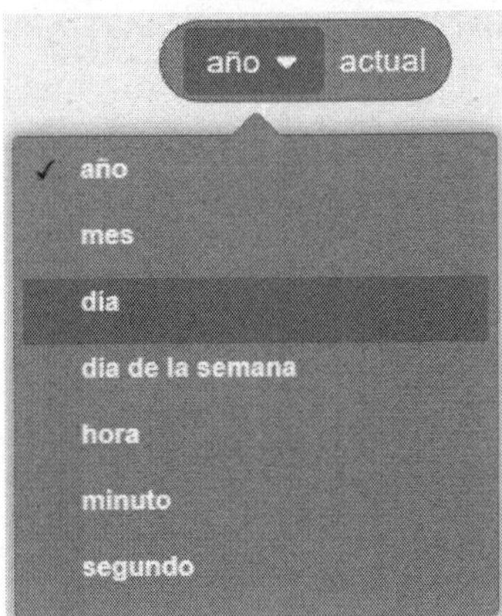

Indica el valor actual, en función de la elección realizada mediante el menú desplegable (año, mes, etc.).

Ejemplos de uso

Imagine un juego o una animación que, según el día de la semana o la hora del día, muestre un fondo específico.

- Una escena primaveral para los meses de marzo - abril - mayo.
- Una escena nocturna para un horario nocturno.

La apariencia del objeto puede modificarse:

- Un gorro de dormir para la noche.
- Un sombrero de paja para el verano o un gorro para el invierno.

5.3 Crear un diálogo

Los objetos de un proyecto y el usuario pueden comunicarse en forma de diálogos que aparecen en la pantalla. Para crear este intercambio se utilizan dos bloques de tipo **Sensores**.

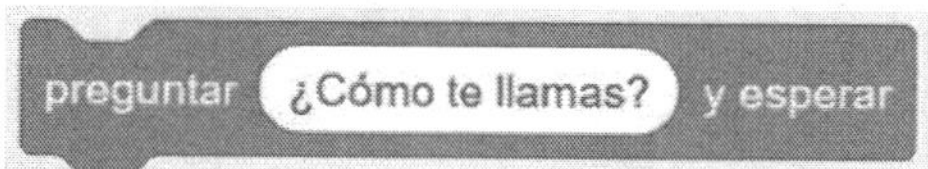

Los bloques **preguntar () y esperar** hacen que el objeto «hable». Lanza una frase y espera una respuesta del usuario.

La pregunta «formulada» por el objeto aparece en el escenario en una burbuja (1). El usuario introduce su respuesta en el cuadro de entrada (2) situado en la parte inferior de la pantalla. Pulsa [Intro] para validarla. La respuesta se almacena en el bloque **respuesta** y puede aparecer en el escenario en una burbuja cuando se solicite.

Cuando se marca la casilla situada al lado del bloque en la paleta, la información almacenada en el bloque **respuesta** se muestra en el escenario. Se modifica en tiempo real.

Ejemplo de diálogo

⇉ **al hacer clic en la bandera verde**

⇉ **preguntar ¿Cómo te llamas? y esperar**

⇉ **decir respuesta durante 4 segundos**

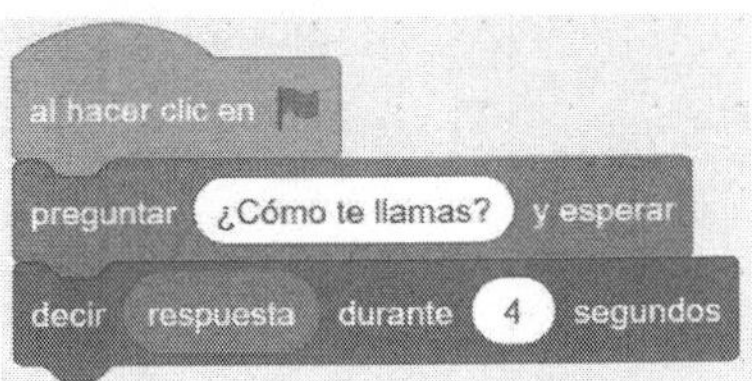

El bloque **respuesta** también puede combinarse con el bloque **unir () ()** de la categoría **Operadores**. Se utiliza para integrar la respuesta del usuario en una frase.

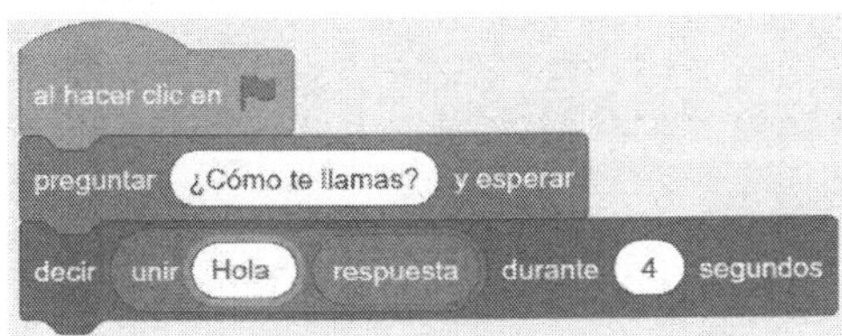

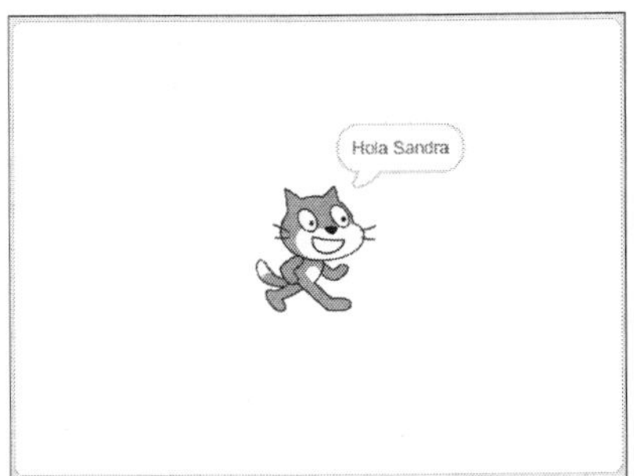

En la sección **Añadir extensión**, Scratch 3 incluye nuevos bloques de **Text to Speech** que le permiten utilizar el altavoz de su ordenador para decir frases (ver capítulo Las extensiones Texto a voz y Traducir). Combinando los dos tipos de bloques, las preguntas y respuestas pueden ser realmente habladas y escuchadas.

En el capítulo Técnicas para la animación veremos con más detalle cómo utilizar los distintos bloques para crear diálogos interactivos cercanos a la realidad.

6. Los bloques Apariencia

Los bloques de la categoría **Apariencia** se utilizan para cambiar la apariencia de los objetos y cambiar los fondos.

Cada objeto puede tener varios disfraces. Los bloques se pueden utilizar para animarlo (para simular el movimiento, por ejemplo) o simplemente para cambiar su aspecto. Además, no todos los objetos utilizados en un programa están permanentemente visibles en el escenario. Pueden aparecer o desaparecer en función de eventos o interacciones (acciones entre ellos), del mismo modo que pueden cambiar de aspecto.

Un mismo proyecto puede incluir varios fondos utilizados para simular el movimiento (desplazamiento) o para crear distintos niveles en un juego.

6.1 Objetos visibles e invisibles

En un proyecto puede utilizarse un gran número de objetos, pero no todos ellos se mostrarán necesariamente al mismo tiempo. Por ejemplo, en un juego, dependiendo del nivel, ciertos objetos estarán presentes (**mostrar**) o ausentes (**esconder**).

Por ejemplo, en un juego tipo Pac-Man, las canicas que se come Pac-Man desaparecen cuando las toca (ver capítulo Juego del laberinto).

Asignado a un objeto, este bloque lo hace visible en el escenario. También es visible, es decir, detectable, por otros objetos.

Cuando se ejecuta este bloque, el objeto, aunque presente en el programa, no es visible en el escenario. No puede ser detectado por los demás objetos.

Observación

En el caso de los objetos que aparecen y desaparecen a medida que avanza el programa, es importante especificar su estado cuando se lanza el programa. Esto se denomina inicialización.

Ejemplos de uso

Un objeto puede ser visible o invisible:

- tras un contacto;
- tras la recepción de un mensaje;
- al cambiar el fondo;
- cuando se alcanza un determinado número de puntos, vidas, etc.

6.2 Los disfraces de objetos

Muchos objetos de la biblioteca de Scratch disponen de varios disfraces. Es el caso del gato, que tiene dos disfraces. Para identificar objetos con esta característica:

⇉ En la ventana de objetos, seleccione **Elige un objeto**. Se abre la biblioteca.

⇒ Desplace el ratón sobre las distintas miniaturas que representan los objetos. Cuando un objeto tiene varios disfraces, está animado: los disfraces se muestran uno tras otro.

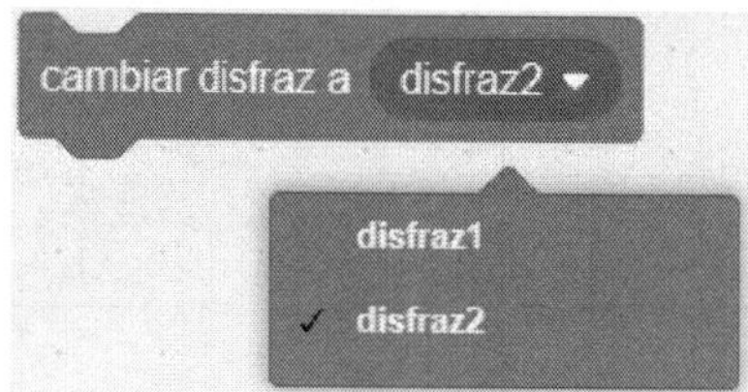

Este bloque se utiliza para definir el disfraz mostrado por el objeto seleccionando su nombre en el menú desplegable.

Observación

Los nombres de los disfraces pueden sustituirse por nombres más explícitos, sobre todo cuando hay un gran número de disfraces (pestaña **Disfraces**).

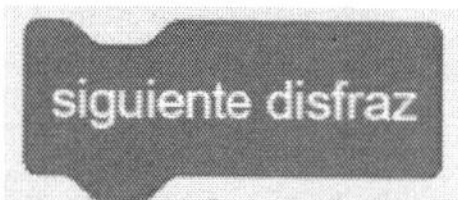

Los disfraces pueden modificarse uno tras otro. Cuando utilice este bloque, debe asegurarse de que los disfraces de la pestaña **Disfraces** están colocados en el orden correcto (ver capítulo La interfaz - La ventana de objetos).

Ejemplo: un gato andando

El gato Scratch tiene dos disfraces que, combinados, crean un movimiento de andar. He aquí dos programas diferentes para hacer andar al gato y modificar su disfraz. ¡Pruébelos!

Programa 1

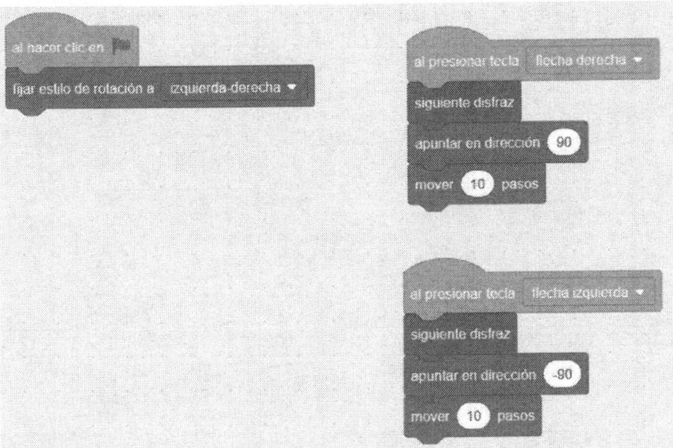

Programa 2

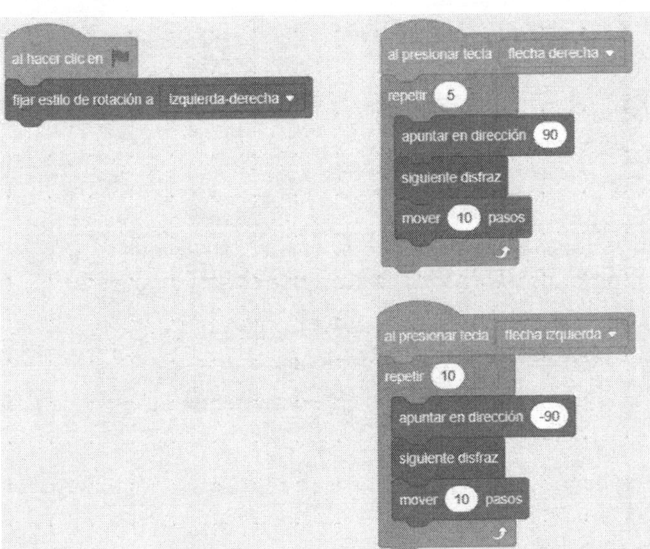

La gran diferencia entre estos dos programas es el uso de un bucle para cambiar el disfraz cinco veces pulsando una flecha de dirección una vez. Con el primer programa, tiene que pulsar la tecla del teclado varias veces para conseguir un efecto de movimiento.

Observación

En el capítulo Técnicas para la animación, veremos otras técnicas para animar objetos utilizando cambios de disfraces.

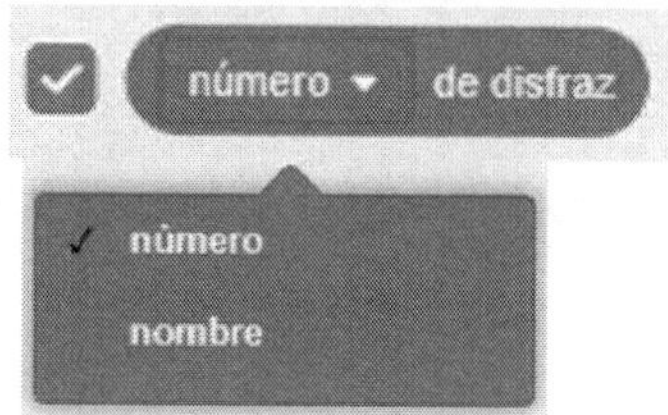

Cuando la casilla está marcada, se muestra en el escenario el número o nombre del disfraz que se está utilizando en ese momento. Esta información se actualiza cada vez que el objeto cambia de disfraz.

6.3 Posicionar los objetos en la escena

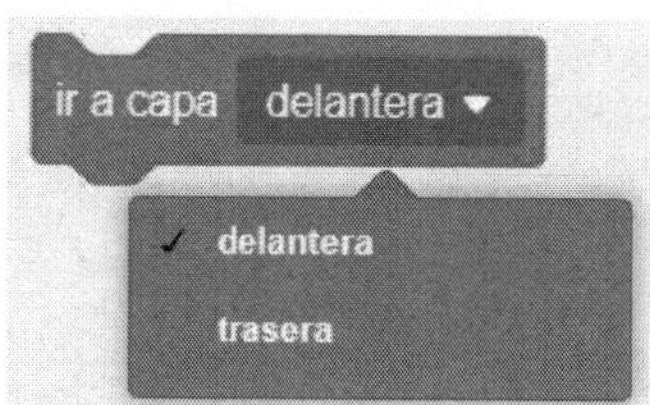

Una imagen, incluso bidimensional, está formada por varios planos. Este bloque se utiliza para colocar los objetos en relación con los demás cuando se mueven o cruzan caminos:

- **delantera**: para posicionar el objeto por encima de todos los demás. En caso de cruce, el objeto asociado a este bloque no se ocultará, estará en primer plano.
- **trasera**: para posicionar el objeto detrás. Al cruzar, el objeto asociado a este bloque pasará detrás. Quedará oculto.

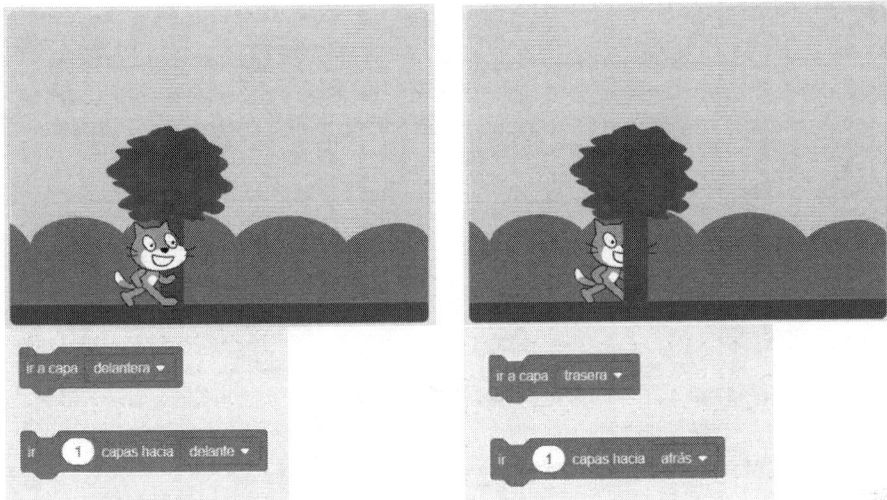

Se utiliza para gestionar la posición de los objetos cuando se superponen. La posición de cada objeto viene determinada por un valor: 1 para el primer plano, 2 para la posición justo detrás, etc.

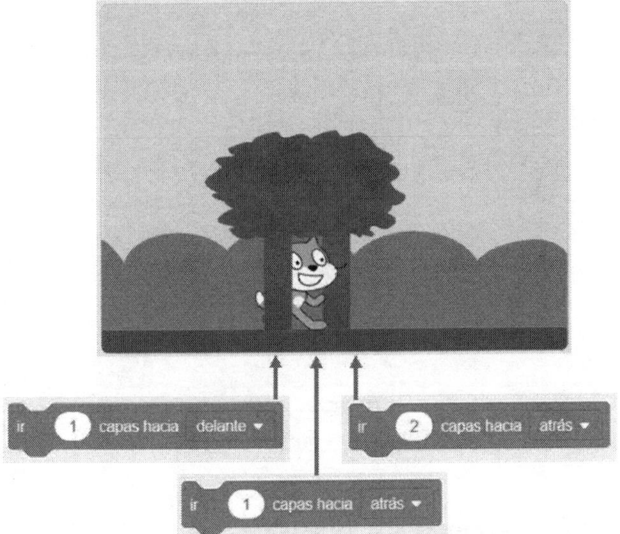

6.4 Las modificaciones gráficas

Los bloques dedicados a los efectos y al tamaño modifican el aspecto gráfico de los objetos. Estos bloques pueden utilizarse para aumentar o reducir el tamaño de un objeto (cuando se toca, por ejemplo), cambiar su color o aspecto hasta hacerlo desaparecer por completo.

Este bloque se utiliza para dar al objeto un aspecto gráfico específico.

Consta de:

- un menú desplegable para elegir el efecto gráfico deseado. Hay siete efectos gráficos disponibles que pueden aplicarse;
- un campo de valor para definir el nivel del efecto gráfico. Un valor de 0 anula los efectos gráficos.

Efecto **color**: el color puede modificarse utilizando valores comprendidos entre 199 y 0. El valor 200 corresponde al color inicial del objeto.

Ejemplos de uso

- Cuando cambia el fondo, el objeto puede cambiar de color para simbolizar un cambio de universo o de nivel.
- Durante las interacciones con otros objetos, como un contacto más o menos violento, el objeto puede volverse rojo.
- Para expresar sentimientos como la ira (rojo) o el miedo (azul).

Efecto ojo de pez: el objeto se distorsiona, expandiéndose de forma redondeada como un ojo de pez cuando el valor es positivo, y contrayéndose cuando el valor es negativo.

Ejemplos de uso

- Durante las transiciones entre disfraces.
- Para indicar que el objeto se está hinchando: tras una colisión con otro objeto, cuando ha sido alcanzado por un proyectil.

Efecto **remolino**: el objeto se deforma en forma de espiral. Un valor positivo crea una deformación de derecha a izquierda, un valor negativo de izquierda a derecha.

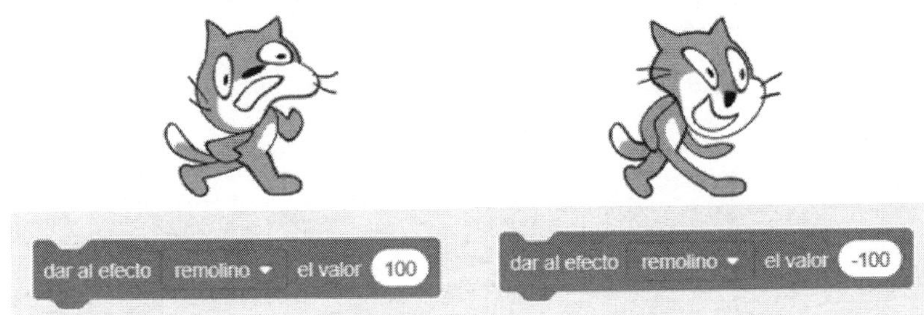

Ejemplos de uso

- Como transición durante los cambios de vestuario.
- Cuando cambia el fondo.
- Este efecto puede simbolizar una aspiración, como cuando Mario entra en una tubería.

Efecto **pixelar**: se utiliza para crear un renderizado pixelado, pero no permite hacer pixel art. Para ello, hay que dibujar el objeto cuadrado a cuadrado utilizando la paleta gráfica de Scratch o un software de tratamiento de imágenes.

Observación

La técnica para dibujar objetos en estilo pixel art se tratará en algunos capítulos dedicados a los videojuegos (ver capítulos sobre Técnicas para videojuegos, Juego de disparos, La extensión micro:bit).

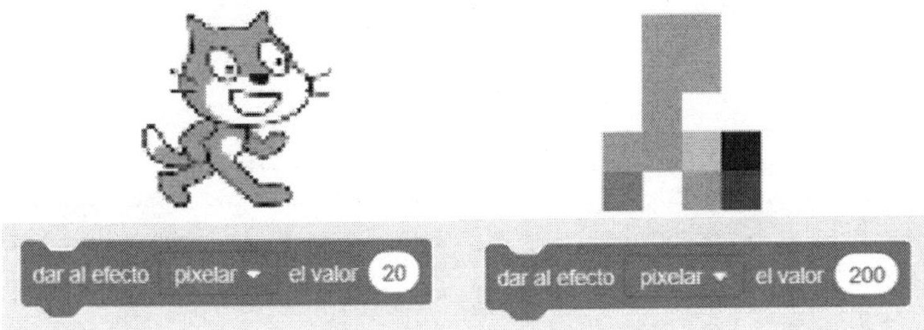

Ejemplos de uso

- Para dar a su proyecto un aire retro.
- Algunos elementos pueden estar pixelados (difuminarse) al extremo. Se descifran progresivamente a medida que se realizan acciones y se acumulan puntos.

Efecto **mosaico**: este efecto se utiliza para multiplicar el número de objetos en el escenario.

Cuanto mayor sea el valor, más numerosos y pequeños serán los objetos que formen el mosaico. Esto se debe a que el tamaño del espacio ocupado por el objeto en el escenario no cambia.

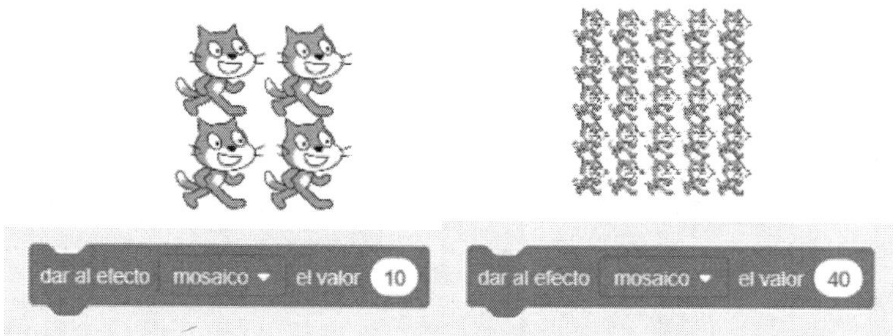

Efecto **brillo**: el brillo negativo oscurece el objeto (-100 = el objeto es negro), el brillo positivo lo aclara.

Efecto **desvanecer**: para hacer el objeto más o menos transparente; un valor de 100 lo hace desaparecer por completo.

Observación

Aunque es invisible en el escenario, ¡puede ser detectado por los otros objetos! Esto no ocurre si se utiliza el bloque **esconder**.

Ejemplos de uso

- Para hacer desaparecer un objeto.
- Para materializar los eventos que sufre un objeto, como la pérdida de puntos de vida hasta su desaparición total o la recuperación de puntos de vida.
- Para crear una zona de protección invisible alrededor de un objeto, como un escudo, o para delimitar una zona de movimiento. Encontrará ejemplos de objetos que se desvanecen en los capítulos dedicados a los juegos.

Este bloque consta de:

- un menú desplegable para elegir el efecto gráfico deseado. Se pueden seleccionar siete efectos gráficos;
- una zona de valores para definir el nivel del efecto gráfico.

Cada vez que se lee este bloque, el valor establecido se añade al valor antiguo. Los valores se suman, a diferencia del bloque **dar al efecto () el valor ()**, en el que se sustituyen entre sí.

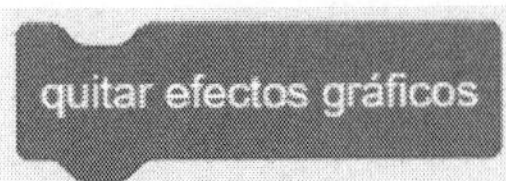

Este bloque permite anular todos los efectos gráficos utilizados previamente en un proyecto.

Como parte de un programa, un objeto puede cambiar de tamaño. Este bloque se utiliza para cambiar el tamaño del objeto especificando un valor. Un valor negativo disminuye su tamaño, mientras que un valor positivo lo aumenta.

Cambia el tamaño del objeto en un porcentaje definido del tamaño original. El 100 % corresponde al tamaño original del objeto. Un valor superior al 100 % aumenta el tamaño. Un valor inferior al 100 % reduce el tamaño.

Ejemplos de uso

- Dependiendo del fondo, el objeto puede encogerse para indicar que se ha trasladado a un mundo microscópico.
- Crear un zoom.
- Indicar una acción. Por ejemplo, un objeto aumenta de tamaño porque se hace más fuerte al ganar vidas.

Por su forma, este bloque se inserta en las zonas de valor de los demás bloques.

Cuando se marca la casilla situada delante del bloque en la paleta, se muestra en la escena el tamaño expresado en porcentaje. Esta información se actualiza cada vez que se produce un cambio.

6.5 Diálogos

Los objetos pueden conversar, expresarse, en forma de frases que pueden leerse en pantalla. Estos diálogos pueden ser hablados o pensados. La frase se muestra, pero el diálogo (globo o burbuja de diálogo) no se inserta en el mismo tipo de burbuja que el pensamiento (globo de pensamiento). Se pueden utilizar cuatro bloques.

El objeto «dice» una frase que se muestra en un burbuja de diálogo durante un tiempo determinado. Cuanto más larga sea la frase, mayor será el tiempo establecido para permitir que se lea.

Observación

El tiempo ajustado actúa como una pausa en la reproducción de bloques. El siguiente bloque no se leerá hasta que haya transcurrido el tiempo de visualización establecido.

El objeto «dice» una frase que se muestra en una burbuja sin duración determinada. El final de la visualización debe programarse.

El objeto «piensa» una frase que se muestra en una burbuja de pensamiento durante un tiempo determinado.

El objeto «piensa» una frase que se muestra en una burbuja de pensamiento sin duración establecida. El final de la visualización debe programarse.

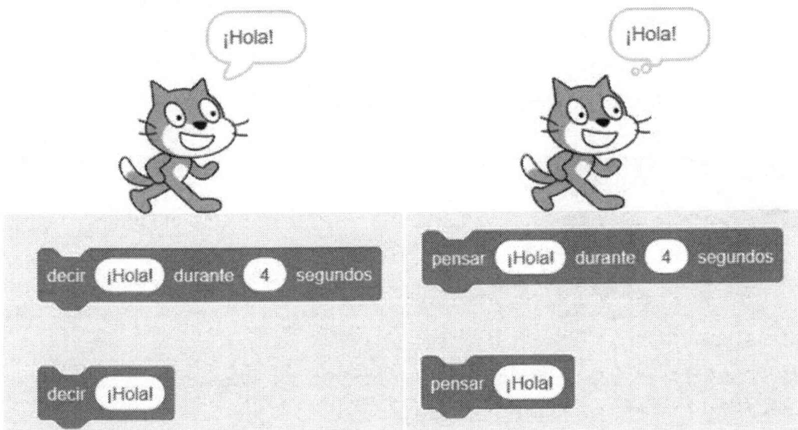

Observación

Veremos cómo utilizar estos bloques para crear diálogos en el capítulo Técnicas para la animación. También se utilizarán en el capítulo Las extensiones Texto a voz y Traducir tanto para mostrar frases en burbujas de pronunciación como para pronunciarlas.

6.6 La apariencia de los fondos

Los fondos tienen sus propios bloques para modificarlos. Para acceder a ellos:

⇉ Seleccione la miniatura en la ventana Fondos, a la derecha de la ventana Objetos.

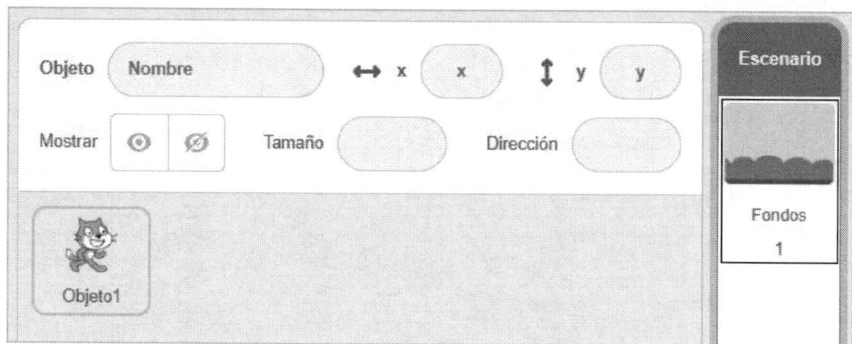

⇉ Las categorías de bloques específicas de los fondos se muestran en la pestaña **Código**.

Los bloques utilizados para gestionar los fondos son comparables a los utilizados para gestionar la apariencia y los disfraces de los objetos.

6.7 Modificar el fondo

Para cambiar el fondo. El nuevo fondo puede designarse:

- seleccionando su nombre;
- especificando su posición en la lista de fondos con respecto al fondo que se está mostrando en ese momento: **siguiente fondo** o **fondo anterior**;
- de manera aleatoria: **fondo aleatorio**.

Permite modificar el fondo seleccionado en el menú desplegable y esperar a que finalice el programa.

Pasa al siguiente fondo de la lista de fondos. Cuando el programa llega al último fondo de la lista, vuelve al principio. El orden de los fondos de la lista puede modificarse arrastrando y soltando (ver capítulo La interfaz, apartado La ventana de fondos).

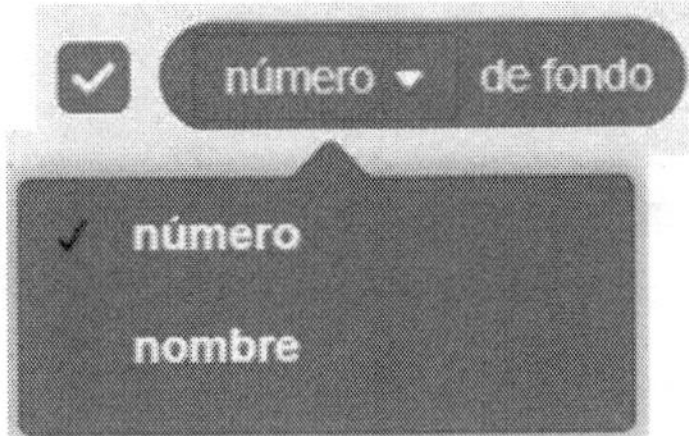

Cuando la casilla está marcada, se muestra en la escena el número o el nombre del fondo actualmente en uso. Esta información se actualiza cada vez que se cambia el fondo.

6.8 Cambiar el aspecto de los fondos

Otros tres bloques permiten, al igual que con los objetos, aplicar efectos gráficos a los fondos.

Para modificar el aspecto de los fondos, se pueden utilizar los mismos efectos gráficos que para los objetos: **color**, **ojo de pez**, **remolino**, **pixelar**, **mosaico**, **brillo**, **desvanecer**. Funcionan de la misma manera que para los objetos.

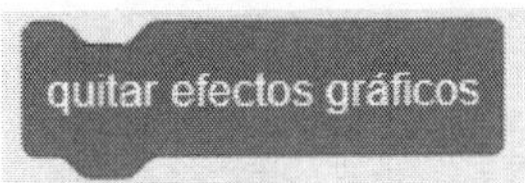

Permite cancelar todos los efectos gráficos aplicados previamente al fondo. El fondo recupera su aspecto original.

Los bloques **Apariencia** se utilizan para crear animaciones y hacer más dinámicos los juegos. En los capítulos dedicados a los juegos, encontrará varios ejemplos de cómo utilizarlos, en particular para modificar la apariencia de los objetos, crear y utilizar distintos paneles en un juego multinivel.

7. Los bloques Sonido

Scratch permite importar, grabar y modificar sonidos (ver capítulo Los editores), que pueden asociarse a objetos o fondos. Los sonidos son útiles para crear un entorno sonoro en un juego o animación.

Los bloques que pueden utilizarse para gestionar los sonidos son idénticos para los objetos y los fondos.

Observación

Para más información sobre sonidos y el editor de audio incorporado de Scratch, ver Los editores, sección El editor de sonido.

Este bloque se utiliza para reproducir el sonido seleccionado en el menú desplegable. Este sonido puede ser el sonido por defecto asociado a ciertos objetos, un sonido que haya seleccionado de la biblioteca de sonidos de Scratch o uno que haya importado. El sonido se reproducirá hasta el final, en su totalidad. Es decir, mientras el sonido no haya terminado, el bloque siguiente no podrá ejecutarse.

Seleccionando **grabar**... puede grabar un sonido o su voz.

Para crear un sonido de fondo permanente, basta con incorporarlo a un bucle de repetición.

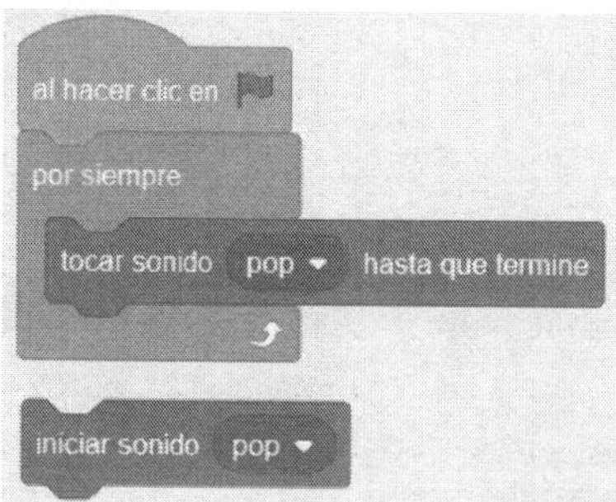

Este bloque es útil para asociar un sonido a una acción. Los bloques situados debajo de él se leen y se ejecutan incluso si la canción que se está reproduciendo no ha terminado.

Para detener todos los sonidos en uso durante la ejecución.

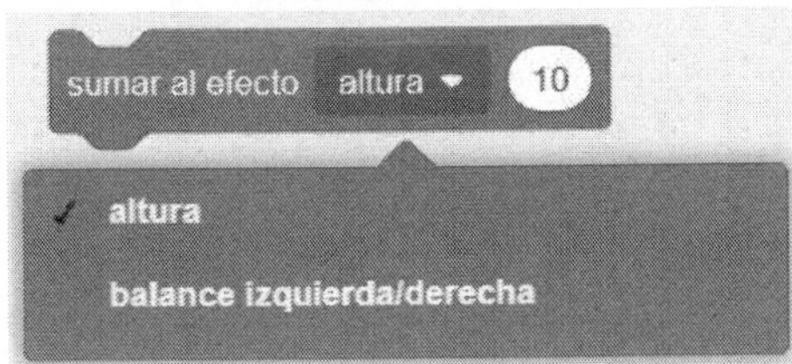

Este bloque tiene un menú desplegable para seleccionar el tipo de efecto (**altura - balance izquierda/derecha**) y un área de valor para especificar el nivel. Un valor positivo dará más efecto al sonido, mientras que un valor negativo lo reducirá. Los valores especificados son acumulativos.

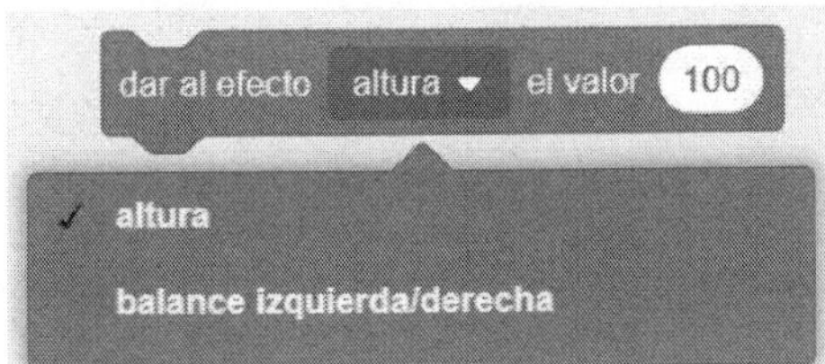

Este bloque se utiliza para sustituir el valor antiguo del efecto seleccionado por un valor nuevo.

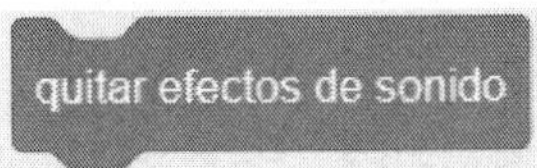

Permite borrar todos los efectos de sonido realizados anteriormente.

Este bloque modifica el volumen del sonido. Un valor negativo lo reduce y un valor positivo lo aumenta. Los valores se adicionan entre ellos.

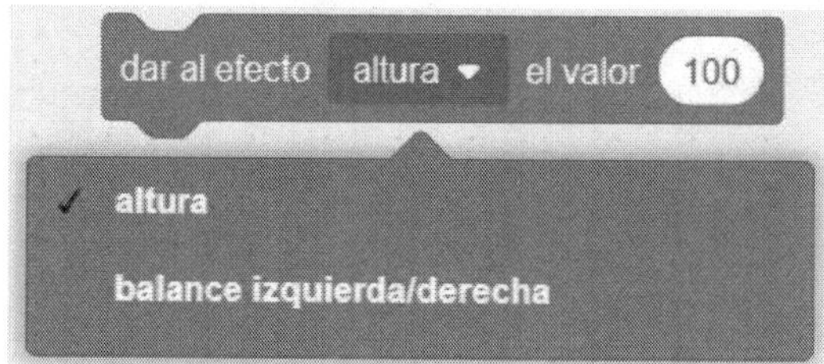

Permite ajustar el nivel del volumen sonoro.

Cuando la casilla está marcada, el valor de la intensidad sonora se muestra en el escenario. La información se actualiza cada vez que cambia.

8. Los bloques Operadores

Un programa informático puede requerir la realización de cálculos, ya sean operaciones matemáticas, cálculos geométricos o comparaciones de valores.

De forma redondeada, los bloques **Operadores** se insertan en las zonas de entrada de otros bloques. También pueden encajarse entre sí. Útiles para realizar operaciones matemáticas, también se utilizan en proyectos relacionados con videojuegos. En el capítulo Técnicas para los videojuegos, veremos cómo utilizarlos para crear desplazamientos horizontales y verticales.

8.1 Bloques matemáticos

Scratch es enseñado en secundaria por profesores de matemáticas, y está equipado con una serie de bloques que pueden utilizarse tanto para cálculos como para la geometría.

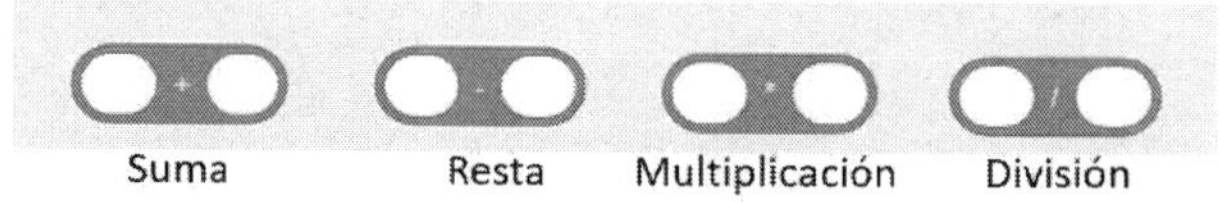

Suma Resta Multiplicación División

Estos cuatro bloques permiten realizar cálculos: suma, resta, multiplicación y división. Estos bloques se encajan entre sí; permiten realizar operaciones complejas.

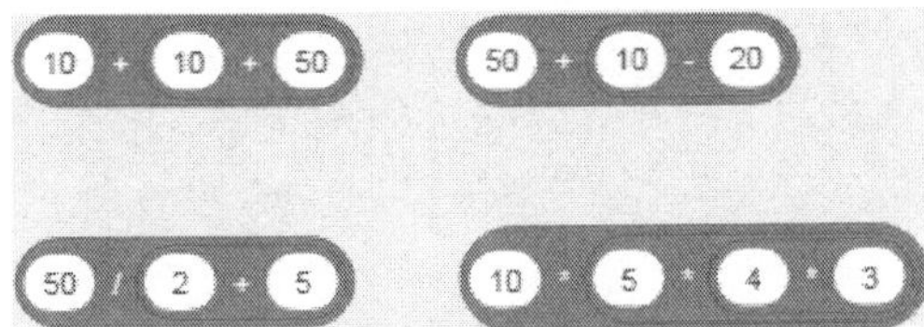

El resultado de la operación puede expresarse mediante el objeto:

Este bloque se inserta en las zonas de entrada de los demás bloques. Se utiliza para seleccionar aleatoriamente un número dentro del intervalo de valores especificados.

Ejemplos de uso

- Hacer aparecer de manera aleatoria enemigos u objetivos en el escenario.

- Crear apariciones, desapariciones y efectos gráficos aleatorios.

- Seleccionar aleatoriamente números en un juego de cálculo mental o elementos de una lista.

Considerado por muchos como un software para niños, Scratch puede utilizarse, sin embargo, para realizar cálculos más complejos que las operaciones que se estudian en primaria y secundaria.

Este bloque se utiliza para dividir el primer valor por el segundo. El bloque almacena el resto de la división cuando el resultado no es un entero.

⇉10/3 = 3 x 3 + 1 (el resto de la división es 1).

Este bloque se utiliza para redondear un valor tras un cálculo. Un resultado de 4,3 se redondeará a 4 y un resultado de 4,6 se redondeará a 5.

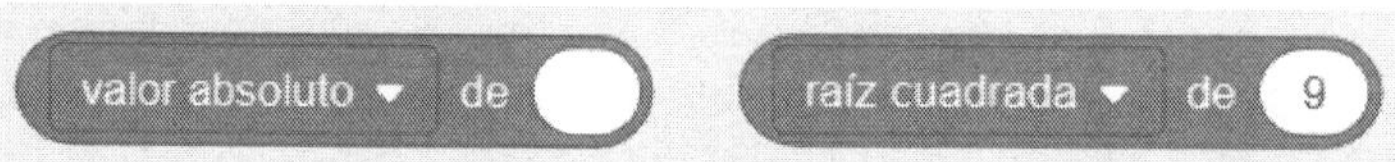

Utilizado para realizar cálculos, este bloque tiene un menú desplegable para elegir la función (raíces cuadradas, cosenos, etc.) y un área para introducir el valor.

8.2 Bloques de comparación

Algunos programas necesitan comparar valores, pero también caracteres. Existen dos tipos de bloques para comparaciones matemáticas y no matemáticas.

8.2.1 Comparaciones matemáticas

Hay cuatro bloques para hacer comparaciones matemáticas, es decir, comparaciones entre dos números, que se utilizan para crear condiciones, entre otras cosas. Con dos zonas de entrada, pueden utilizarse para la introducción manual o para colocar un bloque de valores redondeados para comparar valores.

superior a — puntuación superior a 0

inferior a — puntuación inferior a 0

igual a — puntuación igual a 0

Para crear condiciones booleanas, estos bloques se insertan en los bloques específicos de la categoría **Control**.

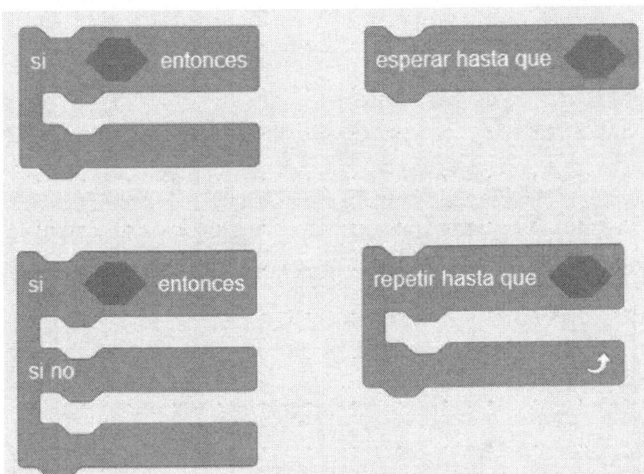

Una condición booleana es una condición que solo puede devolver dos valores: «verdadero» o «falso» (ver sección Los bloques Control).

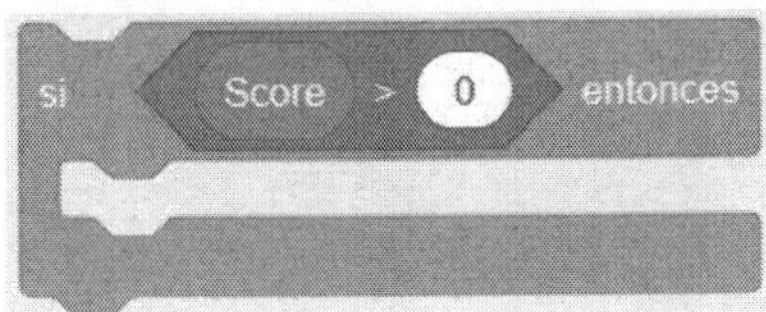

Devuelve «verdadero» si el primer valor es mayor que el segundo (si el valor de la variable Score es mayor que 0). Si es así, se ejecuta el programa dentro del paréntesis.

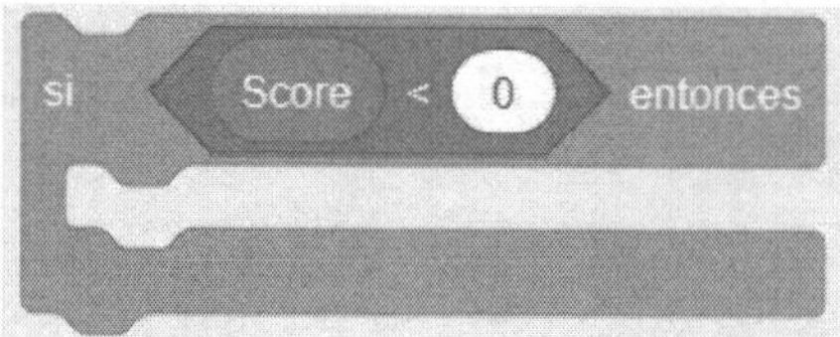

Devuelve «verdadero» si el primer valor es menor que el segundo (si el valor de la variable Score es menor que 0). En ese caso, se ejecuta el programa dentro del paréntesis.

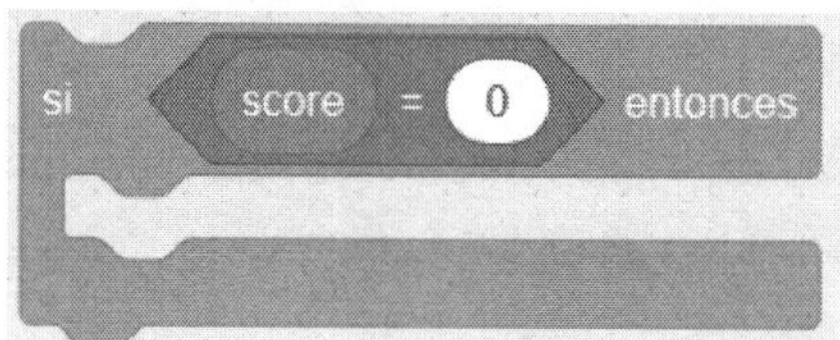

Devuelve «verdadero» si el primer valor es igual al segundo (si el valor de la variable score es 0). En este caso, se ejecuta el programa dentro del paréntesis.

Ejemplo de uso

Si la variable score ha alcanzado un total de 10 puntos (esta es la condición que se comprueba), se envía un mensaje GANASTE a todos los objetos que ejecutarán el programa asociado a este mensaje.

Observación

Este tipo de condición será recurrente en los proyectos de videojuegos para definir si el jugador ha ganado o perdido.

8.2.2 Comparaciones no matemáticas

Todos estos bloques pueden encajar unos con otros de manera indefinida.

El bloque puede contener dos bloques booleanos. Cada una de las dos condiciones debe ser verdadera para que se ejecute el siguiente programa.

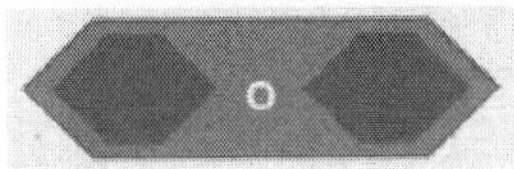

El bloque puede contener dos bloques booleanos. Una de las dos condiciones debe ser verdadera para que el programa se ejecute.

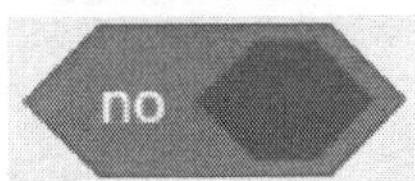

Este bloque es el inverso de los anteriores. Devuelve «verdadero» si no se cumple la condición. Devuelve «falso» si se cumple la condición.

8.3 Los otros bloques

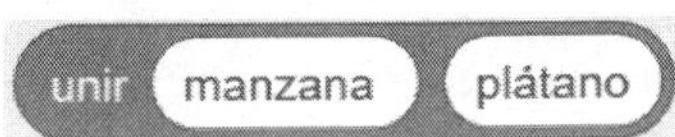

Este bloque se utiliza para combinar dos o más elementos. Se utiliza, en particular, para crear diálogos.

Este bloque devuelve una letra de la palabra determinada en función de la posición especificada. En este caso, la letra 1 de la palabra "manzana" es la m.

Este bloque devuelve el número de caracteres de la palabra. En este caso, la longitud de la palabra es 7 (la palabra «manzana» consta de 7 letras).

El bloque comprueba si el segundo parámetro contiene el texto del primer parámetro. En caso afirmativo, el bloque devuelve «verdadero»; en caso contrario, el valor se considera falso. Este bloque se utiliza, por ejemplo, para comprobar el contenido de una lista.

Los bloques **Operadores** se utilizan para una gran variedad de aplicaciones en los programas informáticos. Debido a su forma y su funcionalidad, no se utilizan solos, sino en conjunción con otros bloques, como bloques de condición, variables y listas.

El potencial del lenguaje Scratch no se aprovecha al máximo, sobre todo cuando se trata de programar bloques para realizar cálculos. Requiere buenos conocimientos de matemáticas y geometría, conceptos que generalmente no se dominan hasta la enseñanza secundaria. Sin embargo, en esta etapa de su educación, los estudiantes suelen cambiar a un lenguaje basado en texto, como Python o C.

9. Los bloques Variables

Un proyecto, ya sea una animación o un juego, requiere el uso de datos que se almacenan y modifican a medida que se ejecuta el programa. Estos datos pueden adoptar la forma de variables o listas.

Una variable consiste en asociar un nombre a un valor. Por ejemplo, una variable **Score** corresponderá a un valor (un número de puntos). Este valor no es fijo. Las variables son dinámicas, es decir, pueden modificarse con el tiempo a medida que se ejecuta el programa. En un videojuego, por ejemplo, la puntuación del jugador cambia.

9.1 Renombrar y eliminar una variable

Por defecto, la categoría **Variables** tiene cinco bloques vinculados a una variable cuyo nombre es **mi variable**.

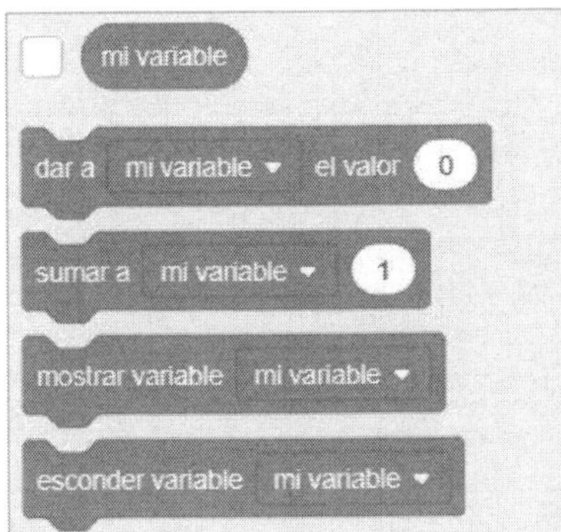

Si lo desea, puede cambiarle el nombre o eliminarla.

⇉ Haga clic con el botón derecho del ratón en el bloque **mi variable**. Aparecerá una ventana con dos opciones.

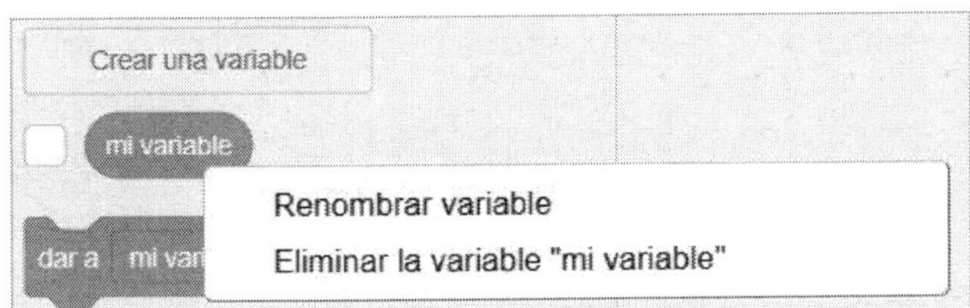

Renombrar variable: para cambiar su nombre. Este cambio se reflejará automáticamente en el programa.

⇉ En el campo de entrada (1) de la ventana **Renombrar variable**, introduzca el nuevo nombre que desea asignar a la variable.

⇉ Confirme seleccionando **Aceptar** (2). Los cinco bloques se actualizan automáticamente con el nuevo nombre.

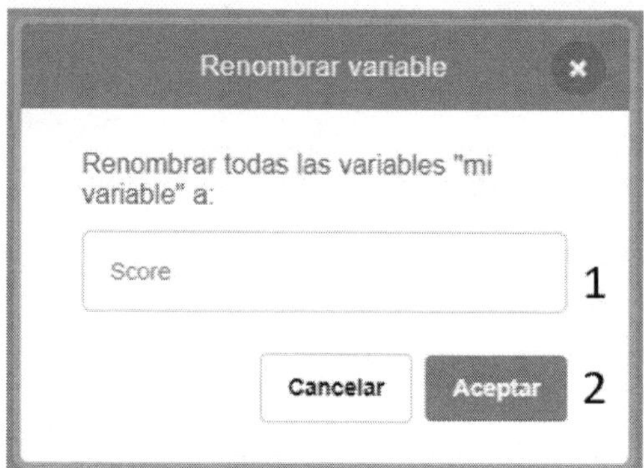

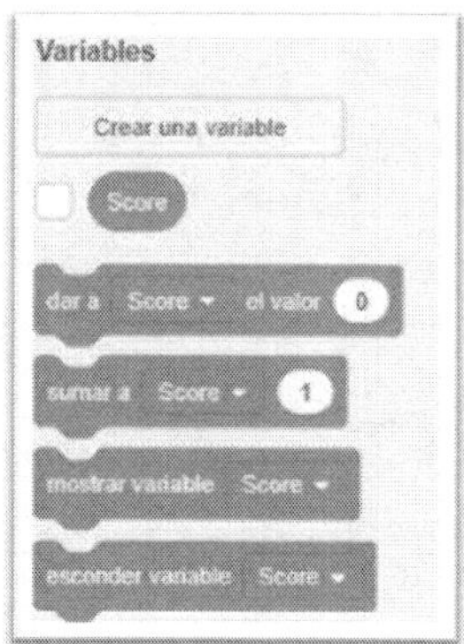

Eliminar la variable "mi variable": para borrar la variable y los bloques asociados a ella.

9.2 Crear una variable

Un mismo programa puede requerir el uso de un gran número de variables. Para crear variables adicionales:

⇉ En la categoría **Variables**, seleccione **Crear una variable**.

⇉ Se abre la ventana **Nueva variable**. En el campo de entrada (1), introduzca el nombre de su variable.

Para todos los objetos: estará disponible para todos los objetos sin ninguna obligación de utilizarlo. le aconsejo que elija siempre esta opción, ya que le da mayor flexibilidad a la hora de diseñar su programa más adelante.

Sólo para este objeto: solo el objeto a partir del cual que ha creado esta variable se verá asociado a ella. No se puede utilizar para otros objetos.

Observación

En la versión en línea de Scratch, existe una tercera opción, Servidor variable (almacenado en la Nube).

⇉ Confirme pulsando **Aceptar** (2).

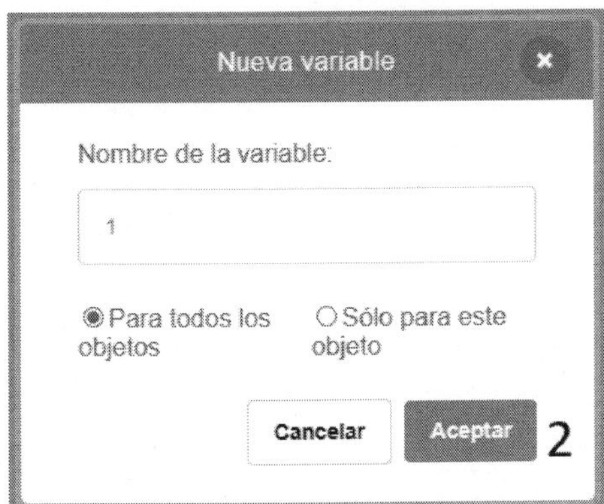

Los cinco bloques que puede utilizar para gestionar variables tienen ahora el nombre de su nueva variable, en particular los cuatro bloques con menú desplegable. Cuando utilice un bloque **Variables**, solo tiene que seleccionar el nombre de la variable que quiera en el menú desplegable.

9.3 Los bloques Variables

Debido a su forma, este bloque, que se utiliza para almacenar el valor de la variable, se inserta en la zona de entrada redondeada de otros bloques.

Ejemplos de uso

- En función del valor de la variable, define si el jugador ha ganado o perdido la partida.

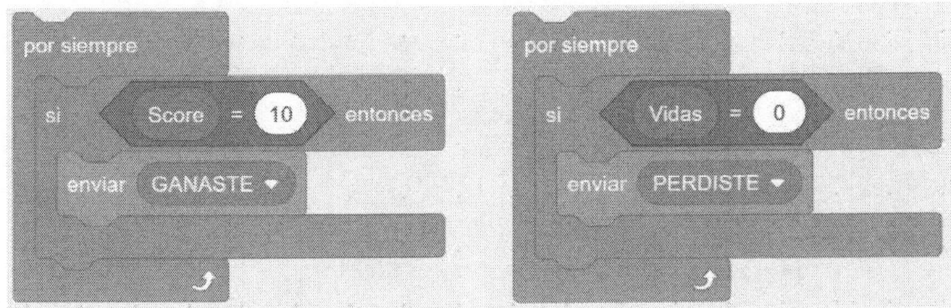

- Haga que un objeto le diga el estado de la variable al final del juego, por ejemplo.

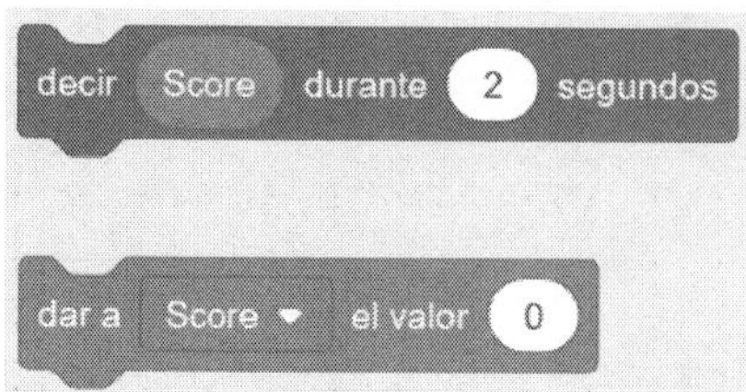

Este bloque sirve para definir el valor de la variable, sobre todo al inicio del programa. En cuanto se utiliza una variable, hay que definir sus características. Debe inicializarse.

Ejemplos de uso

- Para una variable **Score**, puede especificar 0, ya que la puntuación aumenta a medida que avanza el juego: **dar a Score el valor 0**.
- Para una variable Vidas, puede especificar el número de vidas que tiene el jugador cuando empieza el juego: **dar a Vidas el valor 3**.

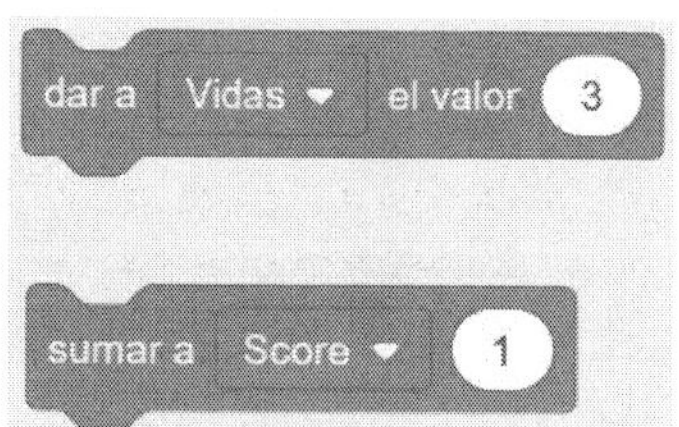

Este bloque modifica el valor de la variable definida al inicio del programa por el valor especificado. Los valores son acumulativos.

Ejemplos de uso

- Para una variable **Score**, la puntuación se incrementa en 1 punto: **sumar a Score 1**.
- Para una variable **Vidas**, el número de vidas disminuye en 1: **sumar a Vidas -1**. El nuevo valor de la variable será 2.

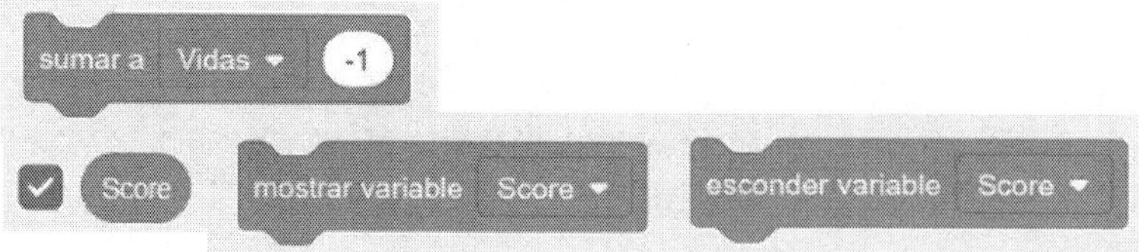

Estos tres bloques se utilizan para mostrar u ocultar el valor de la variable en el escenario.

Según el proyecto, puede ser útil mostrar el valor de la variable de forma permanente o de vez en cuando.

Observación

Es perfectamente posible que alguna información contenida en una variable deba mostrarse de forma permanente. Pero cuidado: ¡demasiados valores de variables mostrados al mismo tiempo podrían hacer ilegible la escena!

Ejemplo de uso

En un juego, cuando el jugador consigue un punto o pierde una vida, el Score o el número de vidas restantes se muestra temporalmente en el escenario.

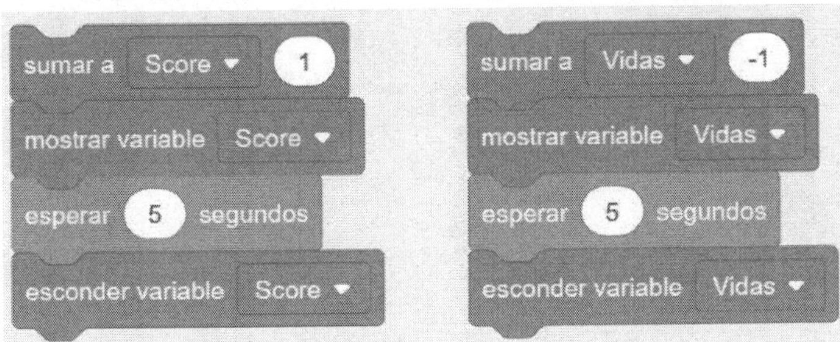

9.4 Visualización de variables

Cuando el valor de la variable se muestra en el escenario, puede adoptar una de estas tres formas:

- Muestre la variable en el escenario utilizando el bloque **mostrar variable ()** o marcando la casilla situada al lado del bloque 

.

- En el escenario, haga clic con el botón derecho del ratón en la variable. Aparece un menú que ofrece tres formatos de visualización: **tamaño normal, tamaño grande, deslizador**.

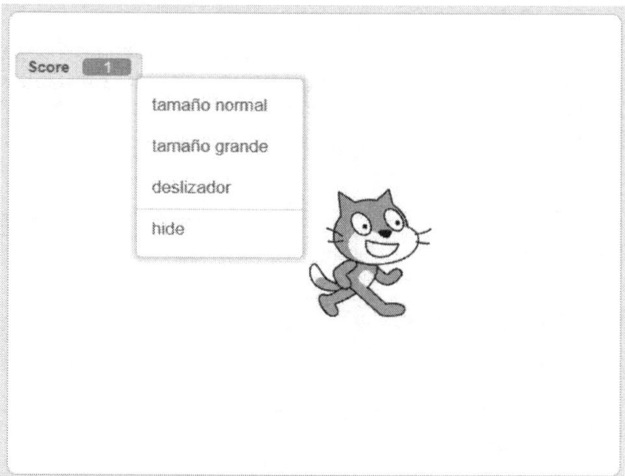

tamaño normal: se muestra el nombre de la variable y su valor.

tamaño grande: solo se muestra el valor de la variable, lo que puede causar problemas de comprensión cuando hay varias variables presentes en la escena.

deslizador: la posición del cursor se modifica al mismo tiempo que el valor.

tamaño normal tamaño grande deslizador

10. Los bloques Listas

Las listas se utilizan para almacenar datos en una matriz, uno tras otro. Cada elemento se almacena en una celda numerada a partir de 1. A diferencia de las variables, estos datos pueden ser números, cadenas de letras u otros caracteres. Las listas están accesibles, es decir, se pueden modificar (añadir, eliminar, cambiar el orden) a medida que se ejecuta el programa. Las listas se utilizan a menudo con variables y se comparan con los bloques Operadores.

10.1 Crear y utilizar una lista

El procedimiento para crear una lista es el mismo que para crear una variable.

⇉ En la categoría **Variables**, seleccione **Crear una lista**.

⇉ Se abre la ventana **Nueva lista**. En el campo de entrada (1), introduzca el nombre de su lista.

Para todos los objetos: la lista estará disponible para todos los objetos, sin obligación de utilizarla. le aconsejo que elija siempre esta opción, ya que le ofrece una mayor flexibilidad más adelante, a la hora de diseñar su programa.

Sólo para este objeto: solo el objeto a partir del cual ha creado la lista se verá asociado a ella. No se puede utilizar en los programas para otros objetos.

⇉ Confirme pulsando **Aceptar** (2).

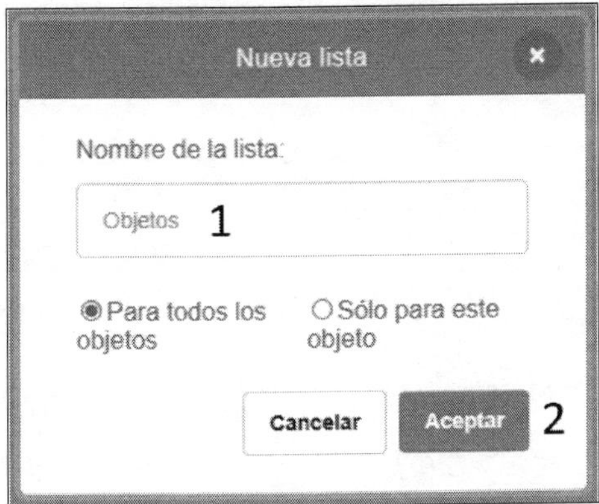

Ha aparecido una lista en el escenario y se han creado doce bloques en la categoría **Variables** que pueden utilizarse para gestionarla.

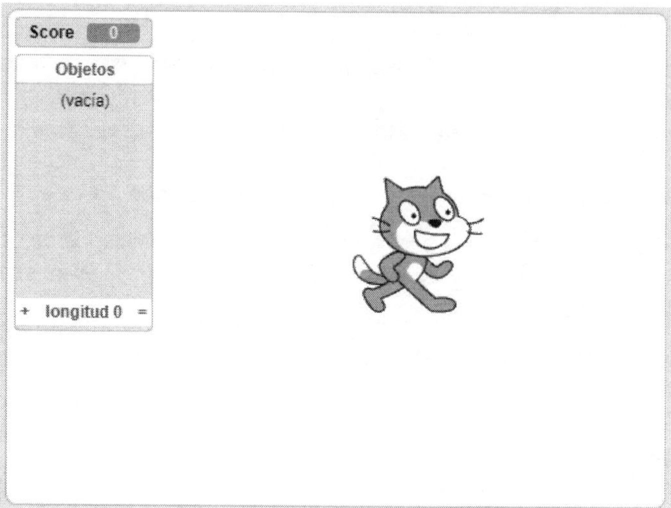

La lista puede rellenarse manualmente o a medida que se ejecuta el programa. Para crear una zona de entrada:

⇒ Pulse el botón + en la parte inferior izquierda de la lista.

⇒ En la zona de entrada creada, introduzca el primer elemento (por ejemplo, la **llave**) de la lista. Se le asignará el número 1.

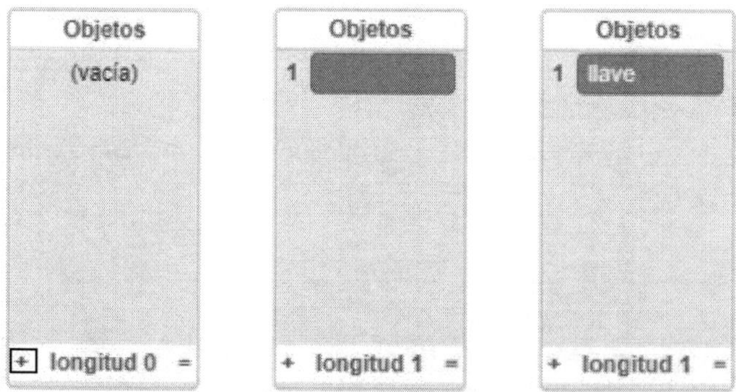

Para eliminar manualmente un elemento de una lista:

⇒ Seleccione la fila que desea borrar.

⇒ Haga clic en la cruz de borrar que aparece.

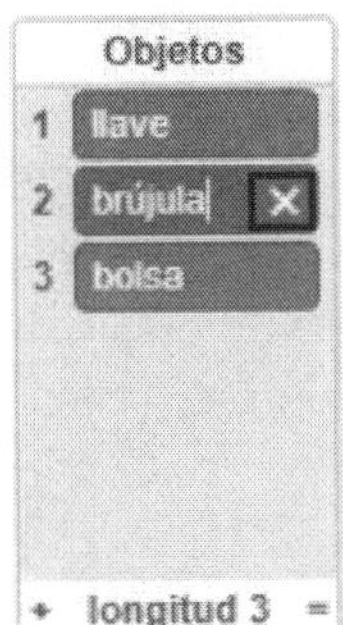

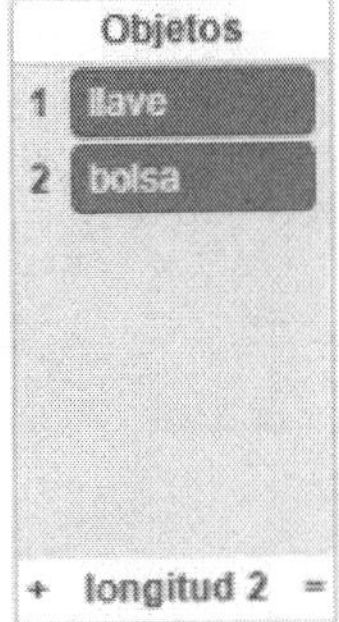

10.2 Bloques para la gestión de listas

Los bloques utilizados para gestionar las listas disponen de un campo de entrada y un menú desplegable para seleccionar la lista en cuestión.

Debido a su forma, este bloque encaja en las zonas de entrada de otros bloques. Al marcar la casilla situada delante del bloque, la lista aparece en el escenario.

Observación

Al marcar esta casilla, la lista se muestra de forma permanente durante la ejecución del programa, mientras que los siguientes bloques se utilizan para mostrar esta información de forma puntual, cuando se desee.

Se utilizan dos bloques para añadir elementos a una lista:

Este bloque se utiliza para añadir un elemento a una lista. El nuevo elemento se coloca en la posición 1 si la lista está vacía; si ya hay elementos, se coloca después de ellos.

Ejemplos de uso

Un elemento puede incluirse en una lista:

- cuando se pulsa un objeto (1) o cuando dos objetos entran en contacto (2);
- al recibir un mensaje (3);
- tras una bonificación: se puede ganar una vida extra, se puede obtener un objeto (4).

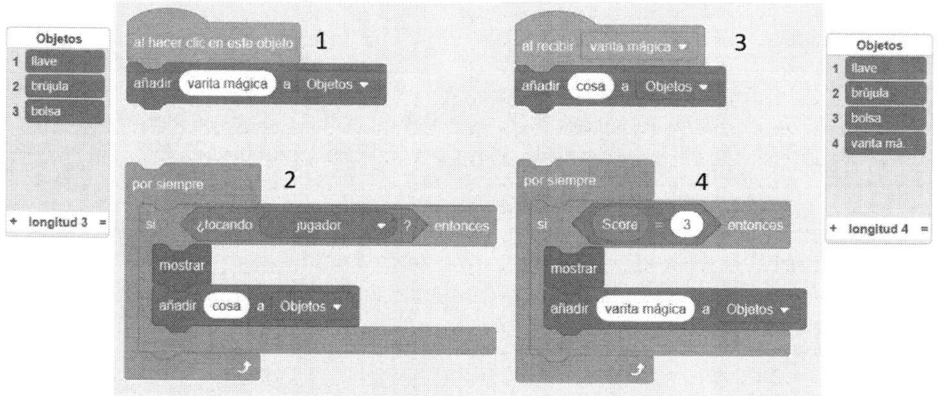

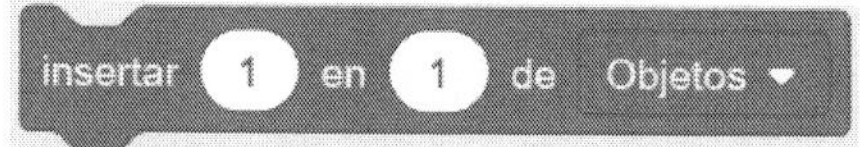

Este bloque se utiliza para añadir un elemento a una lista especificando la posición que ocupará. Si un elemento ya ocupa esta posición, se moverá un lugar. Por ejemplo, pasará de la posición 1 a la posición 2. El elemento no se borra.

Ejemplo

El nuevo objeto, llamado **varita mágica**, entra en la lista en la casilla número 2. El objeto que estaba allí, la **brújula**, se desplaza una casilla. Se coloca en la casilla 3. Todos los demás objetos de la lista se desplazan una posición y la lista se amplía una casilla.

Este bloque permite borrar un elemento de la lista, simplemente seleccionando su posición. Una vez borrado el elemento, se recalcula automáticamente la posición de los demás elementos de la lista.

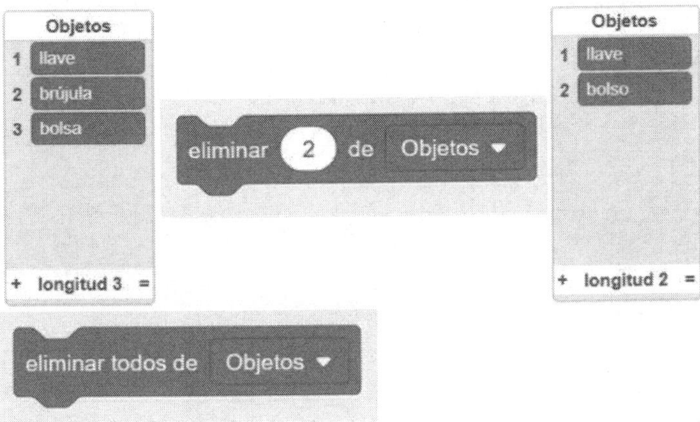

Este bloque se utiliza para vaciar completamente el contenido de la lista.

Se utiliza, en particular, para reiniciar el juego. Cuando, en un proyecto, se completa una lista a medida que se ejecuta, hay que acordarse de vaciar la lista al reiniciar el proyecto.

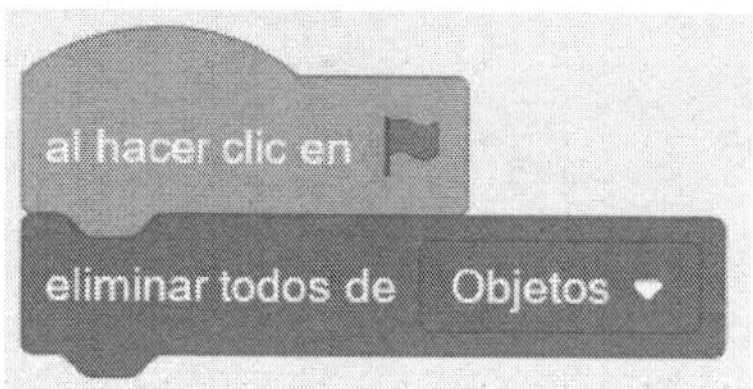

Observación

Cualquier proyecto en el que haya que rellenar una lista o listas a medida que se ejecuta debe incluir este bloque para inicializar el programa.

Sirve para reemplazar el elemento de la lista cuya posición se especifica por otro elemento cuyo nombre se indica.

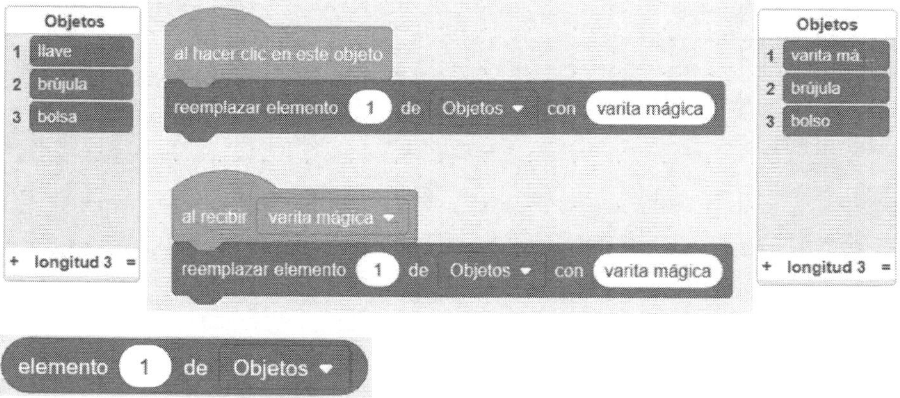

elemento 1 de Objetos

Por su forma redondeada, este bloque puede insertarse en otros bloques. Indica un elemento situado en la lista según la posición que ocupa.

Este bloque indica el número de elementos de la lista especificada.

Ejemplos de uso

- Comprobar el número de objetos de la lista para ver si está completa.

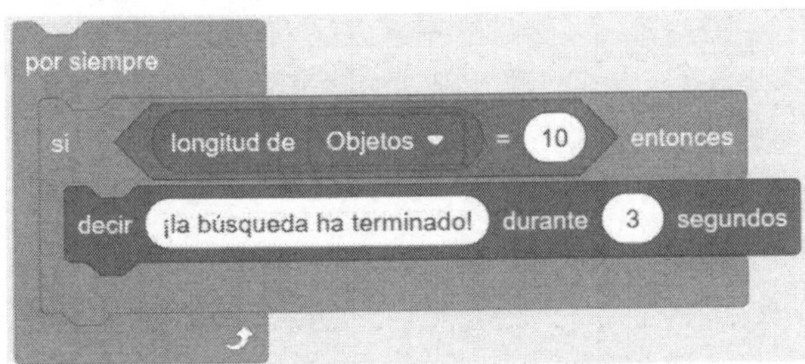

- Cada vez que un nuevo objeto entra en una lista, el número de objetos que contiene se anuncia mediante un objeto o en forma de objeto.

Este bloque muestra la posición del nuevo elemento cuando se inserta por primera vez en una lista. Si el elemento no está en una lista, el bloque indica 0.

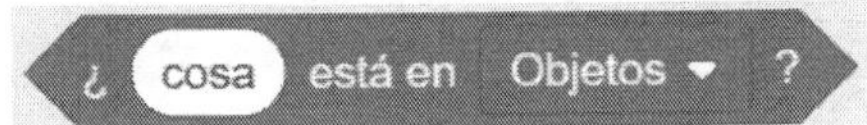

Debido a su forma, este bloque puede insertarse en otros bloques para crear condiciones y realizar comparaciones. Devuelve «verdadero» si el elemento especificado está en la lista.

Ejemplo de uso

- En un juego de tipo búsqueda: para abrir una puerta, primero hay que haber cogido una llave. Si esta llave está en la lista de **Objetos**, el test de condición será «verdadero» y se podrá abrir la puerta (ver Juego del laberinto).

Estos tres bloques sirven para mostrar u ocultar la lista en el escenario. Dependiendo del proyecto, puede que no sea necesario mostrar las listas permanentemente o de vez en cuando, sobre todo cuando se modifican durante el juego.

Observación

Puede crear un objeto en forma de botón, por ejemplo, que, al pulsarlo, muestre temporalmente la lista.

⇉ **al hacer clic en este objeto** // también puede elegir usar una tecla del teclado.

⇉ **mostrar lista** (nombre de la lista)

⇉ **esperar 1 segundos**

⇉ **esconder lista** (nombre de la lista)

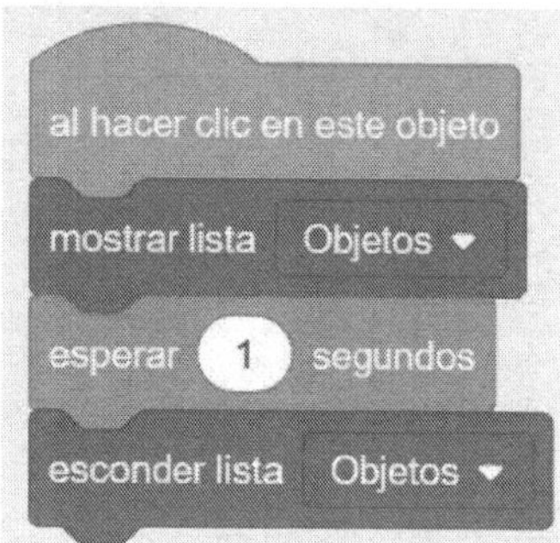

Al igual que las variables, las listas se utilizan mucho en los programas para gestionar datos. En los distintos capítulos sobre juegos, a menudo se crearán listas, especialmente para juegos interactivos y juegos de lógica.

11. Crear bloques

Scratch incorpora una funcionalidad que permite crear bloques de programa para evitar la repetición: un bloque = una pila de bloques. Esta funcionalidad es muy útil para los programas con mucho código repetitivo. De hecho, cuando se crea un proyecto, es importante ser riguroso e intentar simplificar los programas al máximo.

La categoría **Mis bloques** permite personalizar los bloques adjuntándoles programas propios.

Asociados a un objeto específico, estos bloques pueden utilizarse tantas veces como sea necesario. Para crear un nuevo bloque:

⇉ Seleccione la categoría **Mis bloques**.

⇉ Haga clic en **Crear un bloque**.

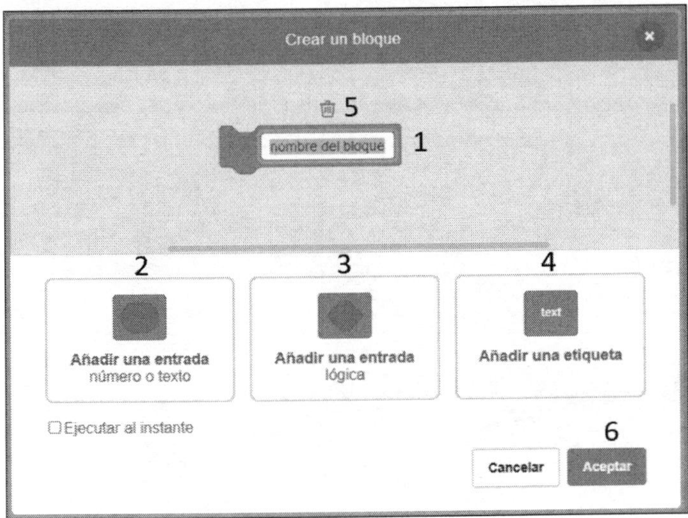

Se abre la ventana **Crear un bloque**. Usted debe:

- dar un nombre a este bloque en el cuadro de entrada (1).
- definir sus atributos, es decir, su forma y las entradas que tendrá.

Añadir una entrada número o texto (2): un bloque que permite integrar valores (en forma redondeada) estará asociado a él.

Añadir una entrada lógica (3): se le asociará un espacio que permite realizar comparaciones.

Añadir una etiqueta (4): se asociará un bloque que permite integrar cadenas de caracteres (en forma de cuadrado).

A partir de estos tres elementos, se puede crear una multitud de bloques diferentes, ya que se pueden añadir uno tras otro.

El icono de la papelera de reciclaje (5) se utiliza para eliminar elementos del bloque situado debajo:

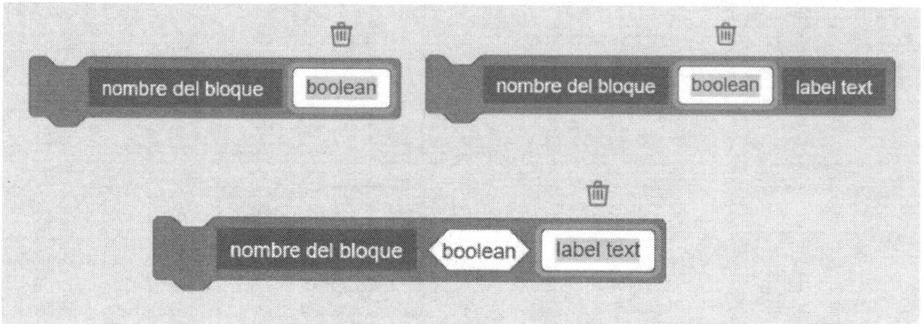

Una vez validado el nuevo bloque pulsando **Aceptar**, se crean dos bloques: el primero en la paleta de bloques (1) de la categoría **Mis bloques**, y el segundo, en la zona de scripts (2).

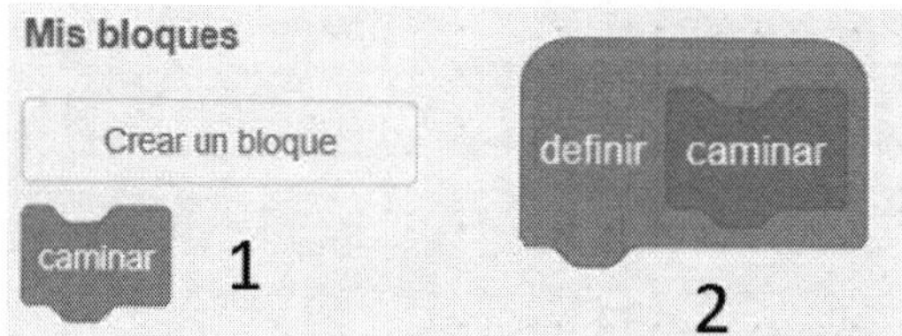

El bloque de inicio (2), situado en la zona de creación de programas (pestaña **Código**), permite definir las características del nuevo bloque adjuntando los bloques necesarios. Para modificar los parámetros de estos bloques, haga clic con el botón derecho del ratón:

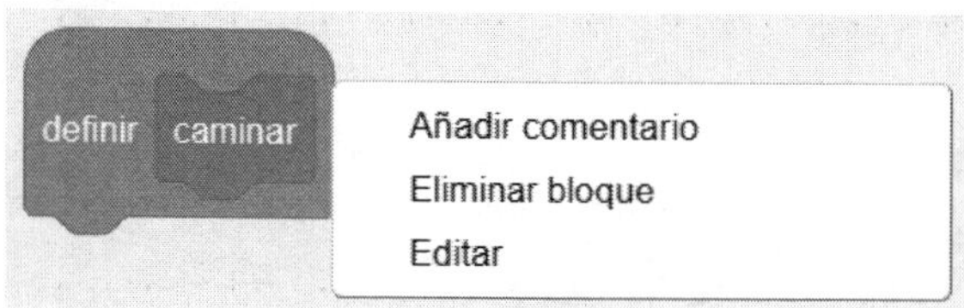

Añadir comentario: inserta un comentario que explica la función del bloque, por ejemplo.

Eliminar bloque: si desea borrar este bloque mientras aún está en uso en el programa, aparecerá un mensaje de advertencia.

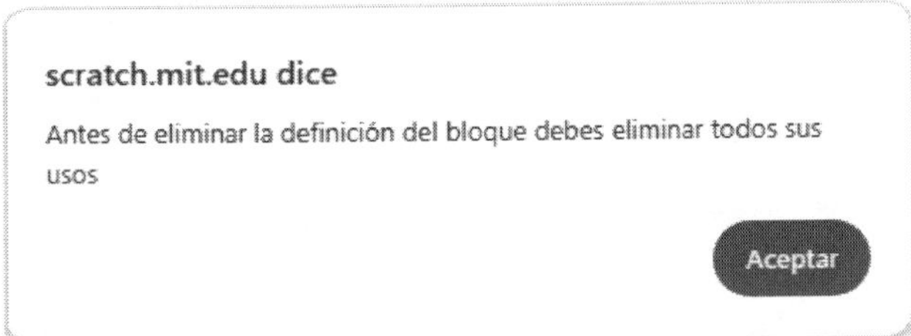

Editar: se abre la ventana **Crear un bloque** para que pueda modificar las características del bloque.

Utilización

Usted va crear y usar un bloque llamado **Caminar**. Los bloques asociados a él se utilizarán para mover el objeto y modificar su disfraz mientras se mueva.

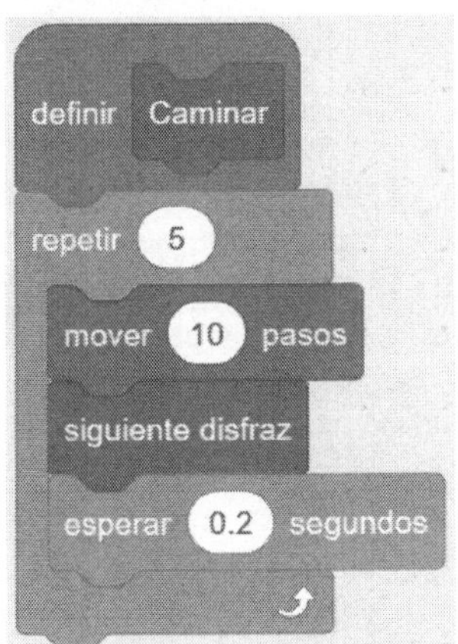

- **definir Caminar**
- **repetir 5 veces** // apertura de un bucle de repetición. El algoritmo en este bucle se utiliza para mover el objeto hacia delante y modificar su disfraz. Se repetirá 5 veces.
- **mover 10 pasos** // el objeto se mueve hacia la derecha.
- **siguiente disfraz** // si usted ha conservado el objeto gato, tiene dos disfraces, que son disfraces de marcha.
- **esperar 0,2 segundos**

⇒ Cerrar el bucle.

El bloque **Caminar** tiene ahora todas las características de los bloques que se han enganchado al bloque **definir Caminar.** Los bloques enganchados debajo se integran automáticamente en el bloque **Caminar**. Este bloque se utiliza para mover el objeto y cambiar su disfraz mientras se mueve.

Observación

Se trata de una pila de cuatro bloques almacenados en un único bloque: el bloque de **Caminar**.

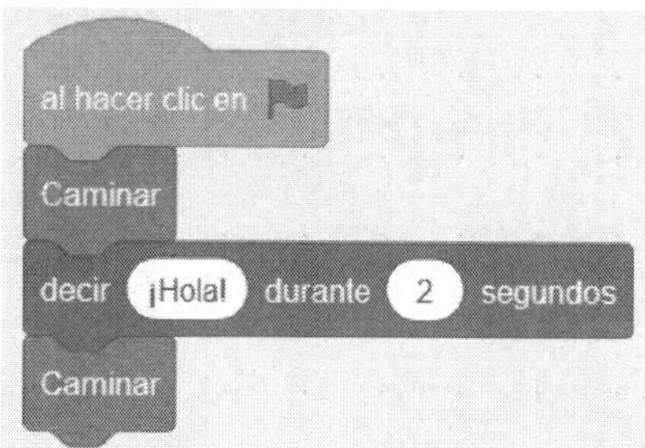

En primer lugar, se ejecuta el bloque **Caminar**: el objeto se mueve mientras cambia de disfraz. A continuación, el objeto deja de caminar para decir «¡Hola!». Por último, se ejecuta de nuevo el bloque caminar: el objeto se mueve mientras cambia de disfraz.

Puede utilizar este bloque para mover el objeto a izquierda y derecha especificando su orientación.

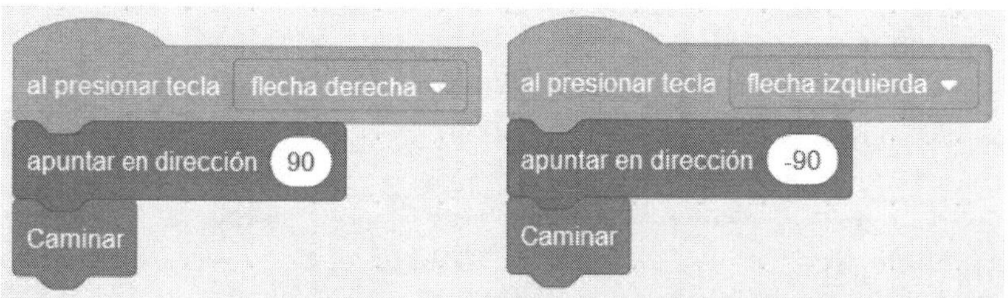

Observación

Este tipo de bloque es útil cuando se tienen pilas que se repiten muy a menudo en un programa. Esto suele ocurrir en las animaciones.

La creación de bloques personalizados es útil para programas largos y repetitivos. Desafortunadamente, cuando se crea un bloque, se crea para un objeto en particular. Por ejemplo, no se puede utilizar el bloque **Caminar** creado para el objeto A en el programa del objeto B; debe crearse de nuevo un bloque **Caminar** para el objeto B.

12. Conclusión

Este capítulo le ha presentado los numerosos bloques disponibles en la paleta de bloques de la pestaña **Código** para crear sus propios proyectos. Estos bloques están ordenados por categoría y color, y aprenderá rápidamente a utilizarlos para crear sus propios proyectos. Algunos de ellos son esenciales y tendrá que usarlos con regularidad. Vale la pena señalar que, cuando utiliza Scratch localmente, dispone de un espacio llamado **mochila**. Aquí es donde almacena y agrupa los bloques (o pilas de bloques) que utiliza más a menudo.

Existen otros bloques. Situados en la categoría **Añadir extensión**, serán objeto de capítulos separados.

Capítulo 5

Técnicas para la animación

1. Introducción

Un proyecto de animación es un proyecto que consiste en una secuencia de imágenes en movimiento para crear un vídeo, un dibujo animado o una narración. Muchos usuarios de Scratch realizan cortometrajes, vídeos musicales y tutoriales utilizando diversas técnicas. En la web oficial hay estudios dedicados a estos temas.

Hacer animación requiere conocer técnicas para hacer que los personajes hablen, se muevan, interactúen o simplemente para hacer avanzar una secuencia de imágenes muy rápidamente con el fin de realizar stop motion.

En todos estos proyectos, los bloques de la categoría **Apariencia** se utilizan para dar vida y dinamismo a los personajes y los escenarios. Los bloques **Eventos**, con el envío y la recepción de mensajes, son útiles para sincronizar las acciones.

En este capítulo descubrirá algunas técnicas de animación que también pueden utilizarse en videojuegos. Veremos cómo animar disfraces, sobre todo cuando los personajes se mueven, y cómo animar sus bocas en función del volumen del sonido. Se abordarán varias técnicas para simular el desplazamiento; además, aprenderá a implementar desplazamientos horizontales y verticales (scrolling).

2. Animación de disfraces

Algunos de los objetos disponibles en la biblioteca tienen varios disfraces para animarlos. Para saber si un objeto puede animarse, basta con pasar el ratón por encima de su miniatura en la biblioteca. Una de las animaciones más comunes es el ciclo de caminar (o volar, para los pájaros). Esto se aplica tanto a los animales (gatos, por ejemplo) como a otros personajes.

Un ciclo de caminar es una serie de disfraces que se despliegan uno tras otro para simular la acción de caminar (o volar). Se utilizan para:

- personajes en movimiento;
- crear películas de animación;
- juegos.

2.1 Un gato andante

El gato de Scratch tiene dos disfraces que, combinados, crean un ciclo de marcha. He aquí un primer ejemplo de programa que utiliza un bucle de repetición y el bloque **siguiente disfraz**:

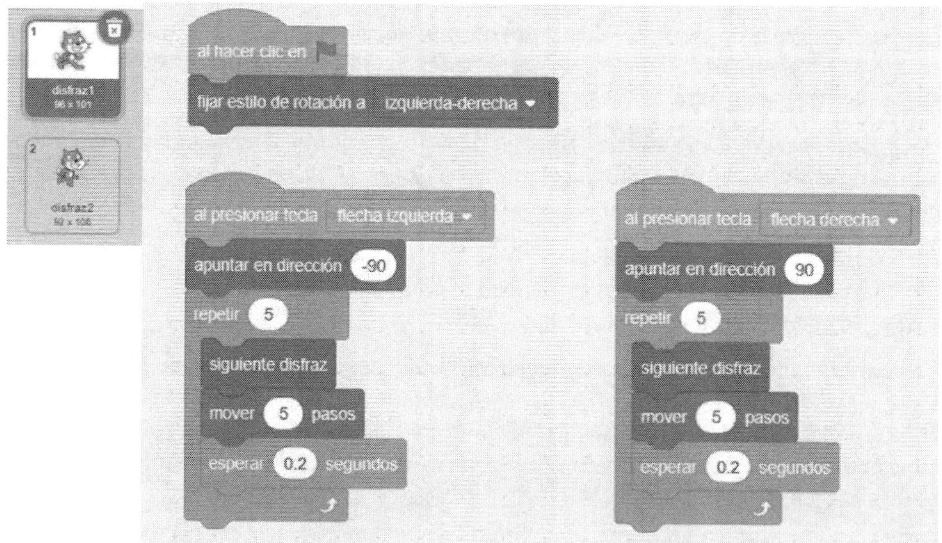

La primera pila de bloques se utiliza para fijar el sentido de giro del gato:

⇉ **al hacer clic en la bandera verde**

⇉ **fijar estilo de rotación a izquierda-derecha** // para definir la forma en que el gato girará en el escenario y evitar que tenga la cabeza apuntando hacia abajo.

Las dos pilas de bloques siguientes corresponden a algoritmos para mover el objeto a izquierda y derecha mientras se anima.

⇉ **al presionar tecla flecha izquierda**

⇉ **apuntar en dirección -90** // el gato mira hacia la izquierda.

⇉ **repetir 5** // abre un bucle de repetición. El programa insertado en este bucle se repetirá cinco veces. Por lo tanto, el gato avanzará y cambiará de disfraz cinco veces.

⇉ **siguiente disfraz** // el disfraz es sustituido por el disfraz situado después del visualizado.

⇉ **mover 5 pasos** // el gato se desplaza hacia la izquierda dando el número de pasos especificado.

⇉ **esperar 0.2 segundos** // este bloque de control inserta un tiempo de espera, una pausa, entre dos cambios de disfraz.

⇉ Cerrar el bucle de repetición.

⇉ **al presionar tecla flecha derecha**

⇉ **apuntar en dirección 90** // el gato mira hacia la derecha.

⇉ **repetir 5 veces** // abre un bucle de repetición. El programa insertado en este bucle se repetirá cinco veces. Por lo tanto, el gato avanzará y cambiará de disfraz cinco veces.

⇉ **siguiente disfraz**

⇉ **mover 5 pasos**

⇉ **esperar 0.2 segundos**

⇉ Cerrar el bucle de repetición.

2.2 Un personaje andante

Este proyecto puede descargarse de la web de Ediciones ENI con el nombre *Avery camina.sb3*.

Creación del objeto

Va a crear una animación con un objeto que tiene diferentes disfraces. Representa a un personaje que camina.

⇒ Seleccione **Elige un objeto** para abrir la biblioteca.

⇒ En la biblioteca, importe el objeto con el nombre **Avery Walking**.

Este objeto tiene cuatro disfraces que descomponen un movimiento de caminar hacia la derecha. Usted va a crear otros cuatro trajes para que tenga un movimiento de caminar hacia la izquierda.

⇒ En la pestaña **Disfraces**, haga clic con el botón derecho en el primer disfraz, llamado **avery walking a**.

⇒ En la ventana, seleccione **duplicar**.

Se ha creado un nuevo disfraz (1). Situado debajo del disfraz original, su nombre es **avery walking a2**.

⇉ Utilice el ratón para desplazar este disfraz al final de la lista (2).

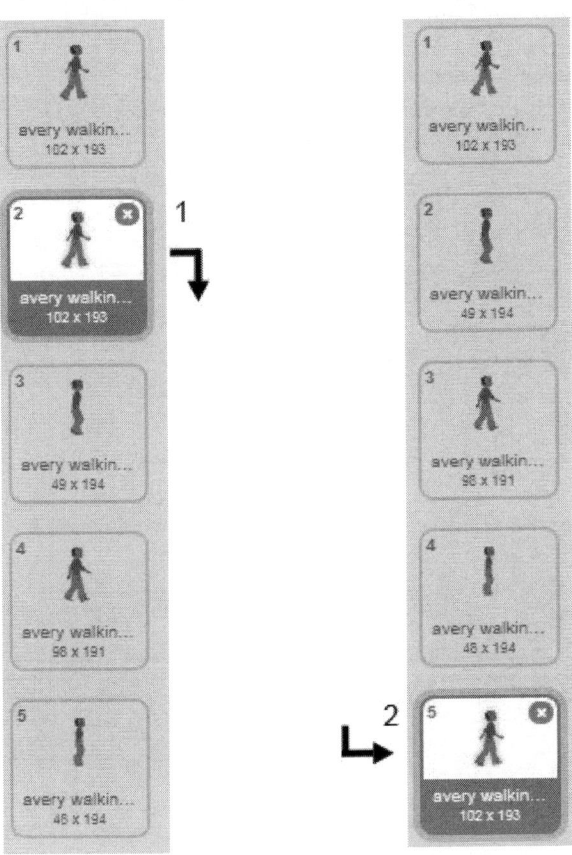

Para cambiar la dirección de este nuevo disfraz, seleccione la herramienta **Voltear horizontalmente**. El disfraz cambia de orientación. El personaje mira hacia la izquierda.

Voltear horizontalmente

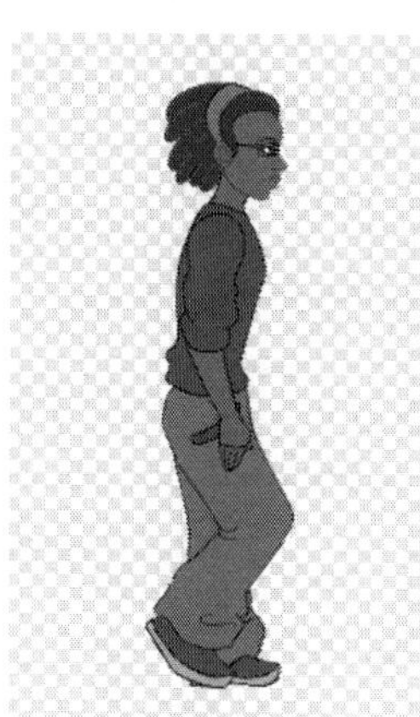

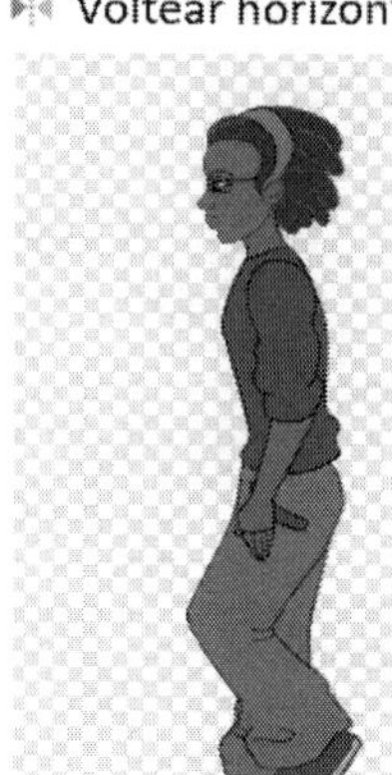

⇉ Repita la operación con los cuatro disfraces siguientes.

⇉ Cambie el nombre de los ocho disfraces: avery derecha (1 a 4) y avery izquierda (1 a 4).

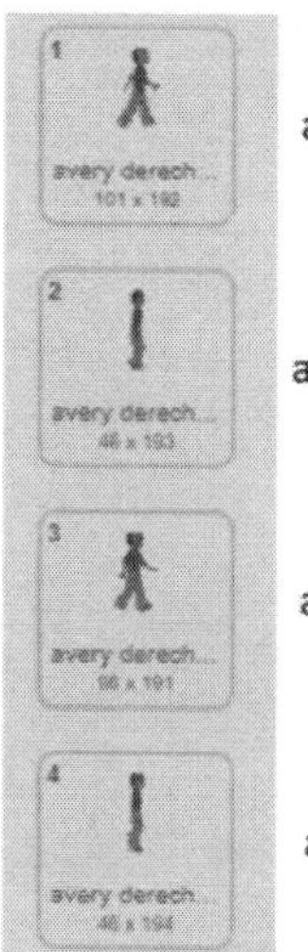

avery derecha 1

avery derecha 2

avery derecha 3

avery derecha 4

avery izquierda 1

avery izquierda 2

avery izquierda 3

avery izquierda 4

Observación

Antes de comenzar a crear el programa, asegúrese de que los disfraces estén posicionados en el orden correcto, ya que, para simplificar el código, utilizará el bloque **siguiente disfraz**.

El programa

El programa utilizado para desplazar a Avery a la izquierda y a la derecha mediante flechas de dirección consta de dos condiciones.

⇉ **al hacer clic en la bandera verde**

⇉ **por siempre**

Primera condición: para mover el personaje hacia la derecha, pulse la tecla [Flecha derecha] del teclado.

⇉ **si ¿tecla flecha derecha presionada? entonces**

⇉ **cambiar disfraz a avery derecha 1** // para iniciar el «bucle» de disfraces en el primer disfraz de la lista de disfraces a la derecha. Los tres disfraces siguientes se mostrarán utilizando el bloque **siguiente disfraz**.

⇉ **mover 15 pasos** // cuando el objeto se desplaza hacia la derecha de la escena, los valores de movimiento son valores positivos.

⇉ **esperar 0.2 segundos** // un tiempo de espera entre dos disfraces da un movimiento más realista.

⇉ **repetir 3** // abre un segundo bucle de repetición. En este bucle se integrarán instrucciones idénticas a las anteriores para mostrar los otros tres disfraces.

⇉ **siguiente disfraz**

⇉ **mover 15 pasos**

⇉ **esperar 0.2 segundos**

⇉ Cerrar el segundo bucle de repetición.

⇉ Cerrar la primera condición.

Segunda condición: para que el personaje camine hacia la izquierda, pulse la tecla [Flecha izquierda] del teclado.

⇉ **si ¿tecla flecha izquierda presionada? entonces**

⇉ **cambiar disfraz a avery izquierda 1** // para iniciar el «bucle» de disfraces en el primer disfraz de la lista de disfraces orientados a la izquierda. Los tres disfraces siguientes se mostrarán utilizando el bloque **siguiente disfraz**.

⇉ **mover -15 pasos** // el objeto se mueve a la izquierda de la escena, ya que los valores especificados son valores negativos.

⇉ **esperar 0.2 segundos** // esperar entre dos disfraces da una animación más realista.

⇉ **repetir 3** // abrir un bucle de repetición. Se incluirán instrucciones idénticas a las anteriores para mostrar los otros tres disfraces.

⇉ **siguiente disfraz**

⇉ **mover -15 pasos**

⇉ **esperar 0.2 segundos**

⇉ Cerrar el bucle de repetición.

⇉ Cerrar la segunda condición.

⇉ Cerrar el primer bucle de repetición que contiene las dos condiciones.

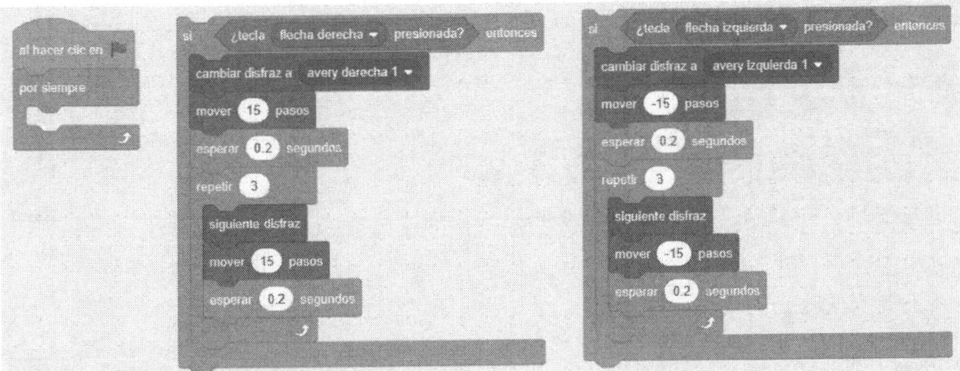

3. Creación de hologramas

La novedad de Scratch 3 es que puede utilizarse en tabletas y teléfonos móviles. La superficie plana de estos dispositivos facilita la creación de hologramas con Scratch. Luego se proyectan en una pantalla hecha con papel grueso transparente colocado sobre la pantalla del dispositivo. Yo utilizo fundas transparentes como las que se usan para encuadernar documentos.

3.1 Fabricar una pantalla de proyección

Una pantalla holográfica está formada por cuatro triángulos isósceles (transformados en trapecios). Como recordatorio, un triángulo isósceles es aquel cuyos lados opuestos no paralelos tienen la misma longitud.

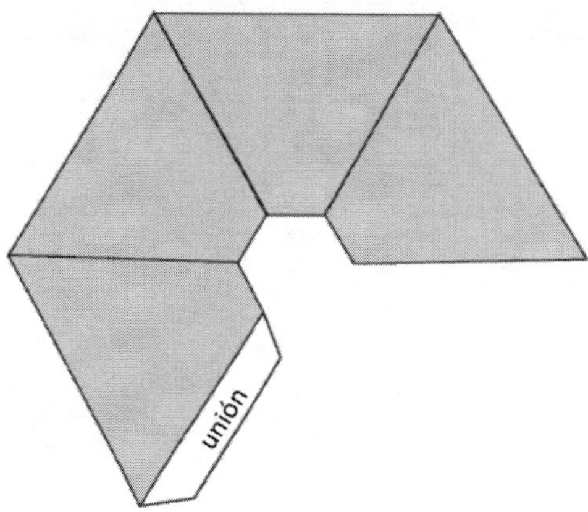

Estas son las principales pantallas que se pueden producir en función de su equipo de proyección (smartphone o tableta, pantalla de 4" - 5" - 7" - 10").

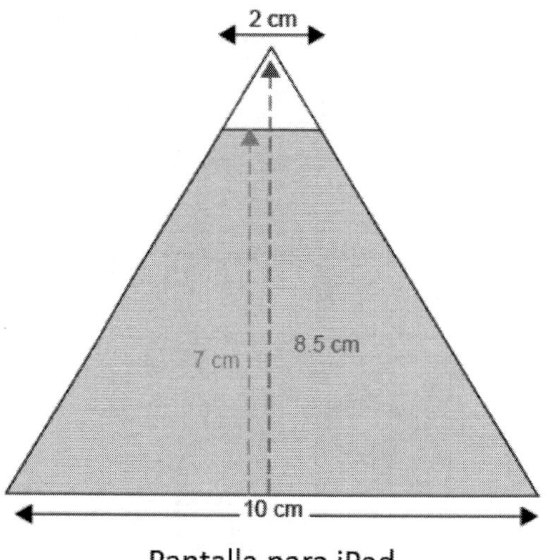

Pantalla para iPad

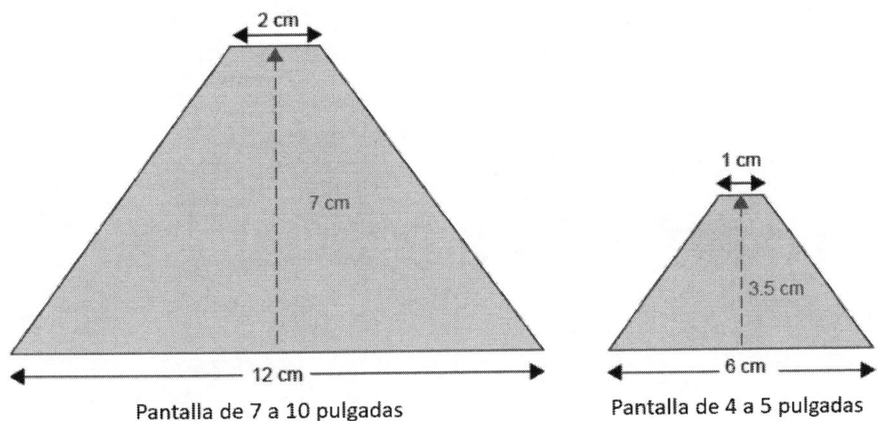

Pantalla de 7 a 10 pulgadas

Pantalla de 4 a 5 pulgadas

3.2 Posicionamiento de hologramas

Dependiendo del tamaño de la pantalla de su dispositivo, de la pantalla fabricada y del tamaño de los objetos utilizados, tendrá que hacer ajustes en su posición.

Para facilitar la colocación, puede dibujar un objeto cuadrado que actuará como referencia para la posición central de la pantalla. Los cuatro objetos utilizados se posicionarán a cada lado. Una vez ubicados correctamente los elementos, puede borrar el objeto o simplemente ocultarlo mientras se ejecuta el programa.

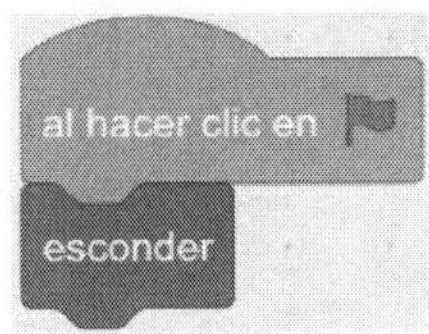

Observación

El tamaño de los elementos cambia cuando está en modo pantalla completa o en modo espacio de trabajo (pantalla reducida).

Los objetos, según su posición en la pantalla, tienen orientaciones diferentes.

- Objeto 1 = Dirección 90
- Objeto 2 = Dirección 180
- Objeto 3 = Dirección -90
- Objeto 4 = Dirección 0

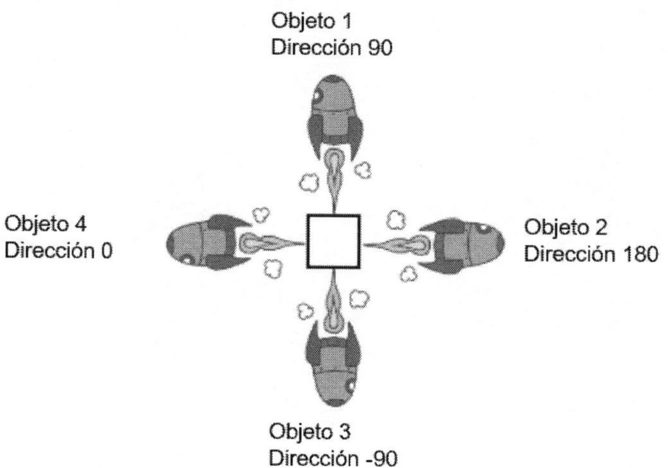

Hay distintas formas de cambiar o especificar la orientación de los objetos, dispone de varias posibilidades:

⇉ En la ventana del objeto, seleccione **Dirección**. Cambie la dirección utilizando la flecha o escribiendo el valor deseado.

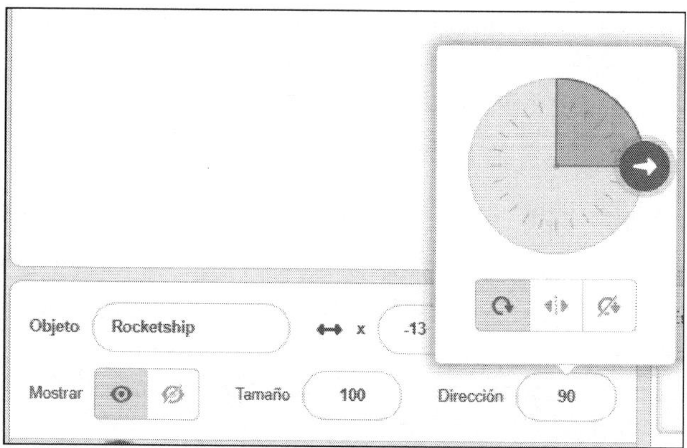

⇉ O especifique la dirección de cada objeto directamente en su código utilizando el bloque **apuntar en dirección ()**.

3.3 Ejemplo de animación

He aquí un ejemplo de animación de hologramas. Este proyecto puede descargarse del sitio web de Ediciones ENI con el nombre *Holograma espacial.sb3*.

La animación consiste en un cohete (objeto Rocketship de la biblioteca) que aparece gradualmente en el escenario, dando vueltas. A continuación, desaparece progresivamente (efecto fantasma). Un robot (objeto Robot de la biblioteca) se superpone al cohete.

Los objetos

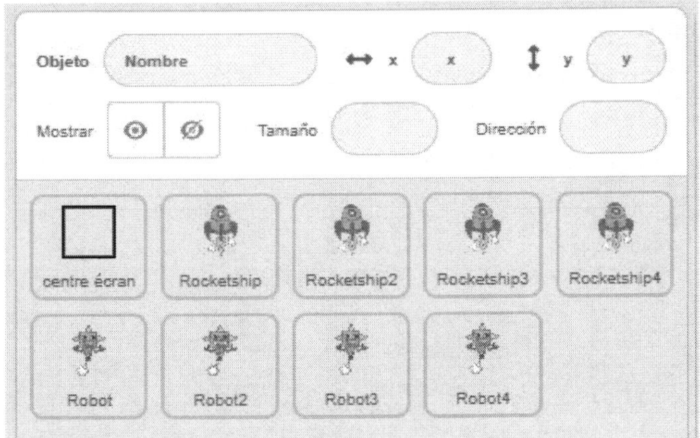

Este proyecto utiliza dos objetos, Rocketship y Robot. Se han tomado de la biblioteca y se han duplicado tres veces cada uno.

⇉ En la ventana de objetos, seleccione **Elige un objeto**. Se abre la biblioteca.

⇉ Seleccione la miniatura **Rocketship**. Haga lo mismo con el objeto **Robot**.

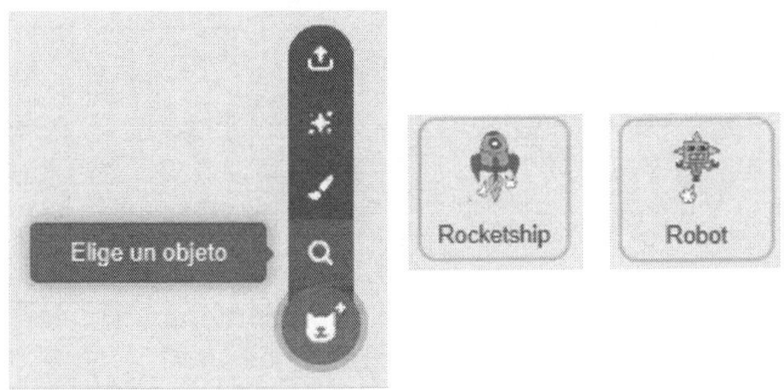

Para duplicar un objeto:

⇉ En la ventana de objetos, haga clic con el botón derecho del ratón en la miniatura de la imagen que quiera duplicar.

⇉ Seleccione **Duplicar**. Aparecerá una nueva miniatura en la ventana. Esta es la copia del objeto.

⇉ Duplique cada uno de los dos objetos tres veces.

Programa de Rocketship 1 a 4

Los cuatro cohetes tienen un programa idéntico. Las únicas diferencias son su orientación y sus posiciones absolutas en el escenario.

⇉ **al hacer clic en la bandera verde**

Rocketship 1

⇉ **apuntar en dirección 90**

⇉ **ir a x: -6 y: 67**

Rocketship 2

⇉ **apuntar en dirección 180**

⇉ **ir a x: 68 y: -8**

Rocketship 3

⇉ **apuntar en dirección -90**

⇉ **ir a x: -6 y: -77**

Rocketship 4

⇉ **apuntar en dirección 0**

⇉ **ir a x: -80 y: -7**

⇉ **fijar estilo de rotación a en todas direcciones**

⇉ **fijar tamaño al 0 %** // cuando el programa se inicia, el cohete no es visible. Crecerá progresivamente.

⇉ **dar el efecto desvanecer el valor 100** // cuando se inicia el programa, el cohete no es visible. Aparecerá gradualmente.

⇉ **cambiar disfraz a rocketship-a**

Este programa contiene tres bucles de repetición. El primer bucle se utiliza para hacer que el cohete aparezca progresivamente (tamaño y efecto fantasma) haciéndolo girar sobre sí mismo. Este efecto es posible gracias a los cuatro disfraces del objeto.

⇉ **repetir 20** // abrir un bucle de repetición. El algoritmo dentro de este bucle se ejecutará 20 veces antes de pasar a ejecutar el siguiente bucle.

⇉ **esperar 0.1 segundos**

⇉ **siguiente disfraz**

⇉ **sumar al efecto desvanecer -5** // poco a poco, el cohete se hace visible en el escenario.

⇉ **cambiar tamaño por 2** // poco a poco, el cohete se hace más grande.

⇉ Cerrar el primer bucle de repetición.

El segundo bucle de repetición se utiliza para animar el cohete haciendo que gire sobre sí mismo.

⇉ **repetir 40** // abrir un bucle de repetición. El algoritmo dentro de este bucle se ejecutará 40 veces antes de pasar a ejecutar el siguiente bucle.

⇉ **siguiente disfraz**

⇉ **esperar 0.1 segundos**

⇉ Cerrar el segundo bucle de repetición.

⇉ **enviar Robot**// este mensaje se utiliza para desencadenar la lectura del script del objeto Robot. Este aparecerá progresivamente a medida que el cohete desaparezca de la escena.

El tercer bucle de repetición contiene el algoritmo utilizado para hacer que el cohete desaparezca gradualmente de la escena.

⇉ **repetir 20** // abrir un bucle de repetición. El algoritmo dentro de este bucle se ejecutará 20 veces.

⇉ **esperar 0.1 segundos**

⇉ **siguiente disfraz**

⇉ **sumar al efecto desvanecer 5** // el cohete se desvanece gradualmente.

⇉ Cerrar el tercer bucle de repetición.

Programa de Robot 1 a 4

Los cuatro objetos correspondientes al robot tienen un programa idéntico. Las únicas diferencias son sus orientaciones y posiciones absolutas en el escenario.

⇉ **al hacer clic en la bandera verde**

⇉ **esconder** // cuando se ejecuta el programa, los objetos del robot no son visibles.

⇉ **al recibir robot**

Robot 1

⇉ **apuntar en dirección 90**

⇉ **ir a x: -5 y: 57**

Robot 2

⇉ **apuntar en dirección 180**

⇉ **ir a x: 66 y: -10**

Robot 3

⇉ **apuntar en dirección -90**

⇉ **ir a x: -5 y: 68**

Robot 4

⇉ **apuntar en dirección 0**

⇉ **ir a x: -80 y: -10**

⇉ **fijar estilo de rotación a en todas direcciones**

⇉ **fijar tamaño al 0 %** // cuando el programa se inicia, el objeto no es visible. Crecerá gradualmente.

⇉ **dar al efecto desvanecer el valor 100** // cuando el programa se inicia, el objeto no es visible. Aparecerá gradualmente.

⇉ **cambiar disfraz a robot-a**

⇉ **mostrar**

Este programa contiene dos bucles de repetición. El primer bucle se utiliza para hacer que el robot aparezca progresivamente (tamaño y efecto fantasma) haciéndolo girar sobre sí mismo. Este efecto es posible gracias a los cuatro disfraces del objeto.

⇉ **repetir 20** // abrir un bucle de repetición. El algoritmo dentro de este bucle se ejecutará 20 veces antes de pasar a ejecutar el siguiente bucle.

⇉ **esperar 0.01 segundos**

⇉ **siguiente disfraz**

⇉ **sumar al efecto desvanecer -5** // poco a poco, el robot se hace visible en el escenario. Se superpone al cohete, que se desvanece.

⇉ **cambiar tamaño por 2** // poco a poco, el robot se hace más grande.

⇉ Cerrar el primer bucle de repetición.

El segundo bucle de repetición anima al robot: gira sobre sí mismo.

⇉ **repetir 40** // abrir un bucle de repetición. El algoritmo dentro de este bucle se ejecutará 40 veces antes de pasar a ejecutar el siguiente bucle.

⇉ **siguiente disfraz**

⇉ **esperar 0.1 segundos**

⇉ Cerrar el segundo bucle de repetición.

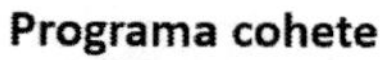

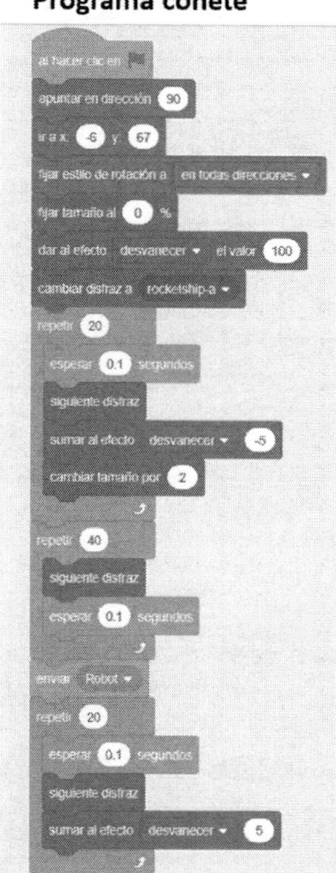

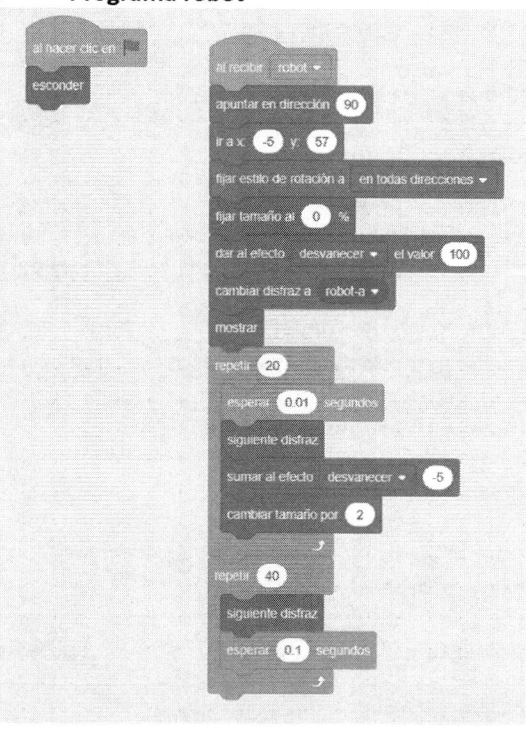

4. Desplazar un fondo

Un ciclo de marcha se combina a menudo con un fondo que se desplaza para acentuar la impresión de que el personaje se mueve. La técnica consiste en poner el fondo en bucle a medida que el personaje se mueve.

Este proyecto puede descargarse del sitio web de Ediciones ENI con el nombre *Avery caminando y de fondo.sb3.*

4.1 El personaje y los fondos

Para este ejemplo de desplazamiento, vamos a utilizar el objeto **Avery Walking**.

⇉ Abra la biblioteca de objetos haciendo clic en el icono **Elige un objeto**.

⇉ Seleccione el objeto Avery Walking, que tiene cuatro disfraces.

Se utiliza un único fondo. Se duplica dos veces y se realizan modificaciones gráficas para dar la impresión de que el personaje se ha movido.

⇉ En la ventana de fondos, seleccione el icono **Elige un fondo** para abrir la biblioteca.

⇉ En la biblioteca, elija la miniatura **Wall 1**. Este primer fondo no se modificará gráficamente.

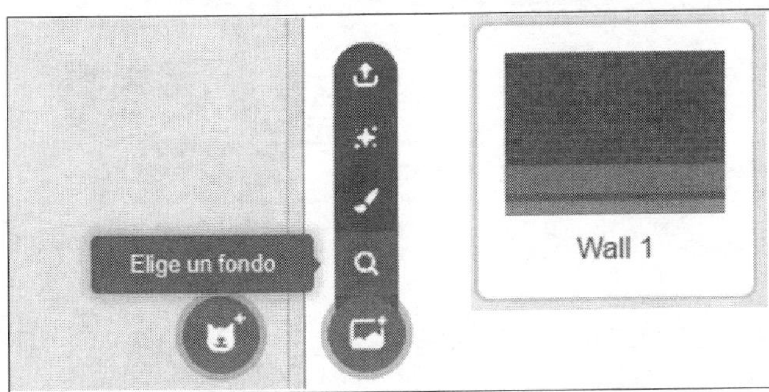

Este fondo se duplica dos veces, es decir, este proyecto utilizará tres fondos diferentes.

⇒ Seleccione la pestaña **Fondos** (1). Se abren la paleta gráfica y la ventana que muestra los distintos fondos (como para la lista de disfraces que hemos visto anteriormente).

Hay dos miniaturas en la lista de fondos:

- **fondo 1**, que corresponde a un lienzo vacío (2).
- **Wall 1**, el fondo importado de la biblioteca (3).

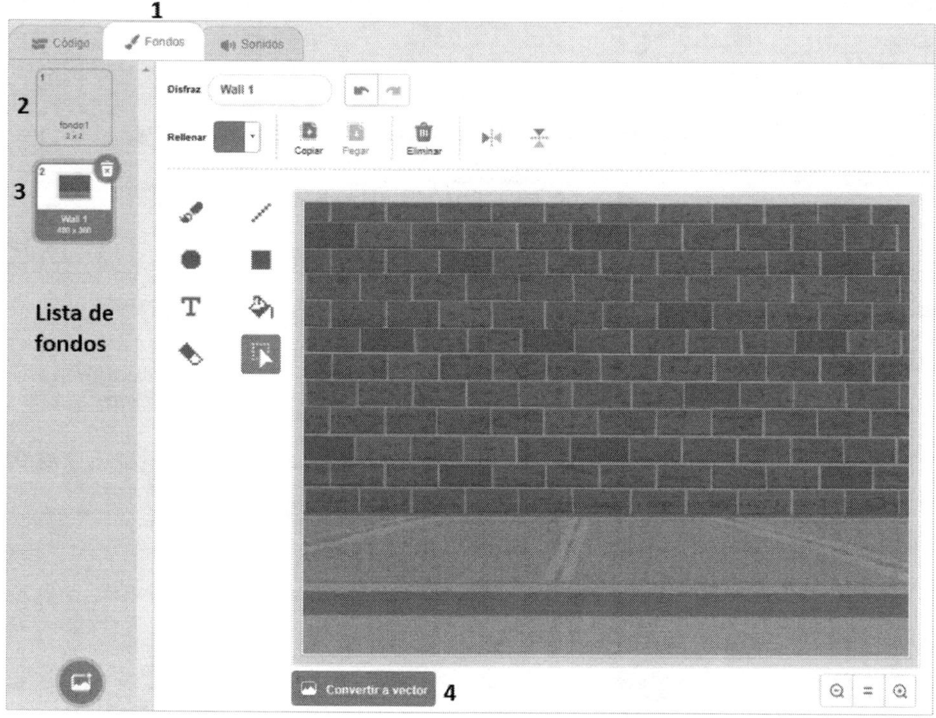

⇒ Borre el fondo 1 seleccionando la pequeña cruz en la parte superior derecha de la miniatura o haciendo clic con el botón derecho en la miniatura y seleccionando **borrar**.

Para crear los otros dos fondos necesarios para esta animación:

⇒ Haga clic con el botón derecho en la miniatura **Wall 1** y seleccione **duplicar** para crear una copia. Este nuevo fondo se llamará **Wall 2**.

⇒ Modifique gráficamente el Wall 2 añadiendo un panel de visualización, dibujando una ventana, etc.

⇉ Haga lo mismo con el fondo del Vall 3.

Observación

Esta imagen es un mapa de bits. Antes de añadir elementos, conviértala a formato vectorial haciendo clic en **Convertir a vector** (4).

4.2 El programa

Para cambiar los fondos, vamos a utilizar la coordenada x del objeto Avery. Cuando el objeto salga de la escena por el extremo derecho, es decir, cuando su coordenada x sea mayor que 250, se cambiará el fondo. El objeto aparecerá de nuevo, pero en el extremo izquierdo.

El programa consta de un bucle de repetición en el que se sitúan el algoritmo que anima el vestuario del personaje para que se mueva de izquierda a derecha, y la instrucción para modificar el fondo según las coordenadas del objeto.

⇉ **al hacer clic en la bandera verde**

⇉ **cambiar fondo a Wall 1**

⇉ **ir a x -270 y: 0** // cuando se inicia el programa, el objeto no es visible en el escenario. Se encuentra fuera de él, en el extremo izquierdo (-270).

⇉ **por siempre** // abrir un bucle de repetición.

⇉ **suma a x 15** // el personaje se mueve horizontalmente hacia la derecha. Si se sustituye 15 por -15, el objeto se mueve hacia atrás.

⇉ **siguiente disfraz** // selecciona el siguiente disfraz mientras se ejecuta el programa. Por lo tanto, es importante asegurarse de que los disfraces están ordenados correctamente en la pestaña **Disfraces**.

⇒ **esperar 0.3 segundos** // este bloque de control representa una pausa en la ejecución del programa para suavizar el movimiento del personaje.

Creación de una condición: el personaje se desplaza de izquierda a derecha en el escenario. Cuando sale, vuelve a su posición inicial (izquierda) y se cambia el fondo.

Bajo el bloque **esperar 0.3 segundos** y en el bucle de repetición (**por siempre**), se inserta una condición.

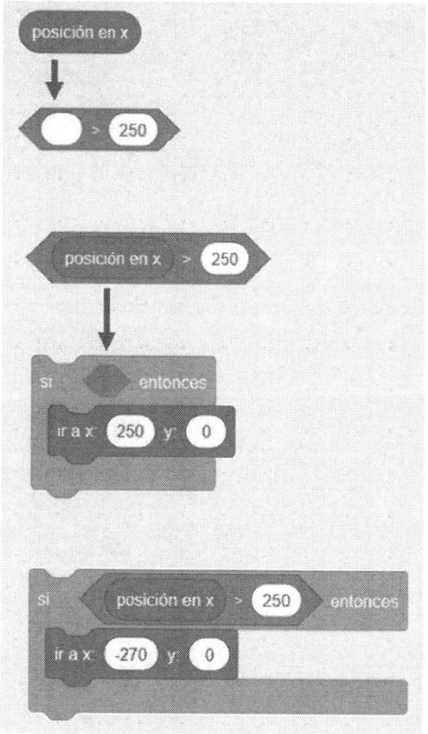

⇒ **si posición en x > 250 entonces** // si la coordenada x del objeto es mayor que 250, entonces se ejecuta una acción. La coordenada x > 250 corresponde al extremo derecho del escenario.

Observación

La coordenada x del escenario está comprendida entre -240 y 240. Los valores establecidos son deliberadamente mayores para evitar una ruptura demasiado brusca.

⇉ **ir a x: -270 y: 0** // el objeto vuelve al inicio de su recorrido y comienza de nuevo.

⇉ **siguiente fondo** // para cambiar el fondo y dar la impresión de que el personaje se ha movido.

Observación

En el capítulo Técnicas para videojuegos, conocerá otra técnica para fondos desplazables: el scrolling. Esta técnica se utiliza mucho en los videojuegos, sobre todo en los juegos de plataformas.

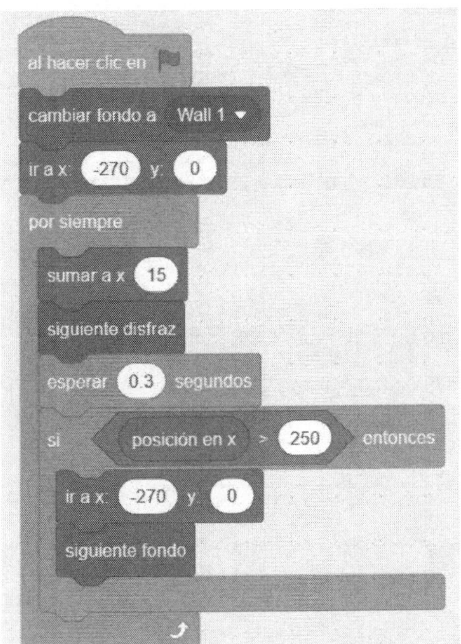

5. Crear un diálogo

Este proyecto puede descargarse del sitio web de Ediciones ENI; se llama *Avery y Abby.sb3.*

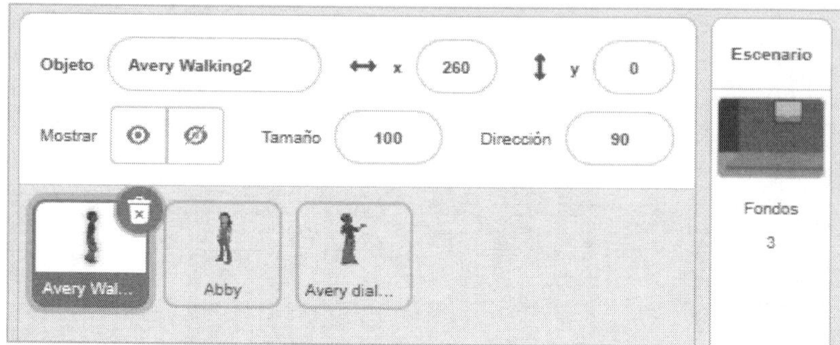

Para crear un diálogo entre al menos dos personajes, es importante prestar atención al tiempo de espera entre frases para que el diálogo fluya sin problemas. En este proyecto va a utilizar dos tipos de procedimiento para crear un diálogo. Se basan en:

- el tiempo de espera entre preguntas y respuestas;
- el envío y recepción de mensajes específicos para desencadenar acciones.

Para este proyecto, vamos a reutilizar el proyecto *Avery caminando y de fondo.sb3.* Se ampliará con otros dos objetos y se renombrará *Avery y Abby.sb3.*

⇉ Abra el archivo *Avery caminando y de fondo.sb3.*

⇉ Si está trabajando en la versión en línea, cambie el nombre directamente en la casilla correspondiente.

Avery caminando y de fon... Avery y Abby

⇉ Si utiliza la versión local, seleccione **Guardar en tu ordenador** (2) en el menú **Archivo** (1).

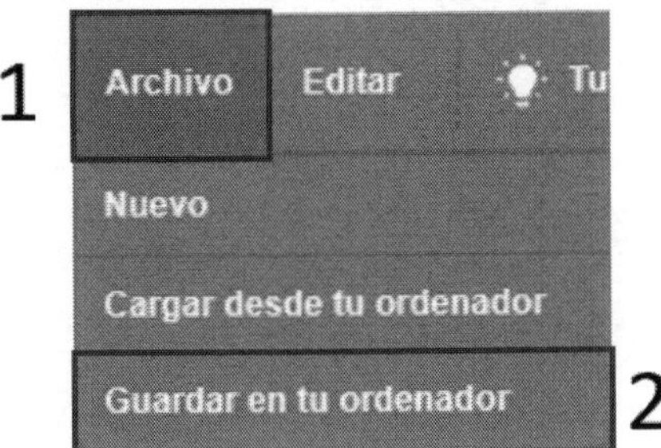

Ahora tiene dos archivos separados.

5.1 Los objetos

El objeto Avery Camina

El objeto existente pasará a llamarse **Avery Camina**. En la pestaña **Disfraces**, tiene que borrar los cuatro disfraces Camina Izquierda 1 - 2 - 3 - 4, ya que este personaje solo se moverá hacia la derecha.

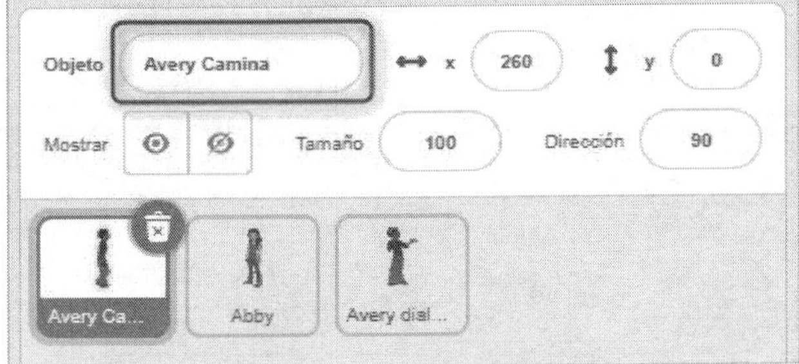

El programa se mantiene sin cambios, pero se completará con:

- un programa inicial para detener la marcha cuando Avery se encuentra con Abby;
- un segundo para que pueda reanudar su marcha cuando termine la discusión con Abby.

El objeto Abby

Extraído de la biblioteca de objetos, este personaje llamado Abby viene con cuatro disfraces.

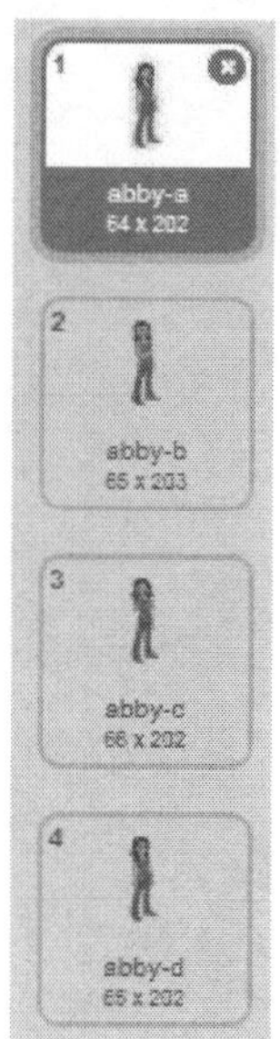

⇉ Haga clic con el botón derecho en la miniatura del primer disfraz **abby-d** y seleccione **duplicar** (1). Se ha creado un disfraz con el nombre **abby-d2** (2).

⇉ Utilice la herramienta **Voltear horizontalmente** (3) para que este nuevo disfraz se vea hacia la izquierda.

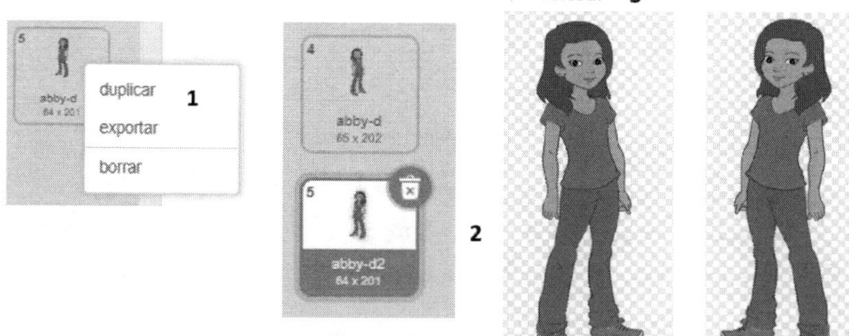

⇉ Dé la vuelta también a los otros disfraces: **abby-a**, **abby-b**, **abby-c**.

Avery dialogo

Este objeto se utilizará durante la fase de diálogo entre los dos personajes.

⇉ Seleccione el personaje **Avery** de la biblioteca de objetos y nómbrelo **Avery dialogo** en la ventana de objetos.

Este objeto tiene dos disfraces que usará en su animación cuando Avery hable con Abby.

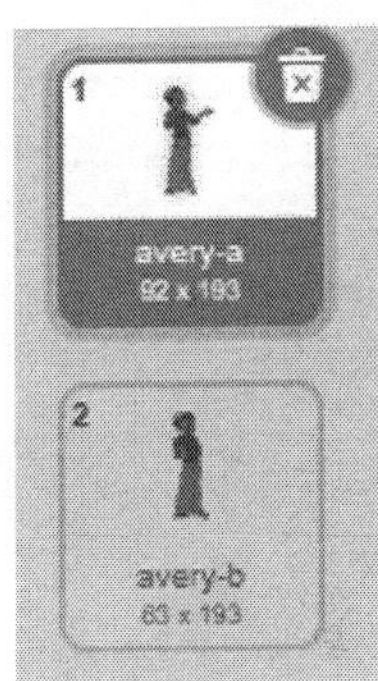

5.2 Los programas

Programa Avery Camina

El programa anterior de Avery, que consistía en un algoritmo que la hacía caminar de izquierda a derecha por el escenario, se completará con una condición. Esta se insertará en el bucle de repetición a continuación de la condición ya presente.

Esta condición se utiliza para determinar cuándo el personaje deja de caminar para que el diálogo pueda comenzar. Para ello:

- el fondo que aparece en el escenario debe corresponder al fondo número 3. Sobre este fondo hace su aparición el personaje de Abby;
- Avery debe estar a menos de 100 pasos de Abby.

Estos dos elementos deben especificarse. Si se define la proximidad a Abby, el personaje de Avery se detendrá, aunque Abby no sea visible en el escenario. De hecho, aunque sea invisible, puede ser detectada por los demás.

⇉ **si distancia a Abby < 100 y número de fondo = 3 entonces** // cuando se cumplen estas dos condiciones, se puede enviar el mensaje que activa el diálogo, es decir, el programa para los otros dos objetos.

⇒ **enviar Avery dialogo** // este mensaje se utiliza para hacer que el objeto Avery dialogo aparezca en el escenario en lugar de Avery Camina.

⇒ **esconder** // el objeto Avery Camina desaparece de la escena, dejando paso al objeto Avery dialogo y al objeto de Abby.

⇒ **detener este programa**

⇒ Cerrar la condición.

⇒ Cerrar el bucle de repetición.

El objeto Avery Camina se mostrará de nuevo al final del diálogo y cuando se reciba un mensaje con el nombre **Caminar**. A continuación, se ejecutará un nuevo programa.

⇒ **al recibir Caminar** // este mensaje se utiliza para lanzar el programa utilizado para hacer que el personaje camine o se mueva.

⇒ **mostrar** // el objeto Avery Camina vuelve a ser visible en el escenario, mientras que el objeto Avery dialogo ha desaparecido.

⇒ **repetir hasta que posición en x > 250** // el programa de este bucle corresponde al algoritmo utilizado para animar al personaje con disfraz de andarín para que se desplace hacia el extremo derecho del escenario. Este algoritmo de movimiento se repite hasta que la coordenada x del objeto sea mayor que 250, es decir, hasta que haya abandonado el escenario.

Algoritmo del ciclo de ejecución:

⇉ **sumar a x 15**

⇉ **siguiente disfraz**

⇉ **esperar 0.3 segundos**

⇉ Cerrar el bucle de repetición.

⇉ **esconder** // el objeto ya no es visible en el escenario.

⇉ **detener todos** // se detiene todo el programa. Este es el final de la animación.

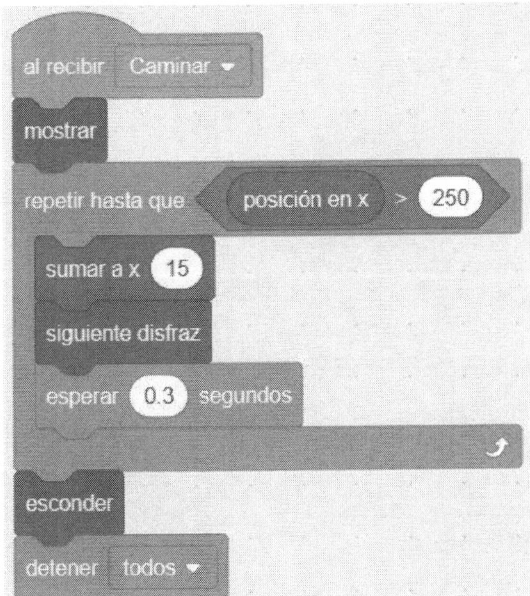

Programa de Abby

El programa del objeto Abby tiene dos pilas de bloques. La primera se utiliza para definir cuándo se puede ver el objeto en el escenario. La segunda corresponde al diálogo intercambiado con el objeto Avery dialogo.

⇉ **al hacer clic en la bandera verde**

⇉ **cambiar disfraz a abby-d** // El personaje de Abby no sabe por qué lado va a llegar Avery.

⇉ **esconder** // cuando la animación comienza, Avery no es visible. Ella solo aparece en el tercer fondo.

⇉ **ir a x: 82 y: 0**// para posicionar el objeto donde quiera en el escenario. Estos valores se pueden modificar.

⇉ **por siempre** // abre un bucle de repetición en el que se establece la condición utilizada para determinar si el objeto puede ser visible en el escenario.

⇉ **sí número de fondo = 3 entonces** // este objeto solo aparece en el fondo número 3.

⇉ **mostrar**

⇉ Cerrar la condición.

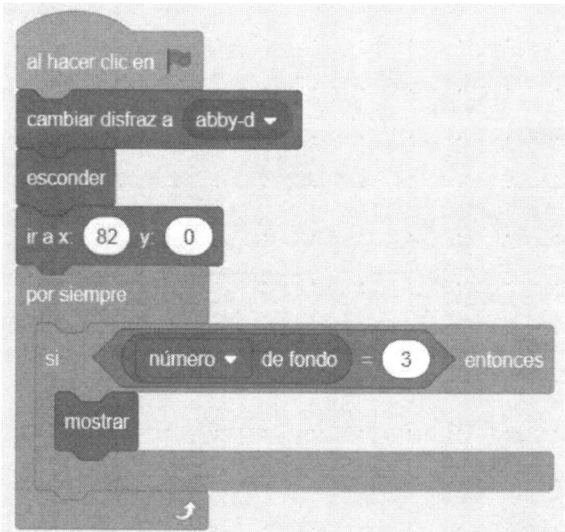

Para escribir el programa del diálogo, piense en un partido de ping-pong. Las frases de los dos protagonistas se suceden y el tiempo de espera entre dos frases de uno de ellos corresponde al tiempo que tarda el otro en hablar (más un margen de 0,5 a 1 segundo).

Como el objeto Abby tiene varios disfraces, vamos a utilizarlos para dar vida al intercambio y crear un personaje más expresivo.

⇉ **al recibir Avery dialogo** // este mensaje es enviado por el objeto Avery Camina para iniciar el dialogo entre el objeto Avery dialogo y Abby.

⇉ **esperar 0.5 segundos**

⇉ **cambiar disfraz a abby-d2** // el objeto Abby no mira en la dirección de Avery. Cuando Avery empieza a hablar, Abby se da la vuelta.

⇉ **esperar 1.5 segundos**

⇉ **cambiar disfraz a abby-c** // cambia de disfraz para hablar.

⇉ **decir ¡Hola Avery! durante 2 segundos**

⇉ **cambiar disfraz a abby-b**

⇉ **decir ¿A dónde vas? durante 2 segundos**

⇉ **esperar 5.5 segundos** // deja que Avery responda.

⇉ **decir Me voy a casa durante 2 segundos**

⇉ **decir Espero el autobús durante 2 segundos**

⇉ **enviar Inicio** // este mensaje señala el final de la conversación. Los objetos que reciben este mensaje ejecutan un programa definido.

Observación

En lugar de un mensaje, podríamos haber seguido utilizando los tiempos de espera.

⇉ **cambiar disfraz a abby-a**

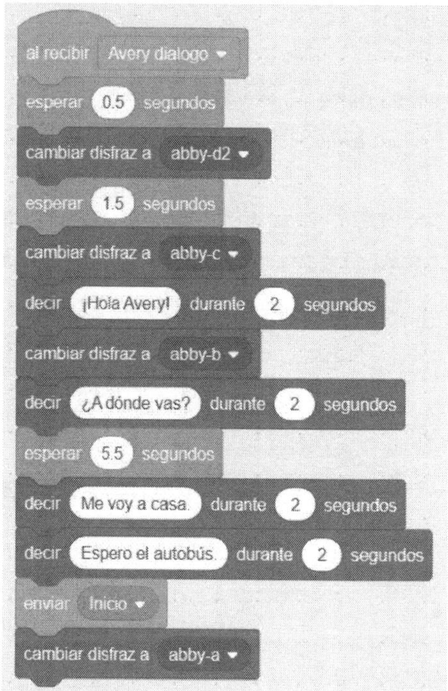

Programa de Avery dialogo

El objeto Avery dialogo se utiliza en la fase de conversación con Abby. Su programa se compone de tres pilas de bloques.

Cuando se inicia el programa, el objeto no es visible en el escenario.

⇉ **al hacer clic en la bandera verde**

⇉ **ir a x: 0 y: 8** // el objeto Avery dialogo se posiciona donde debe aparecer en la escena, es decir, cerca del objeto Abby.

⇉ **esconder** // al inicio, el objeto Avery dialogo no es visible.

La segunda pila de bloques corresponde al diálogo. Su ejecución comienza cuando se recibe el mensaje de Avery dialogo enviado por el objeto Avery Camina.

⇉ **al recibir Avery dialogo**

⇉ **cambiar disfraz a avery-b**

⇉ **mostrar** // este objeto es visible. Sustituye al objeto Avery Camina.

⇉ **decir ¡Hola Abby! durante 2 segundos**

⇉ **esperar 4.5 segundos** // este tiempo de espera da tiempo a Abby para responder.

⇉ **cambiar disfraz a avery-a**

⇉ **decir Voy a la biblioteca durante 3 segundos**

⇉ **decir ¿Y tú? durante 2 segundos**

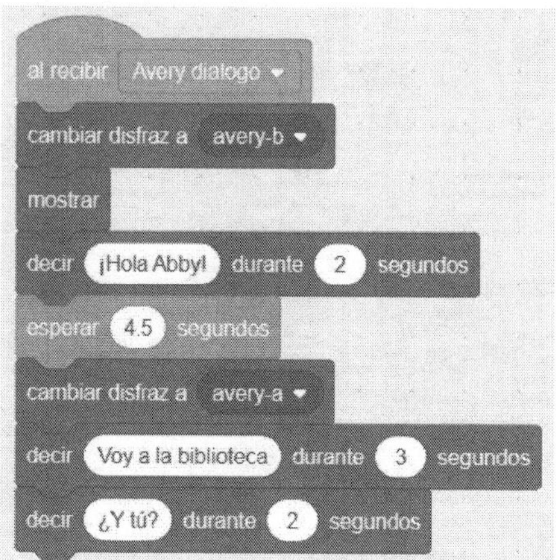

La tercera pila de bloques corresponde al final del intercambio entre los dos personajes. El objeto Abby ha enviado un mensaje de **partida** que pone fin a la discusión y provoca el cambio de objeto. El objeto Avery Camina sustituye al objeto Avery dialogo.

⇉ **al recibir Inicio**

⇉ **decir Hasta pronto durante 2 segundos**

⇉ **enviar Caminar** // este mensaje será recibido por el objeto Avery Camina.

⇉ **esconder** // el objeto Avery dialogo deja su lugar en el escenario al objeto Avery Camina.

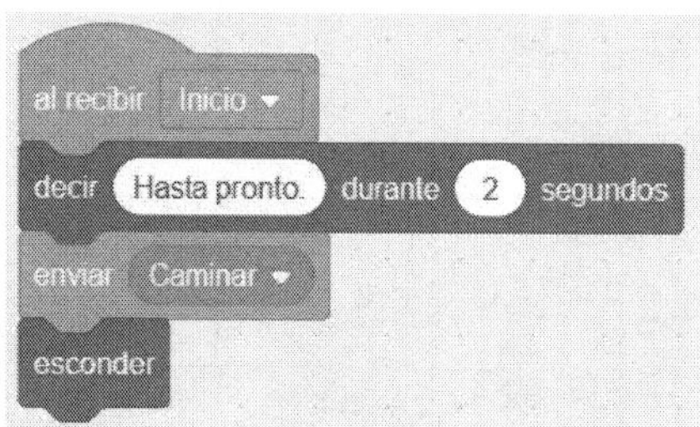

6. Sincronización labial

La sincronización labial consiste en modificar la boca (su forma y tamaño) en función del sonido emitido. Este proyecto puede descargarse de las páginas web de Ediciones ENI con el nombre *Fantasma.sb3*.

6.1 Objeto y nivel de volumen

En este proyecto, vamos a ver cómo modificar el disfraz de acuerdo con el volumen del sonido. El programa utilizará el bloque **volumen** del sonido situado en la categoría **Sonido**.

Con Scratch, puede medir la entrada de volumen del micrófono. Los valores de volumen medidos por este bloque están comprendidos entre 0 y 100.

El personaje

Vamos a utilizar un fantasma disponible en la biblioteca de objetos que tiene la ventaja de disponer de disfraces muy expresivos.

⇉ En la biblioteca de objetos, seleccione **Ghost**.

Este personaje tiene cuatro disfraces:

⇉ En la pestaña **Disfraces**, haga clic con el botón derecho en la miniatura del disfraz **ghost-b**.

⇉ Seleccione **borrar**.

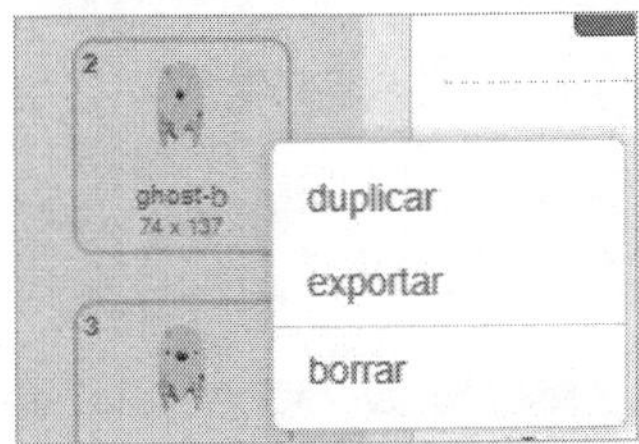

⇉ Haga lo mismo con el disfraz **ghost-d**.

Observación
Solo quedan dos disfraces, que serán rebautizados: **ghost-a** pasa a ser **ghost-3** y **ghost-c** pasa a ser **ghost-6**.

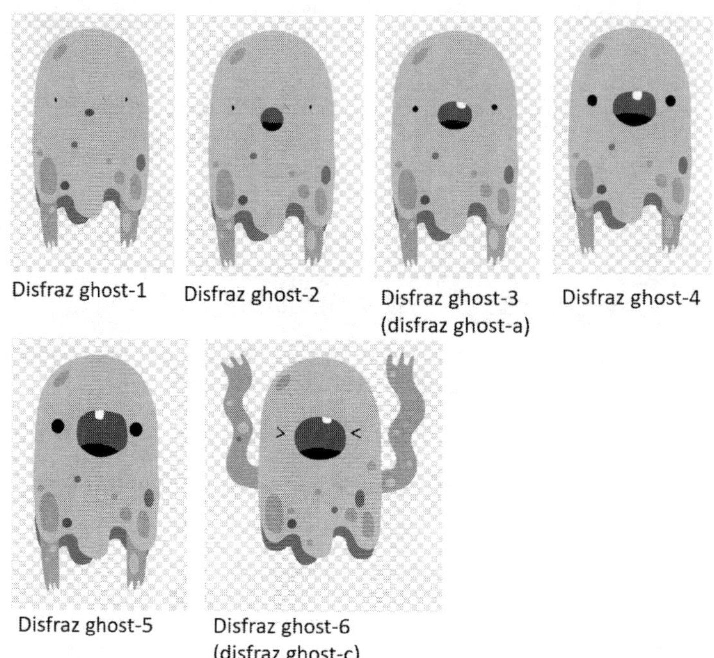

⇒ Utilizando el disfraz ghost-3 como punto de partida, creará otros cuatro disfraces que cambian el tamaño de los ojos y la boca. Para ello:

⇒ Haga clic con el botón derecho del ratón en el disfraz **ghost-3** y seleccione **duplicar**.

⇒ Nombre a este nuevo disfraz **ghost-1** (1) y colóquelo en la parte superior de la lista de disfraces utilizando el ratón.

⇒ Seleccione el dibujo con la herramienta **Seleccionar** (2). Los distintos elementos que componen la imagen aparecen en el lienzo (3). Todos estos elementos se agrupan para formar una sola imagen.

⇉ Haga clic en el icono **Desagrupar** (4) para desagrupar todos los elementos y poder modificar la boca y los ojos.

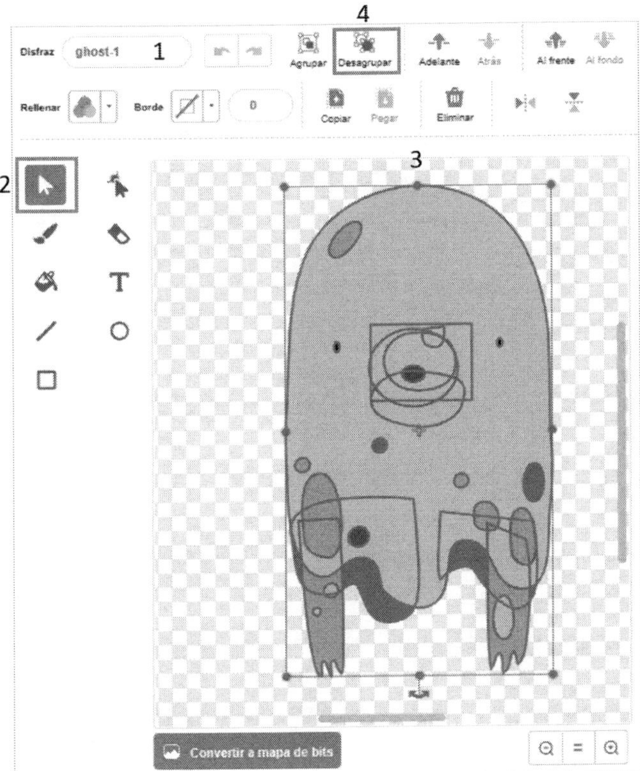

⇉ Utilice el mismo principio para crear otros tres objetos.

La boca y los ojos del fantasma se modifican en función del volumen del sonido. Cuanto mayor sea el valor, más se abrirá la boca.

6.2 El programa

El programa consta de seis condiciones colocadas en un bucle de repetición. Las seis condiciones se construyen de la misma manera. Si el valor del volumen del sonido es mayor que el valor establecido, entonces el objeto cambia de disfraz.

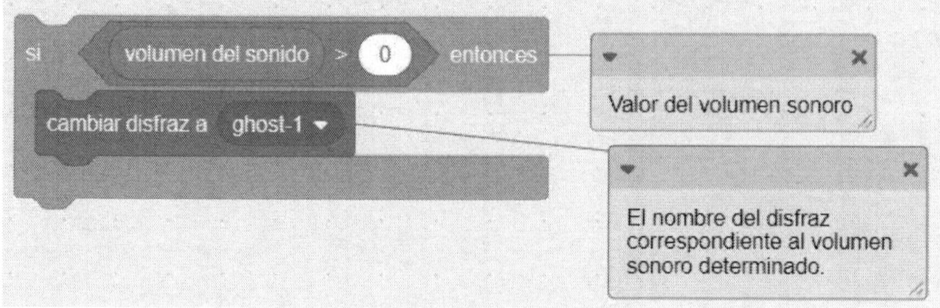

Cada disfraz tiene su propio volumen:

- El disfraz ghost-1 corresponde a un volumen sonoro superior a 0.

Observación

Podríamos haber fijado un valor de 0, pero es difícil estar en un entorno en el que no haya ruido.

- El disfraz ghost-2 corresponde a un volumen sonoro superior a 20.
- El disfraz ghost-3 corresponde a un volumen sonoro superior a 30.
- El disfraz ghost-4 corresponde a un volumen sonoro superior a 50.
- El disfraz ghost-5 corresponde a un volumen sonoro superior a 60.
- El disfraz ghost-6 corresponde a un volumen sonoro superior a 85.

Observación

Estos valores se dan a modo de ejemplo y puede modificarlos para adaptarlos a su proyecto y a los volúmenes de sonido utilizados.

⇉ **al hacer clic en la bandera verde**

⇉ **por siempre** // abrir un bucle de repetición. En este bucle, se insertarán seis condiciones una tras otra.

⇉ **si volumen del sonido > 0 entonces** // primera condición.

⇉ **cambiar disfraz a ghost-1**

⇉ Cerrar la primera condición.

⇉ **si volumen del sonido > 20 entonces** // segunda condición.

- **cambiar disfraz a ghost-2**
- Cerrar la segunda condición.
- **si volumen del sonido > 30 entonces** // tercera condición.
- **Cambiar disfraz a ghost-3**
- Cerrar la tercera condición.
- **si volumen del sonido > 50 entonces** // cuarta condición.
- **cambiar disfraz a ghost-4**
- Cerrar la cuarta condición.
- **si volumen del sonido > 60 entonces** // quinta condición.
- **cambiar disfraz a ghost-5**
- Cerrar la quinta condición.
- **si volumen del sonido > 85 entonces** // sexta condición.
- **cambiar disfraz a ghost-6**
- Cerrar la sexta condición.
- Cerrar el bucle de repetición.

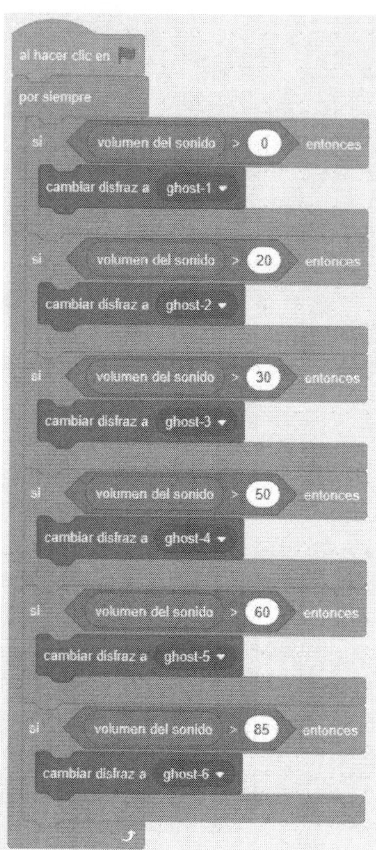

7. Conclusión

Con Scratch, puede crear fácilmente animaciones sencillas. Y con un poco de rigor, proyectos más complejos. En el capítulo Juego del laberinto, se utiliza una animación para introducir el juego. Hoy en día, los videojuegos se presentan en forma de películas de animación y hay interludios en el propio juego.

Con alumnos de primaria (3.° a 6.°), hemos realizado cortometrajes sobre el tema de la arqueología. También hemos reinterpretado obras de Molière. ¡No faltan proyectos!

Capítulo 6

Técnicas para videojuegos

1. Introducción

Scratch se utiliza esencialmente para crear y desarrollar videojuegos. Aprender divirtiéndose es el lema del MIT Media Lab, que desarrolló este lenguaje de programación.

En este capítulo, me gustaría presentarle las principales técnicas utilizadas en los videojuegos. Veremos que hay varias formas de mover un personaje, dependiendo de cómo quiera renderizarlo. Aprenderá a mostrar diferentes niveles en su juego y a crear niveles introductorios para presentar su juego y sus reglas.

Otras técnicas complementarias se tratarán en los capítulos dedicados a los juegos.

2. Técnicas de desplazamiento

2.1 Utilizando las teclas del teclado

Para controlar el movimiento de un objeto, es necesario asociar una acción de tipo movimiento a una tecla del teclado. Las teclas de dirección son las más utilizadas en los videojuegos para controlar el movimiento del jugador. El bloque para seleccionar teclas se encuentra en la categoría **Eventos**.

Aquí tiene dos ejemplos de programas para mover el objeto utilizando las flechas del teclado (u otra tecla de su elección). Estos programas están formados por bloques construidos de la misma manera:

- Un bloque de tipo **Eventos** para definir la tecla.
- Un bloque de tipo **Movimiento** para determinar el tipo de movimiento.

Primer ejemplo

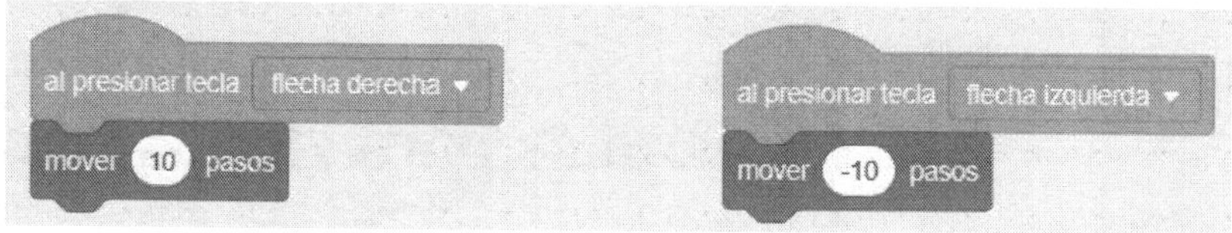

⇉ **al presionar tecla flecha derecha**

⇉ **mover 10 pasos** // el objeto se desplaza a la derecha del escenario.

⇉ **al presionar tecla flecha izquierda**

⇉ **mover -10 pasos** // el objeto se desplaza hacia la izquierda del escenario.

Observación

Este programa no permite mover el objeto hacia arriba o hacia abajo en el escenario. además, el bloque **mover -10 pasos** efectivamente mueve el objeto hacia la izquierda, pero el objeto se mueve... ¡hacia atrás! Si quiere que el objeto se mueva hacia la izquierda mientras mira hacia la izquierda, necesitará añadir un bloque que defina su orientación **apuntar en dirección ()**.

Para mover un objeto horizontal o verticalmente utilizando solo dos bloques, basta con cambiar su coordenada x o y.

- **sumar a x ()** para el desplazamiento horizontal.
- **sumar a y ()** para el desplazamiento vertical.

⇉ **al presionar tecla flecha izquierda**

⇉ **sumar a x -10** // como el valor es negativo, el objeto se mueve a la izquierda del escenario.

⇉ **al presionar tecla flecha derecha**

⇉ **sumar a x 10** // como el valor es positivo, el objeto se mueve a la derecha del escenario.

⇉ **al presionar tecla flecha abajo**

⇉ **sumar a y -10** // como el valor es negativo, el objeto se mueve al fondo del escenario.

⇉ **al presionar tecla flecha arriba**

⇉ **suma a y 10** // como el valor es positivo, el objeto se mueve a la parte superior del escenario.

Observación

Este programa tiene el mismo problema que el anterior: el objeto se mueve hacia la izquierda del escenario, pero hacia atrás. Para superar este problema, tenemos que añadir un bloque que defina la dirección deseada.

Los dos programas anteriores se pueden utilizar para objetos que no se representan de perfil, sino de frente (ejemplos de objetos con estas características en la biblioteca: Ballerina, Bat, Giga, etc.).

Segundo ejemplo

Este es uno de mis programas favoritos para mover personajes en todas las direcciones y en la dirección correcta. Cada comando consta de tres bloques:

- Un primer bloque de **Eventos** para programar la tecla utilizada para desencadenar una acción.
- Un segundo bloque de **Movimiento** para definir la orientación que toma el objeto.
- Un tercer bloque de **Movimiento** para moverlo.

Observación

Especificar la orientación evita tener que dar valores de desplazamiento negativos.

Este programa corrige los problemas encontrados en los dos programas descritos anteriormente. Se utiliza mejor para objetos representados de perfil, como el gato de Scratch.

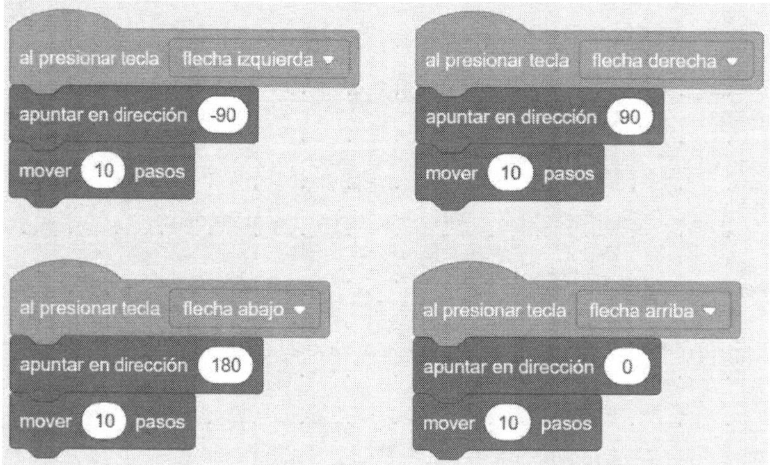

Tercer ejemplo

Situado en la categoría **Sensores**, el bloque **¿tecla () presionada?** se utiliza para crear una instrucción que solo se ejecutará si se cumple una determinada condición. En este ejemplo, se trata de la pulsación de una tecla del teclado.

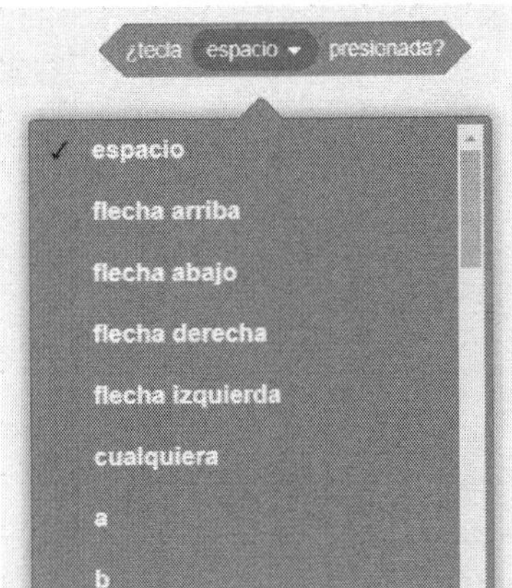

Se trata de una condición booleana. El programa devuelve «verdadero» si se pulsa la tecla especificada en el menú desplegable. Esto permite asociar una acción concreta a una tecla del teclado; por ejemplo, disparar proyectiles o desplazarse.

El programa consiste en un bucle de repetición que contiene cuatro condiciones. Una condición por dirección.

⇉ **al hacer clic en la bandera verde**

⇉ **fijar estilo de rotación a izquierda-derecha** // este bloque define la orientación que toma el disfraz del objeto cuando cambia de dirección.

⇉ **por siempre** // abrir un bucle de repetición. Las instrucciones utilizadas para mover el objeto se insertan en un bucle para que el programa lea constantemente estas instrucciones y pruebe las condiciones para ver si son verdaderas o falsas. Si los bloques no se insertan en un bucle, ¡solo se leerán y comprobarán una vez!

Primera condición: para ir a la derecha.

⇉ **si ¿tecla flecha derecha presionada? entonces** // condición. Cuando se cumple la condición, es decir, cuando se pulsa la tecla [Flecha derecha] del teclado, se puede ejecutar la acción correspondiente.

⇉ **apuntar en dirección 90** // orientación. El disfraz del objeto gira a la derecha del escenario.

⇉ **mover 10 pasos** // acción. El personaje se mueve.

Las otras tres condiciones siguen la misma estructura, utilizando diferentes teclas y direcciones.

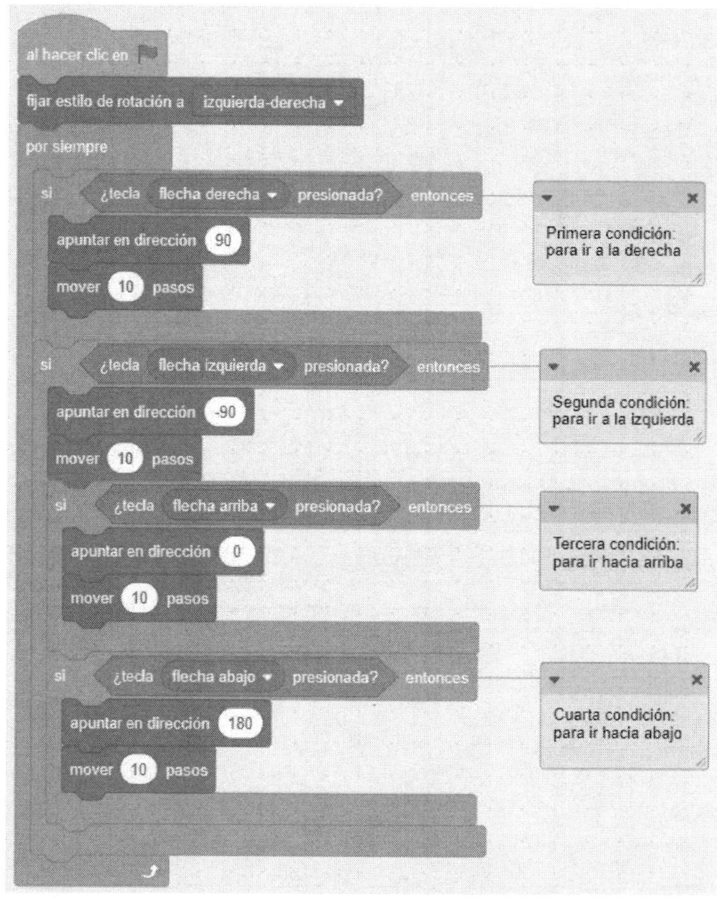

2.2 Utilizando el ratón

Puede utilizar el ratón para mover los personajes. En el capítulo Los bloques de programación, vimos que el bloque **apuntar hacia (puntero del ratón)** se utilizaba para mover un objeto en las coordenadas del ratón. Este bloque no es muy práctico para «jugar».

Le sugiero que utilice este bloque:

Nos permitirá mover el objeto «deslizándolo», es decir, progresivamente, según las coordenadas x e y del ratón.

Estos dos bloques (situados en la categoría **Sensores**) tienen la forma para encajar en las zonas de valores redondeados de otros bloques. Se utilizan para almacenar el valor de la coordenada x (**posición x del ratón**) y la coordenada y (**posición y del ratón**) del ratón. Cada vez que se mueve el ratón, este valor se modifica automáticamente.

Observación

Este tipo de movimiento es el más adecuado para proyectos en los que el objeto se mueve horizontal o verticalmente (por ejemplo, un juego de Pong o de romper ladrillos).

La posición x del objeto en el escenario no cambiará; se almacena en el bloque **posición x del ratón** (de la categoría **Sensores**). Solo la posición y, es decir, los movimientos verticales del ratón, influirán en los movimientos del objeto.

La posición y del objeto en el escenario no cambiará, ya que está almacenada en el bloque **posición y del ratón** (categoría **Sensores**). Solo la posición x, es decir, los movimientos horizontales del ratón, repercutirán en los movimientos del objeto.

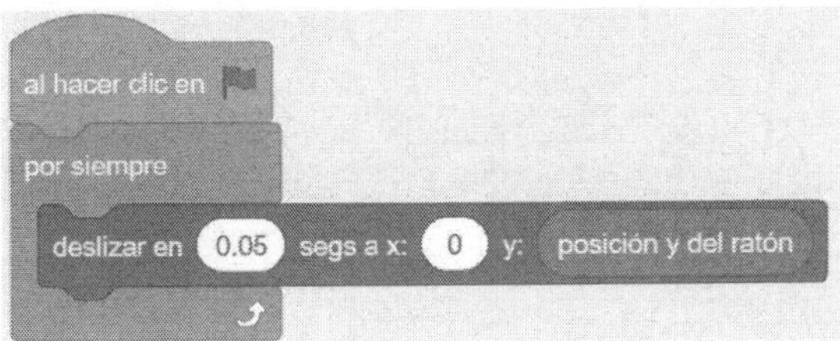

Para garantizar que el objeto sigue los movimientos del ratón en todo momento, el bloque **Movimiento** se inserta en un bucle de repetición.

3. Técnicas para saltar

Muchos juegos requieren que el jugador sea capaz de saltar; el más famoso es el de Mario. Al igual que con el movimiento, se pueden utilizar varios algoritmos para hacer que su objeto salte, dependiendo del efecto deseado. Vamos a ver dos técnicas para hacerlo saltar y otra para hacerlo saltar y avanzar.

3.1 Un objeto que salta

Dependiendo del juego, es posible que el jugador tenga que saltar, sobre todo en los juegos de plataformas que utilizan el desplazamiento para que el fondo se desplace.

Para crear un salto, hay que descomponer el movimiento: el objeto sube – se detiene – y luego vuelve a bajar. La estructura de la pila de bloques utilizada para saltar tiene los siguientes bloques:

- Un primer bloque de **Eventos**: para especificar la tecla que desencadenará la acción, el salto.
- Un segundo bloque de **Movimiento**: como se trata de un salto, y por tanto de un movimiento vertical, la posición del objeto se modificará verticalmente (coordenada y). Para el ascenso, el valor será positivo.
- Un tercer bloque de **Control**: para marcar una pausa entre el ascenso y el descenso.
- Un cuarto bloque de **Movimiento**: para mover el objeto hacia abajo asignando un valor negativo a su coordenada y.

Primer programa

⇒ **al presionar tecla espacio**

⇒ **sumar a y 50** // el valor especificado depende de la altura que quiera que alcancen sus saltos.

⇒ **esperar 0.2 segundos** // especifique el tiempo de espera en el cuadro de entrada según el efecto deseado. Cuanto menor sea el tiempo, más realista será el efecto.

⇒ **Sumar a y -50** // si quiere que su objeto retroceda al mismo punto, el valor especificado debe ser el mismo que el valor de salto, pero negativo.

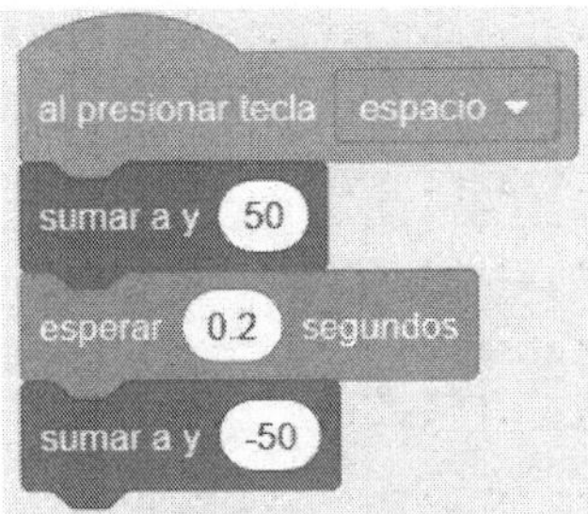

Segundo programa

Para conseguir un salto visualmente más suave, vamos a utilizar el bloque **deslizar en () segundos**. Este bloque tiene un campo de entrada y se puede utilizar para controlar la velocidad del movimiento. A diferencia del ejemplo anterior, no necesitaremos utilizar el bloque **esperar () segundos**.

El objeto saltará sin moverse horizontalmente. Por tanto, su posición x no se modificará durante el salto. Para ello se utiliza el bloque **posición en x** (categoría **Movimiento**), que almacena la coordenada x del objeto. Solo se modificará la posición y del objeto: positivamente para subir y negativamente para bajar.

⇉ **al presionar tecla espacio** // seleccione la tecla que desee en el menú desplegable.

⇉ **deslizar en 0.2 segs a x: posición en x y: 50** // como se trata de un salto de altura, solo se modifica el valor y. Para no modificar el valor x, arrastre el bloque **posición en x** al área de entrada.

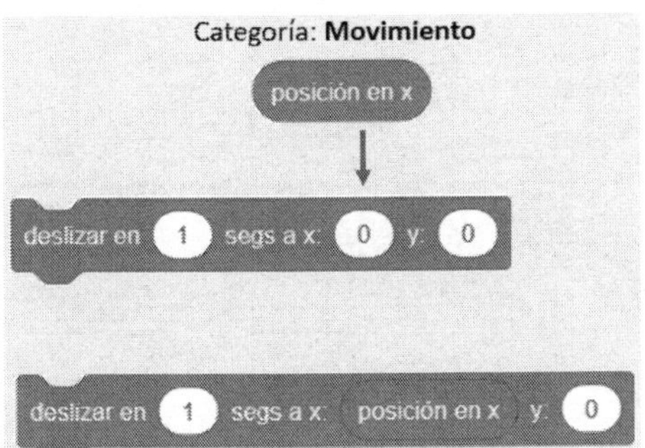

⇒ **deslizar en 0.2 segs a x: posición en x y: -50** // un valor negativo hace que el objeto se deslice hacia abajo en línea recta. Para que el objeto vuelva a su punto de partida, los valores positivos (arriba) y negativo (abajo) deben ser idénticos.

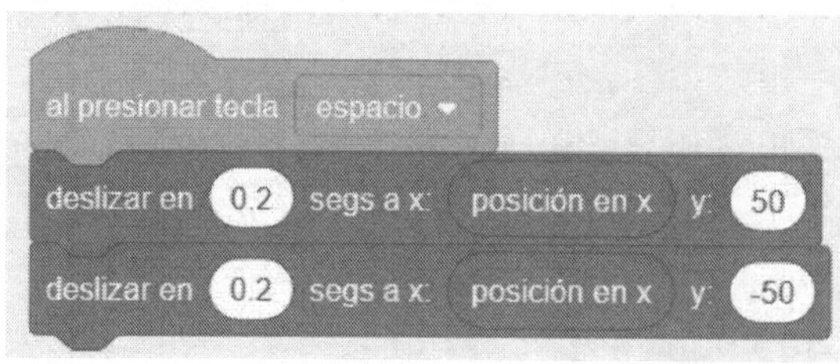

Observación

En el caso de un salto, puede establecer un tiempo diferente entre el ascenso y el descenso. El tiempo entre las dos acciones no es necesariamente proporcional. Un objeto tiende a caer más rápido de lo que sube.

3.2 Ejemplo para saltar y avanzar

Para avanzar saltando, hay que actuar:

- En el valor y: para gestionar la altura del salto.
- En el valor x: para gestionar la longitud del salto. Se añadirá un número de pasos al valor x del objeto (posición en x) para que se desplace horizontalmente.

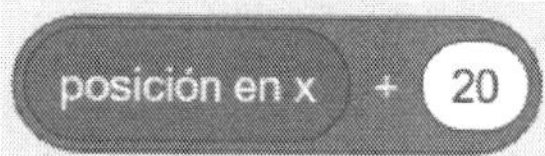

Este conjunto de bloques (bloque de **Operadores** y bloque de **Movimiento posición en x**) permite añadir **20** pasos adicionales al valor de la **posición en x** del objeto.

Si la coordenada x del objeto fuera igual a 120, su nuevo valor sería 140.

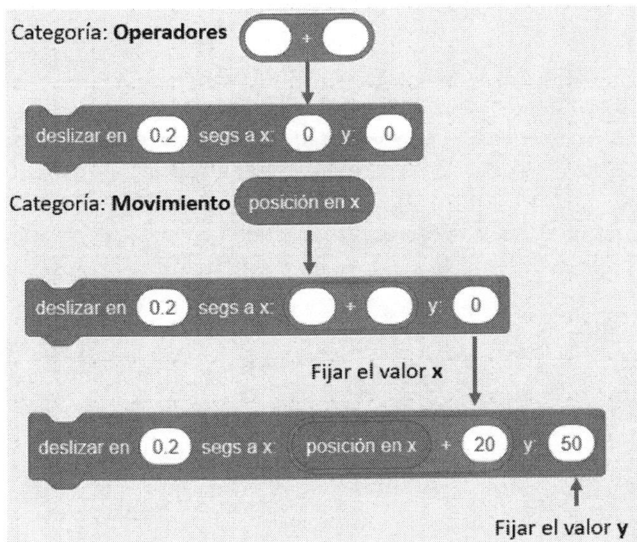

⇉ **al presionar tecla espacio** // elija la tecla del teclado que desee en el menú desplegable.

⇉ **deslizar en 0.2 segundos a x: posición en x + 20 y: 50** // como se trata de un salto de altura y un salto de longitud, los valores x e y se modifican. Al subir, el objeto se moverá 20 pasos a la derecha.

⇉ **deslizar en 0.2 segundos a x: posición en x + 20 y: -50** // el objeto desciende

En total, el objeto se ha desplazado horizontalmente 40 pasos: 20 al subir y 20 al bajar.

Si su coordenada x al inicio del salto es 120, al final del salto su nuevo valor es 160.

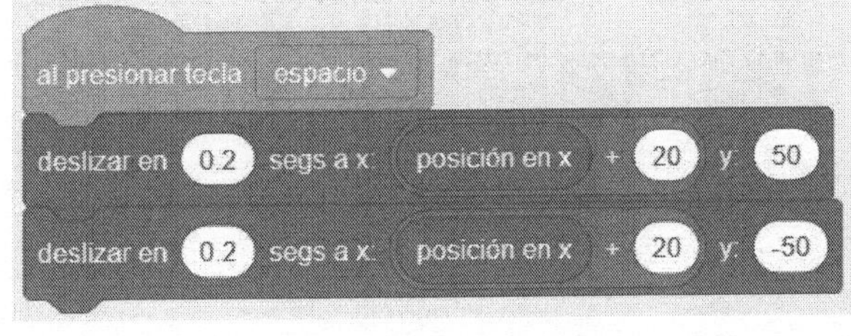

3.2.1 El efecto de gravedad

He aquí un último ejemplo de técnica de salto utilizada en juegos de plataformas como Mario. En este juego, el personaje, Mario, cae automáticamente en cuanto deja de estar en contacto con el suelo o una plataforma. Para crear este efecto, el escenario debe tener suelo y plataformas. El suelo puede tener agujeros que el jugador debe saltar para evitar caer en ellos.

⇛ Dibuje una franja del color que prefiera que represente el suelo como fondo. Esta línea también puede crearse como un objeto.

⇛ Posicione el objeto a nivel del suelo utilizando el ratón.

Este algoritmo utiliza una variable para simular un efecto de gravedad cuando el objeto vuelve a caer después de saltar.

⇛ En la categoría **Variables**, seleccione **Crear una variable**.

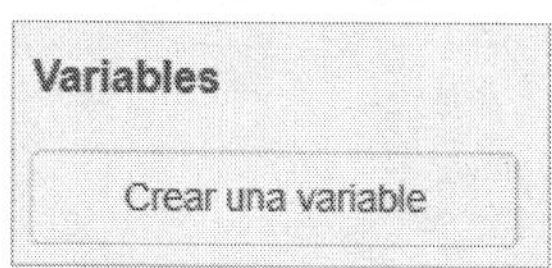

⇛ En la ventana **Nueva variable**, escriba el nombre **Gravedad**. Confirme seleccionando **Aceptar**.

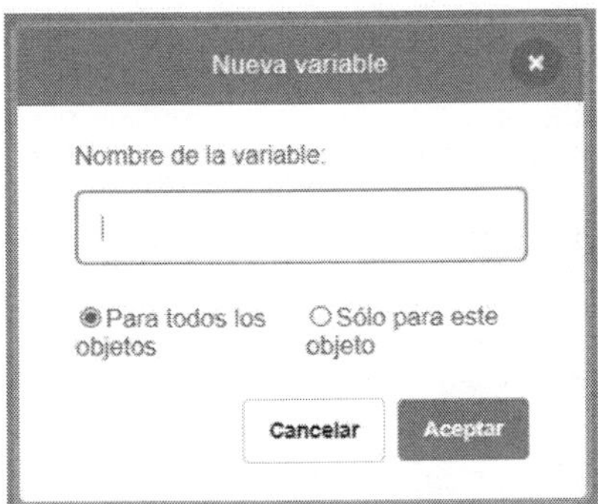

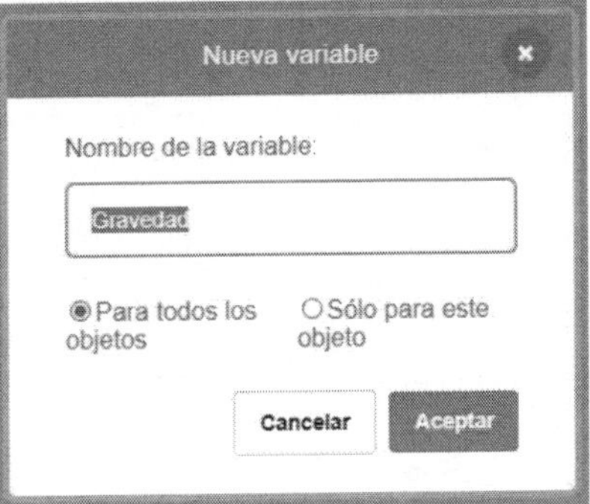

Para crear una variable, también puede cambiar el nombre de la variable mi variable existente:

⇉ En la categoría **Variables**, haga clic con el botón derecho del ratón en el bloque **mi variable**.

⇉ Seleccione **Renombrar variable**.

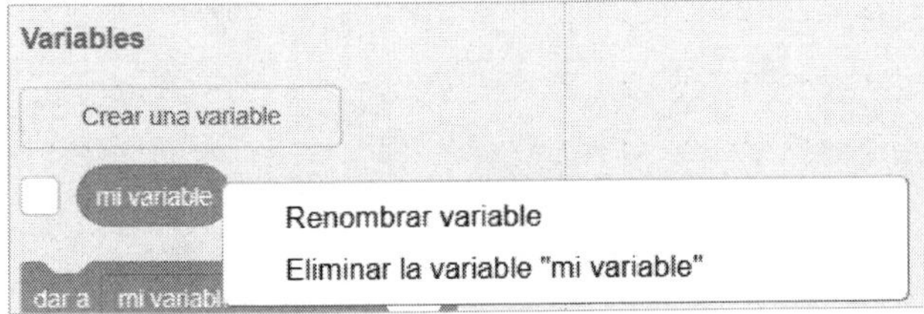

⇉ En la ventana **Renombrar variable**, sustituya **mi variable** por **Gravedad**. Confirme pulsando **Aceptar**.

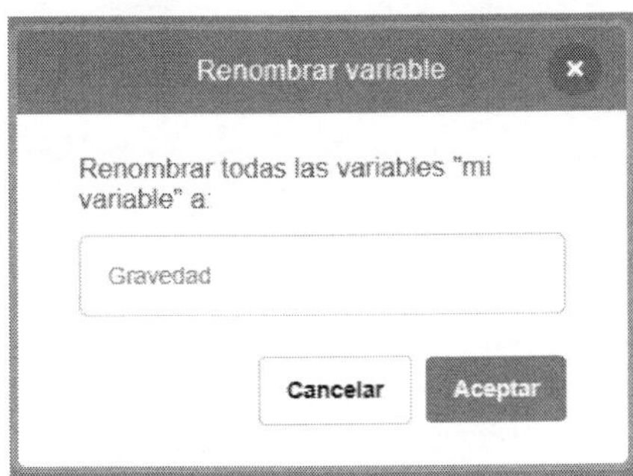

El programa utilizado para hacer que el objeto salte hacia arriba y hacia abajo hasta que toque el suelo (o una plataforma) consta de dos condiciones.

⇉ **al hacer clic en la bandera verde**

⇉ **por siempre** // abrir un bucle de repetición. En este bucle se insertarán dos condiciones para que el objeto salte arriba y abajo hasta que toque el color que simboliza el suelo.

La primera condición corresponde al algoritmo para hacer saltar el objeto. Cuando se pulsa la tecla [Espacio], el objeto se desplaza 50 pasos hacia arriba.

⇉ **si ¿tecla espacio presionada? entonces** // puede elegir la tecla del teclado que desee.

⇉ **dar a Gravedad el valor 50** // 50 es el valor de la variable Gravedad. Una vez construido el programa, puede cambiar el valor a algo más apropiado para su proyecto.

⇉ **sumar a y Gravedad** // inserta el bloque **Gravedad** para asignar el valor de este bloque a y.

Observación

Si presiona varias veces de manera consecutiva la tecla [Espacio], el salto del objeto será más pronunciado.

La segunda condición se compone de dos zonas: **si () si no**, que contienen dos programas que se ejecutan en función del estado de la condición (verdadero o falso).

- Campo **si ()**: si la condición es verdadera.

⇉ **si ¿tocando el color ()? entonces** // seleccione el color del suelo.

⇉ **dar a Gravedad el valor 0** // el valor de la variable Gravedad se cambia a 0 y el objeto deja de caer cuando toca el suelo. Anteriormente, el valor de la variable Gravedad era 50. Esta condición también mantiene el objeto a nivel del suelo.

⇉ Cerrar la primera condición.

- Zona **si no ()**: si la condición es falsa. El algoritmo situado en esta parte del bloque baja gradualmente el objeto una vez que ha saltado, de -2 en -2 hasta que toca el suelo.

⇉ **si no** // si la condición anterior es falsa, es decir, si el objeto no está en contacto con el color del suelo.

⇉ **dar a Gravedad el valor - 2** // el valor de la variable Gravedad se cambia a - 2, lo que significa que el objeto está descendiendo. Desciende lentamente, de - 2 en - 2, hasta que toca el suelo. Para un descenso más rápido, simplemente aumente el valor.

⇉ Cerrar la segunda condición (**si () si no ()**).

⇉ **sumar a y Gravedad** // para modificar la coordenada y del objeto.

⇉ Cerrar el bucle de repetición.

Observación

Con esta técnica, no es necesario especificar un valor para bajar el objeto.

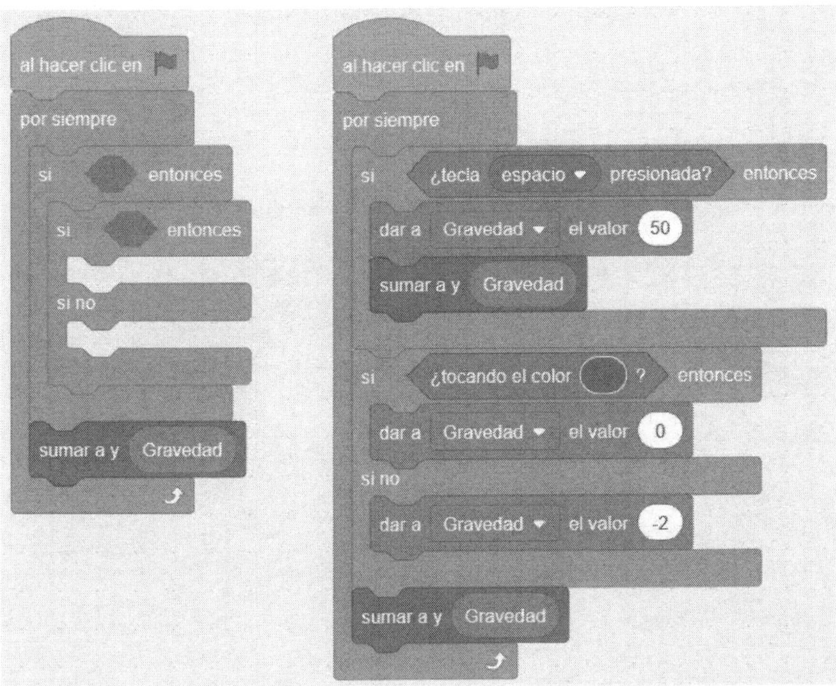

Esta técnica de descenso por gravedad puede utilizarse en los juegos de plataformas para pasar de un nivel a otro.

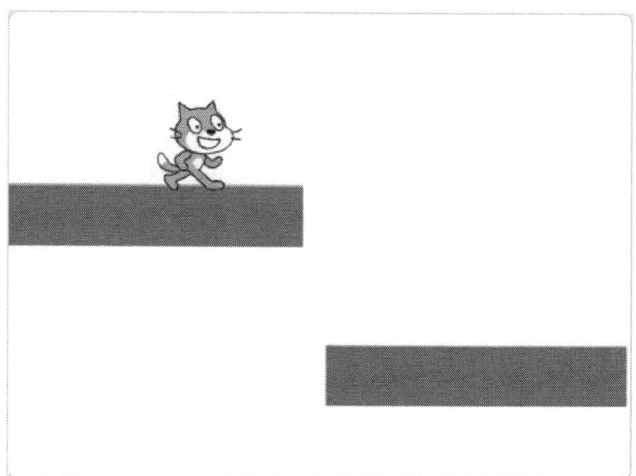

4. Caída de objetos

Algunos juegos consisten en recoger objetos o evitar obstáculos que caen.

El algoritmo de gestión de la caída de los objetos se basa en el mismo principio que el salto con efecto de gravedad. Los objetos caen hasta que chocan contra el suelo u otro objeto que los detiene en su trayectoria (una cesta para los objetos que hay que recoger, un proyectil para los objetos que hay que destruir, etc.).

Para que varios elementos caigan en el escenario al mismo tiempo, vamos a utilizar la función de **clonación**.

⇉ Abra un nuevo proyecto e importe una imagen que represente un plátano (Bananas) de la biblioteca de objetos.

⇉ Elimine el objeto de gato que se muestra por defecto: haga clic con el botón derecho en la miniatura y elija **borrar**.

El programa del objeto Bananas consta de dos pilas de bloques.

Primera pila de bloques

Es el conjunto de bloques utilizados para crear un clon y definir sus características.

⇉ **al hacer clic en la bandera verde**

⇉ **esconder** // cuando se ejecuta el programa, los objetos que están a punto de caer no son visibles en el escenario.

⇉ **repetir 10** // se crearán y soltarán diez clones de este objeto.

Observación

Puede establecer un número mayor o especificar que se detenga la creación de clones, por ejemplo:

- cuando se alcanza una determinada puntuación;

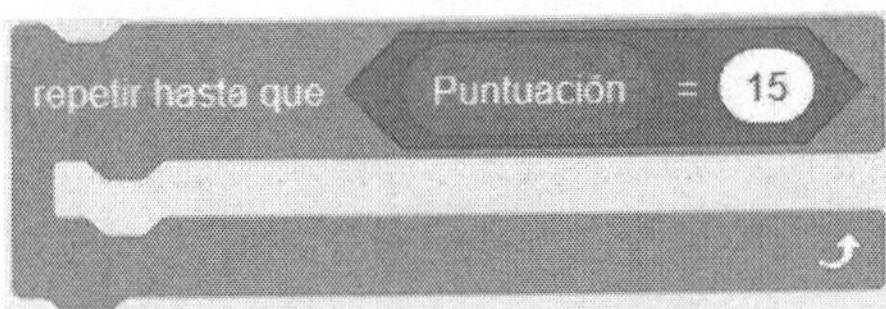

- cuando el objeto que se está reproduciendo o el clon es alcanzado por un disparo (láser).

⇉ **ir a x: número aleatorio entre -230 y 230 y: 180** // los clones aparecerán aleatoriamente a lo largo del escenario, que se extiende desde -240 hasta 240 en el eje x. Los valores son deliberadamente más pequeños para evitar que el clon aparezca solo en la mitad del escenario. El valor 180 se utiliza para que el clon aparezca en el exterior del escenario, bajando gradualmente hasta el suelo.

Observación

Es posible que sus objetos, dependiendo de su tamaño y de la posición del centro de su disfraz, no sean visibles correctamente en el escenario. Basta con ajustar los valores.

⇉ **esperar número aleatorio entre 1 y 3 segundos** // los clones no aparecen regularmente.

Observación

Cuanto menor sea el intervalo de tiempo, más difícil resultará el juego, ya que caerán más clones al mismo tiempo.

⇉ **crear clon de mí mismo**

⇉ Cerrar el bucle de repetición.

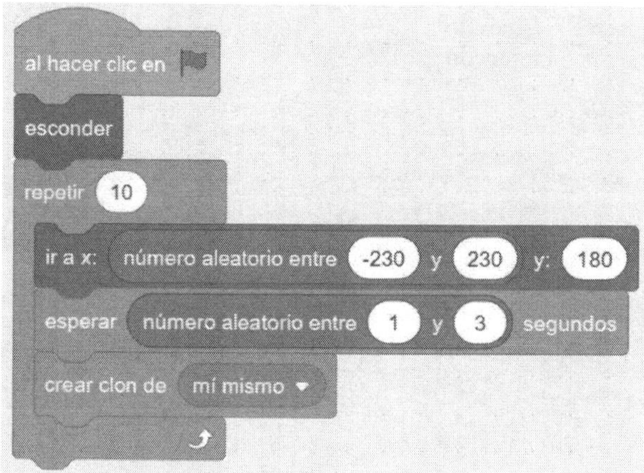

Segunda pila de bloques

Gestiona los movimientos del clon por el escenario.

⇉ **al comenzar como clon**

⇉ **mostrar** // el clon es visible y puede empezar a caer.

⇉ **repetir hasta que ¿tocando el color ()?** // el clon desciende hasta alcanzar el nivel del suelo simbolizado por un color.

Observación

El objeto también puede detenerse en su trayectoria:

- cuando toca el objeto que se está reproduciendo u otro elemento;
- cuando es alcanzado por un proyectil, como un láser disparado desde un cañón.

⇉ **sumar a y -4** // velocidad de descenso. El clon cae progresivamente más rápido o más lento dependiendo del valor especificado. Se puede utilizar un bloque aleatorio.

⇉ Cerrar el bucle de repetición.

⇉ **eliminar este clon** // el clon desaparece del escenario cuando se cumple la condición especificada. En nuestro ejemplo, cuando toca el color que representa el suelo.

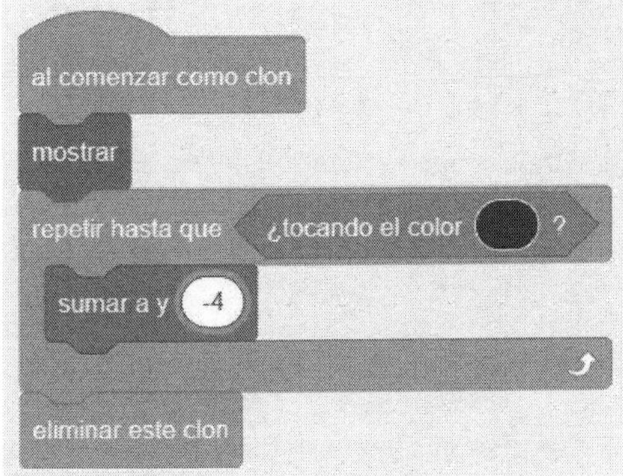

Guarde este proyecto. Se utilizará en las páginas siguientes para mostrar cómo gestionar variables.

⇉ En el menú **Archivo**, seleccione **Guardar en tu ordenador**.

⇉ Dele el nombre platanos.

En los capítulos sobre videojuegos, encontrará muchos ejemplos de juegos que utilizan esta técnica.

5. Desplazamiento de objetos

Inspirándose en la técnica de los objetos que caen, puede mover obstáculos que se deben evitar, como las naves espaciales en un juego de disparos, de manera horizontal.

El programa consiste en dos pilas de bloques casi idénticas al programa descrito anteriormente. Esta vez el movimiento es horizontal.

Primera pila de bloques

⇉ Es el conjunto de bloques utilizados para crear un clon y definir sus características.

⇉ **al hacer clic en la bandera verde**

⇉ **esconder** // cuando se ejecuta el programa, los objetos que recorrerán el escenario no son visibles.

⇉ **repetir 10** // se crearán diez clones.

⇉ **ir a x: 250 y: número aleatorio entre -160 y 160** // los clones aparecerán a lo ancho de la escena, que se extiende desde -180 a 180 en el eje y. Los valores son deliberadamente más pequeños para evitar que el clon solo aparezca en la mitad del escenario. El valor x: 250 se utiliza para que el clon aparezca en el extremo derecho del escenario y se deslice horizontal y progresivamente hacia el extremo izquierdo, donde desaparecerá.

⇉ **esperar número aleatorio entre 1 y 3 segundos** // los clones no se crean a intervalos regulares.

Observación

Cuanto menor sea el intervalo de tiempo, más difícil resultará el juego, ya que habrá un mayor número de objetos presentes en el escenario al mismo tiempo.

⇉ **crear clon de mí mismo**

⇉ Cerrar el bucle de repetición.

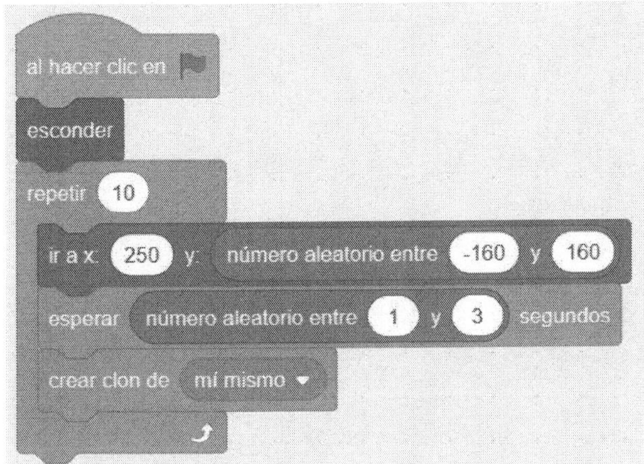

Segunda pila de bloques

Gestiona la visibilidad del clon en el escenario y sus movimientos.

⇉ **al comenzar como clon**

⇉ **mostrar** // el clon es visible. Comenzará a moverse a lo largo del escenario horizontalmente, de derecha a izquierda.

⇉ **repetir hasta que posición en x < -240** // el clon se desplaza hacia la izquierda del escenario hasta que su coordenada x sea inferior a -240. Este valor corresponde al extremo izquierdo del escenario.

⇉ **sumar a y -4** // el clon se mueve horizontalmente, por lo que es su coordenada x la que se modificará. Se moverá más rápido o más lento dependiendo del valor especificado.

Observación

La velocidad de movimiento puede ser aleatoria, es decir, dentro de un rango de valores.

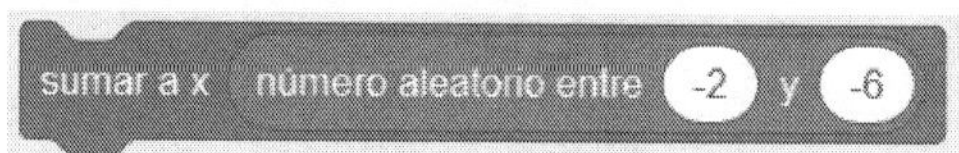

⇒ **eliminar este clon** // el clon desaparece del escenario cuando se cumple la condición especificada. En nuestro ejemplo, cuando la coordenada x del clon sea inferior a -240. Si este es el caso, significa que se encuentra en el extremo izquierdo del escenario.

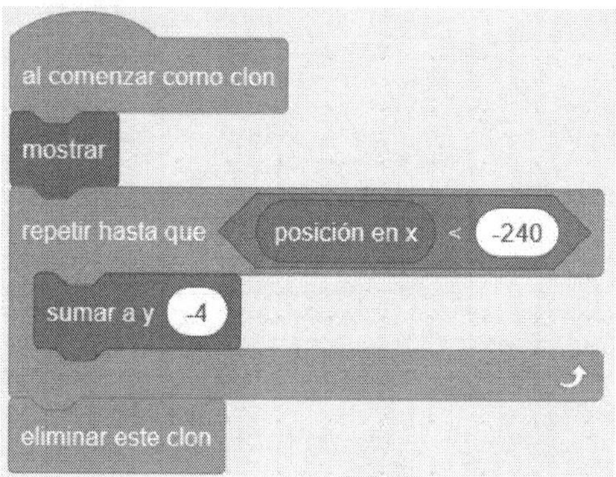

En los capítulos dedicados a los videojuegos, encontrará ejemplos de juegos que utilizan esta técnica (consulte el capítulo Juego de disparos).

6. Técnicas de tiro

Este libro contiene varios juegos de tiro y puntería (ver capítulos La extensión micro:bit y Juego de disparos). He aquí una técnica que le permitirá dar la impresión de que el objeto al que se dispara está siendo lanzado realmente por el elemento que lo dispara: una nave espacial disparando un misil, un personaje lanzando un globo, etc.

6.1 Diseño gráfico

Para este ejemplo, necesitará crear dos objetos.

- El primer objeto, que corresponde al elemento que dispara.
- El segundo objeto, que corresponde al objeto que es disparado.

⇉ Abra un nuevo proyecto: seleccione **Nuevo** en el menú **Archivo**.

⇉ Elimine el objeto del gato por defecto: haga clic con el botón derecho en su miniatura y elija **borrar**.

⇉ Abra la biblioteca de objetos haciendo clic en el icono **Elige un objeto**.

⇉ Seleccione el objeto que parece una varita mágica. Su nombre es **Magic Wand** .

⇉ En la ventana de objetos, haga clic con el botón derecho en la miniatura de este objeto y seleccione **duplicar**. Se ha creado un nuevo objeto. Su nombre es **Magic Wand2**.

Ahora tiene dos objetos. Este segundo objeto le servirá para dibujar el elemento lanzado por la varita de forma que parezca emerger de esta.

⇉ Seleccione la miniatura **Magic Wand2** y haga clic en la pestaña **Disfraces** para abrir la paleta gráfica.

⇉ En la paleta gráfica, con la herramienta **Línea**, dibuje una línea. Se trata del proyectil lanzado por la varita (1).

⇉ Con la herramienta **Seleccionar**, desplace el proyectil hasta la varita (2).

⇉ Seleccione la varita y elimínela. Solo queda el proyectil (3).

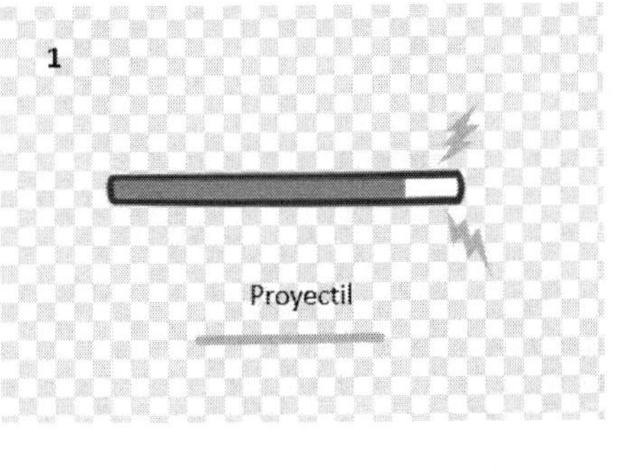

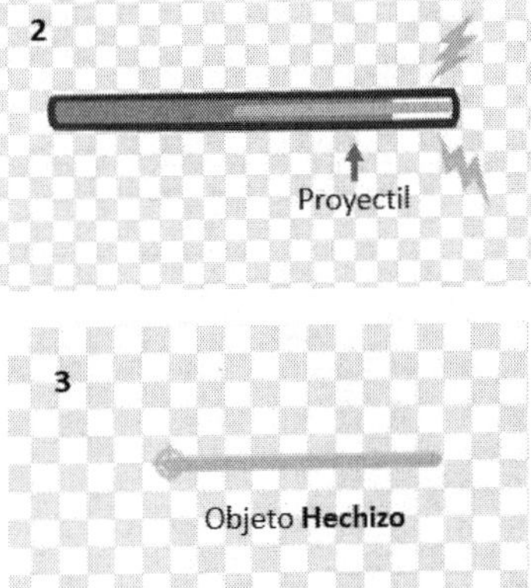

⇒ En la ventana de objetos, renombre el objeto Magic Wand a **Varita mágica** y el objeto Magic Wand2 a **Hechizo**.

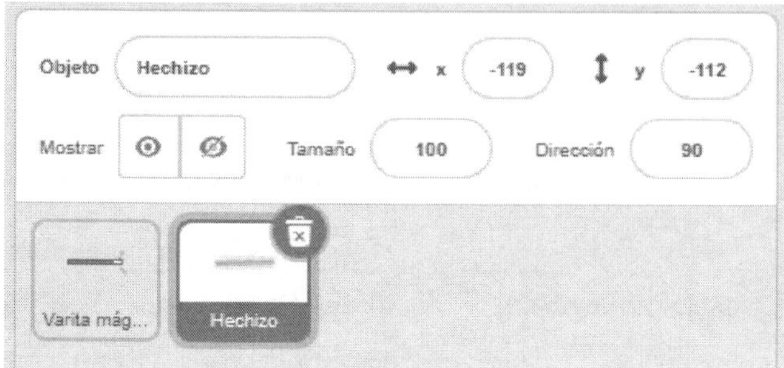

6.2 El programa

Programa Varita mágica

El programa de la varita mágica consta de dos pilas de bloques que sirven para mover la varita arriba y abajo.

⇒ **al presionar tecla flecha arriba**

⇒ **sumar a y 10** // la varita se mueve verticalmente. Solo cambia su coordenada y. Un valor positivo mueve la varita hacia arriba.

⇒ **al presionar tecla flecha abajo**

⇒ **sumar a y -10** // un valor negativo mueve la varita hacia abajo.

Programa hechizo

El hechizo dibujado por la varita mágica sigue todos sus movimientos. Permanece invisible en el escenario mientras no se pulse la tecla [Espacio].

⇒ **al hacer clic en la bandera verde**

⇉ **esconder**

⇉ **por siempre** // abrir un bucle de repetición. Contiene:

- El bloque utilizado para posicionar permanentemente el objeto al nivel de la varita mágica.
- La instrucción para activar el disparo con la varita mágica cuando se presiona la tecla definida.

⇉ **ir a Varita mágica** // como este bloque está posicionado en un bucle de repetición, el hechizo sigue permanentemente todos los movimientos del objeto Varita mágica.

⇉ **si ¿tecla espacio presionada? entonces** // esta condición booleana devuelve verdadero si el jugador pulsa la tecla [Espacio]. En este caso, el programa en la condición puede ser ejecutado.

⇉ **Mostrar**

⇉ **deslizar en 1 segs a x: 240 y: posición en y** // el objeto se mueve horizontalmente hacia el extremo derecho de la escena.

⇉ Cerrar la condición.

⇉ Cerrar el bucle de repetición.

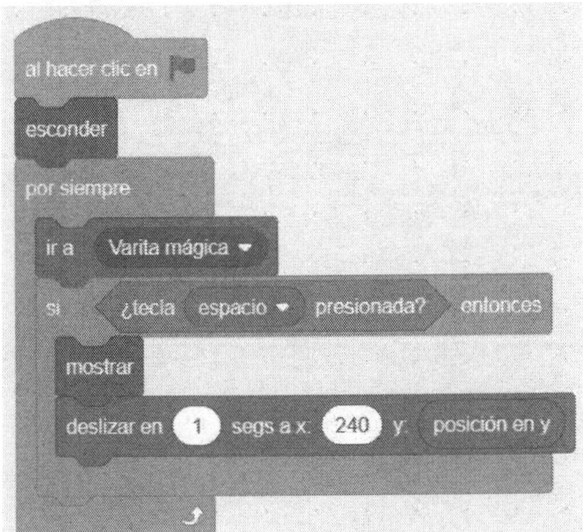

7. Técnicas para contabilizar: puntuaciones, vidas

En los juegos no solo se cuentan puntuaciones, sino también vidas. Para contar puntuaciones o vidas, la técnica es la misma: hay que crear un algoritmo utilizando una variable.

⇛ Abra el proyecto *platanos.sb3* que creó anteriormente.

⇛ En la categoría **Variables**, seleccione **Crear una variable** (1).

⇛ Nombre la variable según su uso (2): **Numero de platanos**. Esta variable se utilizará para contar el número de plátanos recuperados.

⇛ Confirme seleccionando **Aceptar** (3).

Observación
Al nombrar una variable, utilice siempre nombres explícitos.

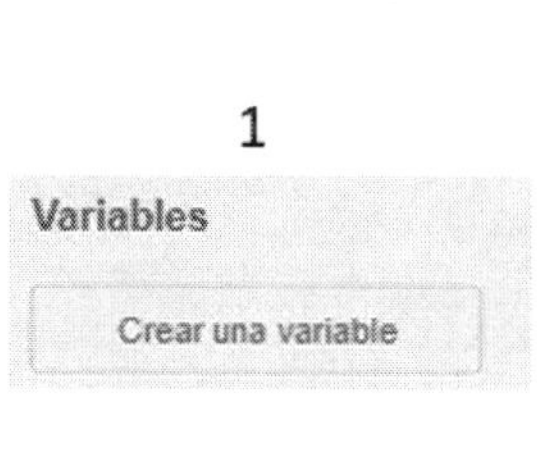

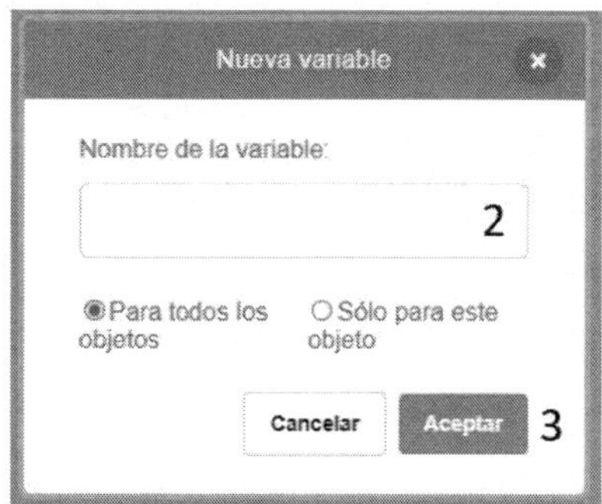

7.1 Contar puntos

Los plátanos deben recogerse dentro de una cesta; este es un objeto importado de la librería llamado Bowl. Cada vez que un clon del plátano toca este objeto, la variable **Numero de platanos** se incrementa en 1 punto: **suma 1 al número de plátanos**.

Observación
En informática, la incrementación consiste en añadir un valor, 1 por ejemplo, a un contador. La operación inversa, que consiste en restar un valor a un contador, se denomina decrementar.

Incorporación al programa del plátano

El programa debe comenzar por una inicialización de la variable, es decir, al arrancar, la variable Numero de platanos debe ponerse a cero. Su valor aumentará a medida que avance el juego.

En la segunda pila de bloques del programa de los plátanos, vamos a añadir una condición al bucle **repetir ()**.

⇉ **si ¿tocando Bowl? entonces** // si uno de los plátanos creados en forma de clon toca el objeto llamado Bowl.

⇉ **sumar a Numero de platanos ()** // la variable Numero de platanos se incrementa en 1.

⇉ **esconder** // el clon del plátano que tocó el objeto Bowl desaparece de la pantalla.

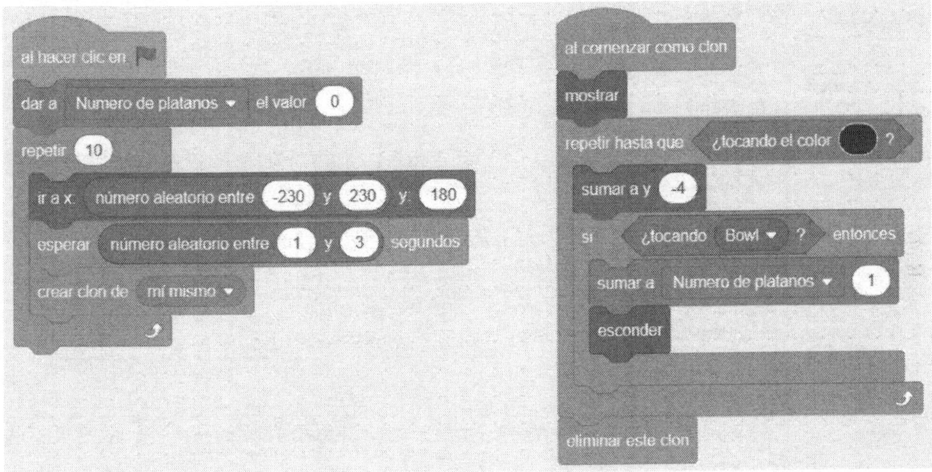

Para obtener puntos, un programa debe:

- Comenzar por inicializar la variable. En el caso de una puntuación, debe ponerse a cero.
- Utilizar una condición en un bucle para comprobar continuamente si se cumple la condición para obtener puntos.

7.2 Gestionar las vidas

El algoritmo de gestión de las vidas se basa en el mismo principio. Necesita:

- Inicializar la variable especificando el número de vidas de que dispone el jugador cuando empieza el juego.

- Definir las circunstancias en las que el jugador pierde vidas y determinar el número de vidas perdidas.

7.2.1 Un objeto para las vidas

Este objeto puede descargarse del sitio web de Ediciones ENI con el nombre *corazón.sprite3*.

Para mejorar el aspecto de sus juegos, puede utilizar un objeto para simbolizar el número de vidas restantes. En la biblioteca encontrará corazones, pero también puede dibujar uno en estilo pixel art/retrogaming.

⇒ En la ventana de objetos, seleccione el icono **Elige un objeto - Pinta** para abrir la paleta gráfica y dibujar los corazones.

⇒ Cambie la paleta gráfica al modo de mapa de bits seleccionando **Convertir a mapa de bits**.

Para dibujar con la herramienta **Pincel** (1) en pixel art, es decir, utilizando cuadrados (4), proceda del siguiente modo:

⇉ Seleccione el color para **Rellenar** (2).

⇉ Ajuste el tamaño del **Pincel** a 4 (3). Un tamaño entre 1 y 5 le permite dibujar cuadrados directamente con el **Pincel**. El tamaño de los cuadrados dependerá del valor elegido.

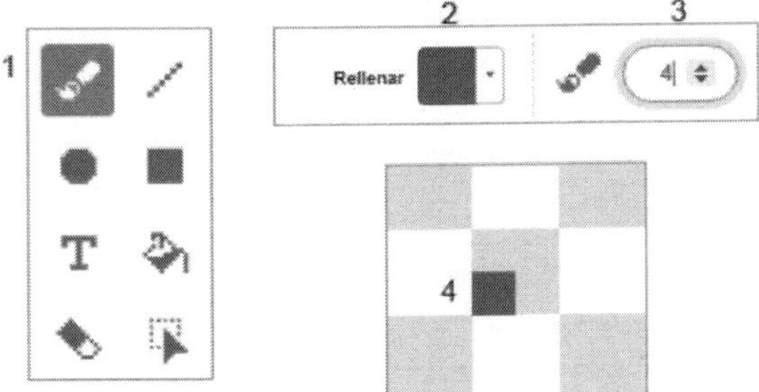

Una vez que haya dibujado su corazón:

⇉ Selecciónelo con la herramienta **Seleccionar**.

⇉ Copie y pegue ([Ctrl] C/[Ctrl] V) para obtener un segundo corazón idéntico. O haga clic en los iconos **Copiar** y **Pegar**.

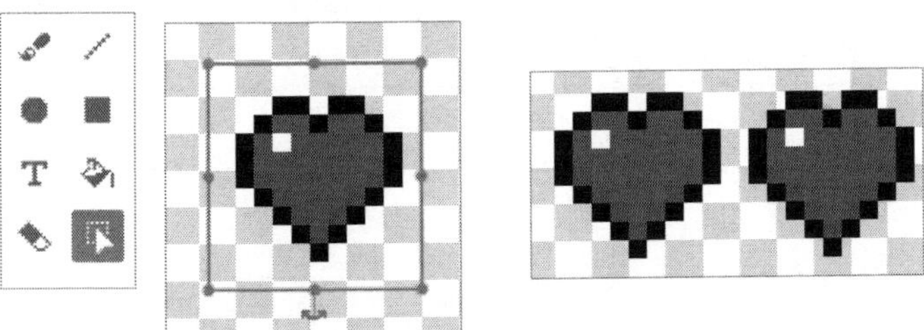

⇉ Repita la operación una segunda vez para conseguir un objeto con tres corazones, que simbolizarán las tres vidas de las que dispone el jugador.

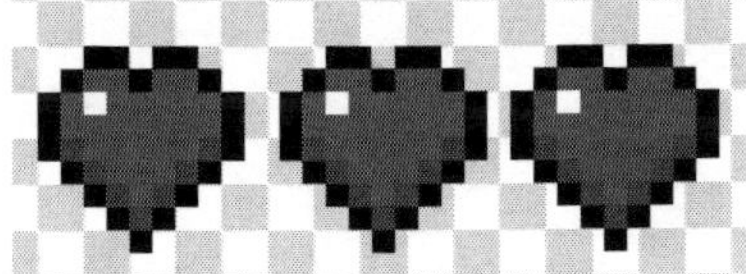

⇉ Nombre este objeto **vidas 3**.

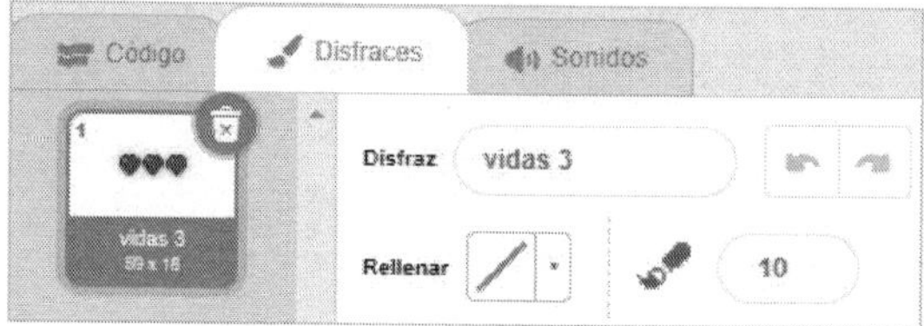

Este objeto tiene tres disfraces que representan el número de vidas que le quedan al jugador. Además del disfraz vidas 3, representado por tres corazones, necesitara crear:

- Un segundo disfraz, llamado **vidas 2**: estará formado por dos corazones.
- Un tercer disfraz, llamado **vidas 1**: estará formado por un solo corazón.

Para crear estos otros dos objetos:

⇉ Haga clic con el botón derecho del ratón en la miniatura que representa el disfraz de **Vidas 3** y seleccione **Duplicar**.

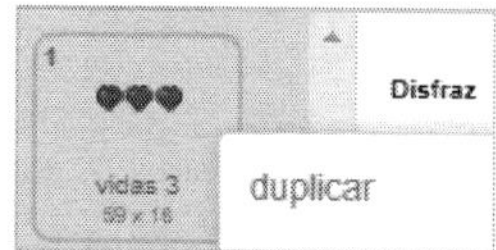

⇉ Nombre este nuevo disfraz que se ha creado **vidas 2**.

⇉ Borre uno de los tres corazones con la herramienta **Goma**.

⇉ Haga lo mismo para crear el tercer disfraz, vidas 1, representado por un solo corazón.

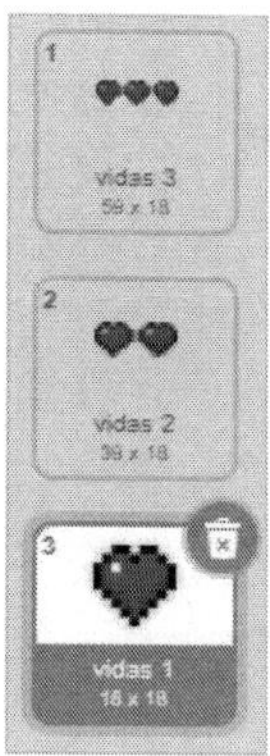

7.2.2 El programa

Los tres disfraces se muestran en función del valor de la variable **Vidas**. Por tanto, el programa debe comprobar constantemente el número de vidas de que dispone el jugador.

- Si la variable Vidas = 3, se muestra el disfraz Vidas 3.

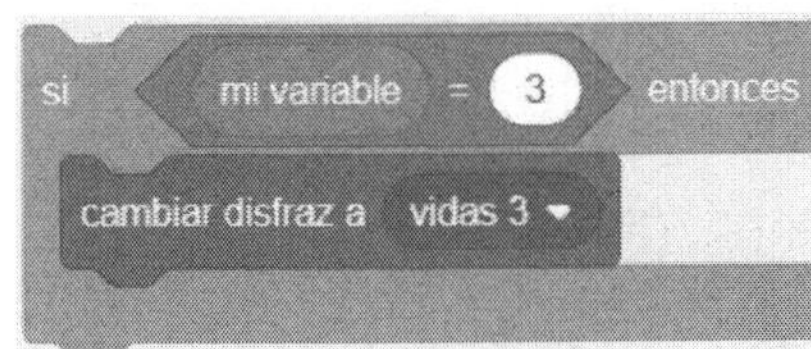

- Si la variable Vidas = 2, se muestra el disfraz vidas 2.
- Si la variable Vidas = 1, se muestra el disfraz vidas 1.
- Si la variable Vidas = 0, el objeto se oculta y al jugador no le quedan vidas.

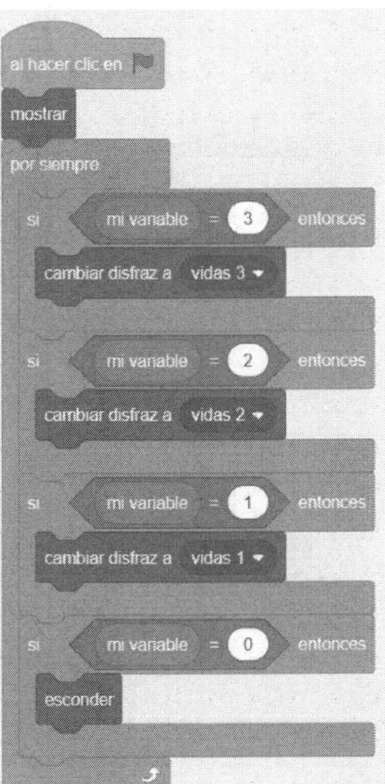

8. Creación de niveles

Los videojuegos ofrecen distintos niveles que se representan gráficamente mediante un cambio en el fondo. Este cambio de nivel puede dar lugar a modificaciones como:

- Hacer el juego más complejo.
- La aparición de nuevos objetos.
- Cambio de las características del objeto reproducido.

Los bloques de mensajes, situados en la categoría **Eventos**, son muy útiles para crear niveles y hacer más complejos sus proyectos.

8.1 Introducción y conclusión

Al igual que un libro, un juego comienza con una introducción, es decir, una portada en la que se exponen las reglas del juego, y termina con una conclusión, que puede consistir en un Game Over o la visualización de la puntuación obtenida, etc.

Para desarrollar un proyecto multinivel, es necesario crear varios fondos. Estos fondos pueden ser:

- de la biblioteca de Scratch;
- importados desde su ordenador;
- dibujados con la paleta gráfica.

Fondo Presentación

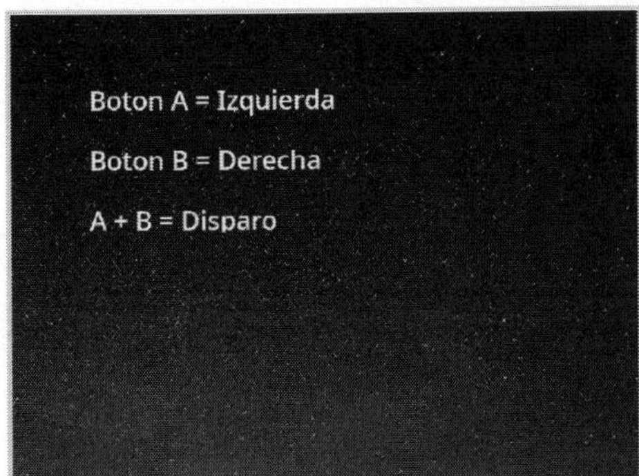

El fondo **Presentación** se muestra en primer lugar cuando el programa comienza a ejecutarse.

⇉ **al hacer clic en la bandera verde**

⇉ **cambiar fondo a Presentación**

Sobre este fondo, se pueden anotar directamente las reglas del juego o las teclas utilizadas para jugar (herramienta **Texto**). Esta información también puede tomar la forma de un objeto (ver capítulo Juego del loro). Se puede utilizar un objeto de presentación con uno o varios disfraces. Estos disfraces pueden mostrarse uno tras otro o pueden complementarse para mostrar la información.

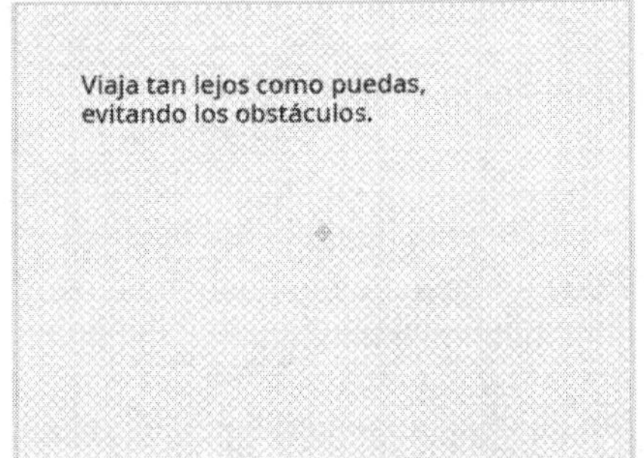

Disfraz 1 del objeto Presentación

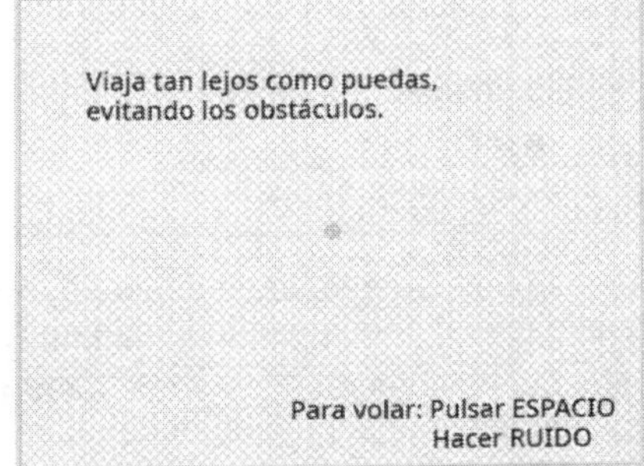

Disfraz 2 del objeto Presentación

Fondo Game Over o Ganado

Al final de un juego, se muestra una pantalla de finalización. Según el resultado, si el jugador ha ganado o perdido, el mensaje de fondo será diferente.

Estas pantallas finales pueden consistir en un simple fondo con un mensaje explícito escrito en él.

También se puede utilizar un objeto final para anunciar el resultado del juego. Este objeto está oculto durante todo el juego. Solo es visible cuando se envía un mensaje de fin (Game Over - Ganaste - Fin).

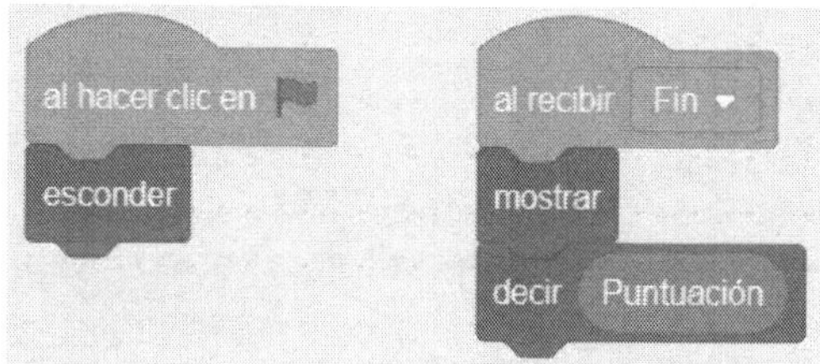

Varias acciones pueden conducir a un final:

- Al jugador no le quedan vidas (1) o ha eliminado a todos los enemigos.
- Se acabó el tiempo de juego (2).
- El jugador ha llegado al final de un recorrido (3).

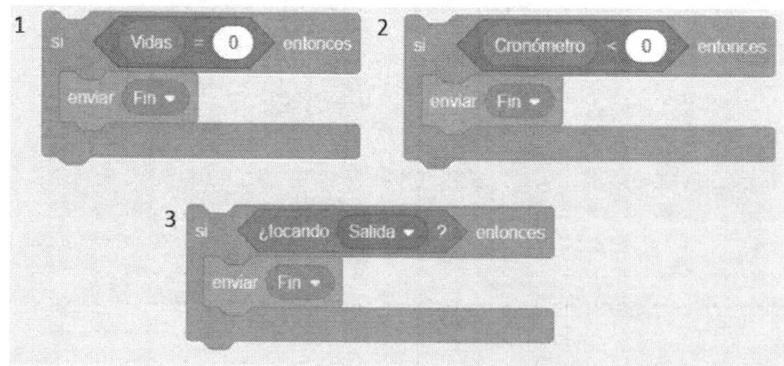

Fondo Juego

Se pueden utilizar varios mensajes explícitos para lanzar una fase de juego: Jugar - Nivel 1 - Nivel 2. El envío y la recepción de este mensaje produce el cambio de fondo.

También puede utilizar una tecla del teclado o un objeto para iniciar una partida. Esto solo aparece cuando se inicia el juego. Cuando se pulsa, envía un mensaje para indicar el inicio del juego (ver capítulos Juego del loro, Juegos de puntería y La extensión Sensor de vídeo, sección Ensalada de sandía).

8.2 Gestión de objetos

Un juego puede utilizar el mismo fondo aunque tenga varios niveles. En este caso, son los objetos los que se modifican. Si utiliza objetos diferentes para distintos niveles de un juego, nómbrelos explícitamente. Construya el nombre de la siguiente forma: **nombre del objeto** seguido de **nivel n**.

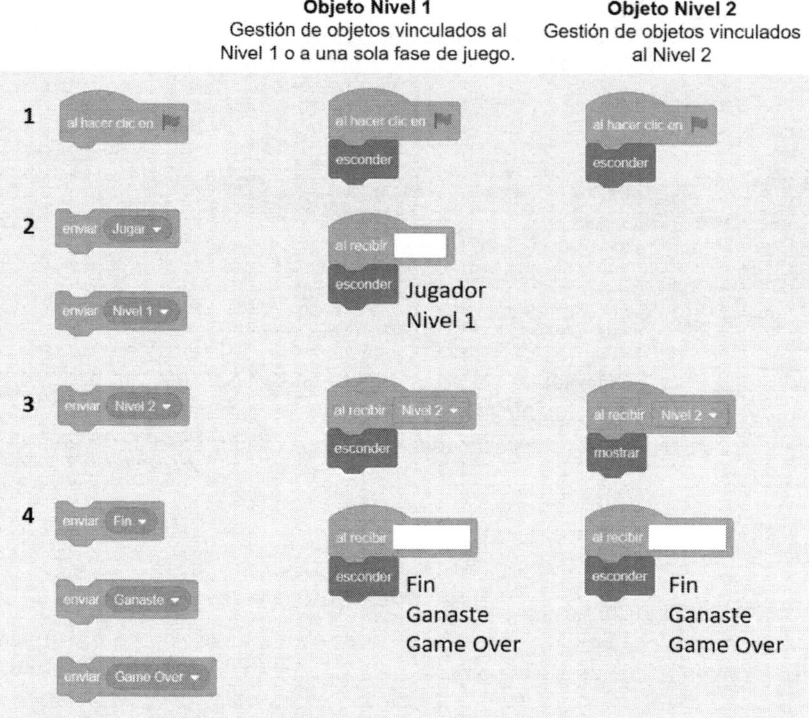

Los distintos proyectos de este libro están repletos de ejemplos sobre cómo utilizar los mensajes para modificar el aspecto gráfico de su proyecto, ya sea para juegos o animaciones.

9. Técnica para desplazar el fondo

En un juego o una animación, se utilizan dos técnicas para simular el movimiento:

- O bien los personajes se desplazan y activan el cambio de fondo (véase Técnicas para la animación, sección Desplazar un fondo).
- O bien el fondo se desplaza mientras el personaje permanece en su lugar. Esta es la técnica de scrolling («desplazamiento»).

El scrolling consiste en hacer que el fondo se desplace para dar sensación de movimiento. Se pueden utilizar varias técnicas para crear desplazamientos con Scratch. Numerosos proyectos y tutoriales presentan diversas técnicas en la plataforma Scratch.

El scrolling requiere el uso de bloques **Operadores**, ya que, para poder desplazarse, es necesario recalcular las dimensiones de las escenas cada vez que se mueve el objeto.

9.1 El scrolling horizontal y el scrolling vertical

En un proyecto, el desplazamiento por el fondo puede hacerse en horizontal, en vertical o en ambos sentidos. La técnica sigue siendo la misma.

Imagine que su escenario y sus personajes se mueven por un mapa enorme. EL escenario que aparece en la pantalla es solo una parte visible de este mapa. Este primer escenario en el mapa tiene la posición 0. El segundo escenario tiene la posición 1, el tercer escenario tiene la posición 2, y así sucesivamente.

El escenario de Scratch mide 480 x 360 píxeles. Para un mapa compuesto por tres escenarios, colocados horizontalmente uno al lado del otro, la coordenada x varía entre 0 y 1440, es decir, 480 x 3.

La coordenada x del primer escenario (escenario 0) estará comprendida entre 0 y 479.

La coordenada x del segundo escenario (escenario 1) estará entre 480 y 959.

La coordenada x del tercer escenario (escenario 2) estará entre 960 y 1440.

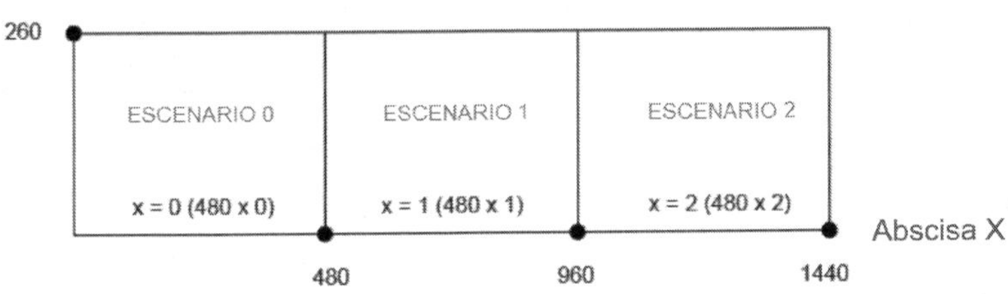

Para un mapa compuesto por tres escenarios colocados verticalmente, uno encima de otro, la coordenada y varía entre 0 y 1080, es decir, 360 x 3.

La coordenada y del primer escenario (escenario 0) estará comprendida entre 0 y 359.

La coordenada y del segundo escenario (escenario 1) estará comprendida entre 360 y 719.

La coordenada y del tercer escenario (escenario 2) estará entre 720 y 1080.

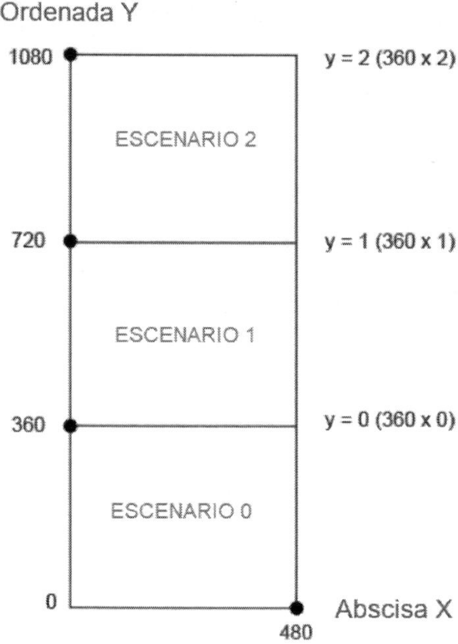

Para conseguir un efecto de desplazamiento, es necesario modificar las coordenadas del objeto del escenario, que se muestra en la pantalla a medida que el jugador mueve su personaje, aunque permanece fijo.

Para conseguir un efecto de desplazamiento, las coordenadas de la pantalla en el mapa se modifican en función de las del objeto.

Ordenada Y

	0–480	480–960	960–1440
720–1080	ESCENARIO 6 x = 0 (480 x 0) y = 720 (360 x 2)	ESCENARIO 7 x = 480 (480 x 1) y = 720 (360 x 2)	ESCENARIO 8 x = 960 (480 x 2) y = 720 (360 x 2)
360–720	ESCENARIO 3 x = 0 (480 x 0) y = 360 (360 x 1)	ESCENARIO 4 x = 480 (480 x 1) y = 360 (360 x 1)	ESCENARIO 5 x = 960 (480 x 2) y = 360 (360 x 1)
0–360	ESCENARIO 0 x = 0 (480 x 0) y = 0 (360 x 0)	ESCENARIO 1 x = 480 (480 x 1) y = 0 (360 x 0)	ESCENARIO 2 x = 960 (480 x 2) y = 0 (360 x 0)

Abscisa X

9.2 Ejemplo de desplazamiento horizontal

He aquí un ejemplo de desplazamiento horizontal. Este ejemplo puede descargarse del sitio web de Ediciones ENI y se llama *Desplazamiento horizontal.sb3*.

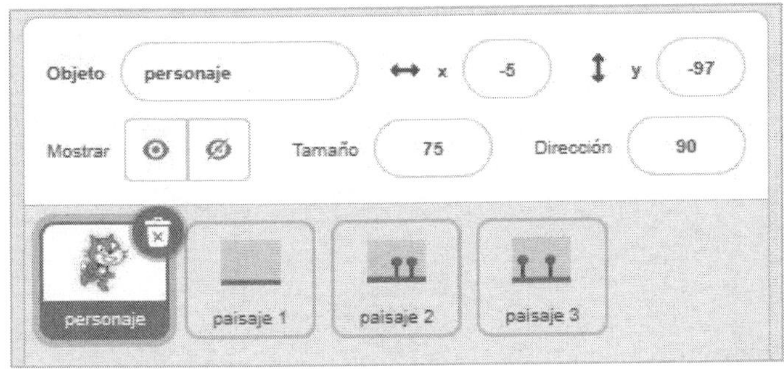

9.2.1 Creación de los objetos

El objeto del personaje

Cree o importe un primer objeto, que será el personaje que «se desplazará» horizontalmente por el escenario. Sus movimientos afectarán al movimiento de los fondos.

Los objetos de paisaje 1 a 3

Hay tres objetos, numerados del 1 al 3, que representan el paisaje que se desplegará a medida que se mueva el objeto del personaje.

Cree el objeto del paisaje 1: servirá de base para los escenarios siguientes.

⇛ En la ventana de objetos, seleccione **Elige un objeto** y haga clic en el icono **Pintar**. Se abre la paleta gráfica.

⇛ Con la herramienta **Rectángulo**, dibuje un rectángulo del tamaño del lienzo. Coloréelo de azul con la herramienta **Rellenar**.

⇛ Con la herramienta **Rectángulo**, dibuje un suelo a lo largo del escenario. Coloréalo de marrón con la herramienta **Rellenar**.

⇛ Dibuje un sol con la herramienta **Círculo**. Coloréalo de amarillo con la herramienta **Rellenar**.

⇛ Para el objeto paisaje 2:

⇛ En la ventana de objetos, haga clic con el botón derecho del ratón en la miniatura **paisaje 1**.

⇛ Seleccione **duplicar**. Esta copia proporciona un enlace entre dos escenas.

⇛ Retire el sol y dibuje árboles u otros elementos para ampliar el primer paisaje.

⇛ Haga lo mismo para crear el objeto paisaje 3.

9.2.2 Programa del personaje

El programa del personaje requiere la creación de una variable llamada Desplazamiento x.

⇉ Seleccione la categoría **Variables**.

⇉ Haga clic en **Crear una variable**: se abre un cuadro de diálogo.

⇉ Nombre esta variable: **Desplazamiento x**.

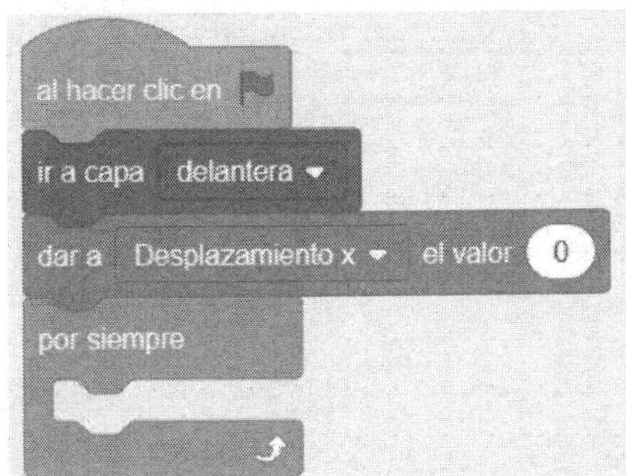

⇉ **al hacer clic en la bandera verde**

⇉ **ir a capa delantera** // para evitar que el personaje quede oculto tras los objetos del paisaje.

⇉ **dar a Desplazamiento x el valor 0**

⇉ **por siempre** // abre un bucle de repetición en el que se insertan dos condiciones para mover el objeto.

La primera condición se utiliza para desplazarse hacia la izquierda cuando se pulsa la tecla [Flecha derecha]. Este desplazamiento hacia la izquierda da la impresión de que el objeto se mueve hacia la derecha, cuando en realidad no se mueve. Este efecto es posible añadiendo el bloque **dar a Desplazamiento x el valor 0**.

⇉ **si ¿tecla flecha derecha presionada? entonces**

⇉ **apuntar en dirección 90** // el disfraz del objeto apunta a la derecha.

⇉ **sumar a Desplazamiento x -5** // la variable Desplazamiento se decrementa en 5. Los objetos de paisaje se moverán hacia la izquierda. El valor puede ser modificado para un movimiento más rápido.

⇉ **siguiente disfraz** // para animar el disfraz de paseo del objeto gato.

⇉ **esperar 0.2 segundos** // espera entre cambios de disfraces para acentuar el efecto de movimiento.

⇉ Cerrar la primera condición.

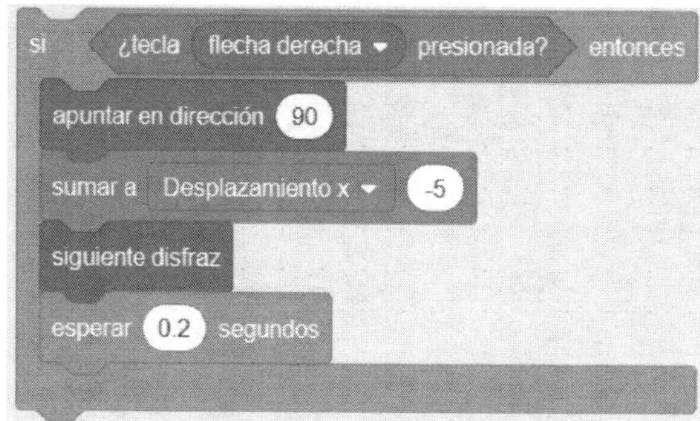

La segunda condición se utiliza para desplazarse hacia la derecha cuando se pulsa la tecla [Flecha izquierda]. Este desplazamiento a la derecha da la impresión de que el objeto se mueve hacia la izquierda, cuando en realidad no se mueve. Este efecto se consigue con el bloque **sumar a Desplazamiento x 5**.

⇉ **si ¿tecla de flecha izquierda presionada? entonces**

⇉ **apuntar en dirección -90** // el disfraz del objeto se gira hacia la izquierda.

⇉ **sumar a Desplazamiento x 5** // la variable Desplazamiento se incrementa en 5. Los objetos de paisaje se mueven a la derecha.

⇉ **siguiente disfraz** // para animar el disfraz de paseo del objeto gato.

⇉ **esperar 0.2 segundos** // tiempo de espera entre cambios de disfraces.

⇉ Cerrar la segunda condición.

⇉ Cerrar el bucle de repetición.

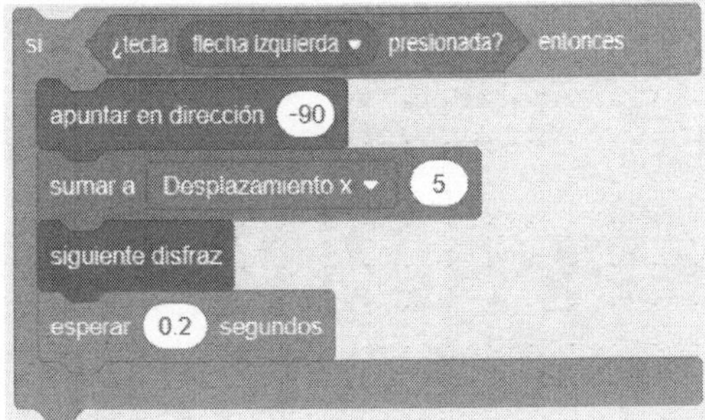

9.2.3 Programa paisajístico

Los tres objetos del paisaje tienen un programa casi idéntico. Solo los valores de sus respectivas coordenadas son diferentes.

⇉ **al hacer clic en la bandera verde**

⇉ **mostrar**

⇉ **ir a x: 0 y: 0**

⇉ **por siempre** // abrir un bucle de repetición.

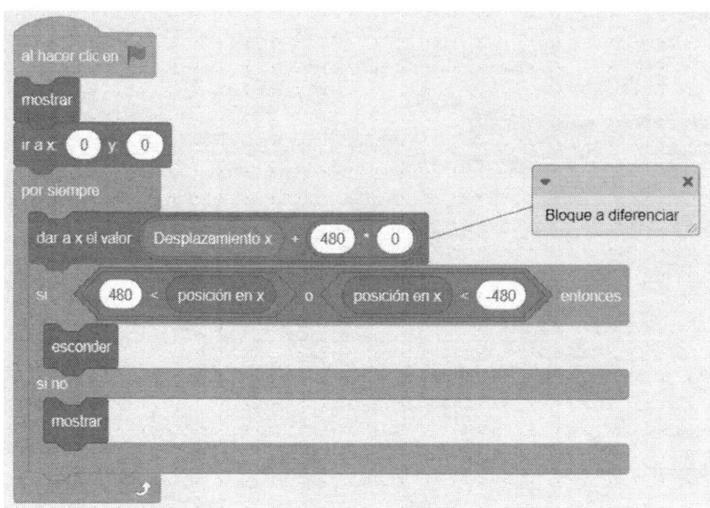

El primer bloque del bucle de repetición será diferente para los tres objetos del paisaje, ya que no tienen la misma coordenada x.

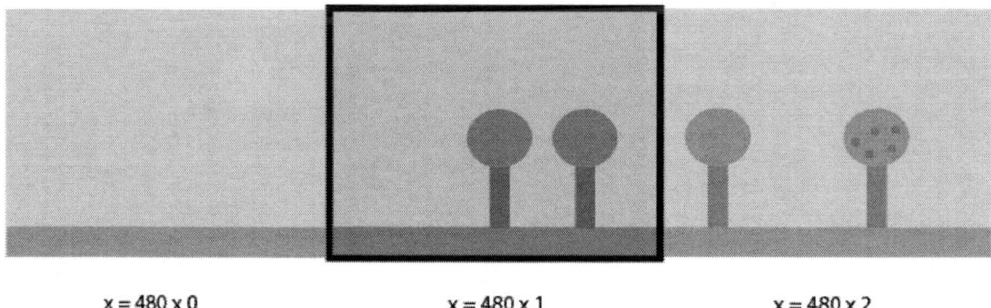

x = 480 x 0 x = 480 x 1 x = 480 x 2

El valor 480 corresponde a la longitud del escenario. Esta longitud es:

- multiplicada por 0 para el objeto paisaje 1.

⇒ **dar a x el valor Desplazamiento x + 480 * 0**

- multiplicado por 1 para el objeto paisaje 2.

⇒ **dar a x el valor Desplazamiento x + 480 * 1**

- multiplicado por 2 para el objeto paisaje 3.

⇒ **dar a x el valor Desplazamiento x + 480 * 2**

Los bloques que siguen son idénticos para todos los programas paisajísticos.

⇒ **si 480 < posición en x o posición x < - 480 entonces**

⇒ **esconder**

⇒ **si no**

⇒ **mostrar**

⇒ Cerrar la condición.

⇒ Cerrar el bucle de repetición.

9.3 Ejemplo de desplazamiento vertical

He aquí un ejemplo de desplazamiento vertical. Este ejemplo puede descargarse del sitio web de Ediciones ENI y se llama *Escalar un rascacielos .sb3*.

9.3.1 Creación de objetos

El objeto murciélago

Este objeto ha sido importado de la biblioteca.

⇒ En la ventana de objetos, seleccione **Elige un objeto** para abrir la biblioteca.

⇒ Seleccione **Bat**.

Este murciélago tiene cuatro disfraces, tres de los cuales simulan batidos de alas. El cuarto disfraz, bat-d, ha sido retirado:

⇉ Muestre los disfraces de este objeto pulsando en la pestaña **Disfraces**.

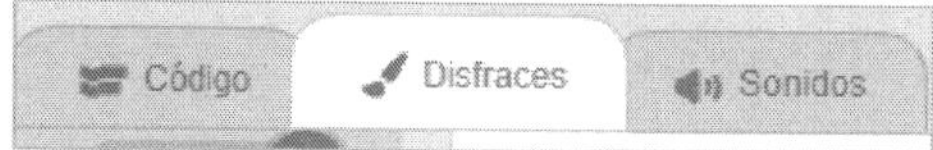

⇉ Haga clic con el botón derecho del ratón en el traje **bat-d** que aparece al final de la lista.

⇉ Seleccione **borrar**.

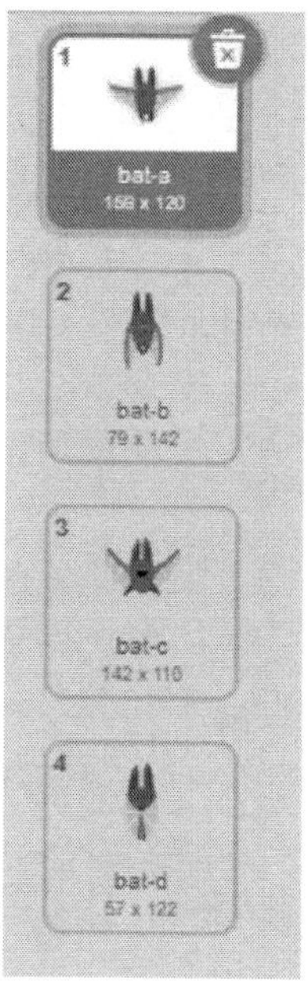

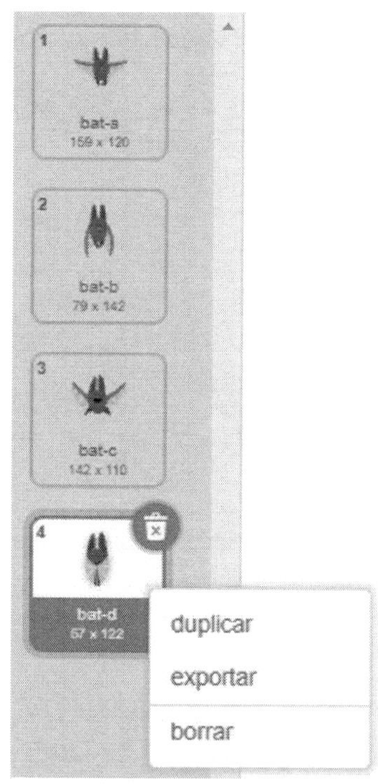

Los movimientos verticales del murciélago harán que los fondos se desplacen verticalmente. El murciélago subirá a lo alto del rascacielos.

Los objetos de nivel 1 a 4

Hay cuatro objetos de nivel, numerados del 1 al 4, que representan un edificio que se eleva hacia el cielo y se hace cada vez más estrecho.

Para crear el objeto de nivel 1 que servirá de base para las siguientes escenas:

⇒ En la ventana de objetos, seleccione **Elige un objeto** y haga clic en el icono **Pinta**.

⇒ Se abre la paleta gráfica.

⇒ Dibuje un rectángulo que ocupe toda la altura del lienzo. Coloréelo de gris con la herramienta **Relleno** y añada rectángulos blancos o amarillos para crear las ventanas.

⇒ Con la herramienta **Volver a dar forma**, dele al rectángulo gris una forma trapezoidal apretando las esquinas de la parte superior.

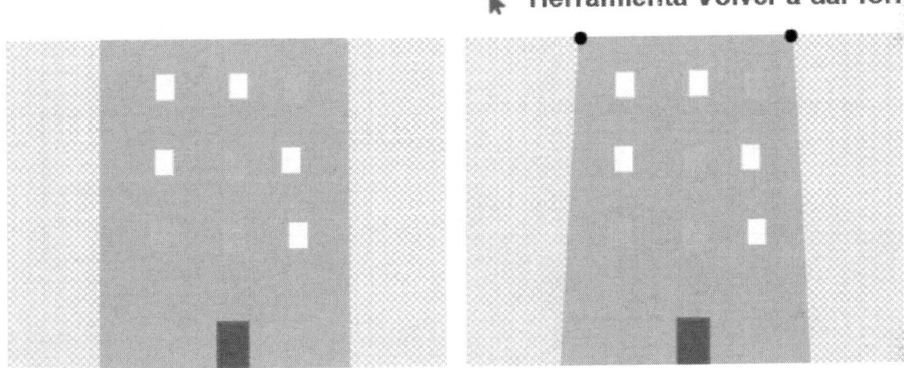

Para dibujar el objeto de nivel 2:

⇒ En la ventana de objetos, haga clic con el botón derecho del ratón en la miniatura **nivel 1**.

⇒ Seleccione **duplicar**. El uso de una copia le permitirá ser coherente con la escena anterior.

⇒ Utilice la herramienta **Voltear verticalmente**.

⇒ Quite la puerta y mueva las ventanas.

⇉ Utilice la herramienta **Volver a dar forma** para ajustar la torre y darle un aspecto trapezoidal.

⇉ Añada nuevas ventanas y modifique las existentes.

⇉ Nombre este nuevo objeto **nivel 2**.

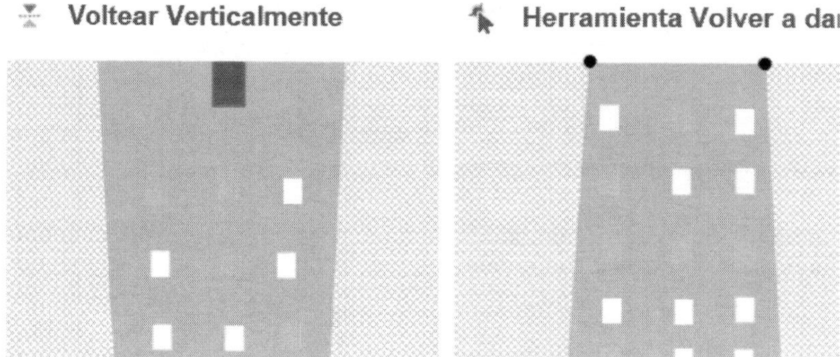

⇉ Haga lo mismo para crear los objetos denominados **nivel 3** y **nivel 4**. Para este último objeto, añada una antena al tejado de la torre.

9.3.2 Programa Murciélago

El programa Murciélago requiere la creación de una variable llamada Desplazamiento y.

⇉ Seleccione la categoría **Variables**.

⇉ Haga clic en **Crear una variable**: se abre un cuadro de diálogo.

⇉ Nombre esta variable: **Desplazamiento y**.

El programa tiene cuatro condiciones. Situadas en un bucle de repetición, se utilizan para mover el murciélago en todas las direcciones.

⇉ **al hacer clic en la bandera verde**

⇉ **ir a capa delantera** // para evitar que el personaje quede oculto tras los objetos del paisaje.

⇉ **Mostrar**

⇉ **ir a x: -110 y: -125**

⇉ **dar a Desplazamiento y el valor 0**

⇉ **por siempre** // abre un bucle de repetición. Contiene los algoritmos de movimiento.

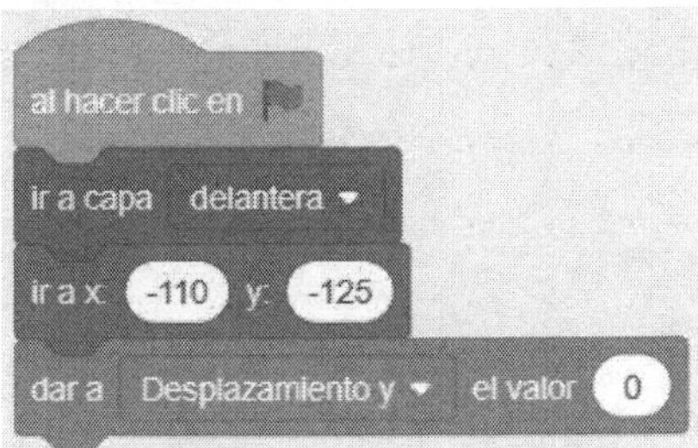

La primera condición se utiliza para desplazarse hacia abajo cuando se pulsa la tecla [Flecha arriba]. Este desplazamiento hacia abajo da la impresión de que el murciélago se mueve hacia arriba mientras permanece en su sitio. Este efecto se consigue utilizando el bloque **sumar a Desplazamiento y -5**.

Observación

Para crear un efecto de desplazamiento, el personaje y el paisaje deben moverse en direcciones opuestas.

⇉ **si ¿tecla flecha arriba presionada? entonces**

⇉ **esperar 0.1 segundos**

⇉ **siguiente disfraz** // estos dos bloques se utilizan para cambiar de un disfraz a otro y crear un movimiento de alas.

⇉ **sumar a Desplazamiento y -5** // la variable Desplazamiento y se decrementa en 5. Los objetos de nivel se moverán hacia abajo. El valor puede modificarse para un movimiento más rápido.

⇉ Cerrar la condición.

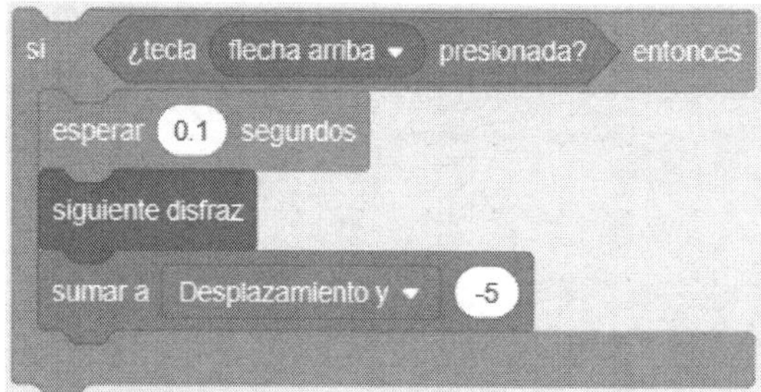

La segunda condición se utiliza para desplazarse hacia arriba cuando se pulsa la tecla [Flecha abajo]. Este desplazamiento hacia arriba da la impresión de que el murciélago desciende, mientras permanece en su sitio. Este efecto se consigue con el bloque **sumar a Desplazamiento y 5**.

si ¿tecla flecha abajo ▾ presionada? entonces
esperar 0.1 segundos
siguiente disfraz
sumar a Desplazamiento y ▾ 5

Las dos últimas pilas de bloques se utilizan para mover el murciélago horizontalmente. No hay efecto de desplazamiento.

⇉ **si ¿tecla flecha derecha presionada? entonces**

⇉ **esperar 0.1 segundos**

⇉ **siguiente disfraz**

⇉ **sumar a x 10** // el murciélago se mueve a la derecha.

⇉ Cerrar la condición.

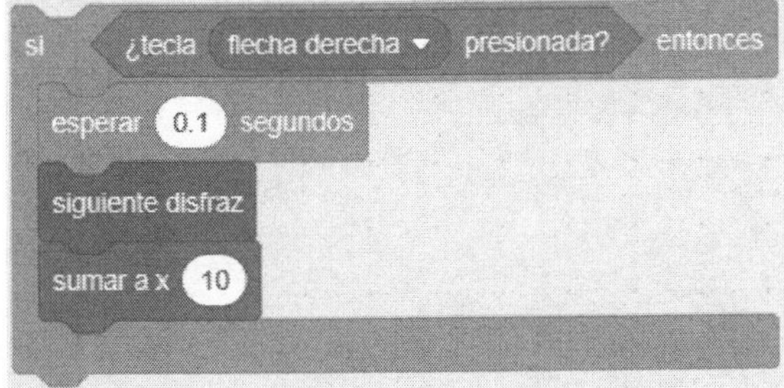

⇉ **si ¿tecla flecha izquierda presionada? entonces**

⇉ **esperar 0.1 segundos**

⇉ **siguiente disfraz**

⇉ **sumar a x -10** // el murciélago se mueve a la izquierda.

⇉ Cerrar la condición.

⇉ Cerrar el bucle de repetición.

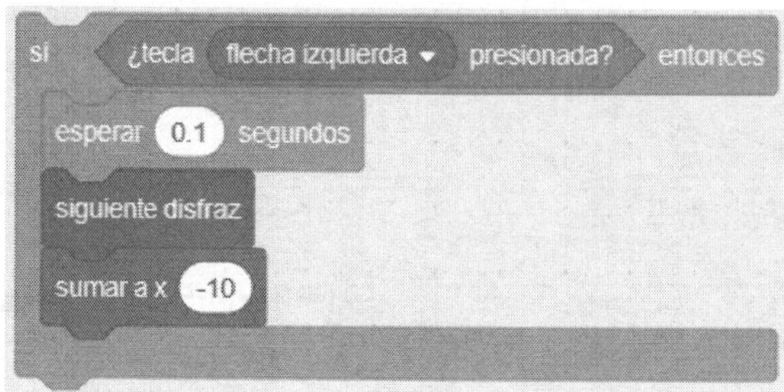

Junto a este programa, se leerá otro algoritmo para determinar si el murciélago ha completado su ascenso. Para ello, nos referiremos al valor de la variable Desplazamiento y. Cuando el murciélago haya alcanzado la cima del rascacielos, esta variable será menor que -1080. Para ver el valor de la variable y averiguar el valor en el que quiere que se detenga el murciélago:

⇉ Abra la categoría **Variables**.

⇉ Marque la casilla situada al lado del bloque **Desplazamiento y**. El valor de esta variable se muestra en tiempo real en el escenario.

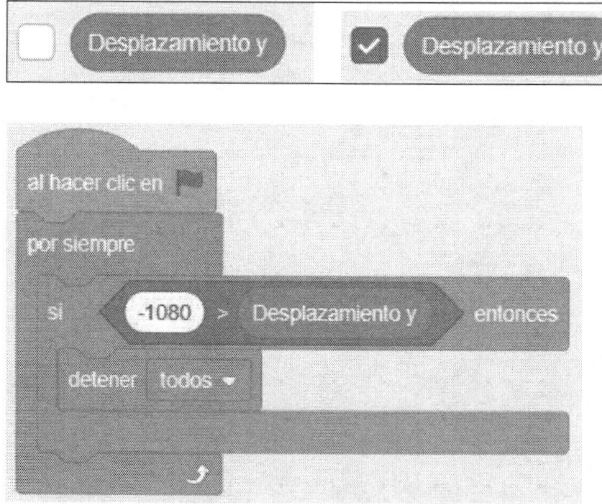

⇉ **al hacer clic en la bandera verde**

⇉ **por siempre**

⇉ **si -1080 > Desplazamiento y entonces** // cuando el valor de la variable Desplazamiento y es inferior a 1080, todo se detiene.

⇉ **detener todos** // se detienen todos los programas.

⇉ Cerrar la condición.

⇉ Cerrar el bucle de repetición.

9.3.3 Programa de los niveles

Los objetos de los cuatro niveles tienen un programa casi idéntico. Solo los valores dentro de un bloque son diferentes.

⇉ **al hacer clic en la bandera verde**

⇉ **ir a x: 0 y: 0**

⇉ **por siempre** // abrir un bucle de repetición.

El primer bloque del bucle tiene valores diferentes según los objetos del nivel, ya que no tienen la misma coordenada y.

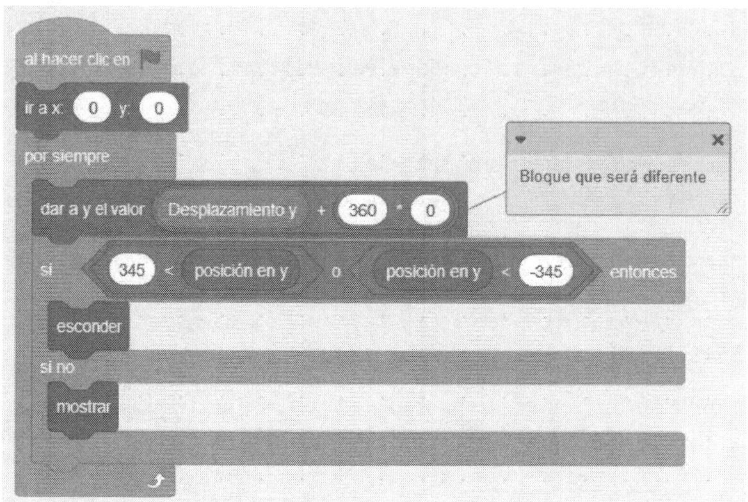

El valor 360 corresponde a la altura del escenario. Esta altura es:

- multiplicada por 0 para el objeto nivel 1.

⇉ **dar a y el valor Desplazamiento y + 360 * 0**

- multiplicada por 1 para el objeto nivel 2.

⇉ **dar a y el valor Desplazamiento y + 360 * 1**

- multiplicada por 2 para el objeto nivel 3.

⇉ **dar a y el valor Desplazamiento y + 360 * 2**

- multiplicada por 3 para el objeto nivel 4.

dar a y el valor Desplazamiento y + 360 * 3

Los bloques que siguen son idénticos para los cuatro programas.

si 345 < posición en y o posición y < -345 entonces

esconder

si no

mostrar

Cerrar la condición.

Cerrar el bucle de repetición.

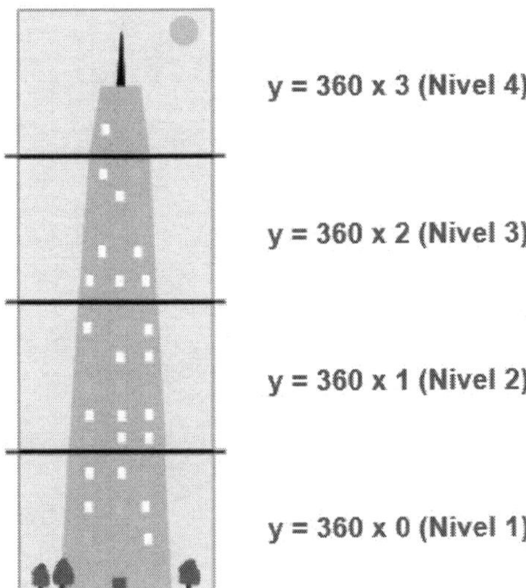

10. Conclusión

Este capítulo le ha presentado una serie de técnicas que pueden utilizarse para crear videojuegos. Estas técnicas pueden mezclarse con las descritas anteriormente para crear animaciones.

Además de los capítulos dedicados a tipos específicos de juego, los demás capítulos de este libro dedicados a las ampliaciones ofrecen numerosos ejemplos de cómo ponerlas en práctica. También se desarrollan otras técnicas, como la gestión de un cronómetro o la inserción de efectos sonoros y bucles musicales para ambientar sus proyectos.

Parte 2
Creación de videojuegos

Capítulo 7
Crear videojuegos

1. Introducción

Los videojuegos e Internet desempeñan un papel importante en el uso familiar del ordenador. Cuando se crearon los primeros ordenadores, los diseñadores se apresuraron a idear juegos muy básicos, como Pong o Space Invaders. El primer juego de la historia de los juegos de ordenador, Spacewar, data de 1962. Fue creado por Steve Russel, entonces estudiante del Massachusetts Institute of Technology (la universidad detrás de Scratch).

Con un papel pasivo, el jugador, como el surfista, puede pasarse horas delante de su ordenador y consumir software. Scratch permite adoptar un papel activo y crear juegos.

2. Los diseñadores

Un videojuego, como una película, no es obra de una sola persona. En su diseño intervienen distintos especialistas que trabajan en él durante varios meses o incluso años.

- El diseñador del juego: como un guionista, se ocupa del argumento definiendo los personajes, las reglas, los objetivos y los niveles.
- El diseñador gráfico: es responsable del diseño gráfico del juego. Crea tanto los personajes como los fondos. Estos gráficos pueden ser en 2D o en 3D. Los videojuegos actuales tienden a ser cada vez más realistas para aumentar la inmersión.
- El diseñador de sonido: en un juego, como en una película, el sonido es importante. Se utiliza para transmitir emociones, creando diferentes estados de ánimo, o para enfatizar las acciones.

- El programador: es el director de la orquesta. Se encarga de organizar todos estos elementos para que interactúen entre sí sin problemas.

Scratch le permite asumir todos estos papeles a la vez y utilizar las principales funciones necesarias para crear un juego.

Categorías de juegos

Hay muchos tipos diferentes de videojuegos, según el soporte: ordenadores, pantallas táctiles, consolas y teléfonos móviles. Los videojuegos se dividen en varias categorías.

- Juegos de disparos: son juegos en los que el objetivo es moverse lo más rápido posible mientras se dispara al mayor número posible de enemigos y se evita ser alcanzado. Los juegos de disparos no son juegos de plataformas, en los que los jugadores se mueven y exploran distintos niveles, sino juegos en los que hay que disparar para proteger la propia vida.
- Juegos de lucha: en los juegos de lucha, los objetos tienen varios disfraces para simular distintos tipos de golpes (patadas, puñetazos, saltos para parar un golpe, etc.). Los jugadores tienen una barra de vida que disminuye a medida que reciben más golpes. El combate termina cuando uno de los combatientes se queda sin vida o cuando se acaba el tiempo. Uno de los juegos más famosos de esta categoría es Street Fighter.

Observación

En la plataforma de Scratch encontrará muchos proyectos sobre este tema e incluso reediciones de Street Fighter.

- Juegos de plataformas: en este tipo de juegos, el jugador controla a un personaje que se desplaza por diferentes mundos. Cada mundo corresponde a un nivel. Las trampas y los ataques dificultan el avance del personaje. El personaje puede desplazarse horizontal o verticalmente. En la actualidad, estos juegos utilizan la técnica del desplazamiento para modificar los escenarios. En los primeros juegos, los fondos se cambiaban cada vez que el personaje salía de los confines de la pantalla. Entonces aparecía un nuevo fondo, que representaba otro nivel.

Este tipo de juego fue también la fuente de efectos especiales de movimiento, como la introducción de los saltos en Donkey Kong, que se convertirían en la marca de Mario.

- Juegos de aventuras y juegos de rol: la mayoría de estos juegos no implican el desplazamiento de un personaje. El jugador es el personaje, y es su visión la que se representa. Estos juegos se desarrollaron paralelamente al uso del ratón y, hoy en día, con el desarrollo de las pantallas táctiles. Estos juegos utilizan la técnica de apuntar y hacer clic. Por lo general, consisten en resolver enigmas y recoger objetos. Los jugadores también pueden tener que luchar contra monstruos, como en el juego Diablo.

- Juegos de laberinto: consisten en guiar a un personaje a través de un laberinto y encontrar la salida. Para hacer más complejo el movimiento, puede que tenga que esquivar perseguidores, salir del laberinto en un tiempo determinado o evitar obstáculos. A medida que usted avanza por el laberinto, puede que también tenga que recoger objetos para ganar puntos o abrir pasadizos. El juego más famoso de esta categoría es Pac-Man.
- Juegos deportivos: estos juegos se basan en deportes tradicionales, como el fútbol, el golf y el baloncesto. Hay dos categorías principales de juegos deportivos: juegos en los que el jugador tiene que lanzar y marcar tantos, y juegos en los que el jugador es el entrenador de un equipo y tiene que dirigirlo hasta la victoria, como en FIFA o Football Manager.
- Juegos de carreras: el jugador controla un vehículo. Tiene que completar un cierto número de vueltas en un tiempo limitado, marcar el tiempo más rápido, evitar obstáculos o simplemente cruzar la línea de meta. Algunos juegos combinan las carreras con los disparos: también hay que eliminar obstáculos o adversarios.
- Juegos de puzzle: son todos aquellos en los que el jugador tiene que resolver enigmas o rompecabezas. Algunos de estos juegos son versiones informáticas de juegos tradicionales, como el ajedrez o el go.

Esta tipología de juegos no es exhaustiva. Existen otras categorías, como los juegos de simulación y los de estrategia en tiempo real. El desarrollo de Internet y de las aplicaciones para teléfonos móviles ha propiciado la proliferación de tipos de juegos. Scratch permite crear juegos en una gran variedad de categorías. Si le faltan ideas para sus proyectos, no dude en inspirarse en juegos existentes en los que haya invertido muchas horas. La plataforma de Scratch está llena de ideas, así como de remakes de juegos famosos.

3. Consejos para crear un guion

Primer consejo: empiece creando un juego sencillo inspirado en juegos conocidos y vaya aumentando la dificultad a medida que avance para mejorarlo.

Conseguirá crear un juego sencillo más rápidamente, y tendrá la satisfacción de jugar con él y hacer que otros jueguen también. Esto le dará la motivación y la experiencia que necesita para crear juegos más complejos utilizando Scratch u otro software. Los primeros juegos le ayudarán a familiarizarse con las dificultades iniciales.

Antes de embarcarse en su proyecto, póngalo por escrito. He aquí una lista de elementos que tiene que hacer antes de ponerse en marcha, para aumentar la probabilidad de que su programa sea un éxito. Estos elementos le servirán de marcador al que podrá remitirse.

Esta etapa es muy importante, sobre todo para proyectos complejos que impliquen varios niveles, el uso de muchas variables y un gran número de objetos y fondos.

Tipo de juego y objetivos

Se trata de escribir las reglas del juego, o incluso la historia, con los objetivos que hay que alcanzar para completar el juego. Esta fase de escritura le permite pensar en los elementos que va a necesitar: objetos, fondos, sonidos. Pero también las características que tendrá que utilizar para completar su proyecto: variables, tipos de movimiento, listas, scrolling, etc.

Objetos

Hay dos tipos de objetos en un juego: los que se juegan y los que no se juegan. Los objetos no siempre son elementos móviles. Pueden ser objetos fijos, límites del juego, etc., como veremos en capítulos posteriores.

- Nombres de objetos.
- Características de los objetos que se juegan.
- Características de otros objetos e interacciones entre ellos.
- Número de disfraces por objeto. Funciones y acciones asociadas para cambiarlos.

Observación

Se puede crear una tarjeta para cada tipo de personaje.

Número de niveles

Un juego no tiene por qué cambiar de fondo para cambiar de nivel. Cambiar de nivel puede implicar hacer el juego más complejo: aumentar el número de enemigos, aumentar la velocidad, introducir un temporizador, etc.

Cuando cree un proyecto con varios niveles, introduzca la siguiente información en su archivo de proyecto:

Nivel 1:

- Nombre del fondo.
- Descripción y objetivos.
- Nombre de los objetos asociados.
- Mensaje, acción, evento para pasar al siguiente nivel.

Haga lo mismo para el nivel 2, el nivel 3, etc.

Nivel inicial y final

Un juego no necesariamente lanza al jugador al meollo de la cuestión desde el principio. Puede tener un nivel introductorio o una animación. Pero también puede tener un nivel final.

Un nivel inicial puede presentar el juego y su funcionamiento, en particular las teclas del teclado utilizadas y sus funciones.

En este panel inicial se puede integrar un botón **START** para iniciar el programa una vez que el jugador haya leído las reglas. En este panel también se puede mostrar una selección de objetos. El nivel de presentación puede estar formado por varios fondos que se desplazan junto con las instrucciones. Las instrucciones también pueden adoptar la forma de instrucciones habladas que se han grabado utilizando el editor de audio de Scratch.

El nivel final suele ser un panel en el que se indica que el jugador ha ganado o ha perdido. El nivel final también puede mostrar los nombres de los distintos diseñadores del proyecto.

Asimismo, se pueden crear paneles intermedios entre niveles. Pueden incluirse paneles informativos sobre la misión que se va a realizar en el siguiente nivel, o animaciones.

- Nombre del panel.
- Función.
- Mensaje utilizado para mostrarlo o acción.

Sonidos

La música puede sonar continuamente a lo largo de un programa, como en el juego Zelda. La música de los videojuegos suele ser embriagadora. Los hace identificables desde las primeras notas.

También se pueden reproducir sonidos especiales según eventos específicos: proyectiles disparados, saltos, errores. Esto ayuda a crear una atmósfera rompiendo el ritmo.

Las letras, asimismo, pueden grabarse con el micrófono del editor de audio (si el ordenador dispone de micrófono).

- Lista de sonidos.
- Sonidos y objetos asociados.
- Sonidos y acciones asociadas.

Mensajes enviados

Los mensajes pueden utilizarse para cambiar fondos, crear acciones específicas, etc. Es aconsejable elegir mensajes explícitos (que se introducirán en el campo **Nombre del nuevo mensaje** de la ventana **Nuevo mensaje**). Sus funciones deben ser fácilmente identificables por otro programador, pero también por usted varios meses después de haber diseñado el proyecto.

- Crear una lista de mensajes.
- Describir brevemente su función.
- Especificar los objetos a los que se adjuntan (el objeto emisor y los objetos receptores).

Variables

Al igual que los mensajes, los nombres de las variables deben ser explícitos (puntuación, vida, velocidad).

Es necesario definir la función y el funcionamiento de estas variables. Por ejemplo, en el caso de una variable de puntuación, cómo se incrementará. También hay que especificar los objetos, o fondos, asociados a ellas.

Dado que las variables son elementos que variarán durante la ejecución del programa, sus características iniciales deben definirse al inicio del programa. Por ejemplo, una variable de puntuación se pondrá a 0, una variable de vida contendrá el número de vidas de que dispone el jugador.

Al igual que con los mensajes, haga una lista de las variables indicando cómo funcionan. Algunos juegos requieren el uso de numerosas variables y listas de datos.

- Nombre de la variable.
- Función y funcionamiento.

Listas de datos

Las listas se utilizan para almacenar y comparar datos, y pueden modificarse mientras se ejecuta el programa, por lo que deben ser claramente identificables. Igual que las variables.

- Nombre de la lista.
- Nombre de los elementos que contiene.
- Función y modo de funcionamiento.

4. Conclusión

Los capítulos siguientes presentan proyectos que ilustran distintas categorías de juegos. Todos estos proyectos pueden descargarse del sitio web de Ediciones ENI.

Los juegos presentados en los próximos capítulos pueden modificarse y adaptarse a sus deseos. Están aquí para que piense como un diseñador, un programador, para que disfrute imaginando sus propios proyectos.

Antes de describir las pilas de bloques utilizadas, se presentan las características del proyecto:

- Objetivos.
- Objetos.
- Fondos.
- Variables.
- Listas.

Salvo raras excepciones, los objetos y los fondos utilizados se han tomado deliberadamente de bibliotecas para que pueda recrearlos fácilmente.

Capítulo 8
Juego del laberinto

1. Introducción

Los juegos de laberinto son juegos en los que los personajes deben desplazarse evitando obstáculos. Uno de los juegos más famosos de esta categoría es Pac-Man.

Los juegos de laberinto suelen constar de varios niveles de dificultad creciente:

- Los diseños son cada vez más complejos.
- Los desplazamientos pueden ser cada vez más rápidos.
- Los obstáculos son cada vez más numerosos.
- El laberinto debe completarse en un tiempo limitado.
- En el último nivel hay que derrotar a un monstruo.

El laberinto es el primer proyecto que utilizo en mis talleres y cursos de formación (incluso con adultos) para iniciar a la gente en la programación con Scratch. Este tipo de proyecto permite abordar:

- Cómo desplazarse.
- Interacciones entre diferentes objetos.
- El uso de mensajes.
- Gestión de variables y listas.

2. Diseño gráfico

Antes de empezar a crear un proyecto sobre el tema del laberinto, es importante dibujarlo. Gráficamente, hay varios tipos de laberinto.

Observación

El fondo del laberinto puede crearse utilizando generadores de laberintos gratuitos disponibles en Internet.

Una vez dibujado el laberinto, tiene que colocar:

- una entrada y una salida;
- las puertas secretas;
- los porteros;
- los objetos que hay que atrapar o evitar.

Todos estos elementos se dibujarán como objetos completos e independientes; en particular, las puertas que se abren cuando el jugador coge una llave, por ejemplo. Si esta puerta se dibujara directamente sobre el laberinto, es decir, sobre el fondo, no podría programarse independientemente de él. Si desapareciera tras una determinada acción para permitir el paso del jugador, ¡todo el fondo desaparecería con ella!

El siguiente ejemplo muestra los principales elementos que componen un programa laberíntico y permite ver cómo encajan entre sí.

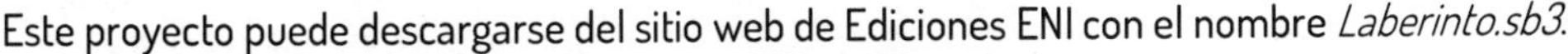
Este proyecto puede descargarse del sitio web de Ediciones ENI con el nombre *Laberinto.sb3*.

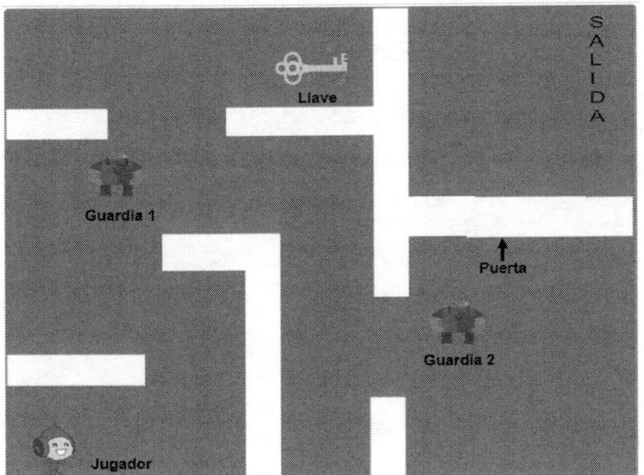

2.1 Los objetos

Este proyecto requiere la creación de cinco objetos. Como en la mayoría de los proyectos presentados en este libro, los objetos han sido importados de la biblioteca o dibujados, como el objeto de la puerta.

⇉ En la ventana de objetos, seleccione el icono **Elige un objeto** (1) para abrir la biblioteca e importar un objeto.

⇉ En la ventana de objetos, seleccione **Pinta** (2) para abrir la paleta gráfica y dibujar un objeto.

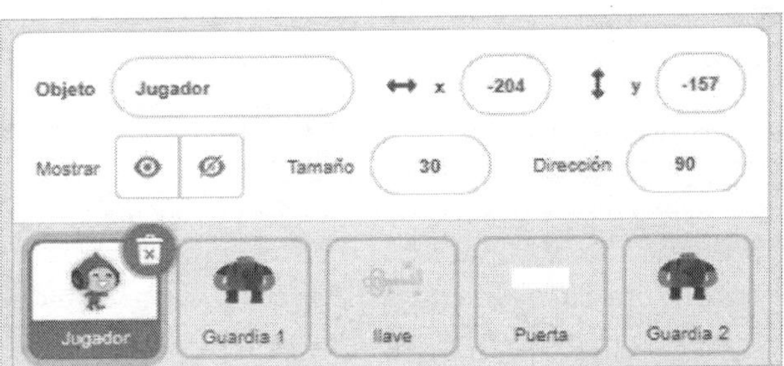

El objeto Jugador

En la biblioteca, es el personaje Giga walking. Tiene la ventaja de estar equipado con cuatro disfraces para caminar. Estos se utilizarán para animar el personaje mientras se desplaza.

Los objetos Guardias 1 y 2

Estos dos personajes, que representan a un ogro (Frank en la biblioteca), son idénticos. En el laberinto, actúan como guardianes que el jugador no debe tocar.

Este objeto tiene cuatro disfraces:

⇒ Cambie el nombre del disfraz **frank-b** por **frank-derecha**: la cabeza está girada hacia la derecha.

⇒ Duplique este disfraz haciendo clic con el botón derecho en la miniatura y seleccionando **duplicar**. Aplique un volteo horizontal a este nuevo disfraz.

⇒ Llámelo **frank-izquierda**. Está mirando a la izquierda.

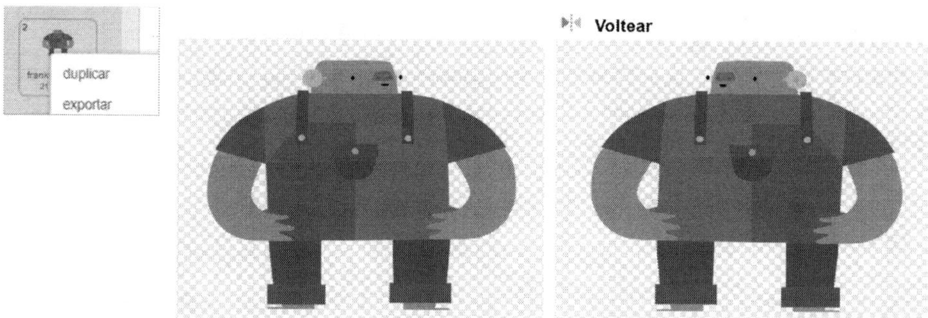

El objeto Llave

En la biblioteca, este objeto se llama Llave. Debe ser «recogido» por el jugador para abrir la puerta que conduce a la salida.

El objeto Puerta

Se trata de un rectángulo dibujado con la herramienta **Rectángulo** de la paleta gráfica. De color blanco como las paredes, esta puerta bloquea el paso que conduce a la salida.

Observación

Puede dibujar una puerta de un color distinto al de las paredes.

2.2 Fondo

El fondo de este juego es un laberinto dibujado en la paleta gráfica.

⇉ Para dibujar un fondo utilizando la paleta gráfica de Scratch, en la ventana de fondo seleccione **Elige un fondo** (1) - **Pinta** (2).

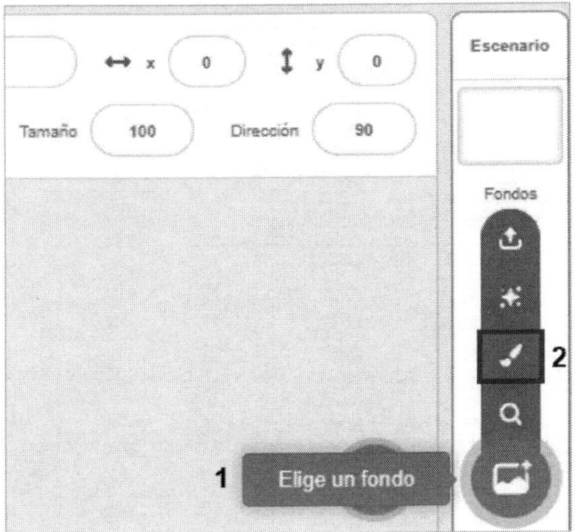

⇉ Con la herramienta **Rectángulo**, dibuje un fondo gris del tamaño completo del lienzo.

⇉ Con la misma herramienta, dibuje las paredes del laberinto en blanco.

⇉ Con la herramienta **Texto**, materialice la salida escribiendo la palabra SALIDA.

⇉ Nombre este disfraz de fondo **Nivel 1**.

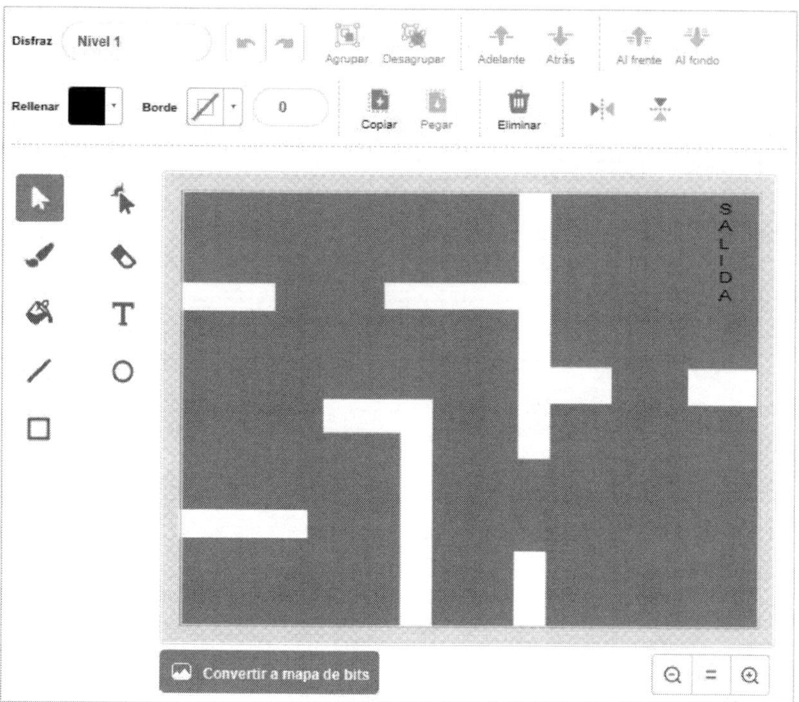

3. Los programas

Empezaremos viendo el programa del laberinto. A continuación, añadiremos una animación para introducir el juego.

En mis formaciones de introducción a Scratch, suelo utilizar el laberinto como primer ejercicio. En primer lugar, los participantes descubren cómo mover el objeto en juego utilizando las teclas de dirección. ¿Cómo pueden evitar que atraviese las paredes?

A continuación, se añaden los guardias. Estos se mueven a intervalos regulares según un algoritmo establecido que se repite. Cuando el jugador toca a uno de los guardianes, puede volver a la entrada, pero también perder una vida. Esta última opción permite abordar las variables.

Por último, se coloca la llave para abrir la puerta. El programa implica el uso de mensajes y, dependiendo del nivel de los participantes, puede requerir el uso de una lista.

3.1 Programa del jugador

Cómo desplazarse

El jugador se mueve con las teclas de flecha [Flecha izquierda], [Flecha derecha], [Flecha arriba] y [Flecha abajo]. Las cuatro pilas de bloques se construyen del mismo modo:

- Acción: se especifica la clave utilizada para desencadenar la acción.
- Reacción: orientación del objeto.
- Secuencia de instrucciones: un bucle de repetición que contiene el algoritmo para animar los disfraces del objeto y moverlo.

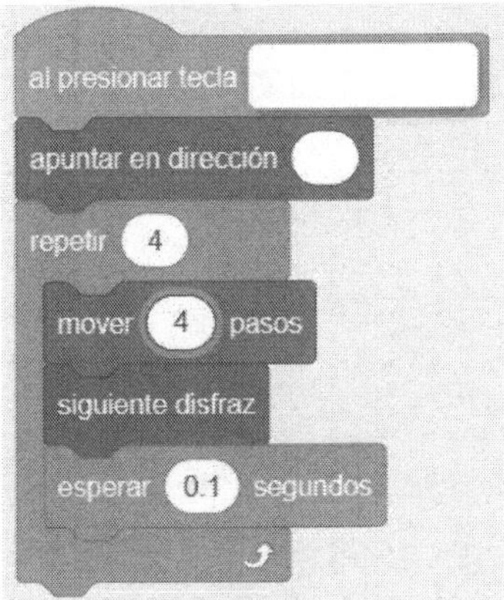

⇉ **al presionar tecla flecha izquierda** // acción.

- o [Flecha derecha].
- o [Flecha arriba].
- o [Flecha abajo].

⇉ **apuntar en dirección 0** // reacción.

- o 180 para [Flecha derecha].
- o 0 para [Flecha arriba].
- o -180 para [Flecha abajo].

⇉ **repetir 4** // abre un bucle de repetición para hacer avanzar al jugador y cambiar sus disfraces. Tiene cuatro disfraces diferentes. Secuencia de instrucciones.

⇉ **mover 4 pasos** // el valor puede modificarse dependiendo de su personaje y del tamaño del laberinto.

⇉ **siguiente disfraz**

⇉ **esperar 0.1 segundos** // este bloque inserta una pausa en la lectura de los bloques para que el jugador pueda percibir los cambios de disfraz que animan los movimientos del personaje.

⇉ Cerrar el bucle de repetición.

Inicialización

Cuando el programa comienza a ejecutarse, este objeto no es inmediatamente visible en el escenario. Más adelante añadiremos una breve animación para introducir el juego.

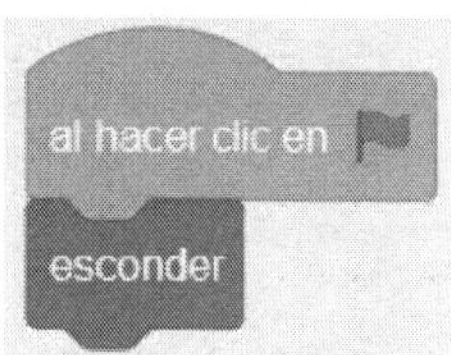

⇉ **al recibir Nivel 1** // este mensaje es enviado por el fondo cuando se pulsa la bandera verde.

⇉ **fijar tamaño al 30 %** // este valor se da a título orientativo. Tendrá que modificarse y adaptarse al tamaño de su laberinto.

⇉ **fijar estilo de rotación a izquierda-derecha** // para evitar que el jugador acabe boca abajo al cambiar de dirección.

⇉ **ir a x: -204 y: -157** // para situar al jugador en la entrada del laberinto. Las coordenadas difieren de un laberinto a otro.

⇉ **esperar 1 segundos**

⇉ **mostrar**

Interacciones

El jugador no debe tener la capacidad de atravesar las paredes y no debe tocar a los dos Guardias. Estas dos prohibiciones adoptarán la forma de dos condiciones insertadas en un bucle de repetición que sigue a la etapa de inicialización.

⇉ **por siempre** // abrir un bucle de repetición.

⇉ **si ¿tocando el color (seleccione el color de los muros)? entonces**

⇉ **mover 30 pasos** // el jugador rebota en las paredes y se retira.

⇉ **esperar 1 segundos**

⇉ **si ¿tocando Guardia 1? o ¿tocando Guardia 2? entonces**

⇉ **ir a x: -204 y: -157** // el jugador vuelve a la entrada del laberinto.

Variante: además de volver a la entrada del laberinto, el jugador puede perder una vida. Para ello, debe:

- Crear una variable Vidas.

⇉ En la categoría **Variables**, seleccione **Crear una variable**. En la ventana **Nueva variable** que se ha abierto, nombre esta variable **Vidas**. Haga clic en **Aceptar** para confirmar.

- Definir el valor de la variable **Vidas** en la fase de inicialización.

- Disminuya el valor de la variable **Vidas** cuando el jugador toque a uno de los guardias.

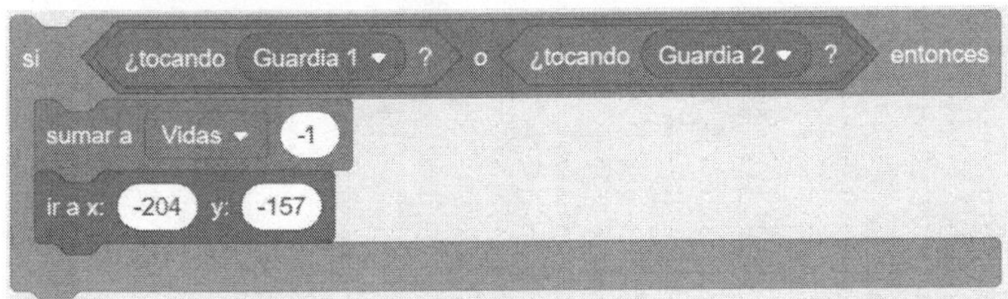

- Mediante una condición, situada en el bucle de repetición, hay que definir la acción que se ejecutará cuando al jugador no le queden vidas.

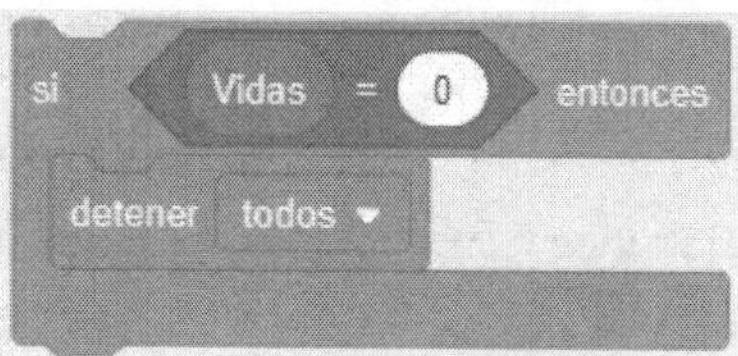

Definir la salida del laberinto

Finalmente, se crea una última condición para definir si el jugador ha llegado a la salida del laberinto. Dependiendo del nivel del alumno, se puede utilizar un objeto para representar la salida. El nombre de este objeto será simplemente Salida.

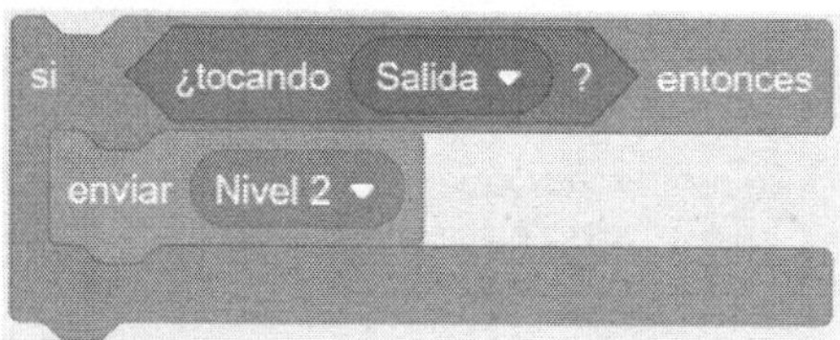

O puede definir la zona de coordenadas correspondiente a la ubicación de salida (más complejo).

⇒ **si posición en x > 200 y posición en y > 100 entonces** // la salida se sitúa en la parte superior derecha de la pantalla.

⇒ **enviar Nivel 2** // este mensaje se utiliza para cambiar el nivel en el juego, trayendo un nuevo fondo y nuevos objetos.

```
al recibir Nivel 1
eliminar todos de Objetos
esperar 1 segundos
fijar tamaño al 30 %
fijar estilo de rotación a izquierda-derecha
ir a x: -204 y: -157
mostrar
por siempre
  si ¿tocando el color ? entonces
    mover -30 pasos
    esperar 1 segundos
  si ¿tocando Guardia 1 ? o ¿tocando Guardia 2 ? entonces
    ir a x: -204 y: -157
  si posición en x > 200 y posición en y > 100 entonces
    enviar Nivel 2
```

3.2 Programa Guardia 1 y Guardia 2

Los dos guardias se mueven automáticamente gracias al bloque **deslizar en () segs a x: () y ()**:.

El guardia 1, que vigila el acceso a la llave, se mueve horizontalmente, por lo que solo cambiará su coordenada x.

El guardia 2, que vigila el acceso a la puerta de salida, se mueve verticalmente. Solo cambiará su coordenada y.

Los programas de los dos guardias son idénticos en su construcción. Solo difieren sus coordenadas, es decir, sus posiciones absolutas en el escenario.

Cuando se inicia el programa, estos dos objetos no son visibles, ni tampoco el jugador.

⇉ **al recibir Nivel 1** // este mensaje es enviado por el programa situado en el nivel de fondo, cuando se pulsa la bandera verde.

⇉ **ir a x: () y: ()**

- guardia 1: **x: -120 y: 58**
- guardia 2: **x: 104 y: -84**

⇉ **fijar tamaño al 20 %** // este valor se da a título orientativo. Tendrá que modificarse y adaptarse al tamaño de su laberinto.

⇉ **mostrar** // el guardia es visible en el escenario.

⇉ **por siempre** // abrir un bucle de repetición en el que se inserta el algoritmo para mover los guardias vertical u horizontalmente.

Programa Guardia 1

⇉ **cambiar disfraz a frank-izquierda**

⇉ **deslizar en 4 segs a x: -200 y: posición en y** // solo cambia la coordenada x del guardia. Se desplaza hacia la izquierda.

⇉ **cambiar disfraz a frank-derecha**

⇉ **deslizar en 4 segs a x: -10 y: posición en y** // solo cambia la coordenada x del guardia. Se desplaza hacia la derecha.

Programa Guardia 2

⇉ **cambiar disfraz a frank-izquierda**

⇉ **deslizar en 4 segs a x: posición en x y: -25** // solo cambia la coordenada y del guardia. Se mueve hacia arriba.

⇉ **cambiar disfraz a frank-derecha**

⇉ **deslizar en 4 segs a x: posición en x y**: -145 // solo cambia la coordenada y del guardia. Se mueve hacia abajo.

⇉ Cerrar el bucle de repetición.

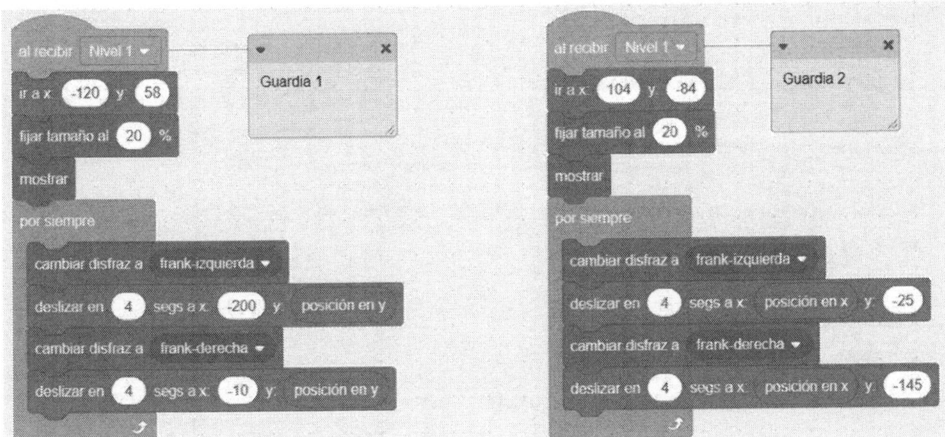

3.3 Programa Llave

El jugador debe recuperar la llave para abrir la puerta. En cuanto a la programación, existen dos posibilidades, en función del nivel del alumno y de los objetivos de aprendizaje.

- O bien cuando se toca la llave se envía un mensaje y la puerta se abre.
- O bien cuando se recupera la llave, la información se almacena en una lista. Y la puerta solo se abre cuando el jugador se acerca a ella (o la toca).

Cuando se inicia el programa, la llave no es visible, al igual que los demás objetos.

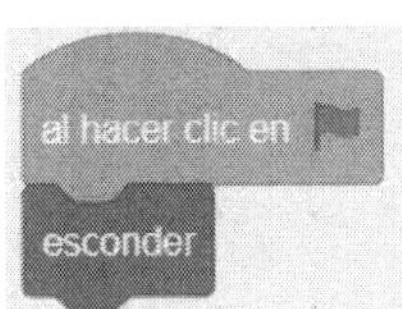

⇉ **al recibir Nivel 1** // este mensaje es enviado por el programa de fondo cuando se pulsa la bandera verde.

⇉ **ir a x: -18 y: 144**

⇉ **por siempre** // abre un bucle de repetición en el que se inserta el algoritmo utilizado para abrir la puerta.

Primera opción: enviar un mensaje.

⇉ **si ¿tocando Jugador? entonces** // si la llave es tocada por el jugador.

⇉ **esconder**

⇉ **enviar Llave puerta** // este mensaje recibido por el objeto Puerta hará que desaparezca del escenario.

⇉ Cerrar el bucle de repetición.

Segunda opción: utilizar una lista.

Esta opción requiere la creación de una lista.

⇉ En la categoría **Variables**, seleccione **Crear una lista**.

⇉ Se abre la ventana **Nueva lista**. Nombre esta nueva lista **Objetos** y confirme pulsando **Aceptar**.

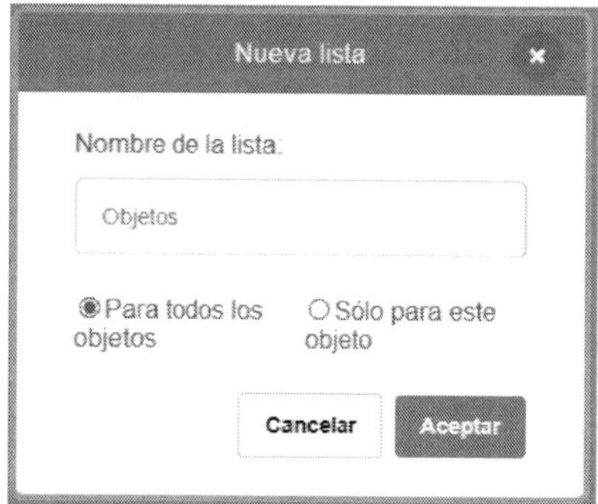

⇉ **si ¿tocando Jugador? entonces** // si la llave es tocada por el jugador.

⇉ **esconder** // la llave desaparece del escenario.

⇉ **insertar llave en 1 de Objetos**

⇉ Cerrar el bucle de repetición.

Observación

Cuando se utiliza una lista, hay que inicializarla. Por lo tanto, al iniciar el programa, en el paso de inicialización del objeto Jugador, es necesario añadir el bloque **eliminar todos de Objetos**.

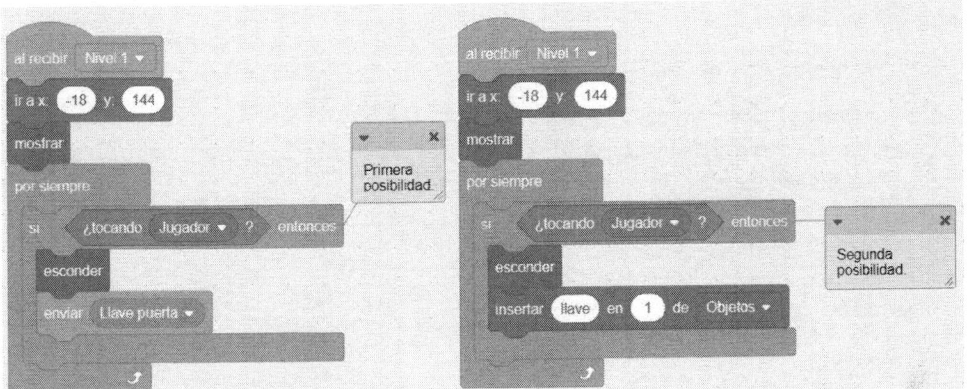

3.4 Programa Puerta

Como el programa de la puerta está vinculado al programa de la llave, hay dos opciones posibles:

- Recibir un mensaje.
- Analizar una lista para desencadenar una acción.

Al igual que los otros objetos, la puerta no es visible cuando se inicia el proyecto. Solo es visible cuando se recibe el mensaje Nivel 1.

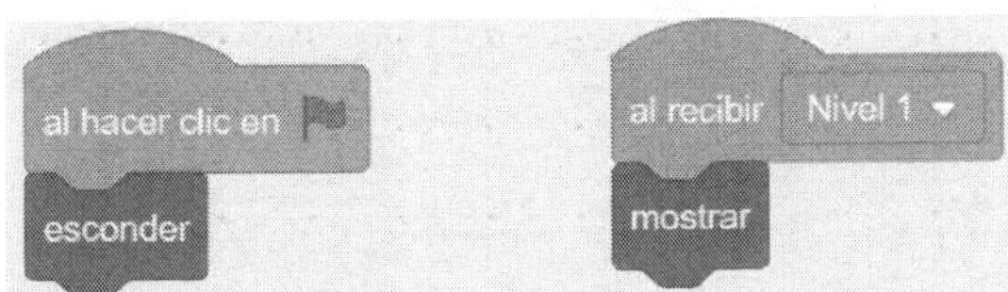

Primera opción: recibir un mensaje.

⇛ **al recibir Llave puerta** // el mensaje lo envía la llave cuando está en contacto con el jugador.

⇛ **esconder** // en cuanto el jugador ha obtenido la llave, la puerta se abre.

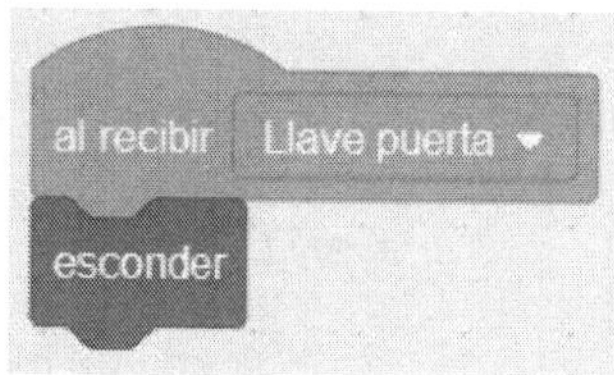

Segunda opción: utilizar una lista.

El algoritmo utilizado para abrir la puerta es más complejo. Se basa tanto en la presencia de la llave en la lista como en la distancia entre el jugador y la puerta. La puerta solo se abrirá cuando detecte al jugador cerca (y si la llave está en la lista).

⇉ **al recibir Nivel 1**

⇉ **mostrar**

⇉ **por siempre** // abrir un bucle de repetición en el que se inserta el algoritmo para detectar si el jugador ha recuperado la llave y está cerca de la puerta.

⇉ **si distancia a Jugador < 30 y ¿llave está en Objetos? entonces** // se deben cumplir dos condiciones para que la puerta desaparezca. El valor de la distancia se puede cambiar. Estas dos condiciones se comprueban continuamente. Cuando se cumplen, es decir, son verdaderas, se puede ejecutar el siguiente bloque.

⇉ **esconder** // la puerta desaparece del escenario (siempre que el jugador se encuentre a cierta distancia y la llave esté en la lista).

⇉ Cerrar la condición.

⇉ Cerrar el bucle de repetición.

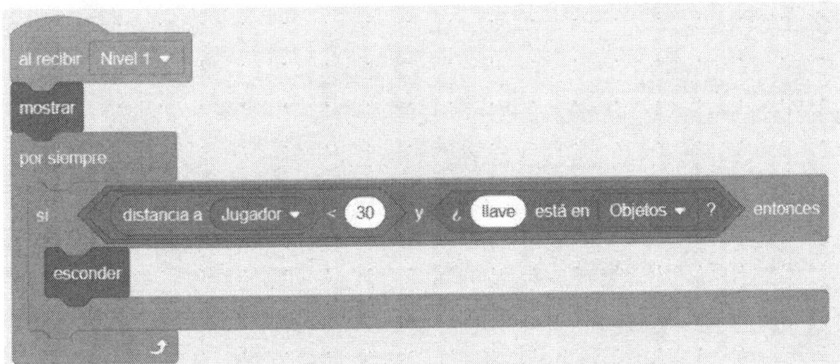

Llevar a cabo un juego de laberinto puede parecer fácil, pero es un gran ejercicio para descubrir las características más utilizadas de Scratch. Para crear un laberinto, necesitará definir su proyecto cuidadosamente y ser riguroso. Empiece con un laberinto sencillo que pueda mejorar a medida que avanza añadiendo más objetos, un temporizador y vidas. O añadiendo una introducción en forma de animación, como veremos más adelante en este capítulo.

4. Una animación introductoria

Los videojuegos suelen introducirse mediante una página de presentación en la que se exponen las reglas del juego. Algunos juegos, como Mario Bross, también tienen una breve animación como introducción. Le sugiero que cree una para presentar el laberinto.

Al tratarse de una animación, los movimientos del personaje están preprogramados. Cuando llega a la roca, se abre una puerta oculta que da a la entrada del laberinto. El jugador entra y la puerta se cierra. El juego ya puede empezar.

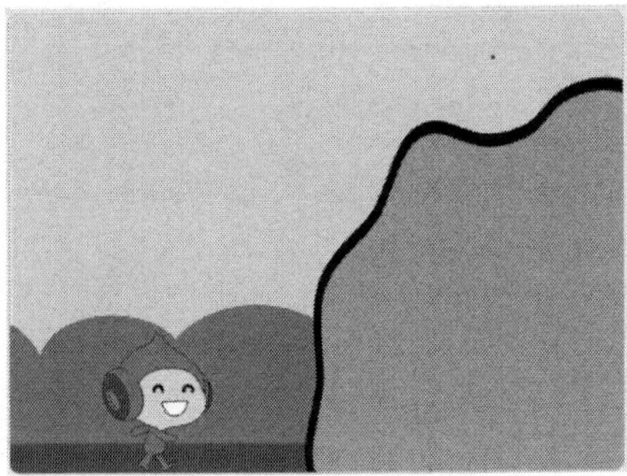

4.1 Diseño gráfico

Para el fondo de la animación, vamos a utilizar el fondo Blue Sky que se encuentra en la biblioteca de fondos. Se le cambiará el nombre a **introducción**.

En cuanto a los objetos, se han creado dos nuevos elementos. El primero se ha dibujado utilizando la paleta gráfica. Su nombre es Roca.

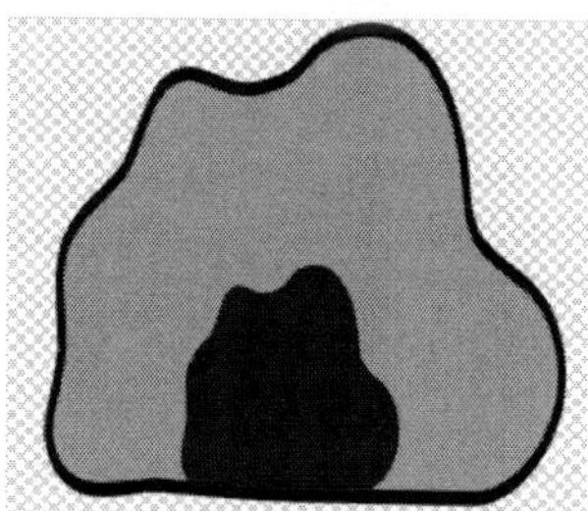

El segundo es una copia de la parte de la roca que corresponde a la entrada de la cueva. Su nombre es Puerta Entrada Laberinto.

⇉ Utilizando las herramientas **Seleccionar** y **Copiar**, haga una copia de toda la imagen del objeto Roca.

⇉ En la ventana de objetos, seleccione **Elige un objeto - Pinta**. Se abre la paleta gráfica. Copie el diseño en el lienzo.

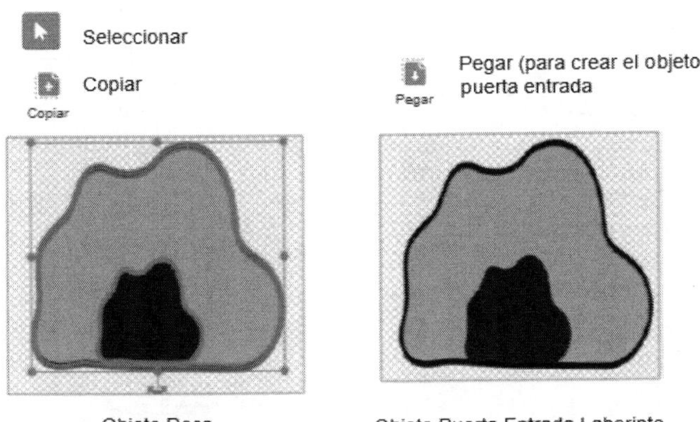

Objeto Roca
Objeto Puerta Entrada Laberinto

⇉ Desagrupe los distintos elementos para eliminar la roca y conservar solo la abertura.

⇉ Aumente el tamaño de la puerta para que sea más grande que la entrada de la cueva en el objeto Roca. Y píntela con la herramienta **Rellenar** del mismo color que la roca para que no sea visible.

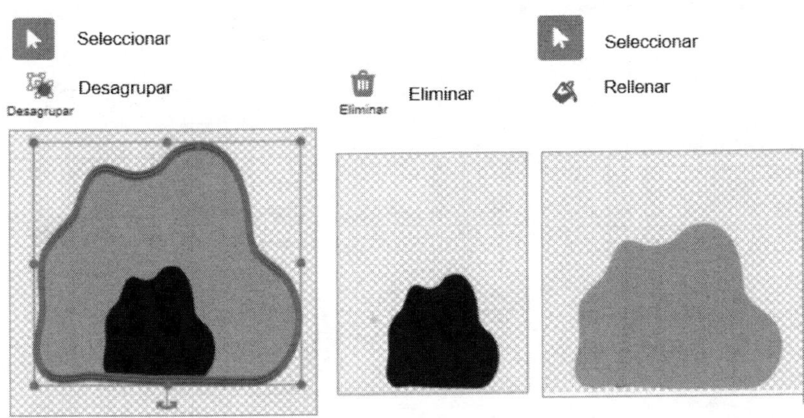

4.2 El sonido

Para esta animación, vamos a insertar un efecto de sonido cuando la puerta principal se abre y se cierra.

⇉ En la ventana de objetos, seleccione la miniatura **Puerta Entrada Laberinto**. Es el programa de este objeto el que contendrá el efecto de sonido.

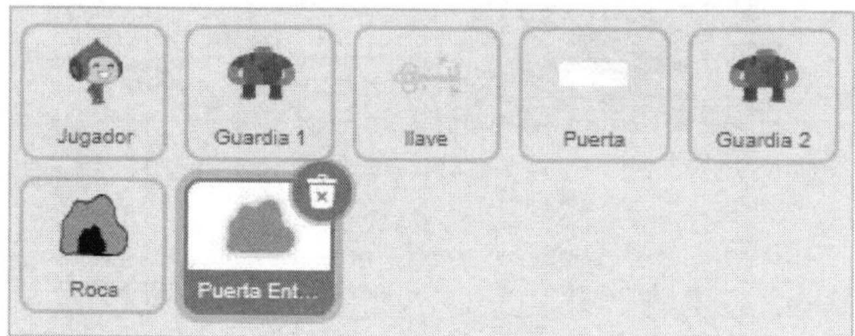

⇉ A continuación, haga clic en la pestaña **Sonidos** para abrir el editor de audio.

Para abrir la puerta, vamos a utilizar y modificar el registro de la biblioteca llamado **Door Creak**.

⇉ Seleccione **Elige un sonido** (1) para abrir la biblioteca e importar un sonido.

⇉ Seleccione la categoría **Efectos** (2) o especifique el nombre del sonido que busca en el cuadro de búsqueda (3).

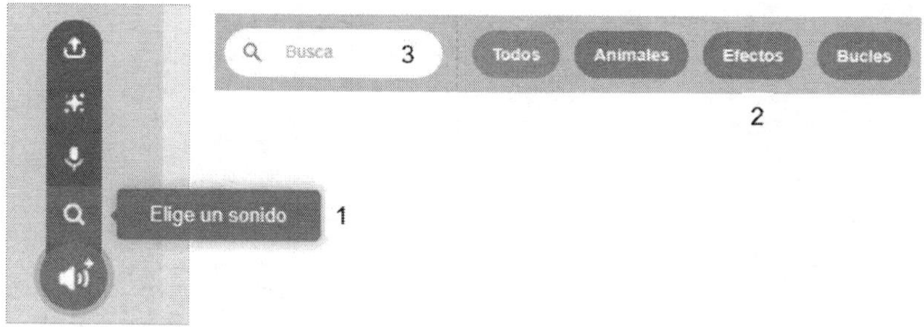

⇉ Seleccione el sonido haciendo clic en su miniatura. Ahora el sonido está asociado al objeto Puerta Entrada Laberinto.

Usando el editor de sonido, vamos a modificar este sonido para hacerlo con una duración más corta.

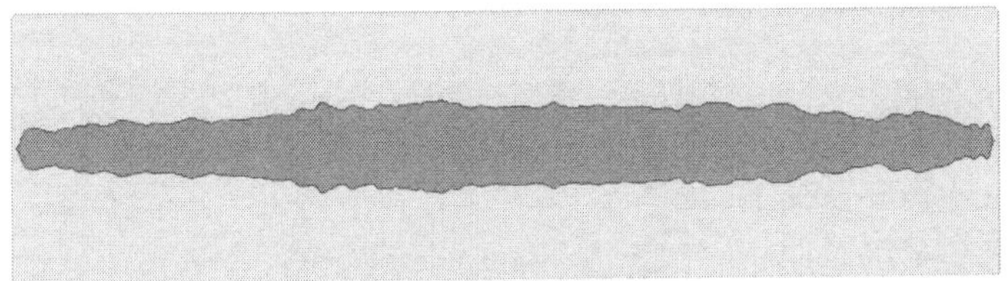

⇉ Haga clic en **Recortar** Recortar para mostrar las barras de selección.

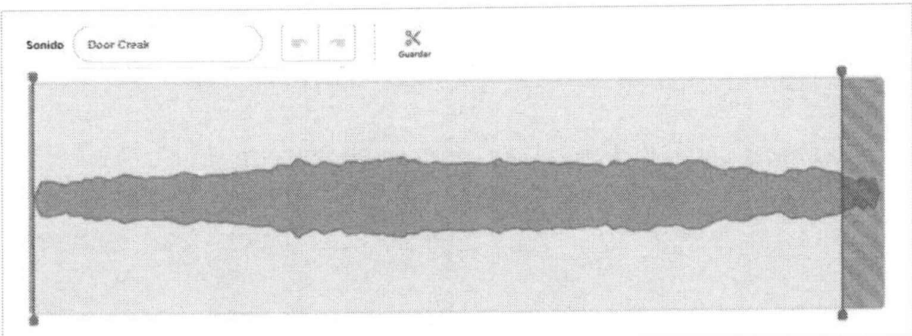

⇉ Haga clic en **Guardar** para guardar solo la parte seleccionada.

El sonido, que originalmente duraba 4,92 segundos, ahora dura 4,43 segundos.

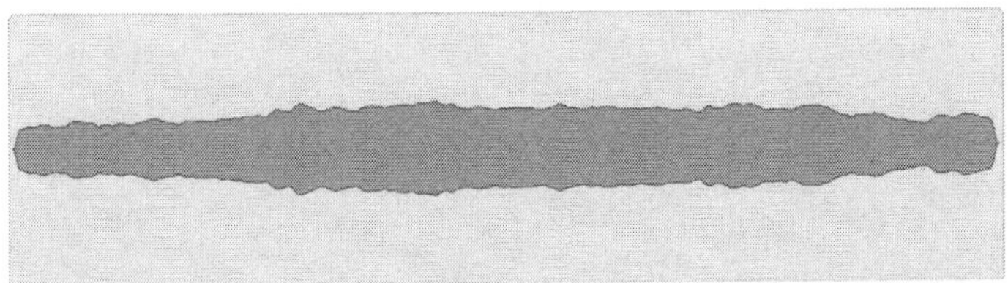

Cuando la puerta se cierra, se utiliza un sonido diferente. Se encuentra en la categoría **Efectos** de la biblioteca y se llama **Door Closing**. No es necesario modificarlo.

4.3 Los programas

Programa de fondo

Este proyecto tiene ahora dos fondos:

- El primero, **Introducción**, será visible en el escenario cuando comience el programa. Corresponde a la animación introductoria del juego.
- El segundo, **Nivel 1**, corresponde al laberinto que hay que explorar. Aparece en el escenario una vez finalizada la animación, cuando se recibe el mensaje Nivel 1.

Programa del jugador

Anteriormente, el programa del jugador comenzaba con:

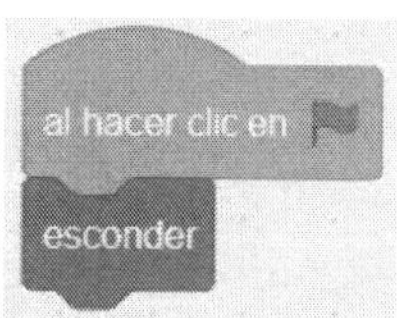

Vamos a modificar este programa y a completarlo. En la animación, el jugador se desplaza automáticamente hacia la derecha, hacia la roca.

⇉ **al hacer clic en la bandera verde**

⇉ **fijar tamaño al 80 %** // como para la fase de juego, adapte el tamaño del objeto a sus gráficos.

⇉ **ir a x: -190 y: -125** // para situar al jugador en el extremo izquierdo del escenario.

⇉ **repetir hasta que 75 > distancia a Puerta Entrada Laberinto** // se abre un bucle de repetición. La ejecución del algoritmo insertado en este bucle finalizará cuando la distancia del jugador a la entrada del laberinto sea inferior a 75 pasos.

⇉ **sumar a x 5** // el objeto Jugador se mueve a la derecha.

⇉ **siguiente disfraz**

⇉ **esperar 0.2 segundos** // los disfraces de los jugadores se animan mientras se mueven.

⇉ Cerrar el bucle de repetición.

⇉ **enviar Abrir puerta y esperar** // cuando el objeto Jugador está cerca de la puerta del laberinto, se envía un mensaje. Esto se utiliza para lanzar la ejecución del programa que abre la puerta.

⇉ esperar 0.40 segundos // corresponde al tiempo de la secuencia de apertura de la puerta.

⇉ **repetir 30** // abre un bucle de repetición que contiene un programa que se repetirá 30 veces. Este es el algoritmo que anima el personaje para que entre en la cueva.

⇉ **sumar a x 5**

⇉ **siguiente disfraz**

⇉ **esperar 0.2 segundos**

⇉ **Cerrar el bucle de repetición** // Cuando se completa la ejecución de este bucle, el personaje ya no es visible en el escenario. Ha entrado en la cueva.

⇉ **enviar Cerrar puerta** // este mensaje se envía para iniciar la animación de la puerta del laberinto cerrándose.

⇉ **esconder**

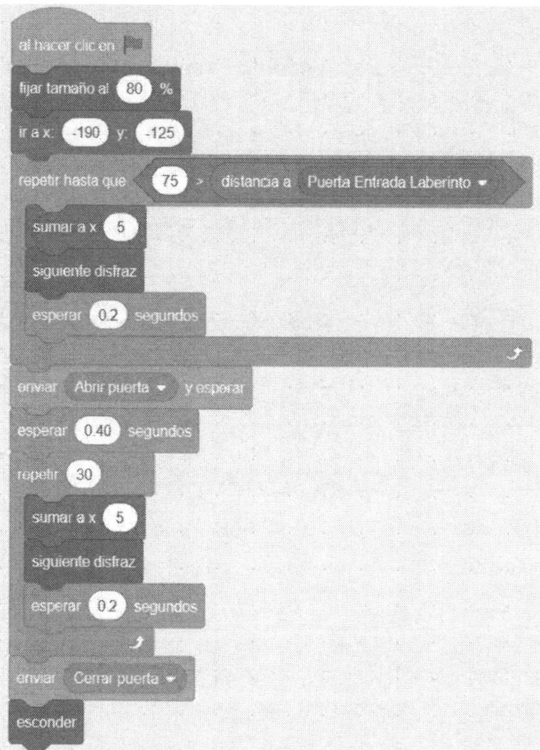

Programa de la puerta de entrada al laberinto

El programa del objeto Puerta Entrada Laberinto consta de tres pilas de bloques:

- La primera corresponde a la inicialización del objeto.
- La segunda controla la apertura de la puerta.
- La tercera está dedicada a cerrar la puerta.

⇉ **al hacer clic en la bandera verde**

⇉ **ir a x: 110 y: -140** // para posicionar la puerta de entrada en la entrada del objeto Roca y, así, ocultarla.

⇉ **ir a capa delantera**

⇉ **mostrar**

⇉ **al recibir Abrir puerta** // este mensaje es enviado por el objeto Jugador cuando se encuentra a cierta distancia de la puerta.

⇉ **esperar 0.2 segundos**

⇉ **iniciar sonido Door Creak** // este sonido acompaña la apertura de la puerta.

⇉ **repetir 30**

⇉ **sumar a x 2** // la puerta se mueve progresivamente hacia la derecha para revelar la entrada al laberinto.

⇉ **esperar 0.1 segundos**

⇉ Cerrar el bucle de repetición.

⇉ **al recibir Cerrar puerta** // este mensaje es enviado por el objeto Jugador cuando ha entrado en el laberinto.

⇉ **iniciar sonido Door Closing** // este sonido acompaña al cierre de la puerta.

⇉ **deslizar en 0.40 segundos a x: 110 y: -140** // la puerta vuelve a su posición inicial y oculta de nuevo la entrada.

⇉ **enviar Nivel 1** // este mensaje se envía para iniciar el juego.

⇉ **esconder** // el objeto desaparece del escenario.

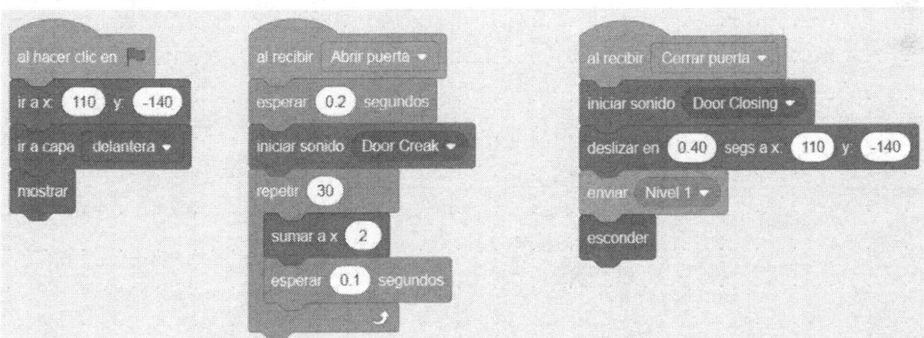

Programa Roca

La roca sobre la que se sitúa la entrada al laberinto, oculta por el objeto Puerta Entrada Laberinto, solo es visible durante la animación.

⇉ **al hacer clic en la bandera verde**

⇉ **fijar tamaño al 150 %** // este valor se da a título orientativo. Todo depende de su diseño.

⇉ **ir a x: 79 y: -140** // para posicionar el objeto Roca en el escenario. Estos valores también son orientativos.

⇉ **mostrar** // la roca es visible.

⇉ **al recibir Nivel 1** // este mensaje anuncia el inicio del juego, durante el cual este objeto ya no es visible.

⇉ **esconder**

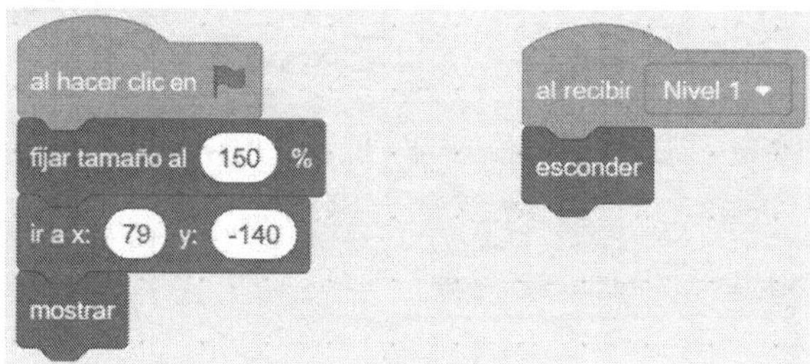

5. Conclusión

Combinando animación y juego, este proyecto le ha permitido descubrir diferentes bloques y elementos de programación: instrucciones, condiciones, bucles, mensajes e incluso listas. Este proyecto es el primer paso. Ahora le toca a usted hacerlo suyo y completarlo. Aquí tiene algunas ideas:

- Añada un cronómetro para limitar el tiempo que tienen los jugadores para cruzar el laberinto.
- Cree varios niveles. Pueden adoptar la forma de un laberinto u otro tipo de juego (plataformas, disparos, rompecabezas, etc.).
- Introduzca diferentes objetos para recoger y convierta este juego en una búsqueda. Se pueden proponer acertijos para adquirir estos objetos.

Capítulo 9
Juego del loro

1. Introducción

Este proyecto está disponible para su descarga en el sitio web de Ediciones ENI; se llama *juego del loro.sb3*. Está inspirado en el juego Flappy Bird. Se trata de un loro que tiene que esquivar rocas y pájaros.

Objetivo: el loro que se utiliza para jugar se mueve verticalmente, arriba y abajo, según el volumen del sonido (o cuando el jugador pulsa la tecla [Espacio]). En cuanto baja el volumen (o se suelta la tecla [Espacio]), el loro vuelve a caer. Los obstáculos (árboles, rocas y loros) y las nubes se desplazan por el escenario de derecha a izquierda, dando la impresión de que el pájaro se mueve de izquierda a derecha.

Competencias desarrolladas:

- Saber crear un juego de elección múltiple.
- Técnica de movimiento que utiliza el sonido.
- Crear un efecto de desplazamiento.
- Utilizar una variable para calcular la distancia recorrida.

2. Diseño gráfico

La mayoría de los objetos utilizados para este proyecto se importaron de la biblioteca. Por supuesto, puede elegir sus propios elementos, descargarlos o dibujarlos usted mismo.

2.1 Los objetos

Este juego requiere la creación de doce objetos.

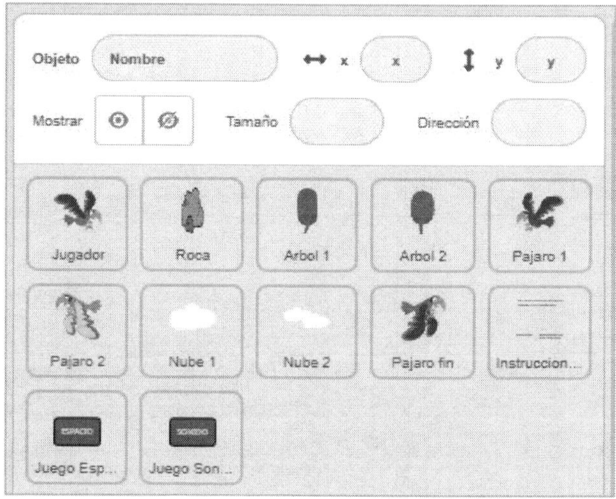

Observación

Puede utilizar objetos distintos a los de este ejemplo. Sin embargo, para el objeto Jugador, que parece un loro, y los obstáculos en el aire, asegúrese de utilizar objetos con dos disfraces para poder animarlos.

El objeto Jugador

Se trata de un loro. Ha sido importado de la biblioteca.

⇛ En la ventana de objetos, seleccione el icono **Elige un objeto** para abrir la biblioteca.

⇛ Elija el loro llamado **Parrot**. Este objeto tiene dos disfraces: parrot-a y parrot-b. Cuando se muestran alternativamente en la pantalla, simulan el vuelo del pájaro.

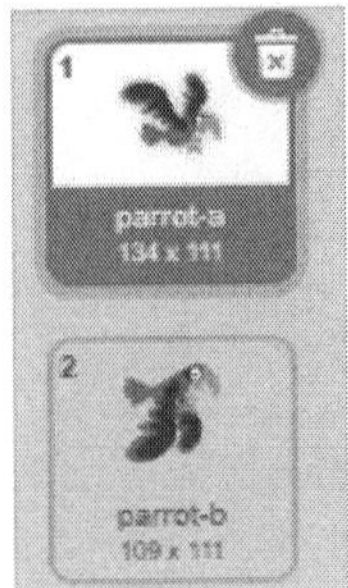

⇉ En la ventana de objetos, sustituya su nombre por **Jugador**. Este es el nombre del personaje con el que va a jugar.

Objetos de obstáculos en el suelo: Roca, Arbol 1, Arbol 2

En el suelo, el jugador debe evitar tres obstáculos en forma de roca y dos árboles.

⇉ En la biblioteca, seleccione una roca (**Rocks**) y dos árboles (**Trees**).

El tamaño de la roca puede modificarse para hacerla más alta y más grande. También puede cambiar su forma con la herramienta **Volver a dar forma** , y su color, con la herramienta **Rellenar** .

Ejemplo de cómo cambiar el tamaño de la roca

⇉ Una vez importada la roca de la biblioteca, haga clic en la pestaña **Disfraces** para abrir la paleta gráfica.

⇉ Elija la herramienta **Seleccionar** .

⇉ Haga clic en la roca: quedará rodeada por un marco de selección.

⇉ Los círculos (1) situados en los bordes exteriores del área de selección permiten modificar el tamaño del objeto (en altura y anchura).

⇉ La flecha doble (2) sirve para girar la imagen.

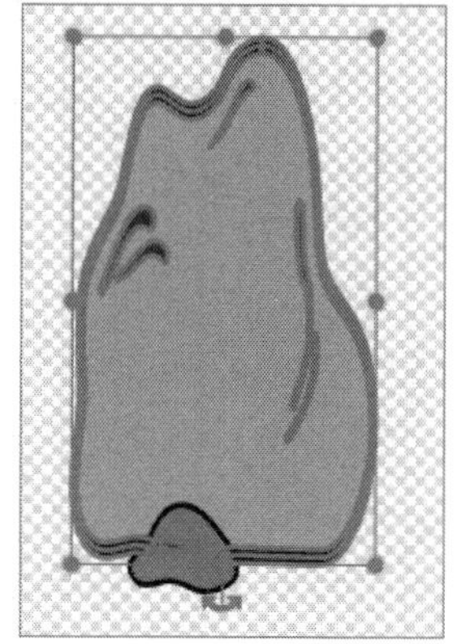

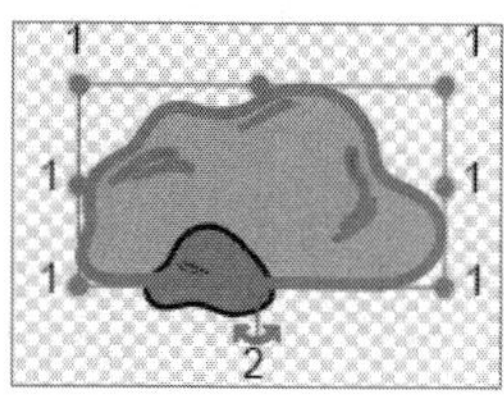

Objetos Pajaro 1 y Pajaro 2

Se trata de dos loros (Pajaro 1 y Pajaro 2) importados de la biblioteca (Parrot) que actúan como obstáculos que hay que evitar en el cielo. Se han modificado para que apunten y miren hacia la izquierda. Para cada uno de los dos objetos:

⇒ Seleccione la miniatura correspondiente en la ventana de objetos y haga clic en la pestaña **Disfraces**.

⇒ Seleccione el primer disfraz y, a continuación, haga clic en el icono **Voltear horizontalmente**. El loro ha cambiado de dirección y ahora mira hacia la izquierda.

⇒ Haga lo mismo con el segundo disfraz.

Para diferenciar los dos loros (Pajaro 1 y Pajaro 2), puede cambiar su color con la herramienta **Colorear una forma**.

⇉ Elija un color de la paleta de colores.

⇉ Aplique este color a las zonas deseadas con la herramienta **Rellenar**.

Herramienta Rellenar

Objetos Nube 1 y Nube 2

Estos dos objetos no son obstáculos que haya que evitar. Son elementos de escenografía utilizados para simular el movimiento del pájaro. Se han dibujado en el editor gráfico con la herramienta **Círculo**.

⇉ En la ventana de objetos, haga clic en **Pinta** para crear un nuevo objeto que se dibujará. Se abre la paleta gráfica.

⇉ Con la herramienta **Círculo**, dibuje varios círculos para formar una nube.

⇉ Seleccione las tres formas y agrúpelas (herramienta **Agrupar**) para que formen una sola imagen.

⇉ Utilice la herramienta **Rellenar** para dar color al interior.

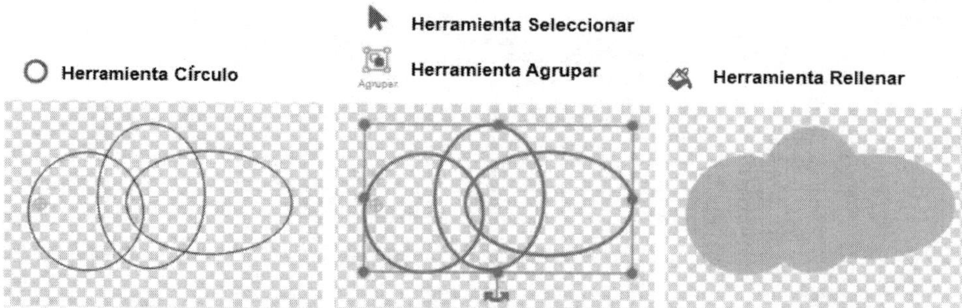

El objeto Pajaro fin

Es el mismo loro que se ha utilizado anteriormente para el objeto Jugador (Parrot), pero más grande. Aparece al final del juego, es decir, cuando el jugador ha tocado uno de los obstáculos. Anuncia la distancia recorrida.

El objeto Instrucciones

Las instrucciones que explican cómo jugar se muestran cuando se inicia el juego. Se han creado en forma de objeto con dos disfraces, pero podrían haberse escrito directamente sobre el fondo de la presentación.

En este proyecto, usted puede mover el jugador de dos formas distintas:

- pulsando la tecla [Espacio];
- haciendo ruido.

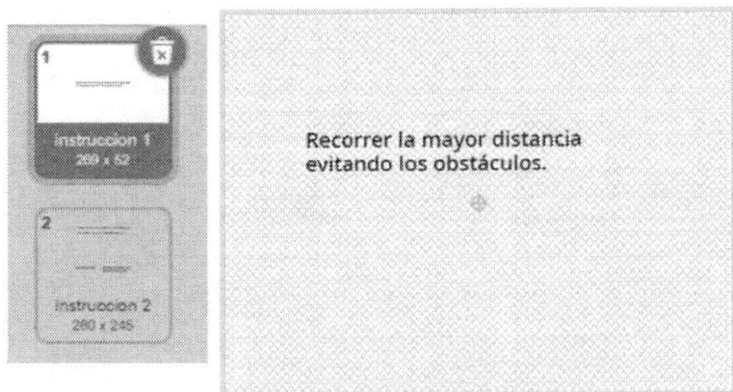

Disfraz Instrucción 1

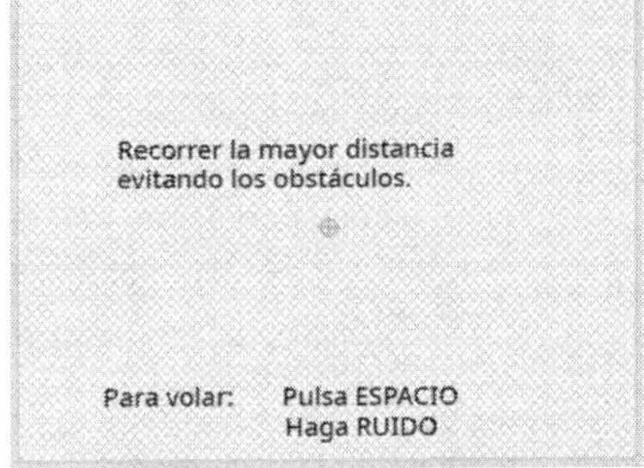

Disfraz Instrucción 2

Los objetos Juego Espacio y Juego Sonido

Son dos botones de inicio que aparecen al principio del juego, al mismo tiempo que el fondo de instrucciones. Se utilizan para seleccionar el modo de juego. Para hacer que el jugador vuele, puede utilizar la tecla [Espacio] o hacer un ruido. Dependiendo del modo de juego elegido, se envía un mensaje específico.

Estos dos objetos se llaman:

- Juego Espacio: botón utilizado para jugar en el modo de teclas del teclado;
- Juego Sonido: botón utilizado para jugar utilizando el micrófono.

Estos dos objetos tienen forma de botón. Se han importado de la biblioteca (Button3). Utilizando el editor gráfico, se ha añadido a cada uno la palabra ESPACIO y la palabra SONIDO:

⇉ En la ventana de objetos, seleccione la miniatura del objeto **Juego Espacio**.

⇉ Haga clic en la pestaña **Disfraces** para abrir el editor gráfico.

⇉ Con la herramienta **Texto** T, escriba la palabra ESPACIO y colóquela sobre el botón. También puede cambiar su color.

⇉ Haga lo mismo con **Juego Sonido**.

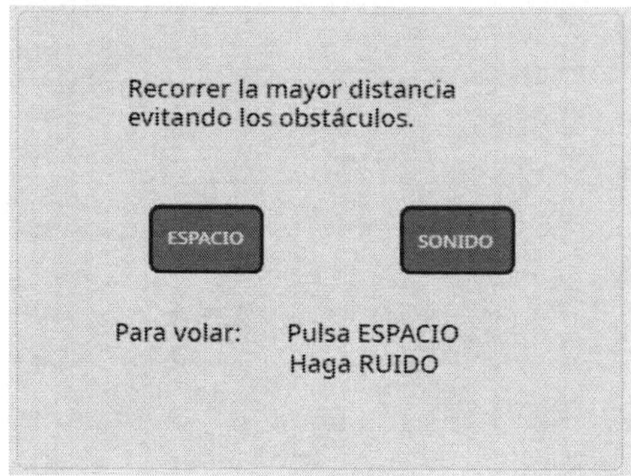

2.2 Fondos

Este proyecto requiere la creación de dos fondos:

- El primero, denominado presentacion, servirá de telón de fondo para introducir las reglas del juego.
- El segundo, llamado juego, representa el escenario, el paisaje en el que evolucionan los elementos del juego.

Estos dos fondos se dibujarán utilizando la paleta gráfica.

⇛ En la ventana de fondos, seleccione **Pinta**: se abre la paleta gráfica.

⇛ Con la herramienta **Rectángulo** □, dibuje un rectángulo del tamaño del lienzo.

⇛ Aplique el color de su elección.

⇛ Nombre este fondo **presentacion**.

El segundo fondo, llamado juego, muestra un cielo azul y un suelo verde. El suelo, al igual que los obstáculos, no debe ser tocado por el jugador.

⇉ Con la herramienta **Rectángulo**, dibuje un rectángulo azul del tamaño del lienzo: es el cielo.

⇉ Dibuje un segundo rectángulo de la longitud del lienzo que represente el suelo.

⇉ Nombre este fondo **juego**.

Ya tiene todo lo que necesita para crear el juego. Ahora va a crear los programas para cada uno de los objetos, así como para los fondos.

3. El programa

3.1 Las variables

Este juego requiere la creación de una variable llamada **Distancia**. Se utiliza para calcular la distancia recorrida por el jugador.

⇉ En la pestaña **Código**, seleccione la categoría **Variables**. Haga clic en **Crear una variable**. Se abre la ventana **Nueva variable**.

⇉ Nombre esta variable **Distancia** (1) y confirme seleccionando **Aceptar** (2). Se han creado nuevos bloques (3) para gestionar la variable.

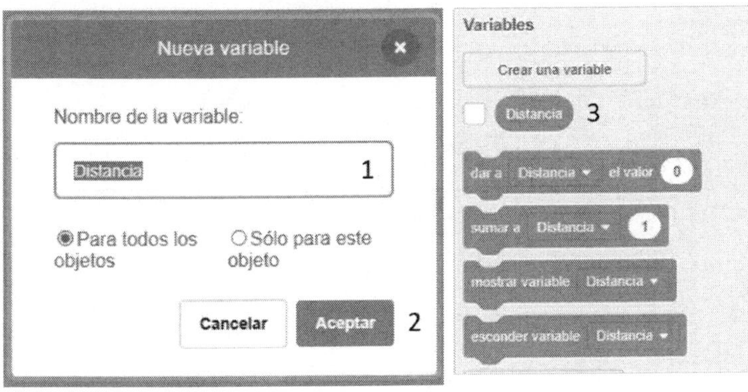

3.2 Programa de los fondos

Este proyecto consta de dos fondos que se muestran según las fases del juego. Se utilizan mensajes para gestionar su visualización.

⇒ **al hacer clic en la bandera verde**

⇒ **cambiar fondo a presentacion** // cuando se inicia el juego, se muestra el fondo presentacion. Estará realzado por objetos que mostrarán instrucciones sobre cómo jugar.

⇒ **al recibir Inicio** // este mensaje se recibe cuando el jugador hace clic en el objeto Juego Espacio o Juego Sonido.

⇒ **cambiar fondo a juego** // se cambia el fondo.

⇒ **al recibir perdio** // este mensaje se recibe cuando el jugador toca uno de los obstáculos, pájaros o el suelo.

⇒ **cambiar fondo a presentacion** // el fondo presentacion también se utiliza para mostrar la distancia recorrida por el jugador.

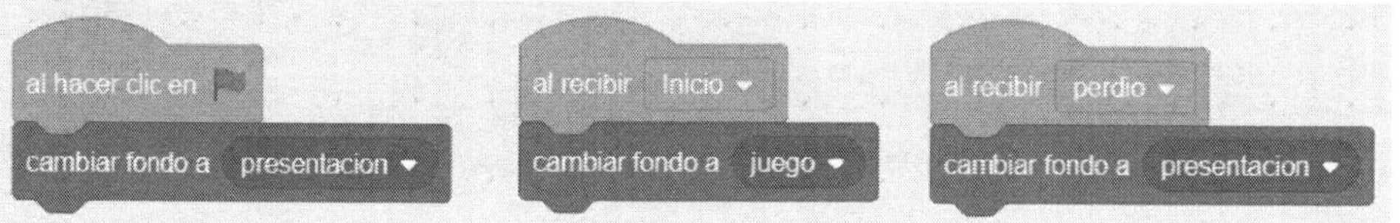

3.3 Programa de Instrucciones

Las reglas del juego se presentan mediante un objeto con dos disfraces. Los dos disfraces se muestran uno tras otro.

⇉ **al hacer clic en la bandera verde**

⇉ **cambiar disfraz a instruccion 1**

⇉ **mostrar** // se muestra el primer disfraz correspondiente a la primera línea de instrucción.

⇉ **esperar 2 segundos**

⇉ **cambiar disfraz a instruccion 2** // se muestra la segunda línea de instrucciones.

⇉ **al recibir Inicio**

⇉ **esconder** // este mensaje se utiliza tanto para ocultar este objeto como para mostrar los objetos utilizados en el juego.

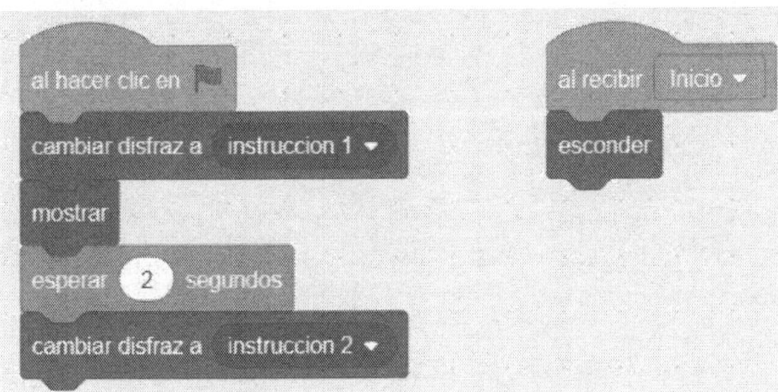

3.4 Los programas Juego Espacio y Juego Sonido

Estos dos objetos son botones de inicio. Cuando se hace clic en ellos, envían un mensaje a todos los objetos indicando que el juego está a punto de comenzar. Cuando reciben este mensaje, puede comenzar la ejecución de los programas asociados.

En función de la técnica de juego elegida por el jugador, se envía un mensaje adicional.

- Para el objeto Juego Espacio: mensaje Espacio.
- Para el objeto Juego Sonido: mensaje Sonido.

Programa de juego Espacio

⇉ **al hacer clic en la bandera verde**

⇉ **esconder** // este objeto no es visible cuando se lanza el programa; lo que sí están visibles son las instrucciones.

⇉ **ir a x: - 100 y: 0** // el objeto se sitúa en el centro del escenario, a la izquierda.

⇉ **esperar 5 segundos** // este es el tiempo permitido para que el jugador lea las instrucciones.

⇉ **mostrar** // el botón de inicio es visible.

⇉ **al hacer clic en este objeto**

⇉ **enviar Inicio** // cuando el jugador pulse este objeto, los programas de los otros objetos podrán ejecutarse cuando reciban este mensaje.

⇉ **enviar Espacio** // para especificar la técnica utilizada para mover el jugador.

⇉ **esconder** // el botón de inicio desaparece del escenario para dar paso al juego.

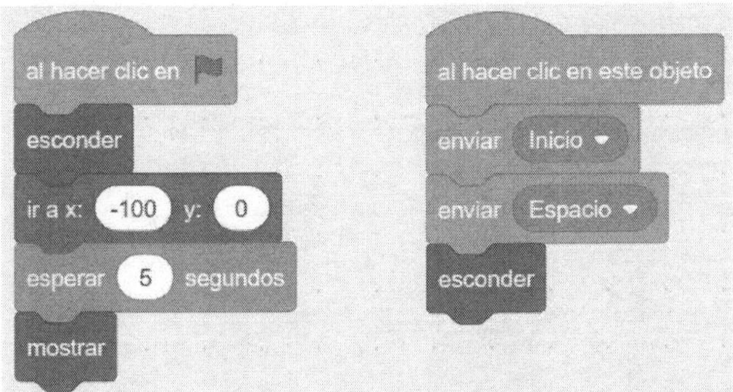

A este programa hay que añadirle una última pila de bloques. Se utilizará para ocultar este objeto si el jugador elige la otra técnica, es decir, hace clic en el objeto Juego Sonido.

⇉ **al recibir Sonido** // si se recibe este mensaje, significa que el reproductor ha decidido utilizar el volumen del sonido para jugar.

⇉ **esconder**

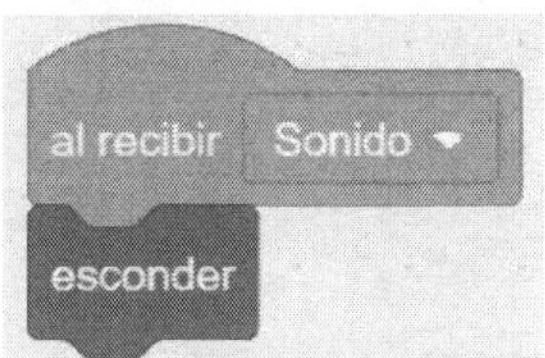

Programa Juego Sonido

⇉ **al hacer clic en la bandera verde**

⇉ **esconder** // este objeto no es visible cuando se lanza el programa; las instrucciones sí lo son.

⇉ **ir a x: 100 y: 0** // el objeto se posiciona en el centro del escenario, a la derecha.

⇉ **esperar 5 segundos** // este es el tiempo permitido para que el jugador lea las instrucciones.

⇉ **mostrar** // el botón de inicio es visible.

⇉ **al hacer clic en este objeto**

⇉ **enviar Inicio** // cuando el jugador pulsa este objeto, los programas de los otros objetos podrán ejecutarse cuando reciban este mensaje.

⇉ **enviar Sonido** // para especificar la técnica utilizada para mover el jugador.

⇉ **esconder** // el botón de inicio desaparece del escenario para dar paso al juego.

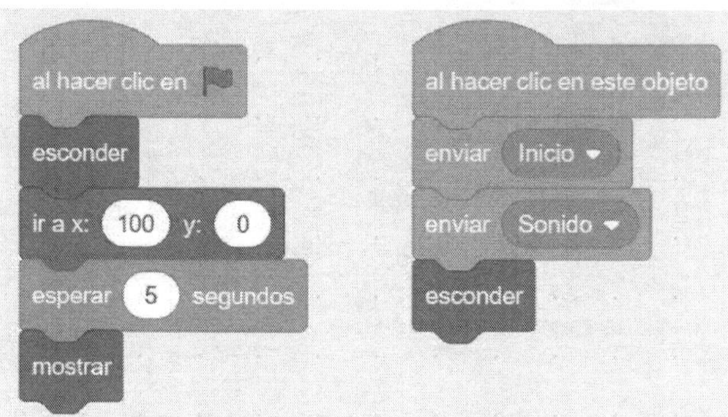

A este programa hay que añadirle una última pila de bloques. Se utilizará para ocultar este objeto si el jugador elige la otra técnica, es decir, si hace clic en el objeto Juego Espacio.

⇉ **al recibir Espacio** // si se recibe este mensaje, significa que el jugador ha decidido utilizar la tecla [Espacio] para jugar.

⇉ **esconder**

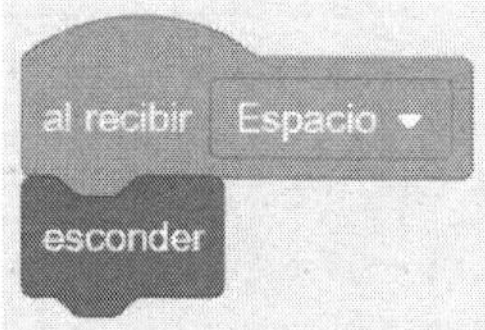

3.5 Programa de Jugador

El programa del jugador consta de cuatro pilas de bloques.

La primera pila de bloques corresponde a la inicialización de la variable Distancia, poniéndola a cero. Esta variable se utiliza para medir la distancia recorrida por el jugador. Los otros bloques de esta pila se utilizan para ocultar el objeto cuando se inicia el programa. También estarán presentes en otros programas de objetos.

Primera pila de bloques

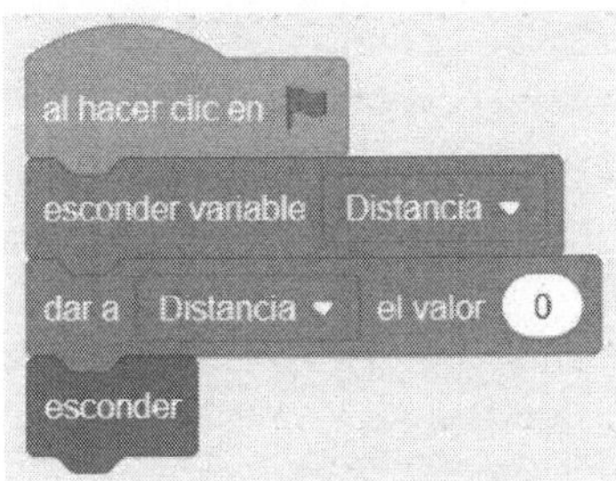

⇉ **al hacer clic en la bandera verde**

⇉ **esconder variable Distancia** // durante la fase de visualización de la instrucción, la variable no es visible.

⇉ **dar a Distancia el valor 0** // se pone a cero antes de empezar una nueva partida.

⇉ **esconder** // durante la fase de visualización de instrucciones, el loro con el que se juega no es visible.

Segunda pila de bloques

La segunda pila de bloques anima el objeto cambiando de un disfraz a otro: el loro bate las alas. El aleteo de las alas se utiliza para medir la distancia recorrida.

⇉ **al recibir Inicio**

⇉ **mostrar variable Distancia** // el valor de la variable se muestra en el escenario y el jugador puede ver su progreso en tiempo real.

⇉ **esperar 1 segundos**

⇉ **ir a x: 0 y: 0** // el objeto reproducido se sitúa en el centro del escenario.

⇉ **mostrar**

⇉ **por siempre** // abrir un bucle de repetición. Contiene el algoritmo utilizado para alternar los disfraces mostrados y animar el objeto.

⇉ **siguiente disfraz**

⇉ **esperar 0.1 segundos** // tiempo de espera antes de mostrar el siguiente disfraz. Esperar más tiempo hace que las alas del loro aleteen más lentamente.

⇉ **siguiente disfraz**

⇉ **esperar 0.1 segundos**

⇉ **sumar a Distancia 0.5** // por cada ciclo de aleteo, se añade un valor de 0.5 a la variable Distancia, que se utiliza para medir la distancia recorrida.

⇉ Cerrar el bucle de repetición.

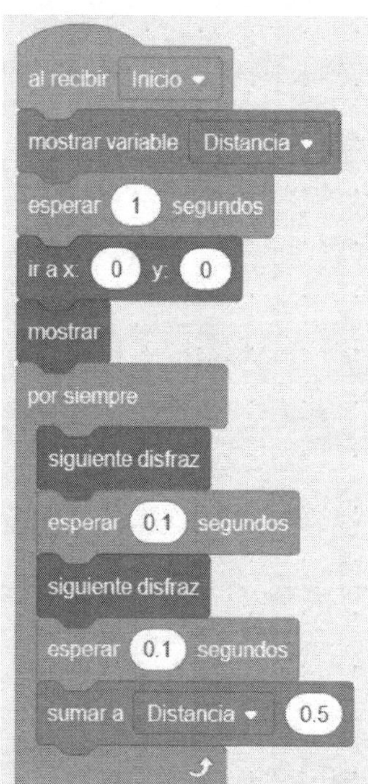

Tercera y cuarta pila de bloques

La tercera y cuarta pila de bloques se utilizan para mover el objeto Jugador según la técnica elegida: utilizando la tecla [Espacio] o haciendo ruido. La técnica de movimiento es idéntica; la única diferencia es la acción necesaria para hacer volar el objeto Jugador.

En el juego Flappy Bird, la técnica de movimiento del pájaro es muy especial. Si no se realiza ninguna acción, el pájaro «cae». Para mantenerlo en el aire, tiene que pulsar un botón todo el tiempo. Si se suelta el botón, el pájaro cae.

⇛ **al recibir Espacio** // este mensaje se envía si el jugador decide jugar con el teclado y ha pulsado el botón correspondiente.

⇛ **por siempre** // abrir un bucle de repetición.

⇛ **si ¿tecla espacio presionada? entonces** // la tecla [Espacio] se utiliza para controlar el vuelo del pájaro.

Observación

Los bloques que siguen serán idénticos para la cuarta pila de bloques.

⇛ **sumar a y 5** // cuando se pulsa la tecla [Espacio], el objeto se mueve hacia arriba. El valor se puede cambiar para obtener un movimiento más rápido.

⇛ **si no**

⇛ **sumar a y -5** // cuando se suelta la tecla [Espacio], el objeto se mueve hacia abajo. Vuelve a caer.

⇛ Cerrar el bucle de repetición.

El programa para hacer volar el objeto Jugador haciendo ruido es prácticamente idéntico. Las únicas diferencias son el mensaje utilizado para activar esta técnica y la acción que se debe realizar para hacer volar el objeto Jugador.

⇛ **al recibir Sonido** // este mensaje se envía si el jugador ha elegido jugar con sonido pulsando el botón correspondiente.

⇛ **por siempre** // abrir un bucle de repetición.

⇛ **si volumen del sonido > 20 entonces** // el valor puede modificarse en función del entorno sonoro.

El resto del programa es idéntico al anterior. Permite que el pájaro suba o baje en función de la intensidad del sonido.

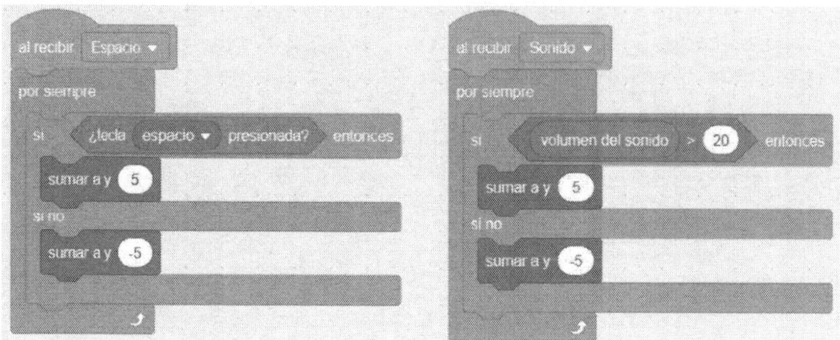

Quinta pila de bloques

La quinta pila de bloques se utiliza para comprobar y controlar si el jugador ha tocado uno de los obstáculos. En un bucle de repetición, se insertan cinco condiciones, una tras otra. Todas se basan en el mismo principio.

⇛ **al recibir Inicio**// este es el mensaje que informa de que el juego está a punto de comenzar.

⇛ **por siempre** // abrir un bucle de repetición en el que se insertarán cinco condiciones basadas en el mismo modelo.

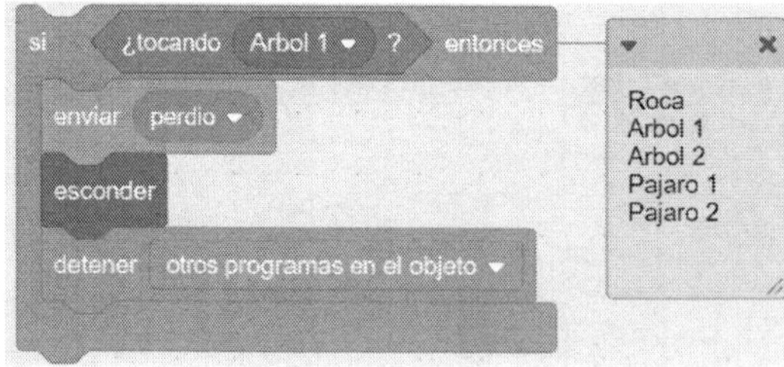

⇉**si ¿tocando ()? entonces** // en cada una de las cinco condiciones se inserta un objeto de obstáculo: **Roca** - **Arbol 1** - **Arbol 2** - **Pajaro 1** - **Pajaro 2**.

⇉**enviar perdio** // si el jugador toca el obstáculo previamente especificado, el juego termina.

⇉**esconder** // el objeto ya no es visible en el escenario.

⇉**detener otros programas en el objeto** // para detener la ejecución de los otros programas del jugador.

Una vez insertadas las cinco condiciones, se cierra el bucle de repetición.

Observación

Estas condiciones pueden configurarse de otra manera. Puede utilizar los bloques **Operadores** para crear una única condición que compruebe continuamente si uno de los cinco objetos es tocado por el jugador.

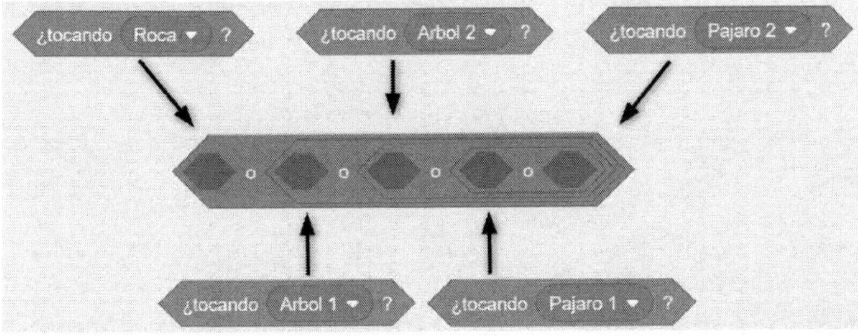

3.6 Programa de obstáculos en el suelo Roca - Arbol 1 - Arbol 2

El programa de obstáculos a ras de suelo (la roca y los dos árboles) está formado por cuatro pilas de bloques prácticamente idénticos. Las únicas diferencias son los valores (posición en el espacio y tiempo de espera entre cada aparición).

Primera pila de bloques

⇒ **al hacer clic en la bandera verde**

⇒ **ir a x: posición en x y: -46** // este bloque determina la posición de la roca en el escenario.

⇒ **O ir a x: posición en x y: -4** // para determinar la posición de los árboles en el escenario.

Observación

Estos datos son meramente informativos. Pueden variar en función de su diseño gráfico.

⇒ **esconder**

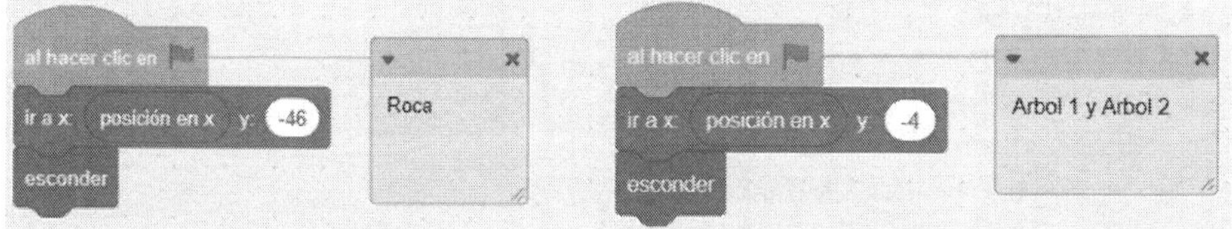

Segunda pila de bloques

Esta pila de bloques corresponde al algoritmo para mover el objeto horizontalmente en el escenario, de derecha a izquierda. Es idéntico para los tres objetos; solo los tiempos de espera son diferentes.

⇒ **al recibir Inicio**// este mensaje se envía cuando el jugador pulsa sobre uno de los botones del objeto de inicio.

⇒ **esperar 2 segundos** // para la roca.

⇒ **O esperar 4 segundos** // para el árbol 1.

⇒ **O esperar 6 segundos** // para el árbol 2.

Estos valores se dan a título indicativo y pueden modificarse. El único requisito es que los obstáculos aparezcan en el escenario a intervalos diferentes.

⇉ **por siempre** // abre una bucle de repetición. Contiene los bloques utilizados para mover el objeto horizontalmente en el escenario, haciéndolo aparecer en el extremo derecho y desaparecer en el extremo izquierdo.

⇉ **dar a x el valor 250** // el objeto se encuentra fuera del escenario. Si este no es el caso cuando pruebe el programa, establezca un valor mayor.

⇉ **mostrar**

⇉ **repetir 100** // abre un segundo bucle de repetición utilizado para mover progresivamente el objeto de derecha a izquierda.

⇉ **sumar a x -5** // la piedra se desplaza hacia la izquierda (valor negativo) de 5 en 5, 100 veces, lo que representa 500 pasos.

⇉ Cerrar el segundo bucle de repetición.

Observación

Una vez completado el bucle, el obstáculo del suelo se retira normalmente del escenario. El escenario tiene una longitud de 480 pasos. Si no es el caso, puede cambiar los valores, ya que esto depende del tamaño de su roca y de la posición del centro de su disfraz. La roca puede moverse más rápido, basta con sustituir el valor -5 por -10, por ejemplo.

⇉ **esconder**

⇉ **esperar número aleatorio entre 2 y 4 segundos** // este tiempo de espera puede ser el mismo para los tres obstáculos.

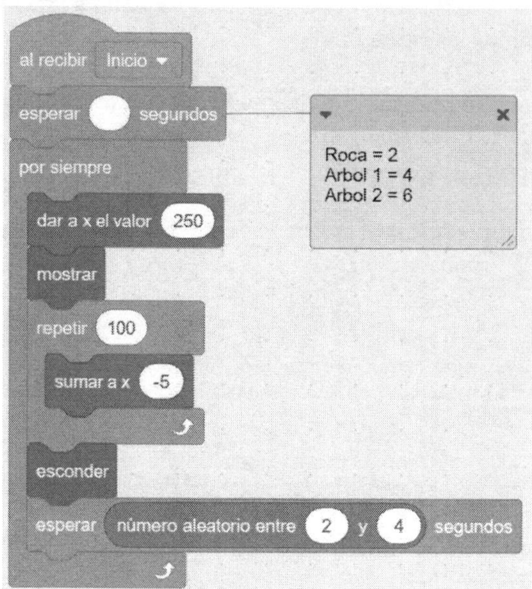

Tercera pila de bloques

- **al recibir perdio** // este mensaje se envía cuando el jugador toca uno de los obstáculos.
- **esconder**
- **detener otros programas en el objeto** // el programa del objeto afectado por este bloque se detiene completamente, ya que el juego ha terminado.

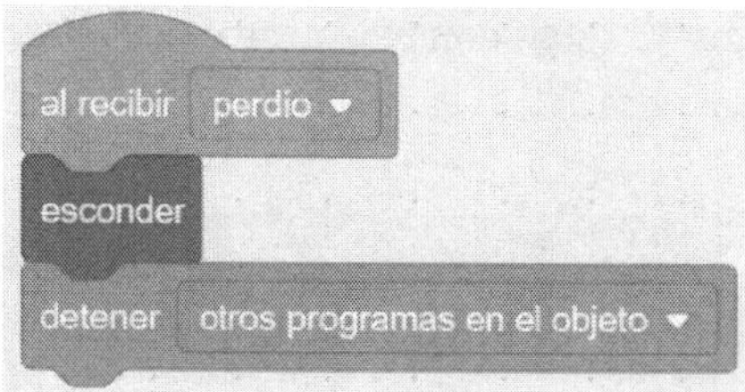

3.7 Programa del Pájaro fin

Este objeto se muestra al final del juego, cuando el jugador ha tocado uno de los obstáculos. Por lo tanto, no es visible en el escenario durante la fase de juego y presentación.

⇉ **al hacer clic en la bandera verde**

⇉ **esconder** // este objeto no es visible cuando el juego comienza ni durante la fase de juego.

⇉ **al recibir perdio** // este mensaje es enviado por el objeto con el que se juega cuando choca contra un obstáculo.

⇉ **esperar 1 segundos**

⇉ **ir a x: -100 y: 50**

⇉ **mostrar** // sólo el objeto Pajaro es visible en el escenario cuando se envía el mensaje perdio.

⇉ **decir unir La distancia recorrida es de unir Distancia metros durante 4 segundos**

⇉ **decir ¿Puedes hacerlo mejor? durante 2 segundos**

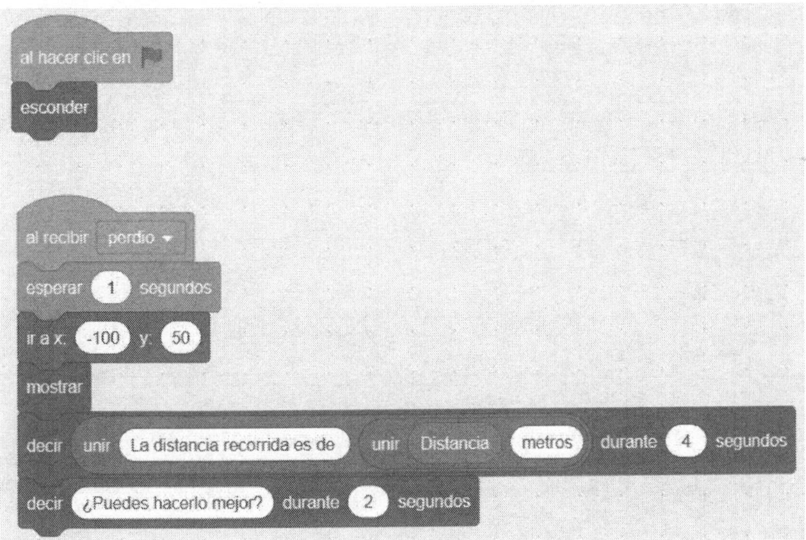

3.8 Programa de Nube 1 y Nube 2

Las nubes son elementos decorativos. Se desplazan por el cielo para crear la ilusión de que el objeto del jugador se mueve.

El programa se inicia como el de los demás objetos: al empezar el juego, las nubes están ocultas.

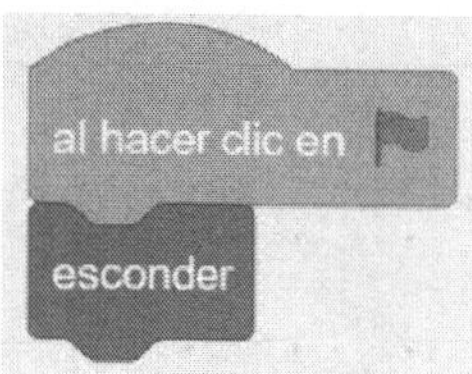

Las dos nubes tienen un programa idéntico. Solo difiere el tiempo de espera entre cada aparición.

⇉ **al recibir Inicio**

El tiempo de espera entre la aparición de la nube 1 y la nube 2 en el escenario es diferente.

⇉ **esperar 1 segundos** // nube 1

⇉ **esperar 2 segundos** // nube 2

Observación
Estos tiempos de espera pueden modificarse. También puede programar un tiempo aleatorio utilizando el bloque de números aleatorios entre () y ().

⇉ **mostrar**

⇉ **por siempre**

⇉ **dar a x el valor 250** // para posicionar la nube en el extremo derecho del escenario y en el exterior. Como recordatorio, la longitud del escenario se extiende de -240 a 240.

⇉ **repetir 100** // abrir un bucle de repetición. El programa interior se repite 100 veces. Este es el programa para mover la nube horizontalmente hacia la izquierda.

⇉ **Sumar a x -5** // la nube se desplaza hacia la izquierda un valor de 5, 100 veces, para salir del escenario. 100 * 5 = 500. El escenario mide 480 unidades horizontalmente. El valor es deliberadamente mayor para que la nube pueda desaparecer completamente del escenario. Su posición se mide en relación con el centro del disfraz. Estos valores pueden cambiar en función del tamaño de su nube.

⇉ **esconder**

⇉ **esperar 3 segundos** // se puede modificar el tiempo de espera entre cada aparición y desaparición.

⇉ **mostrar**

⇉ Cierre del bucle de repetición.

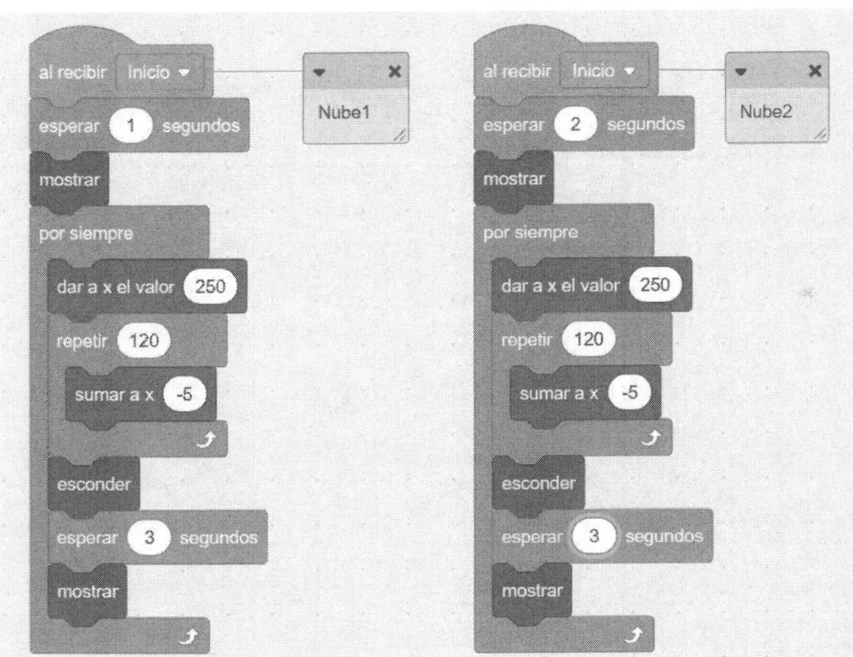

⇉ **al recibir perdio** // este mensaje se envía cuando el jugador toca uno de los obstáculos.

⇉ **esconder**

⇉ **detener otros programas en el objeto** // el programa objeto se detiene completamente, el juego ha terminado.

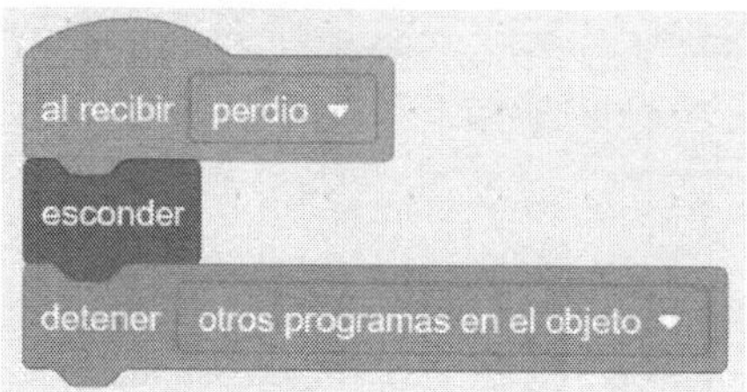

3.9 Programa Pajaro 1 y Pajaro 2

Los objetos Pajaro 1 y Pajaro 2 actúan como obstáculos en el cielo. Su programa tiene cuatro pilas de bloques. La primera, segunda y cuarta pilas son idénticas para ambos objetos.

- Primera pila de bloques: para ocultar los objetos al iniciar el juego, durante la presentación.
- Segunda pila de bloques: para mostrar alternativamente los dos disfraces para animar el vuelo del loro.
- Tercera pila de bloques: específica para cada objeto (Pajaro 1 y Pajaro 2), gestiona sus ciclos de aparición en el escenario y su movimiento de derecha a izquierda.
- Cuarta pila de bloques: para que desaparezcan del escenario cuando acabe el juego (como sucede con otros objetos de obstáculos).

Primera pila de bloques

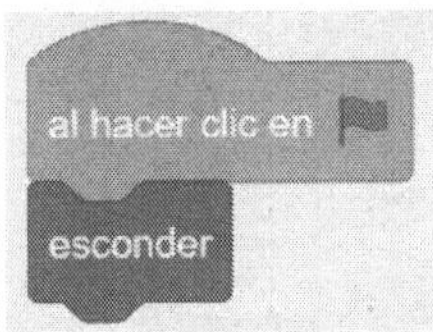

Segunda pila de bloques

Esta pila de bloques se utiliza para animar el objeto, haciéndolo volar mediante la modificación de sus disfraces. Es idéntico para Pajaro 1 y Pajaro 2.

⇉ **al recibir Inicio** // este mensaje se envía cuando el jugador pulsa sobre uno de los botones del objeto de inicio.

⇉ **por siempre** // este bucle de repetición contiene el programa para simular el vuelo del loro alternando sus disfraces.

⇉ **siguiente disfraz**

⇉ **esperar 0.1 segundos**

⇉ **siguiente disfraz**

⇉ **esperar 0.1 segundos**

⇉ Cerrar el bucle de repetición.

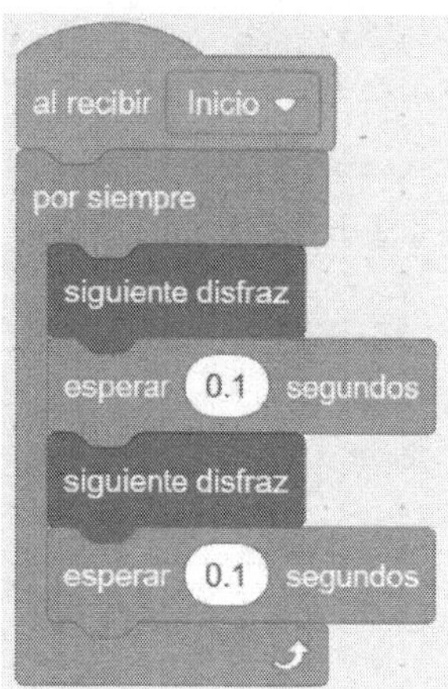

Tercera pila de bloques - Pajaro 1

La función de este algoritmo es hacer aparecer el objeto Pajaro 1 en el escenario y moverlo horizontalmente de derecha a izquierda.

⇉ **al recibir Inicio** // este mensaje se envía cuando el jugador pulsa sobre uno de los botones del objeto de inicio.

⇉ **esperar 10 segundos**

⇉ **por siempre** // abrir un bucle de repetición.

⇉ **iniciar sonido chee chee**

El sonido se ha importado de la biblioteca de sonidos:

⇉ Una vez seleccionado el objeto al que desea añadir un sonido, haga clic en la pestaña **Sonidos**.

⇒ Seleccione **Elige un sonido** para abrir la biblioteca.

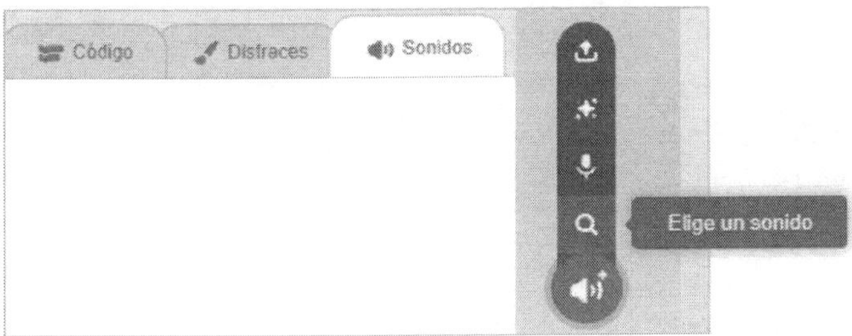

⇒ En la categoría **Animales** (1), elija el sonido **Chee Chee** (3) o haga una búsqueda (2). Este sonido se asocia ahora a su objeto (4).

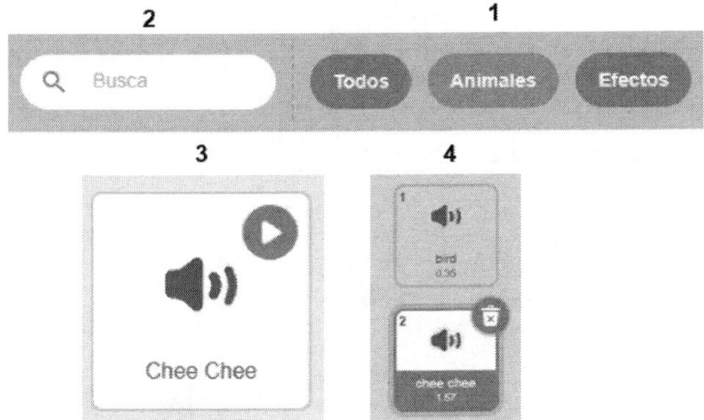

⇒ **dar a x el valor 250**

⇒ **mostrar**

⇒ **repetir 50** // abre un segundo bucle de repetición utilizado para mover el objeto horizontalmente hacia la izquierda.

⇒ **sumar a x -10**

⇒ Cerrar el segundo bucle de repetición.

⇒ **esconder**

⇒ **esperar 2 segundos**

⇒ Cerrar el bucle de repetición.

Tercera pila de bloques - Pajaro 2

La función de este algoritmo es hacer aparecer el objeto Pajaro 2 en el escenario y moverlo horizontalmente de derecha a izquierda.

⇒ **al recibir Inicio**

⇒ **esperar 25 segundos**

⇒ **por siempre** // abre un bucle de repetición.

⇒ **iniciar sonido squawk** // el sonido se ha importado de la biblioteca de sonidos (ver programa anterior, Tercera pila de bloques - Pajaro 1).

⇒ **dar a x el valor 250**

⇒ **mostrar**

⇒ **repetir 50** // abre un segundo bucle de repetición utilizado para mover el objeto horizontalmente hacia la izquierda.

⇒ **sumar a x -10**

⇒ Cerrar el segundo bucle de repetición.

⇒ **esconder**

⇒ **esperar 4 segundos**

⇒ Cerrar el bucle de repetición.

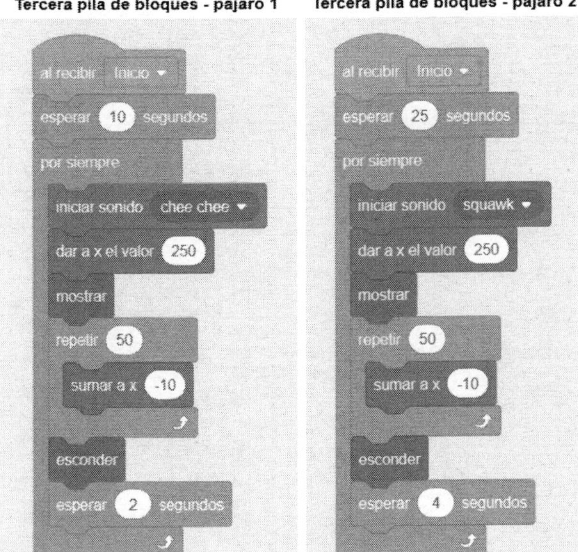

Cuarta pila de bloques

Esta pila de bloques que vimos antes detiene la ejecución de los programas de objetos cuando se recibe el mensaje Fin. Este mensaje se envía cuando el jugador ha tocado uno de los obstáculos.

⇉ **al recibir perdio**

⇉ **esconder**

⇉ **detener otros programas en el objeto** // ahora que el juego ha terminado, el programa para este objeto se detiene completamente.

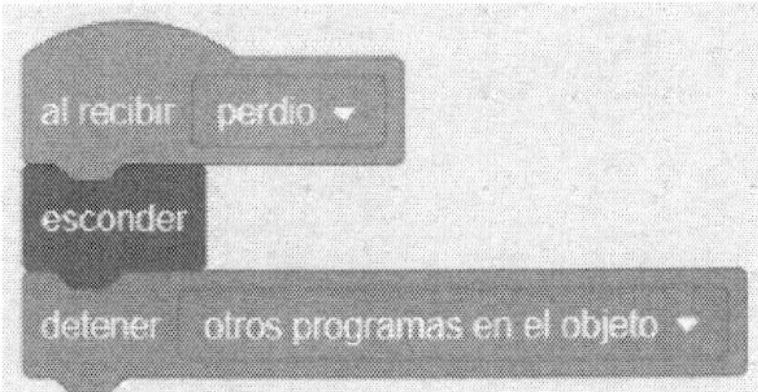

4. Conclusión

Este ejemplo le ha permitido aprender cómo cambiar fondos y seleccionar el modo de juego, utilizar mensajes, animar disfraces de objetos, desplazar elementos por el escenario y una nueva técnica para mover personajes que es específica de ciertos tipos de juego.

Capítulo 10

Carreras de coches

1. Introducción

Este proyecto puede descargarse del sitio web de Ediciones ENI con el nombre *Carreras de coches.sb3*.

Objetivo: un coche tiene que dar la vuelta a un circuito lo más rápido posible, sin salirse de la carretera. Si lo hace, ¡el coche frena!

Competencias desarrolladas:

- Crear un nivel de inicio con las instrucciones del juego.
- Insertar una cuenta regresiva visual al inicio de un proyecto.
- Utilizar una variable para gestionar la velocidad del coche en función de un factor multiplicador.
- Crear un cronómetro.

2. Diseño gráfico

2.1 Los objetos

Este juego requiere la creación de tres objetos. Se han dibujado utilizando la paleta gráfica de Scratch.

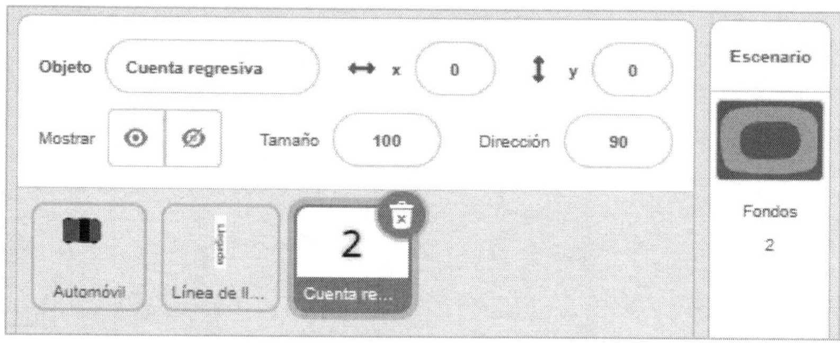

El objeto Automóvil

Este objeto se llama Automóvil. Es un coche visto desde arriba. Ha sido dibujado usando la paleta gráfica de Scratch.

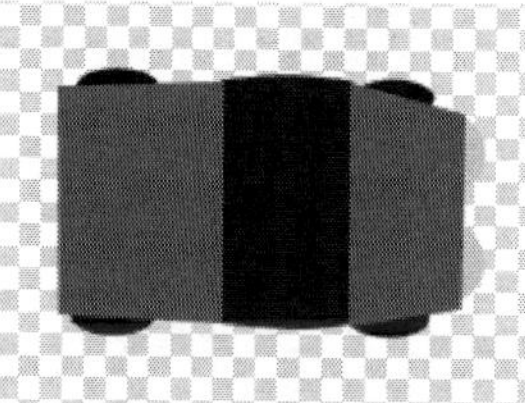

⇉ En la ventana de objetos, seleccione el icono **Elige un objeto- Pinta**.

⇉ Utilice las herramientas **Rectángulo** y **Volver a dar forma** para dibujar la carrocería del coche.

⇉ Utilice la herramienta **Círculo** para dibujar las ruedas y los faros. Utilice la herramienta **Atrás** para desplazar estos elementos detrás de la carrocería.

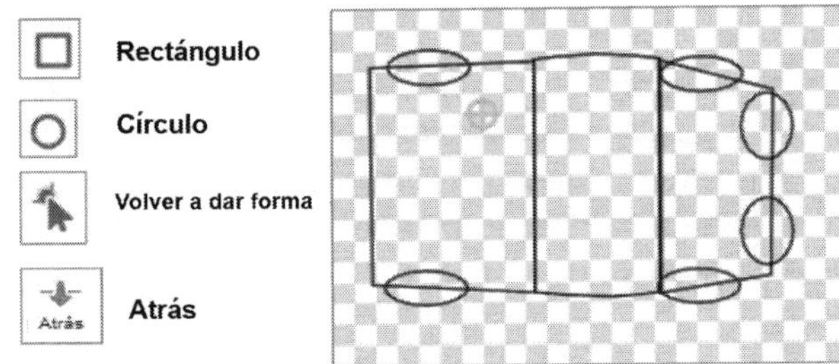

Solo queda añadir un poco de color con la herramienta **Rellenar**.

Para terminar, seleccione todos los elementos (herramienta **Seleccionar**) y agrúpelos (icono **Agrupar**) para que formen una sola imagen. Esta acción puede invertirse (icono **Desagrupar**).

El objeto Línea de llegada

Este objeto se llama Línea de llegada. Fue dibujado usando la paleta de gráficos.

- Se ha dibujado una línea blanca con la herramienta **Rectángulo**.
- La palabra Llegada se ha escrito con la herramienta **Texto**.

La línea de meta se utiliza para determinar cuándo el coche ha completado su vuelta (o vueltas) al circuito.

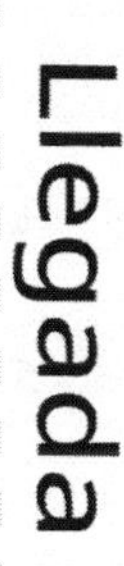

El objeto Cuenta regresiva

Equipado con cinco disfraces, este objeto se llama Cuenta regresiva. Como su nombre indica, se utiliza al principio del juego para indicar al jugador cuánto tiempo queda antes de que empiece la carrera. El coche solo puede avanzar cuando se completa la cuenta atrás. Este objeto y sus disfraces fueron dibujados usando la paleta gráfica y la herramienta **Texto**.

- El primer disfraz corresponde al número 5.
- El segundo disfraz corresponde al número 4.
- El tercer disfraz corresponde al número 3.
- El cuarto disfraz corresponde al número 2.
- El quinto disfraz corresponde al número 1.

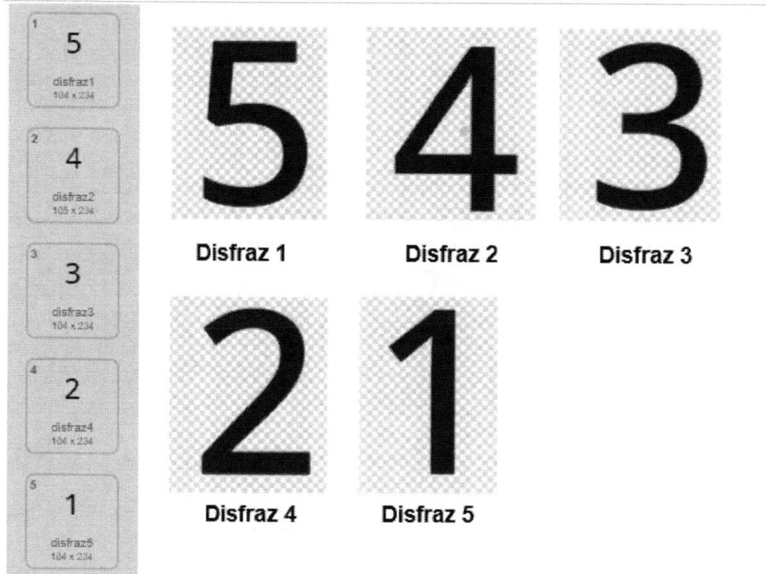

2.2 Fondos

Este proyecto tiene dos fondos:

- El primer fondo presenta las reglas del juego. Se denomina Presentación.
- El segundo fondo representa el circuito por el que circula el coche. Su nombre es Juego.

El fondo Presentación

Se trata de un nivel introductorio en el que se exponen las instrucciones del juego. Para hacer más atractiva la presentación, se ha dibujado una ilustración de una carretera y un coche.

⇛ El coche se ha importado de la biblioteca de objetos.

⇛ En la ventana de objetos, seleccione **Elige un objeto** (1) para abrir la biblioteca.

⇛ Seleccione el objeto **Convertible 2** (2).

El coche seleccionado es de color verde. Para cambiar su color:

⇛ Seleccione la pestaña **Disfraz** para abrir la paleta gráfica.

⇛ Utilice la herramienta **Rellenar** para cambiar el color del coche a rojo.

Este coche se integrará en el fondo de la Presentación. Por lo tanto, deberá copiar esta imagen y pegarla en el fondo.

⇛ Con la herramienta **Seleccionar**, seleccione todo el coche.

⇛ Haga clic en **Copiar**.

⇛ En la ventana de fondos, abra la paleta de gráficos y seleccione el fondo **Presentación**.

⇛ Haga clic en **Pegar**: el coche se ha añadido al fondo **Presentación**.

Observación

El objeto de este coche en la ventana de objetos ya no es útil. Puede eliminarlo haciendo clic con el botón derecho en la miniatura y seleccionando **borrar**.

El fondo Juego

Para crear un segundo fondo:

⇒ En la pestaña **Fondo**, seleccione **Elige un fondo** (1) - **Pinta** (2).

Este fondo representa el circuito por el que circula el coche.

- El fondo, dibujado con la herramienta **Rectángulo**, es verde. Representa la hierba.
- La pista es gris (puede utilizar otro color). Se ha dibujado con la herramienta **Pincel**.

Fondo Juego

Lista de fondos

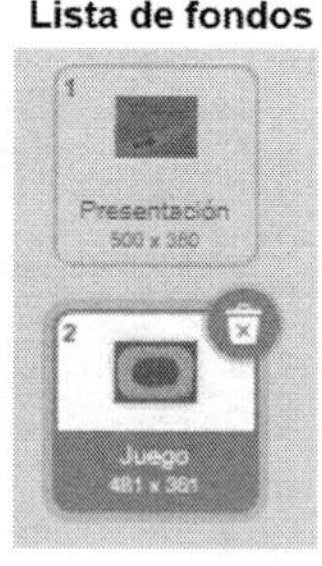

3. Los programas

3.1 Programa de los fondos

Este programa se utiliza para mostrar los dos fondos. Uno se usa como nivel de presentación y el otro como fondo del juego.

⇉ **al hacer clic en la bandera verde**

⇉ **cambiar fondo a Presentación** // cuando se inicia el juego, se muestra una imagen inspirada en las páginas de inicio de los juegos arcade.

⇉ **esperar 5 segundos** // este tiempo permite al jugador leer las instrucciones.

⇉ **enviar Juego** // este mensaje se utiliza para mostrar los diferentes objetos en el juego.

⇉ **cambiar fondo a Juego** // esta es la pista por la que circulará el coche.

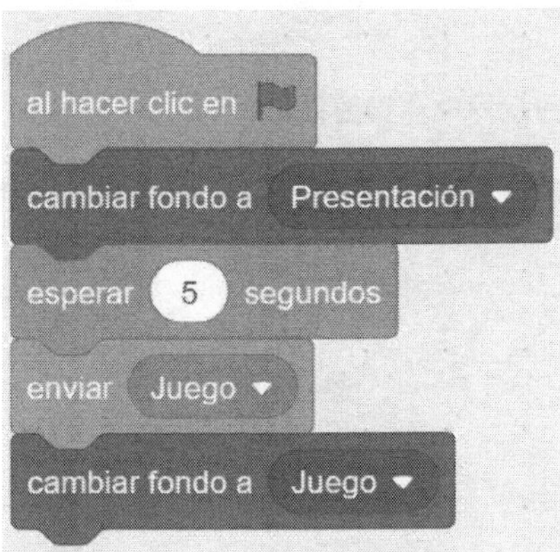

3.2 Programa de Cuenta regresiva

Se trata de una animación que se muestra antes del inicio de la carrera. El programa consta de dos pilas de bloques.

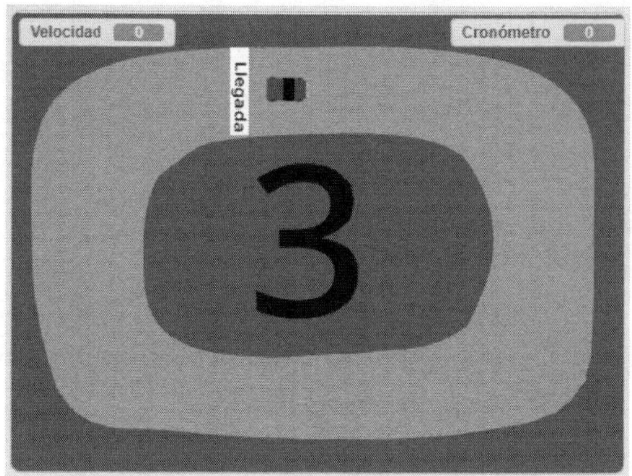

Primera pila de bloques

Cuando el juego comienza y se pulsa la bandera verde, este objeto no es visible.

⇒ **al hacer clic en la bandera verde**

⇒ **ir a x: 0 y: 0** // cuando sea visible, el objeto se situará en el centro del escenario.

⇒ **esconder** // el objeto Cuenta regresiva no es visible cuando se lanza el programa, es decir, cuando se muestra el fondo Presentación.

Segunda pila de bloques

Esta pila de bloques es un algoritmo utilizado para mostrar la cuenta regresiva en el escenario.

⇒ **al recibir Juego**

⇒ **cambiar disfraz a disfraz1**

⇒ **mostrar**

⇒ **esperar 1 segundos** // como se trata de una cuenta atrás, el disfraz del objeto cambia cada segundo.

⇒ **repetir 4** // abre un bucle de repetición. Este bucle muestra los otros cuatro disfraces.

⇒ **siguiente disfraz**

⇉ **esperar 1 segundos**

⇉ **esconder**

⇉ **enviar Inicio** // este mensaje se utiliza para lanzar la ejecución del programa que arrancará el coche.

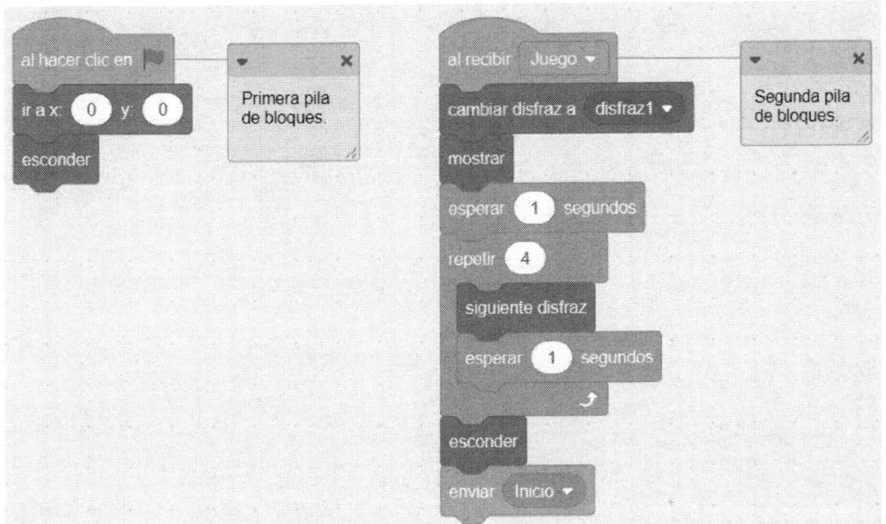

3.3 Programa Automóvil

El programa Automóvil se compone de cuatro pilas de bloques.

Primera pila de bloques

El primer bloque es casi idéntico al de los otros objetos. Se utiliza para ocultar el objeto cuando se inicia el juego.

⇉ **al hacer clic en la bandera verde**

⇉ **esconder variable Velocidad** // esta variable muestra la velocidad del coche. No es visible cuando se lanza el programa.

⇉ **esconder** // el objeto Automóvil no es visible cuando se lanza el programa, es decir, cuando se muestra el fondo Presentación.

Segunda pila de bloques

Esta segunda pila de bloques corresponde a la inicialización antes de que comience el juego.

⇉ **al recibir Juego** // cuando se recibe el mensaje que significa el inicio del juego, varios elementos deben inicializarse.

⇉ **apuntar en dirección 90** // el coche está en posición para iniciar la vuelta al circuito (a la derecha).

⇉ **ir a x: -30 y: 125** // para posicionar el coche al otro lado de la línea de meta, en la línea de salida.

⇉ **dar a Velocidad el valor 0** // el coche no avanza.

⇉ **mostrar variable Velocidad** // la variable que almacena la velocidad del coche es visible en la escena.

⇉ **mostrar** // el coche puede verse en el escenario.

Tercera pila de bloques

Esta pila de bloques integra los algoritmos para controlar el coche y hacerlo avanzar.

- Las teclas direccionales [Flecha izquierda] y [Flecha derecha] se utilizan para dirigir el coche.
- La tecla [Espacio] se utiliza para moverlo hacia delante. Su velocidad aumenta a medida que avanza.

El juego incorpora una desventaja. Si el coche circula por hierba (color verde), su velocidad se reduce.

⇉ **al recibir Inicio** // este mensaje se envía al final de la cuenta regresiva. Hasta que no se recibe, el coche no puede avanzar.

⇉ **esperar 0.5 segundos**

⇉ **detener otros programas en el objeto** // para detener la ejecución de otros programas en este objeto.

⇉ **ir a capa delantera** // para evitar que el coche pase por detrás del objeto de la línea de meta al cruzarla.

⇉ **por siempre** // abre un bucle de repetición en el que se establecen tres condiciones.

Primera condición: para girar a la derecha, pulse la tecla [Flecha derecha].

⇉ **si ¿ tecla flecha derecha presionada? entonces**

⇉ **girar (en el sentido de las agujas del reloj) 10 grados**

⇉ Cerrar la primera condición.

Segunda condición: girar a la izquierda con la tecla [Flecha izquierda].

⇉ **si ¿tecla flecha izquierda presionada? entonces**

⇉ **girar (en sentido contrario a las agujas del reloj) 10 grados**

⇉ Cerrar la segunda condición.

Tercera condición: gestionar la velocidad de desplazamiento.

⇉ **si ¿tecla espacio presionada? entonces**

⇉ **sumar a Velocidad 1** // a medida que se pulsa la tecla [Espacio], aumenta la velocidad del coche.

Esta condición **si () si no ()** controla la velocidad del coche en función de si circula por la hierba o por la pista.

⇉ **si ¿tocando el color (verde)? entonces** // cuando el coche circula por la hierba.

⇉ **dar a Velocidad el valor Velocidad * 0.5** // el coche se ralentiza.

⇉ **Si no**

⇉ **dar a Velocidad el valor Velocidad * 0.8** // cuando el coche está en la pista, su velocidad es mayor.

⇉ **mover Velocidad pasos**

⇉ Cerrar la tercera condición.

⇉ Cerrar el bucle de repetición.

Cuarta pila de bloques

- **al recibir Llegada** // este mensaje se recibe cuando el coche ha cruzado la línea de meta.
- **esperar 0.5 segundos**
- **detener otros programas en el objeto** // todos los programas en el objeto del coche se detienen.

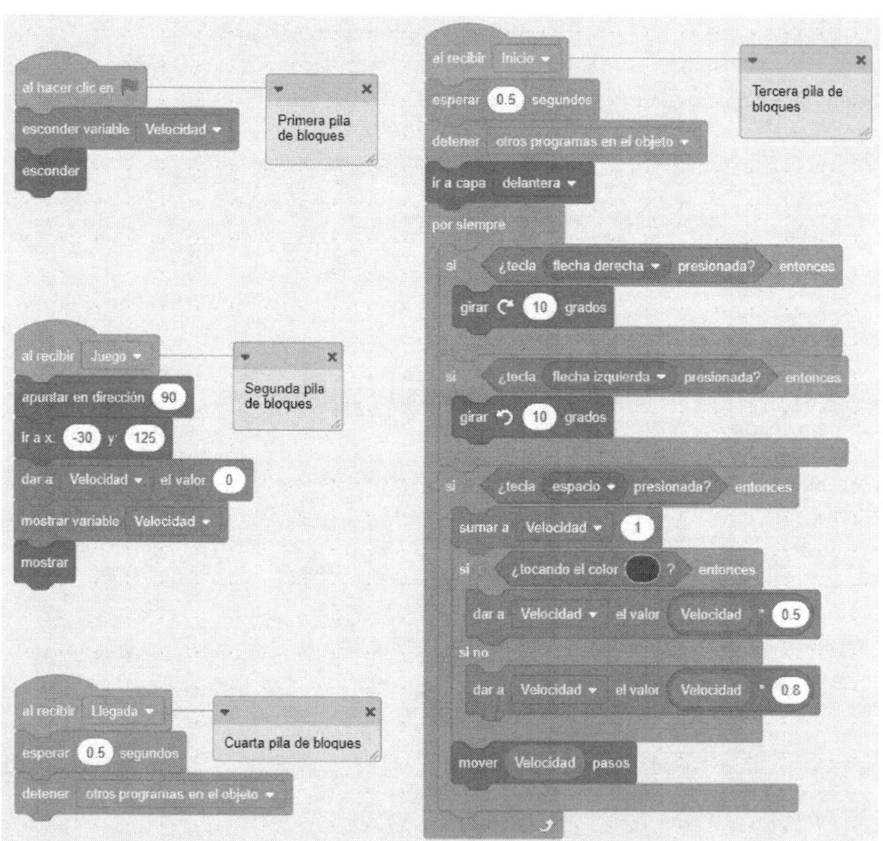

3.4 Programa Línea de llegada

El objeto Línea de llegada se muestra al mismo tiempo que el fondo del juego y los demás objetos.

Primera pila de bloques

⇉ **al hacer clic en la bandera verde**

⇉ **esconder**

⇉ **esconder variable Cronómetro** // esta variable, que se utiliza para cronometrar el coche, solo es visible en el escenario durante la fase de juego.

Segunda pila de bloques

⇉ **al recibir Juego**

⇉ **dar a Cronómetro el valor 0** // reiniciar cronómetro.

⇉ **mostrar variable Cronómetro**

⇉ **mostrar** // la línea de meta es visible.

Tercera pila de bloques

Esta pila de bloques corresponde al algoritmo para cronometrar el recorrido del coche. El coche se detiene cuando llega a la meta.

⇉ **al recibir Inicio**

⇉ **repetir hasta que ¿tocando Automóvil?** // abre un bucle de repetición.

⇉ **esperar 0.1 segundos**

⇉ **sumar a Cronómetro 0.1**

⇉ Cerrar el bucle de repetición.

⇉ **enviar Llegada** // cuando el coche toca la línea de meta, el juego ha terminado.

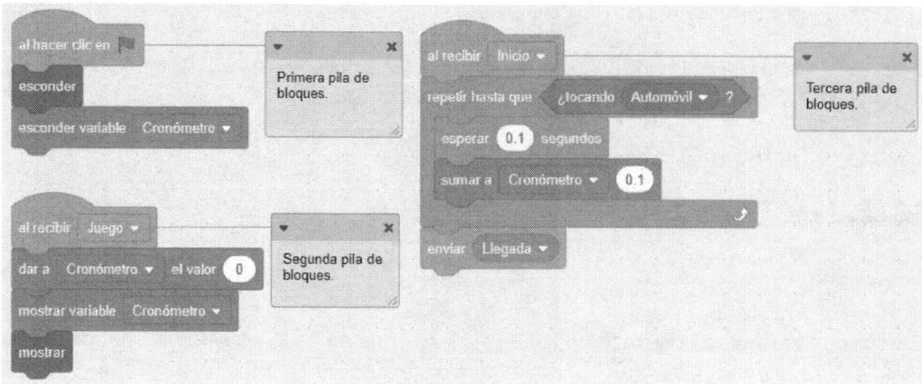

Variante

Puede crear un programa en el que el coche tenga que completar un determinado número de vueltas. El objeto Línea de llegada se utiliza para calcular el número de vueltas completadas por el coche. Cada vez que el coche toca la línea de llegada, se incrementa la variable **Número de vueltas**.

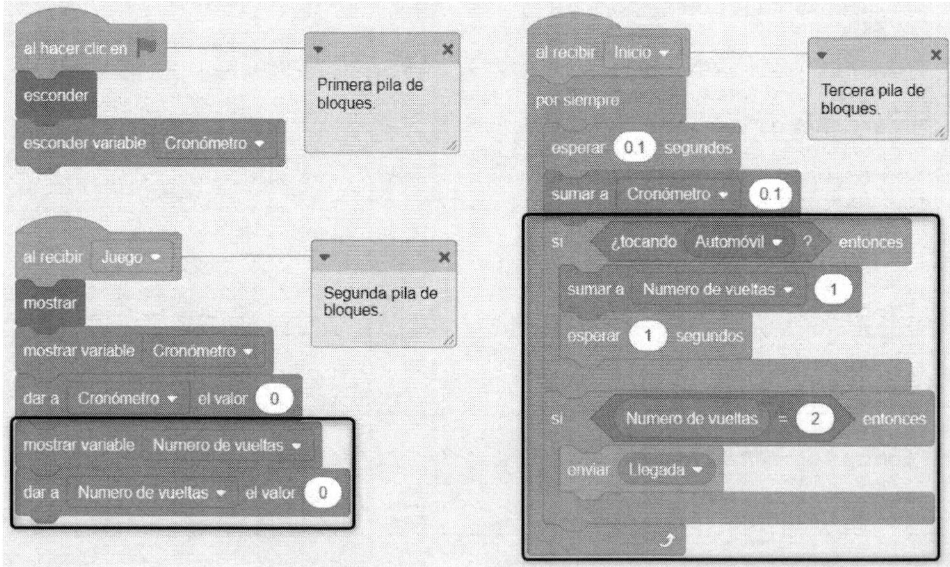

4. Conclusión

Este proyecto le ha mostrado cómo gestionar los cambios de velocidad utilizando una variable y cómo usar un cronómetro. En otros proyectos de este libro se tratarán otras técnicas para utilizar un cronómetro, en particular con el bloque **cronómetro**. Lo mismo para la gestión de velocidades aleatorias.

Para llevar las cosas aún más lejos, se pueden añadir desventajas adicionales al circuito. Por ejemplo, un charco de agua, una placa de hielo para ralentizar el coche o cambiar su trayectoria, ¡pero también un segundo coche para que sea una auténtica carrera!

Capítulo 11

Juego de disparos

1. Introducción

Los juegos de disparos figuran entre los más extendidos. Simulan combates, que pueden ser más o menos violentos y realistas. Nada que ver con el juego que le proponemos aquí, inspirado en los primeros juegos de combate espacial.

Objetivo: este juego consiste en disparar a naves enemigas. Si la nave del jugador es alcanzada, pierde vidas, y si alcanza naves enemigas, gana puntos. El juego termina si el jugador no tiene más vidas o si el tiempo límite ha expirado.

Competencias desarrolladas:

- Insertar una cuenta regresiva antes de que empiece un juego.
- Crear un juego de tiempo limitado utilizando un cronómetro.
- Desplazarse horizontalmente por los «objetivos» del escenario.
- Gestionar vidas y gestionar puntuaciones.
- Crear una atmósfera sonora en un juego.

En el capítulo La extensión micro:bit se desarrolla otro juego de disparos. Aborda otras técnicas que pueden ser complementarias.

2. Diseño gráfico

Este proyecto puede descargarse del sitio web de Ediciones ENI con el nombre *Space war.sb3*.

2.1 Los fondos

Este proyecto requiere la creación de tres fondos: Jugar - Ganaste - Game Over. Los tres fondos utilizan la imagen Stars de la biblioteca. Se ha añadido información a los fondos Ganaste y Game Over.

⇉ En la ventana de fondos, seleccione **Elige un fondo** (1). Y elija **Stars** (2) de la biblioteca que se ha abierto.

⇉ Haga clic en la pestaña **Fondos** (3) y haga clic con el botón derecho en la miniatura **Stars**. Seleccione **duplicar** (4). Se ha creado una segunda miniatura.

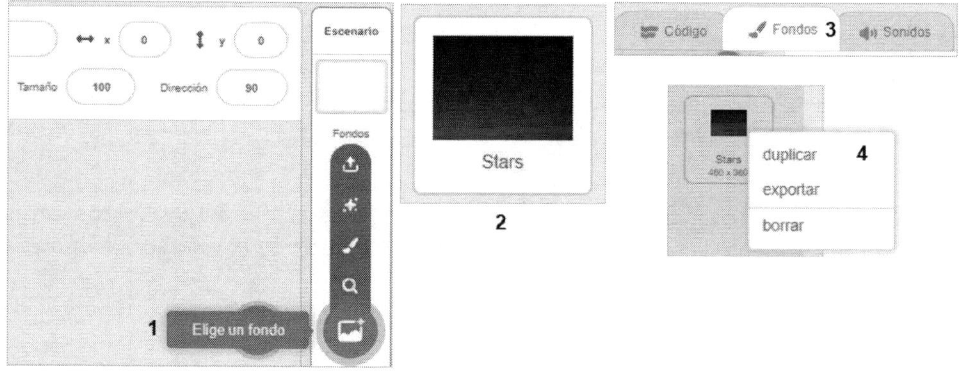

⇉ Haga lo mismo para crear un tercer fondo idéntico.

Nombre el primer fondo Juego. Se utiliza como fondo durante la fase de juego y también durante la cuenta regresiva inicial.

Nombre el segundo fondo Ganaste. Se muestra cuando el tiempo de juego, medido con un cronómetro, ha terminado.

Nombre el tercer fondo Game Over. Si al jugador no le quedan vidas, ha perdido la partida y se muestra este fondo.

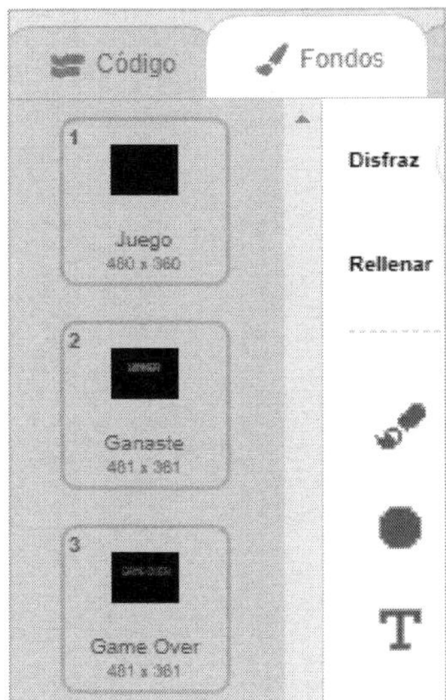

En los fondos Ganaste y Game Over, se introduce información diferente utilizando la herramienta **Texto**.

⇉ Por defecto, el fondo Stars está en formato **Bitmap**. Haga clic en **Convertir a vector** para añadir texto a la imagen y moverla fácilmente.

⇉ Con la herramienta **Texto** y la fuente **Pixel**, escriba WINNER en el fondo Ganaste y GAME OVER en el fondo Game Over.

2.2 Los objetos

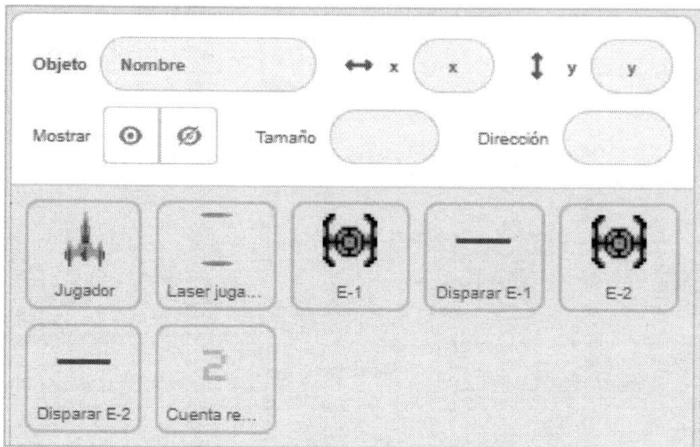

Este juego requiere la creación de siete objetos. Todos ellos se dibujaron con la paleta gráfica, seleccionando **Elige un objeto - Pinta**.

El objeto Jugador

Inspirada en Star Wars, la nave espacial del jugador se ha dibujado en modo mapa de bits utilizando cuadrados. ¡Estilo pixel art!

⇒ Por defecto, la paleta gráfica se abre en modo vectorial. Seleccione **Convertir a mapa de bits** para cambiar de modo.

Para dibujar al estilo pixel art, es decir, yuxtaponiendo cuadrados:

⇒ Amplíe el lienzo (1).

⇒ Utilice la herramienta **Pincel** (2) para dibujar sus píxeles. Para tener una punta que dibuje cuadrados, ajuste su grosor a 4. La punta del pincel adopta una forma cuadrada (3).

⇒ Dibuje la nave espacial utilizada por el jugador colocando cuadrados uno al lado del otro. Para cambiar el color, utilice las herramientas **Rellenar** (4 y 5).

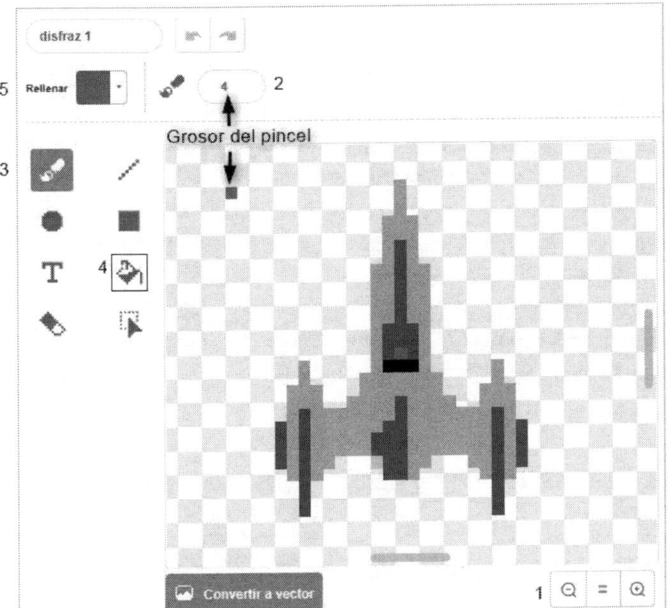

Este objeto utilizará dos disfraces casi idénticos.

⇉ Haga clic con el botón derecho en la miniatura del disfraz y seleccione **duplicar** para hacer una copia.

Este nuevo disfraz se llama **disfraz 2**. Se utilizará cuando el jugador dispare.

⇉ Cerca de los cañones, añada un píxel del mismo color que el láser (verde, por ejemplo).

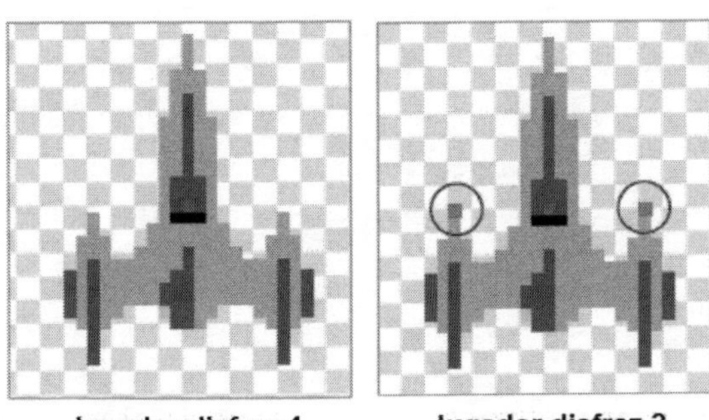

Jugador disfraz 1 **Jugador disfraz 2**

El objeto Láser jugador

Este objeto solo es visible en el escenario cuando el jugador pulsa la tecla [Espacio]. Se utiliza para indicar que el jugador está disparando a naves enemigas.

Dibujado con la paleta gráfica, adopta la forma de dos líneas que salen de los cañones de la nave espacial del jugador. Para obtener el espaciado correcto, haremos una copia del objeto Jugador.

⇉ En la ventana de objetos, seleccione la miniatura **Jugador** y haga clic en la pestaña **Disfraces** para abrir la paleta gráfica y acceder a los dos disfraces.

⇉ Seleccione el **disfraz 1** (1) con la herramienta **Seleccionar**. Haga una copia utilizando [Ctrl] + C o haciendo clic en el icono **Copiar**.

Esta copia se pegará en el objeto Láser jugador.

⇉ En la ventana de objetos, cree un nuevo objeto desde la paleta gráfica (**Elige un objeto - Pinta**).

⇉ Se abre la paleta gráfica. Déjela en modo vectorial. En el lienzo, pegue la nave reproducida (2) pulsando [Ctrl] + V o haciendo clic en el icono **Pegar**.

⇉ Utilice las flechas de giro (3) para colocar la nave en la dirección correcta en relación con el juego.

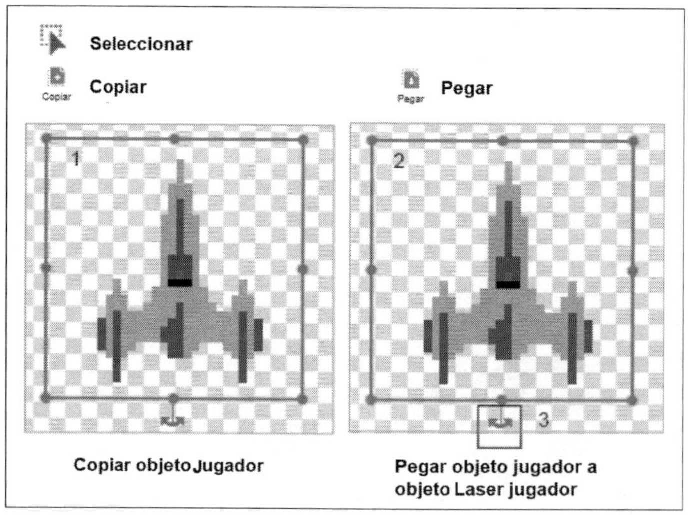

⇉ Con la herramienta **Línea** (1), dibuje los dos láseres a la altura de los cañones. Modifique el grosor (2) y el color (3).

⇉ Para terminar, seleccione (4) el recipiente y elimínelo (tecla [Supr]).

⇉ Nombre a este nuevo objeto **Laser jugador**.

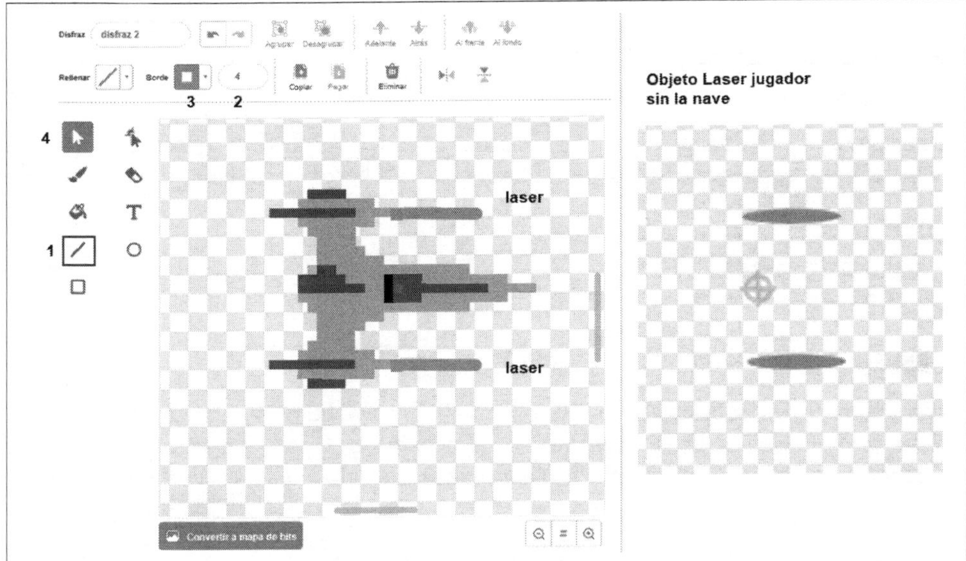

Los objetos de las naves enemigas E-1 y E-2

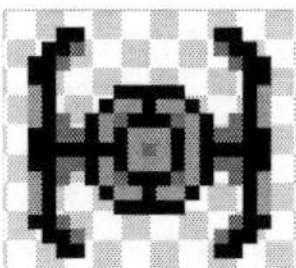

Las naves enemigas se han dibujado utilizando píxeles, igual que la nave del jugador. Las dos naves son idénticas. Sus nombres son E-1 y E-2. Va a dibujar una sola nave enemiga, que luego se copiará.

⇉ En la ventana de objetos, haga clic con el botón derecho en la miniatura **E-1** y seleccione **duplicar**. Se ha creado un objeto idéntico. Su nombre es **E-2**.

Los objetos Disparar E-1 y Disparar E-2

Cree dos objetos idénticos llamados Disparar E-1 y Disparar E-2.

Son los proyectiles disparados por las dos naves enemigas (E-1 y E-2). Tienen la forma de una línea roja que representa un rayo láser. Se dibujan con la herramienta **Línea** de la paleta gráfica.

El objeto de la Cuenta regresiva

Con tres disfraces, este objeto se llama Cuenta regresiva. Como su nombre indica, se utiliza antes de que comience el juego para avisar al jugador de que la partida está a punto de empezar. Este objeto y sus disfraces fueron dibujados usando la paleta gráfica y la herramienta **Texto**.

- El primer disfraz corresponde al número 3.
- El segundo disfraz corresponde al número 2.
- El tercer disfraz corresponde al número 1.

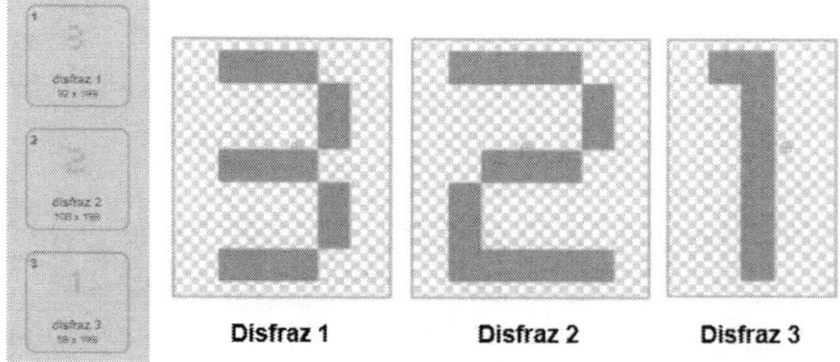

Observación

Para que los números se coloquen en el mismo lugar del escenario, anote el primer número, el 3, y haga una copia del disfraz para crear el siguiente disfraz. Simplemente, sustituya el número 3 por el 2. Siga el mismo procedimiento para crear el tercer disfraz.

3. El programa de los fondos

Este juego requiere la creación y el uso de dos variables.

- La variable **Puntuacion jugador**: para almacenar el número de naves alcanzadas por el jugador.
- La variable **Vidas del jugador**: para gestionar el número de vidas de las que dispone el jugador.
- Cuando es alcanzado por un disparo enemigo, el jugador pierde una vida.

El programa de los fondos consta de cuatro pilas de bloques. Se utilizan para:

- Inicializar las variables utilizadas en el juego.
- Reproducir un bucle de sonido continuo.
- Determinar si el jugador ha perdido.
- Manejar el cronómetro y determinar si se ha acabado el tiempo.

⇉ **al hacer clic en la bandera verde**

⇉ **cambiar fondo a Juego** // este fondo se utiliza para la introducción (durante la cuenta regresiva) y durante la fase de juego.

⇉ **dar a Puntuación jugador el valor 0** // se reinicia el contador de puntos.

⇉ **dar a Vidas del jugador el valor 3** // el jugador tiene tres vidas. Esto significa que no debe ser alcanzado más de tres veces por fuego enemigo.

⇉ **esconder variable Puntuacion jugador** // solo es visible al final de la partida si el jugador no ha perdido.

⇉ **al hacer clic en la bandera verde** // esta doble instrucción permite ejecutar dos programas simultáneamente.

⇉ **por siempre** // abrir un bucle de repetición para reproducir continuamente un bucle de sonido.

⇉ **tocar sonido Video Game 2 hasta que termine**

⇉ Cerrar el bucle de repetición.

Para añadir un sonido de la biblioteca:

⇉ En la pestaña **Sonidos** asociada a los fondos, seleccione **Elige un sonido** (1).

⇉ En la biblioteca, busque en la categoría **Bucles** (2) o escriba el archivo Video Game 2 en la ventana de búsqueda (3).

⇉ **al recibir Jugar** // este mensaje se envía cuando la cuenta regresiva ha terminado.

⇉ **por siempre** // abre un bucle de repetición. La condición colocada dentro prueba continuamente el valor de la variable Vidas del jugador hasta que su valor es 0.

⇉ **si Vidas del jugador = 0 entonces** // cuando el jugador no tiene más vidas, el juego ha terminado. Ha perdido.

⇉ **enviar Game Over**

⇉ **cambiar fondo a Game Over** // el final del juego se señala con un cambio de fondo.

⇉ **detener todos** // se detienen todos los scripts.

⇉ Cerrar la condición.

⇛ Cerrar el bucle de repetición.

⇛ **al recibir Cronómetro** // esta pila de bloques gestiona el cronómetro.

⇛ **reiniciar cronómetro** // para poner el cronómetro a cero. No se pone en marcha hasta que se completa la cuenta atrás. Se trata del cronómetro que incorpora Scratch.

⇛ **por siempre** // abrir un bucle de repetición.

⇛ **si cronómetro > 60 entonces** // el juego dura 60 segundos, pero puede cambiar este tiempo.

⇛ **cambiar fondo a Ganaste** // si el cronómetro se agota, significa que el jugador aún tiene vidas. Por lo tanto, ha ganado.

⇛ **enviar Fin del cronómetro** // este mensaje se envía para detener la ejecución de otros programas.

⇛ **mostrar variable Puntuacion jugador** // el jugador averigua cuántas naves enemigas ha alcanzado.

⇛ **detener todos** // se detienen todos los programas.

⇛ Cerrar la condición.

⇛ Cerrar el bucle de repetición.

Observación

Existen varias técnicas para utilizar un cronómetro. Presentamos otras en el capítulo Carreras de coches.

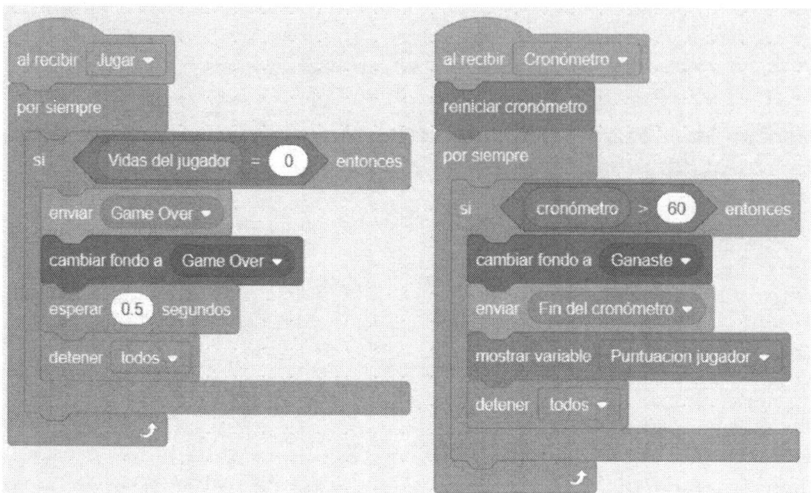

4. Los programas de los objetos

4.1 Programa de Cuenta regresiva

Cuando se inicia el juego, aparece en la pantalla una cuenta regresiva en forma de objeto. El juego no se inicia hasta que su programa ha terminado de ejecutarse.

⇉ **al hacer clic en la bandera verde**

⇉ **cambiar disfraz a disfraz 1** // este disfraz corresponde al número 3.

⇉ **mostrar**

⇉ **repetir 2** // abrir un bucle de repetición. Otros dos disfraces se sucederán en el escenario.

⇉ **esperar 1 segundos**

⇉ **siguiente disfraz** // este programa funciona si el orden de los disfraces es correcto.

⇉ Cerrar el bucle de repetición.

⇉ **esperar 1 segundos**

⇉ **esconder**

⇉ **enviar Jugar** // este mensaje se utiliza para lanzar la ejecución de programas para los distintos objetos del juego.

⇉ **enviar cronómetro** // este mensaje pone en marcha el cronómetro. El tiempo de juego es limitado.

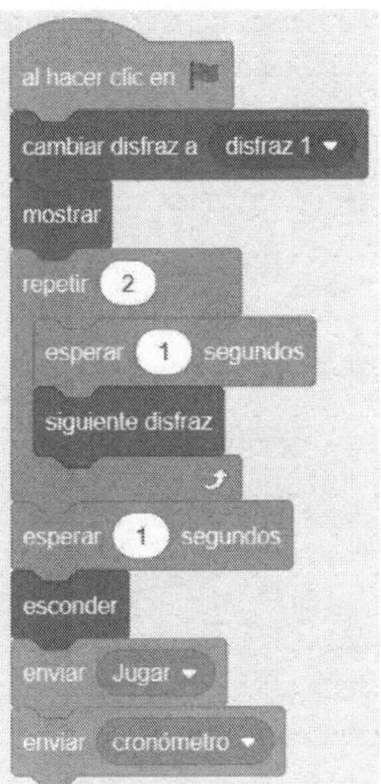

4.2 Programa de Jugador

El programa del objeto Jugador se compone de cuatro pilas de bloques.

Primera pila de bloques

Esta es la pila utilizada para establecer las características del objeto.

⇉ **al hacer clic en la bandera verde**

⇉ **apuntar en dirección 180** // como la nave se ha dibujado verticalmente, hay que colocarla horizontalmente, de cara a las naves enemigas.

⇉ **ir a x: -180 y: 0**

⇉ **fijar tamaño al 80 %** // este valor se da como guía, todo depende de sus objetos.

⇉ **cambiar disfraz a disfraz 1** // este es el disfraz que muestra la nave cuando no dispara.

⇉ **esconder** // Como el juego aún no ha comenzado, ningún elemento del juego es visible.

Segunda pila de bloques

Esta pila de bloques contiene los distintos algoritmos utilizados para mover la nave del jugador hacia arriba o hacia abajo, para disparar y para determinar si el jugador ha sido alcanzado por fuego enemigo. Su ejecución está sujeta a cuatro condiciones.

⇉ **al recibir Jugar** // este mensaje inicia el juego y sincroniza la ejecución de todos los scripts.

⇉ **mostrar** // la nave del jugador es visible en el escenario.

⇉ **por siempre** // abre un bucle de repetición que contiene cuatro condiciones.

Esta nave solo se desplaza hacia arriba y hacia abajo. Únicamente se modifica la coordenada y (valor positivo para ascenso, negativo para descenso).

Primera condición: dirigir la nave hacia arriba.

⇉ **si ¿tecla flecha arriba presionada? entonces**

⇉ **sumar a y 10**

⇉ Cerrar la primera condición.

Segunda condición: dirigir la nave hacia abajo.

⇉ **si ¿tecla flecha abajo presionada? entonces**

⇉ **sumar a y -10**

⇉ Cerrar la segunda condición.

Tercera condición: cambiar de disfraz cuando la nave del jugador dispara.

⇉ **si ¿tecla espacio presionada? entonces**

⇉ **cambiar disfraz a disfraz 2** // se usa la tecla [Espacio] para disparar. El objeto cambia de disfraz.

⇉ **esperar 0.1 segundos**

⇉ **cambiar disfraz a disfraz 1** // volver al disfraz original.

⇉ Cerrar la tercera condición.

Cuarta condición: determinar si el jugador ha sido alcanzado por uno de los proyectiles enemigos.

⇉ **si ¿tocando el color (color del disparo E-1 y disparo E-2)? entonces**

⇉ **sumar a Vidas del Jugador -1**// el valor de la variable **Vidas del Jugador** se decrementa en 1.

⇉ **esperar 1 segundos** // para evitar decrementar en 1 de nuevo.

⇉ Cerrar la cuarta condición.

⇉ Cerrar el bucle de repetición.

Observación

Para la cuarta condición, basada en el color de los láseres del enemigo, puede establecer esta condición:

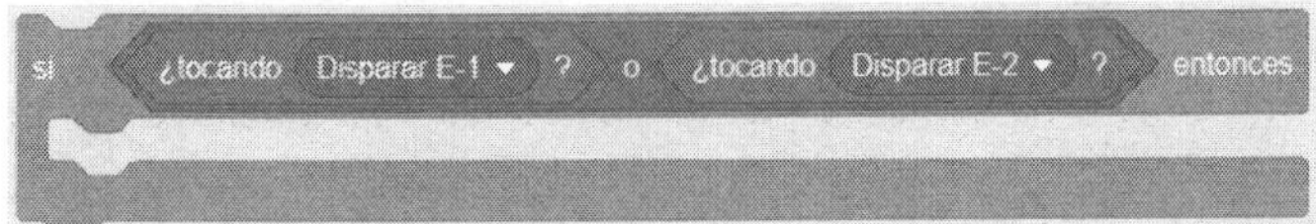

Tercera y cuarta pila de bloques

Las dos últimas pilas de bloques son comunes a los objetos utilizados durante la fase de juego. Se utilizan para eliminarlos del escenario cuando el juego ha terminado (Fin del cronómetro) o cuando el jugador ha perdido (Game Over).

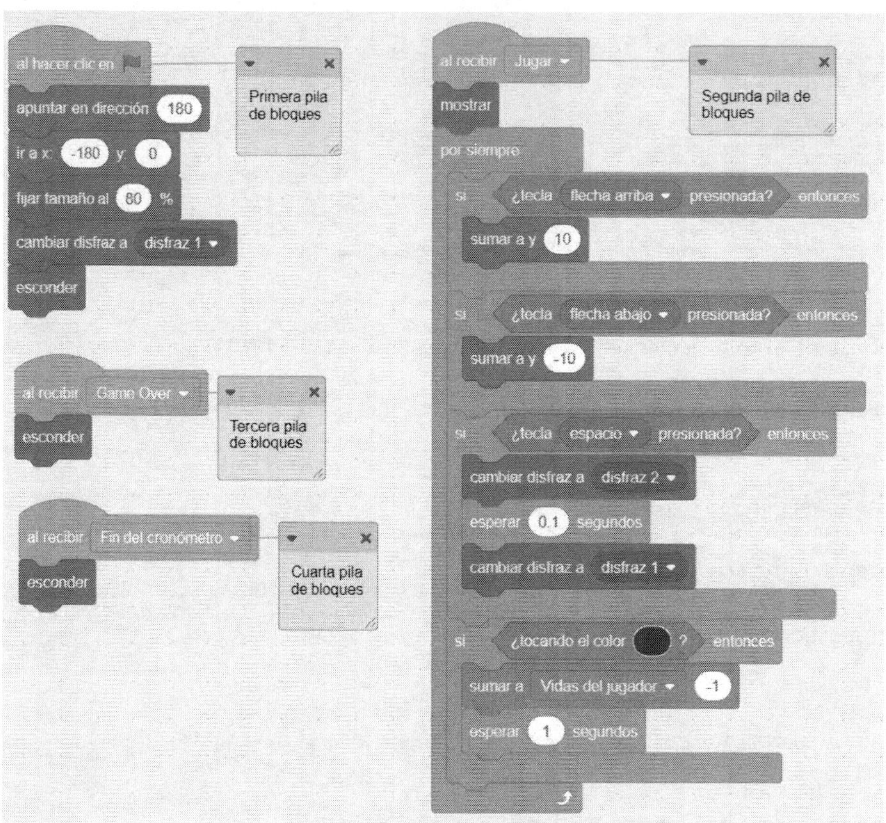

4.3 Programa de Laser jugador

El programa del láser del jugador se compone de cuatro pilas de bloques, dos de los cuales también están presentes en los scripts de los demás objetos.

Primera pila de bloques

Esta es la fase de inicialización. El objeto no es visible en la escena.

⇉ **al hacer clic en la bandera verde**

⇉ **fijar tamaño al 80 %** // este valor depende del tamaño de su objeto Jugador.

⇉ **esconder**

Segunda pila de bloques

Este es el algoritmo para disparar el láser con la tecla [Espacio] desde la nave del jugador.

⇉ **al presionar tecla espacio**

⇉ **ir a Jugador** // el láser se posiciona en el objeto Jugador para dar la impresión de que está siendo disparado desde la nave del jugador.

⇉ **mostrar** // el láser es visible.

⇉ **iniciar sonido Pew** // este sonido se ha importado de la biblioteca de sonidos.

⇉ **deslizar en 1 segs a x: 240 y: posición en y**: // el láser se dibuja a la derecha de la pantalla.

⇉ **esconder**

Tercera y cuarta pila de bloques

Las dos últimas pilas de bloques son comunes a los objetos utilizados durante la fase de juego. Se utilizan para eliminarlos del escenario cuando el juego ha terminado (Fin del cronómetro) o cuando el jugador ha perdido (Game Over).

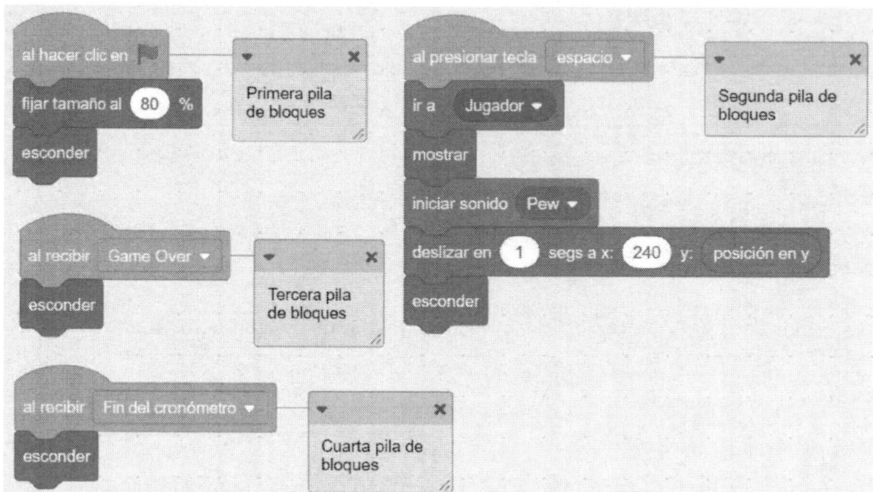

4.4 Programa de E-1 y E-2

El programa de las naves enemigas se compone de cinco pilas de bloques. Las dos primeras son comunes a los dos objetos E-1 y E-2, y las dos últimas son comunes a los demás objetos. La tercera presenta diferencias en cuanto a la colocación en el escenario y los tiempos de espera entre cada aparición.

Primera pila de bloques

- **al hacer clic en la bandera verde**
- **fijar tamaño al 110 %** // este valor depende del tamaño de sus objetos.
- **esconder**

Segunda pila de bloques

- **al recibir Jugar**
- **por siempre** // abre un bucle de repetición que contiene una condición utilizada para determinar si la nave enemiga ha sido alcanzada por el láser del jugador.
- **si ¿tocando Laser jugador? entonces**

⇉ **esconder** // si la nave enemiga es alcanzada por el láser del jugador, desaparece de la escena.

⇉ **sumar a Puntuacion jugador 1** // la variable Puntuacion jugador se incrementa en 1.

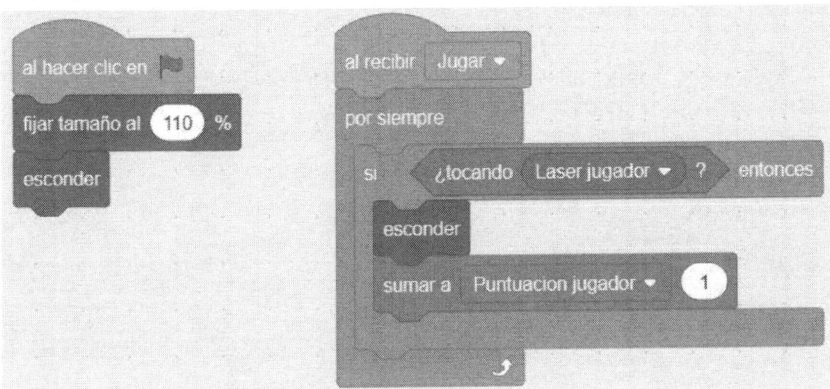

Tercera pila de bloques

Los valores de la tercera pila de bloques son diferentes entre los dos objetos.

⇉ **al recibir Jugar**

⇉ **por siempre** // abre un bucle de repetición. Contiene el algoritmo para hacer que la nave enemiga aparezca en el escenario de forma aleatoria en tiempo y espacio.

Posicionamiento:

⇉ **ir a x: 240 y: número aleatorio entre -125 y 0** // para el objeto E-1.

⇉ **O ir a x: 240 y: número aleatorio entre 25 y 120** // para el objeto E-2.

Apariencia aleatoria:

⇉ **esperar número aleatorio entre 1 y 2 segundos** // para el objeto E-1.

⇉ O **esperar número aleatorio entre 0.5 y 1.5 segundos** // para el objeto E-2.

⇉ **mostrar**

Mensaje de disparar:

⇉ **enviar Disparar E-1** // para objeto E-1.

⇉ **enviar Disparar E-2** // para objeto E-2.

⇉ **deslizar en 5 segs a x: -240 y: posición en y** // el objeto se mueve horizontalmente por el escenario hacia la izquierda. Su coordenada y no se modifica. Se almacena en el bloque **posición en y**.

⇉ **esconder**

⇉ Cerrar el bucle de repetición.

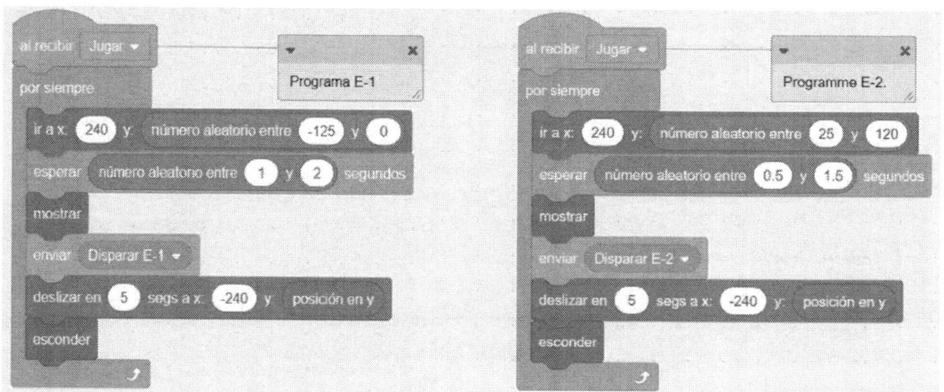

Tercera y cuarta pilas de bloques

Las dos últimas pilas de bloques son comunes a los objetos utilizados durante la fase de juego. Se utilizan para eliminarlos del escenario cuando el juego ha terminado (Fin del cronómetro) o cuando el jugador ha perdido (Game Over).

4.5 Programa de Disparar E-1 y Disparar E-2

Formado por cuatro pilas de bloques, el programa de estos dos objetos es prácticamente idéntico.

⇉ **al hacer clic en la bandera verde**

⇉ **esconder** // estos objetos no son visibles durante la fase de cuenta regresiva.

⇉ **al recibir Disparar E-1** // este mensaje es enviado por el objeto Disparar E-1.

⇉ O **al recibir Disparar E-2** // este mensaje es enviado por el objeto Disparar E-2.

⇉ **por siempre** // abre un bucle de repetición. Contiene el algoritmo para mover el proyectil.

⇉ **esperar número aleatorio entre 1 y 2 segundos** // este tiempo puede modificarse.

⇉ **ir a E-1** // para el objeto Disparar E-1.

⇉ o **ir a E-2** // para el objeto Disparar E-2.

⇉ **mostrar**

⇉ **iniciar sonido Oops** // este sonido ha sido importado de la biblioteca de sonidos.

⇉ **deslizar en 0.5 segundos a x: -240 y: posición en y**

⇉ **esconder**

⇉ Cerrar el bucle de repetición.

Como en los programas de los objetos anteriores, las dos últimas pilas de bloques son comunes a los objetos utilizados durante la fase de juego.

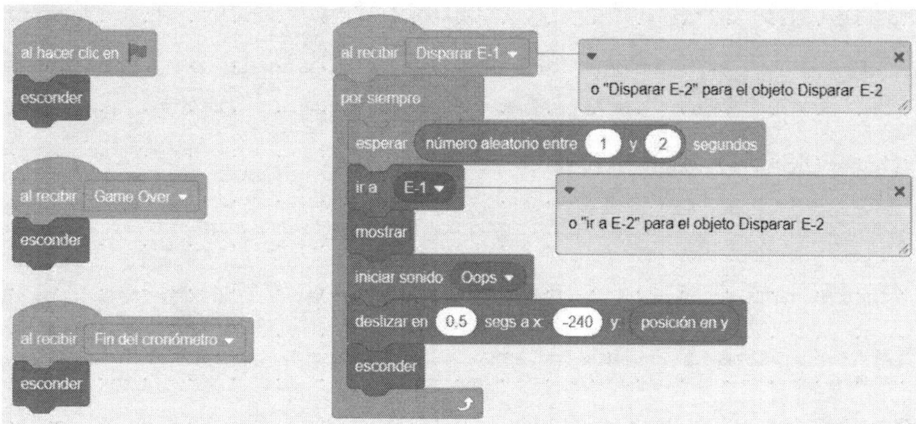

5. Conclusión

Este juego tiene una estructura minimalista, pero la banda sonora lo hace aún más atractivo. Al igual que en las películas, las pistas musicales influyen en el estado psicológico del jugador. Crean un ambiente.

Este juego puede mejorarse de varias maneras:

- Se pueden crear niveles adicionales con más enemigos a los que eliminar.
- Se pueden aplicar velocidades variables al movimiento de las naves enemigas.
- Las naves enemigas pueden cambiar de aspecto a medida que reciben impactos. En este caso, una variable gestiona el número de impactos y a cada valor se le asocia un disfraz diferente.
- Se puede añadir un jefe final, un enemigo más poderoso, al final de un nivel o de una partida. Puede adoptar la forma de una nave más grande, como la Estrella de la Muerte, si quiere mantener una temática inspirada en Star Wars.
- El jugador puede disponer de varios tipos de proyectiles en cantidad limitada.

Las posibilidades son infinitas.

Capítulo 12
Juegos de puntería

1. Introducción

Los juegos de puntería generalmente requieren cierta velocidad y destreza por parte del jugador. En este capítulo, creará dos juegos que le permitirán abordar los aspectos específicos de los juegos de puntería, como las bonificaciones, el uso de un cronómetro y la aparición aleatoria de objetivos.

2. Visor

Este proyecto puede descargarse del sitio web de Ediciones ENI con el nombre *Juegos de puntería.sb3*.

Objetivo: este juego consiste en disparar lo más rápido posible a ocho objetivos que aparecen y desaparecen aleatoriamente en el escenario. Este proyecto utiliza un cronómetro para medir el tiempo de cada jugador. Con el fin de comparar los tiempos de los jugadores, se utiliza una lista para almacenar los nombres de los jugadores y el resultado de su cronómetro.

Competencias desarrolladas:

- Saber integrar un cronómetro.
- Aprender a gestionar una lista para registrar puntuaciones.
- Programar una tecla del teclado para iniciar un juego.
- Utilizar el ratón como joystick y asociarle un objeto.

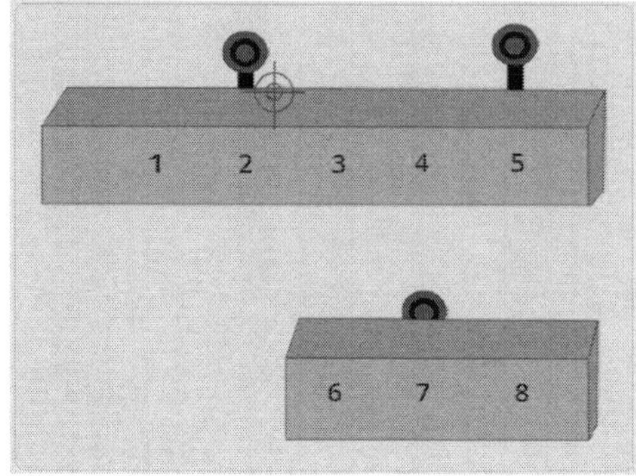

2.1 Diseño gráfico

Este juego requiere la creación de doce objetos, ocho de los cuales son idénticos. Estos son los objetivos que el jugador debe golpear lo más rápidamente posible con el ratón.

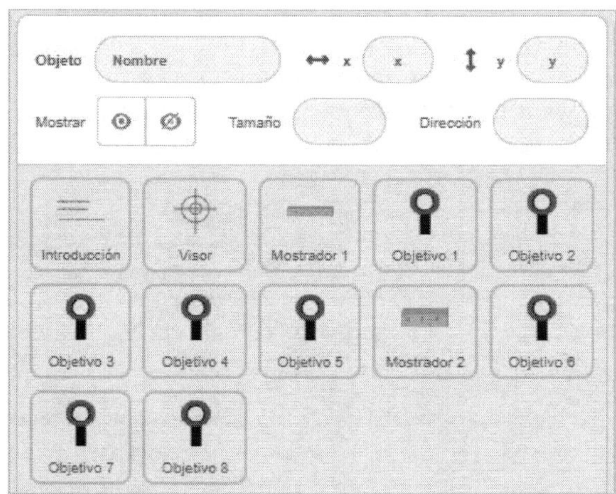

El objeto Introducción

Son las instrucciones de juego que aparecen al iniciar el programa (una partida). Se han creado en forma de objeto con dos disfraces, pero podrían haberse escrito directamente sobre un fondo.

El disfraz 1 aparece cuando se inicia el programa por primera vez, es decir, cuando se pulsa la bandera verde.

El disfraz 2 se muestra para iniciar una nueva partida después de que todos los objetivos hayan sido alcanzados por un jugador.

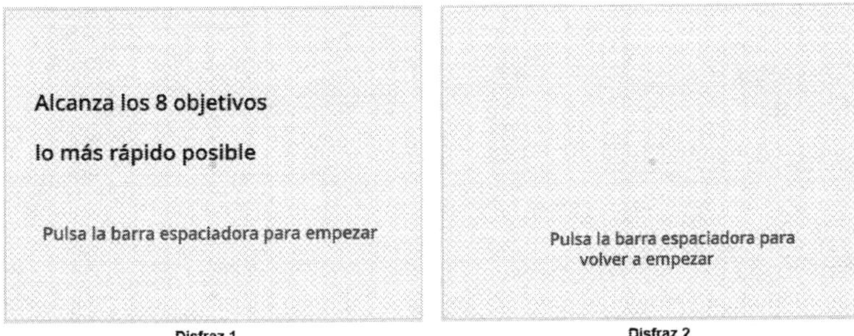

El objeto Visor

Este objeto es un visor. Se ha dibujado con las herramientas **Círculo** y **Línea** de la paleta gráfica. Su centro está situado en el centro del lienzo. Durante la fase de juego, este objeto se sitúa sobre el ratón y sigue todos sus movimientos. El ratón se utiliza como un joystick para disparar a los objetivos haciendo clic sobre ellos.

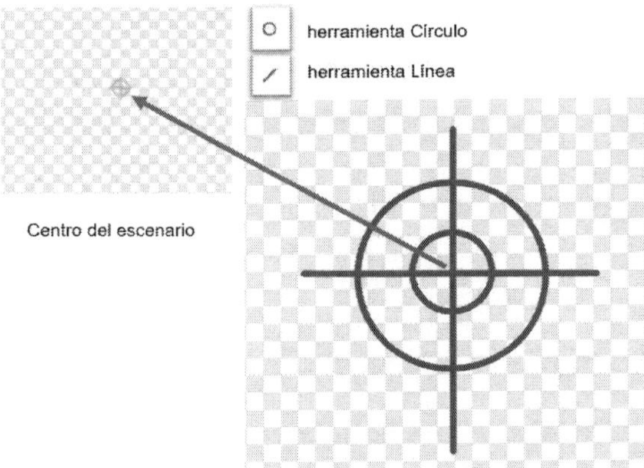

Los objetos Mostrador 1 y Mostrador 2

Estos dos objetos corresponden a dos mostradores de campo de tiro detrás de los cuales aparecen y desaparecen los blancos de forma aleatoria.

Estos dos mostradores se han dibujado con la herramienta **Rectángulo** y la herramienta **Volver a dar forma**. Los números (del 1 al 8) se han escrito en los frontales utilizando la herramienta **Texto**. Estos números se colocan donde están los objetivos. Hay ocho en total.

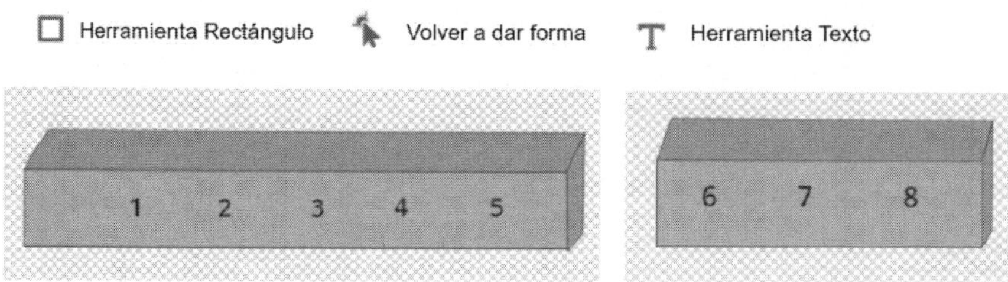

Los objetos Objetivo 1 a 8

Los ocho objetivos son idénticos. Simplemente dibuje uno (usando la herramienta **Círculo** y la herramienta **Rectángulo**) y luego duplíquelo. Este objeto tiene dos disfraces:

- El primer disfraz corresponde a un objetivo que no ha sido alcanzado.
- El segundo disfraz es una copia del primero (para copiar, haga clic con el botón derecho en la miniatura y elija **duplicar**). Aparece cuando el objetivo es alcanzado por el jugador. Se ha hecho un agujero en el centro del objetivo con la herramienta **Borrador** para indicar que ha sido «agujereado».

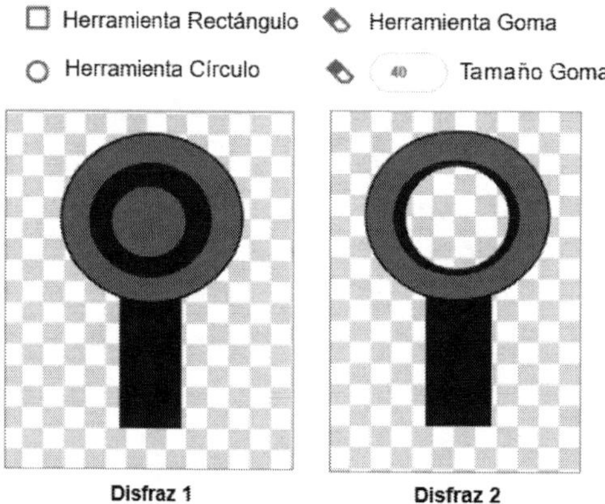

Una vez creado un objeto Objetivo:

⇉ Haga clic con el botón derecho en su miniatura en la ventana de objetos y seleccione **duplicar** para hacer una copia.

⇉ Repita la operación tantas veces como sea necesario, en función del número de objetivos requeridos.

Observación

Puede esperar hasta haber escrito el programa del objetivo antes de hacer las copias. Esto se debe a que, cuando duplica un objeto, sus disfraces y programas también se duplican. Los ocho objetivos tienen programas prácticamente idénticos. La única diferencia son sus coordenadas en el escenario.

2.2 El programa

2.2.1 Elementos necesarios

Este proyecto requiere la creación de dos variables y una lista.

La variable Score

Cada vez que se alcanza un objetivo, esta variable se incrementa en 1 punto. Cuando el número de puntos es igual a 8, el juego termina (todos los objetivos han sido alcanzados).

Para crear una variable:

⇉ En la paleta de bloques, seleccione la categoría **Variables** y haga clic en **Crear una variable**.

⇉ El nombre de esta variable debe introducirse en la ventana **Nueva variable**.

⇉ Confirme pulsando **Aceptar**: la nueva variable y sus bloques asociados se han creado.

La variable Cronómetro

Se utiliza para almacenar el valor del cronómetro integrado en Scratch (categoría **Sensores**) cuando el jugador ha alcanzado los ocho objetivos.

La lista de jugadores

Al principio de la partida, cuando se pulsa la tecla [Espacio], se solicita el nombre del jugador para almacenarlo en la lista. Al final de la partida, el cronómetro resultante se inserta después del nombre. Para reiniciar una partida y no vaciar la lista, basta con pulsar de nuevo la tecla [Espacio], y no la bandera verde, que vacía la lista.

Para crear una lista:

⇒ En la paleta de bloques, seleccione la categoría **Variables** y haga clic en **Crear una lista**.

⇒ El nombre de esta lista debe introducirse en la ventana **Nombre de la lista** que se ha abierto.

⇒ Confirme haciendo clic en **Aceptar**: se crean la nueva lista y sus bloques asociados.

2.2.2 Programa de Introducción

El objeto Introducción consiste en dos disfraces que explican cómo funciona el juego y tres pilas de bloques. Se utiliza al principio del juego, cuando se pulsa la bandera verde. También se utiliza al final del juego para indicar al jugador cómo reiniciar el juego (y así mantener los resultados de los jugadores almacenados en la lista).

Primera pila de bloques

Si guarda las puntuaciones de las distintas partidas, esta pila de bloques solo se utiliza una vez.

⇒ **al hacer clic en la bandera verde**

⇒ **cambiar a disfraz disfraz1** // este es el disfraz que presenta las reglas del juego.

⇒ **mostrar**

⇒ **esconder lista jugador**

⇒ **eliminar todos de jugador** // al abrir de nuevo este programa y hacer clic en la bandera verde, la lista se pone a cero.

Observación

Si quiere conservar los resultados de todas las partidas, tiene que borrar el bloque, eliminar todas las partidas de la lista de jugadores y, cada vez que cierre el programa, volver a guardarlo (sobrescribiendo el archivo antiguo o cambiándole el nombre Juego de puntería 1, Juego de puntería 2, etc.).

Segunda pila de bloques

Se utiliza para reiniciar una partida sin utilizar la bandera verde, que borra la lista.

⇉ **al presionar tecla espacio** // esta acción reinicia una partida sin vaciar la lista de jugadores (mientras que al pulsar la bandera verde se pone a cero la lista de jugadores y resultados).

⇉ **esconder**

⇉ **mostrar lista jugador** // la lista de jugadores es visible.

⇉ **preguntar Nombre del jugador y esperar** // un mensaje pide al jugador que introduzca su nombre en la casilla de entrada.

⇉ **añadir respuesta a jugador** // este nombre se añade a la lista.

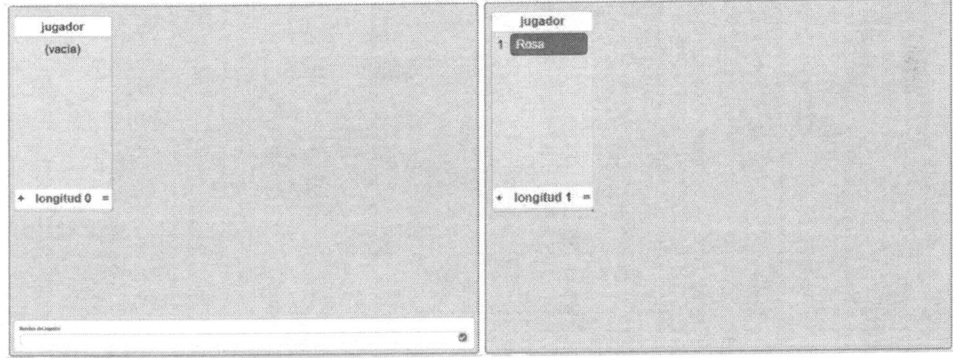

⇉ **esconder lista jugador** // la lista se oculta durante el juego.

⇉ **enviar Disparar** // este mensaje significa el inicio del juego. Ahora se ejecutará el programa del cronómetro y el de los objetivos.

Tercera pila de bloques

Se ejecuta cuando se envía un mensaje que indica el final del juego, es decir, cuando se han alcanzado los ocho objetivos. Se muestra un objeto en el escenario para explicar cómo reiniciar el juego.

⇉ **al recibir Fin** // este mensaje se envía cuando el valor de la variable Score es igual a 8.

⇉ **cambiar disfraz a disfraz2** // para mostrar las instrucciones para reiniciar una partida («Pulsa la tecla [Espacio]»).

⇉ **mostrar**

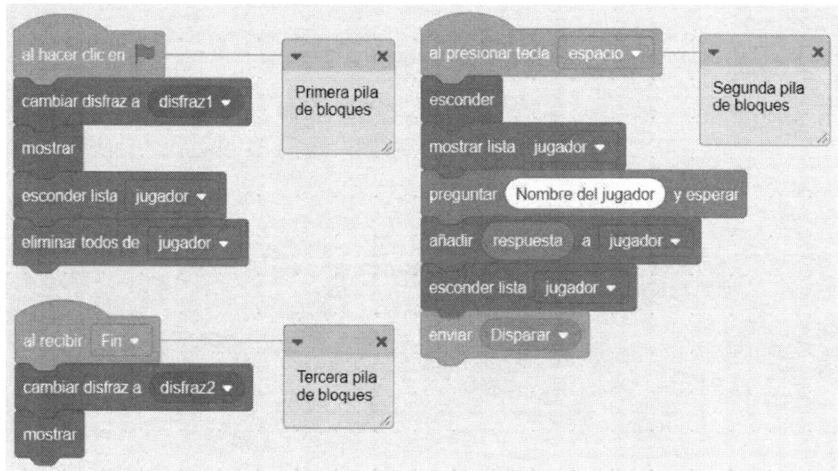

2.2.3 Programa de Visor

Al igual que los demás objetos, el visor no es visible al iniciar el programa.

⇉ **al hacer clic en la bandera verde**

⇉ **esconder**

El visor se encuentra en la punta del ratón y se desplaza por el escenario para acertar a los objetivos. Se considera que se ha alcanzado un objetivo cuando se cumplen tres condiciones:

- El visor debe tocarlo.
- El visor debe tocar el rojo del objetivo.
- El ratón tiene que estar pulsado.

Esta triple condición se inserta ocho veces en un bucle de repetición. Este número corresponde al número de objetivos. El programa comprueba continuamente si se han alcanzado los ocho objetivos.

⇉ **al recibir Disparar** // este mensaje se utiliza para señalar el inicio de una partida. Se envía una vez que el jugador ha pulsado la tecla [Espacio] y ha introducido su nombre.

⇉ **dar a Score el valor 0** // se reinicia la variable utilizada para contar el número de objetivos alcanzados.

⇉ **ir a capa delantera** // para evitar que el visor quede oculto por los otros objetos del programa.

⇉ **mostrar**

⇉ **por siempre** // abre un bucle de repetición. Contiene el bloque para mover este objeto según los movimientos del ratón, así como las ocho condiciones utilizadas para determinar qué objetivo ha sido alcanzado por el jugador.

⇉ **ir a puntero del ratón** // permanentemente, el objeto Visor sigue los movimientos del ratón.

Primera condición que pone a prueba el objetivo 1 (las ocho condiciones se construyen de la misma manera, solo cambia el número del objetivo):

⇉ **si ¿tocando Objetivo 1** (o 2 o 3...)? **y ¿tocando el color (color del objetivo)? y ¿ratón presionado? entonces**

⇉ **enviar Objetivo 1** (o 2 o 3...) // este mensaje se envía a todos los objetos, pero solo el objeto con el bloque **al recibir ()** correspondiente ejecutará un programa específico.

⇉ **sumar a Score 1**

⇉ **esperar 0.2 segundos**

⇉ Cerrar la condición. Las otras siete condiciones se enganchan debajo.

⇉ Cerrar el bucle de repetición.

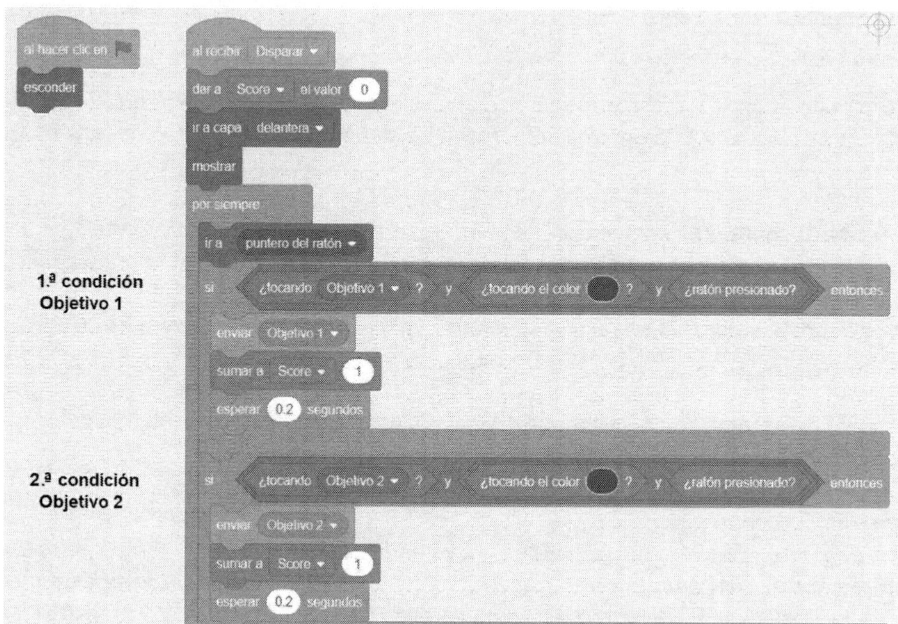

seis otras condiciones siguientes

2.2.4 Programa de Objetivo 1 a 8

El programa de los ocho objetivos es idéntico. Solo sus coordenadas en el escenario son diferentes.

Cuando se lanza el programa, los objetivos y los mostradores tras los que se ocultan no son visibles.

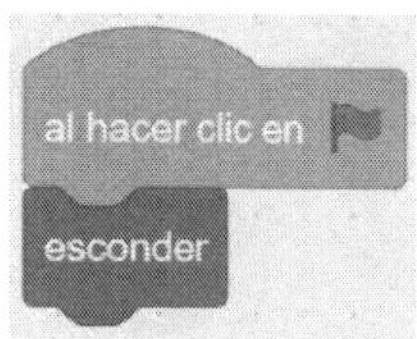

Los objetivos aparecen aleatoriamente en el escenario en función del tiempo. Sin embargo, su posición es fija.

⇉ **al recibir Disparar** // este mensaje se utiliza como señal para iniciar el juego. Se envía una vez que el jugador ha pulsado la tecla [Espacio] y ha introducido su nombre.

⇉ **esconder**

⇉ **ir a x () y: ()** // los valores insertados en este bloque son diferentes dependiendo del objetivo.

- Objetivo 1: ir a x: -70 y: 105
- Objetivo 2: ir a x: 0 y: 105
- Objetivo 3: ir a x: 70 y: 105
- Objetivo 4: ir a x: 140 y: 105
- Objetivo 5: ir a x: 210 y: 105
- Objetivo 6: ir a x: 70 y: -75
- Objetivo 7: ir a x: 140 y: -75
- Objetivo 8: ir a x: 210 y: -75

⇉ **cambiar disfraz a disfraz1** // este es el disfraz que representa el objetivo entero.

⇉ **mostrar**

⇉ **ir a capa trasera** // para dar la impresión de que el objetivo sale del mostrador.

⇉ **por siempre** // abre un bucle de repetición. Contiene el algoritmo para hacer que el objetivo aparezca y desaparezca aleatoriamente a lo largo del tiempo.

⇉ **esperar número aleatorio entre 2 y 4 segundos**

⇉ **deslizar en número aleatorio entre 0.5 y 1 segs a x: posición en x y: posición en y + 60** // la coordenada x del objetivo no cambia. Se mueve verticalmente. Cuando se añade un valor positivo a la coordenada y del objetivo, este se mueve hacia arriba y sale gradualmente del mostrador.

⇉ **esperar número aleatorio entre 0.2 y 1 segundos**

⇉ **deslizar en número aleatorio entre 0.5 y 1 segs a x: posición en x y: posición en y - 60** // se utiliza una resta para bajar el objetivo. Vuelve detrás del mostrador. Es el mismo valor que el sumado.

⇉ Cerrar el bucle de repetición.

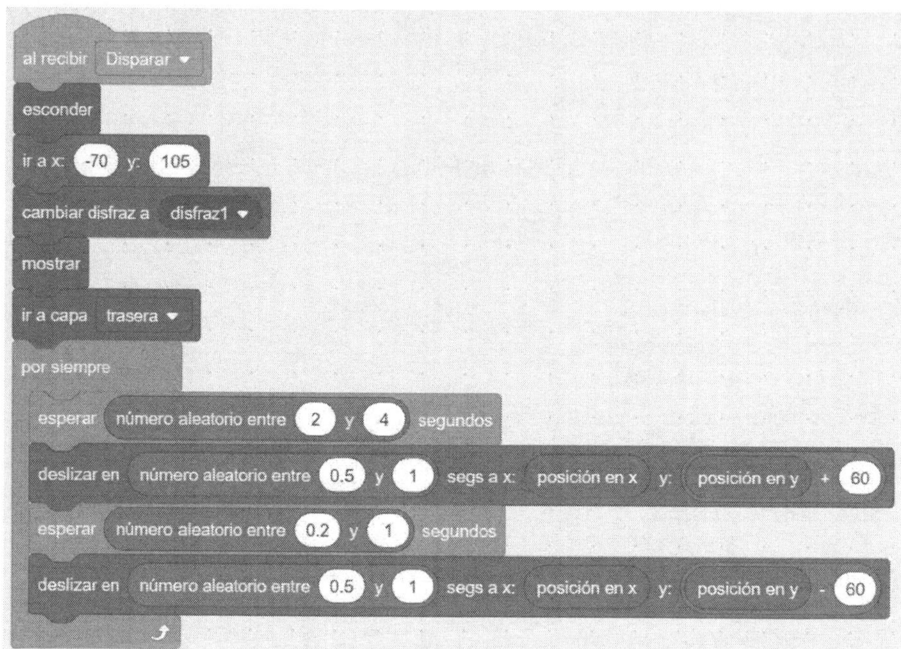

Cuando el jugador alcanza uno de los objetivos con el visor, se envía un mensaje específico para cada objetivo (**Objetivo** seguido del número de objetivo) para indicar:

- el cambio de disfraz.
- el final de la ejecución del algoritmo utilizado para subir y bajar el objetivo.

⇉ **al recibir Objetivo 1** // el número cambia dependiendo del objetivo.

⇉ **cambiar disfraz a disfraz 2** // este es el disfraz con un agujero en el centro del objetivo.

⇉ **detener otros programas en el objeto** // el objetivo ya no se mueve.

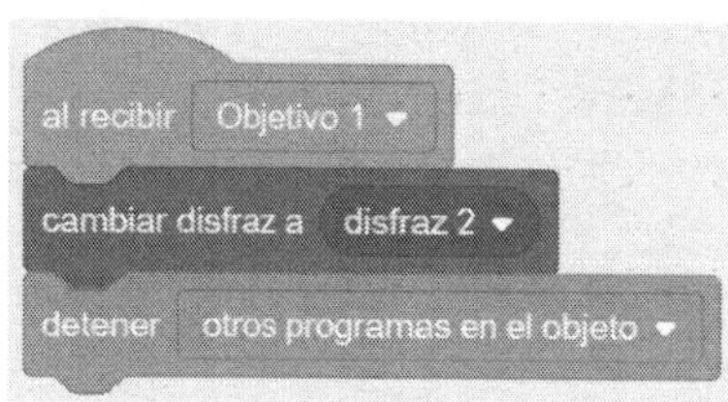

2.2.5 Programa de Mostrador 1 y Mostrador 2

Los objetos Mostrador 1 y Mostrador 2 tienen el mismo programa. Solo son visibles durante las fases de juego, es decir, cuando reciben el mensaje Disparar.

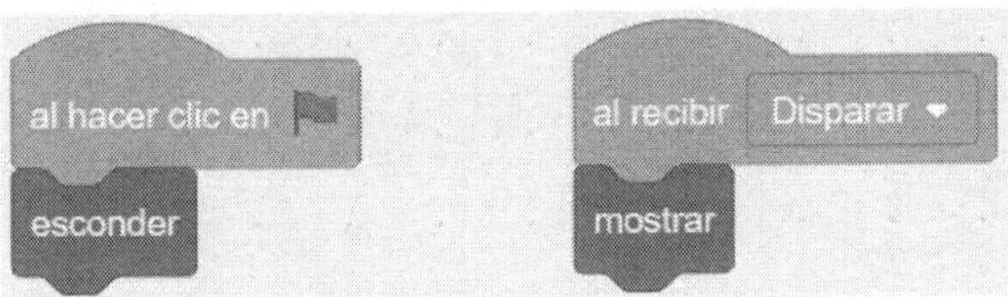

3. Latas en el desierto

Este proyecto puede descargarse del sitio web de Ediciones ENI, con el nombre de *Latas en el desierto.sb3.*

Objetivo: el objetivo del juego es disparar al mayor número posible de latas en un tiempo limitado. Se pueden obtener bonificaciones de tiempo.

Competencias desarrolladas: uso de un cronómetro, creación de bonus.

3.1 Diseño gráfico

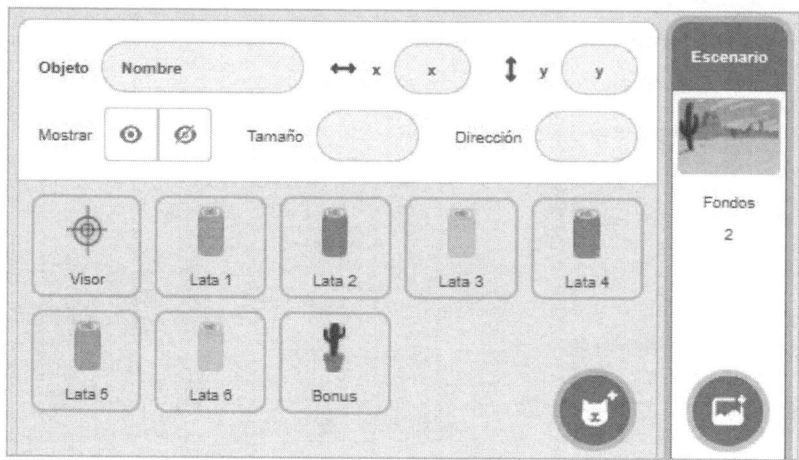

Los objetos

Este juego requiere la creación de ocho objetos.

Un objeto Visor: es el mismo objeto que se ha utilizado en el juego anterior. Se mueve con el ratón. Sirve para disparar a las latas pulsando sobre ellas con el ratón.

Seis objetos Lata (numerados del 1 al 6): todos tienen el mismo programa. Las latas aparecen aleatoriamente y desaparecen al pulsarlas con el ratón. Cada lata tocada da un punto.

Un objeto Bonus: en forma de cactus rojo en una maceta. Aparece al azar y le permite obtener una bonificación de tiempo, también al azar. Para ello, haga doble clic sobre él.

Fondos

Este juego utiliza dos fondos.

El primero, importado de la biblioteca, es un dibujo de un desierto. Es el fondo sobre el que se desarrollará el juego.

El segundo es un simple fondo que dice «Tiempo terminado»: el juego ha terminado. Este fondo se muestra cuando el cronómetro llega a 0. A continuación, se envía un mensaje a todos los objetos y se muestra el fondo de tiempo terminado.

Fondo desierto

Fondo Tiempo terminado

3.2 El programa

Este proyecto requiere la creación de tres variables.

Variable **Cronómetro**: cada partida dura 30 segundos, a menos que haya una bonificación de tiempo. Al final de los 30 segundos, el juego se detiene.

Variable **Bonus**: para conseguir tiempo extra, el jugador debe hacer clic dos veces en el objeto Bonus (el cactus). Esto le dará 5 segundos extra.

Variable **Puntuación**: cada vez que el jugador hace clic en una lata, se añade un punto a la puntuación.

3.2.1 El programa de Visor

El programa del objeto Visor consiste en una sola pila de bloques. Comienza inicializando los distintos parámetros.

⇉ **al hacer clic en la bandera verde**

⇉ **cambiar fondo a desierto**

⇉ **dar a Puntuación el valor 0** // la puntuación se reinicializa.

⇉ **dar a Bonus el valor 0** // el bonus se reinicializa.

⇉ **dar a Cronómetro el valor 30** // Al principio del juego, los jugadores tienen 30 segundos para golpear tantas latas como sea posible.

⇉ **ir a capa delantera** // para evitar que el visor quede oculto por otro objeto.

⇉ **mostrar**

El resto del programa es un bucle de repetición que contiene:

- El algoritmo para mover el objeto Visor según el ratón y posicionarlo en su punto.
- El programa de gestión del cronómetro. Su valor disminuye cada segundo.

⇉ **por siempre** // abrir un bucle de repetición.

⇉ **ir a puntero del ratón** // el objeto se posiciona permanentemente en las coordenadas del puntero del ratón, en tiempo real.

⇉ **esperar 0.1 segundos**

⇉ **sumar a Cronómetro -0.1** // estos dos bloques se utilizan para crear un cronómetro.

⇉ **si Cronómetro < 0 entonces** // esto significa que el tiempo de juego ha terminado.

⇉ **enviar Tiempo terminado**

⇉ **esconder variable Cronómetro**

⇉ **cambiar fondo a Tiempo terminado** // cuando el juego termina, se cambia el fondo.

⇉ **esconder** // este objeto (como los otros objetos) deja de ser visible en el escenario cuando el juego termina.

⇉ Cerrar el bucle de repetición.

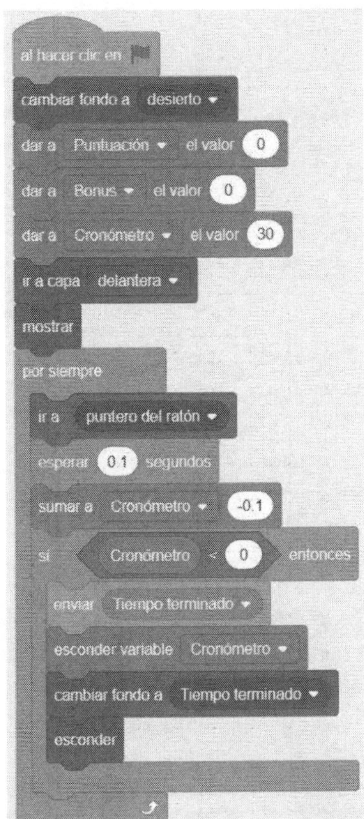

3.2.2 Programa de Lata 1 a 6

Todas las latas tienen el mismo programa. La única diferencia es el bloque que se utiliza para colocarlas de forma absoluta en el escenario.

Primera pila de bloques

⇉ **al hacer clic en la bandera verde**

⇉ **ir a x: -100 y: -110** // lata 1.

Las coordenadas de las otras cinco latas son diferentes:

- **ir a x: 50 y: -75** // lata 2
- **ir a x -40 y: -10** // lata 3
- **ir a x: -135 y: 0** // lata 4
- **ir a x: 185 y: -110** // lata 5
- **ir a x: 135 y: -10** // lata 6

⇉ **esconder**

⇉ **esperar número aleatorio entre 1 y 2 segundos** // las latas se muestran aleatoriamente en el escenario. Este tiempo se da como ejemplo y puede modificarse.

⇉ **repetir hasta que Cronómetro < 0** // abrir un bucle de repetición. La ejecución del algoritmo en este bucle se detiene cuando el cronómetro es menor que 0. Esto significa que el juego ha terminado.

⇉ **mostrar**

⇉ **si ¿tocando Visor? y ¿ratón presionado? entonces** // si la lata es tocada por el Visor posicionado en el ratón del ordenador y se pulsa el ratón, el jugador se anota un punto.

⇉ **sumar a Puntuación 1**

⇉ **esconder** // la lata tocada por el jugador deja de ser visible en el escenario.

⇉ **esperar número aleatorio entre 2 y 4 segundos** // la lata deja de ser visible en el escenario durante un tiempo aleatorio y luego reaparece.

⇉ Cerrar la condición.

⇉ Cerrar el bucle de repetición.

```
al hacer clic en 
ir a x: -100 y: -110
esconder
esperar número aleatorio entre 1 y 2 segundos
repetir hasta que Cronómetro < 0
    mostrar
    si ¿tocando Visor ? y ¿ratón presionado? entonces
        sumar a Puntuación 1
        esconder
        esperar número aleatorio entre 2 y 4 segundos
```

Segunda pila de bloques

Cuando se acaba el tiempo, es decir, cuando el cronómetro está a cero, las latas ya no son visibles en el escenario porque el juego ha terminado.

⇉ **al recibir Tiempo terminado**

⇉ **esconder**

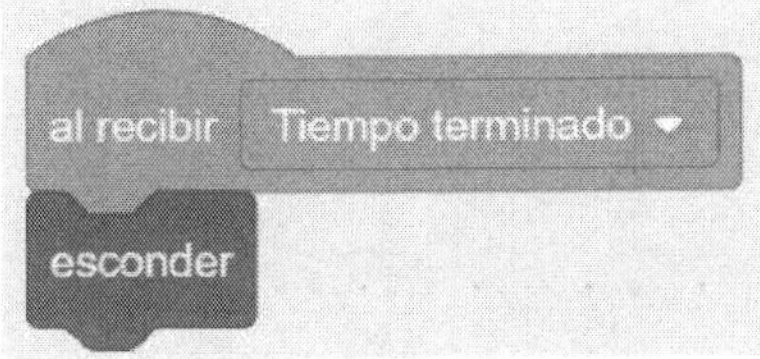

3.2.3 Programa de Bonus

El programa del objeto Bonus (el cactus) está formado por tres pilas de bloques.

Primera pila de bloques

Controla la aparición del objeto Bonus en el escenario y cuánto tiempo se muestra. Durante una partida, este objeto solo puede aparecer cinco veces.

⇉ **al hacer clic en la bandera verde**

⇉ **ir a x: -225 y: -105**

⇉ **esconder variable Cronómetro**

⇉ **esconder**

⇉ **esperar 1 segundos**

⇉ **mostrar variable Cronómetro**

⇉ **repetir 5** // abrir un bucle de repetición. El programa de este bucle se repetirá cinco veces.

⇉ **esperar número aleatorio entre 5 y 10 segundos** // el objeto Bonus aparece en el escenario de forma aleatoria.

⇉ **mostrar**

⇉ **esperar número aleatorio entre 2 y 4 segundos** // permanece visible en el escenario de forma aleatoria.

⇉ **esconder**

⇉ Cerrar el bucle de repetición.

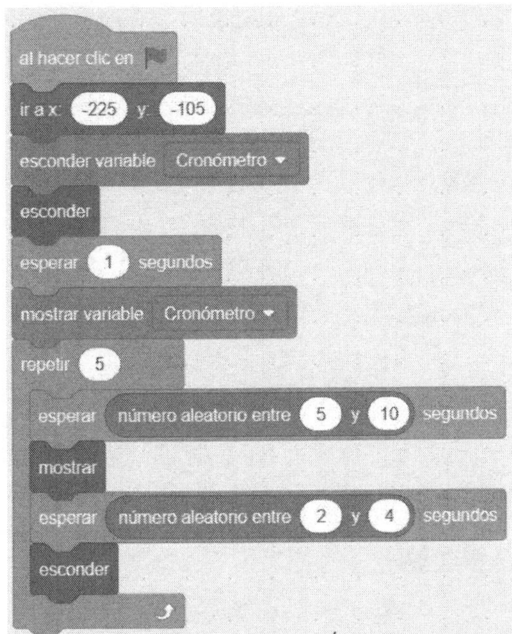

Segunda pila de bloques

Este es el algoritmo utilizado para determinar si el jugador ha hecho clic en este objeto y, por tanto, ha adquirido un punto de bonificación. Cuando el jugador ha ganado dos puntos de bonificación, el temporizador se incrementa en 5 segundos.

⇉ **al hacer clic en la bandera verde**

⇉ **por siempre** // abre un bucle de repetición. Contiene dos condiciones.

Primera condición: determinar si el jugador ha hecho clic en el objeto Bonus y, por tanto, ha obtenido un punto de bonificación.

⇉ **si ¿tocando Visor? y ¿ratón presionado? entonces**

⇉ **sumar a Bonus 1**

⇉ **esconder**

⇉ Cerrar la primera condición.

Segunda condición: determinar si el valor de la variable Bonus es igual a 2. En este caso, el temporizador se incrementa en 5 (segundos).

- **si Bonus = 2 entonces**
- **sumar a Cronómetro 5** // el tiempo restante del cronómetro se incrementa en 5 (segundos).
- **dar a Bonus el valor 0**// la variable Bonus se pone a cero.
- Cerrar la segunda condición.
- Cerrar el bucle de repetición.

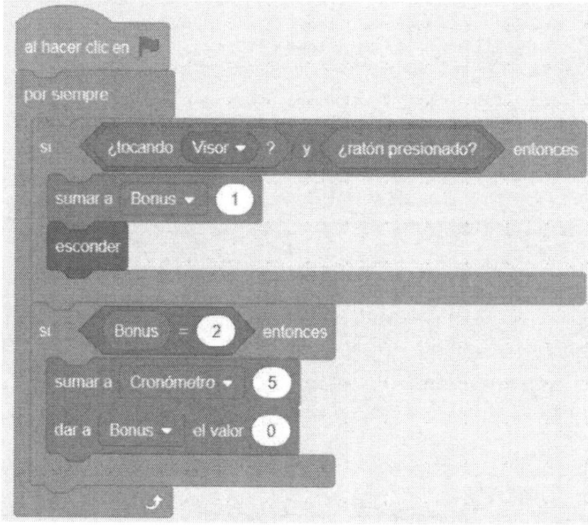

Tercera pila de bloques

Consiste en ocultar el objeto Bonus del escenario cuando se acaba el tiempo.

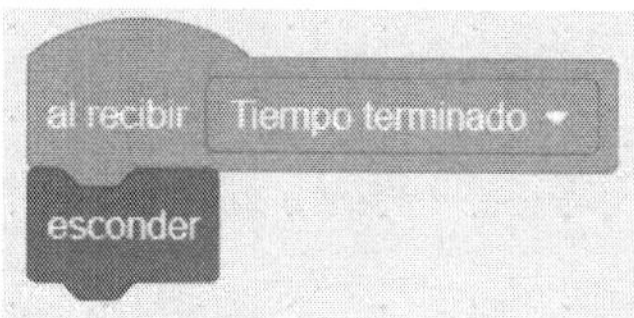

3.2.4 Programa de los fondos

Este proyecto utiliza dos fondos, uno para la fase de juego y otro cuando el juego termina.

⇉ **al hacer clic en la bandera verde**

⇉ **cambiar fondo a desierto**

⇉ **al recibir Tiempo terminado** // este mensaje se envía cuando el cronómetro está a cero.

⇉ **cambiar fondo a Tiempo terminado.**

⇉ **detener todos** // se detienen todos los programas del proyecto.

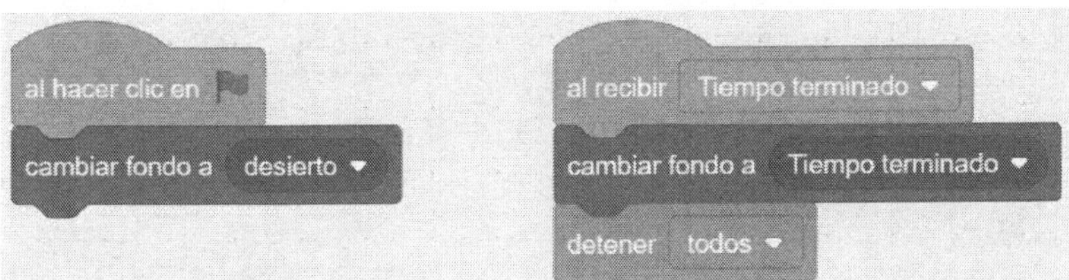

4. Conclusión

Estos dos proyectos utilizan elementos característicos de los juegos basados en dianas, como una mira o visor, objetivos que no son fijos, bonificaciones y un cronómetro. Estos elementos pueden utilizarse para otros tipos de juegos, en particular los de disparos.

Parte 3
Extensiones de Scratch 3

Capítulo 13
La extensión Lápiz

1. Introducción

Cada objeto dispone de un lápiz que le permite dejar un trazo mientras se mueve. La punta del lápiz se sitúa en el centro del disfraz.

Tras descubrir los bloques que permiten modificar el tamaño, el color y la intensidad del trazo del lápiz, en este capítulo creará programas para hacer que un objeto ejecute diversas formas geométricas. Estos programas le permitirán probar los distintos bloques Lápiz.

Para hacer más elocuente el uso del lápiz y sus posibilidades, a lo largo de este capítulo se ofrecen, a modo de ejemplo, programas de prueba de los bloques.

2. Los bloques Lápiz

Los nueve bloques **Lápiz** se utilizan para dibujar en el escenario con un objeto o con el ratón. Los bloques permiten controlar el color y el grosor del trazo.

2.1 Las funcionalidades

A diferencia de Scratch 2, los bloques utilizados para controlar el lápiz no están disponibles por defecto en la paleta de bloques. Son objeto de una extensión separada. Para visualizar los bloques:

⇉ Seleccione **Añadir extensión** .

⇉ Seleccione la extensión **Lápiz** (1).

Los bloques que pueden utilizarse para el lápiz aparecen ahora en la paleta de bloques (2). Y se ha creado una nueva categoría, denominada **Lápiz** (3).

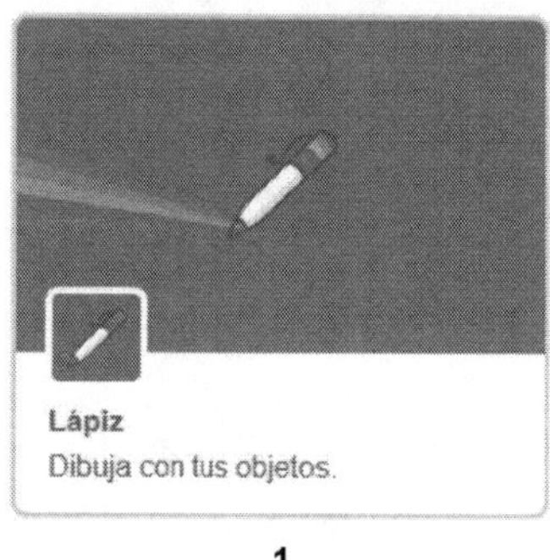

1

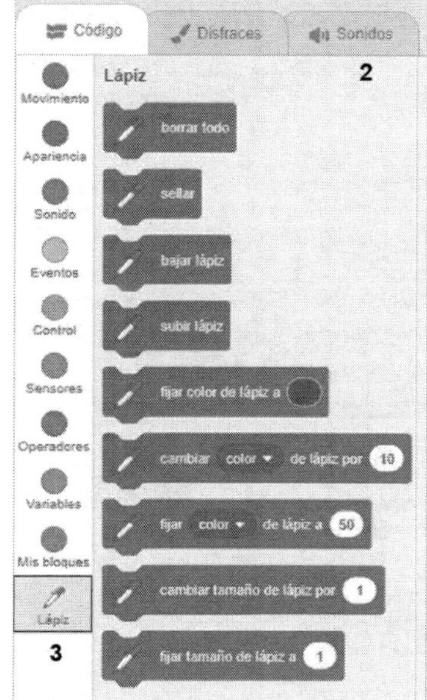

Este bloque borra lo que ha sido dibujado por el lápiz de objetos y solo lo que ha sido dibujado con él. No borra el escenario ni los objetos que haya en él.

Al iniciar un programa que utilice la extensión Lápiz, recuerde colocar este bloque durante la fase de inicialización.

Este bloque se utiliza para levantar el lápiz. El objeto no deja rastro cuando se mueve.

Ejemplos de uso

En un programa que utilice el lápiz, es importante inicializar los elementos borrando todo y levantando el lápiz.

⇛ **al hacer clic en la bandera verde** // para iniciar la lectura del programa.

⇛ **borrar todo** // si se han trazado dibujos durante un uso previo del proyecto, estos serán eliminados para volver a empezar desde un escenario en blanco.

⇛ **subir lápiz** // el lápiz no está en la posición de escritura, por lo que el objeto se puede mover a la posición deseada en el escenario para empezar a dibujar.

Este bloque se utiliza para poner el lápiz del objeto en posición de escritura. Cuando el objeto se mueve, deja un rastro.

Cuando utilice el lápiz, le recomiendo crear una serie de instrucciones para levantarlo utilizando una tecla del teclado, así como para borrarlo todo y bajar el lápiz (además del bloque de inicialización visto anteriormente).

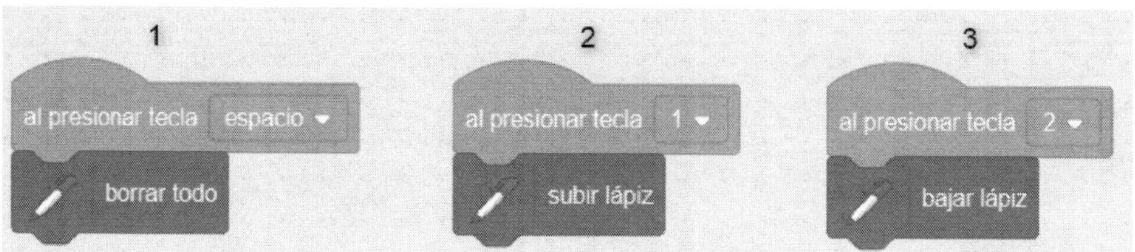

Estas tres pilas de bloques se construyen de la misma manera:

- Un primer bloque para desencadenar una acción mediante una tecla del teclado.
- Un segundo bloque correspondiente a la acción que se debe realizar.

La primera pila de bloques (1) se utiliza para borrar el trazo del lápiz sin tener que reiniciar el programa haciendo clic en la bandera verde.

⇉ **al presionar tecla espacio**

⇉ **borrar todo** // se borran todas las líneas dibujadas con el lápiz.

La segunda pila de bloques (2) se utiliza para levantar el lápiz. Muy útil cuando quiera mover el objeto sin que deje rastro.

⇉ **al presionar tecla 1**

⇉ **subir lápiz** // con el lápiz levantado, no puede escribir.

La tercera pila de bloques (3) permite bajar el lápiz, es decir, utilizarlo cuando se desee.

⇉ **al presionar tecla 2**

⇉ **bajar lápiz** // el lápiz está en posición de escritura.

Observación

Puede utilizar otras teclas para activar las acciones del lápiz.

El bloque **sellar** duplica una imagen temporal del objeto afectado por este bloque en el escenario. Tenga en cuenta que esta imagen no se puede programar; no es un objeto ni un clon.

2.2 Gestión de colores y líneas

El tamaño y el color de la línea trazada por el lápiz pueden modificarse en función de lo que se desee conseguir.

Este bloque permite seleccionar el color del trazo del lápiz. Para establecer el color:

⇉ Haga clic en la zona para definir el color (1).

⇉ Aparece una paleta de colores (2) similar a la disponible en la paleta gráfica.

⇉ Elija su color utilizando los tres deslizadores (3). O utilice el **cuentagotas** (4) para seleccionar un color del escenario.

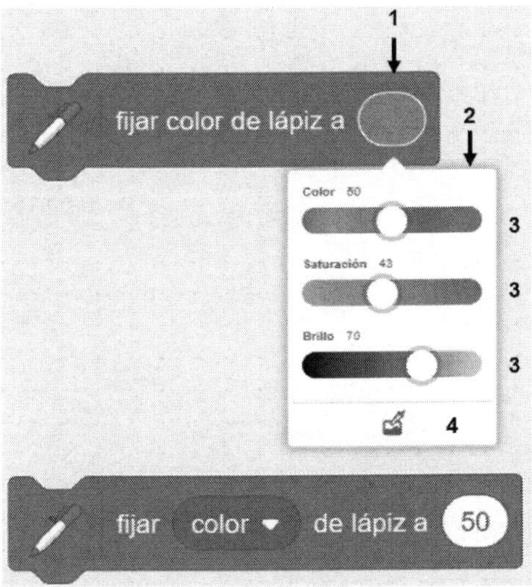

Este bloque tiene un menú desplegable para seleccionar el color del trazo, la saturación, el brillo y la transparencia, y un cuadro de entrada para definir el valor.

Color: un color puede definirse en función de su valor cromático. Cada color tiene un valor comprendido entre 0 y 100.

0 = rojo; 20 = amarillo; 40 = verde; 60 = azul; 80 = morado

Entre estos valores existen diferentes matices.

Saturación: corresponde a la intensidad del matiz de un color, es decir, si es brillante (100) o apagado (50).

Brillo: corresponde, en la versión antigua de Scratch, a la intensidad. El brillo modifica el color de la línea, que es cada vez más oscura hasta volverse negra. El brillo puede modificarse según una gradación de 0 a 100.

- El valor 100 es el valor del color definido, sin procesar.
- El valor 0 corresponde a una línea negra, es decir, sin color.

Transparencia: permite suavizar la línea hasta hacerla invisible. El valor 0 corresponde a ninguna transparencia: la línea es claramente visible. Un valor de 100 hace que la línea sea invisible, completamente transparente.

Modificar el **color**, la **saturación**, el **brillo** o la **transparencia** añadiendo un valor, que puede ser negativo o positivo. El valor antiguo se modifica en función del valor fijado.

Ejemplo: Una estela de arcoíris

He aquí un ejemplo de programa para dibujar una línea multicolor. Al pulsar la tecla [Espacio], el objeto avanza dejando a su paso una línea arcoíris.

⇉ **al presionar tecla espacio**

⇉ **bajar lápiz**

⇉ **mover 10 pasos** // se traza una primera línea.

⇉ **cambiar color de lápiz por 10** // cuando vuelva a pulsar la tecla [Espacio], el color de la línea habrá cambiado.

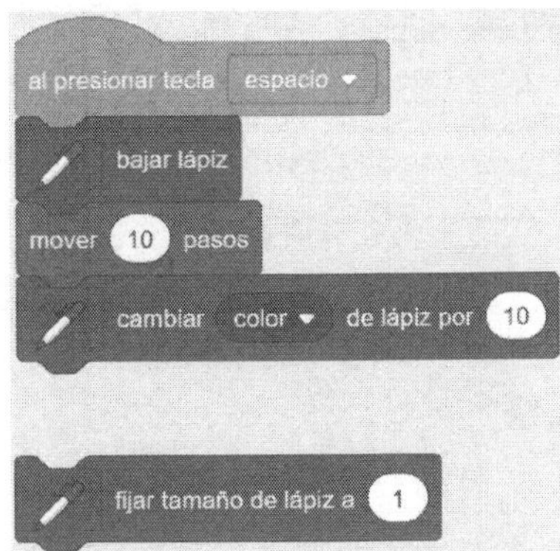

Permite definir el grosor o tamaño de la línea del lápiz. Cuanto mayor sea el valor, más gruesa será la línea.

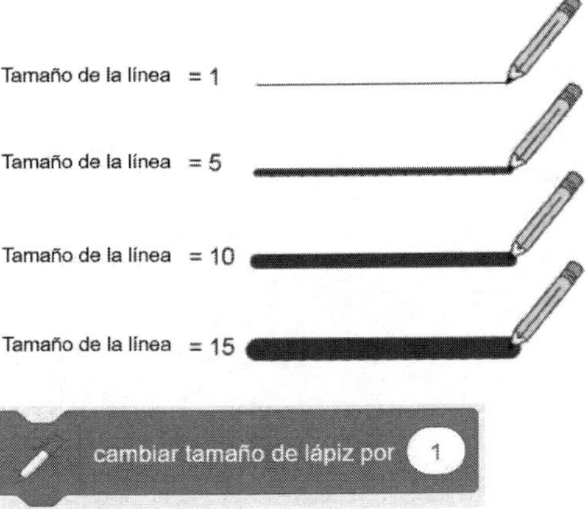

Permite modificar el grosor del trazo del lápiz. Un valor positivo aumenta el grosor, mientras que un valor negativo lo disminuye.

3. Una pizarra con Scratch

Este proyecto puede descargarse del sitio web de Ediciones ENI con el nombre *Pizarra.sb3*.

He aquí un programa bastante sencillo para utilizar fácilmente la extensión Lapiz y dibujar en el escenario. Lo utilizo regularmente en talleres de descubrimiento de Scratch con alumnos de primaria después de haberles introducido en las técnicas de movimiento.

El objetivo es crear diferentes instrucciones para bajar el lápiz, subirlo, borrar líneas y cambiar el color de las líneas.

Se construirán de la misma manera.

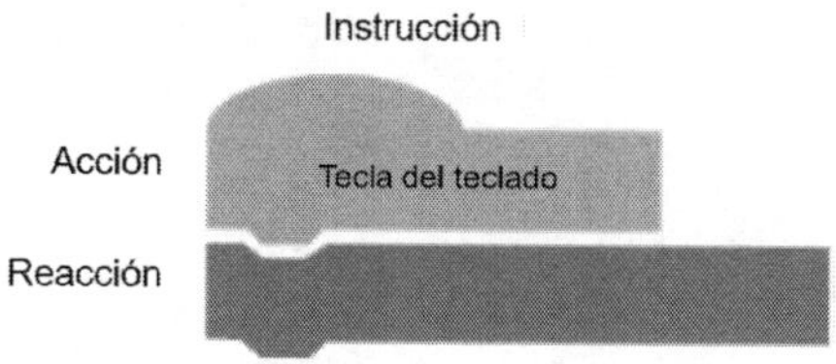

3.1 El objeto y el fondo

Para este proyecto, vamos a sustituir el objeto del gato por un lápiz.

⇉ En la ventana de objetos, haga clic en **Elige un objeto** para abrir la biblioteca.

⇉ Seleccione el objeto llamado **Pencil**.

Ahora tiene dos objetos: el gato y el lápiz. Vamos a eliminar el gato, ya que no lo vamos a utilizar en este proyecto:

⇉ Haga clic con el botón derecho en la miniatura del gato.

⇉ Seleccione **borrar**.

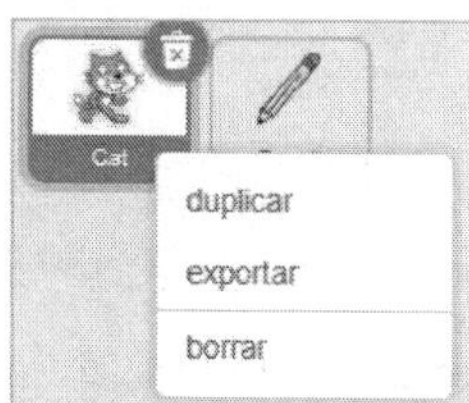

Para el fondo, dado que una pizarra es de color gris-negro, utilice la paleta gráfica para dibujar un fondo gris oscuro utilizando la herramienta Rectángulo □.

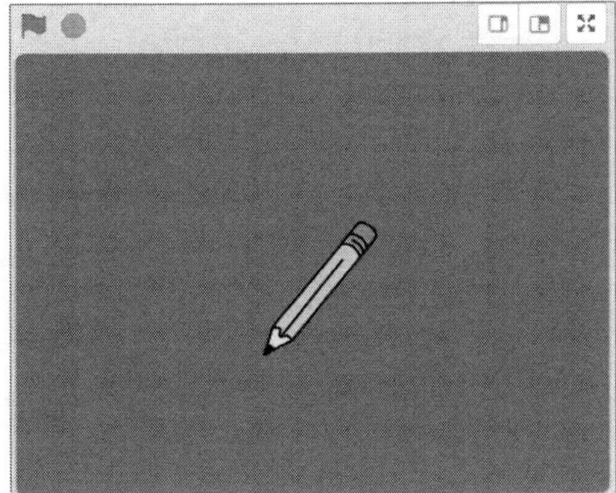

3.2 Iniciar el programa

El programa comienza inicializando todos los elementos:

- Los dibujos realizados anteriormente se borran: **borrar todo**.
- El lápiz se levanta para poder mover el objeto a la posición deseada en el escenario, sin dibujar: **subir lápiz**.
- El objeto se sitúa en el centro del escenario: **ir a x: 0 y: 0.**

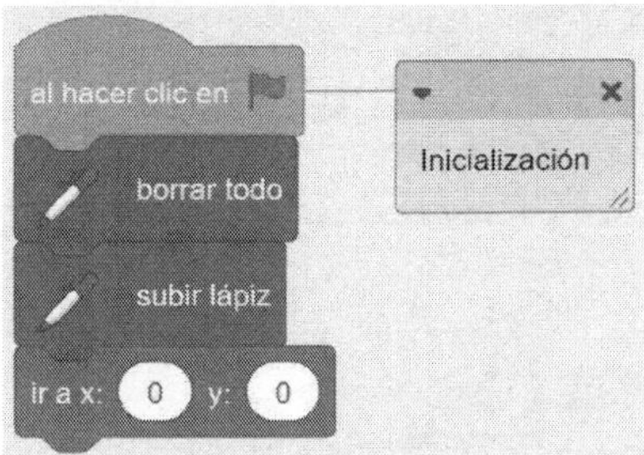

3.3 Programa para dibujar

Vamos a utilizar las teclas que vimos antes para manejar la posición del lápiz:

- Pulse [Espacio] para **borrar todo**.
- Pulse la tecla [1] para **subir lápiz**.
- Pulse la tecla [2] para **bajar lápiz**.

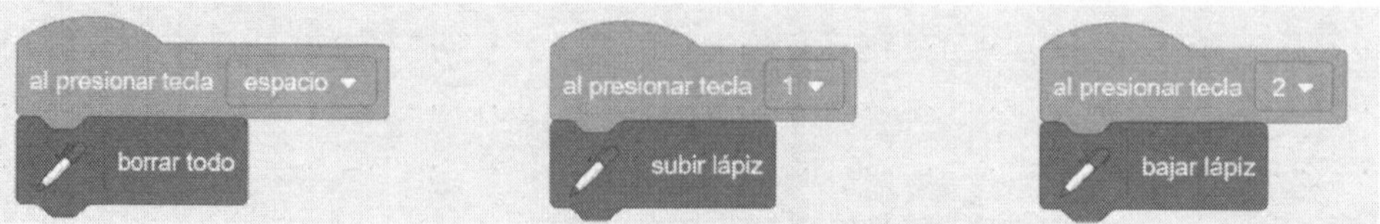

Las teclas que utilicen la inicial del color se programarán para que cambien el color de la línea.

- Pulse [R] para establecer el color del lápiz en rojo (red).
- Pulse [Y] para establecer el color del lápiz en amarillo (yellow).
- Pulse [B] para establecer el color del lápiz en azul (blue).
- Pulse [G] para establecer el color del lápiz en verde green).

3.4 Programa para mover el objeto

Para mover el objeto a derecha, izquierda, arriba y abajo, puede utilizar uno de los programas descritos en el capítulo Técnicas para los videojuegos.

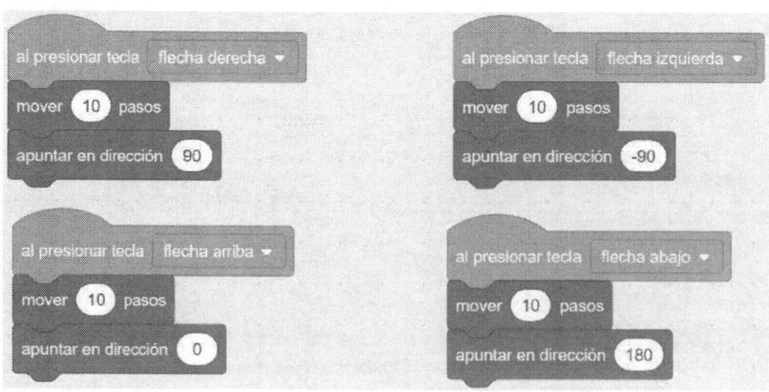

Ya tiene todo lo que necesita para dibujar en esta pizarra. Puede trazar líneas de distintos colores, mover el lápiz donde quiera y borrar su trabajo.

Para mejorar este proyecto, podría ampliar el programa de desplazamiento de modo que pueda dibujar en ángulos que no sean rectos. Para ello, utilice los bloques **girar () grados** o **apuntar en dirección ()**.

4. Dibujar formas geométricas

En algunas centros escolares se enseña Scratch; la geometría es una de las posibles disciplinas que pueden practicarse con este software,

Es fácil hacer que un objeto trace formas geométricas de lados iguales, como cuadrados y pentágonos.

El programa para ejecutar una forma geométrica requiere:

- elegir el color y el grosor de la línea;
- poner el lápiz en posición de escritura;
- definir una tecla del teclado para desencadenar la acción.

Mediante el bloque **repetir ()**, el programa de dibujo se ejecuta un número determinado de veces en función del número de lados que tenga la figura geométrica. Así, para un cuadrado, el programa se repetirá cuatro veces; para un pentágono, cinco veces. Este tipo de código se denomina bucle.

Deben especificarse dos valores en el bucle:

- el tamaño de los lados de la figura;
- el ángulo de rotación, que se calcula mediante una sencilla operación: 360° / número de lados = ángulo de rotación.

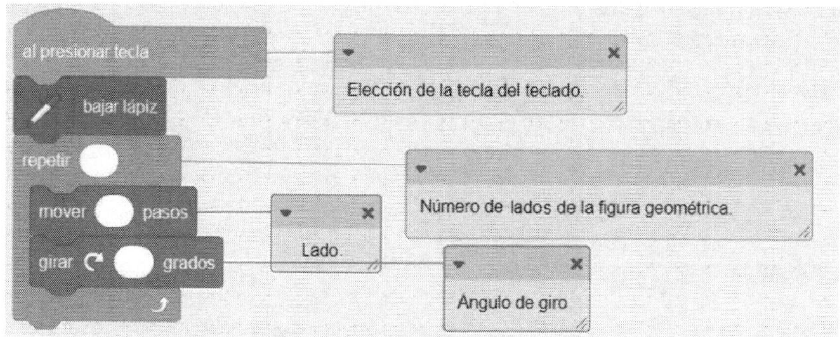

4.1 Programar un cuadrado

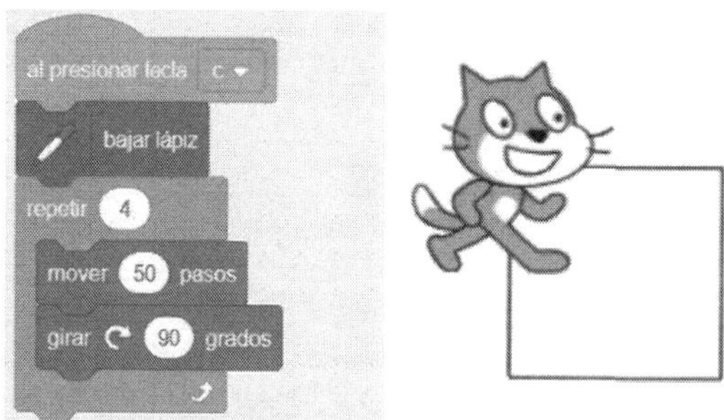

Un cuadrado está formado por cuatro lados: 360° / 4 = 90° de rotación.

⇉ **al presionar tecla c**

⇉ **bajar lápiz**

⇉ **repetir 4** // un cuadrado tiene cuatro lados iguales.

⇉ **mover 50 pasos** // cada lado tendrá 50 pasos de largo.

⇉ **girar (en el sentido de las agujas del reloj) 90 grados** // un cuadrado está formado por ángulos rectos.

Observación

Para ver solo la figura geométrica, puede insertar un bloque **esconder** (para ocultar el objeto) justo después del bloque **al presionar tecla** c o al final del programa.

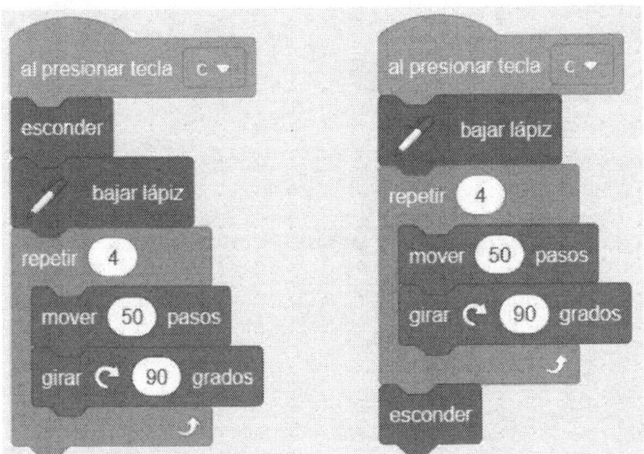

Observación

Para ver cómo se ejcuta el programa lentamente, paso a paso, de lado a lado, introduzca un bloque y **esperar () segundos**.

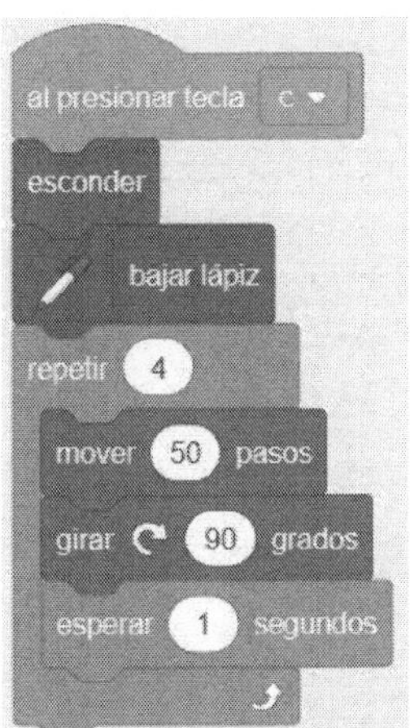

4.2 Programar un pentágono

Un pentágono es un polígono con cinco vértices y cinco lados. Para dibujar un pentágono regular (cinco lados iguales: 360° / 5 = rotación de 72°).

⇒ **al presionar tecla p**

⇉ **bajar lápiz**

⇉ **repetir 5** // un pentágono tiene cinco lados.

⇉ **mover 50 pasos** // el tamaño de cada lado del pentágono.

⇉ **girar (en el sentido de las agujas del reloj) 72 grados** // ángulo del pentágono.

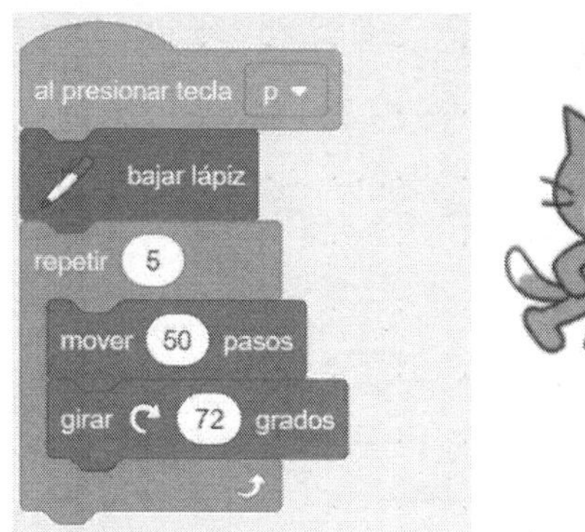

4.3 Otras formas

Siguiendo a su imaginación, podrá crear y desarrollar programas para dibujar un gran número de formas. Basándose en el principio de los fractales, puede duplicar una forma hasta el infinito.

Esta forma geométrica está formada por 12 cuadrados situados a 30° entre sí.

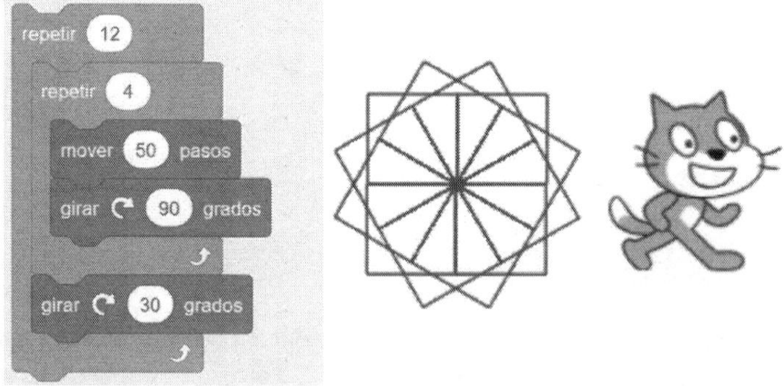

Esta estrella está formada por 12 segmentos de 100 pasos cada uno. Cada segmento está desplazado 150° con respecto al anterior.

Este copo de nieve está formado por nueve ramas. El programa, dividido en tres partes, se inserta en un bucle que ejecuta el programa nueve veces, es decir, nueve ramas.

- La primera parte del programa sirve para dibujar la rama.
- La segunda parte del programa traza el final de la rama dividida en tres partes.
- La tercera parte del programa se utiliza para posicionar la siguiente rama.

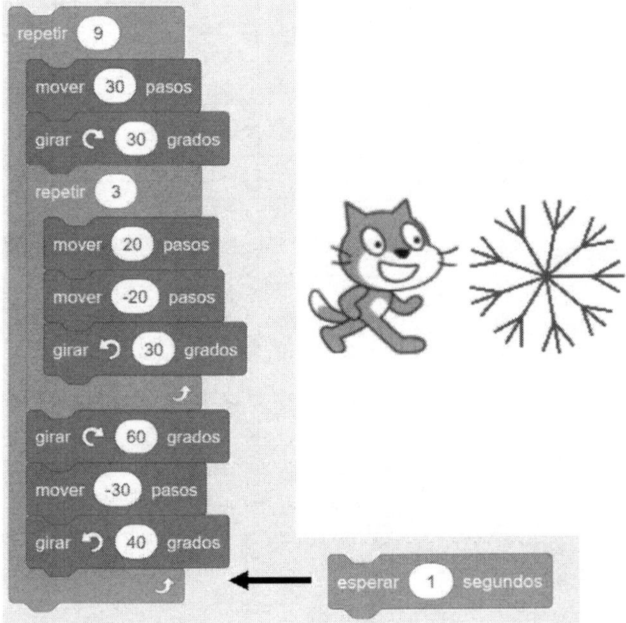

Observación

Para ver cómo se ejecuta el programa paso a paso, inserte un bloque **esperar 1 segundos** debajo del último bloque, antes de que se cierre el paréntesis del bucle de repetición.

5. Conclusión

Con Scratch, puede ejecutar dibujos automáticamente, por el simple placer de crear o para integrarlos en sus proyectos, utilizándolos como soporte de juegos o animaciones.

En primaria y en secundaria, los profesores pueden utilizar Scratch para iniciar a sus alumnos en el cálculo matemático y la geometría de una forma divertida e interactiva. Se pueden crear formas fractales más complejas usando los bloques de cálculo de la categoría **Datos**. La plataforma de Scratch ofrece muchos ejemplos sobre este tema.

Capítulo 14

La extensión Música

1. Introducción

En este capítulo, aprenderá las características específicas de los bloques que componen la extensión Música. Scratch ofrece toda una gama de instrumentos musicales (unos cuarenta), desde percusión hasta instrumentos de viento y cuerda.

Con estos instrumentos puede componer su propia música, interpretar una partitura o tocar un instrumento musical virtual.

2. Los bloques Música

Al igual que los bloques **Lápiz**, los bloques **Música** se encuentran ahora en las extensiones. En la versión anterior de Scratch, estos bloques estaban asociados a la categoría **Sonido**.

De hecho, se ha llevado a cabo una distinción entre los bloques utilizados para gestionar el sonido, es decir, la música del proyecto y el editor de sonido, y los bloques Música. Estos bloques se utilizan para tocar instrumentos musicales y de percusión.

⇒ Seleccione **Añadir extensión** .

⇒ Seleccione la extensión **Música** (1).

Los bloques que pueden utilizarse para música aparecen ahora en la paleta de bloques (2). Y se ha creado una nueva categoría de bloques, denominada **Música** (3).

1

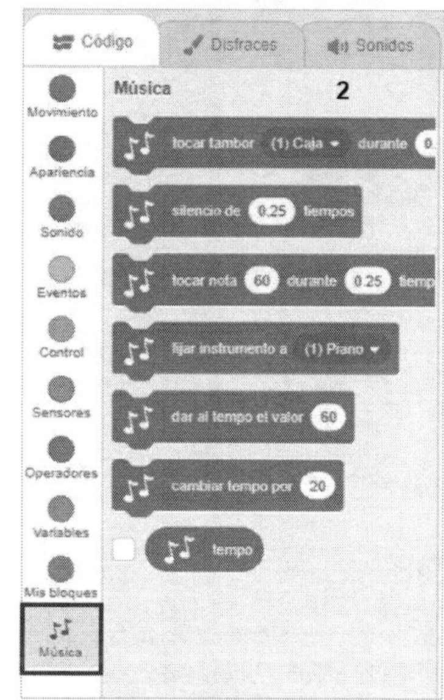

2.1 Los instrumentos musicales

Se utilizan dos bloques para seleccionar el instrumento musical que interpretará una pieza.

Mediante el menú desplegable, se pueden seleccionar 18 instrumentos de percusión y tocarlos durante un número seleccionable de tiempos.

Ejemplo: **(1) caja**, **(7) pandereta**, **(14) conga**.

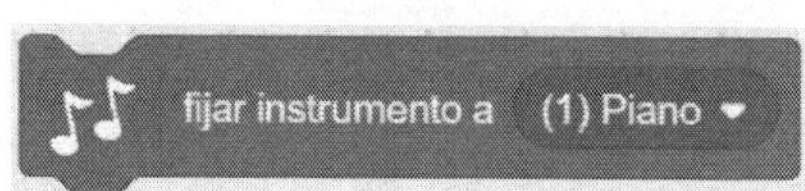

Este menú desplegable ofrece 21 instrumentos musicales. Cada instrumento está asociado a un número utilizado en los programas.

Ejemplo: **(1) Piano**, **(9) Trombón**, **(12) Flauta**.

Este bloque permite definir los instrumentos que se utilizarán en un programa. Se pueden tocar varios instrumentos simultáneamente.

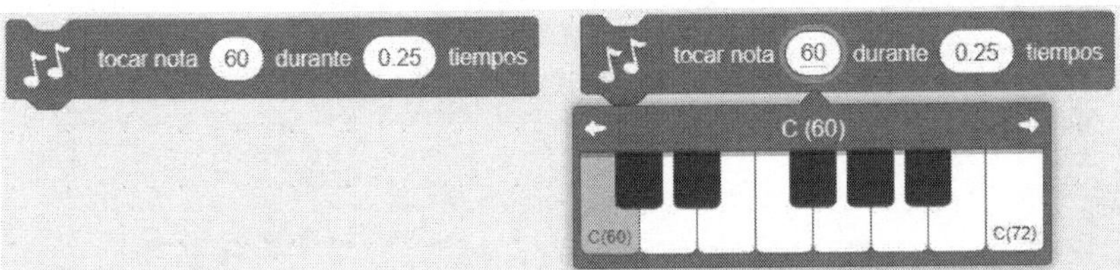

Este bloque permite seleccionar una nota musical que se reproducirá durante un número determinado de tiempos. La nota puede seleccionarse directamente desde el teclado del piano, que se muestra haciendo clic en el menú desplegable, o especificarse mediante un número.

Las notas del teclado van de 48 a 72. Sin embargo, se pueden utilizar números por encima y por debajo de este rango. Cuanto más alto sea el número, más agudo será el sonido. En general, sin embargo, son las notas graves y medias las que más se utilizan.

Notas bajas:

Do = 48; re = 50; mi = 52; fa = 53; sol = 55; la = 57; si = 59.

Notas medias:

Do = 60; re = 62; mi = 64; fa = 65; sol = 67; la = 69; si = 71.

2.2 El tempo en la música

En música, el tempo es la velocidad a la que se toca una pieza musical. El tempo se mide en pulsaciones por minuto (ppm). Cuanto mayor sea el número de pulsaciones, más rápido será el tempo.

Este bloque se utiliza para insertar silencios (pausas en el sonido) durante un número determinado de tiempos.

Este bloque se utiliza para definir el tempo utilizado para reproducir la pieza musical. Aquí, 60 ppm corresponde a 0,5 pulsaciones cada segundo.

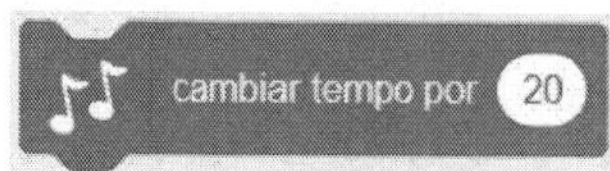

Este bloque cambia el tempo en el valor especificado: un valor positivo acelera el tempo, un valor negativo lo ralentiza.

Por su forma, este bloque encaja en las zonas de valor de los demás bloques. Es un bloque de información que almacena el valor del tempo. Si marca la casilla situada al lado del bloque, el tempo se muestra en el escenario y se actualiza cada vez que se modifica.

3. Crear un piano

Este proyecto puede descargarse del sitio web de Ediciones ENI con el nombre *Piano.sb3*.

Consiste en dibujar un piano y asociar una nota musical a cada tecla. Para tocar el piano, se utilizan las teclas del teclado.

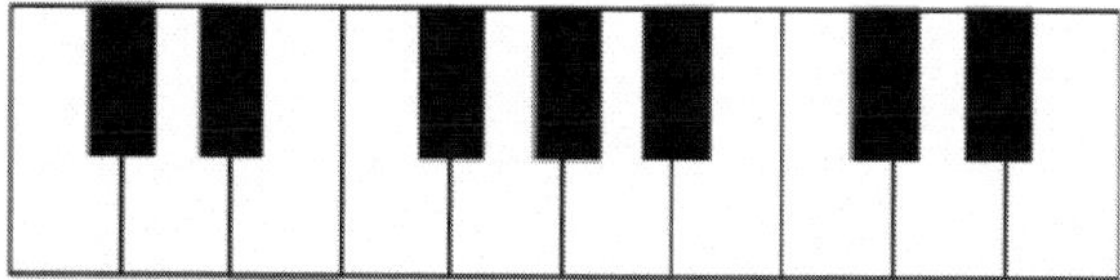

3.1 Los objetos

Este proyecto requiere la creación de diecisiete objetos. Cada rectángulo representa una tecla del teclado: diez teclas blancas y siete teclas negras.

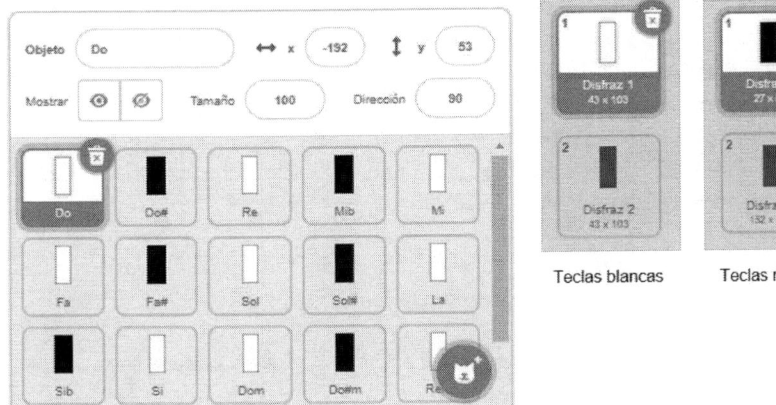

Teclas blancas Teclas negras

Cada objeto tiene dos disfraces:

- isfraz 1: corresponde al estado de la tecla cuando no se está tocando. La tecla es blanca o negra.
- Disfraz 2: corresponde al estado de la tecla cuando se toca. La tecla cambia de color. Se vuelve roja para distinguirla de las demás teclas del teclado.

Se han dibujado en la paleta gráfica con la herramienta **Rectángulo**. Basta con dibujar la primera tecla y luego duplicarla para que todas tengan el mismo tamaño y las mismas características.

3.2 El programa

El programa de cada tecla se construye de la misma manera:

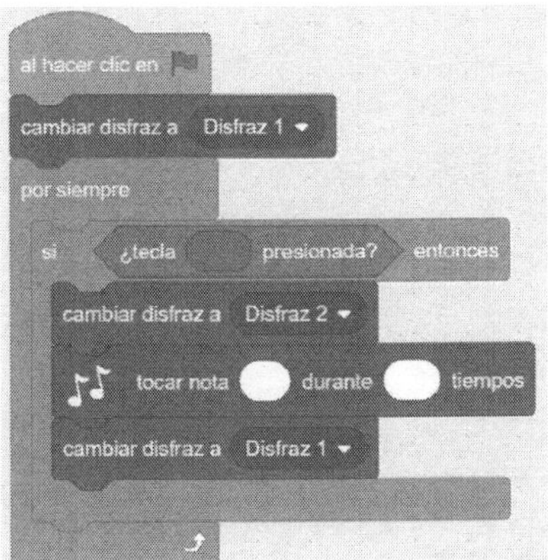

⇉ **al hacer clic en la bandera verde**

⇉ **cambiar disfraz a Disfraz 1** // para todas las teclas del teclado, el disfraz 1 corresponde al disfraz cuando no se pulsa la tecla. Es blanco o negro.

⇉ **por siempre** // abre un bucle de repetición. Contiene las condiciones utilizadas para determinar la nota reproducida según la tecla seleccionada.

⇉ **si ¿tecla () presionada? entonces** // cada tecla del teclado, cada nota del piano se asociará a una tecla del teclado del ordenador (numérica o alfabética).

⇉ **cambiar disfraz a Disfraz 2** // disfraz 2 corresponde a la apariencia de la tecla cuando se toca. Se vuelve roja mientras se toca la nota asociada a ella.

⇉ **tocar nota () durante () tiempos** // cada tecla corresponde a una nota musical.

⇉ **cambiar disfraz a Disfraz 1** // una vez tocada la nota, la tecla del piano vuelve a su aspecto inicial, es decir, blanco (o negro).

⇉ Cerrar el bucle de repetición.

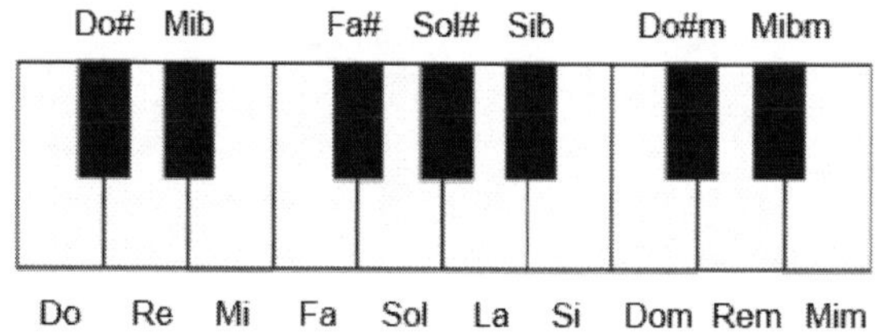

Puede utilizar las teclas que prefiera de su teclado. Aquí tiene dos sugerencias: la primera utiliza teclas numéricas y alfabéticas; la segunda, solo teclas alfabéticas.

Do = nota 48 = tecla [Q]

Re = nota 50 = tecla [W]

Mi = nota 52 = tecla [E]

Fa# = nota 54 = tecla [5].

Sol# = nota 56 = tecla [6].

Sib = nota 58 = tecla [7]

Dom = nota 60 = tecla [I]

Rem = nota 62 = tecla [O].

Fam = nota 64 = tecla [P]

Do# = nota 49 = tecla [2].

Mib = nota 51 = tecla [3]

Fa = nota 53 = tecla [R]

Sol = nota 55 = tecla [T]

La = nota 57 = tecla [Y]

Si = nota 59 = tecla [U]

Do#m = nota 61 = tecla [9]

Mibm = nota 63 = tecla [0]

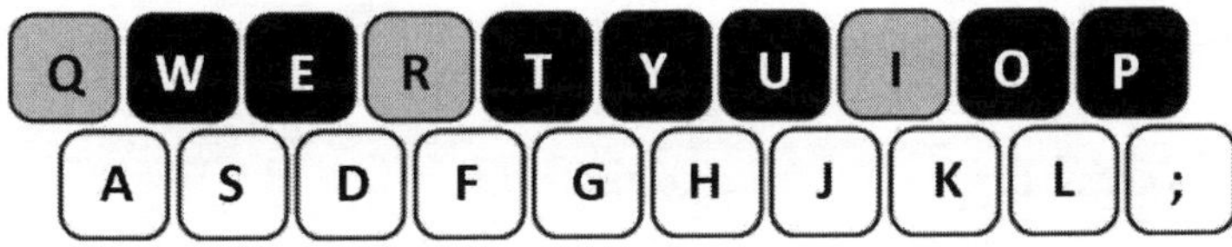

Do = nota 48 = tecla [A]

Re = nota 50 = tecla [S]

Mi = nota 52 = tecla [D]

Fa# = nota 54 = tecla [T]

Sol# = nota 56 = tecla [Y]

Sib = nota 58 = tecla [U]

Dom = nota 60 = tecla [K]

Rem = nota 62 = tecla [L]

Fam = nota 64 = tecla [;]

Do# = nota 49 = tecla [W]

Mib = nota 51 = tecla [E]

Fa = nota 53 = tecla [F]

Sol = nota 55 = tecla [G]

La = nota 57 = tecla [H]

Si = nota 59 = tecla [J]

Do#m = nota 61 = tecla [O]

Mibm = nota 63 = tecla [P]

4. Ejecutar una partitura

La música se escribe en un pentagrama formado por cinco líneas horizontales paralelas. El pentagrama se divide en compases mediante barras verticales llamadas líneas de compás. Las notas musicales se colocan en las líneas y espacios del pentagrama. Según su posición, corresponden a una nota diferente.

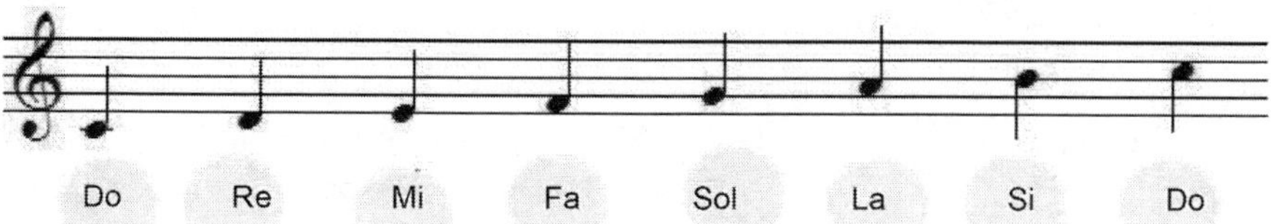

Sería mejor utilizar las palabras exactas:

La figura de una nota determina su duración. Existen siete figuras de notas (del mismo modo, la figura de un silencio determina la duración de un silencio, y también existen siete figuras de silencios). Estas son las principales figuras de notas (y sus valores en tiempos) que necesita conocer para programar canciones con Scratch, junto con su conversión a Scratch.

Las figuras de notas y sus valores			Conversión en Scratch
Redonda	𝅝	cuatro tiempos	2 tiempos
Blanca	𝅗𝅥	dos tiempos	1 tiempo
Negra	♩	un tiempo	0,5 tiempo
Corchea	♪	medio tiempo	0,25 tiempo

Vamos a ver cómo programar una pieza musical para que se reproduzca automáticamente. Para transcribir esta pieza musical en un programa ejecutable, se utilizará el bloque **tocar nota () durante () tiempos**. Se modificará la nota y su duración.

Las melodías infantiles suelen basarse en repeticiones de notas y pentagramas. Transcribir una melodía de este tipo a un programa ejecutable implica:

- hacer una transcripción lineal de la partitura, nota por nota;
- utilizar bucles de repetición cuando se tocan consecutivamente notas o pentagramas idénticos.

Para este ejemplo, vamos a interpretar la canción infantil francesa «Ah vous dirais-je maman». Se podrían haber utilizado como ejemplo otras canciones infantiles, como «Fray Santiago».

Este programa puede descargarse de la página web de Ediciones ENI. Se llama *Canción infantil.sb3*.

La partitura consta de seis pentagramas, cada uno dividido en cuatro compases. El primer paso consiste en transcribir todas las notas una tras otra, utilizando el bloque de **tocar nota () durante () tiempos**.

4.1 Primer programa

La partitura contiene 44 notas, por lo que el programa contendrá 44 bloques **tocar nota () durante () tiempos** en su versión más simple.

⇉ **al hacer clic en la bandera verde**

⇉ tocar nota 60 durante 0.5 tiempos // la primera nota es do, que corresponde al valor 60. Se trata de una negra, por lo que dura 0,5 tiempos.

⇉ **tocar nota 60 durante 0.5 tiempos** // la segunda nota sigue siendo un do negro.

⇉ **tocar nota 67 durante 0.5 tiempos** // la tercera nota es sol, que corresponde al valor 67. Es una negra, así que dura 0,5 tiempos.

⇉ **tocar nota 67 durante 0.5 tiempos** // la cuarta nota sigue siendo un sol negro.

⇉ **tocar nota 69 durante 0.5 tiempos** // la quinta nota es la nota la, que corresponde al valor 69. Es una negra, así que dura 0,5 tiempos.

⇉ **tocar nota 69 durante 0.5 tiempos** // la sexta nota sigue siendo una la negra.

⇉ **tocar nota 67 durante 1 tiempos** // la séptima nota es sol, que corresponde al valor 69. Es una nota blanca. Por lo tanto, dura 1 tiempo.

Las notas de los otros cinco pentagramas pueden transcribirse del mismo modo siguiendo este programa.

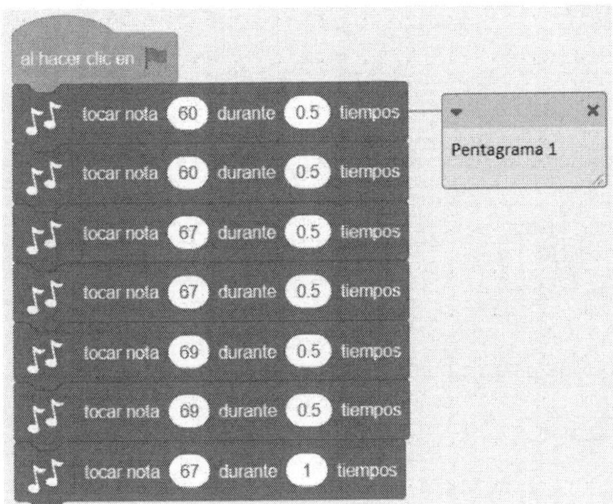

Observación

Por defecto, el instrumento utilizado para tocar esta pieza es el piano. Si desea otro instrumento, especifíquelo al principio de la secuencia de comandos:

⇉ **al hacer clic en la bandera verde**

⇉ **fijar instrumento a ()** // seleccione el instrumento deseado en el menú desplegable.

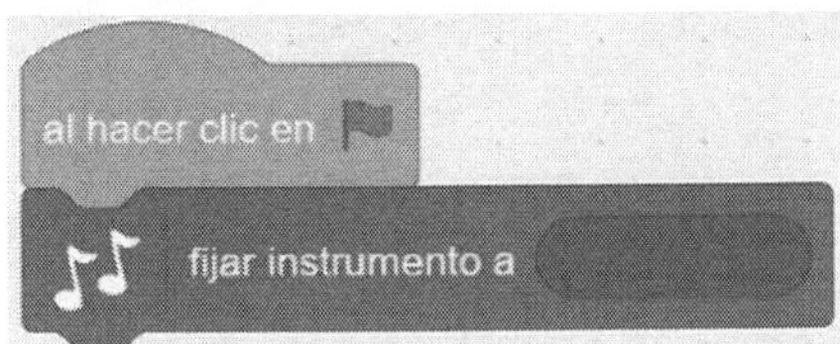

4.2 Segundo programa

En el primer pentagrama, habrá observado que algunas de las notas que se suceden son idénticas. Por tanto, el programa puede aligerarse utilizando bucles de repetición.

⇉ **al hacer clic en la bandera verde**

⇉ **repetir 2** // abre un bucle de repetición. La nota definida mediante el bloque situado en este bucle se repetirá dos veces consecutivas con la misma duración.

⇉ **tocar nota 60 durante 0.5 tiempos**

⇉ Fin de la repetición y cierre del bucle.

⇉ **repetir 2** // la misma nota se repite dos veces consecutivas con la misma duración.

⇉ **tocar nota 67 durante 0.5 tiempos**

⇉ Fin de la repetición y cierre del bucle.

⇉ **repetir 2** // la misma nota se repite dos veces consecutivas con la misma duración.

⇉ **tocar nota 69 durante 0.5 tiempos**

⇉ Fin de la repetición y cierre del bucle.

⇉ **tocar nota 67 durante 1 tiempos**

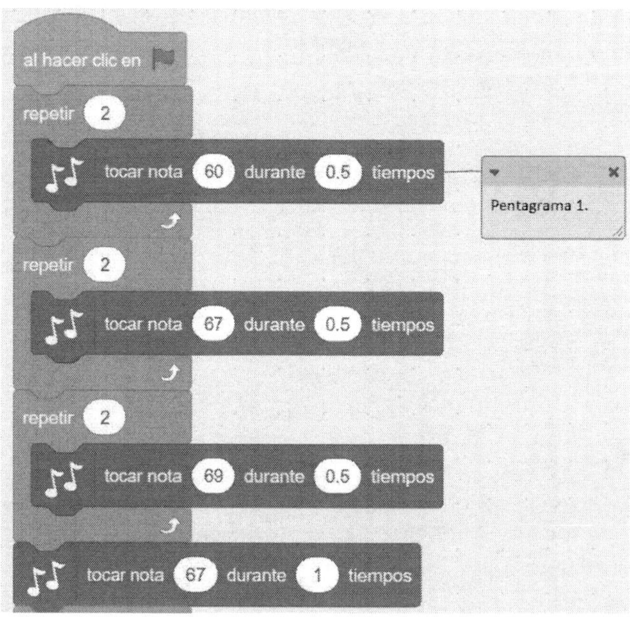

Segundo pentagrama

El programa del segundo pentagrama continúa. Algunas notas también se repiten.

⇉ **repetir 2** // abre un bucle para crear una repetición. La nota definida en el bloque posicionado en este bucle se repetirá dos veces consecutivas con la misma duración.

⇉ **tocar nota 65 durante 0.5 tiempos**

⇉ Fin de la repetición y cierre del bucle.

⇉ **repetir 2** // la misma nota se repite dos veces consecutivas con la misma duración.

⇉ **tocar nota 64 durante 0.5 tiempos**

⇉ Fin de la repetición y cierre del bucle.

⇉ **repetir 2** // la misma nota se repite dos veces consecutivas con la misma duración.

⇉ **tocar nota 62 durante 0.5 tiempos**

⇉ Fin de la repetición y cierre del bucle.

⇉ **tocar nota 60 durante 1 tiempos**

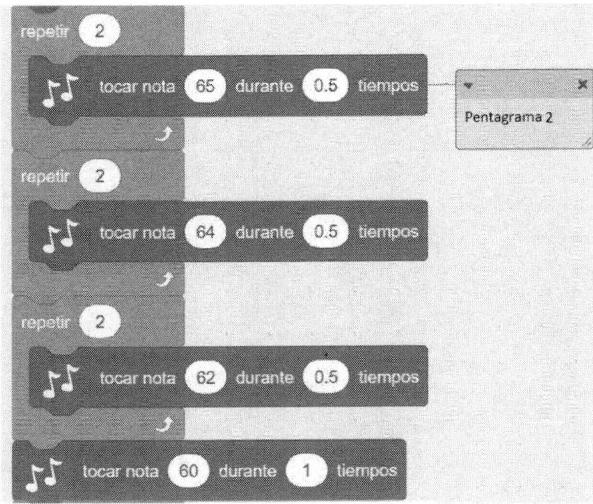

Tercer y cuarto pentagramas

Estos dos pentagramas son idénticos. Podemos utilizar un bucle de repetición para tocar todo el pentagrama dos veces. El programa se engancha en la parte siguiente.

⇒ **repetir 2** // abre el bucle de repetición, que contendrá todos los bloques necesarios para ejecutar el tercer pentagrama de forma que pueda tocarse consecutivamente dos veces (pentagrama 3 y pentagrama 4).

⇒ **repetir 2** // abre un bucle de repetición. La nota definida en el bloque se repetirá dos veces consecutivas con la misma duración.

⇒ **tocar nota 67 durante 0.5 tiempos**

⇒ Fin de la repetición y cierre del bucle.

⇒ **repetir 2**

⇒ **tocar nota 65 durante 0.5 tiempos**

⇒ Fin de la repetición y cierre del bucle.

⇒ **repetir 3**

⇒ **tocar nota 64 durante 0.5 tiempos**

⇒ Fin de la repetición y cierre del bucle.

⇒ **tocar nota 62 durante 0.5 tiempos**

⇒ Cierra el bucle de repetición utilizado para tocar dos veces el mismo pentagrama.

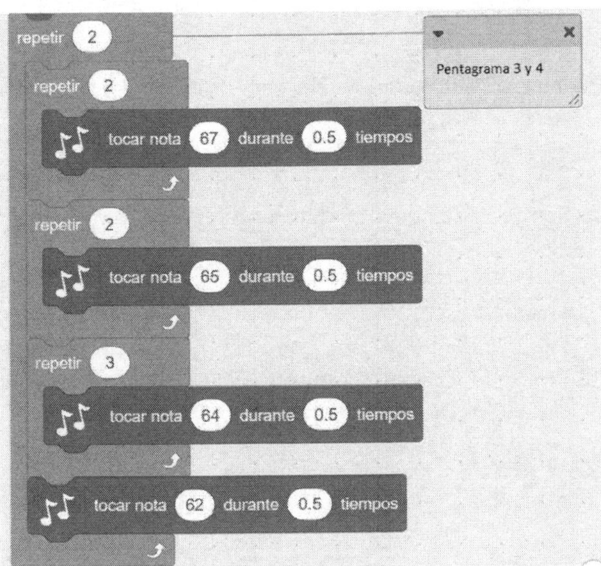

Quinto y sexto pentagramas

El quinto pentagrama es idéntico al primero. El sexto pentagrama es idéntico al segundo.

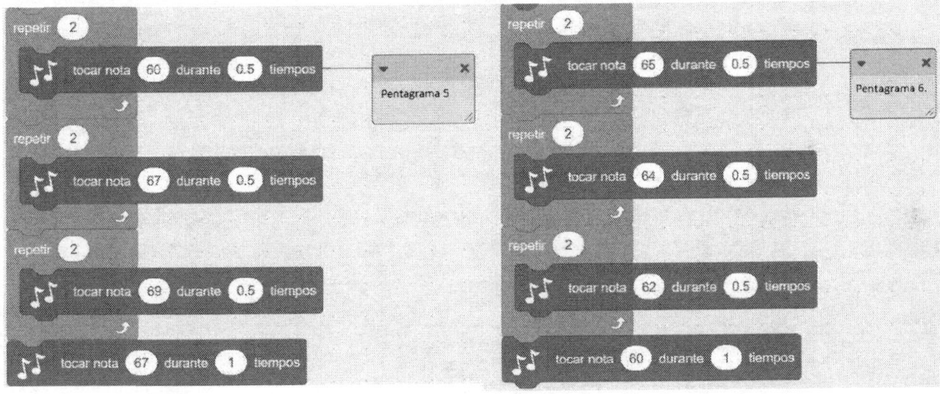

4.3 Tercer programa

Como algunos pentagramas son idénticos, puede crear bloques para simplificar el programa.

⇒ Seleccione la categoría **Mis bloques** y haga clic en **Crear un bloque**.

⇒ Se abre la ventana **Crear bloque**. Nombre este nuevo bloque **Pentagrama 1-5**, ya que se utilizará para gestionar el programa de los pentagramas 1 y 5.

⇒ Confirme pulsando **Aceptar**.

⇒ Repita el mismo procedimiento para crear un segundo bloque personalizado, que se llamará **Pentagrama 2-6**.

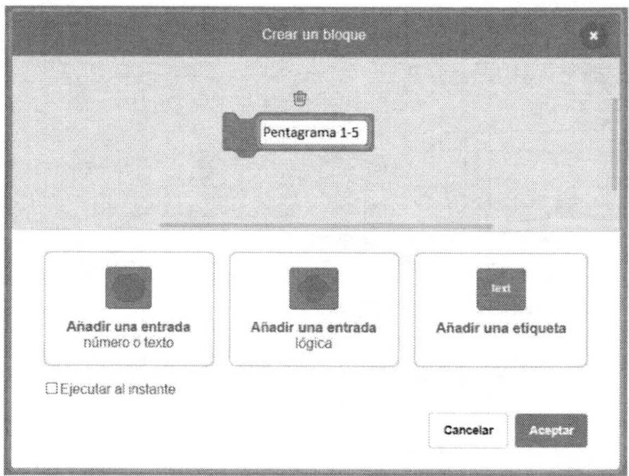

Se han creado dos bloques en la categoría **Mis bloques** (1) y en el área de scripts (2). Los bloques del área de scripts se utilizarán para almacenar el programa.

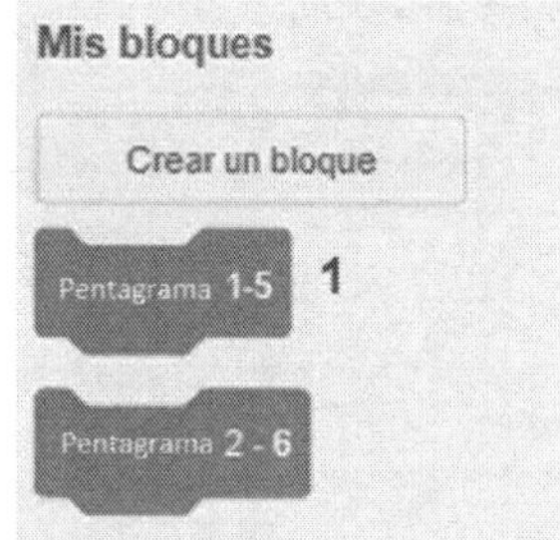

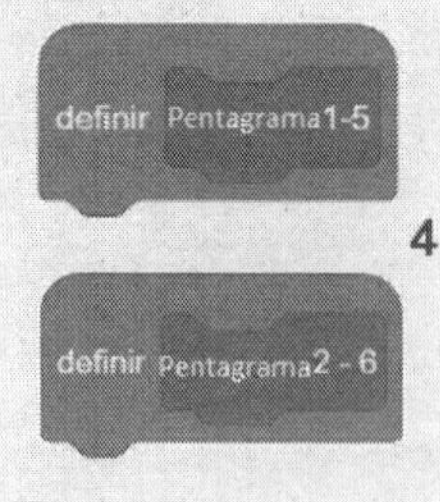

El bloque definir pentagramas 1-5

Todos los bloques que permitan ejecutar el pentagrama 1 (y, por tanto, el pentagrama 5) estarán asociados al bloque **definir Pentagrama 1-5** situado en el área de scripts.

Hay dos formas de definir el programa asociado a este bloque:

- Puede escribir el programa de forma lineal, es decir, nota a nota.
- Puede utilizar bucles de repetición cuando las notas se repiten.

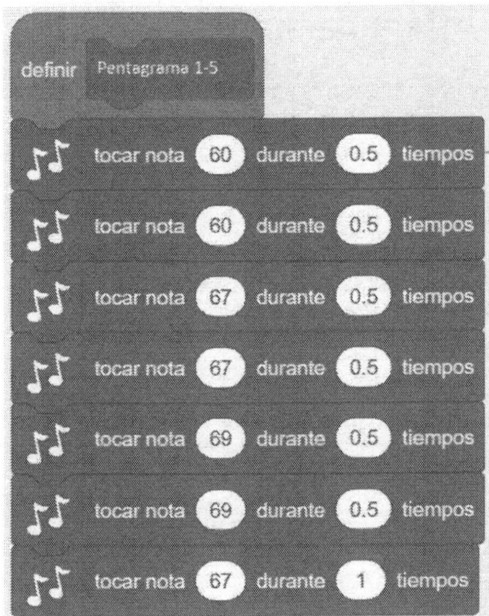

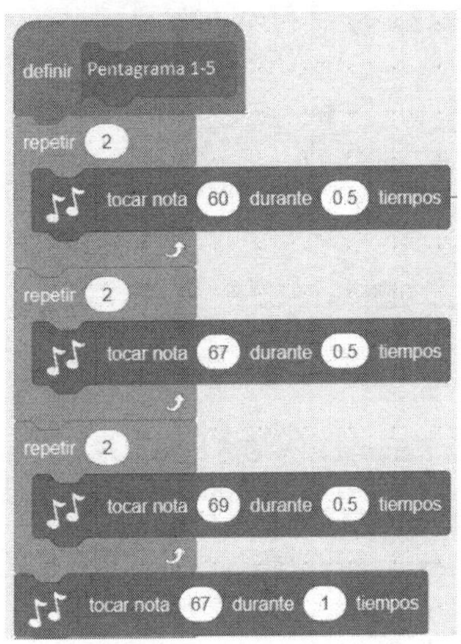

El bloque **Pentagrama 1-5** tiene ahora todas las características de los bloques que se han enganchado en el bloque **definir Pentagrama 1-5**. Los bloques enganchados debajo del bloque **definir Pentagrama 1-5** se integran automáticamente en el bloque **Pentagrama 1-5**. El bloque **Pentagrama 1-5** se utilizará para ejecutar el pentagrama número 1 o el pentagrama número 5.

El bloque definir Pentagrama 2-6

Todos los bloques utilizados para ejecutar el pentagrama 2 (y, por tanto, el pentagrama 6) se asociarán al bloque **definir Pentagrama 2-6** situado en el área de scripts.

Hay dos formas de definir el programa asociado a este bloque:

- Puede escribir el programa linealmente, es decir, nota a nota.
- Puede utilizar bucles de repetición cuando las notas se repiten.

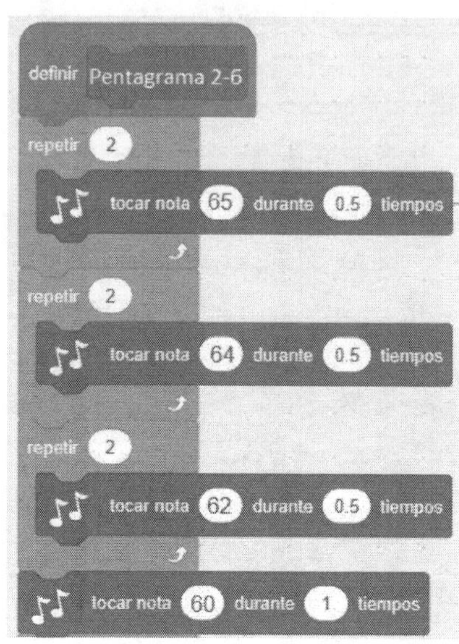

El bloque **Pentagrama 2-6** tiene ahora todas las características de los bloques que se han enganchado en el bloque **definir Pentagrama 2-6**. Los bloques enganchados debajo del bloque **definir Pentagrama 2-6** se integran automáticamente en el bloque **Pentagrama 2-6**. El bloque **Pentagrama 2-6** se utilizará para ejecutar el pentagrama número 2 o el número 6.

El programa

El programa consta ahora de 13 bloques, mientras que la versión lineal utilizaba 45 bloques.

⇉ **al hacer clic en la bandera verde**

⇉ **Pentagrama 1-5** // este bloque incorpora los bloques asociados al bloque **definir Pentagrama 1-5**.

⇉ **Pentagrama 2-6** // este bloque incorpora los bloques asociados al bloque **definir pentagrama 2-6**.

⇉ **repetir 2** // abre un primer bucle de repetición. Este bucle contiene todo el tercer pentagrama, que se ejecutará dos veces. Dentro de este bucle, se colocan otros bucles.

⇉ **repetir 2** // abre un segundo bucle de repetición. La nota insertada en este bucle se reproducirá dos veces.

- **tocar nota 67 durante 0.5 tiempos**
- Cerrar el segundo bucle de repetición.
- **repetir 2** // abre un tercer bucle de repetición. La nota insertada en este bucle se reproducirá dos veces.
- **tocar nota 65 durante 0.5 tiempos**
- Cerrar el tercer bucle de repetición.
- **repetir 3** // abre un cuarto bucle de repetición. Las notas insertadas en este bucle se reproducirán tres veces.
- **tocar nota 64 durante 0.5 tiempos**
- Cerrar el cuarto bucle de repetición.
- **tocar nota 62 durante 0.5 tiempos**
- Cerrar el primer bucle de repetición utilizado para tocar dos veces el mismo pentagrama.
- **Pentagrama 1-5**
- **Pentagrama 2-6**

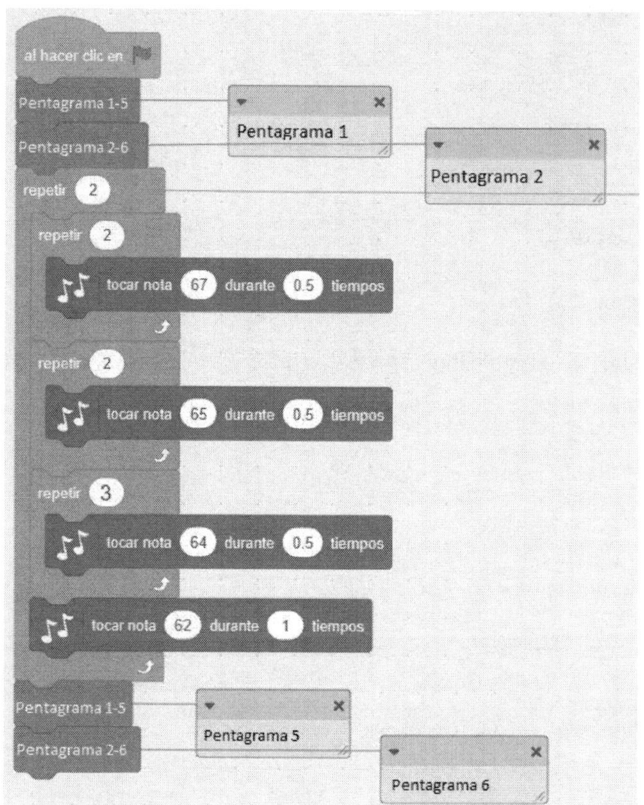

El programa podría reducirse a siete bloques creando un bloque que se llamase **Pentagrama 3-4**.

5. Conclusión

La transcripción de una partitura musical para ejecutarla automáticamente le ha demostrado que un programa puede escribirse de diferentes maneras para conseguir el mismo resultado. Le recomendamos que empiece siempre con un programa sencillo y lo vaya haciendo más complejo a medida que avance.

Con los bloques **Música**, puede inventar sus propias canciones, que luego podrá integrar en sus proyectos, como, por ejemplo, sus propios bucles musicales para crear una ambientación.

Capítulo 15

La extensión Sensor de vídeo

1. Introducción

En este capítulo, descubrirá las características específicas de los bloques que componen la extensión Sensor de vídeo. Ya presentes en versiones anteriores de Scratch, estos bloques han sido creados según el principio del Kinect de Microsoft. El flujo óptico se utiliza para seguir los movimientos captados por la webcam. Esta función de Scratch no es muy utilizada, pero en este capítulo encontrará algunas ideas de juegos que le pueden servir de inspiración.

2. Los bloques Sensor de vídeo

2.1 Instalación de los bloques

A diferencia de Scratch 2, los bloques necesarios para utilizar la webcam no están disponibles por defecto en la paleta de bloques. Forman parte de las extensiones. Para mostrarlos:

- Seleccione **Añadir extensión** .
- Seleccione la extensión **Sensor de vídeo** (1).
- Los cuatro bloques para utilizar la webcam aparecen ahora en la paleta de bloques (2). Y se ha creado una nueva categoría de bloques, denominada **Sensor de vídeo** (3).

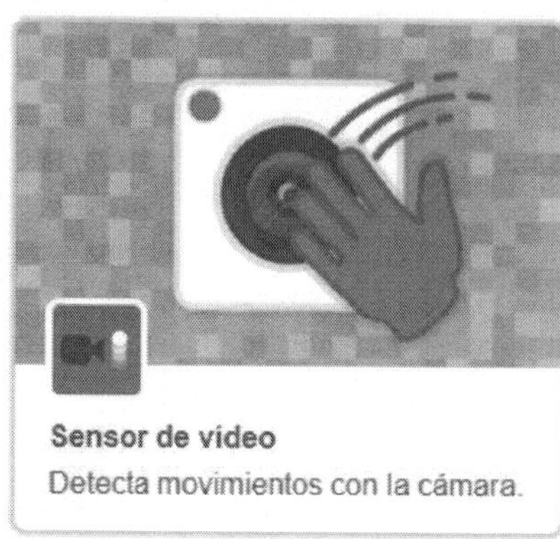

1

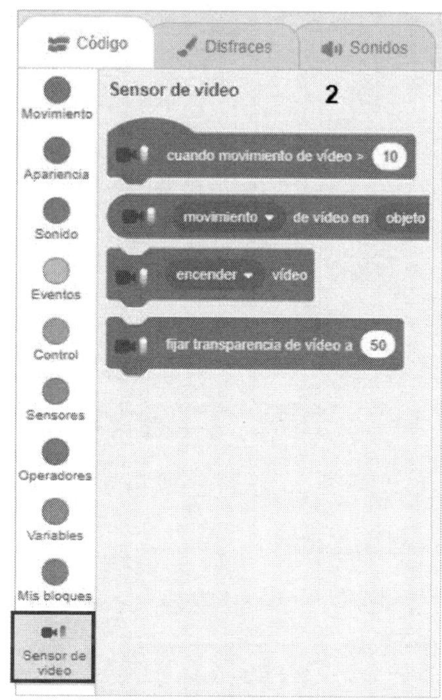

3

Observación

Cuando activa la extensión Sensor de vídeo, aparece un mensaje en su pantalla en el que se le pregunta si desea autorizar o bloquear el uso de su cámara. El uso de una webcam, especialmente cuando está conectada a Internet, no es algo sin importancia. Deben tomarse precauciones, como cubrir el objetivo, para proteger a los niños.

¿Permitir a scratch.mit.edu usar su cámara?

Integrated Camera

☐ Recordar para todas las cámaras

Permitir | Bloquear

2.2 El formato de los objetos

Antes de empezar, es importante que sepa que sus proyectos con bloques Sensor de vídeo pueden encontrarse a veces con ciertos errores. Si este es el caso, hay una solución muy sencilla. Todo lo que tiene que hacer es convertir los objetos con los que necesita trabajar a formato bitmap. Esto se debe a que es «más fácil» para el programa manejar este tipo de formato que uno vectorial, compuesto por multitud de puntos.

En la biblioteca de Scratch, algunos objetos están en formato bitmap, y puede elegir directamente este formato cuando dibuje sus propios objetos. Personalmente, siempre recomiendo dibujar en formato vectorial (excepto para pixel art) y luego, una vez terminado el dibujo, convertirlo a formato bitmap si es necesario. El formato de mapa de bits no permite modificar la imagen con facilidad.

Para convertir objetos:

- En la ventana de objetos, seleccione la miniatura del objeto que desea convertir.
- A continuación, haga clic en la pestaña **Disfraces** para abrir la paleta gráfica.
- Si su objeto está en formato vectorial, el icono de la parte inferior izquierda del escenario indicará **Convertir a mapa de bits (1)**.
- Haga clic en él. El icono ha cambiado. Ahora indica **Convertir a vector (2)**.

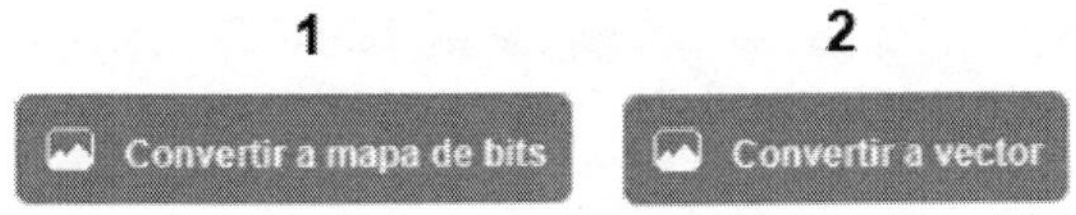

Si su objeto tiene varios disfraces, debe hacer el cambio para cada disfraz.

2.3 Los bloques

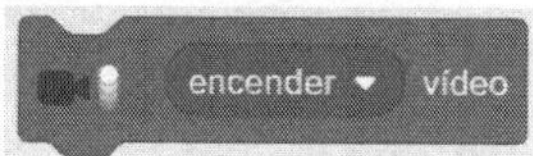

Este bloque tiene un menú desplegable para activar o desactivar su webcam. En este menú también se puede seleccionar la opción de efecto espejo. La imagen se muestra entonces al revés, con un efecto de espejo. Esta función es muy útil si tiene una webcam independiente de su ordenador y está creando proyectos remotos (ver sección Juego del laberinto en este capítulo).

Observación

Para mayor seguridad, al diseñar su proyecto, puede programar botones para encender y apagar la webcam a voluntad.

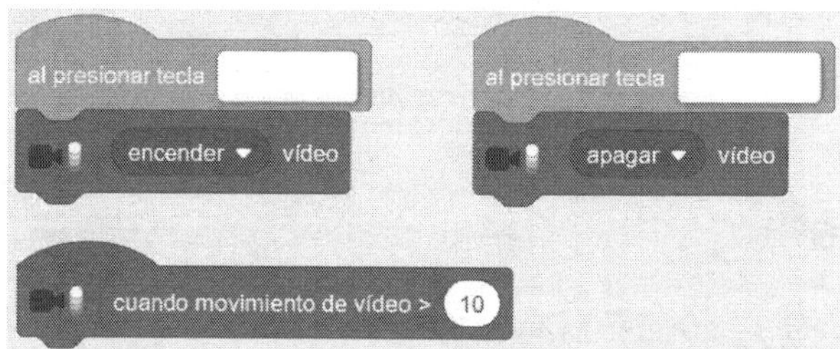

Este bloque mide la cantidad de movimiento del objeto. El programa situado debajo de este bloque se activa si el movimiento del vídeo es mayor que el valor especificado. Los valores están comprendidos entre 0 y 100.

- 0 = sin movimiento.
- 100 = movimiento máximo.

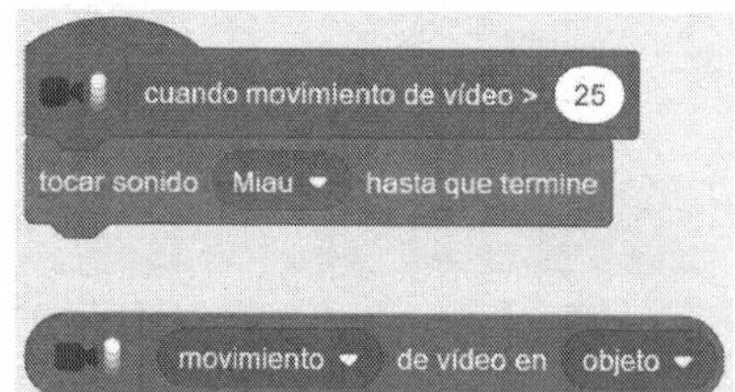

La forma de este bloque hace que encaje en otros bloques. Consta de dos menús desplegables. En el primero, puede elegir el **movimiento** y la **dirección**. Y en el segundo menú: **objeto**, es decir, el objeto afectado por este bloque, o **escenario**.

Este bloque se utiliza para detectar el movimiento y la dirección en una escala de 1 a 100. Los valores se calculan en función del flujo óptico. Los valores pueden visualizarse en el escenario marcando la casilla situada al lado del bloque.

Observación

Para saber cómo funciona la detección, pruebe estas dos pilas de bloques una tras otra.

⇉ **al hacer clic en la bandera verde**

⇉ **ir a x: 0 y: 0**

⇉ **encender vídeo**

⇉ **por siempre** // abre un bucle de repetición. Contiene una condición para comprobar continuamente el valor del movimiento registrado en el objeto.

⇉ **si movimiento de vídeo en objeto > 5 entonces** // cambia el valor dependiendo de la ubicación de su webcam y de la iluminación.

⇉ **mover 10 pasos**

⇉ Cerrar la condición.

⇉ Cerrar el bucle de repetición.

⇉ **al hacer clic en la bandera verde**

⇉ **ir a x: 0 y: 0**

⇉ **encender vídeo**

⇉ **por siempre** // abre un bucle de repetición.

⇉ **si dirección de vídeo en objeto > 5 entonces** // cambia el valor dependiendo de la ubicación de su webcam y la iluminación.

⇉ **apuntar hacia dirección de vídeo en objeto**

- **mover 10 pasos**
- Cerrar la condición.
- Cerrar el bucle de repetición.

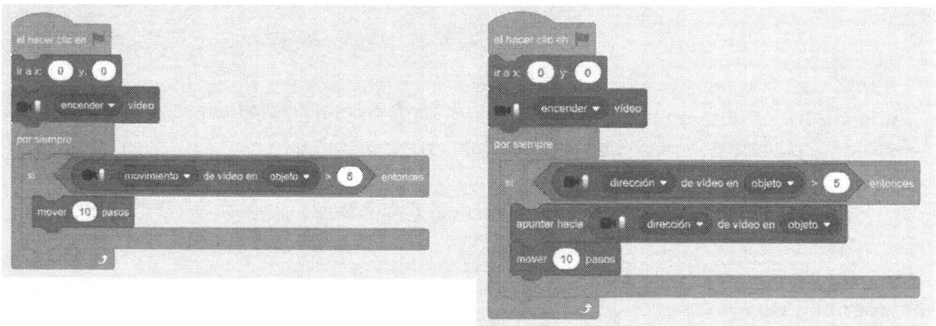

El efecto de transparencia sirve para hacer más o menos visible la imagen captada por la webcam, que aparece en el fondo del escenario. Los valores para definir la transparencia de la imagen captada por la webcam están comprendidos entre 0 % y 100 %. La transparencia al 0 % hace que la imagen sea completamente opaca. La transparencia al 100 % oculta completamente la imagen captada por la webcam, se vuelve blanca. El valor por defecto del bloque es 50 %. Este valor evita que el vídeo de fondo destaque demasiado.

Ejemplos

He aquí dos programas que puede probar para ver la diferencia de renderizado.

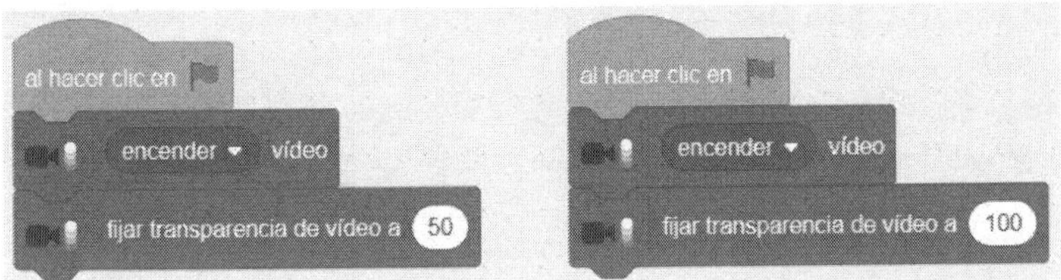

3. Burbujas de jabón

Este proyecto puede descargarse del sitio web de Ediciones ENI con el nombre *Burbujas de jabón.sb3*.

Objetivo: tocar las burbujas para hacerlas desaparecer. Al tocar las burbujas, estas emitirán un sonido Pop antes de desaparecer.

Competencias desarrolladas: crear burbujas que vuelen por el escenario y se hagan más grandes a medida que suben.

3.1 Diseño gráfico

Para el fondo, elija la imagen **Underwater2** de la biblioteca.

Para este proyecto, necesitamos un único objeto. Se ha dibujado con la herramienta **Círculo** de la paleta gráfica. Está formado por tres círculos.

⇉ En la ventana de objetos, seleccione **Elige un objeto - Pinta**. Se abre la paleta gráfica.

⇉ Con la herramienta **Círculo**, dibuje su primer círculo perfecto (1) manteniendo pulsada la tecla [Mayús].

⇉ Se crea un segundo círculo (2), ligeramente más pequeño que el primero. No está relleno. Se trata de un contorno blanco, de 3 mm de grosor, utilizado para dar profundidad a la burbuja.

⇉ Dibuje un tercer círculo (3), ovalado y blanco, para crear un reflejo.

El primer círculo, que representa la burbuja, se colorea de un tono pálido (azul-gris) utilizando el efecto radial (4), que reparte los colores concéntricamente. La elección de un color claro confiere a la burbuja de jabón un efecto de transparencia.

Se aplicará un **efecto de color** a las burbujas cuando se creen en el escenario, para obtener burbujas de distintos colores.

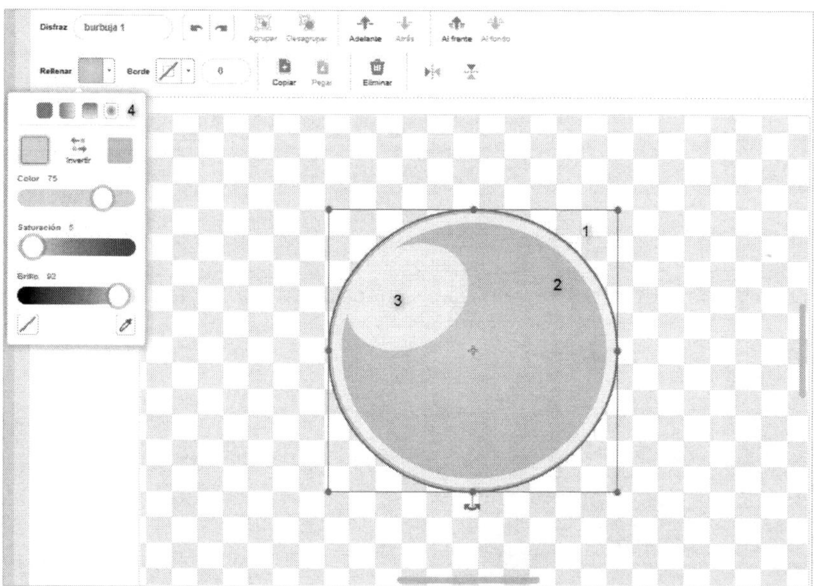

3.2 El programa

Este programa utiliza la función de creación de clones.

⇒ **al hacer clic en la bandera verde**

⇒ **fijar transparencia de vídeo a 75** // elegir este valor significa que el fondo Underwater2 es claramente visible. La imagen captada por la webcam está menos presente.

⇒ **encender vídeo**

⇒ **enviar Inicio**

⇒ **al recibir Inicio**

⇒ **por siempre**// abre un bucle de repetición.

⇒ **ir a x: número aleatorio entre -230 y 230 y: -180** // las burbujas aparecerán en la parte inferior del escenario (y: -180) y en toda su anchura. El ancho del escenario va de -240 a 240 en el eje x.

⇒ **fijar tamaño al 20 %**

⇒ **esperar número aleatorio entre 0.5 y 1 segundos** // el tiempo de espera entre cada creación de clones es aleatorio.

⇒ **crear un clon de mí mismo**

⇒ Cerrar el bucle de repetición.

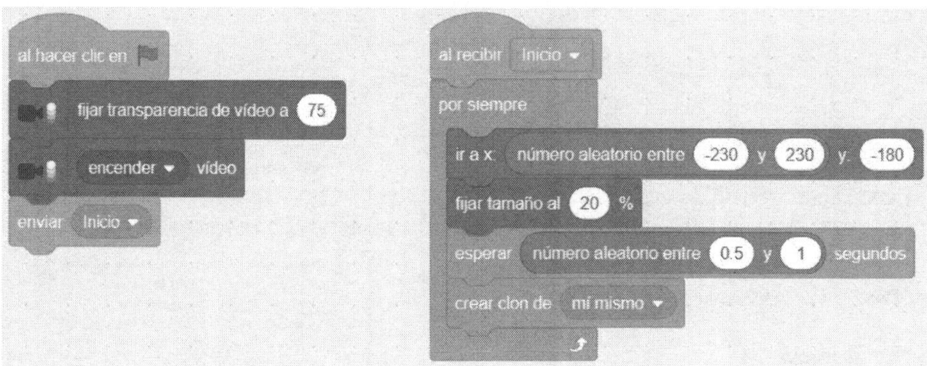

- **al comenzar como clon**
- **dar al efecto color el valor número aleatorio entre 0 y 150** // El color es aleatorio. Todas las burbujas creadas no tendrán exactamente el mismo color gracias a la aplicación de un efecto de color.
- **mostrar**
- **por siempre** // abre un bucle de repetición. Contiene dos condiciones.
- **cambiar tamaño por 0.5** // gradualmente, la burbuja se hace más grande.
- **sumar a y número aleatorio entre 2 y 5** // las burbujas se mueven verticalmente a una velocidad aleatoria.

Primera condición: esta condición determina si la burbuja es tocada por el jugador.

- **si movimiento de vídeo en objeto > 25 entonces** // detecta si la burbuja ha sido tocada por el jugador.
- **iniciar sonido pop** // cuando se toque la burbuja, se oirá un sonido.
- **esconder** // al tocarla, la burbuja desaparece del escenario.
- **eliminar este clon**
- Cerrar la primera condición.

Segunda condición: esta condición determina si la burbuja ha alcanzado la parte superior del escenario.

- **si 170 < posición en y entonces** // si la coordenada y de la burbuja es mayor que 170, ha alcanzado la parte superior del escenario.
- **esconder**
- **eliminar este clon**
- Cerrar la segunda condición.
- Cerrar el bucle de repetición.

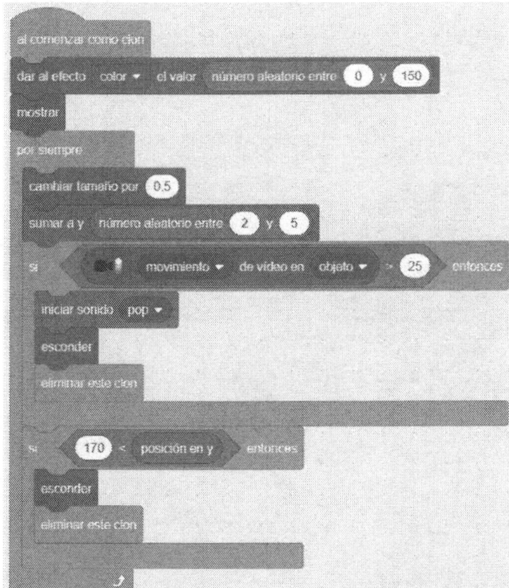

Más información

Este proyecto no tiene realmente un final, es más bien una animación. Puede convertirlo en un juego. Aquí tiene algunas ideas para desarrollarlo.

- Añada un cronómetro.
- Inserte burbujas que no deben tocarse.
- Cree un contador para contar el número de burbujas tocadas.

4. Búsqueda de huevos

Este proyecto, que puede descargarse del sitio web de Ediciones ENI, se llama *búsqueda de huevos.sb3*.

Objetivo: evitar que un huevo se estrelle contra el suelo.

Competencias desarrolladas:

- Usar una variable de velocidad para modificar la velocidad de movimiento de los objetos mediante un coeficiente aleatorio.
- Programar una tecla para iniciar la ejecución del programa.

4.1 Diseño gráfico

Este proyecto utiliza el fondo Jurassic, situado en la biblioteca, y dos objetos. El primero se dibuja con la paleta gráfica. El segundo, importado de la biblioteca de objetos, se modifica utilizando la paleta.

El objeto suelo

Se trata de una línea horizontal trazada con la paleta gráfica y la herramienta **Rectángulo**. Representa el punto de impacto en el suelo cuando un huevo que cae no es recuperado a tiempo por el jugador.

El objeto huevo

Importado de la biblioteca de objetos, se llama **Egg**. Tiene seis disfraces. Solo se utilizarán los disfraces egg-a y egg-b. La apariencia del disfraz egg-b se ha modificado, ya que se utilizará cuando un huevo se rompa en el suelo.

⇉ Seleccione todo el disfraz **egg-b** con la herramienta **Seleccionar** y cambie su dirección con la flecha de giro.

⇉ Dibuje la yema de huevo que se escurre, utilizando la herramienta **Rellenar** para cambiar el color, la herramienta Círculo para dibujar el recorrido y la herramienta **Volver a dar forma** para cambiar la forma.

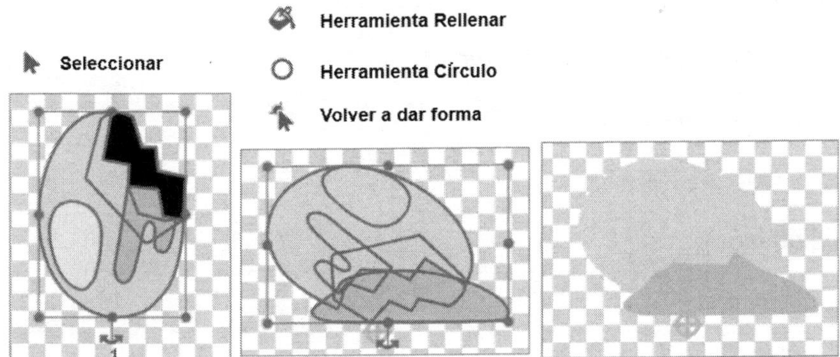

4.2 El programa de los huevos

Solo el huevo requiere un programa. Está formado por cuatro pilas de bloques.

Primera y segunda pila de bloques

Hay dos formas de iniciar el programa.

⇉ **al hacer clic en la bandera verde**

⇉ O **al presionar tecla espacio**

⇉ **apagar vídeo**

⇉ **esconder** // el objeto no es visible.

⇒ **enviar Inicio**

Tercera pila de bloques

Esta pila de bloques corresponde a la creación de clones.

⇒ **al recibir Inicio**

⇒ **dar a Score el valor 0** // esta variable, que cuenta el número de huevos guardados, se reinicia al comienzo del juego.

⇒ **por siempre** // abre un bucle de repetición utilizado para crear un clon aleatoriamente a lo largo del tiempo.

⇒ **esperar número aleatorio entre 1 y 3 segundos**

⇒ **crear clon de mí mismo**

⇒ Cerrar el bucle de repetición.

Cuarta pila de bloques

⇒ **al comenzar como clon**

⇒ **dar a Velocidad el valor -10** // el valor de la variable Velocidad es negativo, ya que se sumará a la coordenada y del objeto. Como el huevo tiene que descender, sus movimientos son negativos.

⇒ **dar a Velocidad el valor Velocidad * número aleatorio entre 0.5 y 1** // la velocidad a la que se mueven los huevos varía de un huevo a otro gracias al uso de un coeficiente multiplicador. Estos valores se dan como ejemplo. Puedes modificarlos.

⇒ **fijar tamaño al 50 %** // el tamaño original del objeto se reduce a la mitad.

⇒ **cambia disfraz a egg-a** // este es el disfraz en el que el huevo está entero.

⇒ **mostrar**

⇒ **ir a x: número aleatorio entre -230 y 230 y: 180** // para crear el clon de forma aleatoria en la parte superior del escenario y horizontalmente.

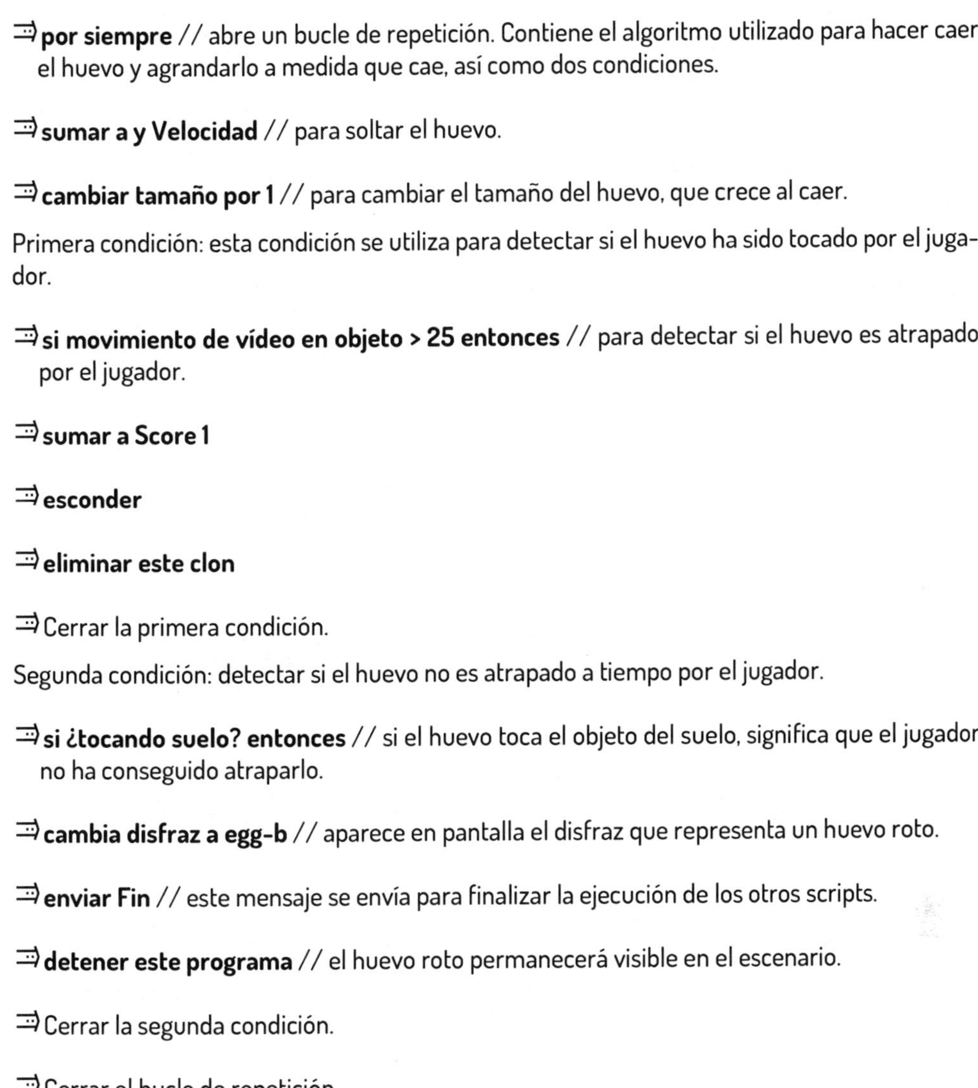

- **por siempre** // abre un bucle de repetición. Contiene el algoritmo utilizado para hacer caer el huevo y agrandarlo a medida que cae, así como dos condiciones.
- **sumar a y Velocidad** // para soltar el huevo.
- **cambiar tamaño por 1** // para cambiar el tamaño del huevo, que crece al caer.

Primera condición: esta condición se utiliza para detectar si el huevo ha sido tocado por el jugador.

- **si movimiento de vídeo en objeto > 25 entonces** // para detectar si el huevo es atrapado por el jugador.
- **sumar a Score 1**
- **esconder**
- **eliminar este clon**
- Cerrar la primera condición.

Segunda condición: detectar si el huevo no es atrapado a tiempo por el jugador.

- **si ¿tocando suelo? entonces** // si el huevo toca el objeto del suelo, significa que el jugador no ha conseguido atraparlo.
- **cambia disfraz a egg-b** // aparece en pantalla el disfraz que representa un huevo roto.
- **enviar Fin** // este mensaje se envía para finalizar la ejecución de los otros scripts.
- **detener este programa** // el huevo roto permanecerá visible en el escenario.
- Cerrar la segunda condición.
- Cerrar el bucle de repetición.

Quinta pila de bloques

⇉ **al recibir Fin**

⇉ **detener otros programas en el objeto** // se detienen los distintos programas, en particular el utilizado para crear clones.

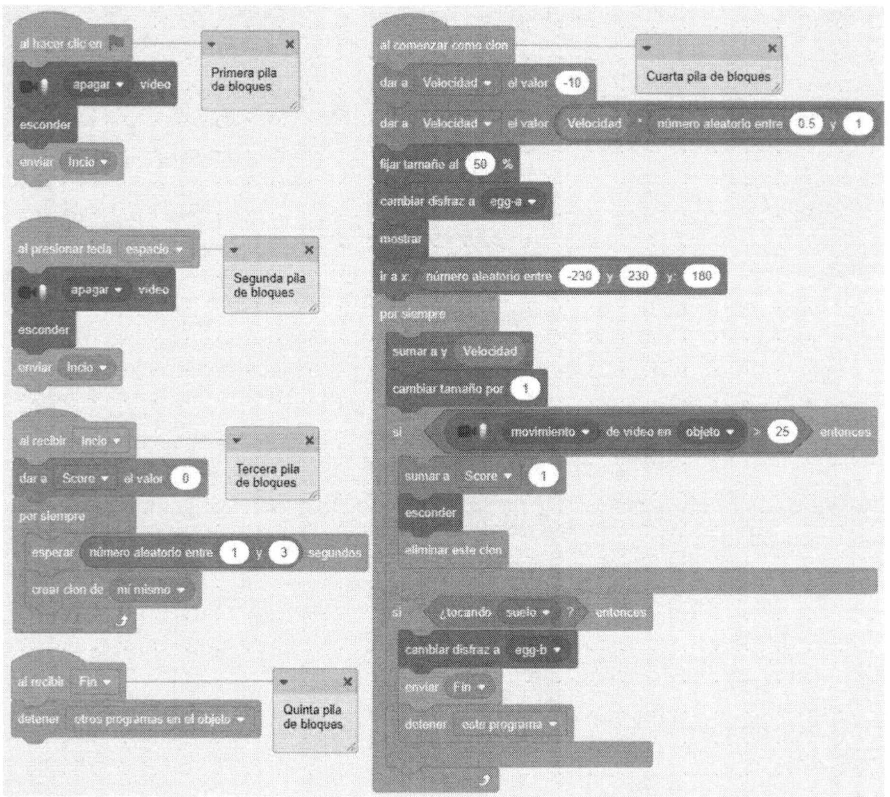

Más información

Puede realizar este proyecto sin utilizar una webcam. Puede crear un objeto que se desplace según los movimientos del ratón, por ejemplo. El objeto tiene que atrapar los huevos o evitarlos.

5. Salvado de morir ahogado

Este juego se puede descargar del sitio web de Ediciones ENI y se llama *Rescate.sb3*.

Objetivo: frenar la caída de tres gatos para que caigan en el bote salvavidas y no en el agua.

Competencias desarrolladas:

- Hacer rebotar objetos mediante detección de vídeo.
- Modificar los objetos según el valor de una variable.

5.1 Diseño gráfico

Este proyecto requiere la creación de cinco objetos. Aparte del objeto del gato, que procede de la biblioteca, todos los demás se crearon utilizando la paleta gráfica.

El objeto Introducción

Se trata de un nivel que presenta las reglas del juego, escrita con la herramienta **Texto**.

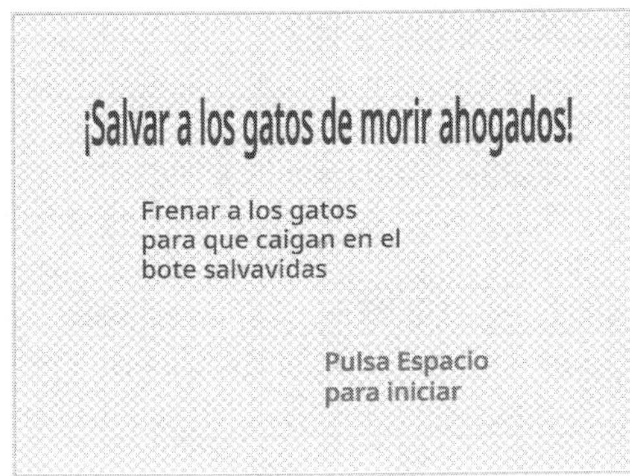

El objeto Mar

Representa el mar en el que los gatos no deben caer para no ahogarse.

⇉ Para dibujar este mar, utilice la herramienta **Rectángulo** o la herramienta **Círculo**. A continuación, use la herramienta **Volver a dar forma** para distorsionar las formas resultantes.

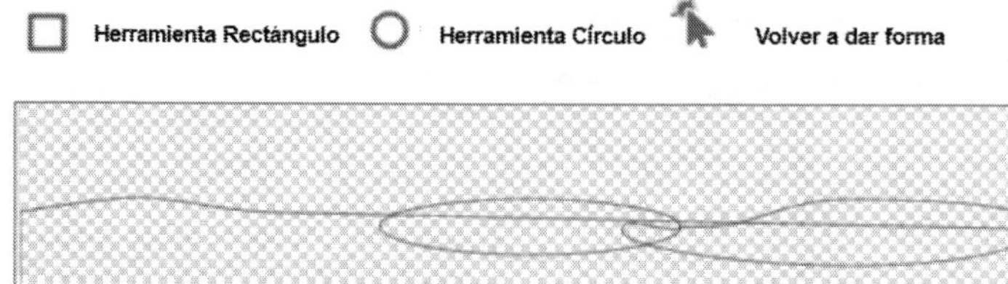

⇉ Aplique un relleno uniforme para que no se vean las diferentes formas utilizadas.

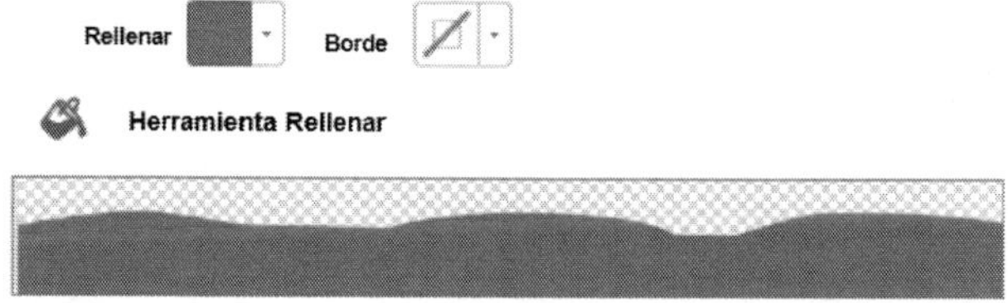

⇉ Añada ondas azules más claras con la herramienta **Pincel**.

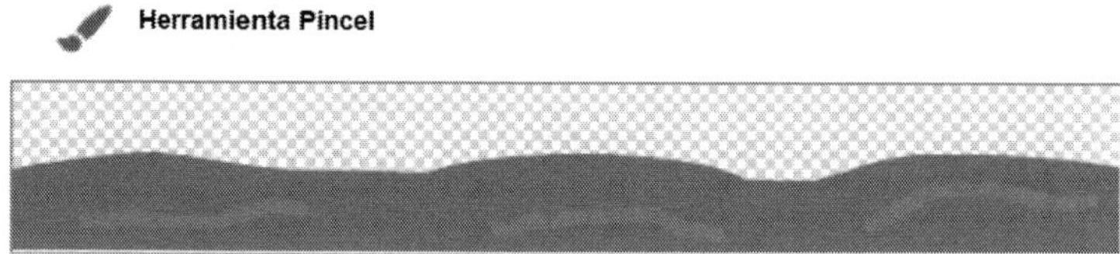

El objeto Barco

Se ha dibujado a partir de un rectángulo (herramienta **Rectángulo**) y se ha distorsionado (herramienta **Volver a dar forma**) para formar un trapecio. Encima se ha escrito la palabra Rescate (herramienta **Texto**).

Este disfraz se ha duplicado para crear un segundo disfraz que representa el barco con un gato a bordo.

⇉ Haga clic con el botón derecho en la miniatura del disfraz 1 y seleccione duplicar. Se ha creado un segundo disfraz.

Para asociar un gato a esta imagen, tendrá que seleccionar un disfraz de gato, copiarlo y pegarlo en el disfraz 2.

⇉ En la ventana de disfraces, seleccione **Elige un disfraz**. Se abre la biblioteca de disfraces.

⇉ En la categoría Animales, elija el disfraz Cat-a. Ahora tienes tres disfraces.

⇉ Con la herramienta **Seleccionar**, dibuje un borde de selección alrededor del gato y, a continuación, haga clic en **Copiar**.

⇉ Escoja el disfraz 2 y seleccione **Pegar**. Su gato está ahora en el lienzo, junto a su barco. Reduzca su tamaño y colóquelo de forma que parezca que está dentro del barco. Puede utilizar la herramienta **Atrás** para posicionarlo.

Disfraz 1 - Barco

Disfraz 2 – Barco 1

Tendrá que crear dos disfraces más, que incluyan dos y tres gatos en el bote.

⇉ Elimine el disfraz 3, que muestra al gato solo.

⇉ Haga clic con el botón derecho en la miniatura del disfraz 2 y seleccione **duplicar**.

⇉ Copie y pegue el gato del barco en el disfraz 3 y colóquelo junto al primer gato.

⇉ Haga lo mismo para crear un cuarto disfraz con tres gatos dentro del barco.

Disfraz 3 – Barco 2

Disfraz 4 – Barco 3

El objeto del barco tiene ahora cuatro disfraces. Cámbieles el nombre.

- Disfraz 1: **Barco**. No lleva gato.
- Disfraz 2: **Barco 1**. Hay un gato.
- Disfraz 3: **Barco 2**. Hay dos gatos.
- Disfraz 4: **Barco 3**. Hay tres gatos.

El objeto Gato

Ha sido importado de la biblioteca de objetos (**Elige un objeto**). Situado en la categoría **Animales**, su nombre es Cat Flying. Es un gato volando.

Este objeto tiene dos disfraces. Solo uno se mantendrá y se convertirá en un mapa de bits para un uso más eficiente de la detección de vídeo.

⇉ Seleccione la pestaña **Disfraces** y elimine el gato volador.

⇉ Haga clic en **Convertir a mapa de bits** para obtener un mejor resultado. Hay algunos errores cuando se utilizan objetos en formato vectorial con bloques de detección de vídeo.

Objeto Mensaje final

Se trata de un objeto con dos disfraces. Se muestra al final del juego y, en función del resultado, se selecciona uno u otro de los disfraces.

5.2 El programa

Programa de Introducción

Cuando el programa empieza a ejecutarse, aparece en el escenario un mensaje con instrucciones para jugar.

⇉ **al hacer clic en la bandera verde**

⇉ **mostrar**

⇉ **al presionar tecla espacio**

⇉ **dar a Ahogado el valor 0** // se reinicia la variable utilizada para contar el número de gatos que han caído al agua.

⇉ **dar a Salvado el valor 0** // se reinicia la variable utilizada para contar el número de gatos salvados, es decir, que han tocado el barco.

⇉ **esconder** // el mensaje con las instrucciones desaparece de la pantalla para dar paso al juego.

⇉ **enviar Inicio**// este mensaje es una instrucción para iniciar el juego.

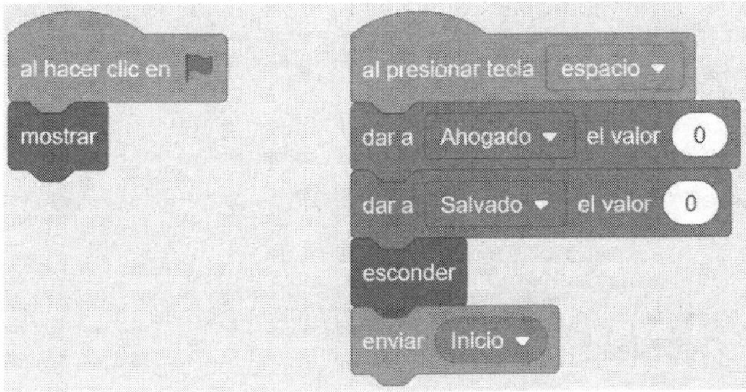

Programa de Mar

El mar está siempre visible a lo largo del juego. Sirve tanto de telón de fondo como de elemento de juego.

⇉ **al hacer clic en la bandera verde**

⇉ **ir a capa delantera**

⇉ **encender vídeo** // para encender la webcam.

⇉ **fijar transparencia de video a 60** // estos dos bloques podrían haber sido incorporados en el anterior programa de objetos.

Programa de Gato

⇉ **al recibir Inicio**

⇉ **fijar tamaño al 50 %** // el tamaño del gato se reduce a la mitad de su tamaño inicial, es decir, el tamaño de la biblioteca.

⇉ **ir a x: número aleatorio entre -220 y 220 y: 180** // este objeto aparece en la parte superior del escenario y en toda su longitud (aleatoria).

⇉ **por siempre** // abre un bucle de repetición inicial que contenga cinco condiciones.

⇉ **mostrar**

⇉ **sumar a y -5** // para hacer que el objeto caiga. El gato cae progresivamente de 5 en 5.

⇉ **girar (en el sentido de las agujas del reloj) -3 grados** // para dar un efecto a su caída.

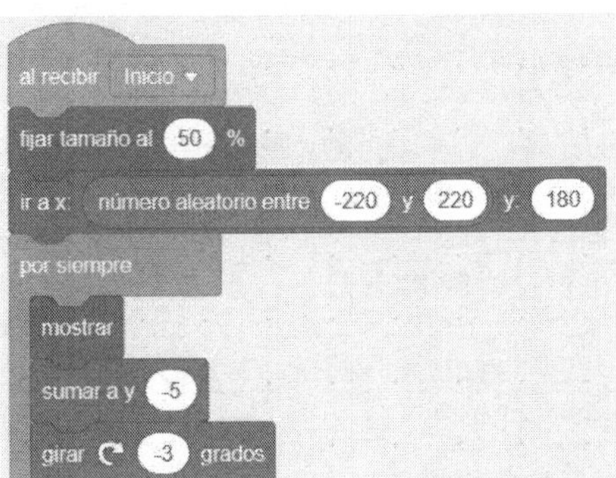

Primera condición: detectar el flujo de movimiento del jugador sobre el objeto para hacerlo rebotar. Esta condición contiene a su vez un bucle de repetición sujeto a una condición **repetir hasta que ()**.

⇉ **si movimiento de vídeo en objeto > 50 entonces**

⇉ **iniciar sonido boing** // el gato rebota.

⇉ **repetir hasta que posición en y > 180** // abre un segundo bucle de repetición. El algoritmo que contiene se utiliza para hacer que el gato rebote hacia arriba. Cuando alcanza la parte superior del escenario (180), deja de subir.

⇉ **sumar a y 15** // el gato rebota hacia la parte superior del escenario.

⇉ Cerrar el segundo bucle de repetición.

⇉ Cerrar la primera condición.

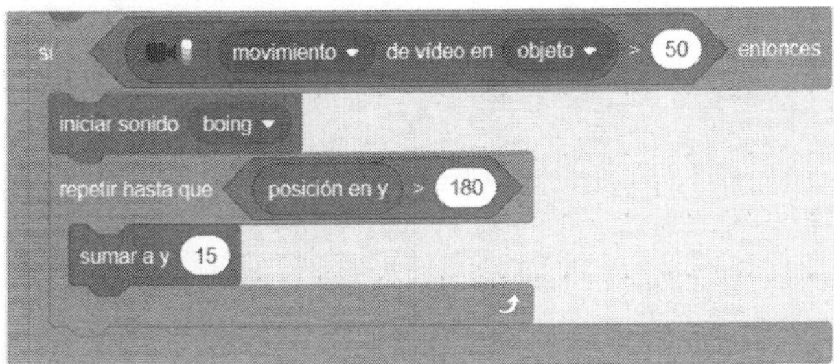

Segunda condición: determinar si el gato se ha ahogado.

⇉ **si posición en y < -170 entonces** // esto significa que el gato cayó al agua. No se ha podido salvar.

⇉ **iniciar sonido Plunge**

⇉ **sumar a Ahogado 1** // La variable Ahogado se incrementa en 1.

⇉ **ir a x: número aleatorio entre -220 y 220 y: 180** // el objeto vuelve a la parte superior del escenario para caer de nuevo. Se cierra la segunda condición.

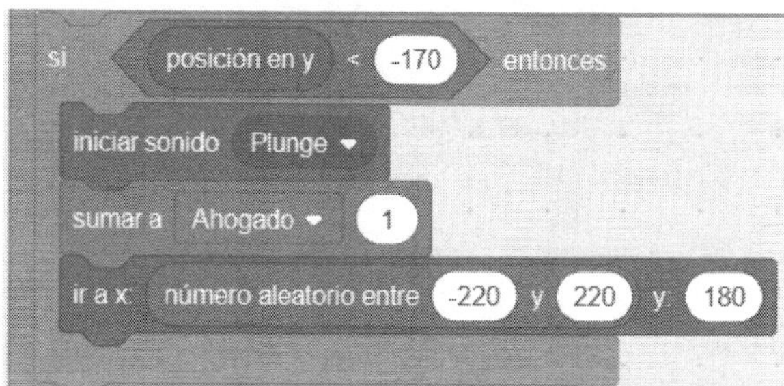

Tercera condición: determinar si el gato ha sido rescatado.

⇉ **si ¿tocando Barco? entonces** // cuando el gato toca el objeto Barco, significa que se ha salvado de ahogarse.

⇉ **enviar Salvar** // este mensaje se envía para modificar el disfraz del objeto Barco.

⇉ **sumar a Salvado 1**

⇉ **ir a x: número aleatorio entre -220 y 220 y: 180** // el objeto vuelve a la parte superior del escenario para caer de nuevo.

⇉ Cerrar la tercera condición.

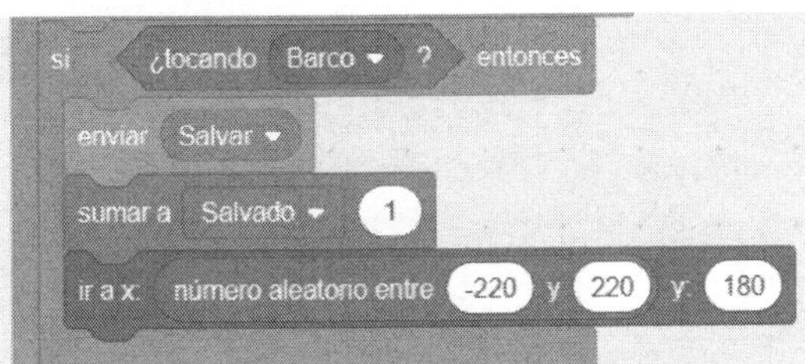

Cuarta condición: determinar si el juego ha terminado. Se deben salvar un total de tres gatos.

⇉ **si Ahogado + Salvado = 3 entonces** // si las dos variables suman 3, significa que todos los gatos que había que salvar ya han sido lanzados. Y que el jugador no ha conseguido recuperarlos a todos. No ha tenido éxito en su misión.

⇉ **enviar Fin** // este mensaje se envía para decir que el juego ha terminado, pero el jugador no ha completado su misión.

⇉ **esconder**

⇉ **detener este programa**

⇉ Cerrar la cuarta condición.

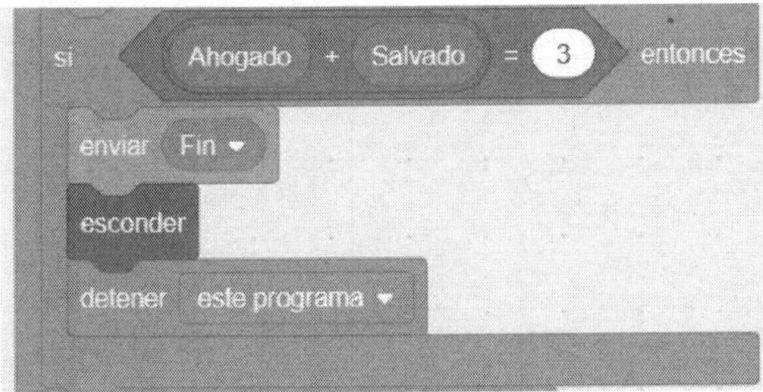

Quinta condición: determinar si todos los gatos han sido salvados por el jugador. En este caso, el valor de la variable **Salvados** es 3.

⇉ **si Salvado = 3 entonces** // esto significa que todos los gatos han caído y han sido recuperados por el jugador. El juego ha terminado y el jugador ha completado su misión.

⇉ **enviar Rescate completo** // este mensaje se envía para informar de que el juego ha terminado y que el jugador ha completado la misión con éxito.

⇉ **esconder**

⇉ **detener este programa**

⇉ Cerrar la quinta condición.

⇉ Cerrar el primer bucle de repetición.

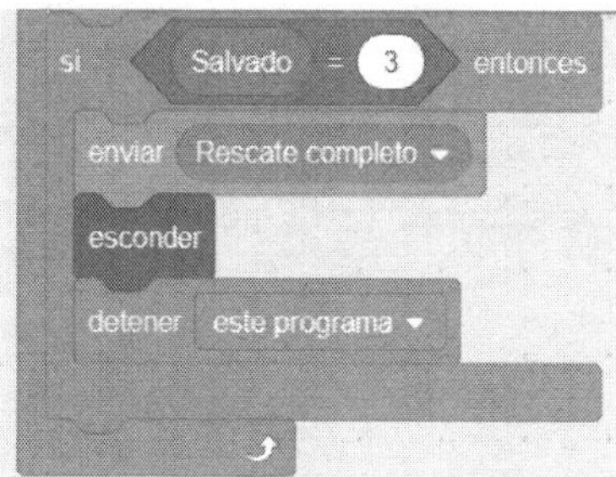

Programa de Barco

El programa del barco tiene tres pilas de bloques.

Cuando el programa se inicia por primera vez, se utiliza la bandera verde. A continuación, se utiliza la tecla [Espacio] para iniciar una nueva partida.

La primera pila de bloques: [Por completar] (ver Segunda pila de bloques, Tercera pila de bloques más abajo)

⇉ **al hacer clic en la bandera verde**

⇉ **cambiar disfraz a barco**

⇉ **ir a x: 0 y: -135**

La segunda pila de bloques: para animar el barco. Se mueve por el escenario horizontalmente y de forma automática.

⇉ **al recibir Inicio**

⇉ **cambiar disfraz a barco** // cuando empieza el juego, no hay ningún gato en el barco.

⇉ **ir a capa trasera** // este bloque se utiliza para añadir profundidad al juego. Da la impresión de que el barco pasa detrás de las olas del mar.

⇉ **ir a x: 0 y: -135**

⇉ **por siempre** // abre un bucle de repetición. Contiene el algoritmo para hacer que el barco se deslice por el agua, moviéndose de un lado a otro del escenario.

⇉ **deslizar en 3 segs a x: -240 y: posición en y** // la coordenada y del barco no cambia. Se mueve horizontalmente por el escenario, hacia delante y hacia atrás. El valor -240 corresponde al extremo izquierdo del escenario.

⇉ **deslizar en 3 segs a x: 240 y: posición en y** // el valor 240 corresponde al extremo derecho del escenario.

⇉ Cerrar el bucle de repetición.

La tercera pila de bloques: gestionar los cambios de disfraz en función del número de gatos salvados.

⇉ **al recibir Salvar** // este mensaje se envía cada vez que un gato toca el barco. La variable Puntuación almacena el número de gatos salvados y, por lo tanto, el número de gatos en el barco. El disfraz cambia en función del número de gatos salvados.

⇉ **por siempre** // abre un bucle de repetición. Contiene tres condiciones para determinar el número de gatos guardados y el disfraz que se mostrará en consecuencia.

⇉ **si Salvado = 1 entonces** // esto significa que un gato ha sido salvado y está en el barco.

⇉ **cambiar disfraz a barco 1** // el disfraz barco 1 muestra un barco con un gato a bordo.

⇉ Cerrar la primera condición.

⇉ **si Salvado = 2 entonces** // esto significa que dos gatos han sido salvados y están en el barco.

⇉ **cambiar disfraz a barco 2** // el disfraz barco 2 muestra un barco con dos gatos a bordo.

⇉ Cerrar la segunda condición.

⇉ **si Salvado = 3 entonces** // esto significa que tres gatos han sido salvados y están en el barco.

⇉ **cambiar disfraz a barco 3** // el disfraz barco 3 muestra un barco con tres gatos a bordo.

⇉ Cerrar la tercera condición.

⇉ Cerrar el bucle de repetición.

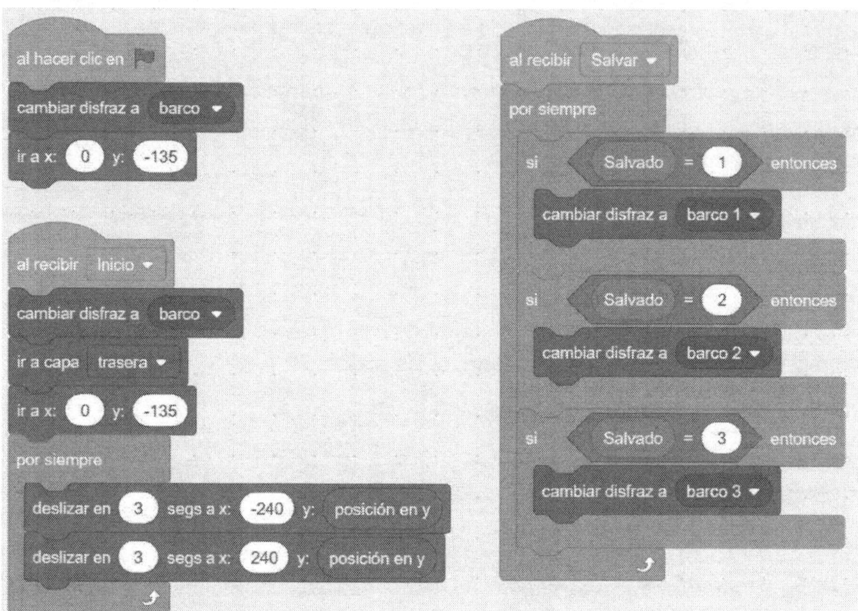

Programa de Mensaje final

El objeto Mensaje final aparece en el escenario al final del juego. Consta de dos disfraces que se muestran en función del resultado de la partida.

⇉ **al hacer clic en la bandera verde**

⇉ **esconder**

⇉ **al recibir Rescate completo** // este mensaje se envía cuando el valor de la variable Salvado es 3.

⇉ **cambiar disfraz a Rescate completo** // este es un mensaje de felicitación, ya que los tres gatos se han salvado.

⇉ **mostrar**

⇉ **decir ¡Felicidades!, se han salvado todos los gatos** // de la extensión de texto a voz, este bloque añade un mensaje de audio además del mensaje visual. Su uso es opcional.

⇉ **al recibir Fin** // este mensaje se envía cuando la suma de los valores de las variables Salvado y Ahogado es igual a 3. Esto significa que uno o más gatos no han podido ser salvados de ahogarse.

⇉ **cambiar disfraz a Fin** // este es un mensaje que informa al jugador de que no ha podido salvar a todos los gatos.

⇉ **mostrar**

⇉ **asignar voz a contralto**

⇉ **decir unir Has salvado unir Salvado Gatos** // mediante un bloque de texto a voz, un mensaje de audio anuncia el número de gatos que han sido salvados por el jugador según el valor de la variable Salvado.

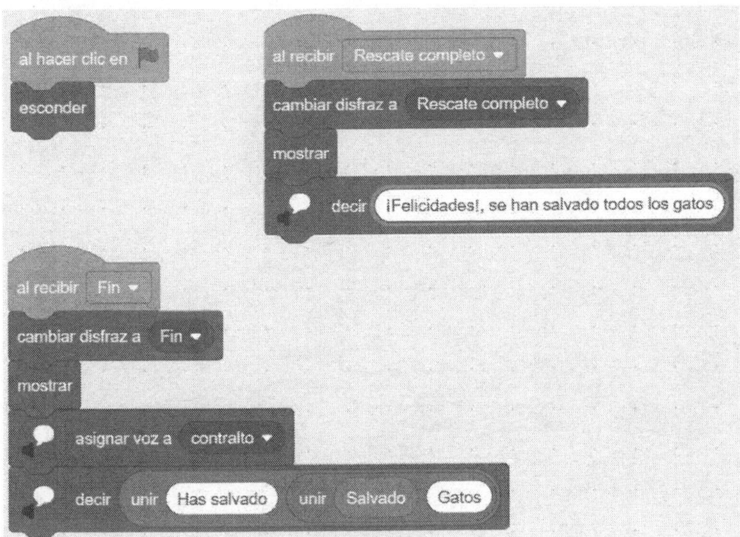

Más información

Este ejemplo utiliza solo tres gatos, pero, por supuesto, puede añadir más. Además de gatos, puede agregar otros animales, como ratones o perros. Puede que necesite dos botes (uno para cada especie) para evitar que se peleen.

6. Ensalada de sandía

Este juego se puede descargar del sitio web de Ediciones ENI y se llama *Ensalada de sandia.sb3*.

Objetivo: este proyecto se inspira en el juego Fruit Ninja, que consiste en cortar una fruta por la mitad. En este caso, la fruta es una sandía. Las sandías caen y hay que cortarlas con la mano. Por cada sandía cortada se obtiene un punto. Sin embargo, en este juego hay dos tipos de sandía. No se deben cortar las sandías de uno de los dos tipos; de lo contrario, se pierden puntos. Una partida dura 60 segundos.

Competencias desarrolladas:

- Modificar los disfraces tras un contacto de vídeo.
- Suma puntos.
- Limitar la duración de una partida.

6.1 Diseño gráfico

Este proyecto requiere la creación de cinco objetos.

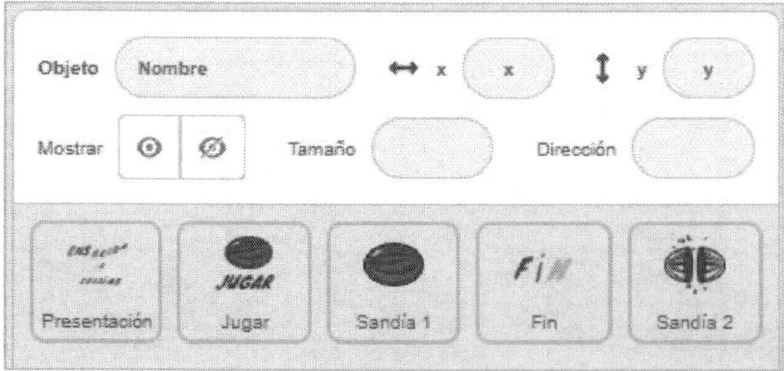

Los objetos Presentación y Fin

Dibujados con la paleta gráfica, estos dos objetos se muestran al principio de la partida (Presentación) y al final (Fin), cuando ha transcurrido el tiempo de juego (60 segundos).

Para dibujar estos objetos:

⇛ En la ventana de objetos, seleccione **Elige un objeto - Pinta** para abrir la paleta gráfica.

⇛ Utilice la herramienta **Texto** para escribir el título del juego (objeto Presentación) y la palabra Fin (objeto Fin) en el lienzo.

Observación

Para mi proyecto, he escrito las letras independientemente unas de otras para que tuvieran colores diferentes. El tipo de letra utilizado es Marker.

El objeto Jugar

Es un botón con forma de sandía que se pulsa para iniciar el juego. La ilustración de la sandía se ha seleccionado de la biblioteca de objetos.

⇛ En la ventana de objetos, seleccione **Elige un objeto** para abrir la biblioteca.

⇛ En la categoría **Comida**, elija el objeto **Watermelon**. Nombre este objeto **Jugar**.

⇛ Haga clic en la pestaña **Disfraces** para abrir la paleta gráfica y añada texto debajo de la ilustración.

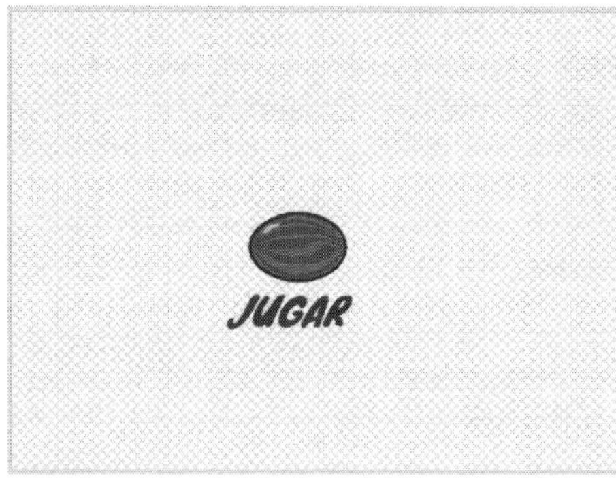

Objeto Sandía 1

Este objeto tiene tres disfraces. El primero representa una sandía entera; el segundo, una sandía cortada, y el tercero, una rodaja de sandía. El tercer disfraz se puede eliminar, ya que no se utilizará. El segundo disfraz se mostrará cuando el objeto sea tocado por el jugador. Cuando la sandía caiga, se utilizará el disfraz 1. Para el disfraz 2, se han dibujado astillas de sandía utilizando la herramienta **Pincel**.

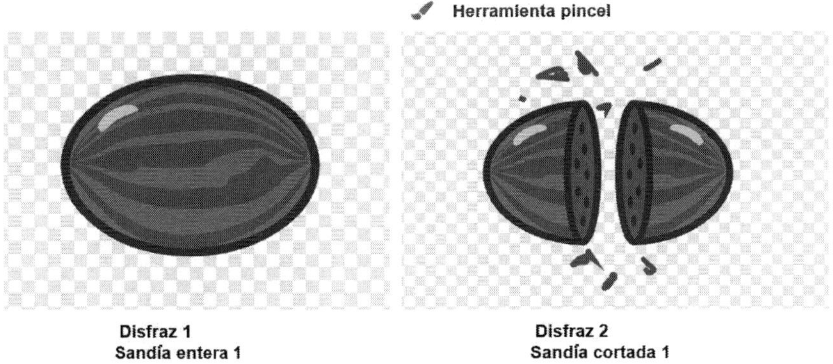

El objeto Sandía 2

Es idéntico al objeto Sandía 1; solo cambia su color exterior. Se ha utilizado un verde claro y se ha aplicado con la herramienta **Rellenar**.

⇉ En la ventana de objetos, haga clic con el botón derecho en la miniatura de **Sandía 1** y seleccione **duplicar**. Se crea una copia de este objeto.

⇉ Seleccione la pestaña **Disfraces** y abra la paleta gráfica para cambiar el color de los disfraces con la herramienta **Rellenar**. Esta segunda sandía es de un verde más claro.

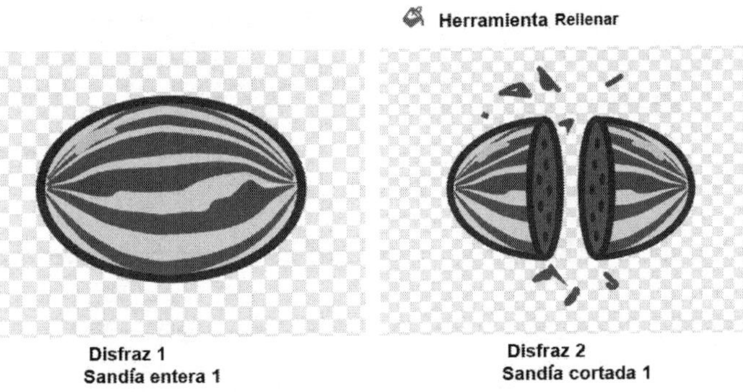

Disfraz 1
Sandía entera 1

Disfraz 2
Sandía cortada 1

6.2 El programa

Programa de Presentación y Fin

El objeto Presentación corresponde a un cuadro inicial que muestra el nombre del juego. Aparece al inicio durante 3 segundos, cuando se pulsa la bandera verde, y luego desaparece.

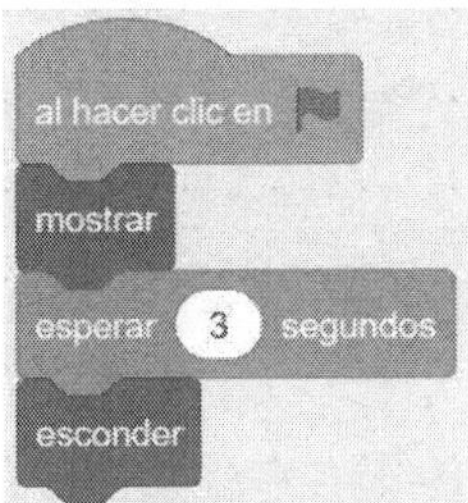

El objeto Fin permanece oculto hasta el final del juego. Cuando se acaba el tiempo, se envía un mensaje de Fin. Aparece entonces.

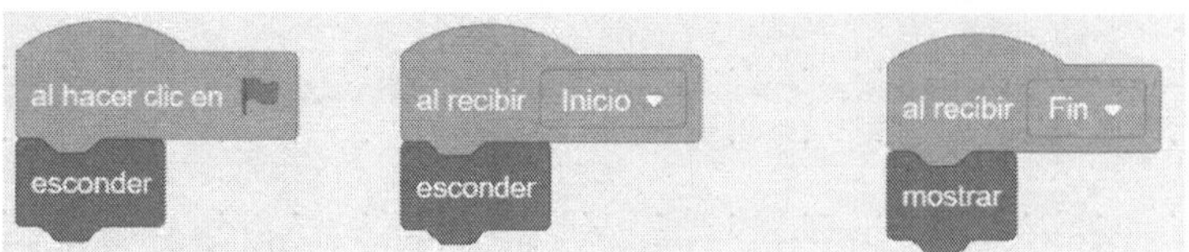

Programa Jugar

Hay dos formas de empezar una partida:

- Haz clic en el objeto Jugar, representado por una sandía.
- Pulsa la tecla [Espacio]. Esta opción evita tener que volver a la **bandera verde** para reiniciar una partida.

El programa de este objeto consta de cuatro pilas de bloques.

⇉ **al hacer clic en la bandera verde**

⇉ **apagar vídeo** // cuando se muestra la página de presentación, la webcam está desactivada.

⇉ **esconder variable Cronómetro** // el cronómetro no es visible en el escenario.

⇉ **esconder variable Puntos** // el contador de puntos no es visible en el escenario.

⇉ **esconder**// el objeto Juego no es visible.

⇉ **esperar 3 segundos** // este es el tiempo que se muestra el objeto Presentación.

⇉ **mostrar** // ahora que el otro objeto ha desaparecido del escenario, el objeto que juega se hace visible.

⇉ **al recibir Inicio** // este mensaje se envía cuando se pulsa el objeto o la tecla [Espacio].

⇉ **esconder** // desaparece del escenario al comenzar el juego.

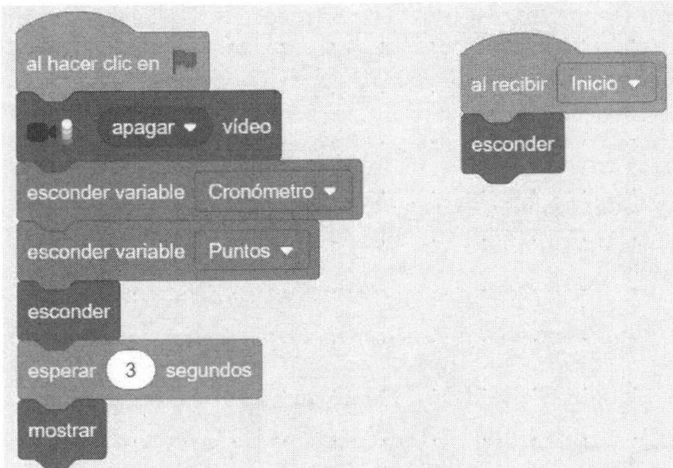

Las dos pilas siguientes son casi idénticas, excepto por dos bloques (el primer bloque y el bloque mostrar son diferentes). Se utilizan para inicializar el programa y lanzar el juego.

⇉ **al hacer clic en este objeto**

⇉ 0 **al presionar tecla espacio** // se ponen a cero las variables Cronómetro y Puntos.

⇉ **dar a Cronómetro el valor 0**

⇉ **mostrar variable Cronómetro**

⇉ **dar a Puntos el valor 0**

⇉ **mostrar variable Puntos**

⇉ **esconder**

⇉ **fijar transparencia de vídeo a 50**

⇉ **encender vídeo** // webcam encendida.

⇉ **enviar Inicio** // este mensaje se utiliza para iniciar el juego.

⇉ **esperar 2 segundos**

⇉ **repetir hasta que Cronómetro = 60** // abre un bucle de repetición. Contiene el algoritmo para cronometrar el juego utilizando una variable. La ejecución de este algoritmo se detendrá cuando el cronómetro alcance el valor 60 (60 segundos).

⇉ **esperar 1 segundos**

⇉ **sumar a Cronómetro 1** // cada segundo, la variable Cronómetro se incrementa en 1.

⇉ Cerrar el bucle de repetición.

⇉ **enviar Fin** // cuando se acaba el tiempo, se envía un mensaje para indicar el final del juego.

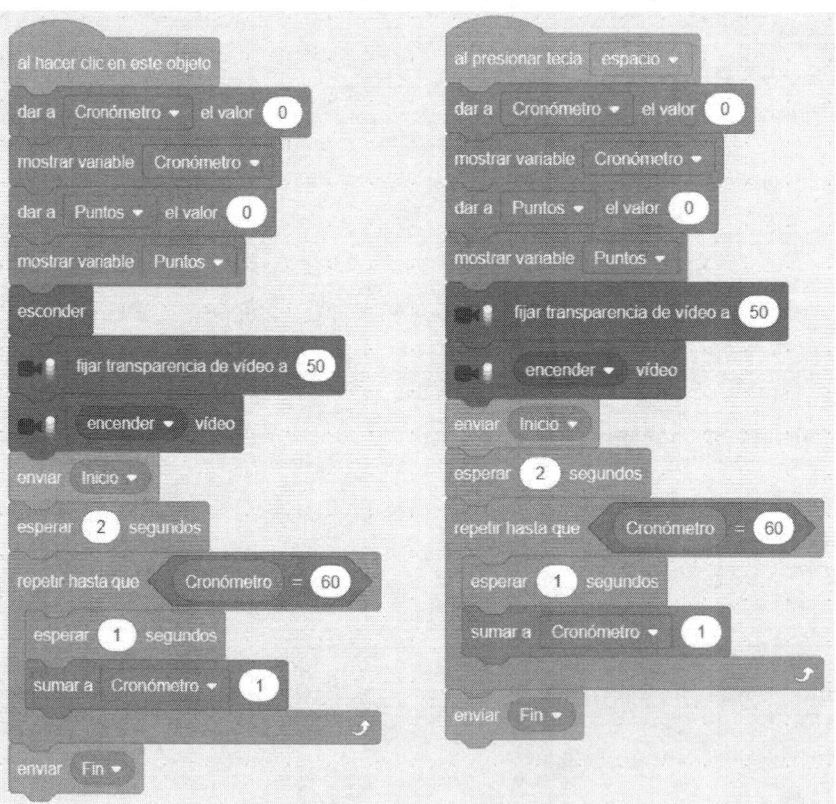

Programa de Sandía 1

⇉ **al hacer clic en la bandera verde**

⇉ **esconder** // este objeto solo es visible durante la fase de juego.

Observación
Esta pila de bloques también está presente en el programa del objeto Sandía 2.

⇉ **al recibir Inicio**

⇉ **esperar 3 segundos**

⇉ **por siempre** // abre un primer bucle de repetición en el que se insertará otro bucle de repetición y una condición.

⇉ **ir a x: número aleatorio entre -200 y 200 y: 180** // el objeto aparecerá en la parte superior del escenario (y: 180) en todo el ancho, comprendido entre -200 y 200.

⇉ **apuntar en dirección 180** // se dirigirá hacia abajo.

⇉ **cambiar disfraz a sandia entera 1**

⇉ **mostrar**

⇉ **repetir hasta que posición en y < -180** // abre un segundo bucle de repetición que deja caer la sandía hasta que alcanza los límites inferiores del escenario (coordenada y < -180).

⇉ **sumar a y -5** // la sandía desciende gradualmente. Este valor se puede cambiar para aumentar la velocidad de movimiento.

⇉ **si movimiento de vídeo en objeto > 25 entonces** // para detectar si el jugador ha tocado el objeto. Dependiendo de su hardware y su entorno, este valor puede ser diferente.

⇉ **cambiar disfraz a sandia cortada 1** // al tocar el jugador la sandía, su aspecto cambia. Se corta en dos.

⇉ **sumar a Puntos 1** // la variable Puntos se incrementa en 1.

⇉ Cerrar la condición.

⇒ Cerrar el segundo bucle de repetición.

⇒ Cerrar el primer bucle de repetición.

⇒ **al recibir Fin** // este mensaje se recibe cuando el cronómetro llega a 60 (segundos). El juego ha terminado.

⇒ **esconder** // el objeto desaparece del escenario.

⇒ **detener otros programas en el objeto** // los otros programas asociados con este objeto se detienen.

Observación

Esta pila de bloques también está presente en el programa del objeto Sandía 2.

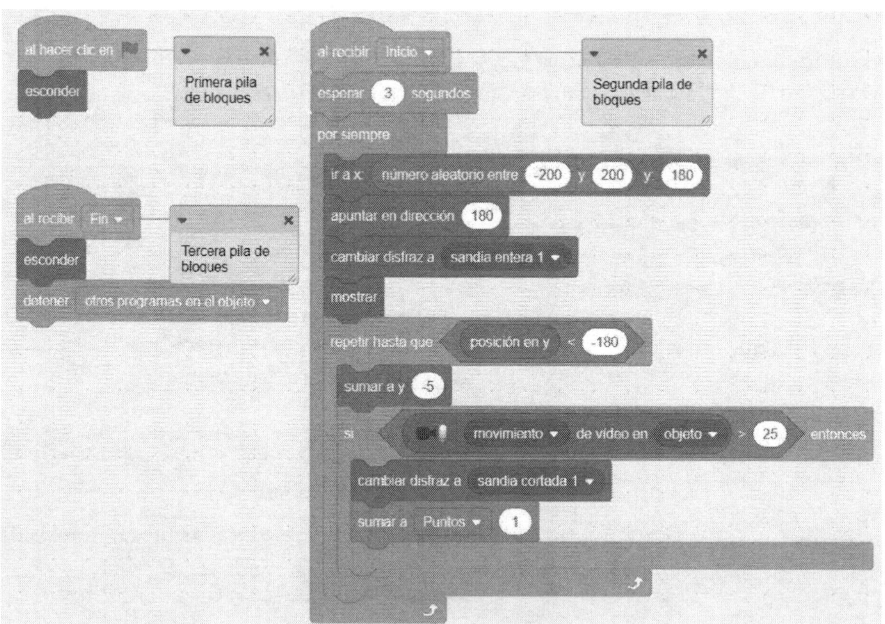

Programa de Sandía 2

Dos pilas de bloques son comunes a los programas de los objetos Sandía 1 y 2:

- la pila de bloques utilizada para ocultar el objeto cuando se inicia el proyecto;
- la pila de bloques utilizada para ocultar el objeto cuando el juego termina.

La pila de bloques que contiene el programa para dejar caer el objeto y determinar si ha sido golpeado por el jugador es prácticamente idéntica a la utilizada para el objeto Sandía 1. Sin embargo, hay algunas diferencias.

- El tiempo de espera para que empiece el programa es mayor.
- Los nombres de los disfraces son diferentes.
- El programa solo puede ejecutarse cinco veces, no indefinidamente.
- Este objeto no debe ser tocado por el jugador. Si lo toca, el jugador pierde puntos.

⇉ **al recibir Inicio**

⇉ **esperar número aleatorio entre 10 y 20 segundos**

⇉ **repetir 5** // abre un primer bucle de repetición en el que se insertará otro bucle de repetición y una condición. Los programas insertados en este bucle solo se repetirán cinco veces. El objeto es una trampa y no debe ser tocado por el jugador.

⇉ **ir a x: número aleatorio entre -200 y 200 y: 180** // el objeto aparecerá en la parte superior del escenario (y: 180) en todo el ancho, comprendido entre -200 y 200.

⇉ **apuntar en dirección 180** // se dirigirá hacia abajo.

⇉ **cambiar disfraz a sandia entera 2** // este es el disfraz en el que la sandía está entera.

⇉ **mostrar**

⇉ **repetir hasta que posición en y = -180** // abre un segundo bucle de repetición que hace que la sandía caiga hasta alcanzar los límites inferiores del escenario (posición en y = 180).

⇉ **sumar a y -5** // la sandía desciende gradualmente. Este valor se puede cambiar para aumentar la velocidad de movimiento.

⇉ **si movimiento de vídeo en objeto > 25 entonces** // para detectar si el jugador ha tocado el objeto. Dependiendo de su hardware y su entorno, este valor puede ser diferente.

⇉ **cambiar disfraz a sandia cortada 2** // el jugador ha tocado la sandía y su aspecto cambia. Está partida en dos.

⇉ **sumar a Puntos -2** // si el jugador toca este objeto, pierde 2 puntos.

⇉ Cerrar la condición.

⇉ Cerrar el segundo bucle de repetición.

⇉ Cerrar el primer bucle de repetición.

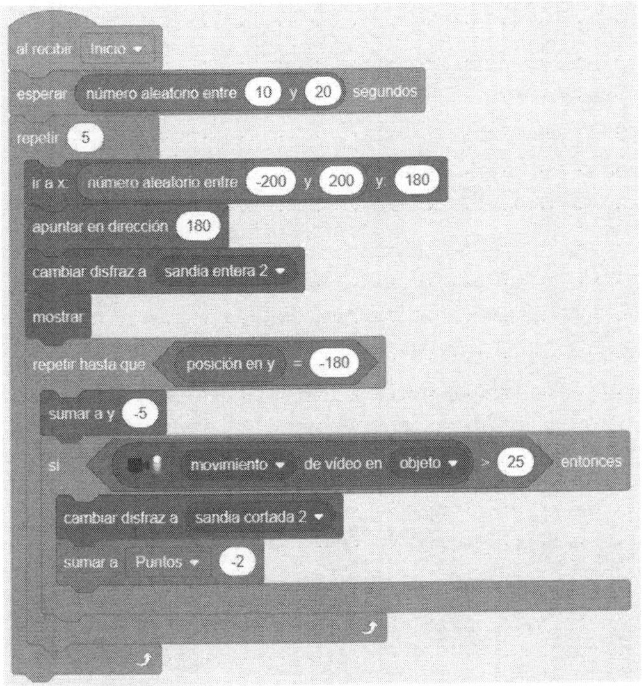

```
al recibir [Inicio ▾]
esperar (número aleatorio entre (10) y (20)) segundos
repetir (5)
    ir a x: (número aleatorio entre (-200) y (200)) y: (180)
    apuntar en dirección (180)
    cambiar disfraz a [sandia entera 2 ▾]
    mostrar
    repetir hasta que <(posición en y) = (-180)>
        sumar a y (-5)
        si <(movimiento ▾) de vídeo en (objeto ▾) > (25)> entonces
            cambiar disfraz a [sandia cortada 2 ▾]
            sumar a [Puntos ▾] (-2)
```

Más información

He aquí algunas sugerencias para mejorar el programa:

- Hacer que participen dos jugadores, cada uno con un conjunto de sandías que caen en una zona del escenario (izquierda y derecha).
- Añadir otras frutas.
- Al principio del juego, hacer que los jugadores tengan un cierto número de puntos, que pierden cada vez que una sandía toca el suelo.
- Añadir una sandía de bonus (más puntos).

7. Jugar con la realidad

7.1 Presentación

Gracias a su webcam, puede mezclar elementos digitales (objetos) con objetos reales. De hecho, sus objetos y los personajes con los que juega pueden detectar elementos presentes en la realidad.

Configure su webcam para que filme un espacio uniforme (una hoja grande de papel blanco, un trozo de cartón, un tablón de madera). Este espacio le servirá de zona de juego. Podrá colocar en él elementos reales, ladrillos de Lego, por ejemplo, y mover sus objetos por este espacio.

Un objeto real puede ser detectado por un objeto gracias a su color. En este ejemplo, se han colocado piezas de Lego verdes en el espacio filmado por la webcam. Si el objeto gato toca uno de estos objetos mientras se desplaza, retrocede.

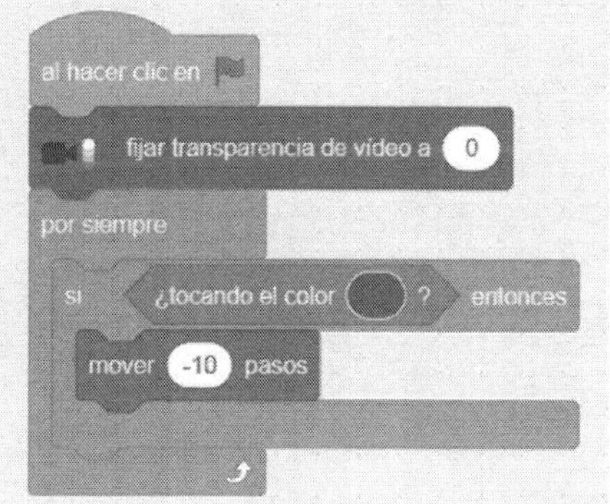

⇉ **al hacer clic en la bandera verde**

⇉ **fijar transparencia de vídeo a 0** // la transparencia del vídeo está al máximo, es decir, a 0, lo que significa que el fondo filmado por la webcam y los elementos situados sobre él son claramente visibles.

⇉ **por siempre** // abre un bucle de repetición en el que se inserta la condición utilizada para evitar que el objeto cruce el ladrillo de Lego.

⇉ **si ¿tocando el color ()? entonces** // para asignar el color, utilice el cuentagotas (1) para seleccionar el color del ladrillo de Lego en el escenario.

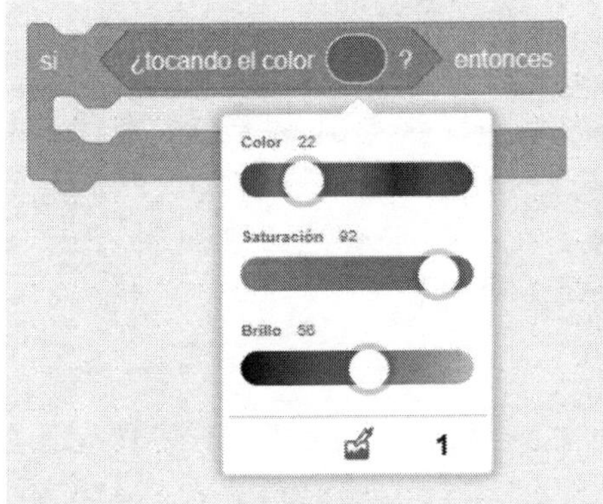

⇉ **mover -10 pasos** // el objeto retrocede cuando entra en contacto con este color.

⇉ Cerrar el bucle de repetición.

7.2 Juego Pong para un jugador

Este juego se puede descargar del sitio web de Ediciones ENI; tiene el nombre *Pong1.sb3*. Nos permitirá poner en práctica la interacción entre el mundo real y el mundo digital.

Pong fue uno de los primeros videojuegos arcade. Fue creado y desarrollado por Nolan Bushnell y Allan Alcorn. Es un juego deportivo inspirado en el tenis de mesa. En este ejemplo, el jugador juega solo, por lo que solo hay una raqueta, pero se puede jugar con dos jugadores añadiendo una segunda raqueta calcada de la primera.

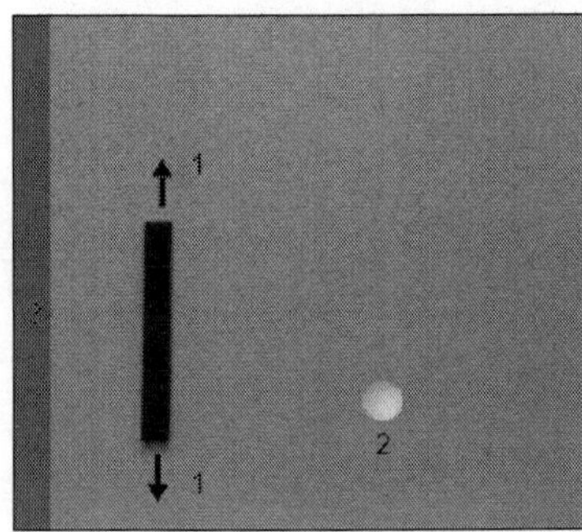

7.2.1 Diseño gráfico

Este proyecto requiere el uso de un objeto alargado (un ladrillo de Lego, por ejemplo) para representar la raqueta (1) en el mundo real y dos objetos en el mundo digital: Pelota (2) y Fuera de Juego (3).

La raqueta es manejada manualmente por el jugador, hacia arriba y hacia abajo. Se puede construir un sistema de raíles para evitar que la raqueta se desvíe de su trayectoria.

Un objeto Pelota

Puede seleccionar una bola de la biblioteca de objetos.

⇒ En la ventana de objetos, seleccione **Elige un objeto** para abrir la biblioteca. El objeto Pelota tiene cinco disfraces que corresponden a pelotas de diferentes colores. Elija el color que más le guste.

Observación

También puede dibujar la pelota con la herramienta **Círculo** de la paleta gráfica.

⇒ Nombra el objeto importado o dibujado **Pelota**.

Un objeto Fuera de juego

Este objeto se coloca detrás de la raqueta de ladrillos de Lego y es una línea dibujada en la paleta gráfica utilizando la herramienta **Rectángulo**, que cubre toda la altura del lienzo. Este objeto se utiliza para definir si el jugador ha perdido la pelota. Si es así, la pelota habrá tocado la línea de fuera de juego y el juego habrá terminado.

7.2.2 El programa

⇒ **al hacer clic en la bandera verde**

⇒ **invertir vídeo** // dependiendo de su posición con respecto a la webcam, es probable que necesite aplicar un efecto espejo.

⇒ **encender vídeo**

⇒ **fijar transparencia de vídeo a 0** // para que el escenario filmado por la webcam sea claramente visible.

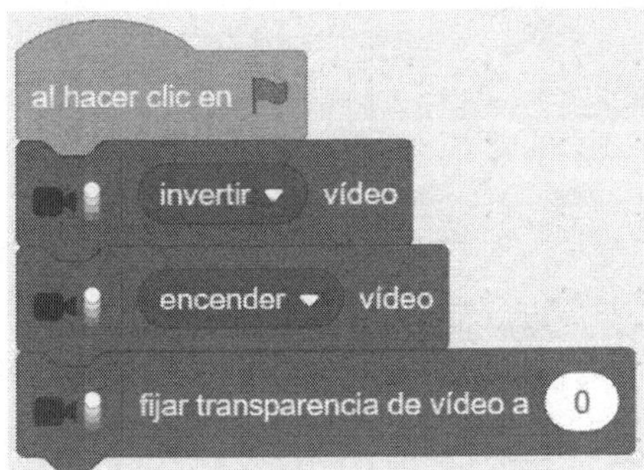

⇉ **al presionar tecla espacio** // para iniciar una partida.

⇉ **ir a x:0 y: 0** // la pelota se sitúa en el centro del escenario.

⇉ **esperar 1 segundos** // este tiempo de espera es opcional. Permite al jugador ponerse en posición.

⇉ **apuntar en dirección 90** // la bola se mueve horizontalmente.

⇉ **por siempre** // abre un bucle de repetición. Contiene dos condiciones.

⇉ **si toca un borde, rebotar**

⇉ **mover 15 pasos** // esta velocidad se da como guía, puede hacer que la bola se mueva más rápido o más lento, o incluso darle una velocidad de movimiento aleatoria.

Primera condición: determinar si la pelota ha tocado la raqueta. En caso afirmativo, rebotará en la raqueta.

⇉ **si ¿tocando el color** (color del objeto utilizado como raqueta)? **entonces**

⇉ **iniciar sonido Boing** // este sonido se ha importado de la biblioteca.

⇉ **girar (en el sentido de las agujas del reloj) número aleatorio entre 150 y 210 grados** // la pelota rebota en la raqueta en un ángulo aleatorio. Puede cambiar el ángulo para adaptarlo al efecto deseado.

⇉ **mover 15 pasos**

⇉ Cerrar la primera condición.

Segunda condición: determinar si la pelota ha tocado la línea de fuera de juego. En caso afirmativo, el juego termina.

⇉ **si ¿tocando Fuera de juego? entonces**

⇉ **tocar sonido AlienCreak2 hasta que termine** // este sonido ha sido importado de la biblioteca. Se encuentra en la categoría Efectos.

⇉ **detener todos**

⇉ Cerrar la segunda condición.

⇉ Cerrar el bucle de repetición.

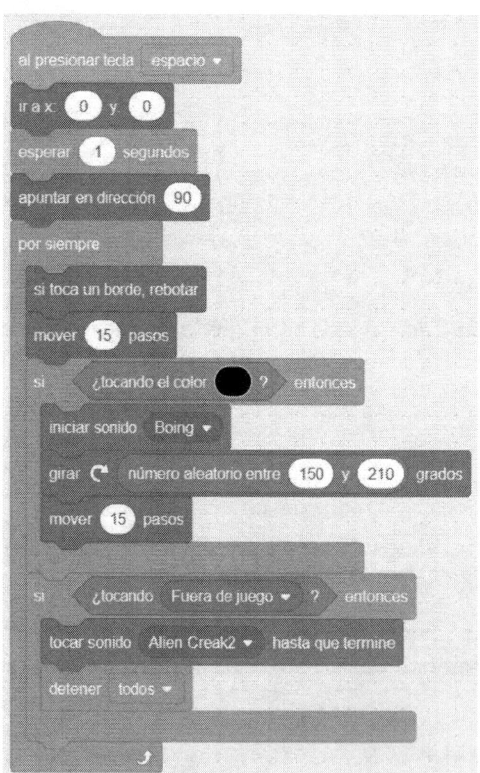

Más información

- Inserte un contador de puntos.
- Puede desarrollar un juego para dos jugadores. Para ello, es necesario crear dos líneas de fuera de juego: una detrás de cada una de las dos raquetas, es decir, en cada extremo del escenario.

8. Juego del laberinto

Este proyecto puede descargarse del sitio web de Ediciones ENI con el nombre *Laberinto de vídeo detección.sb3*.

Objetivo: un ratón debe moverse para atrapar los trozos de queso que aparecen en el laberinto.

8.1 Diseño gráfico

Este proyecto requiere el uso de seis objetos, cuatro de los cuales son idénticos: los trozos de queso que debe comer el ratón.

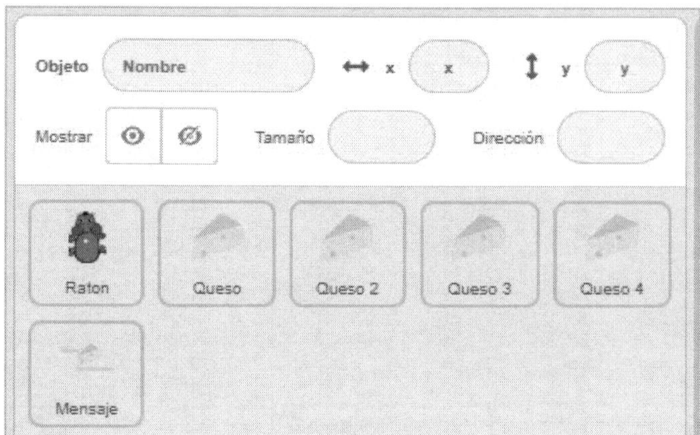

El laberinto

Diseñado sobre una placa de Lego, el laberinto se ha construido utilizando ladrillos de diferentes colores para hacer las paredes y el perímetro. Estos colores serán detectados por el objeto que juega (el ratón), haciendo que las paredes sean infranqueables.

Observación

Dependiendo de su ubicación, si está cerca de una ventana, el color de los ladrillos cambiará a medida que avance el día. ¡No olvide ajustar los colores!

El objeto Raton

Este objeto está tomado de la biblioteca de objetos. Su nombre es Mouse. Tiene dos disfraces. Conservaremos solo uno (Mouse 1-a) y crearemos otros tres a partir de este disfraz.

Para evitar que el ratón pase por encima de las paredes de ladrillos de Lego, tenemos que colocar correctamente el centro del disfraz.

⇒ Empiece borrando la cola del ratón (herramienta **Seleccionar** - **Goma**).

Disfraz Mouse 1-a

⇛ Seleccione el conjunto del ratón para agrupar todos los elementos que componen su disfraz (herramienta **Seleccionar - Agrupar**). Ahora puede mover el ratón hacia abajo para ver el centro del lienzo.

⇛ Con la herramienta **Círculo**, dibuje un círculo que represente el centro del disfraz. Sitúe el ratón sobre este círculo. Representará el punto central.

⇛ Nombre este primer disfraz **Derecha**.

⇛ Haga clic con el botón derecho en la miniatura y seleccione **duplicar** para hacer una copia.

⇛ Mueva el ratón para que el centro esté siempre entre las dos patas delanteras. Nombre este nuevo disfraz **Izquierda**.

Disfraz Derecha

Disfraz Izquierda

⇛ Haga una copia y gire el ratón para que su disfraz quede hacia arriba. Muévalo por el lienzo de modo que el centro quede siempre entre las dos patas delanteras.

⇛ Nombre este nuevo disfraz **Arriba**.

⇉ Haga lo mismo para crear un cuarto disfraz que mire hacia abajo. Su nombre será **Abajo**.

Disfraz Arriba

Disfraz Abajo

Una vez creados y centrados los cuatro disfraces, puede borrar el círculo.

Los objetos Queso 1 a 4

Se han dibujado utilizando la paleta gráfica. Puede usar un objeto de la biblioteca o importar una imagen de su ordenador. Este objeto está duplicado tres veces:

⇉ En la ventana de objetos, seleccione su miniatura, haga clic con el botón derecho y seleccione **duplicar**. Los cuatro objetos son: **Queso 1** - **Queso 2** - **Queso 3** - **Queso 4**.

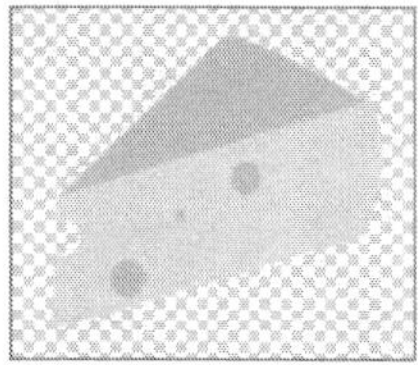

El objeto Mensaje

Este objeto ha sido dibujado utilizando la paleta gráfica. Consta de dos disfraces que se muestran al principio o al final del juego.

Disfraz Inicio

Disfraz fin

Observación

Estos dos objetos podrían haber formado parte de un único objeto con dos disfraces diferentes.

8.2 El programa

Programa del fondo

El fondo no contiene una imagen específica, ya que es el laberinto el que actúa a la vez como elemento de juego y como fondo. Pero hay un programa en su pestaña **Código**. Sirve para activar y configurar la webcam. Y para determinar cuándo termina el juego.

⇉ **al hacer clic en la bandera verde**

⇉ **dar a Puntuación el valor 0** // la variable se reinicia al comienzo del juego.

⇉ **encender vídeo**

⇉ **fijar transparencia de vídeo a 0** // para ver claramente el laberinto filmado por la webcam. Este valor es adecuado para interacciones entre el mundo real y el virtual.

⇉ **esperar 1 segundos**

⇉ **enviar Inicio** // este mensaje se envía para iniciar la ejecución de los programas de objetos del juego (el ratón y los quesos).

⇉ **por siempre** // abre un bucle de repetición. Contiene la condición, es decir, el algoritmo utilizado para determinar si el juego ha terminado.

⇉ **si Puntuación = 4 entonces** // el ratón debe comerse cuatro trozos de queso. Si el valor de la variable Puntuación es 4, significa que se ha comido todo el queso.

⇉ **enviar Queso consumido**

⇉ **apagar vídeo** // el laberinto ya no es visible en el escenario.

⇉ Cerrar la condición.

⇉ Cerrar el bucle de repetición.

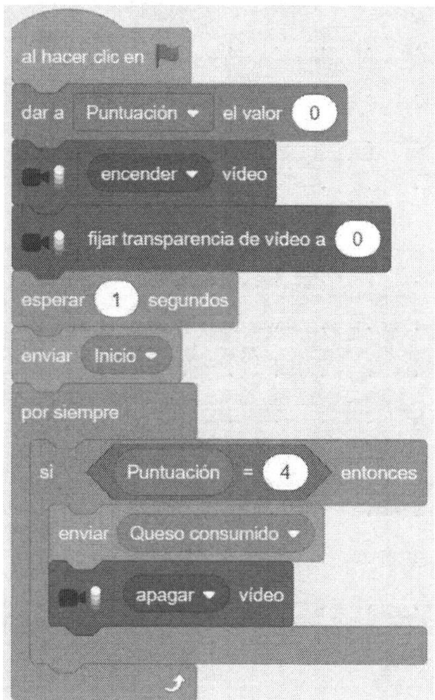

Programa de Mensaje

Dependiendo de la fase del juego (inicio o final), se muestra un disfraz diferente.

⇉ **al hacer clic en la bandera verde**

⇉ **cambiar disfraz a Inicio** // este es un mensaje que le dice al jugador lo que tiene que hacer.

⇉ **mostrar**

⇉ **esperar 3 segundos**

⇉ **esconder** // este mensaje desaparece.

⇉ **Al recibir Queso consumido** // este mensaje se recibe (y se envía) cuando se han comido todos los quesos.

⇉ **cambiar disfraz a fin**

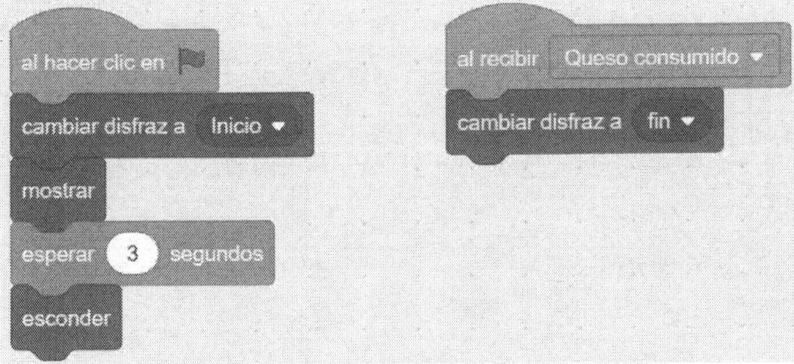

Programa de Raton

El programa del ratón se compone de siete pilas de bloques, cuatro de las cuales son idénticas. Se trata de las instrucciones para mover el ratón por el escenario.

Cuando se inicia el programa, este objeto no es visible en el escenario. Solo es visible durante las fases del juego.

⇉ **al hacer clic en la bandera verde**

⇉ **esconder**

⇉ **al recibir Inicio** // este mensaje activa el juego.

⇉ **esperar 2 segundos**

⇉ **ir a x: 0 y: 0** // estas coordenadas se pueden modificar para adaptarlas a su laberinto.

⇉ **mostrar**

⇉ **fijar estilo de rotación a no rotar**

⇉ **fijar tamaño al 30 %** // para evitar que el ratón atraviese las paredes de ladrillo al girar, debe ser más estrecho que ellas. Este valor se da como guía. Debe adaptarse al tamaño de los elementos de su proyecto.

⇉ **dar a Número de pasos el valor 5** // el valor de esta variable corresponde al número de pasos utilizados para mover el ratón hacia adelante si no encuentra obstáculos.

⇉ **dar a Número de pasos atrás el valor -15** // el valor de esta variable corresponde al número de pasos utilizados para mover el ratón hacia atrás si se encuentra con una de las paredes del laberinto.

⇉ **al recibir Queso consumido** // este mensaje se recibe cuando el juego ha terminado.

⇉ **esconder**

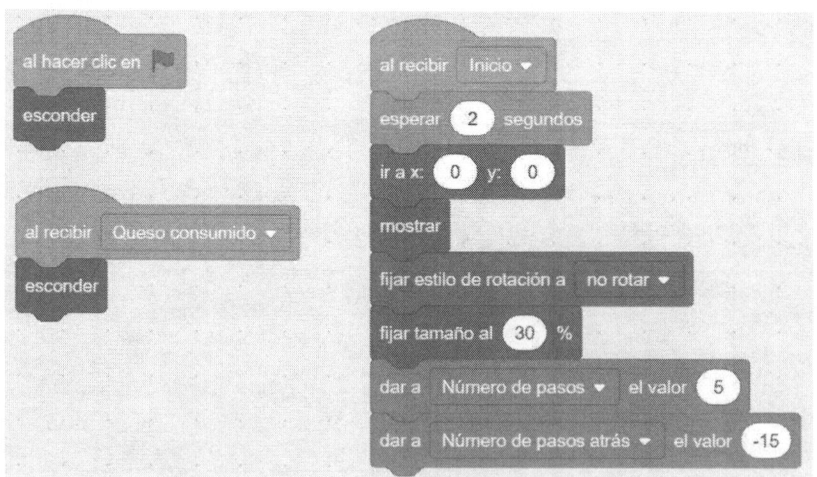

Las otras cuatro pilas de bloques son prácticamente idénticas. Sirven para mover el ratón: derecha, izquierda, arriba y abajo. Dependiendo de la dirección seleccionada con las teclas de flecha, cambia el disfraz del ratón.

⇉ **al presionar tecla flecha derecha**
O **flecha izquierda**
O **flecha arriba**
O **flecha abajo**

⇉ **cambiar disfraz a derecha** para la tecla flecha derecha.
O **cambiar disfraz a izquierda** para la tecla flecha izquierda.
O **cambiar disfraz a arriba** para la tecla flecha arriba.
O **cambiar disfraz a abajo** para la tecla flecha abajo.

⇉ **apuntar en dirección 90** // para la tecla flecha derecha.
O **en dirección de -90** para la tecla flecha izquierda.
O **en dirección 0** para la tecla flecha arriba.
O **en dirección 180** para la tecla flecha abajo.

⇉ **mover Número de pasos pasos** // el valor de la variable Número de pasos es positivo.

⇉ **si ¿tocando el color ()? o ¿tocando el color ()? o ¿tocando el color ()? o ¿tocando el color ()? o ¿tocando el color ()? entonces** // los colores corresponden a los colores de sus ladrillos. En este ejemplo, he utilizado ladrillos de cinco colores diferentes. Si el objeto toca uno de estos colores, se mueve hacia atrás.

⇉ **mover Número de pasos atrás pasos** // si el objeto toca uno de estos colores, se mueve hacia atrás. Esto se debe a que el valor de la variable Número de pasos hacia atrás es negativo.

Programa de Queso 1 a 4

El programa de los objetos Queso 1 a 4 consta de tres pilas de bloques. Estos bloques son idénticos para los cuatro objetos. La única diferencia son sus coordenadas en el escenario.

La primera pila de bloques corresponde a la inicialización del objeto (tamaño y posición). También contiene el algoritmo para comprobar si el objeto es comido por el ratón.

⇉ **al hacer clic en la bandera verde**

⇉ **fijar tamaño al 25 %**

⇉ **ir a x -180 y:75** // para el objeto Queso 1.
Las coordenadas del objeto Queso 2 son **x: 15 y: -125**.
Las coordenadas del objeto Queso 3 son **x: 105 y: 125**.
Las coordenadas del objeto Queso 4 son **x: -190 y: -125**.

⇉ **esconder**

⇉ **por siempre** // abre un bucle de repetición.

⇉ **si ¿tocando Raton? entonces**

⇉ **sumar a Puntuación 1**

⇉ **esconder**

⇉ **detener otros programas en el objeto**

⇉ Cerrar la condición.

⇉ Cerrar el bucle de repetición.

⇉ **al recibir Inicio**

⇉ **esperar 2 segundos**

⇉ **por siempre** // abre un bucle de repetición. Este objeto es visible en el escenario de forma intermitente.

⇉ **esperar número aleatorio entre 1 y 3 segundos** // estos valores pueden modificarse.

⇉ **mostrar**

⇉ **esperar número aleatorio entre 1 y 3 segundos**

⇉ **esconder**

⇉ Cerrar el bucle de repetición.

⇉ **al recibir Queso consumido** // este mensaje se recibe cuando el juego ha terminado.

⇉ **esconder**

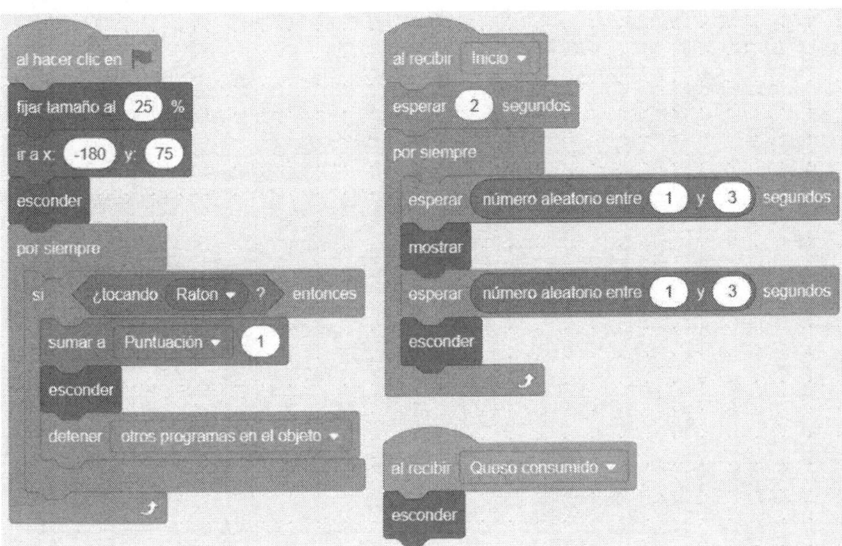

Más información

Hay varias formas de mejorar este laberinto:

- Añada trampas que aparecen y desaparecen. El ratón corre el riesgo de pasar por encima de ellas mientras avanza por el laberinto para recoger los distintos quesos;
- añada más quesos;
- introduzca un cronómetro para limitar el tiempo o para contar el tiempo que tarda el ratón en comerse todos los quesos.

9. Conclusión

Anteriormente situados en la categoría **Sensores**, los bloques de vídeo apenas se utilizaban. Su posicionamiento como extensión debería invertir esta tendencia. Como hemos visto, la webcam puede usarse para una gran variedad de proyectos. Un año, uno de mis alumnos diseñó un juego que consistía en realizar una receta de cocina. El jugador debía seleccionar los ingredientes correctos, en el orden adecuado, ¡y ponerlos en una cacerola!

Capítulo 16

Las extensiones Texto a voz y Traducir

1. Introducción

La extensión Síntesis de voz y la extensión Traducir son algunas de las nuevas funciones de Scratch. Desarrolladas en colaboración con Web Services, los bloques de **texto a voz** permiten que sus personajes hablen de verdad. La extensión Traducir, por su parte, es el resultado de una colaboración con Google para realizar traducciones directamente en Scratch. Las dos extensiones juntas permiten crear nuevos tipos de proyectos.

En este capítulo, descubrirá los bloques específicos de estas dos extensiones y verá cómo puede utilizarlos para trabajar con idiomas extranjeros o dar más dinamismo a sus proyectos.

2. Los bloques

Debido a sus características específicas (síntesis de voz y traducción), estas dos extensiones requieren una conexión a Internet. Los bloques asociados a ellas no están disponibles por defecto en la paleta de bloques. Para visualizarlos:

⇉ Seleccione **Añadir extensión** .

⇉ Seleccione la extensión **Texto a voz** y, a continuación, la extensión **Traducir**.

En la paleta de bloques, se han creado dos nuevas categorías con sus propios bloques: **Texto a voz** (1-2) para texto a voz y **Traducción** (3-4).

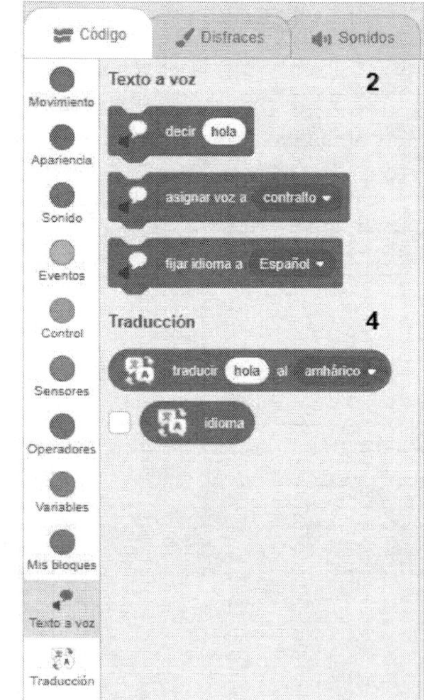

2.1 Los bloques de texto a voz

La extensión Texto a voz consta de tres bloques.

Para especificar la cadena de caracteres que se va a pronunciar. Esta cadena de caracteres puede incluir letras y números.

Para definir la voz utilizada para hablar. Este bloque tiene un menú desplegable que ofrece cinco voces diferentes: **contralto - tenor - chillido - gigante - gatito**.

No se trata de un bloque de traducción. Esta función modifica la pronunciación del texto añadiendo un acento. Así, la frase del bloque podría ser una frase en español, pero pronunciada con acento francés o alemán.

Ejemplos

Compare estos dos programas. Se pronuncia la misma frase, solo cambia el acento.

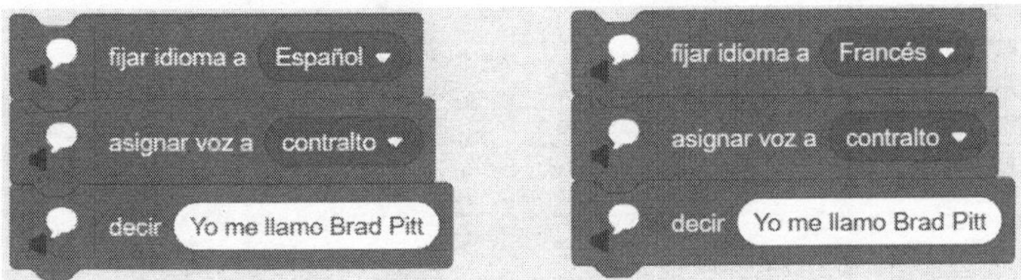

2.2 Los bloques Traducción

Hay dos bloques **Traducción**.

Por su forma, este bloque encaja en el área de valores de otros bloques. Sirve para traducir una cadena de caracteres al idioma definido mediante el menú desplegable. Actualmente hay sesenta idiomas disponibles.

Este bloque requiere acceso a Internet, ya que utiliza la API de Google Translate para funcionar.

Una vez que haya insertado una cadena de caracteres en el campo de entrada y seleccionado el idioma, puede ver su traducción escrita haciendo clic en el bloque.

Gracias a esta combinación de bloques, puede oír cómo se pronuncia la palabra y leerla al mismo tiempo.

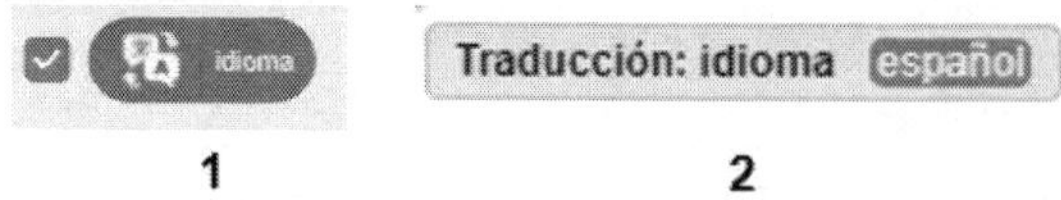

Este bloque indica el idioma del usuario actual y puede conectarlo al bloque **traducir () al ()**. Cuando la casilla situada al lado del bloque está marcada (1), el idioma de la interfaz de usuario se muestra en el escenario (2).

3. Programas sencillos

He aquí algunos ejemplos de programas que combinan las dos categorías de bloques para crear programas sencillos.

3.1 Traducción oral

Puede crear un programa para leer un texto, o traducir un texto, de un idioma a otro. Para traducir un texto a otro idioma y escucharlo, es preciso:

- Seleccionar la lengua en la que se leerá el texto. La lengua seleccionada corresponde a la lengua de traducción.

Observación

Puede perfectamente elegir un acento español para hablar en inglés, pero el acento será muy malo.

- Seleccionar el tipo de voz.
- Definir la frase que debe pronunciarse y la lengua a la que se va a traducir.

⇉ **fijar idioma a Inglés** // para este ejemplo, vamos a traducir dos frases al inglés.

⇉ **asignar voz a contralto**

⇉ **decir traducir Yo me llamo María al inglés** // la frase se traducirá y se pronunciará en inglés.

⇉ **decir traducir Yo vivo en Madrid al inglés** // la frase se traducirá y se pronunciará en inglés.

Este tipo de programa ayuda a trabajar la comprensión oral.

Observación

Sustituya el **Inglés** del primer bloque por el **Español (configure el idioma en español)** para ver la diferencia de entonación y pronunciación. La traducción será en inglés, pero con acento español.

3.2 Traducción escrita

La traducción de una frase o de un texto puede visualizarse directamente en el escenario de Scratch. A continuación, es «dicha» por un objeto en una burbuja. El bloque **traducir () al ()** se inserta en el bloque **decir () durante () segundos**.

Este tipo de programa ayuda a trabajar la comprensión lectora.

3.3 Traducción oral y escrita

Basándose en el mismo principio que los subtítulos, una frase puede traducirse oralmente y por escrito al mismo tiempo. Este tipo de programa es especialmente útil para practicar la pronunciación. Para ello, es preciso:

- Seleccionar la lengua en la que se leerá el texto. La lengua seleccionada corresponde a la lengua de traducción.
- Seleccionar el tipo de voz.
- Definir la frase que debe traducirse y la lengua a la que debe traducirse.
- Definir la frase que se va a pronunciar y la lengua a la que se va a traducir.

Es importante poner primero el texto y luego el sonido; de lo contrario, habrá una discrepancia entre la frase leída y la frase escrita.

⇉ **fijar idioma a Inglés** // para una buena pronunciación, es importante elegir el mismo idioma que el de la traducción.

⇉ **asignar voz a contralto** // puede seleccionar otra voz a su gusto.

⇉ **decir traducir Yo me llamo María al inglés** // la frase traducida al inglés se muestra en el escenario. No hay un tiempo de visualización establecido, por lo que se muestra al mismo tiempo que la traducción hablada.

⇉ **decir traducir Yo me llamo María al inglés** // la frase traducida se pronuncia en inglés con acento inglés.

⇉ **Decir traducir Yo vivo en Madrid al inglés** // la frase traducida al inglés aparece en el escenario.

⇉ **Decir traducir Yo vivo en Madrid al inglés**// la frase se traduce y se pronuncia en inglés con acento inglés.

Observará que, para decir (burbuja de diálogo) la frase, no se utiliza el bloque **decir () durante () segundos**. En su lugar, se utiliza el bloque **decir ()**. Muestra la frase escrita y su pronunciación en el escenario al mismo tiempo.

4. Revise su vocabulario

Cuando aprende un nuevo idioma, necesita aprender vocabulario en forma de listas de vocabulario temáticas. He aquí un programa que ayuda a repasar tanto el vocabulario como la ortografía. Si se comete una falta de ortografía, no se validará la respuesta.

Este proyecto puede descargarse del sitio web de Ediciones ENI con el título *Los colores.sb3*.

Objetivo: traducir correctamente al inglés el color solicitado.

Competencias desarrolladas: uso de listas para gestionar un juego de preguntas y respuestas reutilizable.

4.1 Diseño gráfico

Para este proyecto se utiliza un único personaje. Seleccionado de la biblioteca de objetos, su nombre es Abby. Tiene cuatro disfraces que podemos usar para animarla.

- No se utilizará el disfraz abby-a.
- El disfraz abby-b pasa a llamarse **pregunta**. Se utilizará para hacer la pregunta al jugador.
- El disfraz abby-c pasa a llamarse **respuesta correcta**. Se utilizará para indicar al jugador si su respuesta es correcta o no.

- El disfraz abby-d pasa a llamarse **esperando respuesta**. Se mostrará mientras el jugador espera una respuesta.

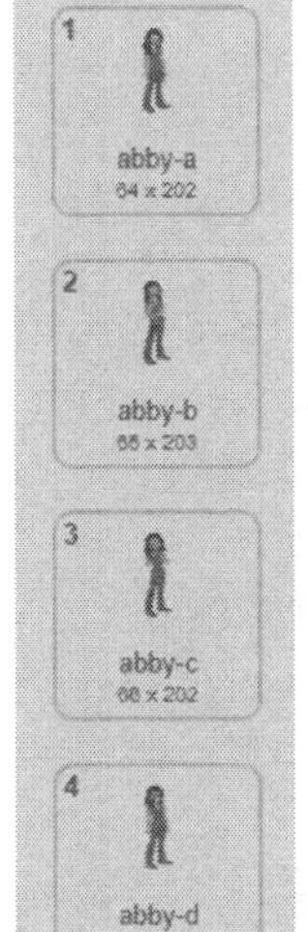

Disfraz abby-a: no es utilizado

Disfraz abby-b: renombrar a pregunta

Disfraz abby-c: renombrar a respuesta

Disfraz abby-d: renombrar a esperando respuesta

El fondo se llama Chalkboard y se ha importado de la biblioteca (1). Utilizando la herramienta **Rectángulo**, se han ocultado la pizarra y las cortinas con un rectángulo rosa inicial (2). Encima se ha añadido un rectángulo gris a modo de pizarra (3).

1 2 3

Este fondo se llama **pregunta**: se mostrará durante la fase de juego.

Opcionalmente, puede duplicar este fondo nueve veces. En cada uno de estos nueve fondos, se escribe el nombre de un color en inglés utilizando la herramienta **Texto**. Estos fondos se utilizarán cuando el personaje le diga al jugador si su respuesta es correcta o incorrecta. La traducción de la palabra se escribirá entonces en la pizarra.

- Sobre el fondo verde aparece la palabra Green.
- Sobre el fondo azul aparece la Blue.
- Sobre el fondo rojo aparece la Red.
- Sobre el fondo amarillo aparece la palabra Yellow.
- Sobre el fondo naranja aparece la palabra Orange.
- Sobre el fondo negro aparece la palabra Black.
- Sobre el fondo blanco verde aparece la palabra White .
- Sobre el fondo marrón aparece la palabra Brown.
- Sobre el fondo gris aparece la palabra Grey.

4.2 El programa

Este proyecto requiere la creación de tres listas denominadas: **colores - pregunta - verificacion**, así como una variable denominada **puntos** para contar el número de respuestas correctas.

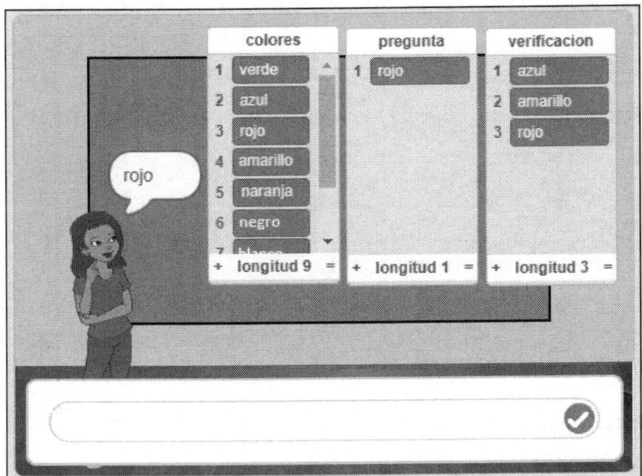

La lista de colores se rellena manualmente. Contiene los nueve colores que debe traducir el jugador.

El color que se ha de traducir se elige al azar. A continuación, la palabra seleccionada se coloca en la lista de preguntas. Cada vez que se elige un nuevo color, se vacía esta lista.

La lista de verificación se utiliza para almacenar los colores ya solicitados y evitar hacer la misma pregunta dos veces.

Observación

Las listas no son visibles en el escenario. Para ocultarlas, basta con desmarcar la casilla situada al lado de su nombre en la categoría **Variables** de la paleta de bloques.

El programa de Abby

Abby es el objeto que hace visualmente las preguntas. El programa consiste en una sola pila de bloques formada por un bucle de repetición y condiciones **si () si no ()** entrelazadas.

El principio de este programa: se extraen nueve palabras al azar de una lista (lista de colores) para que el jugador las traduzca al inglés. Cada vez que se selecciona una nueva palabra, el programa comprueba si la palabra ha sido ya solicitada. Si no es así, se pide al jugador que la traduzca. Si la palabra ya está en la lista de verificación, se selecciona otra.

El programa comienza inicializando varios elementos:

- Elección de la lengua.
- Contador de puntos a cero.
- Limpieza de las listas de preguntas y de verificación. Solo se mantiene la lista de colores.

⇒ **al hacer clic en la bandera verde**

⇒ **fijar idioma a Inglés** // puede elegir otro idioma.

⇒ **asignar voz a contralto** // puede elegir otra voz.

⇒ **cambiar fondo a pregunta** // es el cuadro sin nada escrito.

⇒ **dar a puntos el valor 0** // para poner a cero la variable utilizada para contar el número de respuestas correctas.

⇒ **eliminar todos de pregunta** // la lista se vacía.

⇒ **eliminar todos de verificacion** // la lista se vacía.

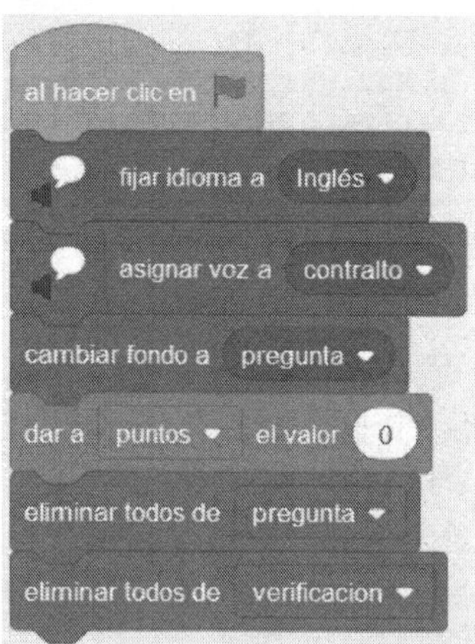

⇒ **repetir hasta que longitud de verificación = 9** // abre un bucle de repetición. El programa de este bucle se repetirá hasta que la lista de verificación contenga nueve elementos. Esto se debe a que en la lista de colores hay nueve palabras diferentes. Por lo tanto, solo hay nueve preguntas diferentes posibles.

⇉ **eliminar todos de pregunta** // esta lista se utiliza para almacenar temporalmente la palabra que ha sido seleccionada por el jugador para traducirla. Una vez dada y validada (o no) la respuesta, la palabra se reemplaza por una nueva.

⇉ **cambiar fondo a pregunta** // este bloque es opcional, se utiliza para animar el fondo.

⇉ **añadir elemento número aleatorio entre 1 y 9 de colores a pregunta** // de la lista de colores, se elige al azar una palabra para traducir y se pregunta al jugador.

Primera condición de tipo: **si () si no ()**

⇉ **si ¿pregunta está en verificacion? entonces** // abre el bucle de la primera condición. Si la palabra seleccionada al azar ya está presente en la lista de verificación, significa que ya ha sido solicitada. El programa debe incluirla de nuevo en el sorteo.

⇉ **eliminar todos de pregunta** // la lista se vacía de nuevo.

⇉ **añadir elemento número aleatorio entre 1 y 9 de colores a pregunta** // se toma una nueva palabra (y, si vuelve a estar presente, se toma una nueva palabra, etc.).

⇉ **si no** // es decir, si la palabra seleccionada no está en la lista de verificación, se puede solicitar al jugador.

⇉ **añadir pregunta a verificacion** // la palabra se inserta en la lista de verificación para que no se pueda volver a solicitar.

⇉ **cambiar disfraz a pregunta** // este bloque es opcional, se usa para animar el objeto.

⇉ **preguntar pregunta y esperar** // el objeto hace la pregunta y espera la respuesta del jugador.

⇉ **cambiar disfraz a esperando respuesta** // este bloque es opcional, se usa para animar el objeto.

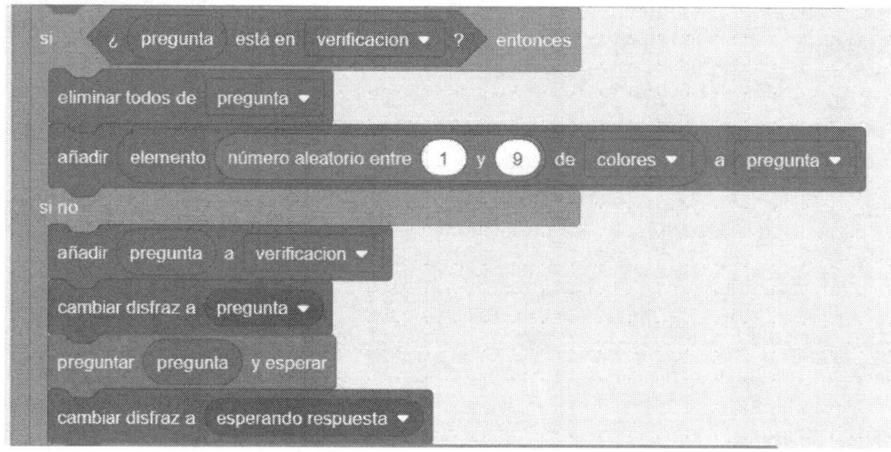

Segunda condición de tipo: **si () si no ()**

Una vez formulada la pregunta, hay dos posibilidades en función de la respuesta del jugador: si es correcta o si es incorrecta.

- **si traducir pregunta al inglés = respuesta entonces** // abre un segundo bucle de condición situado en la parte si no () del segundo bucle de condición. La palabra seleccionada se traduce al inglés y se compara con la respuesta del jugador. Si las dos palabras son idénticas, el jugador ha conseguido un punto.

- **enviar Corrección** // este mensaje se utiliza para animar el fondo y mostrar la palabra en la pizarra. Es opcional.

- **cambiar disfraz a respuesta correcta** // este bloque es opcional, se utiliza para animar el objeto.

- **sumar a puntos 1** // la variable puntos, que actúa como contador, se incrementa en 1.

- **decir Respuesta correcta durante 2 segundos**

- **decir traducir pregunta al inglés** // la palabra traducida se escribe en una burbuja.

- **() decir traducir pregunta al inglés** // la palabra también se pronuncia oralmente.

- **esperar 1 segundos**

- **si no** // si la respuesta del jugador es incorrecta.
- **enviar Corrección** // este mensaje se utiliza para animar el fondo y mostrar la palabra correspondiente en la pizarra. Es opcional.
- **decir Respuesta incorrecta durante 2 segundos**
- **decir traducir pregunta al inglés** // en una burbuja se escribe la palabra traducida.
- **() decir traducir pregunta al inglés** // la palabra se pronuncia oralmente.
- **esperar 1 segundos**
- Cerrar la segunda condición **si () si no ()**.
- Cerrar la primera condición **si () si no ()**.

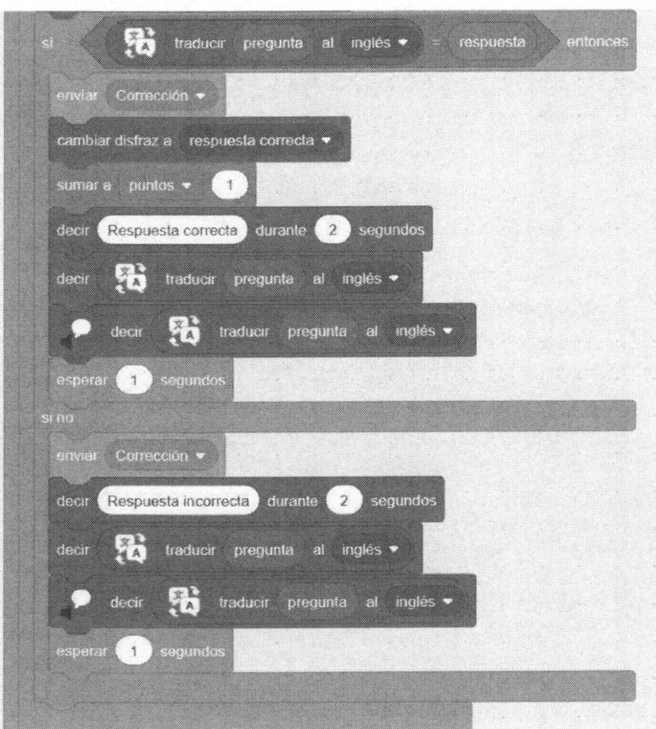

Cuando la lista de verificación contiene nueve elementos, los programas del bucle de repetición dejan de ejecutarse.

⇉ **cambiar fondo a pregunta** // este bloque es opcional, se utiliza para animar el fondo.

⇉ **decir unir Usted tiene unir respuesta respuestas correctas durante 2 segundos** // el objeto anuncia su puntuación al jugador.

El programa del fondo

Esta parte del programa es opcional. Si desea crear un programa que pueda reutilizarse fácilmente, es decir, que solo tenga que modificar la lista de palabras que hay que revisar, no animará el fondo.

Al principio del proyecto, el fondo era una pizarra escolar sin nada escrito.

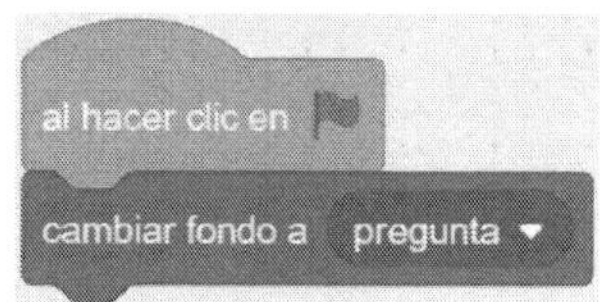

Dependiendo de la palabra que traduzca el jugador, el fondo cambiará tras la respuesta de este. La palabra correspondiente a la respuesta correcta se escribirá en la pizarra de fondo. Para ello se utilizan nueve condiciones. Se construyen de la misma manera.

⇉ **al recibir Corrección** // este mensaje se envía una vez que el jugador ha validado su respuesta.

⇉ **si color = verde entonces**

⇉ **cambiar fondo a verde** // si el jugador tradujera la palabra «verde», se mostraría el fondo verde con Green escrito en él.

Para otras palabras y sus fondos asociados:

- Azul = fondo azul (Blue).
- Rojo = fondo rojo (Red).
- Amarillo = fondo amarillo (Yellow).
- Naranja = fondo naranja (Orange).
- Negro = fondo negro (Black).
- Blanco = fondo blanco (White).
- Marrón = fondo marrón (Brown).
- Gris = fondo gris (Grey).

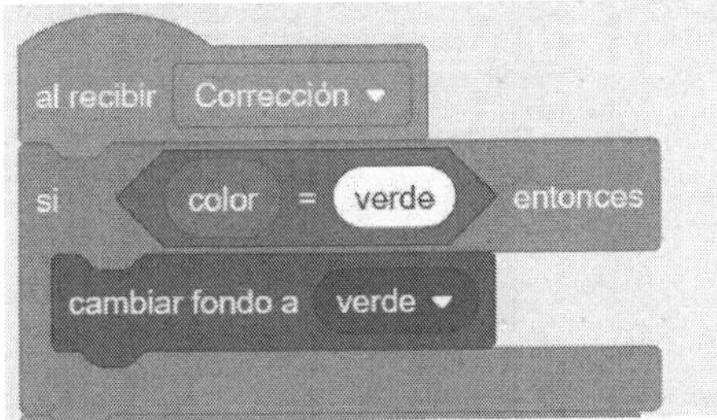

Este proyecto puede reutilizarse a voluntad, con otro tipo de palabras distintas de los colores. Compruebe primero que las palabras se han traducido correctamente. Algunas palabras tienen un doble significado; por ejemplo, «rosa», además del color, también puede significar la flor «rosa». En este ejemplo no he incluido este color porque en inglés se traduciría como «rose», y no como «pink».

- Para comprobar si la traducción responde a sus expectativas, puede probarla (1).
- Para corregir este problema, puede proporcionar información adicional (2) que le ayude con la traducción.

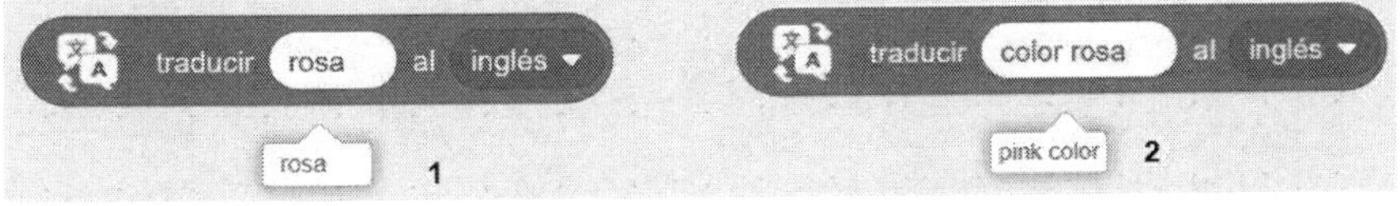

5. Conclusión

Los bloques de las extensiones Texto a voz y Traducir pueden mejorar sus proyectos y los proyectos tratados anteriormente en este libro. En lugar de utilizar instrucciones escritas al principio de una partida, puede hacer que sean habladas. Del mismo modo, durante la partida, se puede proporcionar información de audio al jugador: avisándole de la llegada de un enemigo, indicando una cuenta atrás o el número de vidas restantes, anunciándole que ha ganado (o perdido). En el capítulo La extensión Sensor de vídeo, en la sección Salvado de morir ahogado, el resultado final se expresa de forma oral, además de escrita.

El límite al uso de estos bloques no es la imaginación, sino la necesidad de una conexión a Internet.

Capítulo 17

La extensión Makey Makey

1. Introducción

Diseñada por dos estudiantes del MIT, la tarjeta Makey Makey es un dispositivo de emulación de teclado que convierte cualquier objeto hecho de un material conductor en un mando de juegos. Plastilina, frutas y verduras, caramelos, plantas, bebidas y objetos metálicos pueden reutilizarse para jugar. El dispositivo más famoso es el uso de plátanos para hacer música.

En este capítulo aprenderá a utilizar la tarjeta Makey Makey para crear objetos conectados.

2. La tarjeta Makey Makey

El kit Makey Makey se puede adquirir en el sitio web oficial (http://www.makeymakey.com/) o en cualquier otro punto de venta.

2.1 Instalación y descripción

La tarjeta Makey Makey es un circuito impreso equipado con un microcontrolador Arduino. Esta tarjeta es fácil de usar porque permite ampliar las teclas del teclado de un ordenador (teclas de dirección, [Espacio], algunas teclas alfabéticas y el ratón) y sustituirlas por diferentes objetos. ¡Podrá inventar y construir su propio joystick!

La tarjeta Makey Makey no requiere ninguna instalación específica, a diferencia de la tarjeta Arduino, que hay que instalar para obtener los bloques específicos. Equipada con un cable de alimentación, se conecta al puerto USB del ordenador, que la reconoce automáticamente. Cuando la tarjeta está enchufada, se enciende un LED rojo en su parte posterior. El ordenador actúa como fuente de alimentación.

La tarjeta es una extensión del teclado del ordenador. Todas las teclas utilizadas en su programa pueden «externalizarse» mediante pinzas de cocodrilo (suministradas en el kit) y objetos conductores.

En la parte superior de la tarjeta, encontrará grandes ojales a los que se sujetan pinzas de cocodrilo. Son la prolongación de las flechas de dirección, la tecla [Espacio] y el clic del ratón. En la parte inferior de la tarjeta y en horizontal, los ojales corresponden a la tierra (Earth).

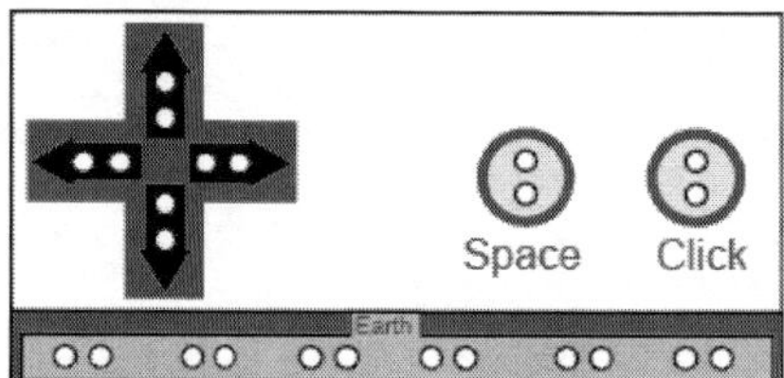

En la parte posterior de la tarjeta hay dos regletas de conectores, situadas a ambos lados, en las que se pueden insertar cables tipo Dupont macho/macho; puede alargarlos utilizando pinzas de cocodrilo.

Con seis tomas, el conector de la izquierda es una extensión de las teclas alfabéticas del teclado: W - A - S - D - F - G. El conector de la derecha utiliza las conexiones disponibles en la parte frontal de la tarjeta, es decir, las flechas de dirección y el ratón.

2.2 Objetos conductores y objetos conectados

La tarjeta Makey Makey convierte cualquier material conductor en un mando de juegos.

Se dice que un material es conductor cuando permite el paso de la electricidad a través de él. Los mejores conductores son los metales. Makey Makey permite aumentar la conductividad de ciertos materiales y abrirles un nuevo abanico de posibilidades de uso. Con Makey Makey, ciertos materiales orgánicos, es decir, derivados de organismos vivos, como la piel y las frutas, o incluso los líquidos, se convierten en buenos conductores.

Para saber si un objeto puede utilizarse, puede probarlo con un multímetro. Cualquier objeto con una resistencia entre 0 y 4,5 **MΩ** puede utilizarse como entrada Makey Makey. Por encima de 4,5 **MΩ**, el material es demasiado resistente y no se puede utilizar. También puede probar el material conectándolo directamente a la tarjeta.

Algunos objetos conductores:

- objetos metálicos: tornillos, tenedores, joyas, monedas, aluminio, etc.;
- comida: fruta, verdura, pasteles, dulces;
- las hojas de las plantas, las flores;
- arcilla, plastilina (si no se han secado);
- el cuerpo humano;
- mina de lápiz.

2.3 Bloques Makey Makey

Los bloques utilizados para controlar la tarjeta Makey Makey están disponibles en las extensiones. Para mostrarlos:

⇒ Seleccione **Añadir extensión** .

⇒ Elija la extensión **Makey Makey** (1).

Ahora se muestran bloques específicos en la paleta de bloques (2). Y se ha creado una nueva categoría de bloques, llamada **Makey Makey** (3).

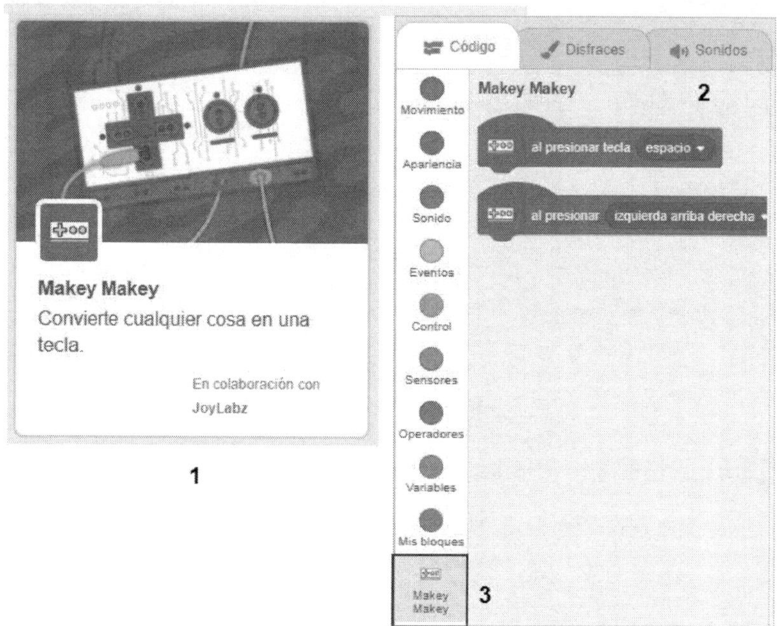

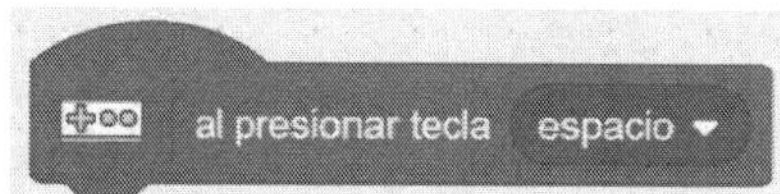

Este bloque de tipo instrucción se utiliza para vincular una acción a una instrucción. Un menú desplegable permite seleccionar las distintas teclas:

- espacio = space
- flecha arriba = up arrow
- flecha abajo = down arrow
- flecha derecha = right arrow
- flecha izquierda = left arrow

Observación

El bloque **Al presionar tecla ()** (situado en la categoría **Eventos** y de color amarillo) también se puede utilizar para programar la tarjeta Makey Makey.

Este menú también incluye las teclas alfabéticas: W - A - S - D - F - G.

Este bloque se utiliza para programar una serie de teclas que se seleccionarán con referencia al Código Konami.

Konami es una empresa japonesa que desarrolla y publica videojuegos. Esta empresa inserta códigos ocultos en sus juegos, que dan acceso a opciones secretas (bonificaciones): durante la partida, el jugador debe ejecutar una secuencia bien definida pulsando los botones del mando.

El código Konami apareció por primera vez en 1986 en el juego Gradius. Basado en los botones disponibles en el mando de la Nintendo Entertainment System, el código era:

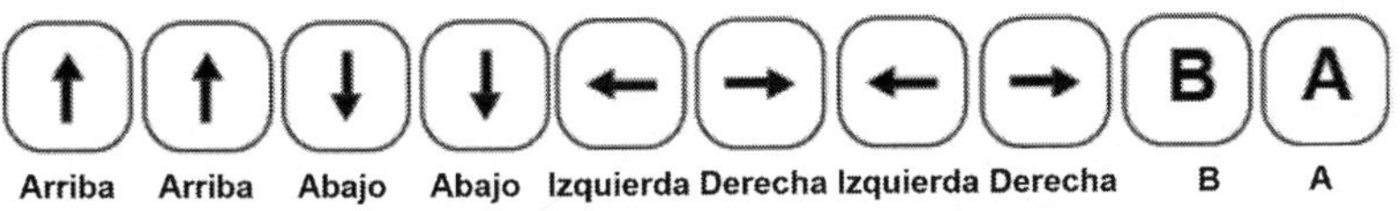

Los códigos Konami que pueden seleccionarse en el menú desplegable son:

- **izquierda arriba derecha = left up right**
- **derecha arriba izquierda = right up left**
- **izquierda derecha= left right**
- **derecha izquierda= right left**
- **arriba abajo= up down**
- **abajo arriba= down up**
- **arriba derecha abajo izquierda = up right down left**
- **arriba izquierda abajo derecha = up left down right**
- **arriba arriba abajo abajo izquierda derecha izquierda derecha = up up down down left right left right**

2.4 Crear un circuito

Para utilizar la tarjeta Makey Makey, hay que crear un circuito cerrado que permita el paso de electrones de la tarjeta a tierra, con el cuerpo (un dedo de la mano, por ejemplo) actuando como relé.

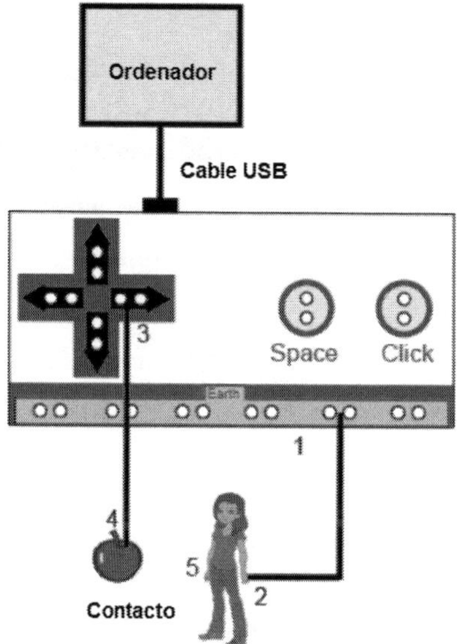

Para realizar su primer circuito, necesita dos pinzas de cocodrilo (suministradas en el kit) y crear un programa en Scratch en el que el objeto se mueva utilizando la tecla [Espacio].

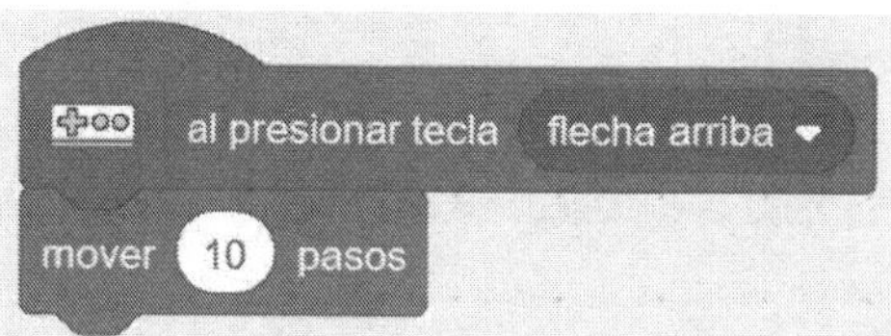

⇛ Conecte la tarjeta Makey Makey al ordenador mediante el cable USB.

⇛ Conecte la primera pinza de cocodrilo a un conector con toma de tierra (1) y sujete el otro extremo con una de sus manos (2).

⇛ Conecte un extremo de su segunda pinza de cocodrilo al conector de la flecha derecha (3). Y el otro extremo a un material conductor; una manzana, por ejemplo (4).

⇛ Con la segunda mano libre (5), toque la manzana: el objeto se mueve por el escenario.

Ahora puede utilizar otros tres objetos y vincularlos a las otras flechas de dirección para crear un mando de juegos original.

3. Instrumentos musicales

Uno de los proyectos más conocidos con la tarjeta Makey Makey es el de tocar música con plátanos (u otras frutas y verduras).

En el capítulo La extensión música vimos cómo programar las teclas de un piano. Utilizando el mismo principio, puede crear varios instrumentos musicales con su tarjeta Makey Makey vinculada a varios «objetos» conductores.

3.1 El programa

El programa de todos los instrumentos musicales se construirá de la misma manera:

- Una pila de bloques para determinar el instrumento musical utilizado.
- Tantas pilas de bloques como notas pueda tocar el instrumento.

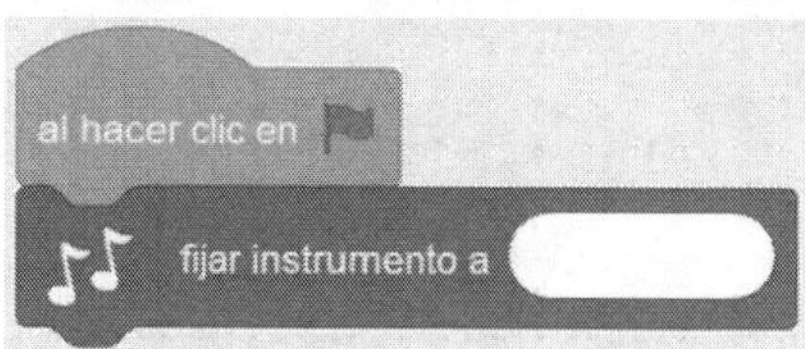

⇉ **al hacer clic en la bandera verde**

⇉ **fijar instrumento a** // en el menú desplegable, se pueden seleccionar 21 instrumentos diferentes.

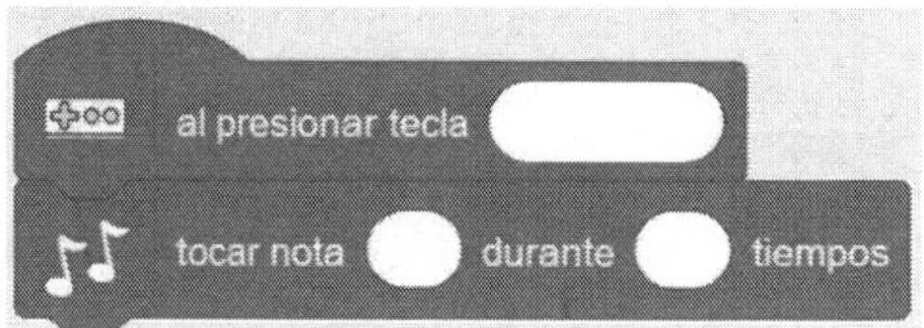

⇉ **al presionar tecla ()** // cada tecla del teclado emulado por la tarjeta Makey Makey corresponderá a una nota.

⇉ **tocar la nota () durante () tiempos**

Flecha izquierda	nota 60 = do
Flecha arriba	nota 62 = re
Flecha derecha	nota 64 = mi
Flecha abajo	nota 65 = fa
Espacio	nota 67 = sol
S	nota 69 = la
D	nota 71 = si
F	nota 72 = do

3.2 La fabricación de instrumentos musicales

Pianos

Para crear un piano, puede utilizar distintos elementos, como frutas y verduras, o plastilina.

La plastilina tiene la ventaja de ser flexible y fácil de moldear, pero esta flexibilidad es también su principal inconveniente. Las pinzas de cocodrilo tienden a moverse dentro de la bola, creando huecos y poca conductividad. Además, la plastilina se seca con el tiempo.

Otro ejemplo: puede construir un teclado de cartón y utilizar materiales conductores para las teclas, como tiras de papel de aluminio o chinchetas de encuadernación. Estas últimas tienen la ventaja de facilitar la colocación de pinzas de cocodrilo.

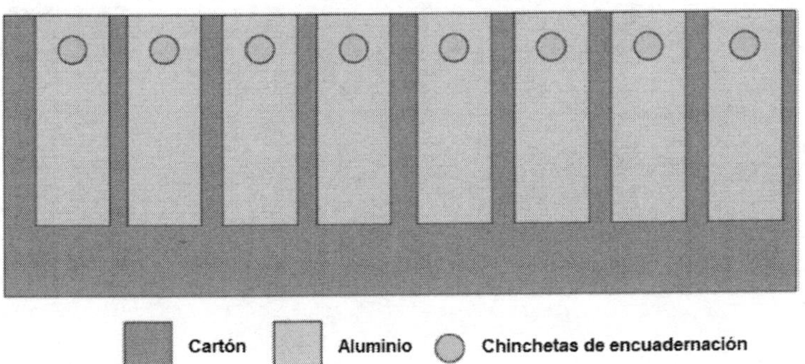

Por último, puede utilizar vasos llenos de agua coloreada con colorante alimentario o pintura.

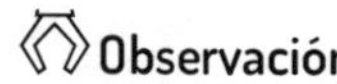

Observación

Para evitar dañar las pinzas de cocodrilo sumergiéndolas directamente en agua, sujételas a un clavo, por ejemplo, y empape el clavo en agua.

Instrumentos de cuerda

Para construir un instrumento de cuerda, necesitará:

- Madera o cartón para fabricar el soporte.
- Alambre para las cuerdas.
- Chinchetas de encuadernación o clavos para fijar las cuerdas, según el material utilizado para el soporte.

El soporte puede ser un marco de madera de formas variadas (rectangular, triangular) o de cartón, con forma de guitarra, por ejemplo.

Para tensar los alambres que actúan como cuerdas, puede enrollarlos alrededor de las chinchetas o los clavos. A continuación, fije las pinzas de cocodrilo a estas sujeciones.

4. Un mando de juego

Puede utilizar su tarjeta Makey Makey como joystick pulsando directamente sobre los distintos elementos de la tarjeta (flechas de dirección, [Espacio], etc.) o crear un joystick que se vinculará a la tarjeta.

El soporte del mando puede ser de madera o cartón, por ejemplo, y su forma puede inspirarse en mandos de juegos famosos.

Material necesario

- Cartón para el mando.
- Plastilina, a ser posible de varios colores, para hacer los botones del joystick. O papel de aluminio y chinchetas de encuadernación.

- Recorte un mando de juego de cartón, inspirándose en las formas existentes o creando su propio diseño.

Para colocar los distintos mandos del mando:

- Introduzca las pinzas de cocodrilo conectadas a la tarjeta Makey Makey por el reverso.
- En el anverso, coloque los trozos de plastilina sobre las pinzas de cocodrilo que sobresalen.

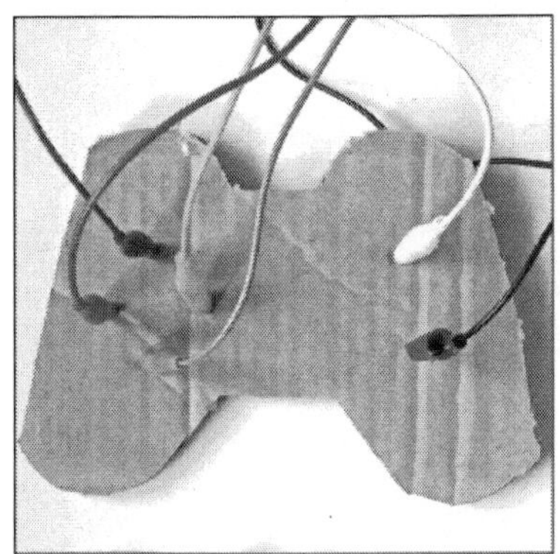

- O corte papel de aluminio en forma de teclas.
- Péguelas a la cartulina y sujételas con chinchetas de encuadernación. Así será más fácil fijar las pinzas de cocodrilo a la parte posterior del mando.

Para probar su mando, todo lo que tiene que hacer es crear un programa para mover un objeto utilizando las flechas de dirección.

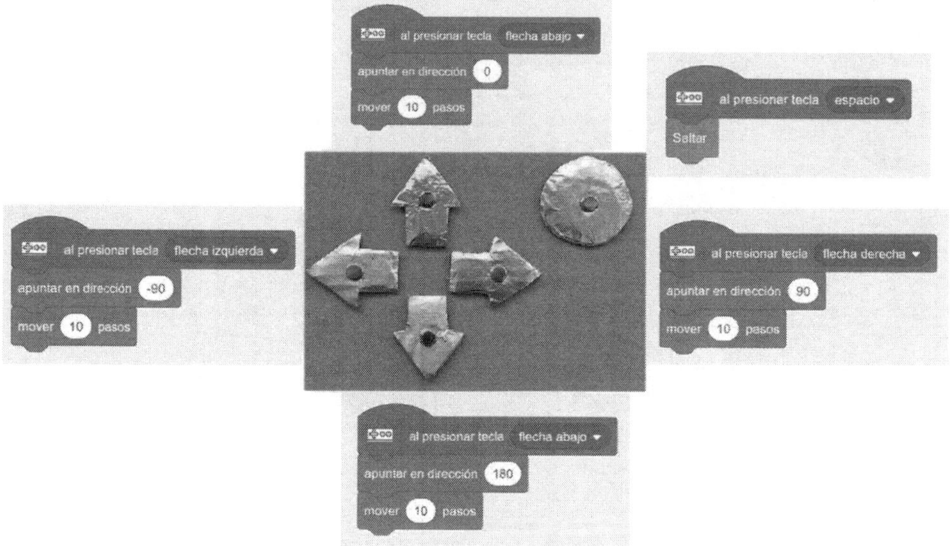

Observación

Recuerde enganchar una pinza en la tierra (Earth) de la tarjeta y sostener el otro extremo en la mano.

5. Carrera de pingüinos

Este proyecto puede descargarse del sitio web de Ediciones ENI con el nombre *Carrera de pingüinos.sb3*. Es un proyecto que ha sido probado y aprobado por muchos visitantes (jóvenes y mayores) en las distintas ferias, como las de Maker Faire, a las que asisto.

Objetivo: cada jugador elige un pingüino para moverlo según su color. Si el pingüino es amarillo, pulsa el botón amarillo; si es azul, pulsa el botón azul. Durante la carrera, los pingüinos cambian de color. Por lo tanto, el jugador debe cambiar de botón si no quiere hacer que avance el pingüino de un jugador contrario.

Competencias desarrolladas:

- Utilización de variables para gestionar los colores de los objetos.
- Conexión de pulsadores (como los de las máquinas recreativas) a la tarjeta Makey Makey para crear mandos de juegos.

5.1 Diseño gráfico

Este proyecto requiere la creación de seis objetos.

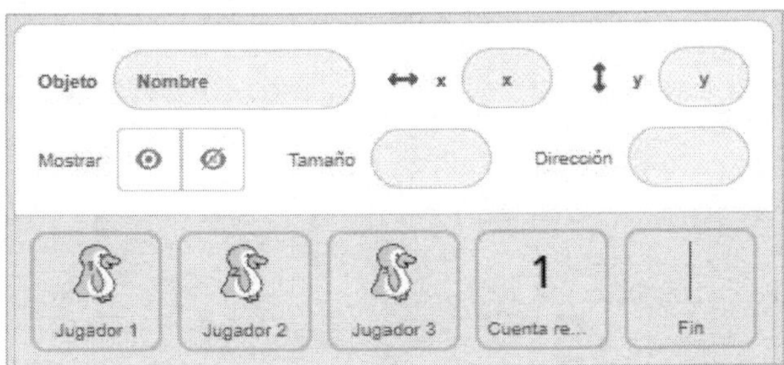

Los objetos Jugador 1 a 3 (pingüinos)

Se trata de tres pingüinos extraídos de la biblioteca.

⇒ En la ventana de objetos, haga clic en **Elige un objeto** para abrir la biblioteca y seleccione el personaje **Pingüino 2**.

Este objeto tiene dos disfraces.

⇒ Haga clic en la pestaña **Disfraces** y elimine los disfraces **Penguin2-a**, **Penguin2-b** y **Penguin2-d** haciendo clic en la cruz de la parte superior derecha de cada miniatura. Solo quedará el disfraz Penguin 2-c.

⇒ Con la herramienta **Relleno**, cambie el color del pingüino a amarillo.

⇒ Nombre a este objeto **Jugador 1**.

Herramienta Rellenar

Disfraz Penguin2-c

Este objeto se duplicará dos veces para crear otros dos pingüinos idénticos.

⇒ En la ventana de objetos, haga clic con el botón derecho en la miniatura **Jugador 1** y seleccione **duplicar**.

⇒ Nombre a este nuevo objeto Jugador 2.

⇒ Haga lo mismo para crear un tercer pingüino: Jugador 3.

⇒ Puede añadir un número (1 - 2 - 3) a cada pingüino utilizando la herramienta **Texto**.

El objeto Cuenta atrás

Es un objeto compuesto por cinco disfraces que se muestran uno tras otro cada segundo. Cada uno de los cinco disfraces representa un número del 5 al 1. Este objeto y sus cinco disfraces se crearon utilizando la paleta gráfica.

⇉ En la ventana de objetos, seleccione **Elige un objeto - Pinta**. Se abre la paleta gráfica.

⇉ Con la herramienta **Texto**, escriba el número 5 en el lienzo.

⇉ Haga una copia de este disfraz haciendo clic con el botón derecho en su miniatura y seleccionando **duplicar**.

⇉ Sustituya 5 por 4.

⇉ Haga lo mismo para crear los otros tres disfraces con los números 3 - 2 - 1.

El objeto Fin

Se trata de una línea vertical que marca la línea de meta. Se ha dibujado con la paleta gráfica y la herramienta **Línea**.

Se sitúa en el extremo derecho del escenario.

Objeto de las rayas (fondo)

Importado de la biblioteca de fondos, se llama Stripes.

5.2 Las conexiones

Para este proyecto, vamos a utilizar pulsadores de estilo arcade. Se conectarán a la tarjeta Makey Makey. Se utilizarán cuatro pulsadores para controlar los pingüinos según su color:

- Pulsador amarillo: vinculado a la flecha izquierda, hará avanzar a un pingüino cuando esté amarillo.
- Pulsador verde: vinculado a la flecha arriba, hará avanzar a un pingüino cuando esté verde.
- Botón azul: vinculado a la flecha derecha, hará avanzar a un pingüino cuando esté azul.
- Botón rojo: vinculado a la flecha abajo, hará avanzar a un pingüino cuando esté rojo.

i

⇉ Conecte las pinzas cocodrilo (1-2) al interruptor.

⇉ Conecte una de las pinzas a una de las masas de la tarjeta Makey Makey.

No es necesario que la conecte a tierra.

⇉ Conecte la segunda pinza de cocodrilo a uno de los conectores de las flechas direccionales.

Puede construir cajas de madera o cartón para colocar los botones.

5.3 El programa

Este proyecto requiere la creación de tres variables llamadas C1 - C2 - C3. Estas tres variables se utilizan para almacenar el valor del color del objeto correspondiente. A medida que avance el juego, la apariencia de los pingüinos cambiará gracias al bloque **sumar al efecto color ()**. El color se modificará añadiendo un valor de 50.

- La variable C1 almacena el valor del color del pingüino del Jugador 1.
- La variable C2 almacena el valor del color del pingüino del Jugador 2.
- La variable C3 almacena el valor del color del pingüino del Jugador 3.

Cada valor corresponde a un color, que puede ser amarillo - verde - azul - rojo.

Valor Amarillo	Valor Verde	Valor Azul	Valor Rojo
0	50	100	150
200	250	300	350
400	450	500	550
600	650	700	750
800	850	900	950
1000	1050	1100	1150
1200	1250	1300	1350
1400	1450	1500	1550
1600	1650	1700	1750
1800	1850	1900	1950
2000	2050	2100	2150

Para crear las tres variables:

⇉ Abra la categoría **Variables** y seleccione **Crear una variable**. Se abrirá la ventana **Nueva variable**. Nombre esta variable **C1**.

⇉ Haga lo mismo para crear las variables **C2** y **C3**.

5.3.1 Programa de Cuenta regresiva

El objeto Cuenta regresiva se muestra al iniciar el juego. Como su nombre indica, se trata de una cuenta atrás que permite a los jugadores colocarse en posición. Mientras está en marcha, los jugadores no pueden mover su pingüino hacia delante.

⇉ **al hacer clic en la bandera verde**

⇉ **cambiar disfraz a disfraz1** // este disfraz corresponde al número 5 y marca el inicio de la cuenta atrás.

⇉ **mostrar**

⇉ **esperar 1 segundos** // hay un tiempo de espera de 1 segundo entre la visualización de cada disfraz.

⇉ **repetir 4** // abre un bucle de repetición. El programa en este bucle se repetirá cuatro veces. Se utiliza para mostrar los otros cuatro disfraces de este objeto uno tras otro, cada segundo, para crear una cuenta atrás visual.

⇉ **siguiente disfraz** // como los cinco disfraces están ordenados según su aparición en la ventana de disfraces, se puede utilizar este bloque.

⇉ **esperar 1 segundos**

⇉ Cerrar el bucle de repetición.

⇉ **esconder** // el objeto ya no es visible en el escenario, ya que la carrera está a punto de comenzar.

⇉ **Enviar Inicio** // Una vez finalizada la cuenta atrás, la carrera comenzará gracias a este mensaje, que recibirán los tres pingüinos.

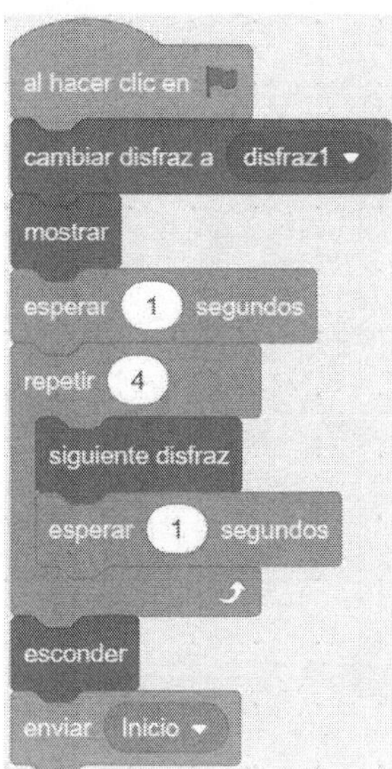

5.3.2 Programa de fondo

El fondo contiene el programa utilizado para cambiar aleatoriamente el color de los pingüinos a lo largo de la carrera.

⇉ **al hacer clic en la bandera verde**

⇉ **esperar 5 segundos** // este tiempo de espera corresponde al tiempo de visualización de la cuenta regresiva.

⇉ **por siempre** // abre un bucle de repetición.

⇉ **esperar número aleatorio entre 2 y 4 segundos**

⇉ **enviar Siguiente disfraz**

⇉ **Sumar a C1 50** // el valor inicial de esta variable se incrementa en 50.

⇉ **Sumar a C2 50** // el valor inicial de esta variable se incrementa en 50.

⇉ **Sumar a C3 50** // el valor inicial de esta variable se incrementa en 50.

⇉ Cerrar el bucle de repetición.

⇉ **al recibir Llegada** // este mensaje se envía cuando uno de los jugadores ha tocado el objeto Fin que marca la línea de meta.

⇉ **detener todos**

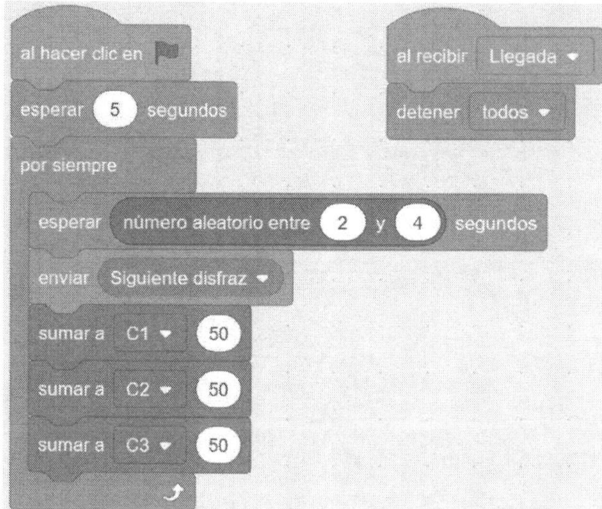

5.3.3 Programa de Jugador 1 a 3

A medida que avanza la carrera, los pingüinos cambian de color. Para hacer avanzar al pingüino 1, pulse:

- el botón amarillo si el pingüino se ha vuelto amarillo.
- El botón verde si se ha vuelto verde.
- El botón azul si se ha vuelto azul.
- El botón rojo si se ha vuelto rojo.

Lo mismo ocurre con los otros dos pingüinos.

Sus programas, formados por tres pilas de bloques, son idénticos. La primera pila de bloques corresponde a una inicialización.

Primera pila de bloques - Jugador 1

⇉ **al hacer clic en la bandera verde**

⇉ **ir a x: -220 y: 120**

⇉ **dar a C1 el valor 0** // al arrancar, el pingüino 1 es amarillo. El amarillo corresponde al valor 0.

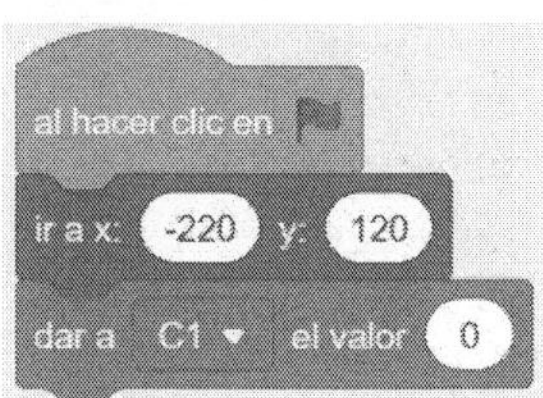

Primera pila de bloques - Jugador 2

⇉ **al hacer clic en la bandera verde**

⇉ **sumar al efecto color 50**

⇉ **dar a C2 el valor 50** // al arrancar, el pingüino 2, inicialmente amarillo, recibe un efecto de color con un valor de 50. Se vuelve verde.

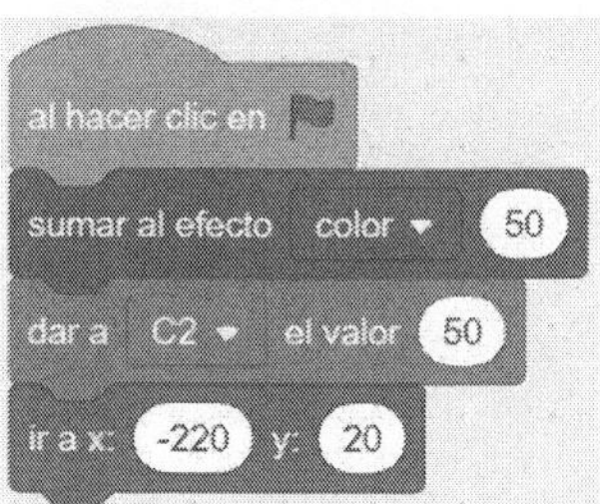

Primera pila de bloques - Jugador 3

⇉ **al hacer clic en la bandera verde**

⇉ **sumar al efecto color 100**

⇉ **dar a C3 el valor 100** // al inicio, el pingüino 3, inicialmente amarillo, recibe un efecto de color con un valor de 100. Se vuelve azul.

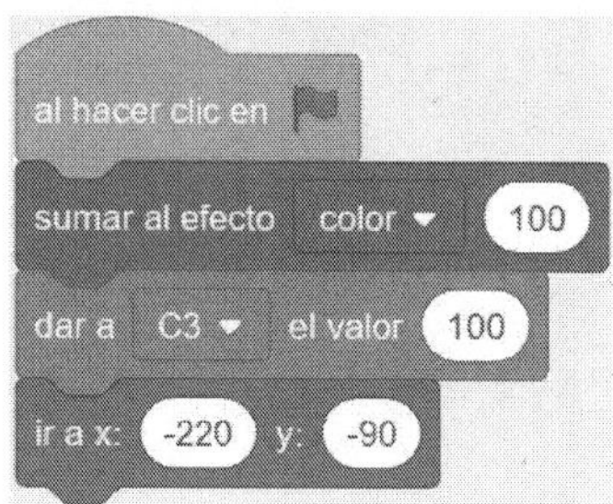

Segunda pila de bloques

Esta segunda pila de bloques es idéntica para los tres pingüinos. Gestiona el cambio gráfico del pingüino, es decir, su cambio de color cuando recibe el mensaje **Siguiente disfraz**.

⇉ **al recibir Siguiente Disfraz**

⇉ **sumar al efecto color 50** // el cambio de color se efectúa de 50 en 50.

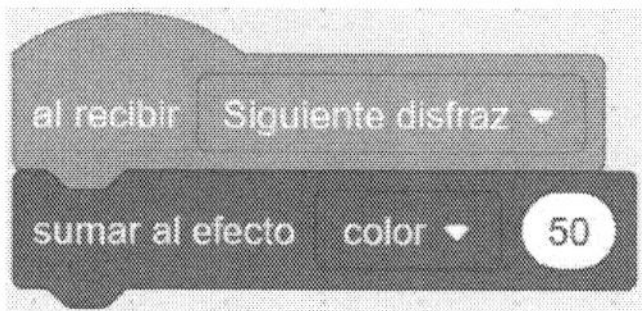

Tercera pila de bloques

Se utiliza para determinar si el botón seleccionado coincide con el color actual del pingüino. Los jugadores pueden elegir entre cuatro botones para mover su pingüino. Cada vez, deben pulsar el botón correspondiente al color de su pingüino.

⇉ **al recibir Inicio**

⇉ **por siempre** // abre un bucle de repetición. Contiene cuatro condiciones que comprueban continuamente si la tecla pulsada coincide con el color mostrado en el pingüino. Si la tecla pulsada coincide con el color correcto, el pingüino avanza; de lo contrario, se queda quieto y otro pingüino con el color correcto avanza.

Primera condición: para el color amarillo.

⇉ **si ¿tecla flecha izquierda presionada? y C1 = 0 o C1 = 200 o C1 = 400 o C1 = 600 o C1 = 800 o C1 = 1000 o C1 = 1200 o C1 = 1400 o C1 = 1600 o C1 = 1800 o C1 = 2000 entonces**

⇉ **mover 2 pasos**

Segunda condición: para el color verde.

⇉ **si ¿tecla flecha arriba presionada? y C1 = 50 o C1 = 250 o C1 = 450 o C1 = 650 o C1 = 850 o C1 = 1050 o C1 = 1250 o C1 = 1450 o C1 = 1650 o C1 = 1850 o C1 = 2050 entonces**

⇉ **mover 2 pasos**

Tercera condición: para el color azul.

⇉ **si ¿tecla flecha derecha presionada? y C1 = 100 o C1 = 300 o C1 = 500 o C1 = 700 o C1 = 900 o C1 = 1100 o C1 = 1300 o C1 = 1500 o C1 = 1700 o C1 = 1900 o C1 = 2100**

⇉ **mover 2 pasos**

Cuarta condición: para el color rojo.

⇉ **si ¿tecla flecha abajo presionada? y C1 = 150 o C1 = 350 o C1 = 550 o C1 = 750 o C1 = 950 o C1 = 1150 o C1 = 1350 o C1 = 1550 o C1 = 1750 o C1 = 1950 o C1 = 2150**

⇉ **mover 2 pasos**

Observación

Sustituya C1 por C2 para el objeto Jugador 2, y C1 por C3 para el objeto Jugador 3.

Quinta condición: determinar si el objeto ha cruzado la línea de meta. En caso afirmativo, la carrera ha terminado.

⇒ **si ¿tocando Fin? entonces**

⇒ **enviar Llegada**

⇒ **detener este programa**

⇒ Cerrar el bucle de repetición.

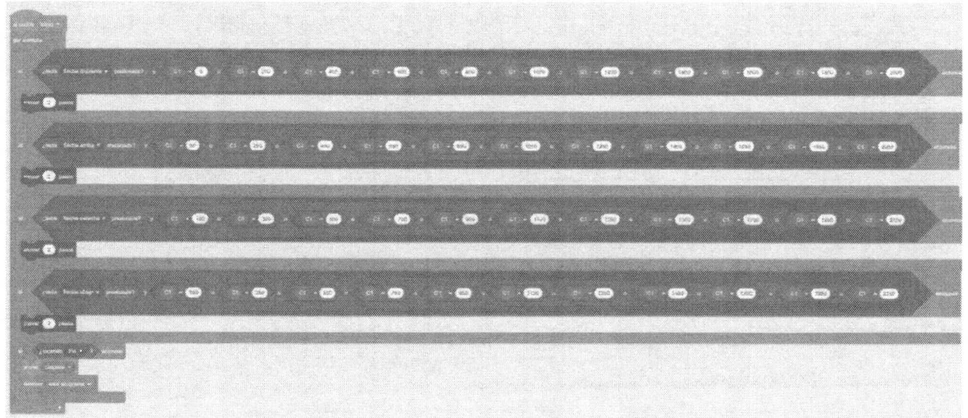

6. Conclusión

Añadiendo solo unas pinzas de cocodrilo, la tarjeta Makey Makey puede ser utilizada incluso por los usuarios más jóvenes, sin ninguna instalación previa, para reutilizar objetos de manera creativa.

Es una gran herramienta para crear objetos conectados divertidos y de bajo coste. Además del sitio web oficial, existen muchas comunidades de educadores que utilizan esta tarjeta y que son una mina de inspiración para desarrollar nuevos proyectos: libros, paneles o maquetas interactivas en combinación con los bloques Síntesis de voz, cuestionarios de opción múltiple o juegos de habilidad basados en el principio del clásico Operación.

Capítulo 18

La extensión micro:bit

1. Introducción

La tarjeta micro:bit es un microcontrolador desarrollado por la BBC en 2015 para que los escolares británicos de 11 y 12 años descubran la programación y el mundo de los objetos conectados. Pequeña y robusta, la tarjeta micro:bit está equipada con varios sensores que pueden programarse en lenguajes basados en bloques y en texto.

En este capítulo, veremos esta tarjeta y los bloques que puede utilizar para programarla con Scratch.

2. La tarjeta micro:bit

La tarjeta micro:bit es un microcontrolador igual que la tarjeta Arduino. De pequeño tamaño (53 mm/42 mm), está equipada con numerosos componentes y conectores, lo que la convierte en una herramienta ideal para aprender programación y electrónica.

Matriz de LED

En la parte superior, la micro:bit presenta una matriz de 25 LED (5 columnas de 5 filas). Cada LED forma un píxel. Pueden iluminarse independientemente unos de otros para mostrar un dibujo (pantalla fija) o un texto desplazándose (pantalla dinámica). El color de los LED es rojo y no puede modificarse.

Botones pulsadores

A cada lado de la matriz hay dos botones pulsadores llamados **A** (botón izquierdo) y **B** (botón derecho). Sirven para enviar información: lanzar un juego, mostrar algo en la matriz.

**Observación**

Estos botones se llaman pulsadores porque no mantienen su posición. No son interruptores. Para que un botón esté en posición de «encendido», hay que mantenerlo presionado con un dedo. En cuanto se deja de presionar, el botón está «apagado».

Los conectores

La tarjeta tiene cinco conectores grandes con ojales en los que se pueden colocar pinzas de cocodrilo (como las que se utilizan en la tarjeta Makey Makey).

- Conectores 0 - 1 - 2: son conectores de tipo entrada/salida. Se utilizan para enviar información a la tarjeta (entrada) o para enviar información desde la tarjeta (salida).
- Conectores 3V y GND: alimentan el circuito al que está conectada la tarjeta. El conector 3V suministra una corriente de 3 V y el conector GND corresponde a tierra (GROUND).

También hay veinte contactos. Demasiado pequeños para pinzas de cocodrilo, requieren un conector especial.

Los sensores

La tarjeta micro:bit dispone de tres sensores: un acelerómetro, una brújula y un sensor de temperatura.

Acelerómetro: es un sensor de movimiento tridimensional que determina la posición de la tarjeta en el espacio, es decir, sus ángulos de inclinación. Registra los movimientos de inclinación, balanceo y guiñada en tres ejes.

- La inclinación (eje x) corresponde a la inclinación del mapa (izquierda o derecha).
- El balanceo (eje y) indica si el mapa se inclina hacia delante o hacia atrás.
- La guiñada (eje z) indica si el mapa se desvía hacia arriba o hacia abajo (si el aparato gira a la derecha o a la izquierda - eje z).

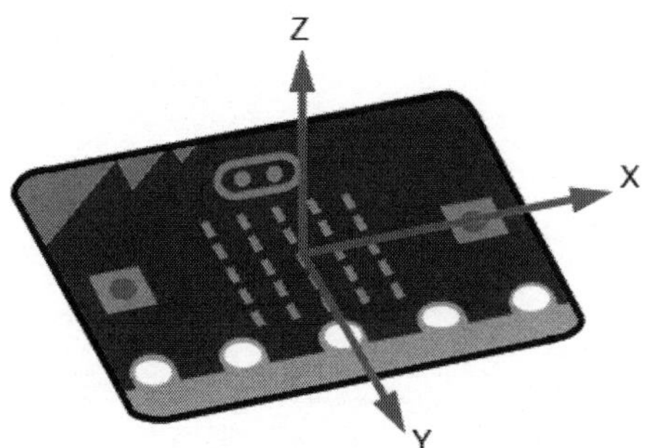

Una brújula electrónica: detecta el campo magnético terrestre, útil para la navegación, y el campo magnético local. Por tanto, la micro:bit puede utilizarse como detector de metales e imanes.

Un sensor de temperatura: originalmente incorporado para proteger el procesador, puede utilizarse para medir la temperatura ambiente en grados Celsius. A diferencia de los miniordenadores, la tarjeta micro:bit se calienta muy poco. La temperatura que disipa no interferirá en la medición.

3. La tarjeta micro:bit y Scratch

3.1 Instalación

Para utilizar la extensión micro:bit en su ordenador (o tableta), es necesario cumplir ciertos requisitos de hardware:

- Sistema operativo: Windows 10 versión 1709 o superior, macOS 10.13 o superior.
- Conexión Bluetooth 4.0 (Bluetooth conocido como de Low Energy).
- Instalación de Scratch Link para permitir la comunicación entre los dos dispositivos.

Para descargar Scratch Link en función de su sistema operativo (Windows o macOS), vaya a: *https://scratch.mit.edu/microbit*

La instalación es un proceso de dos pasos. El primer paso consiste en descargar e instalar Scratch Link en función de su sistema operativo (Windows o macOS).

Una vez instalado Scratch Link, todo lo que tiene que hacer es instalar el archivo HEX de Scratch micro:bit en su tarjeta.

⇉ Conecte la tarjeta micro:bit a su ordenador mediante el cable USB.

⇉ Descargue el archivo HEX.

⇉ Arrastre y suelte este archivo en la ubicación de su mapa.

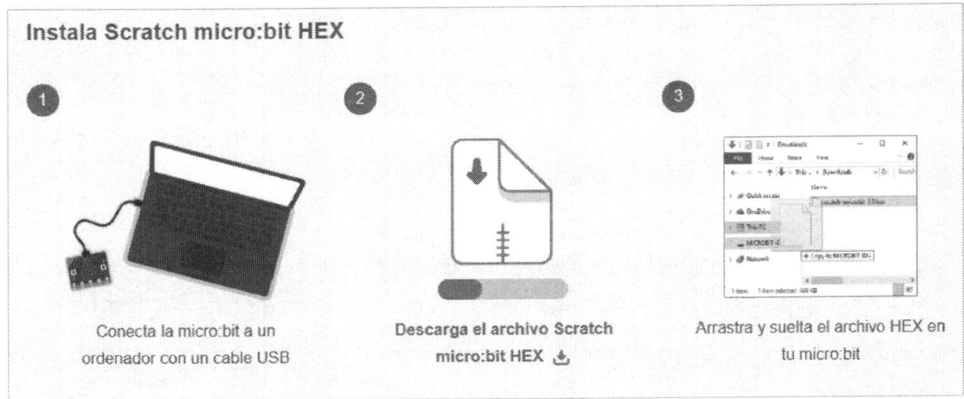

3.2 Conexión

Los bloques utilizados para controlar la tarjeta micro:bit se encuentran en una extensión. Para mostrarlos:

⇉ Seleccione **Añadir extensión** .

⇉ Elija la extensión **micro:bit**.

Se abre una ventana para establecer la conexión con la tarjeta micro:bit.

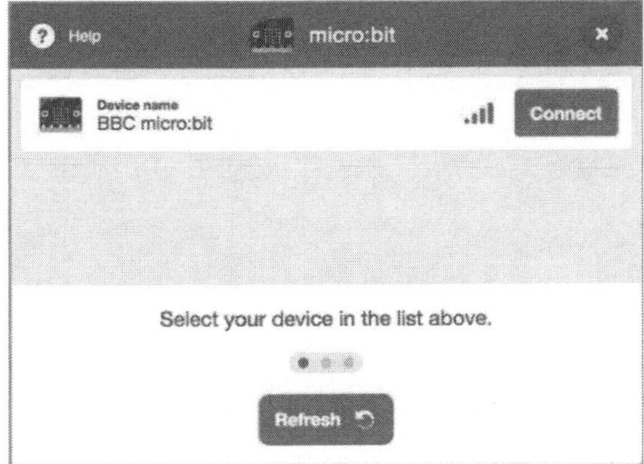

Si se produce un problema de conexión, pueden aparecer varios mensajes de error.

⇉ Antes de añadir la extensión, recuerde abrir Scratch Link. El icono aparecerá en la barra de tareas.

⇉ Comprueba que Bluetooth está activado.

Mensajes de error

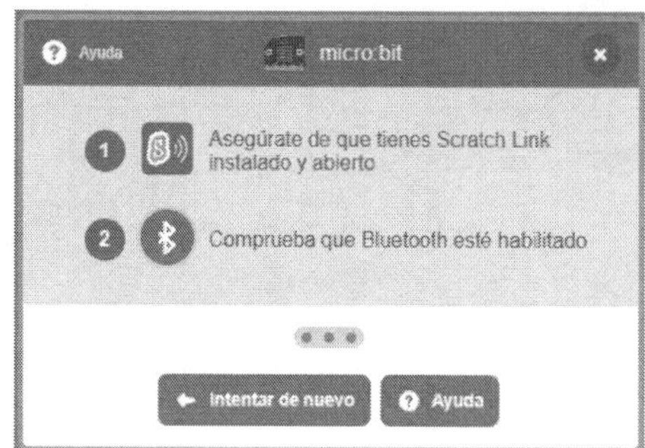

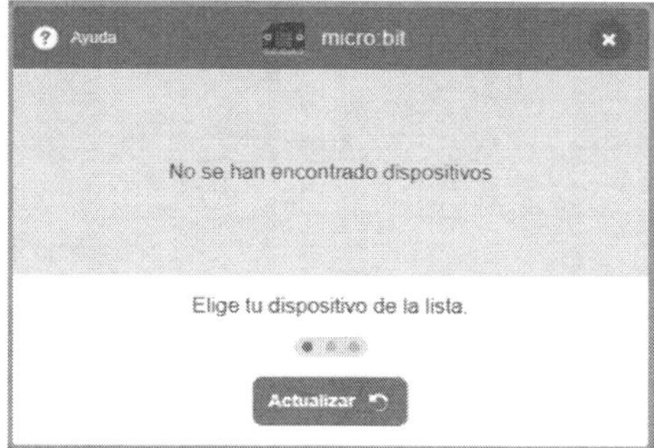

Los bloques que pueden utilizarse para la tarjeta micro:bit aparecen ahora en la paleta de bloques (2). Y se ha creado una nueva categoría de bloques, denominada **micro:bit** (1).

El estado de la conexión se indica mediante un icono verde (3), o naranja si hay algún problema.

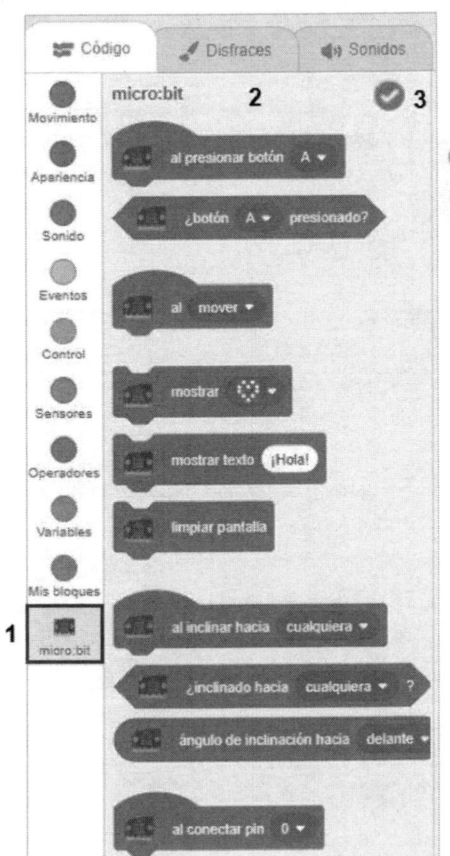

Estado de la conexión

- **Conectado**
- **Desconectado**

3.3 Los bloques

Pulsadores

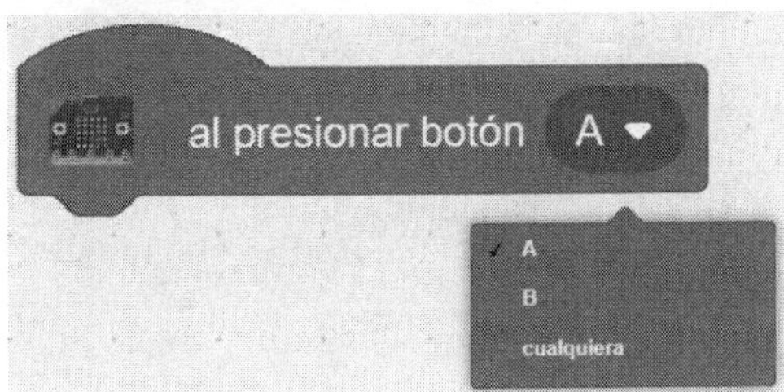

La tarjeta micro:bit tiene dos botones pulsadores situados a cada lado de la matriz de LED. Se llaman botón A (a la izquierda) y botón B (a la derecha).

Este bloque de tipo instrucción se utiliza para asociar una acción cuando se pulsa uno de los botones. El botón puede definirse mediante el menú desplegable: **botón A**, **botón B** o **cualquiera** (pueden utilizarse ambos botones).

Debido a su forma, este bloque se inserta en otros bloques para crear condiciones. Se utiliza para comprobar si el botón, definido mediante el menú desplegable, está pulsado. Si el programa devuelve «verdadero», puede ejecutarse la acción asociada.

La matriz de LED

La tarjeta micro:bit tiene una matriz de 25 LEDs (5/5). Estos pueden encenderse independientemente unos de otros. Hay tres bloques que se pueden utilizar para programar y mostrar imágenes o texto.

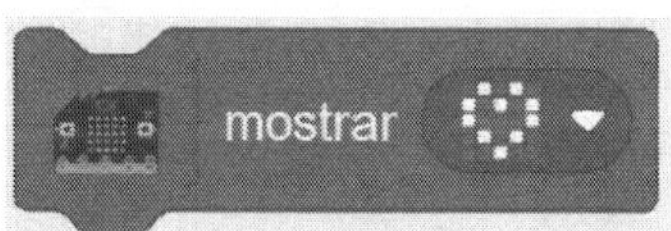

Este bloque se utiliza para mostrar un diseño en la matriz. Por defecto, el diseño representa un corazón. Para cambiar el diseño:

⇒ Seleccione el menú desplegable para abrir la ventana de selección de los LED que desea encender o apagar.

⇒ Para encender el LED que elija, solo tiene que hacer clic en él. Si es blanco, se encenderá; si es verde, se apagará.

Debajo del dibujo que representa la matriz, se utilizan dos iconos:

- para apagar todos los LED (1);
- para encender todos los LED (2).

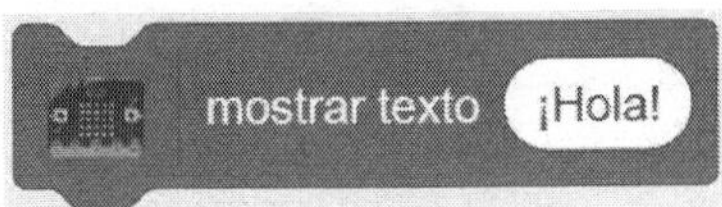

Este bloque se utiliza para especificar la cadena de caracteres que se mostrará en la matriz. El texto se desplaza.

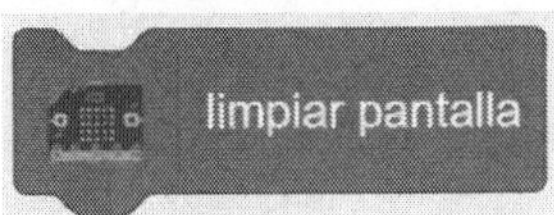

Apaga todos los LED.

Observación

Cuando se utiliza la matriz de LED en un proyecto, es aconsejable inicializar todo al principio, en particular apagando la matriz. Así se evita que se muestre información correspondiente a la ejecución anterior de un proyecto.

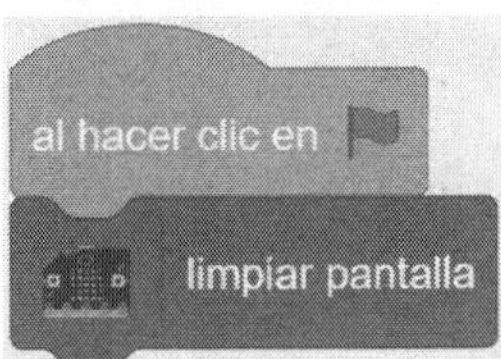

Los sensores

Los siguientes bloques utilizan el acelerómetro para determinar la posición de la tarjeta en el espacio, así como su ángulo de inclinación.

Permite activar un evento en función del ángulo de inclinación de la micro:bit en el espacio. Se pueden especificar cinco posiciones diferentes mediante el menú desplegable:

- **cualquiera**: sea cual sea la inclinación, se desencadena una acción.
- **delante**: cuando la tarjeta está inclinada hacia delante.
- **atrás**: cuando la tarjeta está inclinada hacia atrás.
- **izquierda**: cuando la tarjeta está inclinada hacia la izquierda.
- **derecha**: cuando la tarjeta está inclinada hacia la derecha.

Este evento puede visualizarse mediante una acción en el escenario de Scratch o en la matriz de LED.

Ejemplo

He aquí un programa que le ayudará a descubrir las inclinaciones y reacciones de la micro:bit. El programa consta de cuatro pilas de bloques, cada una de las cuales corresponde a un eje de orientación (izquierda - derecha - delante - detrás). Cada pila tiene dos bloques:

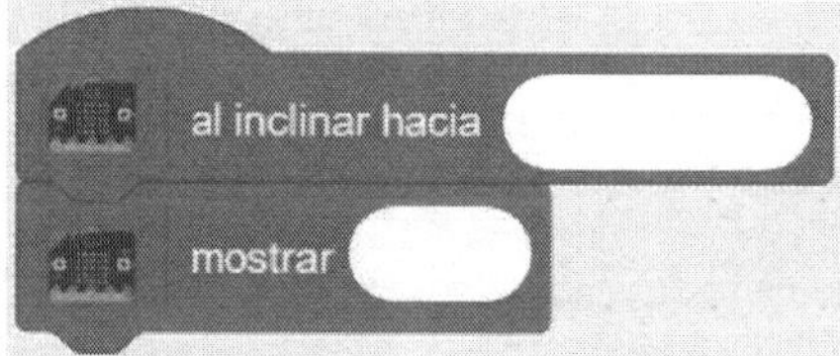

⇉ **al inclinar hacia ()** // selecciona la inclinación en el menú desplegable.

⇉ **mostrar ()** // dependiendo de la inclinación establecida, se mostrará una flecha direccional específica en la matriz de LED.

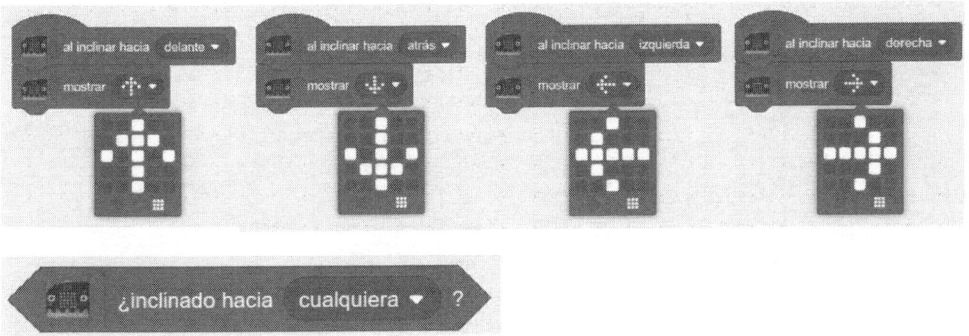

¿inclinado hacia cualquiera ?

La forma de este bloque permite insertarlo en otros bloques para comprobar la inclinación de la tarjeta.

Puede utilizar el programa anterior como guía para ver cómo funciona este bloque.

Ejemplo

Se colocarán cuatro condiciones en un bucle de repetición para probar continuamente el ángulo de inclinación de la tarjeta. Este ángulo se indicará mediante una flecha direccional en la matriz de LED.

⇉ **si ¿inclinado hacia () ? entonces** // especifica la inclinación que hay que comprobar.

⇉ **mostrar ()** // dependiendo de la inclinación detectada, se mostrará una flecha direccional específica en la matriz de LED.

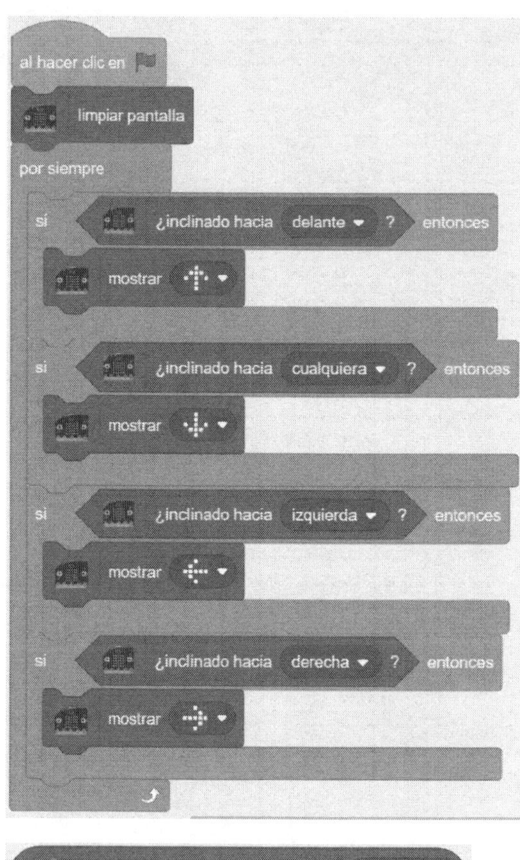

Debido a su forma, este bloque encaja en las zonas de valor de otros bloques. Muestra el ángulo de inclinación actual de la micro:bit en grados. En función del ángulo, se activa un programa específico.

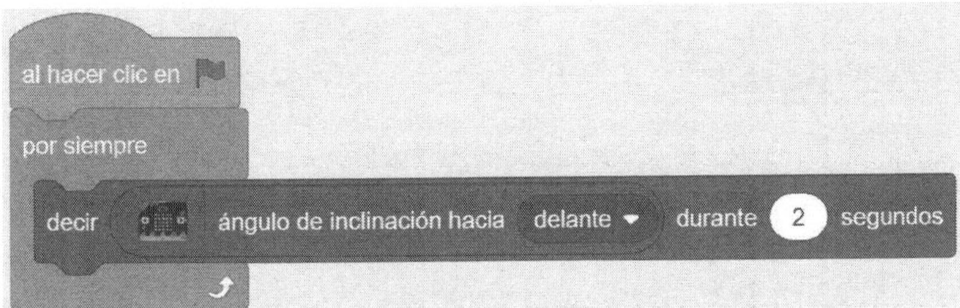

Si suponemos que el valor corresponde al centro, un valor positivo indica que la tarjeta está inclinada hacia delante y un valor negativo indica que la tarjeta está inclinada hacia atrás.

Observación

Este programa no le permitirá ver la inclinación izquierda o derecha (pitch) de la tarjeta.

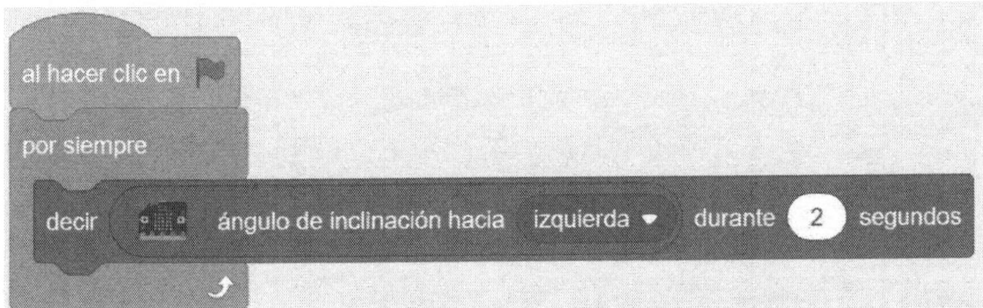

Si consideramos que el valor 0 corresponde al centro, un valor positivo indica que la tarjeta está inclinada hacia la izquierda y un valor negativo indica que la tarjeta está inclinada hacia la derecha.

Observación

Este programa no le permitirá ver la inclinación hacia delante o hacia atrás de la tarjeta.

Para medir tanto el ángulo de balanceo (adelante/atrás) como el ángulo de inclinación, es necesario combinar las dos mediciones utilizando el bloque unir **()**, situado en la categoría **Operadores**. Este programa muestra el ángulo de inclinación medido.

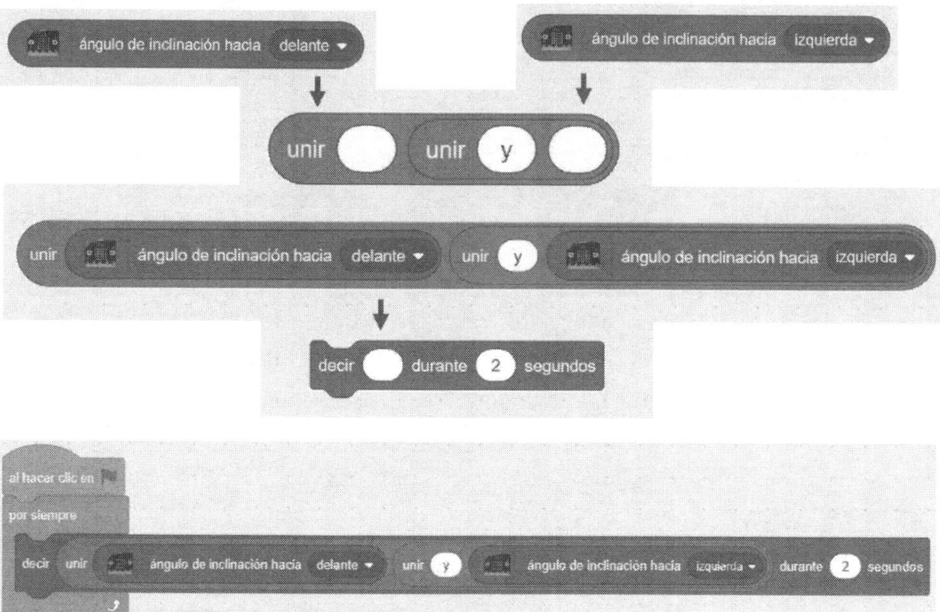

También puede utilizarse para desencadenar una acción en función de un valor determinado.

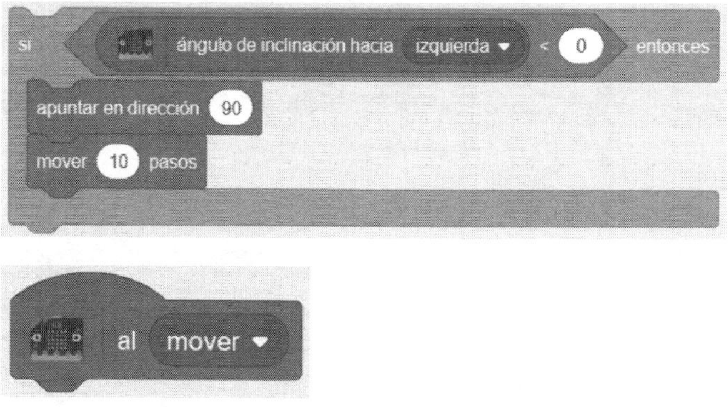

El menú desplegable permite seleccionar tres tipos de movimiento detectables por el acelerómetro (o sensor de movimiento 3D):

- **mover**: cuando la tarjeta se mueve.
- **agitar**: cuando la tarjeta se sacude físicamente. El acelerómetro (o sensor de movimiento 3D) detecta los umbrales de aceleración. ¡Es el momento de darle una buena sacudida!
- **saltar**: cuando la micro:bit «salta» físicamente; por ejemplo, si la mete en el bolsillo y salta.

He aquí un programa para probar estos tres tipos de movimiento. Cuando la tarjeta se mueve o se agita, muestra un diseño determinado. Puede mostrar el diseño que desee o una letra utilizando el bloque **texto ()**.

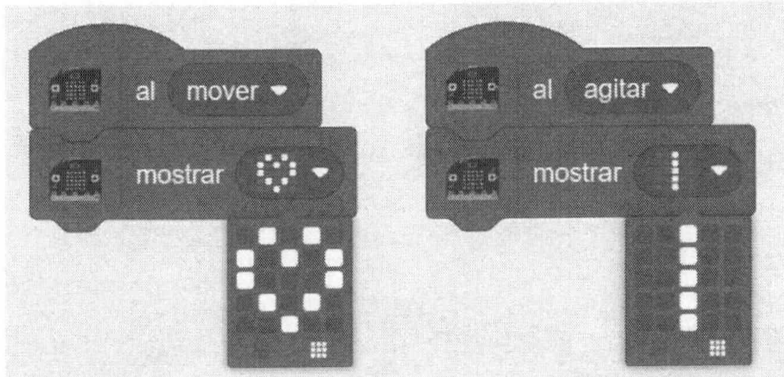

Si salta mientras sostiene la micro:bit, el objeto situado en el escenario de Scratch saltará a su vez.

Este bloque de tipo instrucción se utiliza para iniciar una acción; uno de los pines (0, 1, 2) está conectado a tierra (GND).

4. Programas para el desplazamiento

La tarjeta micro:bit puede utilizarse como mando para mover los objetos con los que se juega mediante los botones A y B, o cambiando su ángulo de inclinación.

4.1 Primer programa

Este programa consta de tres pilas de bloques:

- La primera sirve para en definir el sentido de rotación del objeto y evitar que gire al revés.
- El segundo y el tercero mueven el objeto a izquierda y derecha utilizando los dos botones de la tarjeta.

⇉ **al hacer clic en la bandera verde**

⇉ **fijar estilo de rotación a izquierda-derecha** // para evitar que el objeto gire al revés cuando cambie de orientación.

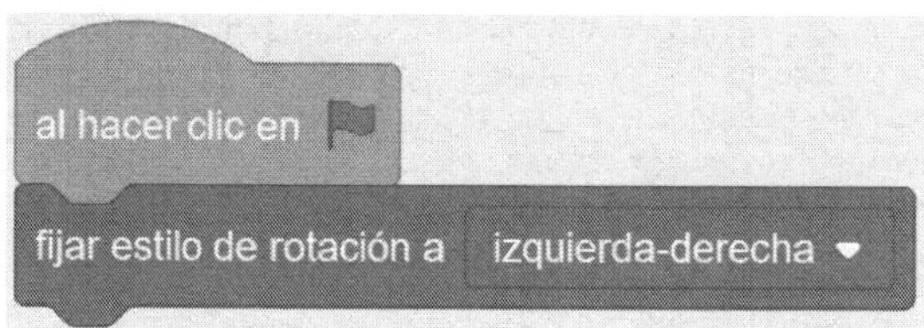

⇉ **al presionar botón A** // situado a la izquierda de la matriz de LED, el botón A se utilizará, lógicamente, para dirigir el objeto hacia la izquierda.

⇉ **apuntar en dirección -90** // el objeto cambia de orientación y mira hacia la izquierda del escenario.

⇉ **mover 10 pasos**

⇉ **al presionar botón B** // situado a la derecha de la matriz de LED, el botón B se utilizará, lógicamente, para dirigir el objeto hacia la derecha.

⇉ **apuntar en dirección 90** // el objeto cambia de orientación y mira hacia la derecha del escenario.

⇉ **mover 10 pasos**

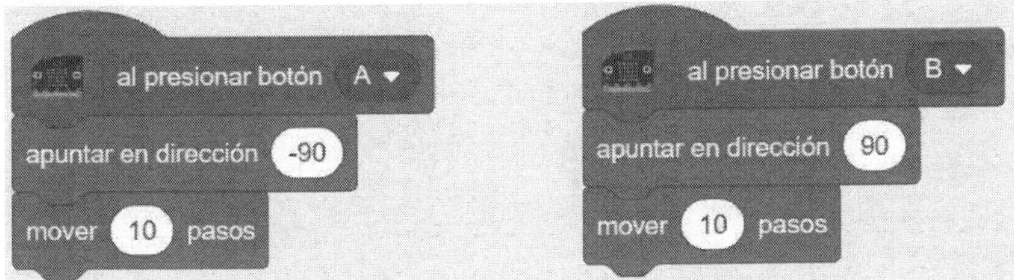

4.2 Segundo programa

Este programa consta de dos condiciones que comprueban continuamente si la tarjeta está inclinada hacia la izquierda o hacia la derecha. El objeto avanza en función de la inclinación.

⇉ **al hacer clic en la bandera verde**

⇉ **fijar estilo de rotación izquierda-derecha** // se establece el sentido de giro del objeto para que no acabe al revés cuando gire.

⇉ **por siempre** // abre un bucle de repetición. Se insertarán dos condiciones.

Primera condición: determinar si la tarjeta está inclinada hacia la izquierda.

⇉ **si ¿inclinado hacia izquierda? entonces** // cuando el acelerómetro detecta que la tarjeta está inclinada.

⇉ **apuntar en dirección -90** // el objeto cambia de orientación y mira hacia la izquierda del escenario.

⇉ **mover 5 pasos**

⇉ Cerrar la primera condición.

Segunda condición: determinar si la tarjeta está inclinada hacia la derecha.

⇒ **si ¿inclinado hacia derecha? entonces** // cuando el acelerómetro detecta que la tarjeta está inclinada.

⇒ **apuntar en dirección 90** // el objeto cambia de orientación y mira hacia la derecha del escenario.

⇒ **mover 5 pasos**

⇒ Cerrar la segunda condición.

⇒ Cerrar el bucle de repetición.

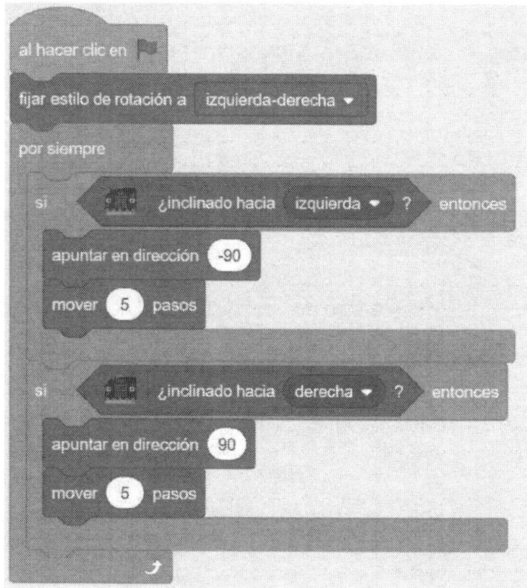

5. Código morse con micro:bit

El telégrafo de Morse es un dispositivo de comunicaciones inventado por Samuel Morse en 1840. Utiliza un lenguaje codificado de guiones y puntos para transmitir mensajes. Los guiones corresponden a pulsos largos y los puntos a pulsos cortos.

A._	H....	O____	V..._
B_...	I..	P.__	W.__
C_._.	J.___	Q___	X_.._
D_..	K_._	R._.	Y_.___
E.	L._..	S...	Z__..
F.._	M__	T_	
G__.	N_.	U.._	

Este proyecto, que puede descargarse de la web de Ediciones ENI, se llama *Morse.sb3*. Nos permitirá ver cómo:

- utilizar los botones A y B para visualizar un dibujo en la matriz,
- enviar información a Scratch utilizando los botones A y B,
- almacenar y comparar información guardada en listas.

5.1 Descripción

En este proyecto, vamos a utilizar la tarjeta micro:bit para traducir el código morse utilizando los dos botones A y B.

El botón A se utilizará para hacer el punto (.). Al pulsarlo, aparecerá un punto en la matriz LED.

El botón B se utilizará para hacer la línea (-). Al pulsarlo, se mostrará una línea en la matriz de LED.

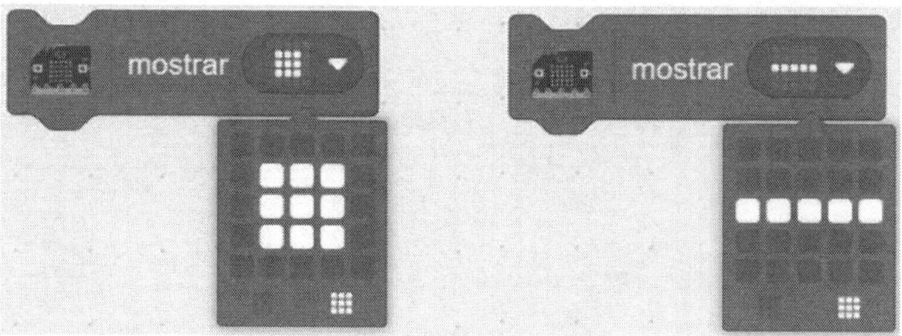

Las listas

Este proyecto requiere la creación de tres listas:

- La lista alfabeto morse: con 26 casillas, se utiliza para almacenar el alfabeto morse.
- La lista alfabeto: con 26 casillas, se utiliza para almacenar todas las letras del alfabeto en orden.
- La lista códigos: se irá llenando de guiones o puntos a medida que se pulsen los botones. Esta lista se comparará con la lista del alfabeto morse para su traducción.

Para crear una lista:

⇒ Seleccione la categoría **Variables** y haga clic en **Crear una lista**.

⇒ En la ventana **Nueva lista** que aparece, nombre esta lista **Alfabeto Morse**. Y confirme seleccionando **Aceptar**.

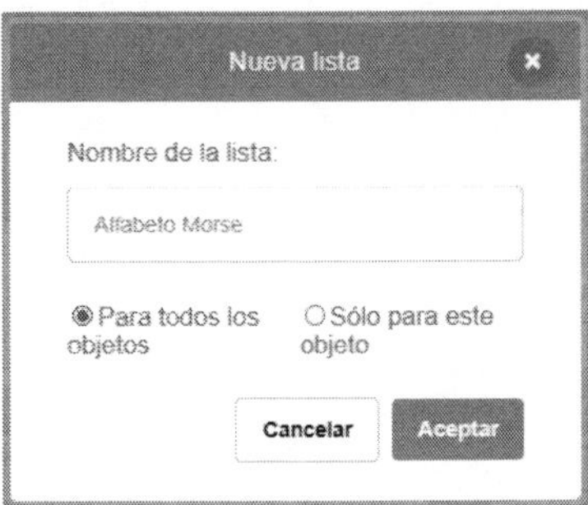

⇉ Haga lo mismo para crear la lista **alfabeto** y la lista **códigos**.

El código morse y las listas alfabéticas deben rellenarse manualmente.

⇉ Para crear una casilla en la lista, seleccione el símbolo (+) situado en la parte inferior izquierda de la lista.

⇉ Para la lista del alfabeto morse: introduzca el código morse de cada letra del alfabeto, por orden alfabético. Para ello, consulte el código morse internacional.

⇉ Para la lista del alfabeto: escriba una letra del alfabeto por casilla, en orden alfabético.

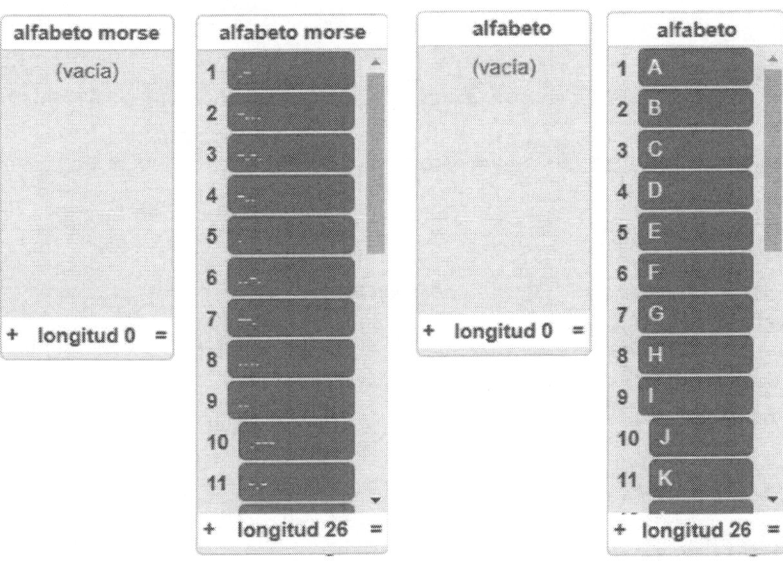

La lista códigos permanece vacía. Se rellenará automáticamente a medida que se seleccionen símbolos (líneas o puntos) con los botones.

5.2 Los programas

El programa de los botones A y B

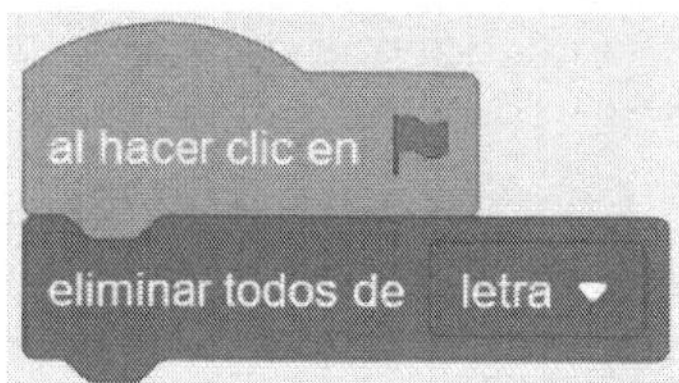

El programa comienza con una inicialización, es decir, vaciando la lista de códigos.

⇉ **al hacer clic en la bandera verde**

⇉ **eliminar todos de letra**

Los dos bloques siguientes se utilizan para programar los dos botones (A y B) situados a ambos lados de la matriz de LED.

⇉ **al presionar botón A**

⇉ **mostrar (.)** // el botón A se utiliza para hacer el punto (.). Aparece un punto en la matriz.

⇉ **añadir (.) a letra** // la lista de códigos sirve para almacenar el código morse tecleado con los botones. Se completa con un punto (.).

⇉ **esperar 1 segundos**

⇉ **limpiar pantalla** // el dibujo que representa un punto y que aparece en la matriz LED se borra después de un segundo para permitir que se escriba el resto del código.

⇉ **al presionar botón B**

⇉ **mostrar (-)** // el botón B se utiliza para hacer la línea (-). Se visualiza una línea en la matriz.

⇉ **añadir (-) a letra** // la lista de códigos sirve para almacenar el código morse tecleado con los botones. Se completa con un guion (-).

⇉ **esperar 1 segundos**

⇉ **limpiar pantalla** // el dibujo que representa una línea y que aparece en la matriz de LED se borra después de un segundo para permitir que se teclee el resto del código.

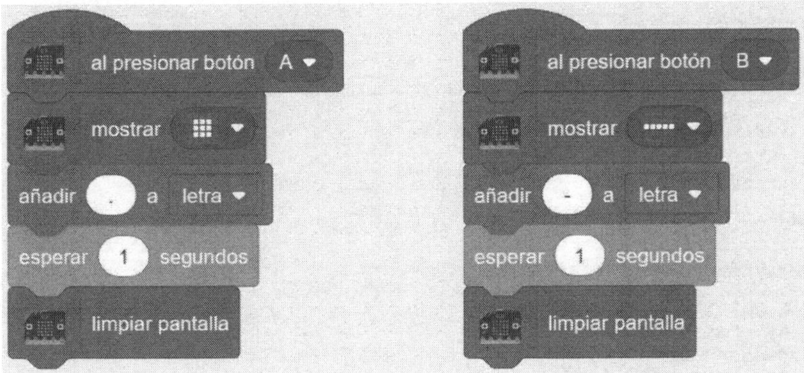

El programa para descifrar el código

Para descodificar el código, se utilizarán 26 condiciones, correspondientes a las 26 letras del alfabeto.

Para informar al programa de que el código está completo y necesita ser descifrado, la tarjeta micro:bit se inclinará hacia la derecha. En este punto, el programa comparará la lista de códigos y la lista del alfabeto morse para encontrar elementos en común. Determinará si el código está presente en la casilla 1, casilla 2, casilla 3 (etc.) de la lista del alfabeto morse. Una vez identificada la casilla, se le pedirá que visualice, en la matriz, la información almacenada en la lista alfabética y situada en el mismo número de casilla.

Así, si el código tecleado mediante los botones corresponde a la casilla 20 de la lista **alfabeto morse**, se mostrará la letra situada en la casilla 20 de la lista **alfabeto**.

Las 26 condiciones utilizadas tienen la misma estructura:

⇉ **si letra = elemento** (número en la lista) **de alfabeto morse entonces**

⇉ **mostrar texto** (mismo número)

- El valor de la primera casilla de la lista del alfabeto morse corresponde al valor de la primera casilla de la lista del alfabeto, es decir, A.
- El valor de la segunda casilla de la lista del alfabeto morse corresponde al valor de la segunda casilla de la lista del alfabeto, es decir, B.

- El valor de la tercera casilla de la lista del alfabeto morse corresponde al valor de la tercera casilla de la lista del alfabeto, es decir, C.

Y así sucesivamente.

⇉ **esperar 2 segundos**

⇉ **limpiar pantalla** // la letra alfabética correspondiente se visualiza en la matriz de LED durante dos segundos, luego se borra.

⇉ **eliminar todos de alfabeto** // la lista de códigos se vacía para permitir al usuario descodificar otro código.

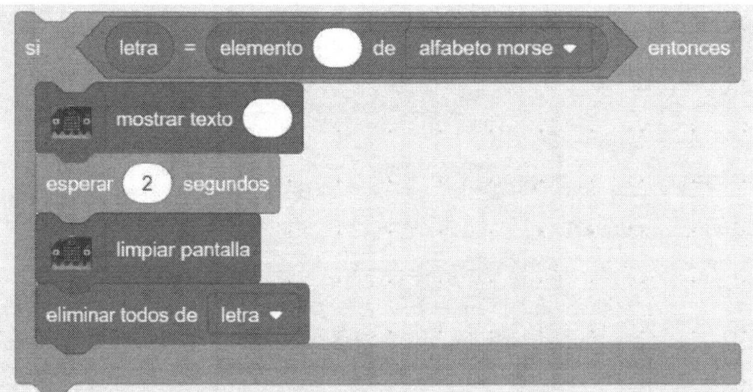

⇉ **al inclinar hacia derecha** // cuando el usuario inclina la tarjeta hacia la derecha, el programa empieza a traducir el código que se ha tecleado utilizando los dos botones.

⇉ **si letra = elemento 1 de alfabeto morse, entonces** // si todos los símbolos de la lista de códigos corresponden a los símbolos de la primera casilla de la lista del alfabeto morse (y en el mismo orden), significa que el código corresponde a la letra A.

⇉ **mostrar texto elemento 1 de alfabeto** // la información almacenada en la primera celda de la lista alfabeto se muestra en la matriz. Se trata de la letra A.

⇉ **esperar 2 segundos**

⇉ **limpiar pantalla** // después de 2 segundos, la letra mostrada en la matriz desaparece, permitiendo al usuario completar el resto de la traducción.

⇉ **eliminar todos de alfabeto**

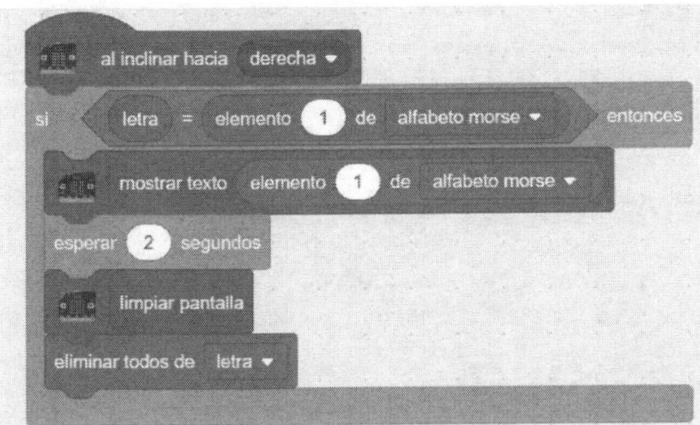

Variantes del programa

En lugar de mostrar la letra en la matriz, puede hacer que la diga un objeto en el escenario de Scratch utilizando el bloque **decir elemento () de alfabeto durante 2 segundos**.

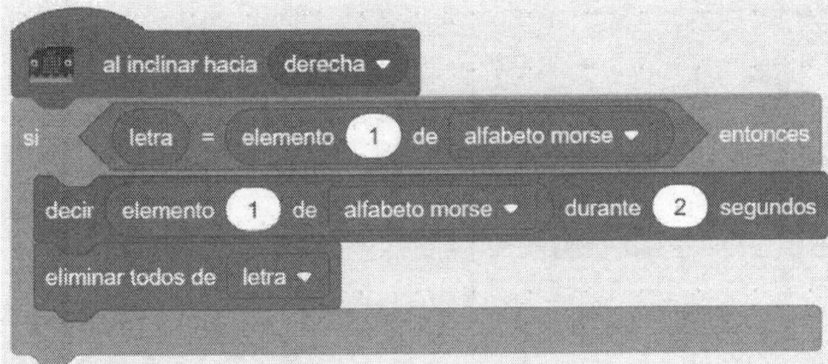

También puede utilizar la extensión Texto a voz para pronunciar la letra utilizando el bloque **decir elemento () de alfabeto**.

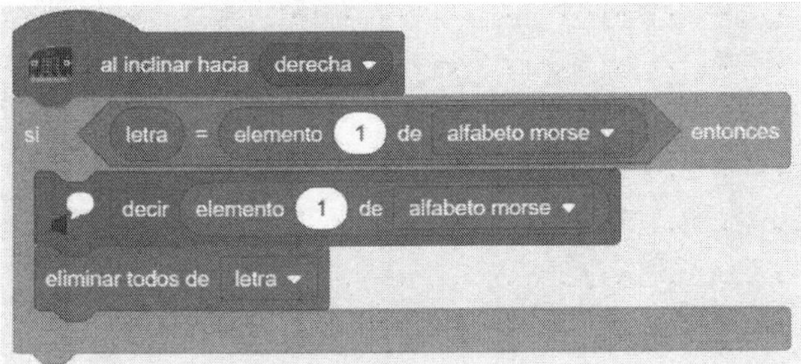

El dispositivo de código morse fue una de las primeras creaciones que hice fabricar a mis alumnos como parte de los talleres sobre electricidad y robótica. Utilizan una pila, bombillas y zumbadores. Retomar esta temática al abordar la programación permite mostrarles que un mismo tema puede tratarse con tecnologías diferentes.

6. Fabricación de un mando de Lego para micro:bit

Hemos visto que la tarjeta micro:bit puede utilizarse como mando de juegos. Para hacerlo más fácil, puede insertar la tarjeta en una funda o en un mando hecho con ladrillos de Lego o de cartón.

7. Rompe ladrillos con micro:bit

Este proyecto puede descargarse del sitio web de Ediciones ENI con el nombre *Rompe ladrillos.sb3*.

7.1 Diseño gráfico

Este juego requiere la creación de cuatro objetos.

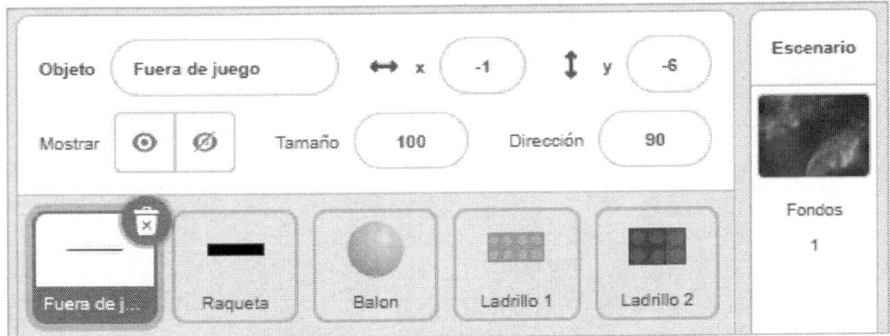

Para dibujar los objetos (Fuera de Juego, Raqueta, Ladrillo 1 a 10):

⇉ En la ventana de objetos, seleccione **Elige un objeto - Pinta**. Se abre la paleta gráfica.

⇉ Los tres objetos se dibujaron con la herramienta **Rectángulo**.

El objeto Fuera de juego

Dibujado con la paleta gráfica, se trata de una línea horizontal que recorre la longitud del lienzo. Situada en la parte inferior del escenario y debajo de la raqueta, esta línea marca la zona de fuera de juego. El fuera de juego se produce cuando el jugador no consigue atrapar la pelota con la raqueta.

El objeto Raqueta

Se trata de un rectángulo que se mueve horizontalmente por el escenario. La pelota debe rebotar en él.

Objetos Ladrillo 1 a 10

Inicialmente, se dibuja un único ladrillo. Se duplicará tantas veces como sea necesario una vez diseñado el programa.

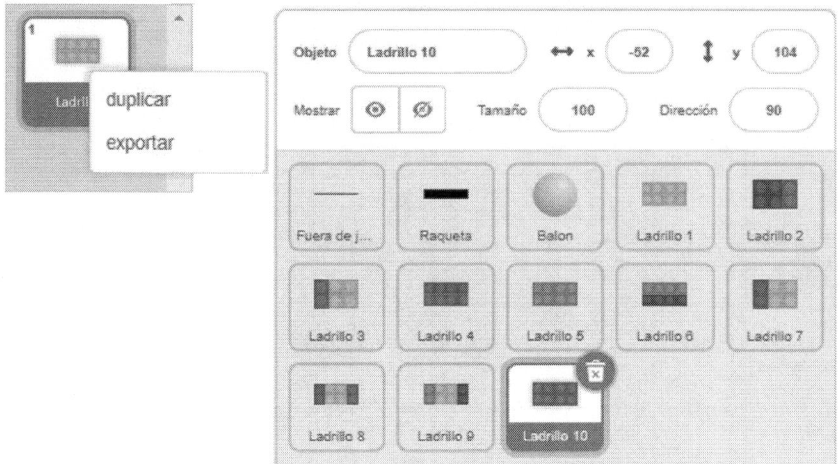

Puede dibujar ladrillos a partir de un simple rectángulo. Me inspiré en los ladrillos de Lego para crear los demás objetos de ladrillos. Lleva un poco más de tiempo, pero el resultado es visualmente más agradable.

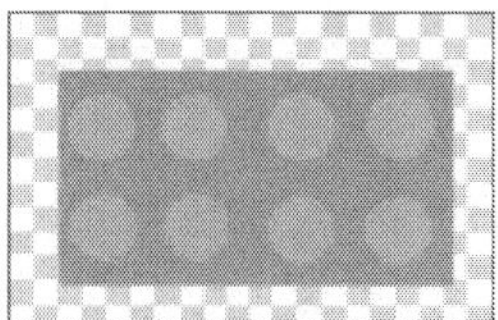 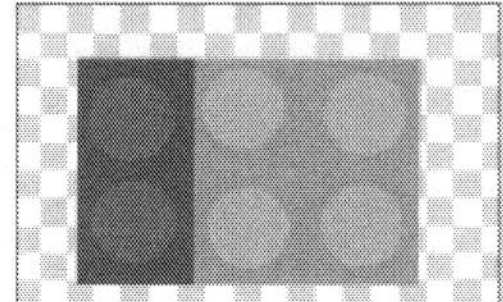

El objeto Balon

Importado de la biblioteca de objetos, rebota en la raqueta y rompe los ladrillos al chocar contra ellos.

Para importar el balón de la biblioteca:

⇒ En la ventana de objetos, seleccione **Elige un objeto**. Se abre la biblioteca.

⇒ Elija el objeto llamado **Ball**. Tiene cinco disfraces que le permiten cambiar su color.

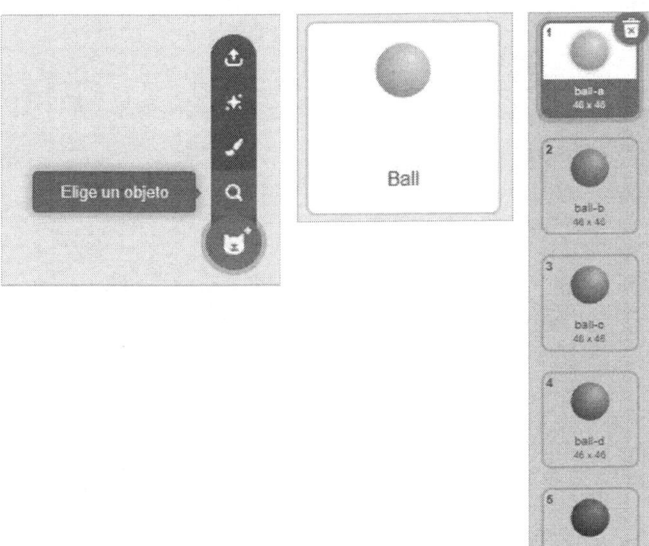

El fondo

Importado de la biblioteca de fondos, su nombre es **Nebula**. Puede utilizar el fondo que desee o dibujarlo usted mismo.

7.2 Los programas

El programa de Raqueta

La raqueta se mueve horizontalmente, de derecha a izquierda, inclinando la tarjeta micro:bit a izquierda y derecha.

- **al hacer clic en la bandera verde**

- **ir a x: 0 y: -140** // posiciona la raqueta en el escenario.

- **por siempre** // abre un bucle de repetición que contiene las dos condiciones utilizadas para mover la raqueta a izquierda y derecha.

- **si ¿inclinado hacia izquierda? entonces**

⇉ **sumar a x -10**

⇉ Cerrar la primera condición.

⇉ **si ¿inclinado hacia derecha? entonces**

⇉ **sumar a x 10**

⇉ Cerrar la segunda condición.

⇉ Cerrar el bucle de repetición.

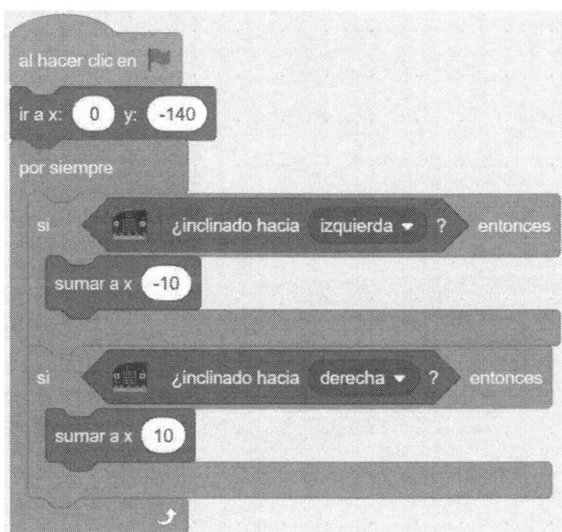

Observación

En lugar de la inclinación, puede usar los botones A y B para mover la raqueta.

Programa Balon

El programa para la pelota que rebota en la raqueta es casi idéntico al de la pelota del proyecto *Pong1.sb3*. Excepto que la pelota bota verticalmente.

⇉ **al hacer clic en la bandera verde**

⇉ **ir a x: 0 y: 40**

⇉ **esperar 3 segundos**

⇉ **apuntar hacia Raqueta**

⇉ **por siempre** // abre un bucle de repetición. Contiene los bloques para hacer que la pelota avance y rebote cada vez que toca uno de los bordes del escenario. También se insertan dos condiciones en este bucle.

⇉ **si toca un borde, rebotar**

⇉ **mover 10 pasos** // un valor más alto permite que la bola se mueva más rápido.

Primera condición: determinar si la pelota ha tocado la raqueta.

⇉ **si ¿tocando Raqueta? entonces**

⇉ **girar (en el sentido de las agujas del reloj) número aleatorio entre 180 y 200 grados**

⇉ **mover 10 pasos**

⇉ Cerrar la primera condición.

Segunda condición: determinar si el balón ha tocado la línea de fuera de juego.

⇉ **si ¿tocando Fuera de juego? entonces**

⇉ **detener todos** // tocar la línea de fuera de juego termina el partido.

⇉ Cerrar la segunda condición.

⇉ Cerrar el bucle de repetición.

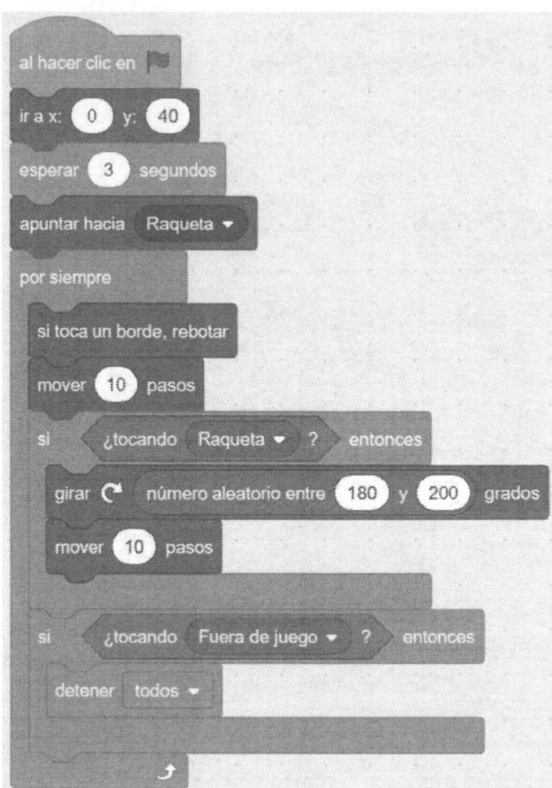

El programa Ladrillos 1 a 10

Cuando se lanza el programa, el ladrillo es visible. Solo se oculta cuando es golpeado por la pelota.

⇉ **al hacer clic en la bandera verde**

⇉ **mostrar**

⇉ **por siempre** // abrir un bucle de repetición con una condición para determinar si el ladrillo es golpeado por la pelota.

⇉ **si ¿tocando Balon? entonces** // si la condición devuelve «verdadero».

⇉ **esconder** // cierra el bucle de repetición.

- Cerrar la condición.

- Cerrar el bucle de repetición.

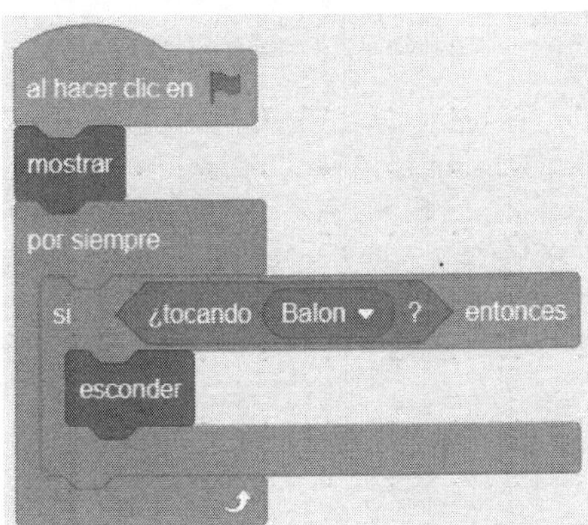

Si todos sus ladrillos son idénticos, puede duplicar este objeto tantas veces como quiera. Entonces, todo lo que tiene que hacer es colocar manualmente los ladrillos en el escenario.

- En la ventana de objetos, haga clic con el botón derecho del ratón en el objeto **Ladrillo**.

- Seleccione **duplicar**.

Si todos sus ladrillos son diferentes, puede copiar el programa del Ladrillo 1 a los demás ladrillos.

- En la pestaña **Código** del objeto Ladrillo 1, utilice el ratón para seleccionar la pila que creó anteriormente.

- Pulse [Ctrl] C para copiarlo.

- En la ventana de objetos, seleccione la miniatura del objeto al que desea copiar este código, **Ladrillo 2**, por ejemplo.

- Vaya al área del script y pulse [Ctrl] V para pegar el programa.

- Haga lo mismo con todos los ladrillos.

Más información

Se pueden explorar varias vías.

- Añada una variable de puntuación para contar el número de ladrillos rotos.
- Inserte niveles de juego cada vez más complejos.
- Para romper un ladrillo, se puede decidir que debe ser golpeado un determinado número de veces, lo que requiere la creación de una variable para cada ladrillo que cuente el número de contactos con la pelota. Por cada nuevo contacto, se puede modificar el disfraz del ladrillo (añadiendo un efecto de transparencia, por ejemplo, o cambiando el disfraz).
- Aumente la velocidad del balón.

8. Juego de disparos con micro:bit

Este proyecto, que puede descargarse del sitio web de Ediciones ENI, se llama *Invasión micro:bit.sb3*.

Objetivo: disparar usando un cañón a los invasores que caen del cielo antes de que toquen el suelo.

Competencias desarrolladas:

- Utilizar los botones A y B para mover un objeto.
- Mostrar la puntuación en la matriz de LED.
- Utilizar un objeto para representar el valor de una variable en el escenario.

8.1 Diseño gráfico: los fondos

Este proyecto requiere la creación de cuatro fondos: Presentación - Juego - Ganaste - Game Over. Los fondos Presentación - Ganaste - Game Over son prácticamente idénticos. La única diferencia es la información escrita en ellos.

⇉ En la ventana de fondos, seleccione **Elige un fondo** (1). Y escoja **Stars** (2) de la biblioteca que se ha abierto.

⇉ Haga clic en la pestaña **Fondos** (3) y haga clic con el botón derecho en la miniatura **Stars**. Seleccione **duplicar** (4). Se ha creado una segunda miniatura.

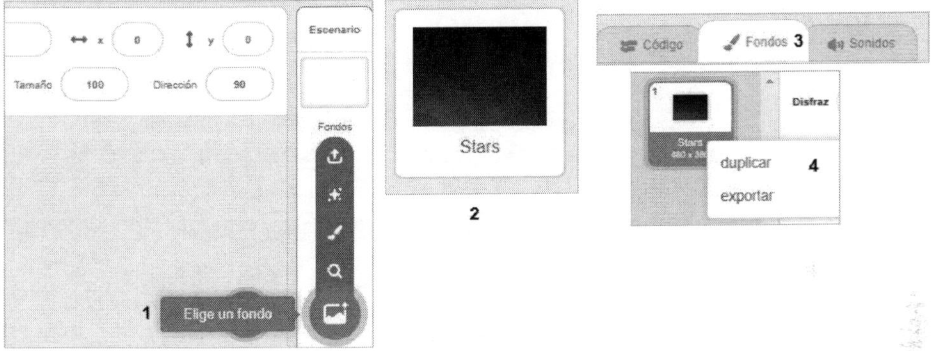

⇉ Haga lo mismo para crear un tercer fondo idéntico.

El primer fondo se llama **Presentación**.

El segundo fondo se llama **Ganaste**.

El tercer fondo se llama **Game Over**.

Sobre estos tres fondos se escribirá diferente información utilizando la herramienta **Texto**. Por defecto, el fondo Stars está en formato bitmap. Haga clic en **Convertir a vector**.

⇉ Con la herramienta **Texto** (1) y la fuente **Píxel** (2), escriba en el fondo las teclas que se utilizan para jugar.

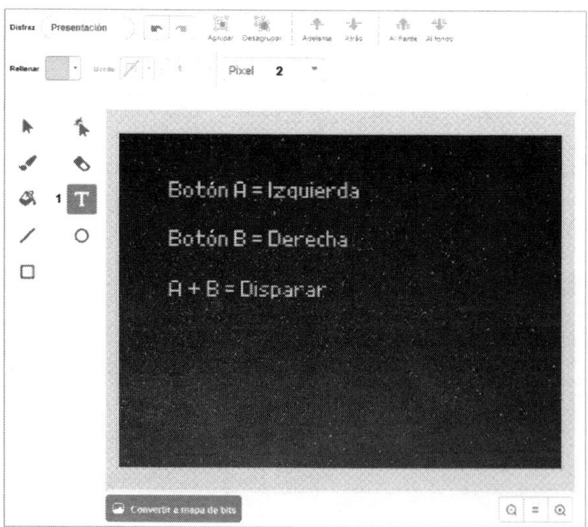

Dado que estamos usando la micro:bit, los botones A y B se utilizarán para mover el jugador. Para disparar, se deben pulsar ambos botones al mismo tiempo.

Proceda de la misma manera para introducir la información sobre el fondo Ganaste y el fondo Game Over.

El cuarto fondo corresponde a la fase de juego. También importado de la biblioteca, se llama **Moon**. Cambie su nombre a **Juego**.

8.2 Diseño gráfico: los objetos

Todos los objetos se dibujan con la paleta gráfica, seleccionando **Elige un objeto - Pinta**.

El objeto tierra

Representa el punto de impacto de los invasores en la Tierra. Es una línea que recorre la longitud del escenario, dibujada con la herramienta **Rectángulo**.

Objeto Invasores

Inspirado en Space Invaders, se dibuja en modo mapa de bits con la técnica del pixel art, es decir, utilizando cuadrados. Por defecto, la paleta gráfica se abre en modo vectorial. Seleccione **Convertir a mapa de bits** para cambiar de modo.

⇛ Amplíe el lienzo (1).

⇛ Utilice la herramienta **Pincel** (2) para dibujar sus píxeles. Para tener una punta que dibuje cuadrados, cambie su grosor (3). La punta del pincel adopta una forma cuadrada.

⇒ Dibuje un invasor colocando cuadrados uno al lado del otro. Para cambiar el color, utilice la herramienta **Rellenar** (4 y 5).

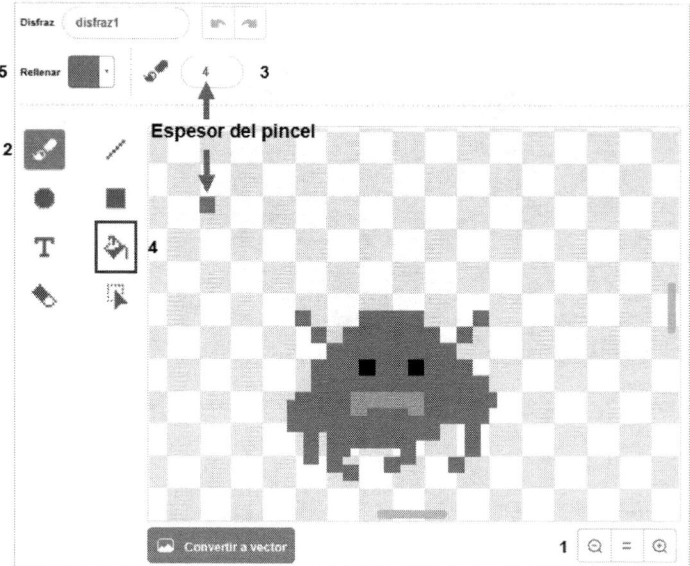

Este objeto tiene cuatro disfraces de colores diferentes.

⇒ Haga clic con el botón derecho en la miniatura del disfraz que acaba de dibujar y seleccione **duplicar**. Se creará una copia del disfraz.

⇒ Cambie el color con las herramientas **Rellenar** (4 y 5).

⇒ Cree otros dos disfraces del mismo modo. Y cámbieles el color.

El objeto Invasores tiene ahora cuatro disfraces.

El objeto Cañon laser

Se trata del personaje que juega. Está dibujado en modo vectorial a partir de dos rectángulos que se han combinado con la herramienta **Agrupar** para formar una sola imagen.

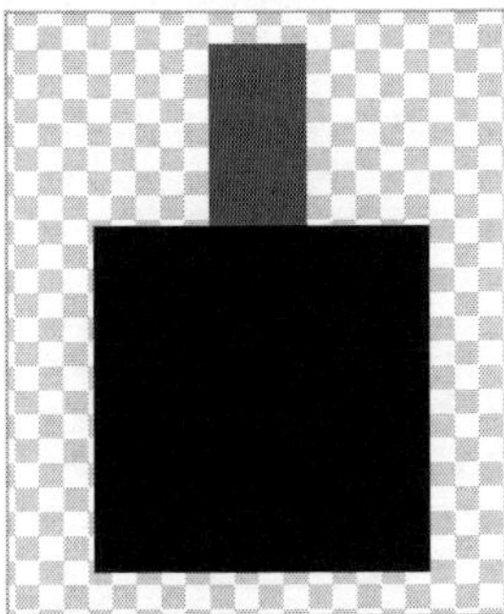

El objeto láser

El láser se dispara desde el cañón láser. Es una línea verde, pero puede dibujar una bala u otro tipo de proyectil.

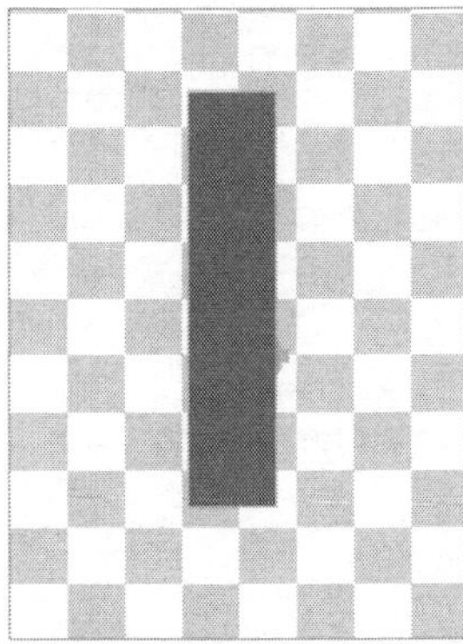

Observación

Para ver cómo enlazar el objeto Cañon laser con el objeto Láser, consulte el capítulo Técnicas para los videojuegos, sección Técnicas de tiro.

El objeto Vidas

Como en el caso de los invasores, este objeto se ha dibujado utilizando píxeles. Su creación se describe en el capítulo Técnicas para los videojuegos, en la sección Técnicas para contabilizar.

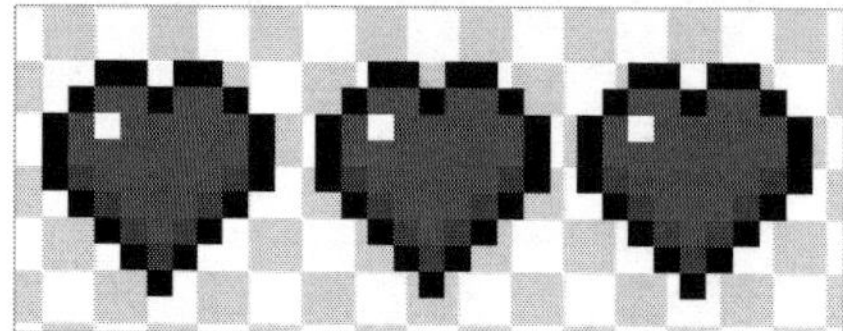

8.3 El programa de los fondos

Este proyecto requiere la creación de dos variables.

- Una variable Vidas para contar las vidas de que dispone el jugador y determinar cuándo ha perdido.
- Una variable Score para contar el número de invasores tocados y determinar si el jugador ha ganado.

Para crear una variable:

⇉ En la categoría **Variables**, seleccione **Crear una variable**. Se abre la ventana **Nueva variable**. Nombre la variable **Vidas**.

Proceda del mismo modo para crear la variable **Score**.

Dependiendo de la fase del juego, los fondos serán diferentes.

- Fondo Presentación: visible al inicio del juego - **al hacer clic en la bandera verde**
- Fondo Juego: visible durante la fase de juego - **enviar Juego**
- Fondo Ganaste: visible cuando el jugador ha ganado - **al recibir Ganaste**
- Fondo Game Over: visible cuando el jugador ha perdido - **al recibir Game Over**

⇉ **al hacer clic en la bandera verde**

⇉ **esconder variable Score**

⇉ **esconder variable Vidas**

⇉ **cambiar fondo a Presentación** // durante la presentación de las reglas del juego, no hay variables ni objetos visibles en el escenario.

⇉ **esperar 5 segundos** // para permitir al jugador leer las instrucciones.

⇉ **enviar Juego** // este mensaje enviado a todos los objetos inicia los programas de juego.

⇉ **cambiar fondo a Jugar**

⇉ **mostrar variable Score** // durante la fase de juego, esta variable es visible para que el jugador sepa el número de invasores golpeados.

Observación

La variable Vidas no es visible en ningún momento. El número de vidas se muestra en el escenario mediante el objeto Vidas y sus distintos disfraces.

⇉ **al recibir Ganaste** // este mensaje se envía cuando el jugador tiene una Puntuación de 10.

⇉ **cambiar fondo a Ganaste**

⇉ **al recibir Game Over** // este mensaje se envía cuando el jugador ha perdido todas sus vidas.

⇉ **cambiar fondo a Game Over**

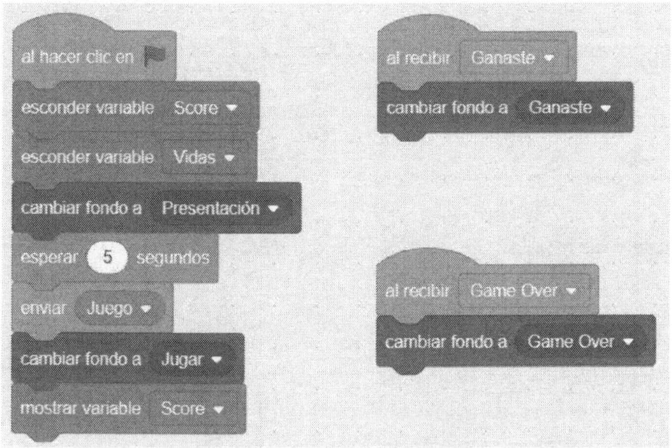

8.4 El programa de los objetos

De los cinco objetos, solo cuatro tienen programas. El objeto tierra es un objeto inmóvil que representa el suelo de la Tierra invadida. Se utiliza para determinar si un invasor ha conseguido aterrizar.

Programa de Invasores

El programa del objeto Invasores consta de cinco pilas de bloques.

- **al hacer clic en la bandera verde**

- **esconder** // durante la fase de presentación del juego, este objeto, como todos los demás, no es visible en el escenario.

- **limpiar pantalla** // la matriz micro:bit LED se utilizará para mostrar información. Por lo tanto, es necesario inicializarla limpiándola en el arranque.

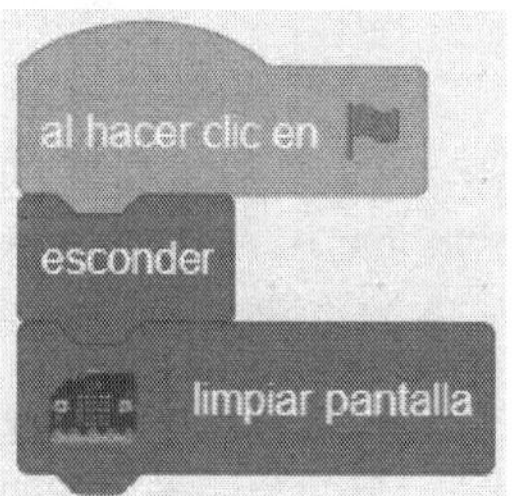

- **al recibir Juego**

- **por siempre** // abre un bucle de repetición en el que se insertará el programa de creación de clones.

- **ir a x: número aleatorio entre -230 y 230 y: 180** // los invasores aparecerán en la parte superior del escenario, aleatoriamente, por toda su longitud. Las coordenadas especificadas son deliberadamente menores que las del escenario (el escenario se extiende de -240 a 240 en el eje x) para evitar que uno de los objetos sea solo visible a medias.

- **esperar número aleatorio entre 0 y 5 segundos** // los invasores «desembarcan» irregularmente. Estos valores pueden modificarse.

- **crear clon de mí mismo**

⇛ Cerrar el bucle de repetición.

Observación

Los clones se crearán hasta que el jugador haya ganado o perdido. En lugar de un bucle de repetición, puede definir el número de invasores que se crearán por clonación usando el bloque **repetir ()**.

⇛ **al comenzar como clon**

⇛ **cambiar disfraz a número aleatorio entre 1 y 4** // el objeto Invasores tiene cuatro disfraces que se muestran al azar.

⇛ **mostrar**

⇛ **repetir hasta que ¿tocando Tierra?** // abre un bucle de repetición. El algoritmo de este bucle se repetirá hasta que el invasor toque el objeto Tierra, a menos que se especifique lo contrario. El algoritmo corresponde al programa utilizado para bajar gradualmente el objeto hacia la Tierra.

⇛ **sumar a y -2.5** // el invasor se mueve de forma gradual verticalmente hacia abajo.

⇛ **si ¿tocando Laser? entonces** // esta condición se utiliza para detener el descenso del invasor si es alcanzado por el láser.

⇛ **esconder**

⇛ **sumar a Score 1** // la variable **Score** se incrementa en 1.

⇛ **mostrar texto Score** // la puntuación se muestra en la matriz de LED.

⇛ Cerrar la condición.

⇛ Cerrar el bucle de repetición.

⇛ **eliminar este clon**

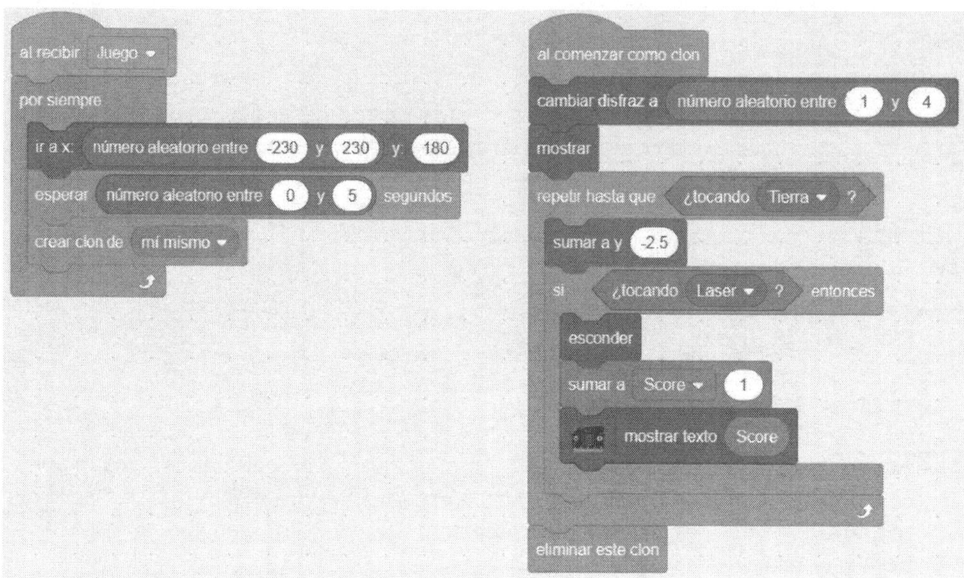

- **al recibir Ganaste**
- **esconder** // el juego ha terminado. Este objeto, y todos los demás, ya no son visibles en el escenario.
- **detener otros programas en el objeto**
- **mostrar texto Mision cumplida** // el mismo texto que se muestra en el fondo Ganaste se muestra en la matriz micro:bit.
- **al recibir Game Over**
- **esconder** // el juego ha terminado. Este objeto, y todos los demás, ya no son visibles en el escenario.
- **detener otros programas en el objeto**
- **mostrar texto Game Over** // el mismo texto que se muestra en el fondo Game Over se muestra en la matriz micro:bit.

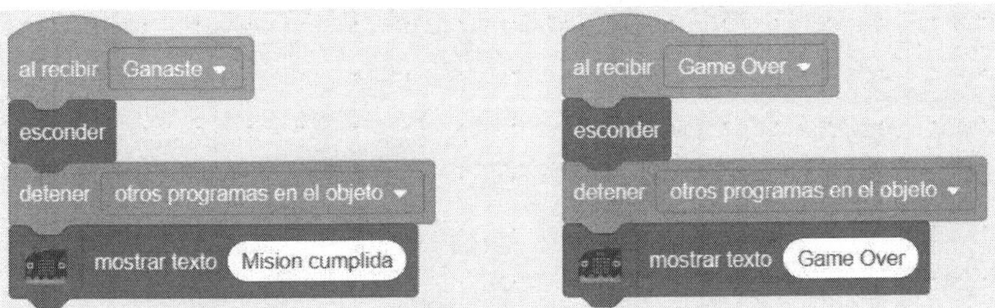

Programa Cañón láser

El programa del cañón láser consta de seis pilas de bloques, tres de las cuales también están presentes en el programa del objeto láser. Se utilizan para ocultar el objeto del escenario cuando el programa no está en una fase de juego.

⇉ **al hacer clic en la bandera verde** // al inicio, es decir, durante la presentación de las reglas del juego, este objeto (como los demás objetos) no es visible.

⇉ **esconder**

⇉ **al recibir Ganaste** // cuando el jugador ha ganado.

⇉ **detener otros programas en el objeto**

⇉ **esconder**

⇉ **al recibir Game Over** // cuando el jugador ha perdido.

⇉ **detener otros programas en el objeto**

⇉ **esconder**

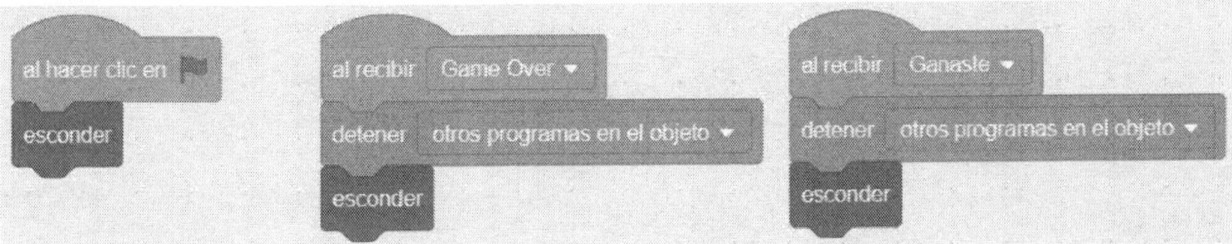

Los botones A (izquierda) y B (derecha) se utilizan para mover el cañón láser.

⇉ **al presionar botón A**

⇉ **sumar a x -20** // el arma se mueve solo horizontalmente. Únicamente se modifica su coordenada x. Un valor negativo mueve el arma a la izquierda del escenario.

⇉ **al presionar botón B**

⇉ **sumar a x 20** // el arma se mueve solo horizontalmente. Únicamente se modifica su coordenada x. Un valor positivo mueve el arma a la derecha del escenario.

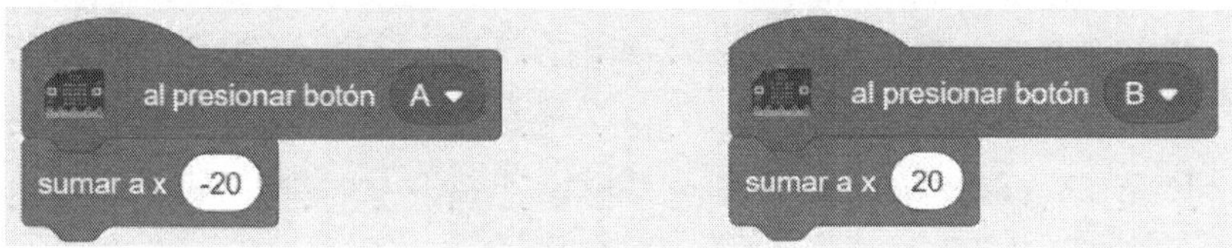

⇉ **al recibir Juego**

⇉ **ir a x: 0 y: -132** // para posicionar el cañón sobre la Tierra en el centro del escenario. Estos valores difieren dependiendo de sus gráficos.

⇉ **mostrar**// este objeto (como todos los demás) solo es visible en el escenario durante la fase de juego.

⇉ **dar a Vidas el valor 3** // el jugador tiene tres vidas.

⇉ **mostrar** (patrón de corazón) // mostrar el patrón en la matriz.

⇉ **por siempre** // abre un bucle de repetición en el que se insertan tres condiciones.

Primera condición: determinar si el jugador ha sido alcanzado por un invasor. En este caso, el jugador pierde una vida.

⇉ **si ¿tocando Invasores? entonces**

⇉ **sumar a Vidas -1**

⇉ **esperar 1 segundos**

⇉ Cerrar la primera condición.

Segunda condición: determinar si el jugador ha perdido.

⇉ **si Vidas = 0 entonces** // cuando el jugador no tiene más vidas.

⇉ **enviar Game Over** // este mensaje finaliza el juego y se utiliza para mostrar el fondo correspondiente.

⇉ Cerrar la segunda condición.

Tercera condición: determinar si el jugador ha ganado.

⇉ **si Score = 10 entonces** // el jugador debe golpear a diez invasores para ganar. Este número se puede cambiar.

⇉ **enviar Ganaste** // este mensaje termina el juego y mostrará el fondo correspondiente.

⇉ Cerrar la tercera condición.

⇉ Cerrar el bucle de repetición

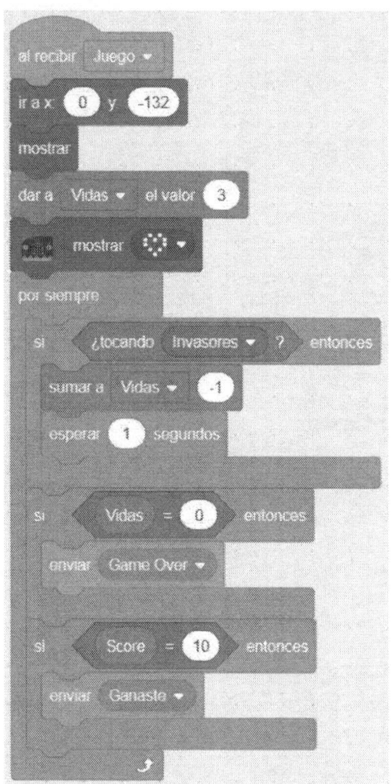

Programa del láser

El programa del láser se compone de cuatro pilas de bloques, tres de las cuales son idénticas a las vistas anteriormente para el programa del cañón láser. Se utilizan para ocultar este objeto cuando el programa no está en fase de juego.

La cuarta pila de bloques incluye el algoritmo de disparo y el algoritmo utilizado para determinar si un invasor ha sido alcanzado.

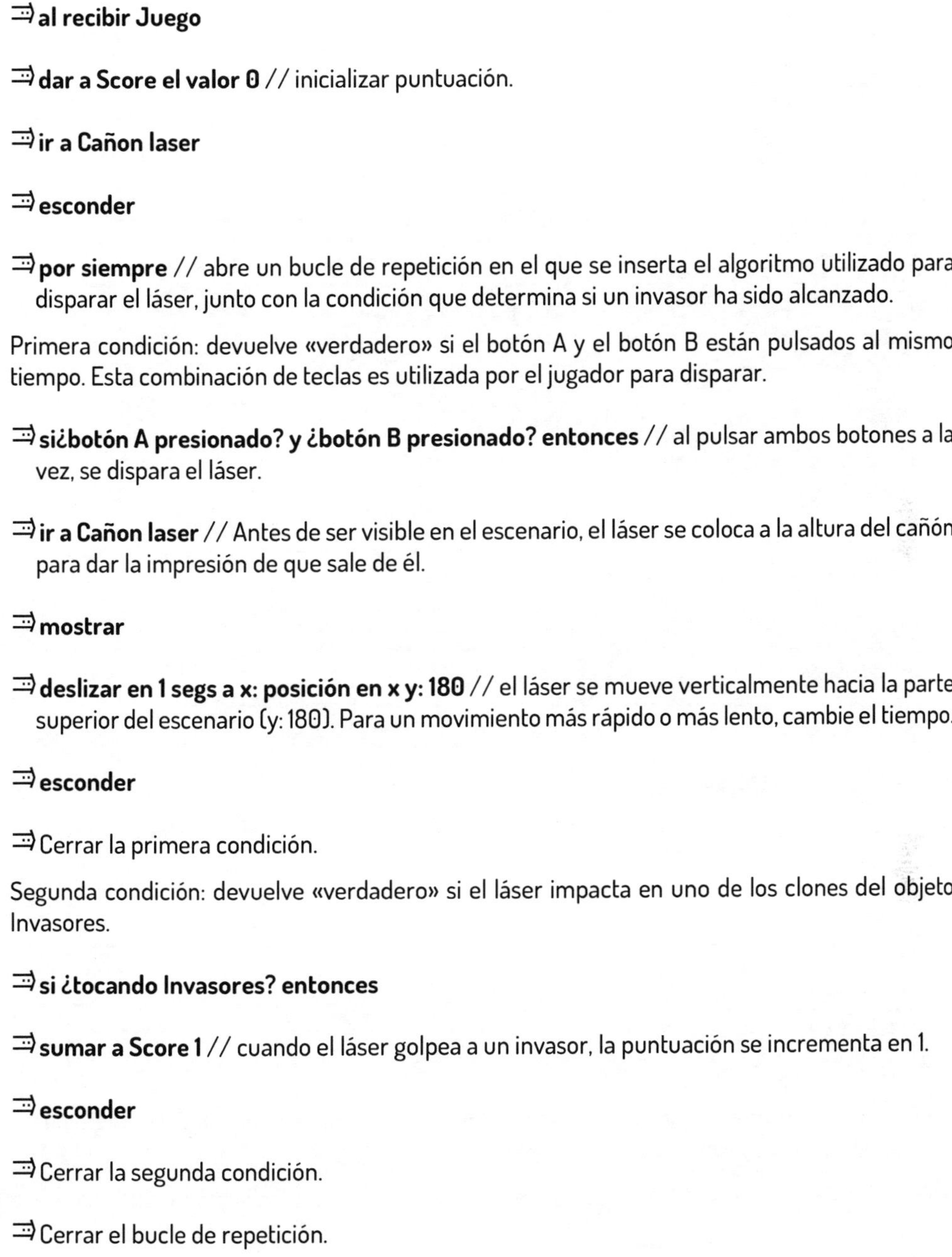

⇉ **al recibir Juego**

⇉ **dar a Score el valor 0** // inicializar puntuación.

⇉ **ir a Cañon laser**

⇉ **esconder**

⇉ **por siempre** // abre un bucle de repetición en el que se inserta el algoritmo utilizado para disparar el láser, junto con la condición que determina si un invasor ha sido alcanzado.

Primera condición: devuelve «verdadero» si el botón A y el botón B están pulsados al mismo tiempo. Esta combinación de teclas es utilizada por el jugador para disparar.

⇉ **si¿botón A presionado? y ¿botón B presionado? entonces** // al pulsar ambos botones a la vez, se dispara el láser.

⇉ **ir a Cañon laser** // Antes de ser visible en el escenario, el láser se coloca a la altura del cañón para dar la impresión de que sale de él.

⇉ **mostrar**

⇉ **deslizar en 1 segs a x: posición en x y: 180** // el láser se mueve verticalmente hacia la parte superior del escenario (y: 180). Para un movimiento más rápido o más lento, cambie el tiempo.

⇉ **esconder**

⇉ Cerrar la primera condición.

Segunda condición: devuelve «verdadero» si el láser impacta en uno de los clones del objeto Invasores.

⇉ **si ¿tocando Invasores? entonces**

⇉ **sumar a Score 1** // cuando el láser golpea a un invasor, la puntuación se incrementa en 1.

⇉ **esconder**

⇉ Cerrar la segunda condición.

⇉ Cerrar el bucle de repetición.

```
al recibir Juego ▾
dar a Score ▾ el valor 0
ir a Cañon laser ▾
esconder
por siempre
    si < ¿botón A ▾ presionado? y ¿botón B ▾ presionado? > entonces
        ir a Cañon laser ▾
        mostrar
        deslizar en 1 segs a x: posición en x y: 180
        esconder
    si < ¿tocando Invasores ▾ ? > entonces
        sumar a Score ▾ 1
        esconder
```

Programa de Vidas

Como todos los demás objetos, el objeto Vidas no es visible cuando comienza la ejecución del programa.

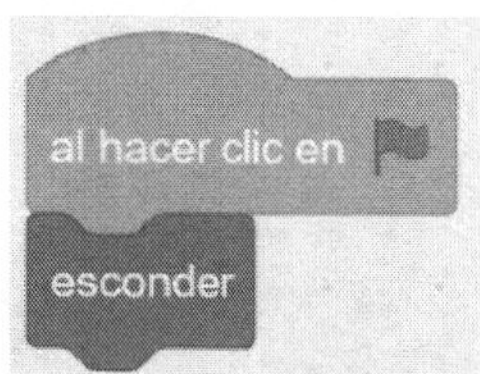

El objeto Vidas se compone de tres disfraces que se muestran en función del número de vidas contenidas en la variable del mismo nombre.

Disfraz Vidas 3: representa tres corazones. Aparece en el escenario si la variable Vidas tiene el valor 3.

Disfraz Vidas 2: representa dos corazones. Aparece en el escenario si la variable Vidas tiene el valor 2.

Disfraz Vidas 1: representa un solo corazón. Aparece en el escenario si la variable Vidas tiene el valor 1.

El objeto Vidas desaparece cuando la variable Vidas tiene un valor de 0.

⇉ **al recibir Juego**

⇉ **cambiar disfraz a vidas 3** // cuando el juego comienza, la variable vidas tiene un valor de 3.

⇉ **mostrar**

⇉ **por siempre** // en este bucle de repetición, se crearán cuatro condiciones para comprobar continuamente el valor de la variable Vidas y mostrar el disfraz apropiado.

⇉ **si Vidas = 2 entonces**

⇉ **cambiar disfraz a vidas 2**

⇉ Cerrar la condición.

⇉ **si Vidas = 1 entonces**

⇉ **cambiar disfraz a vidas 1**

⇉ Cerrar la condición.

⇉ **si Vidas = 0 entonces**

⇉ **esconder** // no tiene un disfraz específico cuando al jugador no le queda vida. Este objeto, simplemente, ya no es visible en el escenario.

⇉ Cerrar la condición.

⇉ Cerrar el bucle de repetición.

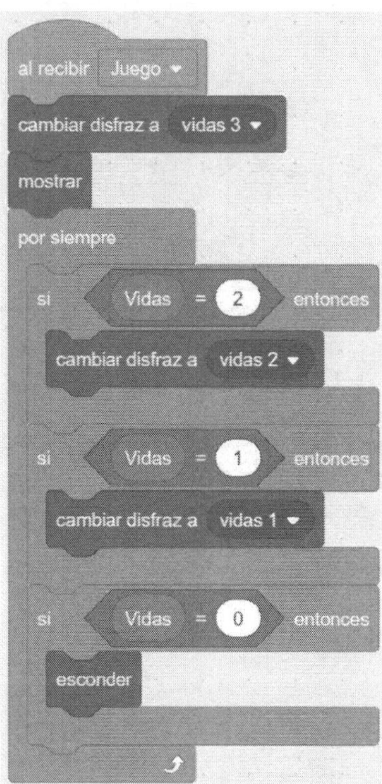

Aunque utiliza una tarjeta micro:bit, este proyecto puede programarse sin la tarjeta. Simplemente, sustituya los pulsadores de la micro:bit por teclas de teclado y retire los bloques utilizados para mostrar la puntuación en la matriz de LED.

9. Conclusión

Scratch 3 no permite utilizar todo el potencial de la tarjeta micro:bit; en particular, la capacidad de controlar diferentes componentes, como LED y motores.

Sin embargo, tiene sentido pedagógico introducir una nueva pieza de hardware (micro:bit) utilizando un entorno familiar (Scratch 3) antes de pasar a otra interfaz de programación. Para programar la tarjeta micro:bit, se pueden utilizar varios editores basados en bloques (ejemplos: MakeCode y EduBlocks) o un lenguaje basado en texto, como JavaScript o Python. La tarjeta es una herramienta excelente para aprender a programar gracias a la variedad de lenguajes que admite.

Capítulo 19
La extensión Lego Boost

1. Introducción

Lego Boost son Lego robóticos de consumo (a diferencia de Lego WeDo) presentados por primera vez en 2017 en el CES (*Consumer Electronics Show*) de Las Vegas. Desde el principio, Lego colaboró con el MIT para desarrollar una aplicación compatible con Scratch. Se ofrecen cinco modelos como ejemplo: dos vehículos, un robot, un gato y una guitarra. Puede utilizarlos como punto de partida y luego dar rienda suelta a su imaginación para sus propias creaciones.

En este capítulo, descubrirá los elementos que componen este set de Lego para construir proyectos robóticos programados con Scratch. Los modelos básicos se utilizarán para desarrollar programas de ejemplo.

2. Scratch 3 y Lego Boost

2.1 El equipamiento

El set Lego Boost consta de:

- un Move Hub: es el cerebro que alimenta y controla el robot. El Move Hub funciona con seis pilas de 1,5 V. Tiene dos motores incorporados y dos puertos de entrada/salida (C y D) para conectar actuadores y sensores. También incorpora un sensor de inclinación;
- un motor: además de los dos motores, el conjunto contiene un tercer motor independiente del Move Hub;

- un doble sensor, que actúa como sensor de distancia para detectar obstáculos y como sensor de color.

Además de los componentes, el set incluye 840 piezas Lego para crear una gran variedad de proyectos.

2.2 Instalación y conexión

El uso de Lego Boost con Scratch 3 requiere la instalación de Scratch Link para permitir la comunicación entre el Move Hub y el ordenador, así como la adición de la extensión Lego Boost para mostrar bloques específicos.

Para utilizar la extensión Scratch Lego Boost en su ordenador (o tableta), debe cumplir ciertos requisitos de hardware:

- Sistema operativo: Windows 10 versión 1709 o superior, macOS 10.13 o superior.
- Conexión Bluetooth 4.0 (Bluetooth Low Energy).
- Instalación de Scratch Link para permitir la comunicación entre los dos dispositivos.

Los bloques utilizados para controlar los Lego Boost están disponibles en una extensión. Para mostrarlos:

⇉ Seleccione **Añadir extensión** .

⇉ Elija la extensión **LEGO BOOST**.

⇉ Aparecerá una ventana de conexión que le indicará que pulse el botón verde situado encima del Move Hub.

Si tiene un problema de conexión entre su ordenador y el Move Hub:

- Asegúrese de haber iniciado Scratch Link (su icono debe estar visible en la barra de tareas).
- Controle su conexión Bluetooth y la conexión a Internet.

Mensajes de error

Una vez abierta la extensión, se ha creado una nueva categoría de bloques, denominada **BOOST**

.

Observación

Si lo desea, puede descargar la aplicación Lego Boost, en función de su sistema operativo, en la siguiente dirección: https://www.lego.com/es-es/service/device-guide/boost

3. Los bloques

3.1 Los motores

Para probar los motores, puede utilizar el primer modelo, AutoBuilder, disponible en la aplicación dedicada Lego Boost.

Observación

Puede descargar todas las instrucciones de construcción de Lego en formato PDF en esta dirección: https://www.lego.com/es-es/service/buildinginstructions

Este modelo dispone de cuatro ruedas colocadas en el Move Hub para transformarlo en un vehículo. Las dos ruedas traseras están colocadas sobre los dos motores integrados. El tercer motor está situado en la parte superior (hacia atrás), al igual que el sensor de distancia/color (hacia delante).

Este bloque consta de un menú desplegable y un campo de valor.

El menú desplegable define el motor al que concierne el programa: motor A - B - C - D - AB - ABCD. Los motores A y B corresponden a los dos motores situados en el Move Hub. Los motores C y D son los que pueden conectarse a los dos puertos disponibles en el Move Hub.

El campo de valor se utiliza para definir el tiempo, expresado en segundos, durante el cual se encienden el motor o los motores definidos.

Observación

La posibilidad de elegir motores AB significa que pueden funcionar al mismo tiempo. No es el caso de Lego WeDo y MINDSTORMS, que requieren una doble instrucción.

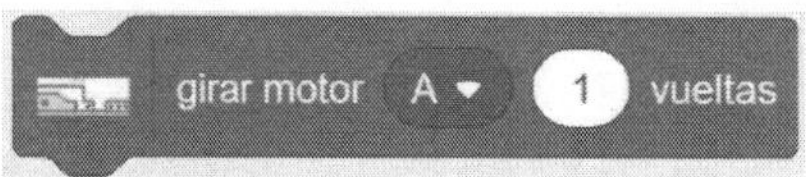

Este bloque, al igual que el anterior, dispone de un menú desplegable para definir el motor al que concierne el programa. El campo de valor sirve para especificar el número de vueltas que realiza el motor antes de pararse.

Una vuelta completa corresponde a 360 grados. Si desea mover un elemento colocado verticalmente en su motor:

- Para 90 grados: el motor debe dar un cuarto de vuelta, es decir, 0,25 de rotación. Este valor de 0,25 puede ser positivo o negativo según el sentido.

- Para 180 grados: el motor debe realizar media rotación, es decir, 0,5 rotaciones. Este bloque se utilizará para articular brazos o una palanca hasta posiciones precisas.

Ejemplo: mover la cabeza del robot Vernie

La cabeza del robot Vernie, uno de los modelos de Lego Boost que se ofrecen, se coloca en el motor independiente conectado al puerto D. He aquí un ejemplo de programa para hacer que se mueva.

Cuando se inicia el programa, la cabeza se coloca en posición vertical. A continuación, gira hacia la derecha y hacia la izquierda:

- Un valor de 0,10 en relación con la marca 0 para girar a la izquierda.
- Un valor de -0,10 en relación con la marca 0 para girar a la derecha.
- Para ir de izquierda a derecha, la cabeza tendrá que moverse 0,20 o -0,20, según la dirección.

⇉ **al recibir Cabeza** // esta instrucción se da como ejemplo.

⇉ **girar motor D 0.10 vueltas** // para desplazarse hacia la izquierda desde la posición central.

⇉ **esperar 0.5 segundos**

⇉ **repetir 2** // abre un bucle de repetición. El algoritmo de este bucle se utiliza para girar la cabeza de derecha a izquierda dos veces.

⇉ **girar motor D -0,20 vueltas** // para desplazarse hacia la derecha cuando el cabezal está posicionado a la izquierda.

⇉ **esperar 0.5 segundos**

⇉ **girar motor D 0.20 vueltas** // para desplazarse hacia la izquierda cuando el cabezal está posicionado a la derecha.

⇉ **esperar 0.5 segundos**

⇉ Cerrar el bucle de repetición.

⇉ **girar motor D -0.10 vueltas** // para volver a la posición central al girar la cabeza hacia la izquierda.

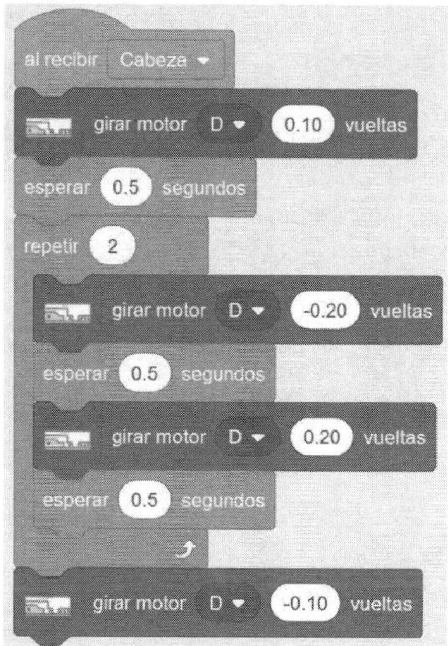

Ejemplo: levantar un objeto con la grúa MTR4

MTR4 también es uno de los proyectos que se ofrecen con Lego Boost. Es un vehículo con un elevador para coger y levantar objetos. Aquí tiene un programa para bajar y subir el brazo elevador. Se supone que la posición 0 es el brazo elevador en posición elevada.

⇉ **al presionar tecla 1** // esta tecla se utiliza para bajar el brazo elevador.

⇉ **fijar velocidad del motor AB al 100 %** // la velocidad puede modificarse.

⇉ **fijar dirección del motor AB al otro lado** // para avanzar y bajar el brazo elevador.

⇉ **girar motor AB 0,25 vueltas** // para mover el brazo elevador 90 grados.

⇉ **al presionar tecla 0** // esta tecla se utiliza para elevar el brazo elevador.

⇉ **fijar velocidad del motor AB al 100 %.**

⇉ **fijar dirección del motor AB a la inversa** // para girar el motor en sentido contrario y elevar el brazo.

⇉ **girar motor AB 0.25 vueltas** // para mover el brazo de elevación 90 grados.

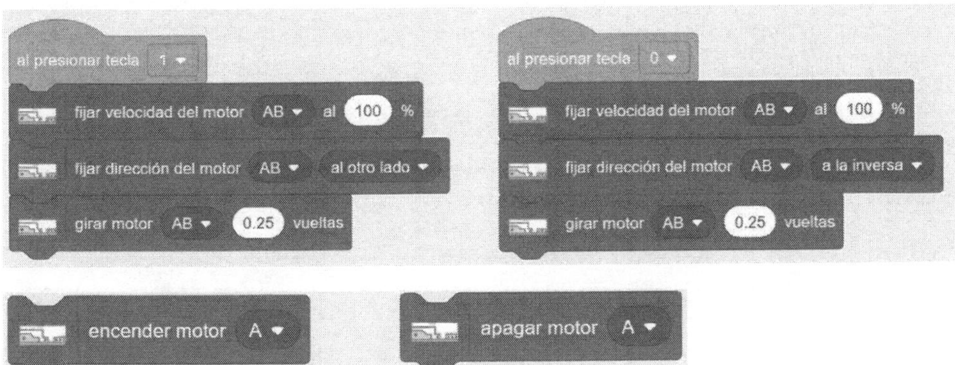

Estos dos bloques encienden o apagan el motor seleccionado.

La velocidad de los motores puede modularse utilizando valores entre 0 y 100. Por defecto, los motores se ajustan a su velocidad máxima, es decir, 100.

Este bloque tiene dos menús desplegables. El primero permite definir el motor afectado por el programa. El segundo permite definir el sentido de marcha del motor. Se puede elegir entre:

- **al otro lado**: en el sentido de las agujas del reloj.
- **a un lado**: en sentido contrario a las agujas del reloj.
- **a la inversa**: para invertir el sentido de giro del motor. Por ejemplo, un motor cuyo sentido de giro esté configurado **al otro lado** cambiará de sentido y girará **a un lado**.

Ejemplo de programa para desplazar un vehículo

Para poder avanzar y retroceder, los dos motores A y B deben girar al mismo tiempo y a la misma velocidad.

⇉ **al presionar tecla flecha arriba** // esta tecla se utiliza para hacer avanzar el AutoBuilder.

⇉ **fijar velocidad del motor AB al 30 %** // estos son los dos motores incorporados en el Move Hub.

⇉ **fijar dirección del motor AB al otro lado** // para ir hacia delante.

⇉ **girar motor AB 3 segundos** // ambos motores funcionan durante 3 segundos, luego se detienen.

⇉ **al presionar tecla flecha abajo** // esta tecla se utiliza para mover el AutoBuilder hacia atrás.

⇉ **fijar velocidad del motor AB al 30 %** // estos son los dos motores incorporados en el Move Hub.

⇉ **fijar dirección del motor AB a un lado** // para ir atrás.

⇉ **girar motor AB 3 segundos** // ambos motores funcionan durante 3 segundos y luego se detienen.

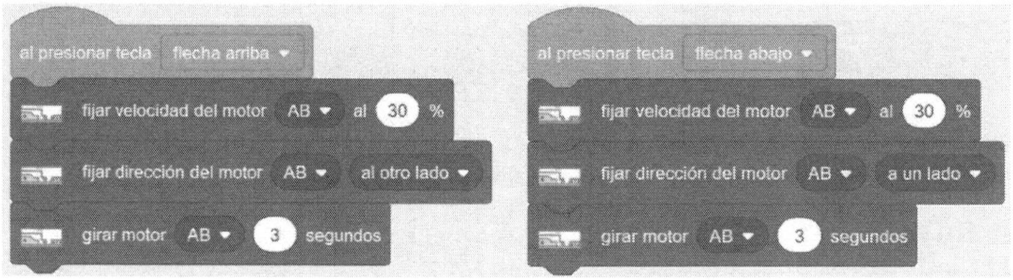

Para girar a la izquierda, solo está en marcha el motor trasero derecho (motor B). Y para girar a la derecha, solo está en marcha el motor trasero izquierdo (motor A).

⇉ **al presionar tecla flecha izquierda** // esta tecla está programada para girar hacia la izquierda.

⇉ **fijar velocidad del motor B al 30 %** // para definir la potencia del motor. Dependiendo de la potencia, el resultado no será el mismo.

⇉ **fijar dirección del motor B al otro lado** // solo se mueve el motor trasero derecho.

⇉ **girar motor B 1 vueltas** // para girar 90 grados a la izquierda.

Observación

Este tiempo se define en función de la potencia del motor, que es del 30 % para obtener una rotación de 90 grados hacia la izquierda. Una potencia o un tiempo diferentes modificarán el ángulo de giro.

⇉ **al presionar tecla flecha derecha** // esta tecla está programada para girar a la derecha.

⇉ **fijar velocidad del motor A al 30 %** // para definir la potencia del motor. Dependiendo de la potencia, el resultado no será el mismo.

⇉ **fijar dirección del motor A a un lado** // solo se mueve el motor trasero izquierdo.

⇉ **girar motor A 1 vueltas** // para girar 90 grados a la derecha.

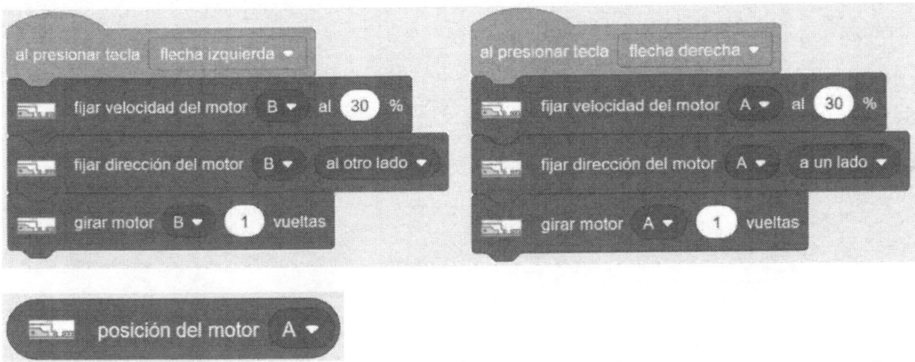

Este bloque se refiere a la posición del motor. Para conocer esta posición, puede utilizar el bloque **decir ()**.

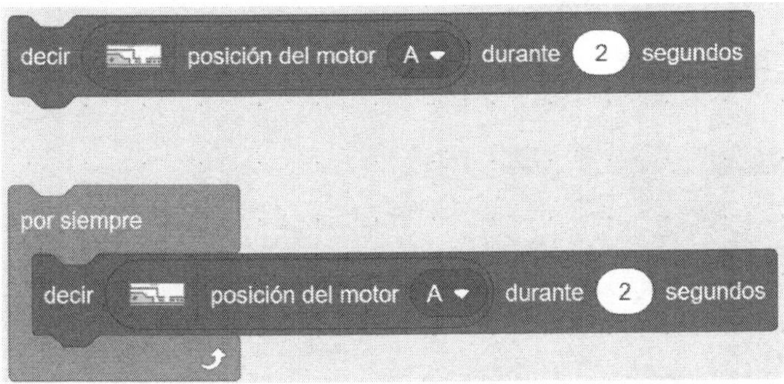

3.2 Sensor de color y LED

Este bloque de instrucciones activa un procedimiento cuando se detecta uno de los colores definidos mediante el menú desplegable o cuando no se detecta ningún color.

Este bloque se inserta en las zonas de valores de otros bloques para crear condiciones referidas al color de los objetos detectados.

Ejemplos de uso

- Detener los motores activados (o arrancados) cuando se detecta un color.

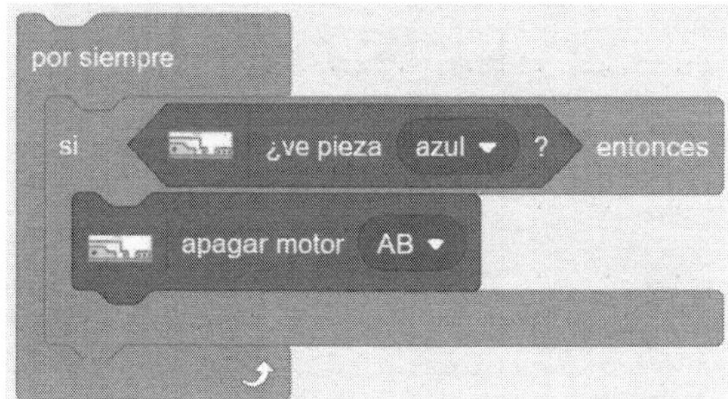

- Hacer sonar una alarma cuando se detecta un color.

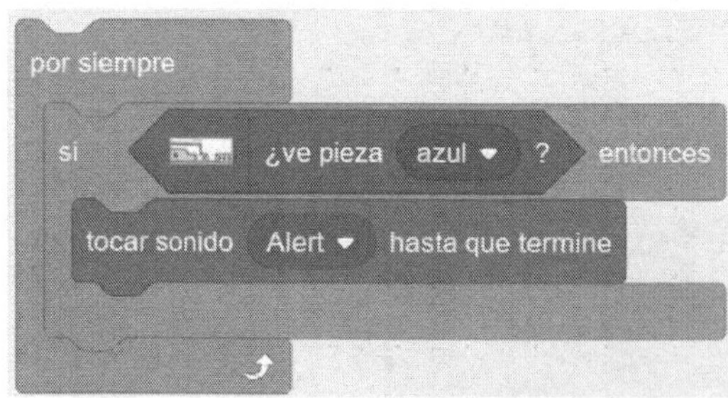

- Cambiar el color del lápiz de los objetos utilizados para dibujar en el escenario (ver capítulo La extensión Lápiz, sección Una pizarra con Scratch) cuando se cambia un color.

⇉ **cuando vea pieza azul** // cuando se detecta el color azul.

⇉ **fijar color de lápiz a (azul)**

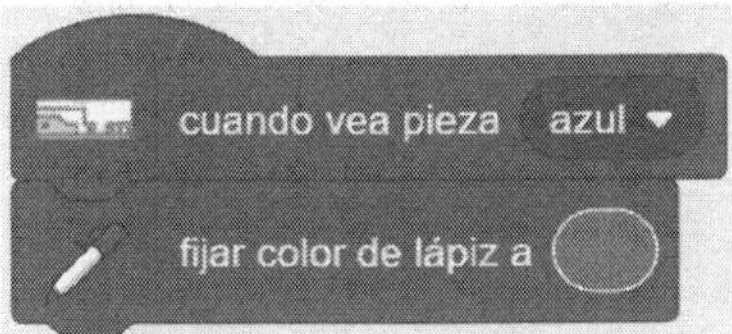

- Mover un objeto por el escenario en cualquier dirección según el color detectado.

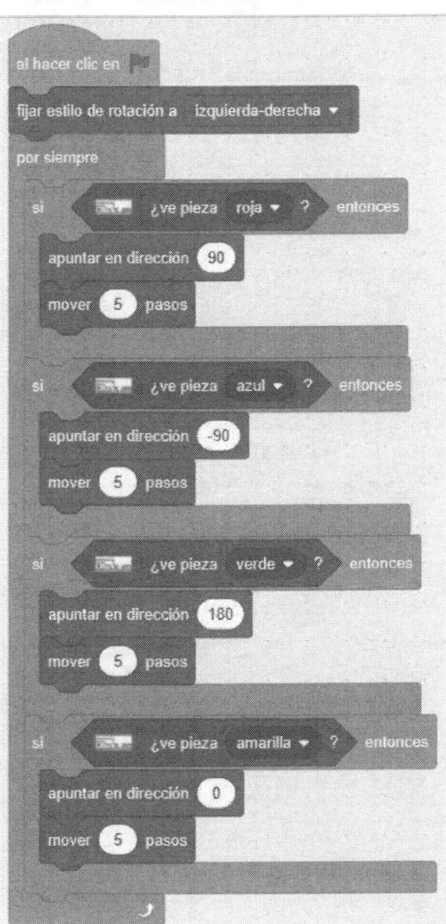

- Reproducir una nota musical, sonido o canción importada en Scratch según el color seleccionado, como un jukebox.

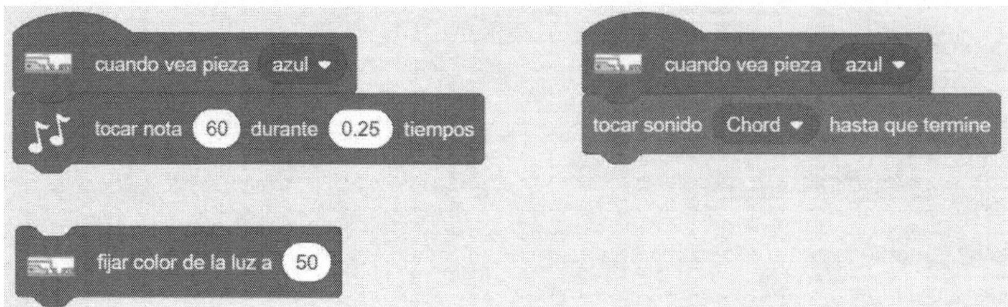

Este bloque cambia el color del LED del Move Hub en función de valores comprendidos entre 0 y 100.

- Rojo = 0 y 100.
- Amarillo = 5.
- Verde = 20. Los valores siguientes proporcionan un tono de verde.
- Azul = 50. Los valores siguientes proporcionan un tono de azul.
- Violeta = 80.

Ejemplo: sensor de color y LED

Aquí tiene un programa para cambiar el color del LED según el color detectado por el sensor de color.

El programa consta de cuatro condiciones, una para cada color en un bucle de repetición.

Primera condición:

⇉ **si ¿viendo pieza azul? entonces** // si se detecta el color azul.

⇉ **fijar color de luz a 70** // el color del LED tiene un valor de 70, que corresponde al azul oscuro.

⇉ Cerrar la primera condición.

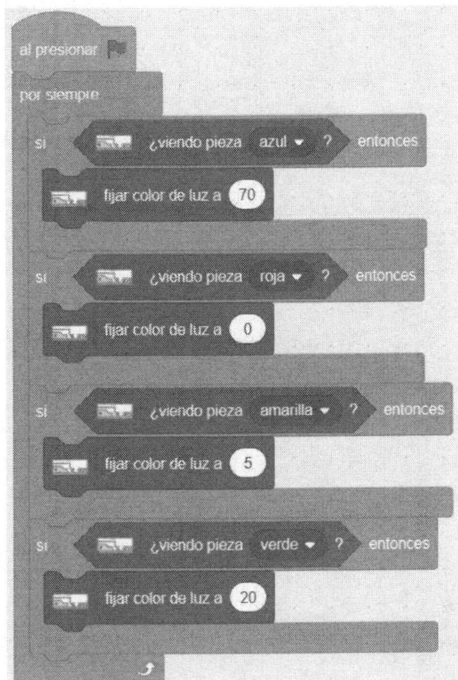

Segunda condición:

⇉ **si ¿viendo pieza roja? entonces** // si se detecta el rojo.

⇉ **fijar color de luz a 0** // el color del LED se establece en 0, que corresponde al rojo.

⇉ Cerrar la segunda condición.

Tercera condición:

⇉ **si ¿viendo pieza amarilla? entonces** // si se detecta el color amarillo.

⇉ **fijar color de luz a 5** // el color del LED se establece en 5, que corresponde al amarillo.

⇉ Cerrar la tercera condición.

Cuarta condición:

⇉ **si ¿viendo pieza verde? entonces** // si se detecta el color verde.

⇉ **fijar color de luz a 20** // el color del LED se fija en 20, que corresponde al verde.

⇒ Cerrar la cuarta condición.

⇒ Cerrar el bucle de repetición.

3.3 Sensor de inclinación

Este sensor, integrado en el Move Hub, detecta los cambios de orientación en cuatro direcciones diferentes (**abajo** - **arriba** - **izquierda** - **derecha** o **cualquiera**).

Dotado de un menú desplegable, este bloque permite lanzar una instrucción en función del tipo de inclinación definida y detectada.

Ejemplo: un mando de juego

Desde el Move Hub de Lego Boost, puedes seleccionar un mando de juego para mover los personajes por el escenario de Scratch.

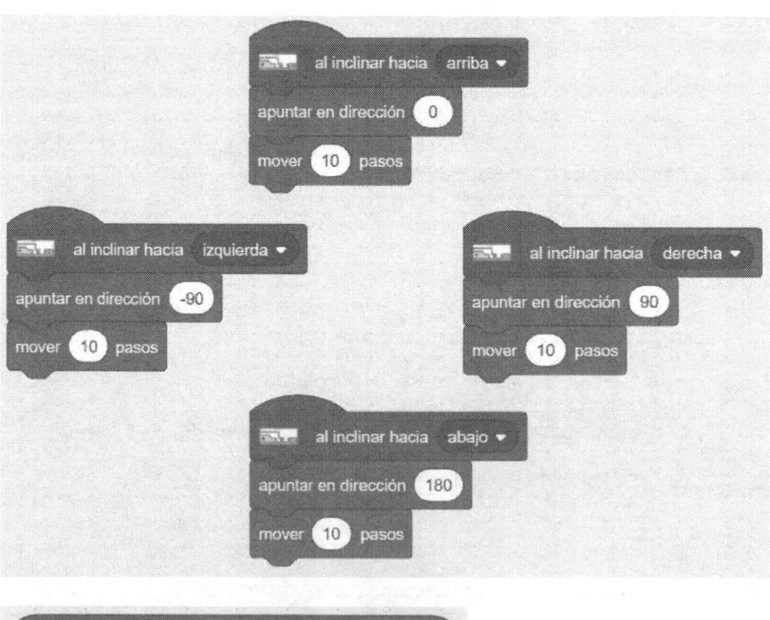

ángulo de inclinación hacia arriba

Debido a su forma, este bloque puede insertarse en otros bloques para crear una condición y ejecutar una instrucción en función del ángulo medido.

Para averiguar el ángulo de inclinación, puede utilizar el bloque **decir ()**.

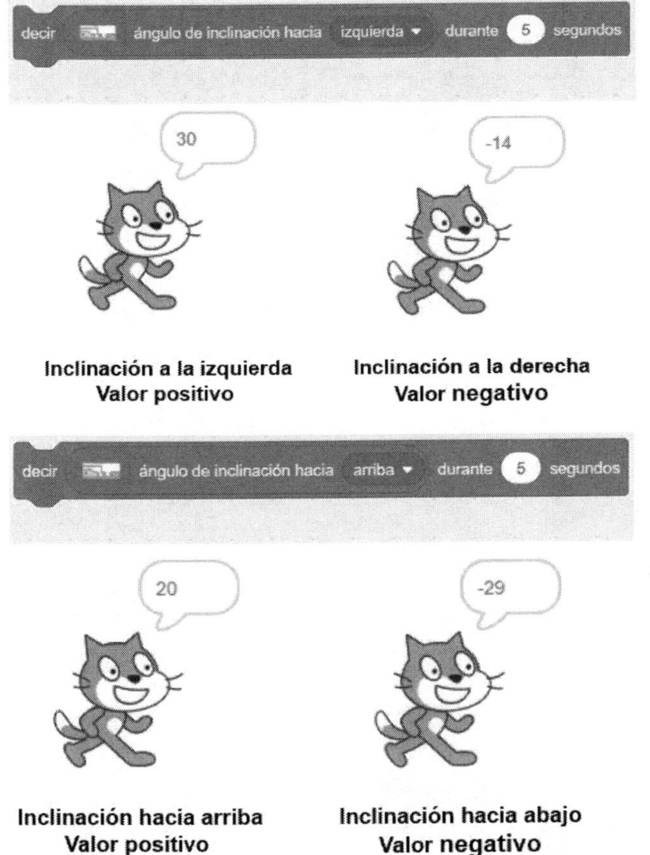

Ejemplo: modulación de la velocidad del motor

Puede modificar la velocidad de los motores en función del ángulo de inclinación de la superficie por la que circula su vehículo.

Para determinar la inclinación, se dan dos condiciones. Si el robot se encuentra en un plano inclinado hacia delante, los motores se ralentizan. Si el robot se encuentra en un plano inclinado hacia arriba, los motores aceleran.

⇉ **al hacer clic en la bandera verde**

⇉ **fijar velocidad del motor AB al 50 %** // por defecto, el motor funciona al 50 % de su velocidad. Esta velocidad se modifica si el suelo está inclinado (hacia arriba o hacia abajo).

⇉ **por siempre** // abrir un bucle de repetición.

Primera condición: cambiar la velocidad del motor si el plano está inclinado hacia arriba.

⇉ **si ángulo de inclinación hacia arriba > 0 entonces** // si el ángulo ascendente es mayor que 0.

⇉ **fijar velocidad del motor AB al 100 %** // la velocidad aumenta para que pueda subir.

⇉ Cerrar la primera condición.

Segunda condición: modificar la velocidad del motor si el plano está inclinado hacia abajo.

⇉ **si 0 > ángulo de inclinación hacia arriba entonces** // si el ángulo ascendente es menor que 0 significa que hay una pendiente descendente.

⇉ **fijar velocidad del motor AB al 20 %** // la velocidad se reduce.

⇉ Cerrar la segunda condición.

⇉ Cerrar el bucle de repetición.

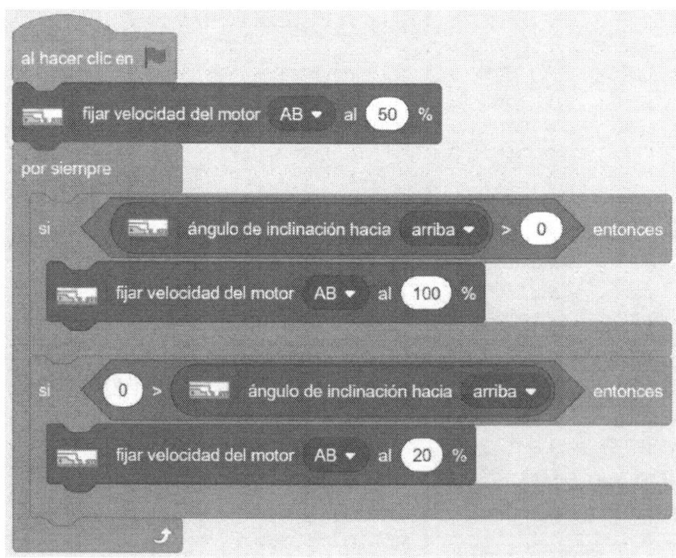

4. Conclusión

Dirigido al gran público, Lego Boost está diseñado para iniciar a los más jóvenes en la robótica y la programación de una forma sencilla y divertida. Con el set Lego Boost se puede desarrollar una amplia gama de proyectos y programarlos con Scratch 3.

Capítulo 20
Scratch Lab

1. Introducción

Scratch Lab es una plataforma creada por el equipo de Scratch para compartir y experimentar con nuevas funciones. Disponible únicamente en línea (https://lab.scratch.mit.edu/), Scratch Lab ofrece actualmente tres extensiones.

La extensión Sprites de vídeo permite superponer a un objeto la imagen captada por la webcam.

La extensión Detección de rostros detecta un rostro, sus movimientos y los distintos elementos que lo componen (ojos, nariz, boca, etc.).

La extensión Texto animado permite escribir y mostrar texto como si fuera un objeto.

2. Las extensiones

2.1 Abrir las extensiones

El proceso de apertura de las tres extensiones es idéntico.

⇉ En la página de inicio de Scratch Lab, seleccione la extensión de su elección haciendo clic en su miniatura: **Video Sprites**, **Face Sensing** o **Animated text**.

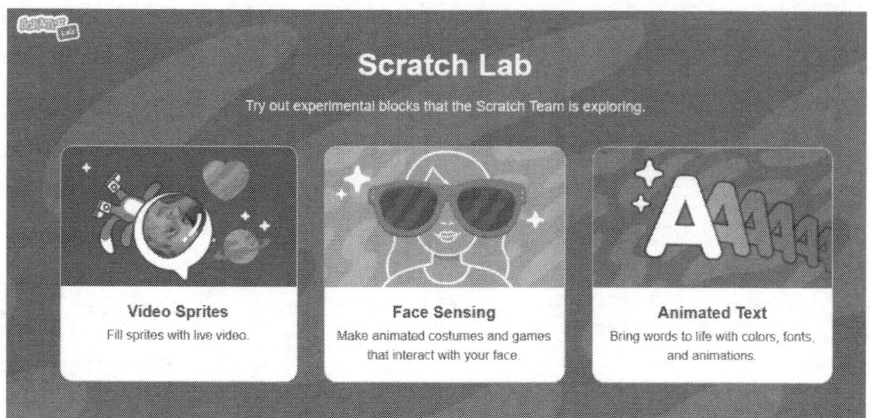

Se abre la página dedicada a la extensión.

⇒ Haga clic en **Try it out** para abrir el editor de **Scratch Lab** con los bloques de la extensión seleccionada.

La interfaz del editor de Scratch Lab es idéntica a la de Scratch. Los bloques, las funciones y las extensiones disponibles en Scratch están todos presentes y son compatibles con las tres extensiones de Scratch Lab.

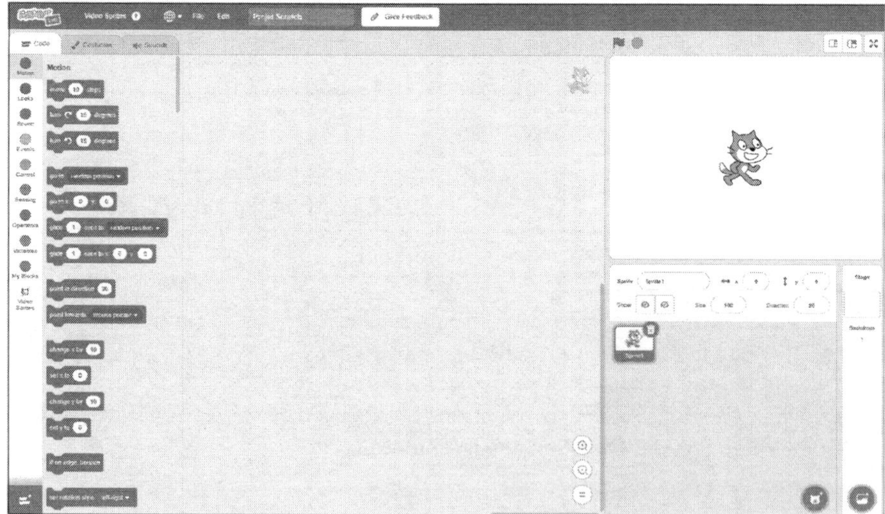

Observación

Puede guardar los proyectos, pero no podrá abrirlos con los editores clásicos, es decir, con la versión en línea y la versión local de Scratch. Esto se debe a que estos editores no integran los bloques de las extensiones de Scratch Lab.

Scratch Lab es un laboratorio en el que el equipo de Scratch puede probar nuevas ideas y recabar opiniones de la comunidad Scratch.

En la barra de menús, un botón Give Feedback da acceso a un formulario de Google en línea para compartir su opinión sobre estas nuevas extensiones.

2.2 Los bloques Objetos de vídeo

La extensión **Objetos de vídeo** utiliza la webcam para superponer la imagen capturada sobre un objeto o parte de un objeto. Hay cinco bloques disponibles.

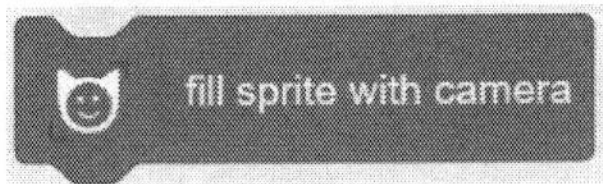

Este bloque enciende la webcam y superpone la imagen a un objeto. Cuando se activa este bloque, se abre una ventana en la que se le pide que autorice el uso de la webcam.

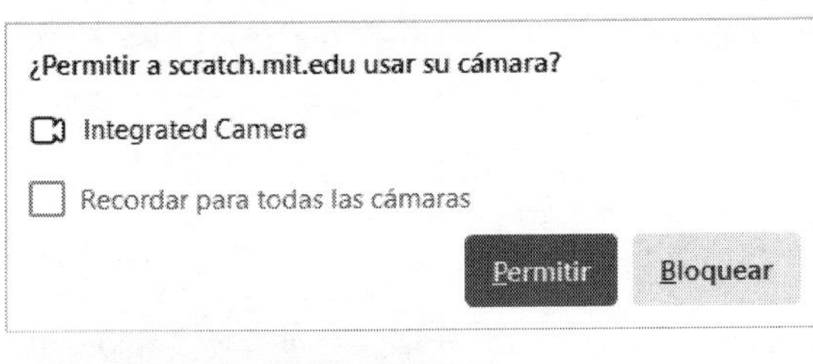

Este bloque se utiliza para definir el área del objeto sobre la que se superpone la imagen de la webcam. Esta zona está definida por el color.

Este bloque modifica el zoom de la webcam, es decir, amplía o reduce el tamaño de la imagen. Un valor positivo acercará (ampliará) y un valor negativo alejará (reducirá).

Este bloque define el zoom de la webcam. Un valor superior a 100 amplía la imagen. Un valor inferior a 100 permite realizar un alejamiento (reduce).

Cuando se activa este bloque, la imagen captada por la webcam ya no se superpone al objeto.

2.3 Los bloques Detección de rostros

Las tecnologías de aprendizaje automático forman parte de nuestra vida cotidiana. Y las tecnologías de detección de rostros son utilizadas por muchos programas (aplicaciones de mensajería, plataformas de redes sociales, fotografías, etc.). Analizamos este tema con más detalle en el capítulo Aprendizaje automático para niños y en el capítulo Adacraft y Teachable Machine.

La extensión **Detección de rostros** detecta caras, sus distintas partes (nariz, boca, etc.) y movimientos para crear interacciones. Se pueden utilizar nueve bloques.

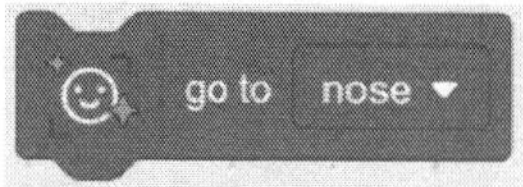

Provisto de un menú desplegable, este bloque se utiliza para posicionar el objeto en una parte específica de la cara detectada.

- La nariz = **nose**.
- Boca = **mouth**.
- El ojo izquierdo = **left eye**.
- El ojo derecho = **right eye**.
- Entre los ojos = **between eyes**.
- La oreja izquierda = **left ear**.
- La oreja derecha = **right ear**.

- Parte superior de la cabeza = **top of the head**.

Este bloque se utiliza para dirigir el objeto hacia la cara y seguir sus movimientos.

Ejemplo

Este programa permite al objeto seguir los movimientos faciales en todo momento.

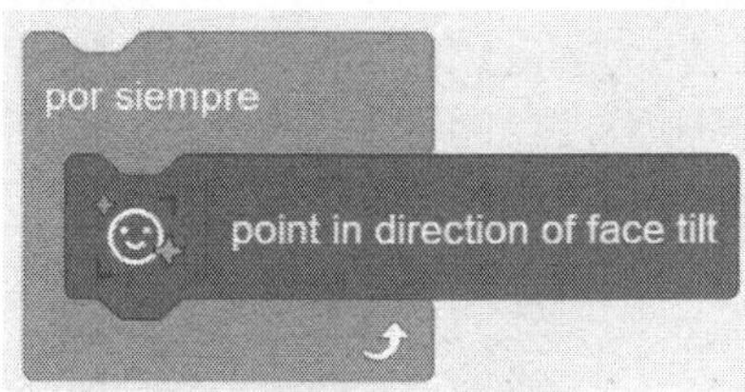

Este bloque se utiliza para adaptar el tamaño del objeto al tamaño de la cara detectada. Así, a medida que la cara se acerca a la webcam o se aleja de ella, el tamaño del objeto cambia.

Provisto de un menú desplegable, este bloque permite crear instrucciones específicas cuando se detecta un movimiento de la cabeza, hacia la **izquierda (left)** o hacia **la derecha (right)**.

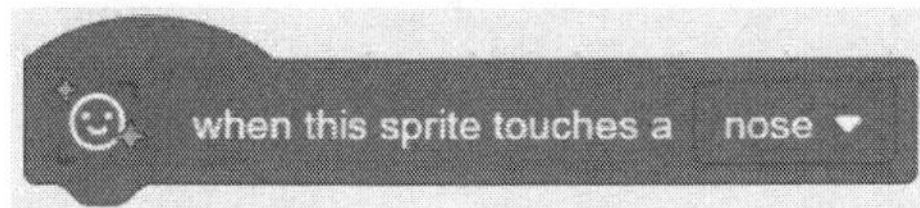

Debido a su forma, este bloque se utiliza para programar instrucciones cuando el objeto toca el elemento de la cara especificado en el menú desplegable.

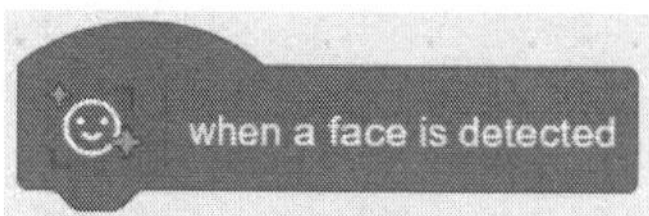

Este bloque se utiliza para detectar la presencia de una cara.

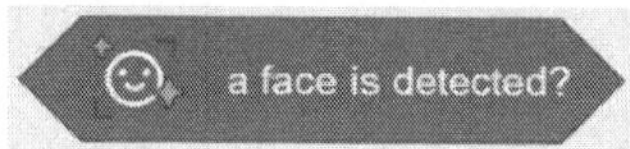

Este bloque de detección de caras se inserta en otros bloques; por ejemplo, bloques de tipo de condición.

De forma redondeada, estos dos bloques pueden insertarse en bloques de valores, como los bloques **Operadores**, para realizar comparaciones. Pueden utilizarse para crear instrucciones basadas en la inclinación o el tamaño de la cara.

Cuando la casilla está marcada, el ángulo de inclinación de la cara (**face tilt**) y el tamaño de la cara (**face size**) se muestran en tiempo real en el escenario:

Face Sensing: face tilt 93
Face Sensing: face size 143

2.4 Los bloques Texto animado

La extensión **Texto animado** ofrece seis bloques para integrar texto en lugar del objeto. El texto añadido se trata como un disfraz, sustituyendo temporalmente el disfraz gráfico del objeto.

Cuando se utiliza este bloque, el texto introducido en la zona de entrada sustituye temporalmente al objeto en el escenario. Funciona como si el texto fuera un disfraz del objeto.

Este bloque se utiliza para volver al disfraz gráfico del objeto.

Ejemplo

Para entenderlo mejor, pruebe este programa. Muestra el texto en el escenario y luego el objeto «gráfico».

Provisto de un menú desplegable, este bloque permite definir el aspecto gráfico del texto cuando aparece en el escenario.

- **type**: el texto se visualiza, letra a letra, como en una máquina de escribir.
- **rainbow**: el color del texto es arcoíris.
- **zoom**: el texto aparece con un efecto de zoom, es decir, se agranda.

Este bloque se utiliza para especificar el tipo de letra. Hay varias fuentes disponibles en el menú desplegable: **Sans Serif**, **Serif**, **Handwriting**, **Marker**, **Curly**, **Pixel**. Puede elegir la fuente aleatoriamente seleccionando **random font**.

Este bloque se utiliza para cambiar el color del texto.

Este bloque tiene:

- un campo de entrada para definir la alineación del texto;
- un menú desplegable para especificar la posición del texto en el escenario: **izquierda (left)**, **centro (center)**, **derecha (right)**.

3. Concurso de pintura

Este proyecto puede descargarse del sitio web de Ediciones ENI con el nombre *Cuestionario sobre pinturas.sb3*.

Objetivo: este programa es un concurso. Tiene que dar el nombre del artista que pintó un cuadro. Si la respuesta es correcta, se muestra el cuadro. La extensión Objetos de vídeo se utiliza para sustituir la cara del cuadro por la imagen captada por la webcam del ordenador. Si la respuesta es incorrecta, se muestra el cuadro con su nombre y el del artista para conocer la respuesta correcta.

3.1 Diseño gráfico

Este proyecto consiste en grabar e importar cuadros famosos que representan retratos: La Mona Lisa, La chica de la perla, El grito, etc.

Cada cuadro utilizado en este programa es un objeto. Para importar los cuadros:

⇉ En la ventana de objetos, seleccione **Elige un objeto - Subir objeto**.

Cada objeto (cada cuadro) tiene dos disfraces que se utilizan en función de la respuesta del jugador.

Disfraz 1

Este disfraz se muestra cuando el jugador da la respuesta correcta. Representa el cuadro con un área añadida a la cara para superponer la imagen captada por la webcam, es decir, la cara del jugador.

⇉ Con la herramienta **Círculo** (1), dibuje un círculo alrededor de la cara del retratado.

⇉ Con la herramienta **Volver a dar forma** (2), modifique el contorno del círculo para que siga los contornos de la cara.

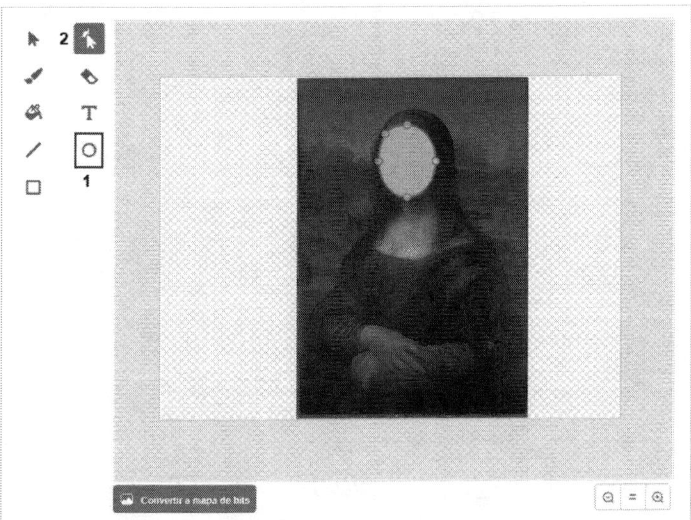

Disfraz 2

Si la respuesta del jugador es incorrecta, se muestra el disfraz 2 para dar la respuesta correcta. Este disfraz representa el cuadro con el nombre de la obra y el nombre del artista debajo.

3.2 Programa

3.2.1 Elementos necesarios

Este proyecto requiere la creación de una variable llamada **Sorteo** y tres listas: Cuadro, Artista y Sorteo.

La variable Sorteo

Se utiliza para seleccionar aleatoriamente la pregunta con el nombre del cuadro cuyo artista hay que encontrar.

Para crear una variable:

⇉ En la paleta de bloques, seleccione la categoría **Variables** y haga clic en **Crear una variable**.

⇉ Nombre esta variable **Sorteo** en la ventana **Nueva variable** que se ha abierto.

⇉ Confirme pulsando **Aceptar**: se han creado la nueva variable y sus bloques asociados.

Las listas

Las listas **Cuadro** y **Artista** contienen los nombres de los cuadros y los artistas. Rellene estas listas manualmente, teniendo cuidado de insertar los nombres de los cuadros y de los artistas en el mismo orden. Los elementos están numerados en el orden en que aparecen en las listas para que puedan utilizarse fácilmente según su posición.

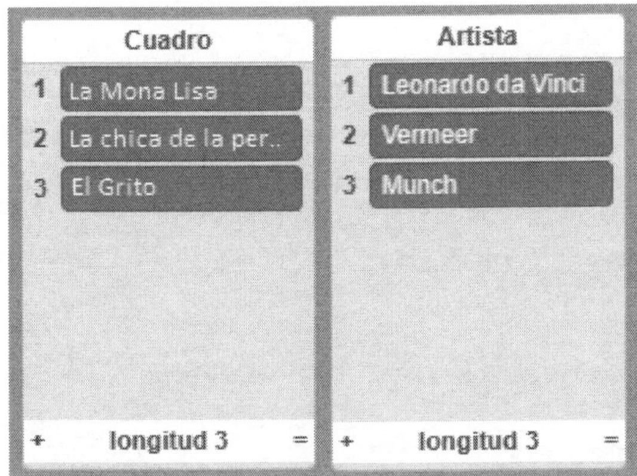

La lista Sorteo está vacía cuando se inicia el programa. Se utiliza para almacenar los nombres de los cuadros que ya se han dibujado, para no lanzar la misma pregunta dos veces.

Para crear una lista:

⇉ En la paleta de bloques, seleccione la categoría **Variables** y haga clic en **Crear una lista**.

⇉ Introduzca el nombre de esta lista en la ventana **Nombre de la lista** que se ha abierto.

⇉ Confirme haciendo clic en **Aceptar**: se crearán la nueva lista y sus bloques asociados.

3.2.2 Programa

El programa principal se crea sobre los fondos. Consiste en escoger al azar el nombre de un cuadro, representado por su posición en la lista **Cuadro**. Y preguntar por el nombre del artista que lo pintó.

La respuesta del jugador se compara con el nombre del artista que ocupa la misma posición en la lista **Artista**. En función de la respuesta (correcta o incorrecta), se envía un mensaje para mostrar el cuadro y su disfraz correspondiente.

⇉ **al hacer clic en la bandera verde**

⇉ **eliminar todos de Sorteo** // la lista Sorteo se utiliza para almacenar los nombres de los cuadros ya dibujados para el concurso. Cuando se inicia el programa, por lo tanto, está vacía.

⇉ **dar a Sorteo el valor 0** // la variable Sorteo está inicializada.

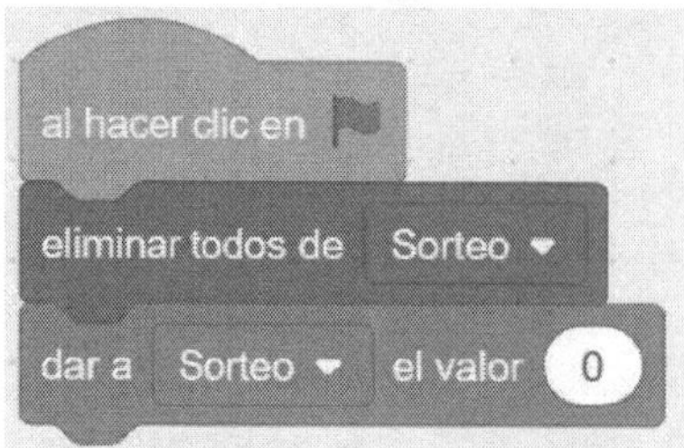

⇉ **al presionar tecla espacio** // la tecla Espacio se utiliza para lanzar una pregunta.

⇉ **dar a Sorteo el valor número aleatorio entre 1 y 3** // la variable Sorteo se utiliza para seleccionar un cuadro de la lista al azar. Los valores aleatorios están entre 1 y 3 porque, en este ejemplo, la lista Cuadro solo contiene tres cuadros.

⇉ **si ¿elemento Sorteo de Cuadro está en Sorteo? entonces** // la lista Sorteo almacena los cuadros ya seleccionados para el concurso. Si el cuadro identificado ya está presente, entonces se elige un nuevo cuadro.

⇉ **dar a Sorteo el valor número aleatorio entre 1 y 3**

⇉ **si no** // si el cuadro seleccionado no está en la lista Sorteo, el concurso puede comenzar.

⇉ **preguntar unir Quién Pintó elemento Sorteo de Cuadro y esperar**

⇉ **si respuesta = elemento Sorteo de Artista entonces** // la respuesta se compara con la lista Artista.

⇉ **enviar Respuesta correcta** // si el nombre del artista es idéntico al dado por el jugador, se valida la respuesta.

⇉ **añadir elemento Sorteo de Cuadro a Sorteo** // el nombre del cuadro se añade a la lista Sorteo para que no se repita la pregunta en el concurso.

⇉ **si no** // si el nombre del artista no es idéntico.

⇉ **enviar Respuesta incorrecta** // la respuesta del jugador se considera incorrecta.

⇉ **añadir elemento Sorteo de Cuadro a Sorteo** // el nombre del cuadro se añade a la lista Sorteo para que no se repita la pregunta en el concurso.

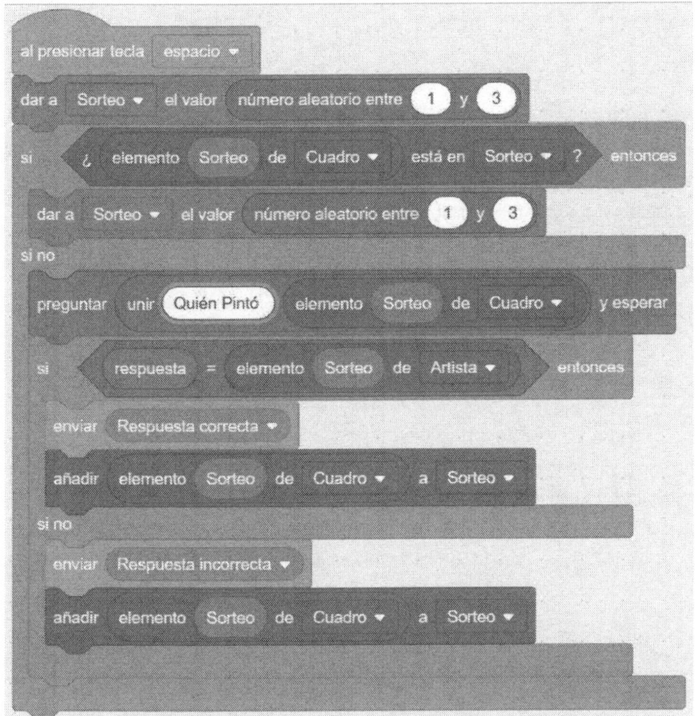

3.2.3 Programa de los objetos

Cada cuadro está representado por un objeto. Todos los cuadros tienen el mismo programa; solo su número de posición en la lista Cuadro es diferente.

Cuando se pone en marcha el programa, los cuadros no son visibles en el escenario.

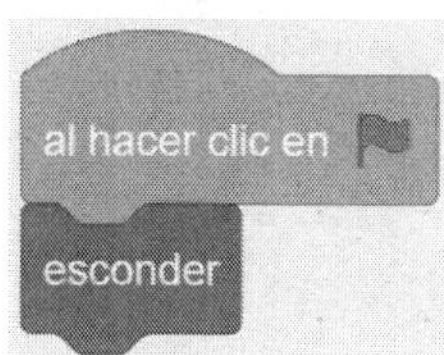

Los cuadros son visibles cuando el jugador responde a la pregunta y esa respuesta está en la misma posición que el cuadro. Por ejemplo, si la pregunta es «¿Quién pintó la Mona Lisa?», el objeto que representa a la Mona Lisa aparece en el escenario. Su disfraz depende de la respuesta del jugador (correcta o incorrecta).

⇒ **al recibir Respuesta correcta** // este mensaje se envía si la respuesta del jugador es correcta.

⇒ **si Sorteo = 1 entonces** // la variable Sorteo se utiliza para seleccionar aleatoriamente el cuadro cuyo artista hay que encontrar. Cada cuadro y cada artista se identifican con un número correspondiente a su posición en la lista. El número 1 significa que el cuadro y el artista están en primera posición en las listas correspondientes.

⇒ **cambiar a disfraz disfraz1** // disfraz1 se usa cuando la respuesta es correcta.

⇒ **mostrar**

⇒ **set camera zoom 100**

⇒ **fill (color) with camera** // para encender la cámara y superponer la imagen capturada por la webcam en el área dibujada alrededor de la cara del retrato. El color definido debe ser idéntico al utilizado en el objeto.

⇒ **esperar 10 segundos**

⇒ **stop filling with camera** // para detener la cámara.

⇒ **esconder** // el objeto ya no es visible en el escenario.

Observación

Para ajustar el color correcto:

⇒ Haga clic en la zona de color del bloque para abrir el mezclador de colores y acceder al cuentagotas.

⇉ Seleccione con el cuentagotas el color del círculo dibujado en la cara del cuadro para cambiar el color del bloque.

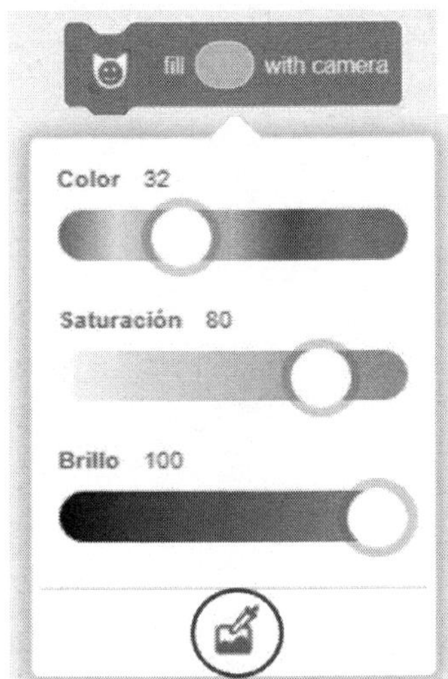

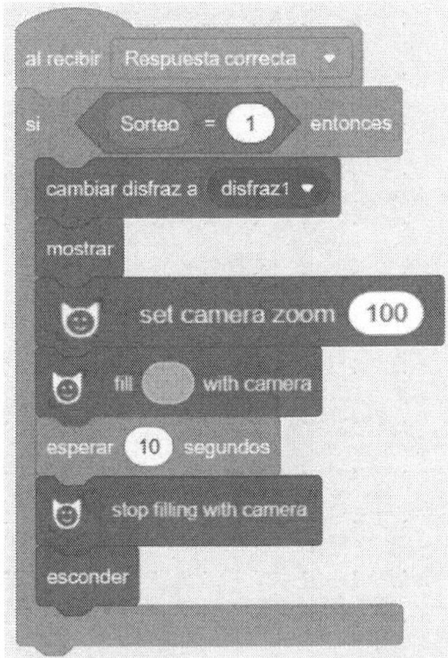

⇉ **al recibir Respuesta incorrecta** // este mensaje se envía si la respuesta del jugador es incorrecta.

⇒ **si Sorteo = 1 entonces** // la variable Sorteo se utiliza para seleccionar aleatoriamente el cuadro cuyo artista hay que encontrar. Cada cuadro y cada artista se identifican con un número que corresponde a su posición en las listas. El número 1 depende de la posición del cuadro en la lista.

⇒ **cambiar disfraz a disfraz2** // disfraz2 se utiliza cuando la respuesta es incorrecta.

⇒ **mostrar**

⇒ **esperar 10 segundos**

⇒ **esconder**

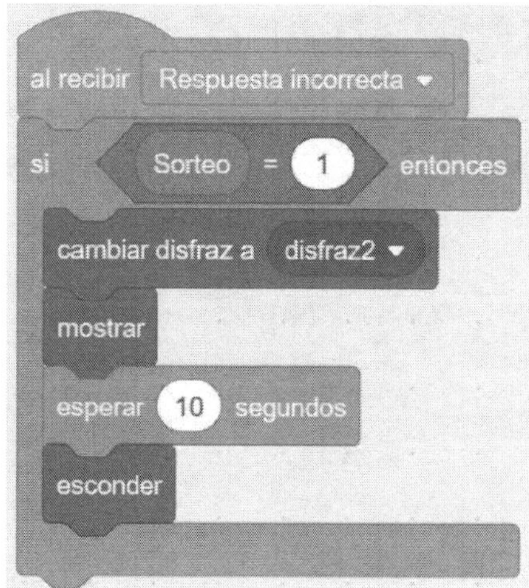

4. Personalización

Este proyecto puede descargarse del sitio web de Ediciones ENI con el nombre *Personalizacion.sb3*.

Utiliza la extensión Detección de rostro para «vestir» la cara de la persona captada por la webcam con un sombrero o unas gafas. Para modificar estos elementos, utilizamos dos objetos clicables.

4.1 Los objetos

Este proyecto requiere la creación de cuatro objetos.

El objeto Sombreros

Tomado de la biblioteca de objetos, viene con varios disfraces que representan sombreros.

⇉ En la ventana de objetos, haga clic en **Elige un objeto** para abrir la biblioteca.

⇉ En la categoría **Moda**, seleccione el objeto **Hat1**.

Puede añadir otros disfraces que representen sombreros a este objeto:

⇉ Seleccione la pestaña **Disfraces**.

⇉ Haga clic en **Elige un disfraz** y añada otras representaciones gráficas de sombreros de la biblioteca (1).

⇉ Añada un disfraz vacío seleccionando **Elige un disfraz - Pinta (2)**.

⇉ Arrastre la miniatura del disfraz vacío a la parte superior de la lista de disfraces (3). Un disfraz vacío le permite personalizar una cara sin sombrero.

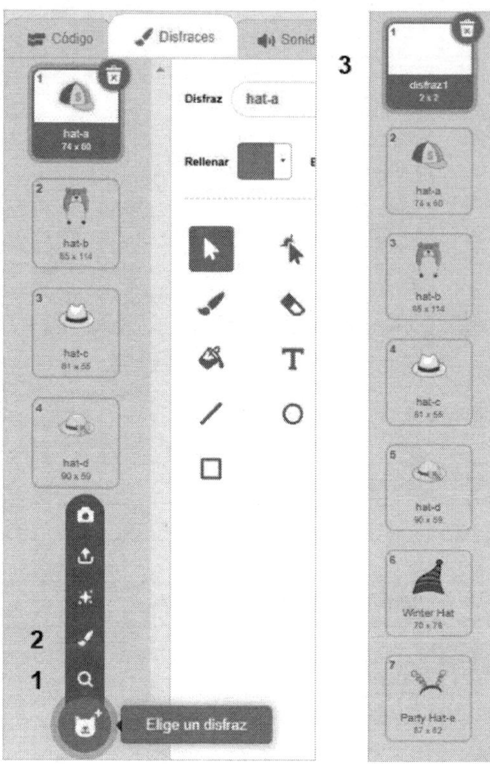

El objeto Gafas

Tomado de la biblioteca de objetos, tiene varios disfraces que representan gafas. Para crear este objeto, siga los mismos pasos que para el objeto **Sombreros**.

⇉ En la biblioteca de objetos y en la categoría **Moda**, seleccione **Sunglasses1**.

⇉ Añada otros disfraces que representen gafas.

⇉ Al igual que con el objeto Sombreros, cree un disfraz en blanco.

Objeto Botón del sombrero

Cuando se pulsa, este objeto dibujado con la paleta gráfica cambia el disfraz del objeto **Sombreros**.

⇉ Seleccione **Elige un objeto - Pinta**.

⇉ Con la herramienta **Círculo**, dibuje un botón.

⇉ Con la herramienta **Texto**, escriba la palabra sombreros en él.

El objeto Botón de las gafas

Cuando se pulsa, este objeto dibujado con la paleta gráfica cambia el disfraz del objeto Gafas. Para dibujarlo, proceda del mismo modo que para el objeto Botón del sombrero.

4.2 Programas de Sombreros y Gafas

Los programas de los objetos **Sombreros** y **Gafas** son idénticos.

⇒ **al hacer clic en la bandera verde**

⇒ **cambiar disfraz a disfraz1** // cuando se ejecuta el programa, ningún objeto que aparece en la cara es visible gracias al uso del disfraz en blanco (disfraz1).

⇒ **por siempre**// abre un bucle de repetición. Contiene el algoritmo utilizado para detectar la cara y posicionar el objeto en el lugar deseado.

La posición de los objetos Sombrero y Gafas con respecto a la cara es diferente.

⇒ **go to top of head** // el objeto Sombreros va a la parte superior de la cabeza.

⇒ O **go to between eyes** // el objeto Gafas se posiciona entre los dos ojos.

⇒ **set size to face size** // el tamaño del objeto se adapta al tamaño de la cara captada por la webcam. Si la persona se acerca a la webcam, el objeto aumenta de tamaño; si la persona se aleja de la webcam, el objeto disminuye de tamaño.

⇒ **point in direction of face tilt** // para posicionar el objeto en relación con las inclinaciones faciales.

⇒ Cerrar el bucle de repetición.

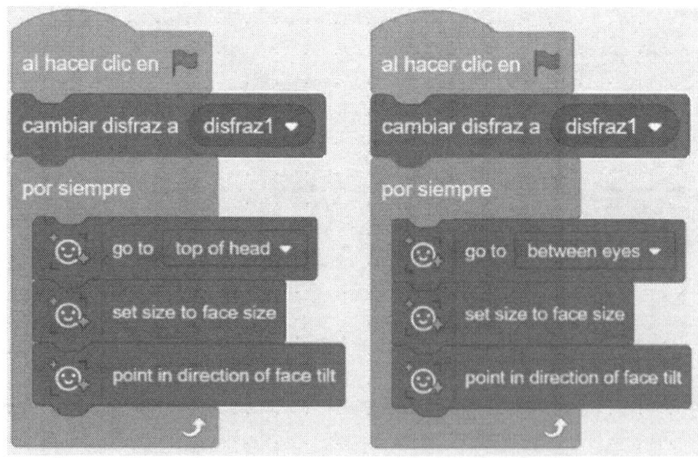

Los disfraces de estos dos objetos se modifican cuando reciben un mensaje.

⇉ **al recibir Sombreros** // este mensaje se recibe cuando se pulsa el objeto Botón del sombrero.

⇉ **siguiente disfraz**

⇉ **al recibir Gafas** // este mensaje se recibe cuando se pulsa el objeto Botón de las gafas.

⇉ **siguiente disfraz**

4.3 Programas de Botón del sombrero y Botón de las gafas

Los programas para estos dos objetos son idénticos. Cuando se hace clic en ellos, se envía un mensaje para cambiar el disfraz de los objetos Sombreros y Gafas.

⇉ **al hacer clic en este objeto**

⇉ **enviar Sombreros** // este mensaje es enviado por el objeto Botón del sombrero.

⇉ **enviar Gafas** // este mensaje es enviado por el objeto Botón de las gafas.

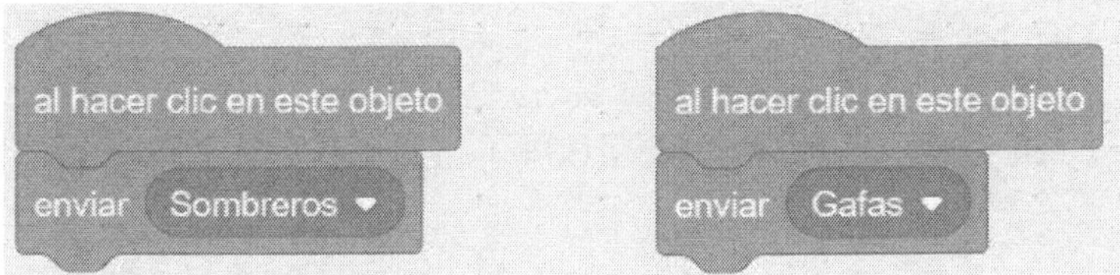

Observación

Este proyecto puede mejorarse añadiendo otros elementos de personalización a otras partes de la cara.

5. Conclusión

Las extensiones que ofrece Scratch Lab le permiten añadir aún más fantasía y creatividad a sus proyectos. Puede utilizar los programas sugeridos en los capítulos anteriores y combinarlos con una de estas tres extensiones. Por ejemplo, ponga cara a los objetivos en el capítulo Juegos de puntería o utilice la extensión Texto animado para los diálogos en el capítulo Técnicas para la animación.

Capítulo 21

Machine Learning for Kids

1. Introducción

Machine Learning for Kids (MLFK) es una plataforma desarrollada por Dale Lane para introducir a los niños en el aprendizaje automático. De uso gratuito, MLFK permite entrenar modelos basados en texto, imágenes, números y sonidos. Dispone de varios lenguajes de programación: Scratch, Python y App Inventor.

Para ello, MLFK utiliza las interfaces de programación de aplicaciones (API) de Watson desarrolladas por IBM.

2. Presentación

2.1 Un poco de vocabulario

Machine Learning y Deep Learning son términos que se utilizan cuando se habla de inteligencia artificial (también conocida por sus siglas IA). Pero ¿qué significan estos términos?

La inteligencia artificial se refiere a la capacidad de una máquina, o programa informático, para realizar tareas propias de la inteligencia humana (comprensión, reconocimiento, aprendizaje, resolución de problemas, etc.).

Diversas técnicas, como el aprendizaje automático y el aprendizaje profundo, se utilizan para que las máquinas puedan imitar una forma real de inteligencia. La inteligencia artificial debe ser capaz de aprender, adaptarse y modificar su comportamiento.

El aprendizaje automático es un campo de la inteligencia artificial. Consiste en «entrenar» máquinas proporcionándoles datos que les permitan aprender y desarrollar sus propios modelos de inteligencia. Cualquier creación de IA debe pasar primero por la fase de aprendizaje.

Los algoritmos de aprendizaje automático tratan de relacionar o predecir una serie de datos. El objetivo es mejorar el rendimiento de aprendizaje de la máquina a lo largo del tiempo.

El aprendizaje profundo es un subcampo del aprendizaje automático basado en el uso de redes neuronales profundas.

2.2 Machine Learning for Kids

MLFK es gratuito y se ejecuta en un navegador (https://machinelearningforkids.co.uk/). Diseñado pensando en niños y profesores, MLFK es fácil de aprender. Desde la página web principal, un menú da acceso a las distintas funciones.

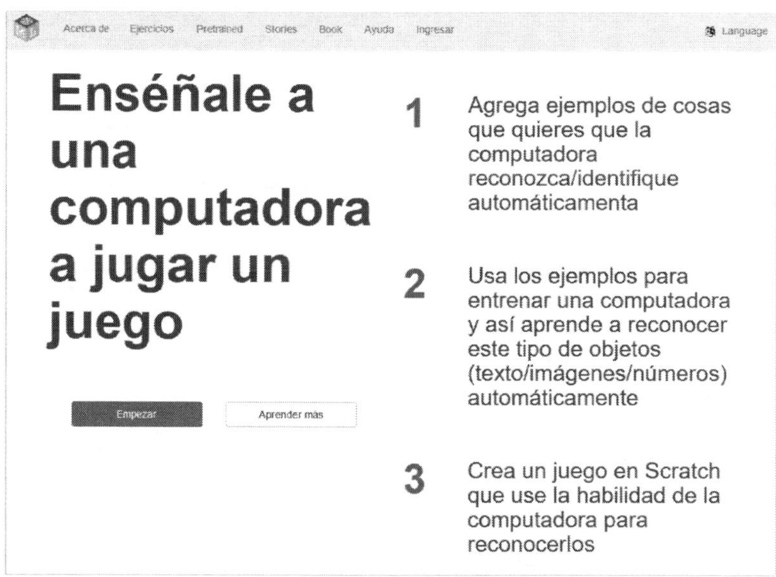

Acerca de: presentación de Machine Learning for Kids, con vídeos.

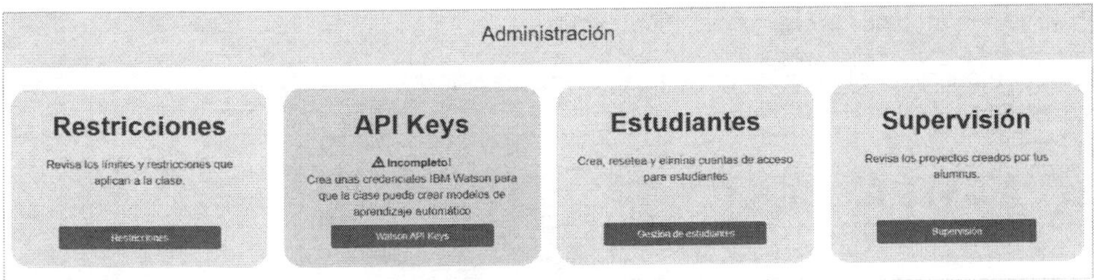

Ejercicios: este menú le da acceso a varias funciones:

- Crear un nuevo proyecto y su base de datos.
- Importar una base de datos existente.
- Acceder a los proyectos guardados en su cuenta.

Plan de trabajo: existen proyectos con esquemas pedagógicos para profesores y alumnos (en inglés).

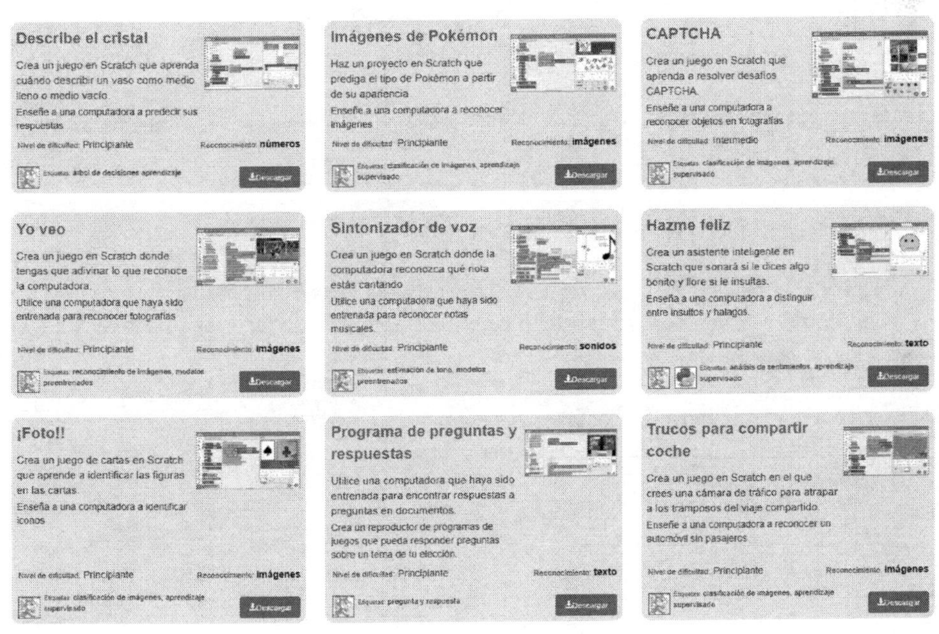

Pretrained: modelos preformados disponibles.

Ingresar: para crear una cuenta o iniciar sesión. Crear una cuenta es gratis y le permite guardar sus proyectos.

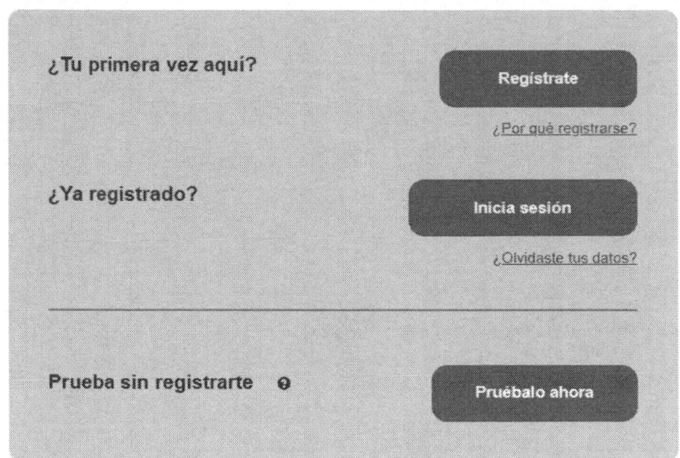

Language: para seleccionar el idioma de la interfaz.

3. Reconocimiento de imágenes

MLFK ofrece la posibilidad de realizar proyectos de aprendizaje automático basados en texto, imágenes, números o sonidos. Veremos cómo crear un modelo de reconocimiento de imágenes y utilizarlo con la webcam en particular .

⇒ En la página **Proyecto** (accesible seleccionando Ir a tus **Proyectos** o el menú **Proyecto**), seleccione **Añadir un nuevo proyecto**.

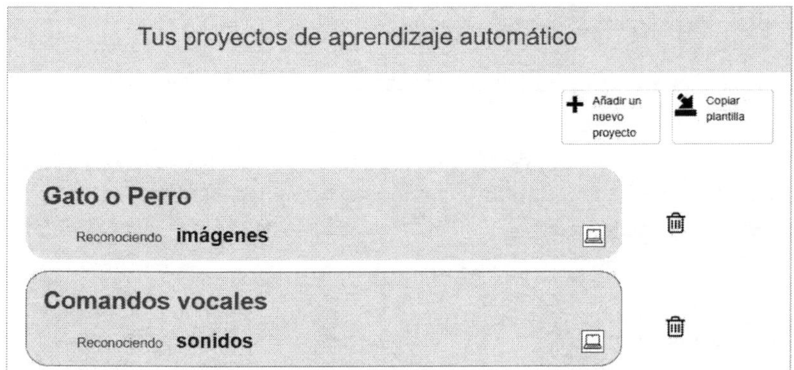

⇒ En la página de creación, introduzca el nombre del proyecto y el tipo de **Reconocimiento** utilizado.

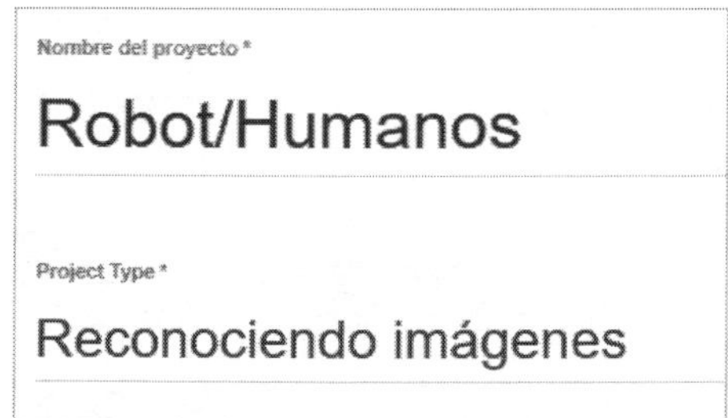

Cualquier programa basado en Machine Learning consta de tres etapas:

- **Entrenar**: es decir, creación de la base de datos.
- **Aprender & probar**: la máquina utiliza los datos para construir un modelo.
- **Crea**: crear un programa que utilice el modelo desarrollado.

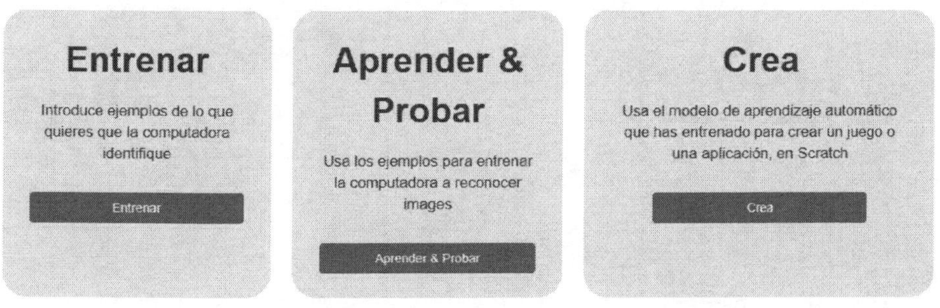

3.1 Entrenar el modelo

Esta primera etapa consiste en alimentar la máquina con datos. Los datos se clasifican en categorías, llamadas etiquetas en MLFK.

Por ejemplo, para entrenar a la máquina a distinguir entre un robot y un humano, hay que crear dos categorías (etiquetas): la etiqueta **Robots** y la etiqueta **Humanos**. El número de etiquetas depende del proyecto.

Para crear etiquetas:

⇉ Seleccione **Añadir etiqueta**.

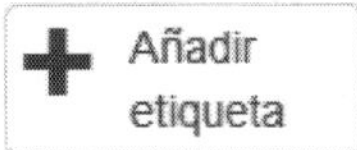

Se abre la ventana de creación.

⇉ Dé un nombre explícito a esta etiqueta para poder utilizarla fácilmente en su programa.

Observación
Los nombres de las etiquetas se utilizarán para los bloques de aprendizaje automático generados en Scratch.

⇉ Confirme haciendo clic en **AGREGAR**.

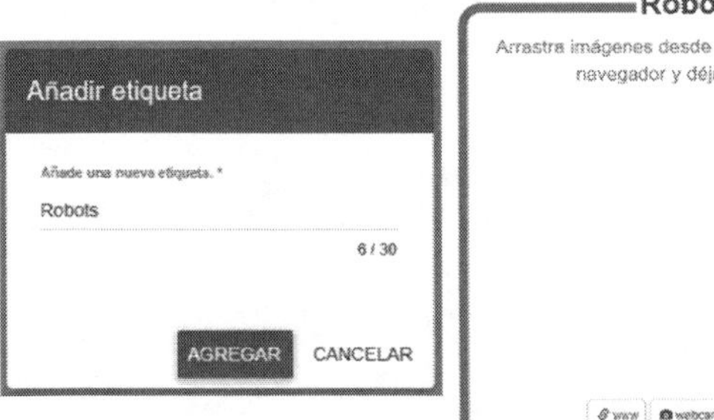

Para añadir imágenes a cada etiqueta, puede:

- importar imágenes desde una URL;
- capturar imágenes con la webcam;
- dibujar;
- la forma más sencilla: arrastrar y soltar imágenes entre dos navegadores.

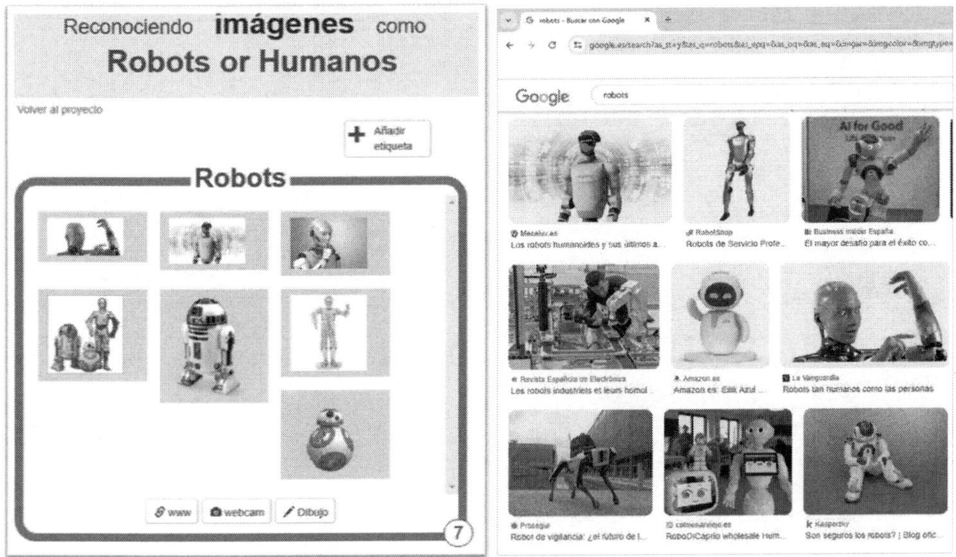

Observación

Cuantos más datos se importen en las etiquetas, más fiable será el modelo creado.

3.2 Aprender y probar

La segunda etapa consiste en entrenar el modelo.

⇒ Haga clic en el enlace < Volver al proyecto de la esquina superior izquierda para volver a la página con los tres pasos.

⇒ Seleccione **Aprender & Probar**.

La página que se abre proporciona un resumen de su modelo: los nombres de las etiquetas y el número de ejemplos de cada etiqueta.

Entrena un nuevo modelo lanza el entrenamiento y la creación del modelo.

Observación

Si no hay suficientes datos, el botón para iniciar el entrenamiento no está disponible. En este caso, es necesario volver al paso de entrenamiento para enriquecer las etiquetas.

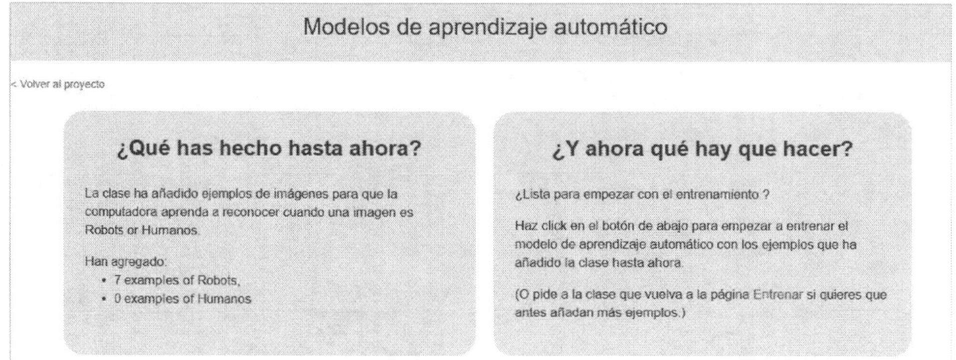

Una vez creado el modelo, puede:

- Probarlo.

Añade una imagen para ver cómo la identifica tras el entrenamiento.

Prueba con **webcam** Prueba con **un dibujo**

Test with a web address for an image on the Internet Prueba con **www**

- Borra este modelo

Entrena un nuevo modelo

Una vez que haya validado el modelo, vaya al último paso seleccionando < Volver al proyecto.

3.3 Crea

El último paso consiste en utilizar el modelo para crear un proyecto. Hay tres lenguajes de programación disponibles: Scratch 3, Python e Inventor de aplicaciones.

⇒ Seleccione **Scratch 3** para abrir la interfaz.

La interfaz que se abre es idéntica a la versión oficial del MIT. La diferencia es la existencia de bloques en la categoría **Robot/Humanos**, nombrados según sus etiquetas. Combinados con los bloques de la categoría **Images**, permiten crear programas de reconocimiento con el modelo entrenado.

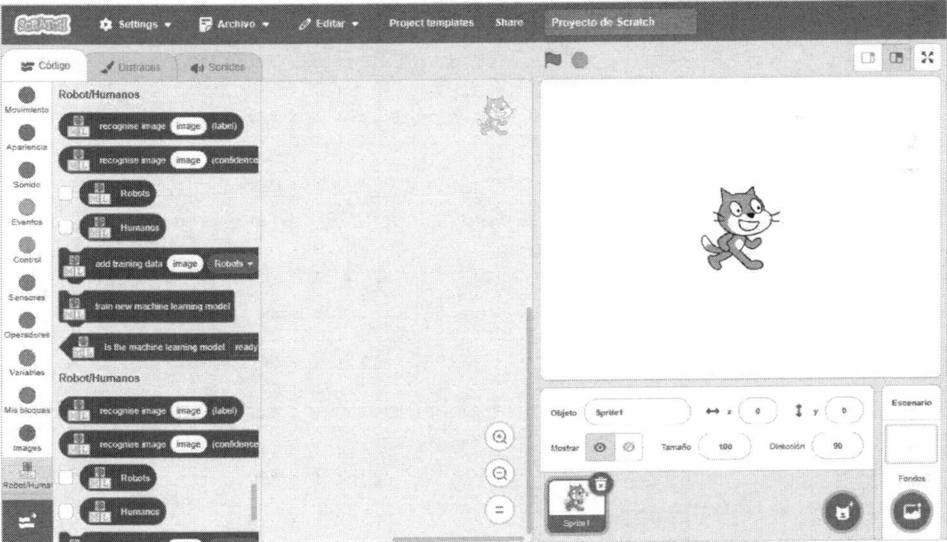

Estos dos bloques representan las dos etiquetas creadas en el modelo Robot/Humanos. Almacenan los elementos de aprendizaje.

Debido a su forma, estos bloques **Images** encajan en los bloques utilizados para el reconocimiento con el modelo entrenado.

Asociado a un bloque **Images**, este bloque devuelve la etiqueta del elemento reconocido. En nuestro ejemplo, devolverá Robots o Humanos.

Asociado a un bloque **Images**, este bloque devuelve el índice de confianza del reconocimiento realizado (los valores están comprendidos entre 0 y 100).

3.4 Ejemplos para probar el modelo

3.4.1 Reconocimiento por webcam

Aquí tiene dos programas para probar el reconocimiento de cámaras web: ¿es un robot o un humano?

⇉ **al presionar tecla espacio** // la tecla [Espacio] se utiliza para iniciar el reconocimiento a través de la webcam.

⇉ **decir recognise image webcam imagen (label) durante 2 segundos** // en un globo de diálogo, se muestra la imagen reconocida (robot o humano).

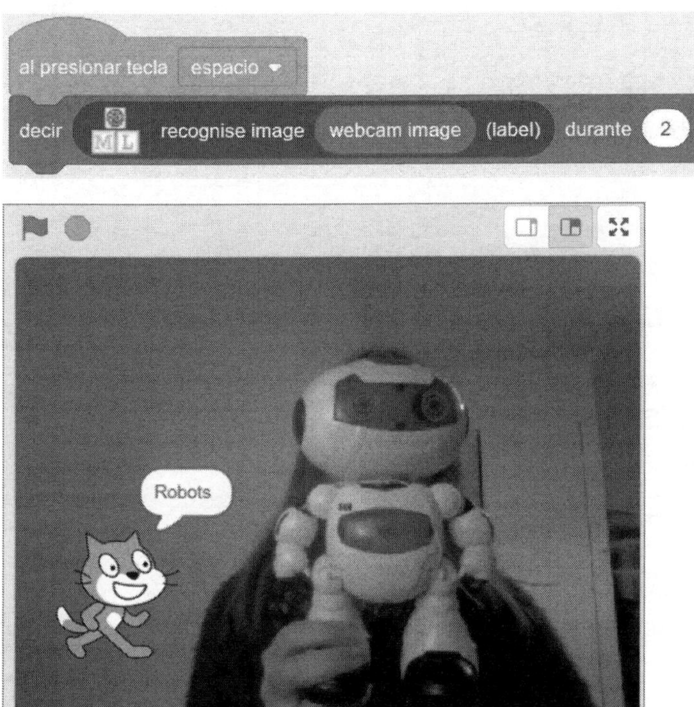

Este segundo programa proporciona un resultado idéntico, pero utiliza condiciones.

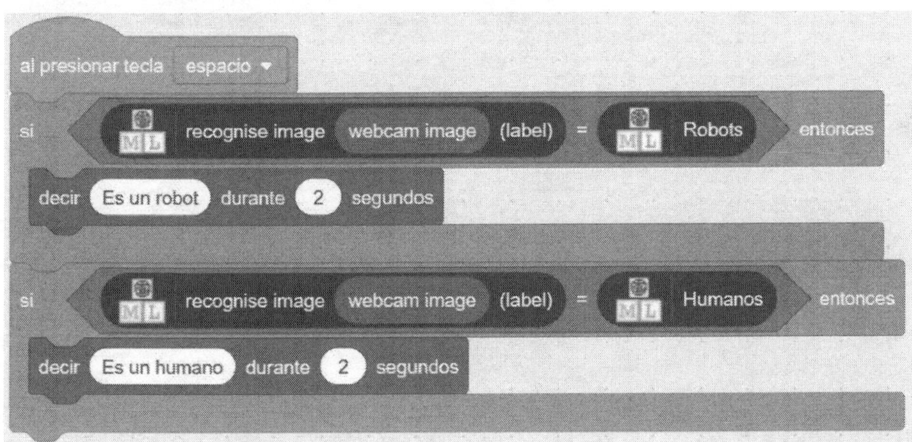

3.4.2 Reconocimiento de imágenes

Este programa identifica imágenes en forma de objetos y las desplaza por el escenario en la zona Robot o Humano.

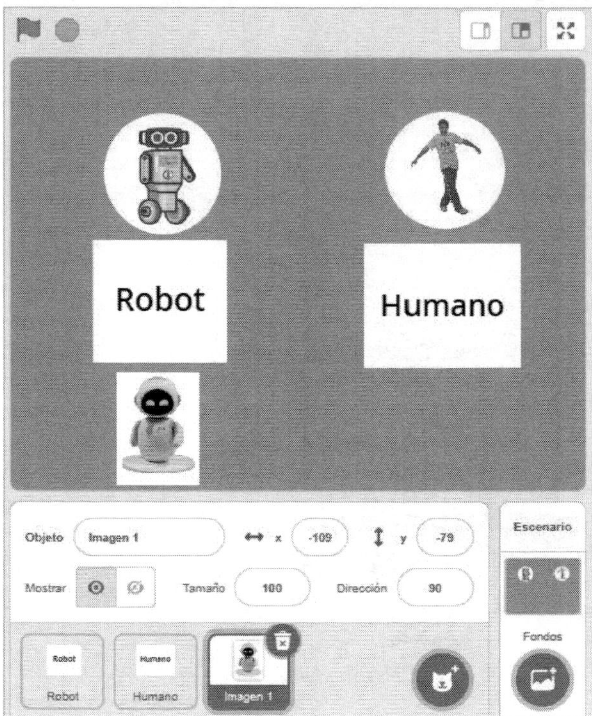

⇉ Dibuje dos objetos llamados **Robot** y **Humano**.

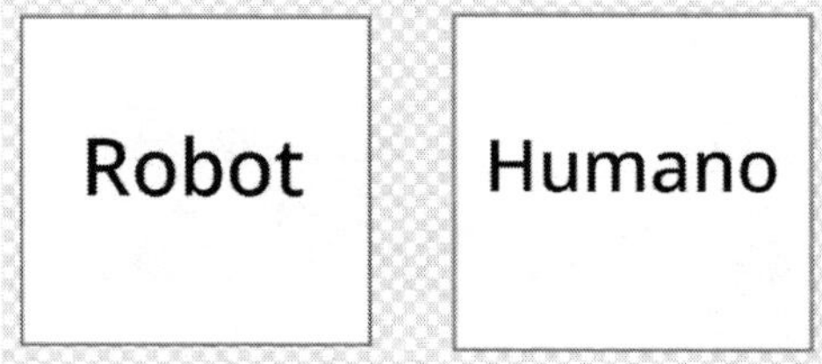

⇉ Importe imágenes de robots y fotografías de humanos (sus amigos y familiares, actores y actrices, etc.) en forma de objetos. Estas imágenes deben ser diferentes de las utilizadas en la base de datos.

Cada objeto, que representa a un robot o a un ser humano, se prueba con el siguiente programa.

⇉ **al hacer clic en este objeto**

⇉ **si recognise image costume image (label) = Robots entonces**

⇉ **ir a Robot** //si se identifica que el objeto contiene un robot, se mueve al objeto Robot.

⇉ **si recognise image costume image (label) = Humanos entonces**

⇉ **ir a Humano** // si se identifica que el objeto presenta a un humano, se mueve al objeto Humano.

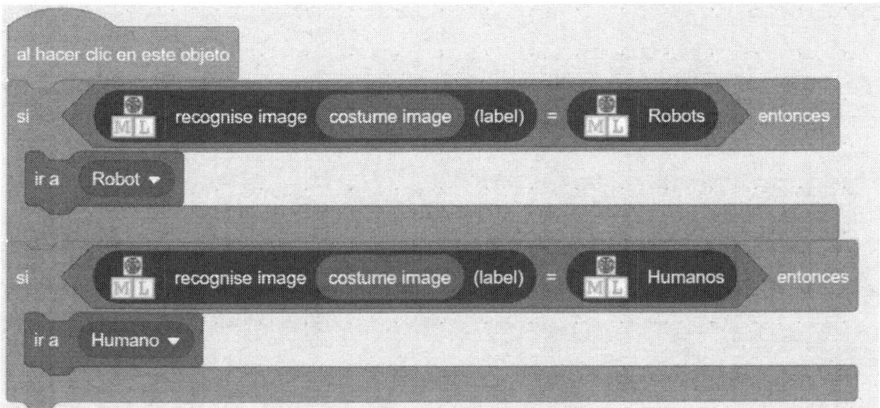

4. Reconocimiento de sonidos

Las etapas de creación de un modelo basado en el reconocimiento de sonidos son idénticas a las de creación de un modelo basado en el reconocimiento de imágenes.

⇉ Cree el proyecto dándole un nombre y especificando el tipo de reconocimiento.

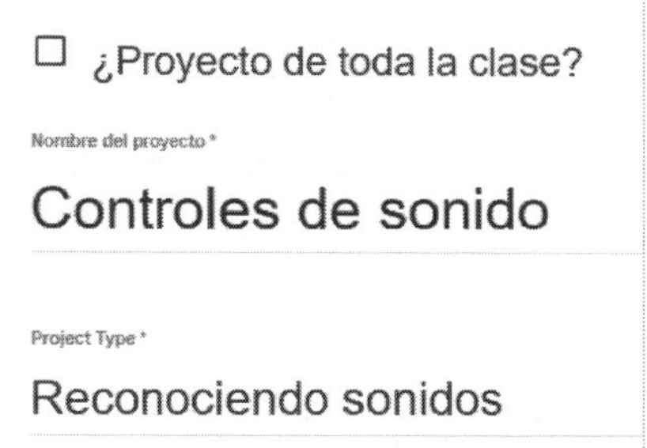

4.1 Entrenar el modelo

Por defecto, ya existe una etiqueta para la unidad. Su nombre es **background noise**.

Un modelo basado en el reconocimiento de sonidos requiere una grabación del entorno sonoro en el que se utilizará el proyecto. Esta grabación se utiliza para eliminar el ruido no deseado de las muestras.

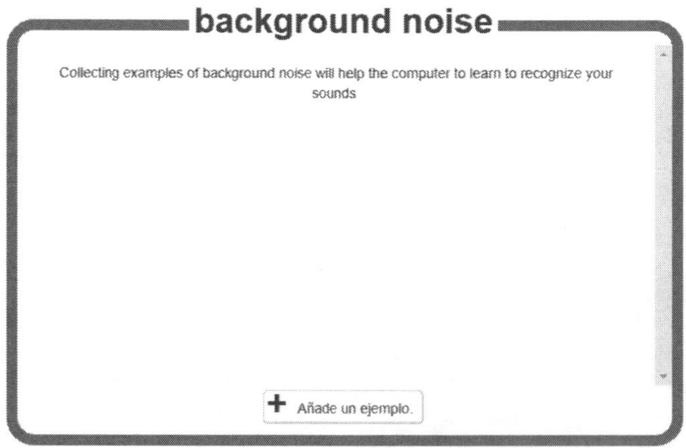

Para grabar:

⇉ Haga clic en **Añade un ejemplo**.
Aparece una ventana para autorizar el uso del micrófono del ordenador.

⇉ Haga clic en el icono del micrófono.

⇉ Cuando haya terminado de grabar, seleccione **AGREGAR**.

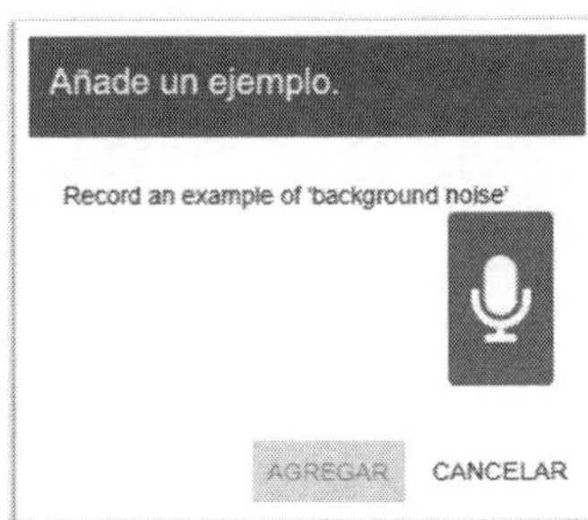

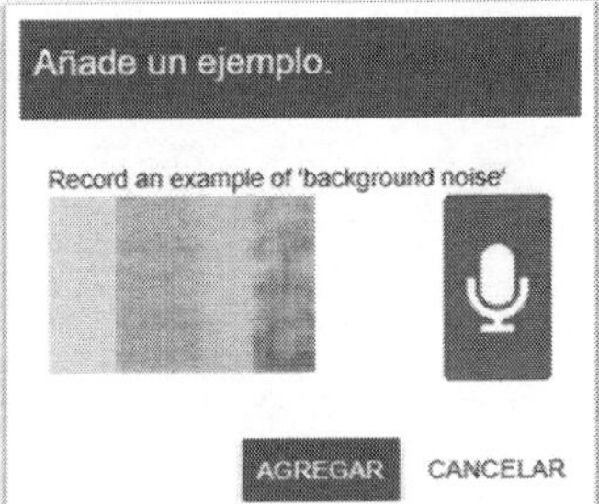

Una vez añadidas las muestras de ruido de fondo, cree las distintas etiquetas necesarias para el proyecto y registre los datos.

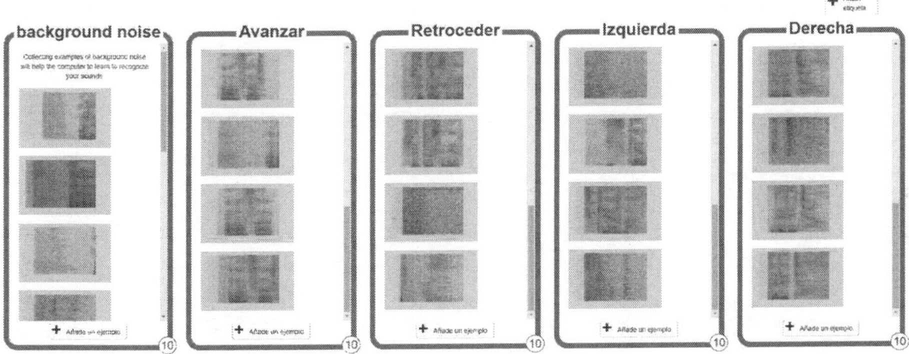

El proyecto Controles de sonido requiere la creación de otras cuatro etiquetas, cada una con diez grabaciones.

- **Adelante**: se graba la palabra «adelante».
- **Retroceder**: se graba la palabra «retroceder».
- **Izquierda**: se graban los términos «izquierda», «ir a la izquierda» y «a la izquierda».
- **Derecha**: se graban los términos «derecha», «ir a la derecha» y «a la derecha».

4.2 Aprender y probar

Una vez grabados todos los datos, se puede iniciar el aprendizaje automático desde la página **Aprender & Probar**.

Observación

Si su modelo no contiene suficientes elementos, no se mostrará el botón **Entrena un nuevo modelo**. Necesita añadir más datos a las distintas etiquetas.

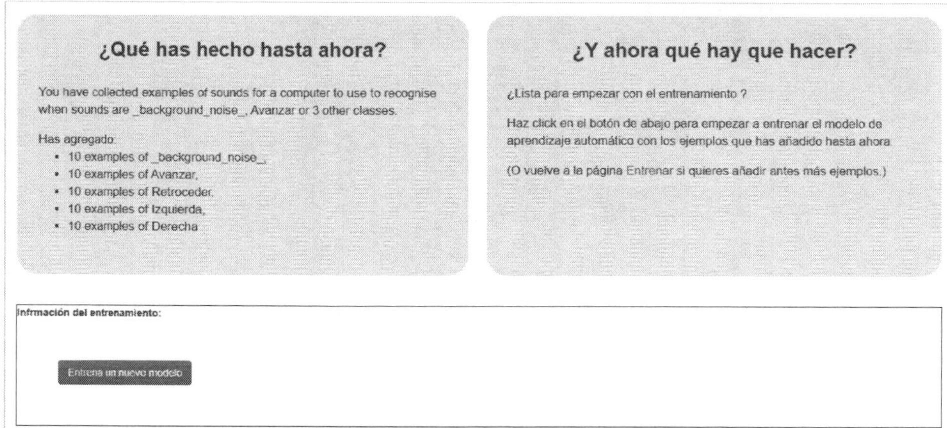

Una vez creado el modelo, puede probarse antes de pasar a la fase final de crear.

Try making a sound to see how it is recognised based on your training

Start listening | Stop listening

Identificado como **Avanzar**
with 100% confidence

4.3 Crea

Para crear proyectos utilizando un modelo de reconocimiento de sonido, MLFK solo ofrece el lenguaje de programación Scratch.

Cuando se abre la interfaz de Scratch, los bloques **Controles de sonido** están disponibles.

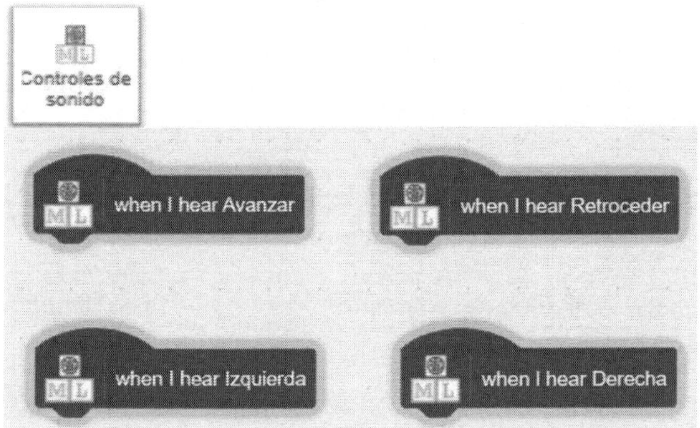

Estos cuatro bloques se utilizan para lanzar instrucciones cuando se escuchan los elementos grabados en las etiquetas correspondientes.

El siguiente programa utiliza comandos de sonido para mover un objeto por el escenario.

⇉ **al hacer clic en la bandera verde**

⇉ **train new machine learning model** // utilizar automáticamente el modelo de aprendizaje que se ha entrenado con Scratch.

⇉ **esperar hasta que Is the machine learning model ready to use?** // el modelo de aprendizaje necesita unos instantes antes de estar listo para usarse.

⇉ **start listening** // una vez que el modelo esté listo, puede empezar a escuchar el micrófono del ordenador.

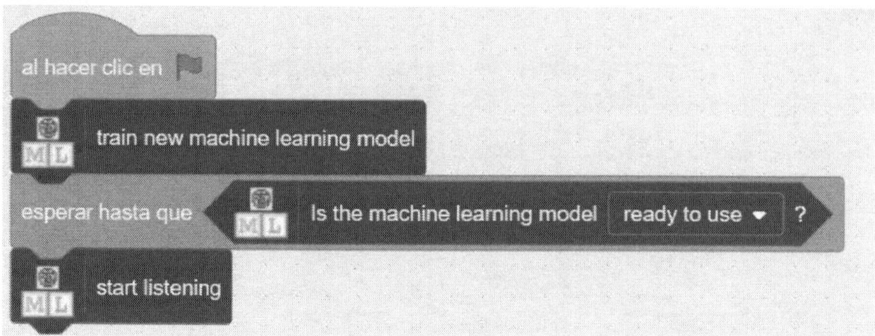

Se programan cuatro instrucciones para mover el objeto en función del elemento sonoro detectado.

- **when I hear Avanzar** // cuando se detecta un elemento sonoro grabado en la etiqueta Avanzar.
- **sumar a x 10** // la posición (abscisa) del objeto se incrementa en 10. Esto significa que se mueve hacia la derecha en el escenario.
- **When I hear Retroceder** // cuando se detecta un elemento de sonido grabado en la etiqueta Retroceder.
- **sumar a x -10** // la posición x (abscisa) del objeto disminuye en 10. Esto significa que se mueve hacia la izquierda en el escenario.

- **when I hear Derecha** // cuando se detecta un elemento sonoro grabado en la etiqueta Derecha.
- **fijar estilo de rotación a izquierda-derecha**
- **apuntar en dirección 90** // para que el objeto mire a la derecha en el escenario.
- **mover 10 pasos**

⇒**when I hear Izquierda** // cuando se detecta un elemento sonoro grabado en la etiqueta Izquierda.

⇒**fijar estilo de rotación a izquierda-derecha**

⇒**apuntar en dirección -90** // para que el objeto mire a la izquierda en el escenario.

⇒**mover 10 pasos**

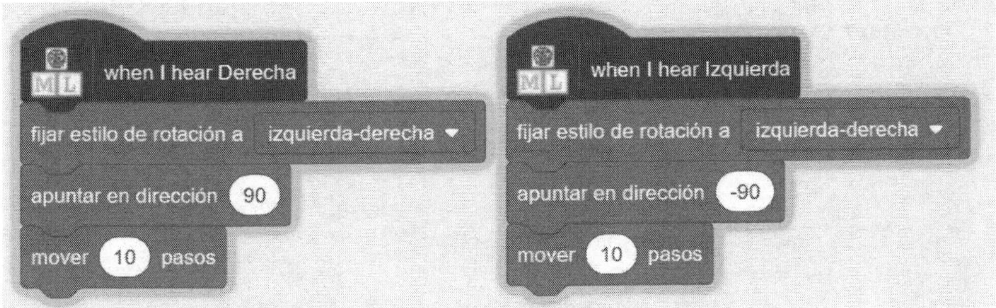

5. Modelos y modelos pre-entrenados

Machine Learning for Kids ofrece dos tipos de modelos de aprendizaje para utilizar en sus proyectos.

⇒Los modelos accesibles desde el menú **Proyectos** pueden modificarse antes de ser entrenados.

⇒Los modelos accesibles en el menú **Pre-entrenados** ya están entrenados. Están integrados en la biblioteca de extensiones de Scratch, y sus datos no son accesibles ni modificables.

5.1 Utilización de modelos

Al crear un proyecto, es posible utilizar plantillas para las que ya se han creado etiquetas y datos. Las plantillas de aprendizaje que se ofrecen se basan en imágenes, números o texto.

Como en los ejemplos anteriores, para utilizar estos modelos hay que pasar por las tres etapas: **Entrenar**, **Aprender & Probar** y **Crea**.

⇒En la página de inicio, abra el menú **Proyectos** o haga clic en Ir a tus **Proyectos**.

⇉ Seleccione **Copiar plantilla**.

Observación

Aunque en la página de MLKF aparece el botón **Copiar plantilla**, en realidad es una traducción inexacta para **Copiar modelo**.

Se abre la biblioteca de modelos.

⇉ Seleccione el modelo que desee; por ejemplo, el modelo **Imágenes de Pokémon**.

⇉ Confirme haciendo clic en **Importador**.

Antes de poder entrenar, probar y utilizar este modelo, es necesario importarlo.

⇉ Marque la casilla **¿Quieres utilizar una parte de los données à des fins de test**? (es decir: si desea utilizar una parte de los datos con fines de prueba).

⇉ Haga clic en **ALMACENAR EN LA NUBE**.

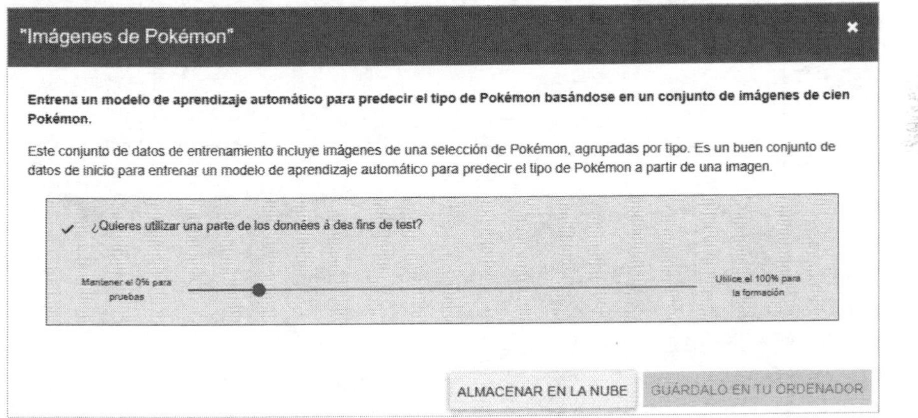

El proyecto Imágenes de Pokémon se ha unido a su lista de proyectos y está listo para ser entrenado.

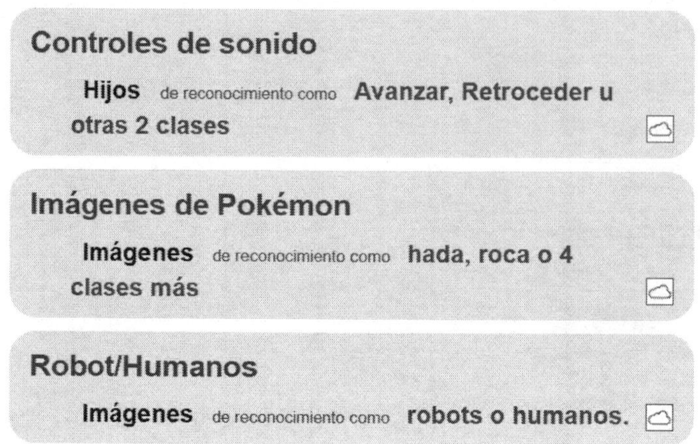

⇉ Seleccione el proyecto para ver las etiquetas y los datos que contienen.

Estas etiquetas pueden modificarse y mejorarse.

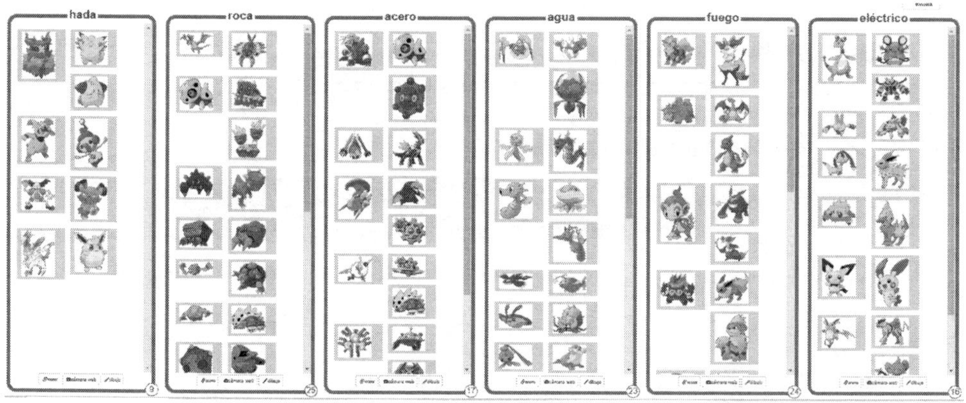

⇉ Vaya a la etapa **Aprender & Probar** para entrenar el modelo.

⇉ Inicie el entrenamiento del modelo.

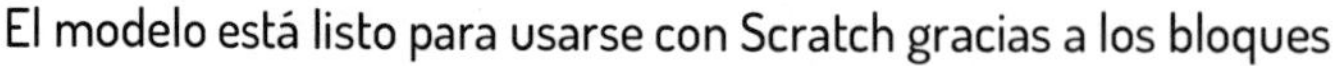

El modelo está listo para usarse con Scratch gracias a los bloques .

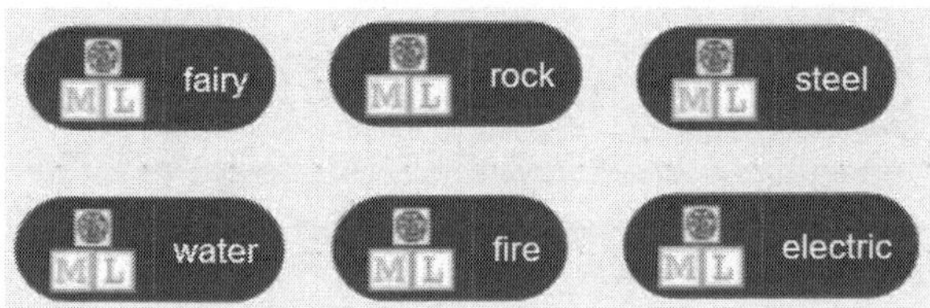

5.2 Uso de modelos pre-entrenados

Los modelos pre-entrenados están disponibles directamente en Scratch. No hay necesidad de pasar por las etapas **Aprender & Probar**.

Para acceder a la información de cada modelo, haga clic en el enlace de la miniatura del modelo.

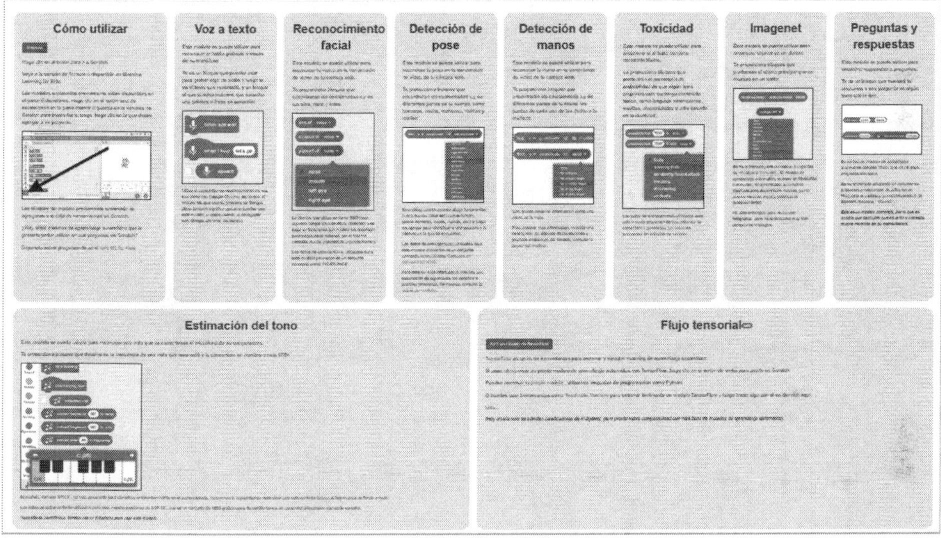

Para utilizar estos modelos:

⇉ En la miniatura Cómo utilizar, pulse 

.

Se abre la interfaz de Scratch.

Los distintos modelos están disponibles en la biblioteca de extensiones .

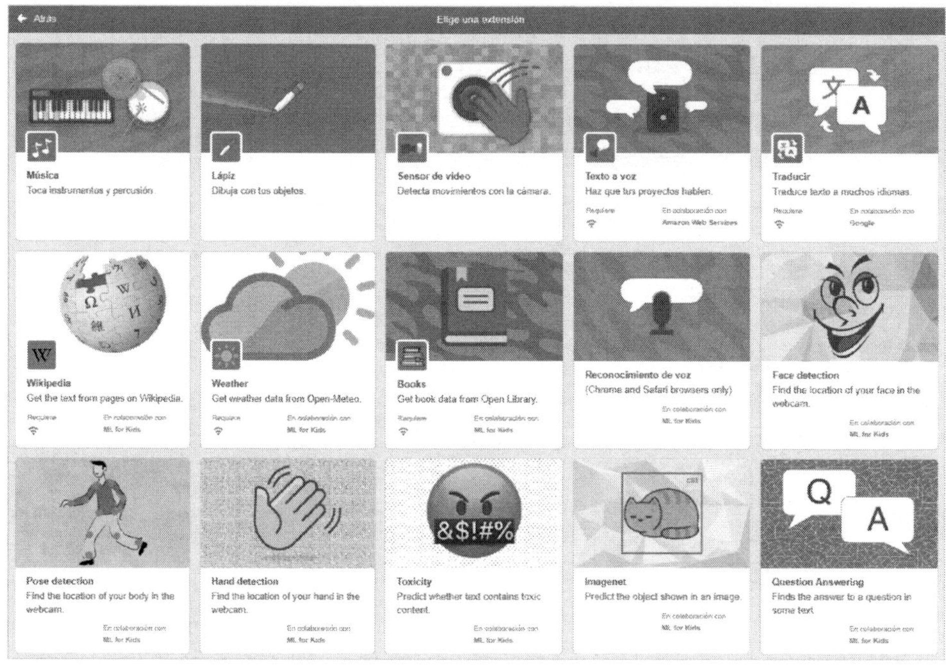

⇉ Seleccione directamente un modelo haciendo clic en su miniatura.

Ejemplo

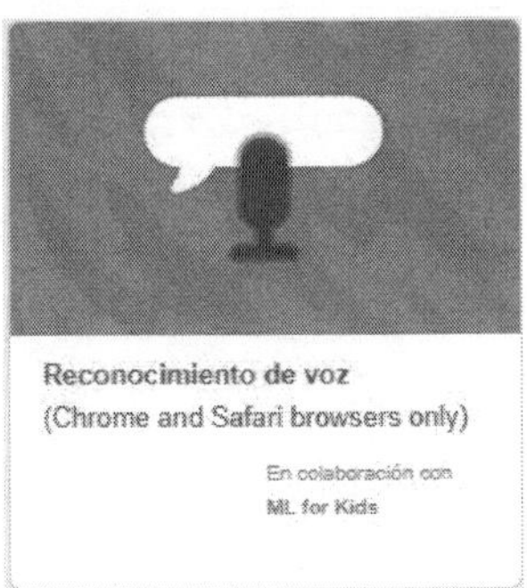

La extensión **Reconocimiento de voz** se utiliza para transcribir a texto los sonidos captados por el micrófono. Una vez transcritos los sonidos, el texto resultante puede utilizarse para programar instrucciones.

Esta extensión permite realizar el reconocimiento de sonidos sin necesidad de entrenamiento. Para ello, se basa en la capacidad de reconocimiento de voz que ofrece Google Chrome, gracias a un entrenamiento previo. La extensión **Reconocimiento de voz** utiliza el modelo desarrollado por Google.

He aquí un ejemplo de programa bastante similar al presentado anteriormente.

- **al hacer clic en la bandera verde**
- **fijar estilo de rotación a izquierda-derecha**
- **por siempre** // el bucle de repetición se utiliza para empezar a escuchar el micrófono de forma continua.
- **escuchar y esperar**

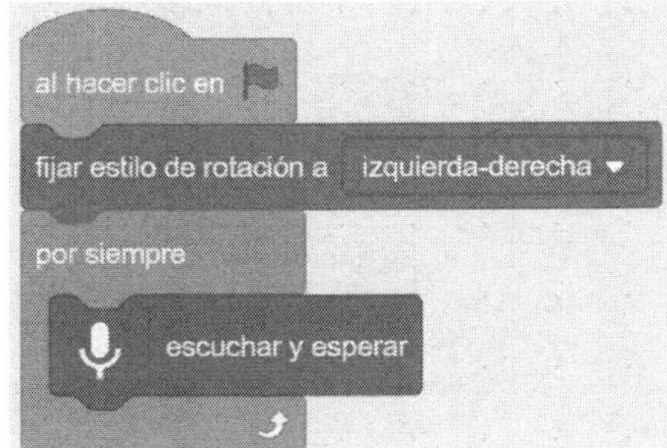

⇉ **cuando oiga Izquierda**

⇉ **apuntar en dirección -90** // el objeto gira a la izquierda.

⇉ **cuando oiga Derecha**

⇉ **apuntar en dirección 90** // el objeto gira a la derecha.

⇉ **cuando oiga Avanzar**

⇉ **mover 10 pasos** // el objeto se mueve.

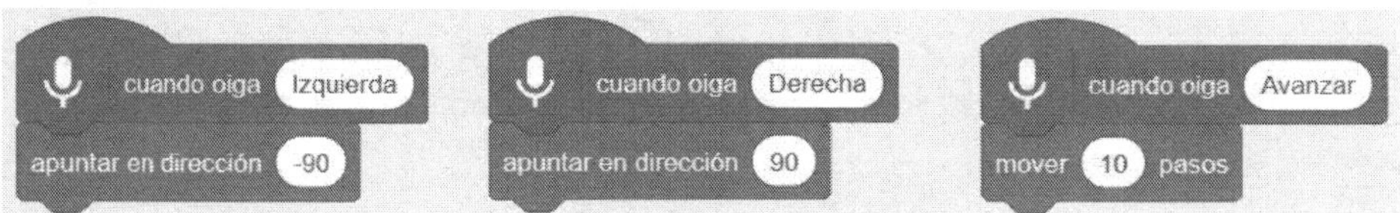

Observación

Pruebe esta extensión con los programas sugeridos en los capítulos anteriores; por ejemplo, un juego de laberinto (ver capítulo Juego del laberinto).

6. Conclusión

Fácil de usar y repleto de ejemplos y extensiones, Machine Learning for Kids es una herramienta ideal para aprender sobre inteligencia artificial. El aprendizaje automático es un paso esencial para entender este campo, cada vez más presente en nuestra vida cotidiana y que ahora se utiliza mucho (e inevitablemente) gracias a herramientas tan populares como ChatGPT.

Capítulo 22
Adacraft y Teachable Machine

1. Introducción

Adacraft es un *mod* (una modificación) de Scratch desarrollado por Nicolas Decoster, de la entidad Compagnie du Code. La herramienta lleva el nombre de Ada Lovelace, pionera de la programación.

Combinado con Teachable Machine, adacraft, al igual que MLFK (ver capítulo Machine Learning for Kids), permite descubrir el aprendizaje automático e iniciarse en la inteligencia artificial utilizando dos extensiones: Ada Vision y Ada Sound.

2. Presentación

2.1 Adacraft

Es gratuito y se ejecuta en un navegador. Desde la página web principal (https://www.adacraft.org/), puede utilizar el menú para acceder a las distintas funciones.

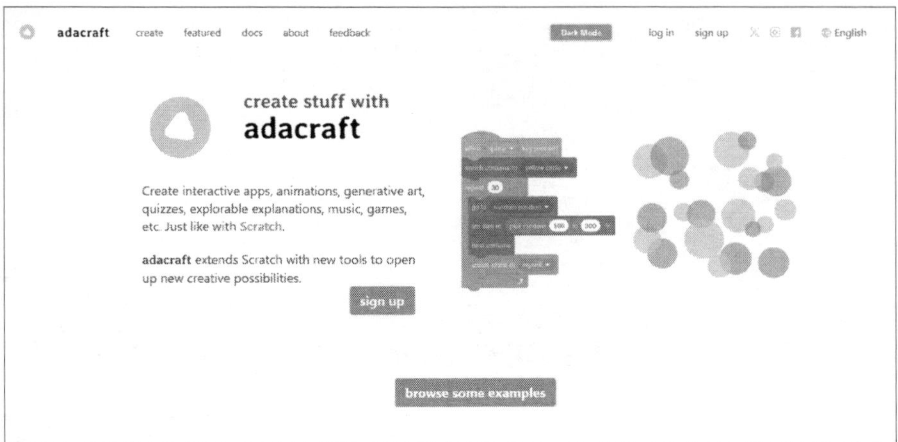

create: para abrir el editor de Scratch y crear proyectos (con o sin cuenta).

featured: ofrece una selección de proyectos destacados.

docs: para acceder a la documentación disponible en adacraft.

feedback: para opinar sobre adacraft y contribuir a su desarrollo.

Modo oscuro o **modo claro**: para cambiar el aspecto de la interfaz.

log in: crear una cuenta es gratis. Una cuenta le permite guardar sus proyectos, compartirlos y proponerlos como proyectos destacados.

sign up: para crear una cuenta.

If you want to join adacraft, please fill the form below.

E-mail

Password show

Password check show

Display name

An account will be created right away, and after login you will be able to save your adacraft projects online.

See our terms and conditions

La interfaz de adacraft es idéntica a la de Scratch.

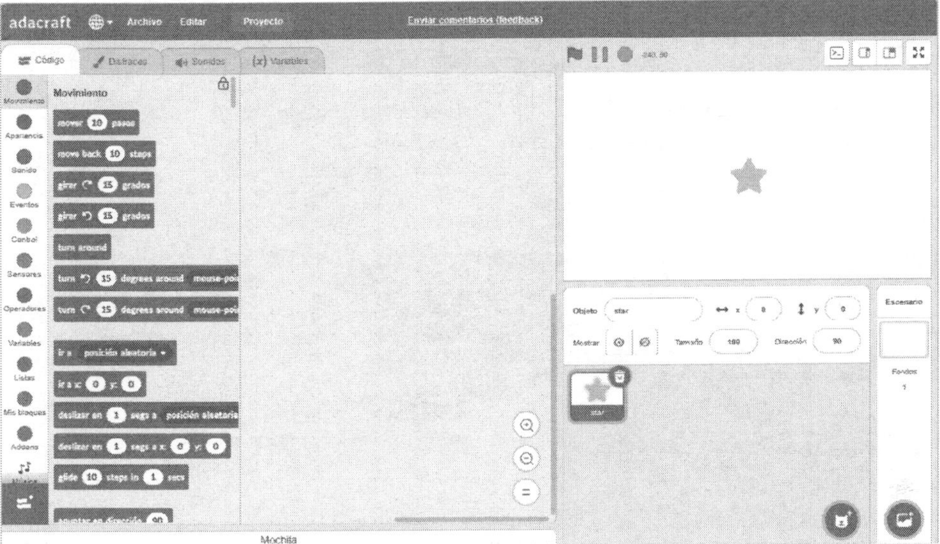

Para añadir extensions:

⇉ Seleccione **Añadir extensión** .

⇉ En la biblioteca de extensiones, seleccione **Ada Vision** o **Ada Sound**.

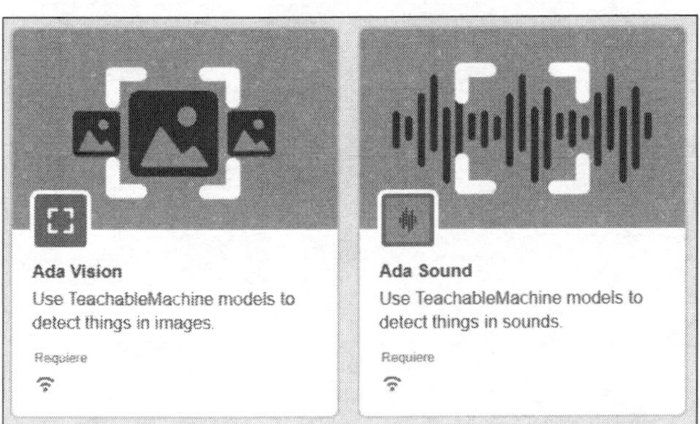

2.2 Teachable Machine

Teachable Machine es una red neuronal utilizada para entrenar modelos de aprendizaje automático basados en imagen, sonido o movimiento.

Desarrollado por Google, Teachable Machine está disponible en la siguiente dirección: https://teachablemachine.withgoogle.com/

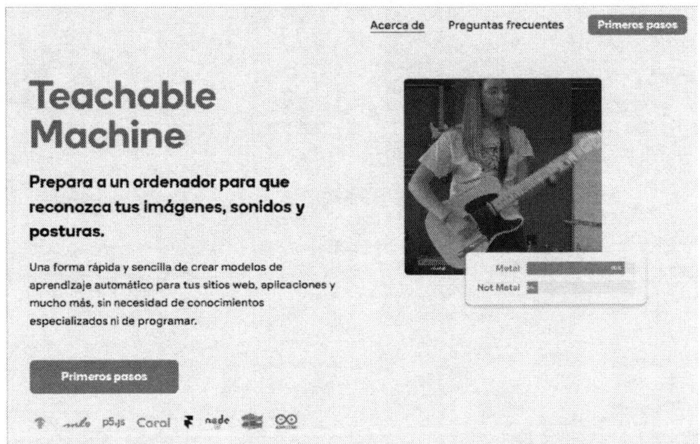

Teachable Machine se utiliza para crear modelos que se pueden utilizar con adacraft. Al igual que con Machine Learning for Kids, hay tres pasos para crear un modelo:

- **Recopilación** de los datos y su clasificación (1).
- **Preparación** de la máquina para crear el modelo (2).
- **Exportar** el modelo para poder utilizarlo en otra interfaz, como adacraft (3).

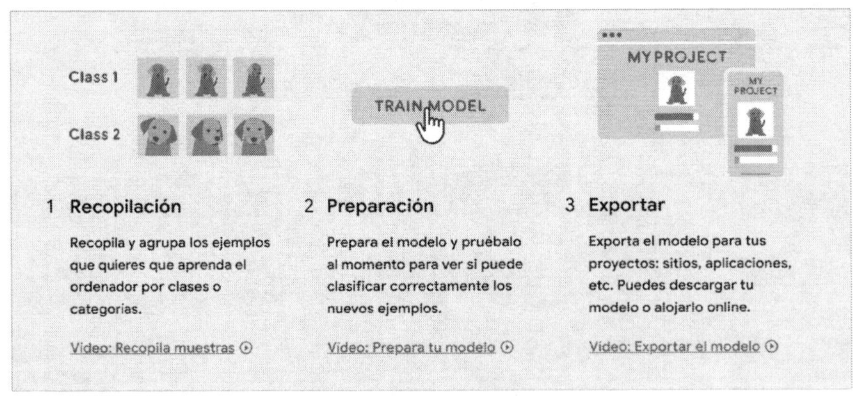

3. Reconocimiento de imágenes con Ada Vision

3.1 Crear el modelo

Crear un modelo implica crear una base de datos clasificados en varias categorías. Estos datos pueden ser imágenes o sonidos. Antes de empezar a crear un modelo, es importante definir su uso final para poder elegir bien los elementos y clasificarlos por categorías.

⇛ En el sitio de Teachable Machine, seleccione **Para empezar**.

⇛ Haga clic en **Proyecto de imagen** para abrir la interfaz de creación de modelos de imágenes.

La página que se abre está organizada en tres partes. Corresponden a las tres etapas de creación y preparación de un modelo.

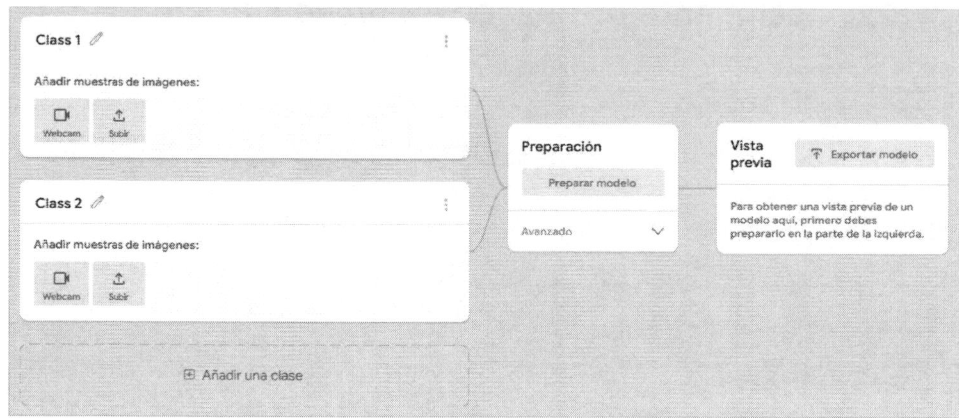

Clases

El primer paso consiste en recopilar imágenes y clasificarlas. Por defecto, ya están creadas dos categorías (**Class 1** y **Class 2**). Puede añadir otras nuevas a través de **Añadir una clase**.

Es importante dar a las clases nombres explícitos para que puedan utilizarse fácilmente en el programa.

Para añadir datos, puede:

- Grabar imágenes con su webcam.
- Importar imágenes desde su ordenador.

Por ejemplo, para un proyecto de reconocimiento de colores:

⇒ Cree tres clases llamadas **Rojo**, **Verde** y **Rosado**.

⇒ Importe imágenes coloreadas para cada clase. Cuanto mayor sea el número de imágenes, más preciso será el modelo.

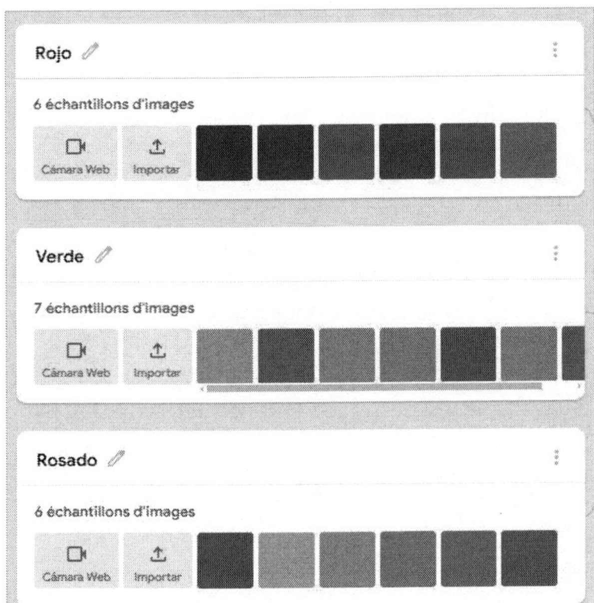

Preparación

El segundo paso consiste en crear el modelo haciendo clic en **Preparar modelo**.

Exportar el modelo

Una vez creado el modelo, se muestra una vista previa, con la opción de probar la calidad del modelo. Para ello, es necesario autorizar a Google a utilizar la webcam.

Observación

Si la prueba no es satisfactoria, el modelo puede mejorarse añadiendo datos.

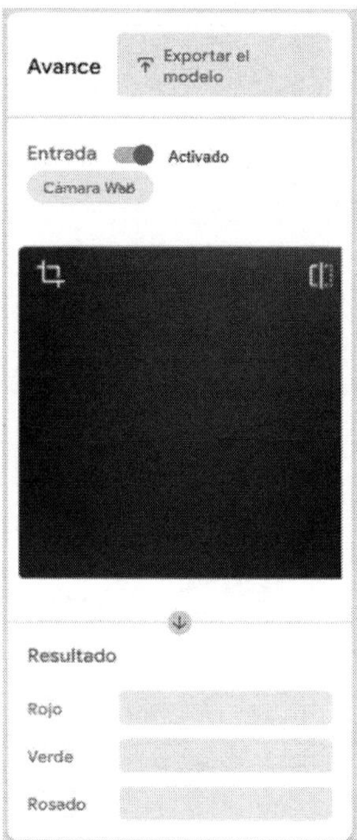

El tercer paso, **Exportar el modelo**, permite:

- descargar el modelo;
- recuperar su URL o su clave para utilizarla con adacraft.

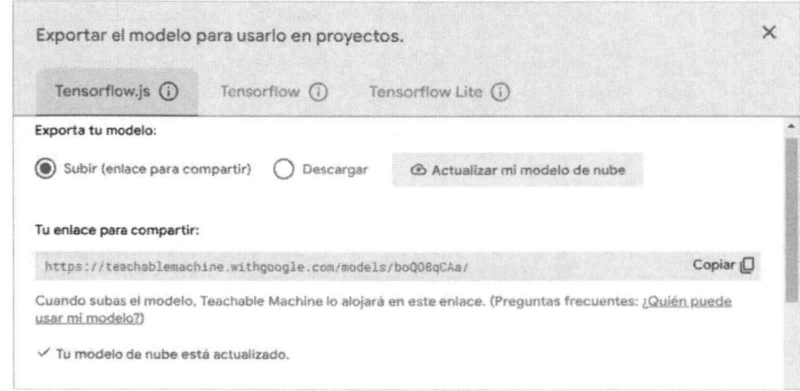

⇉ Abra la ventana **Exportar modelo**.

⇉ Seleccione **subir mi modelo**: el modelo se descarga y se puede acceder a él desde una ubicación de Google Drive.

Una vez exportado el modelo, se generan la URL y la clave del modelo. Para utilizarlo con adacraft:

⇉ Copie la URL **Tu enlace para compartir** (1) o haga clic en el icono **Copiar** (2).

⇉ Copie la clave, es decir, la última parte de la URL (3).

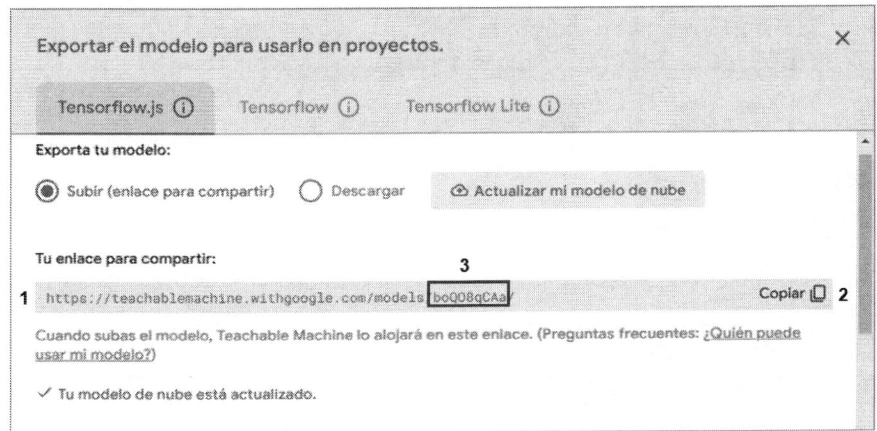

Estos elementos se insertarán en los bloques específicos de la extensión Ada Vision.

3.2 Utilización del modelo

3.2.1 Los bloques

Hay tres bloques disponibles para utilizar el modelo generado por Teachable Machine. En adacraft:

⇉ Haga clic en **Añadir extensión**: se abre la biblioteca de extensiones.

⇉ Seleccione la extensión **Ada Vision**.

Los bloques dedicados se añaden automáticamente.

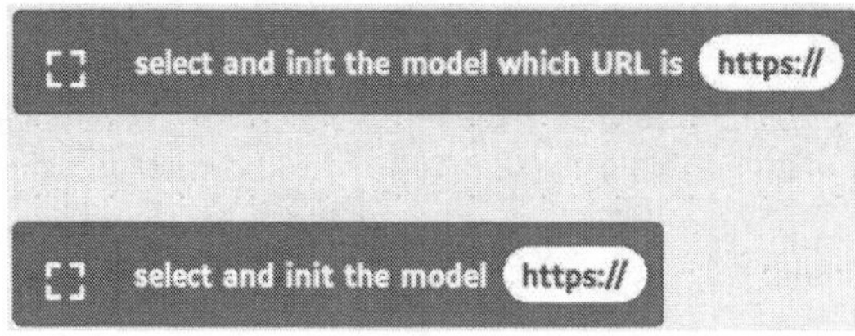

Estos dos bloques permiten utilizar el modelo generado con Teachable Machine gracias a su URL.

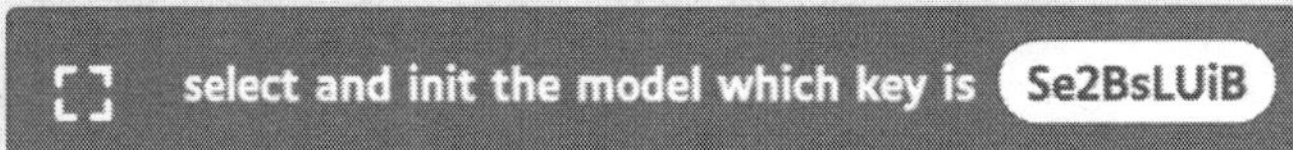

Este bloque permite utilizar el modelo generado con Teachable Machine a partir de su clave.

Con un menú desplegable, este bloque sirve para activar y desactivar la webcam.

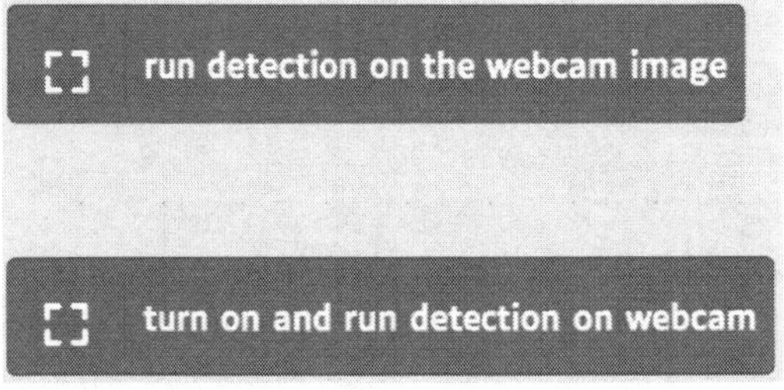

Para ejecutar la detección en la imagen captada por la webcam a fin de compararla con el modelo.

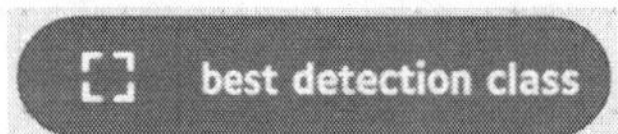

Este bloque se utiliza para trabajar con los datos del modelo a partir de distintas clases.

3.2.2 Programa

Este programa utiliza la webcam para reconocer los colores rojo, verde y rosado.

⇉ **al hacer clic en la bandera verde**

⇉ **select and init the model which key is (clave)**

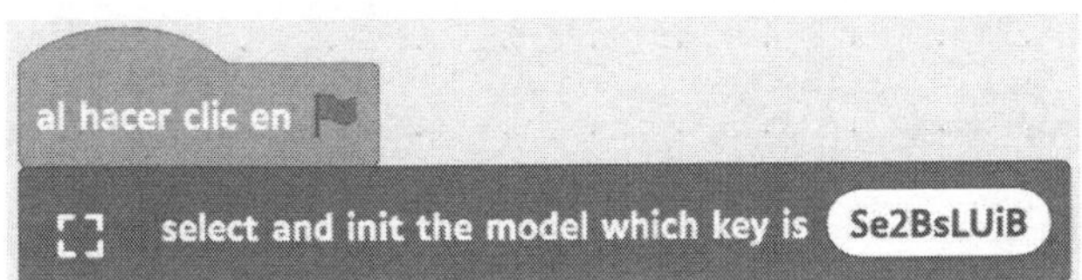

⇉ **al presionar tecla espacio** // se programa una tecla del teclado para iniciar la detección de la webcam.

⇉ **run detection on the webcam image**

⇉ **decir unir El color es best detection class durante 2 segundos** // El objeto muestra el nombre de la clase detectada. En este caso, los nombres de las clases corresponden a colores.

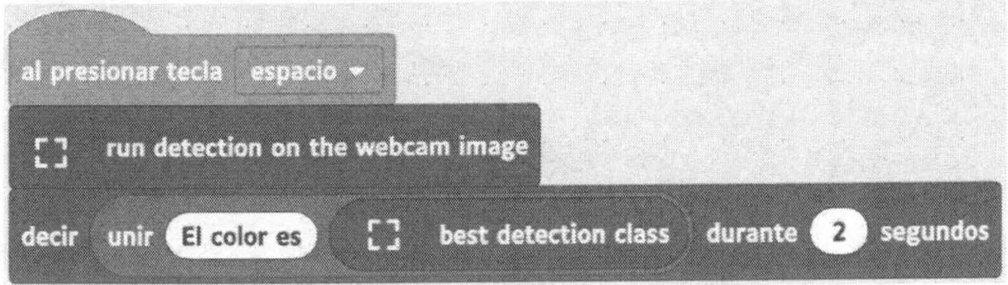

Observación

Este programa es un borrador. Para mejorarlo, cree más clases para reconocer los principales colores del arcoíris.

4. Reconocimiento de sonido con Ada Sound

4.1 Crear el modelo

Al igual que ocurre con los proyectos de reconocimiento de imágenes, la creación de un proyecto de reconocimiento de sonidos implica la creación de una base de datos y la generación de un modelo.

⇉ En el sitio de Teachable Machine, seleccione **Inicio**.

⇉ Haga clic en **Proyecto de audio**.

Al igual que la interfaz **Proyecto de imagen**, la interfaz **Proyecto de audio** está organizada en tres partes, que corresponden a las tres etapas necesarias para crear un modelo.

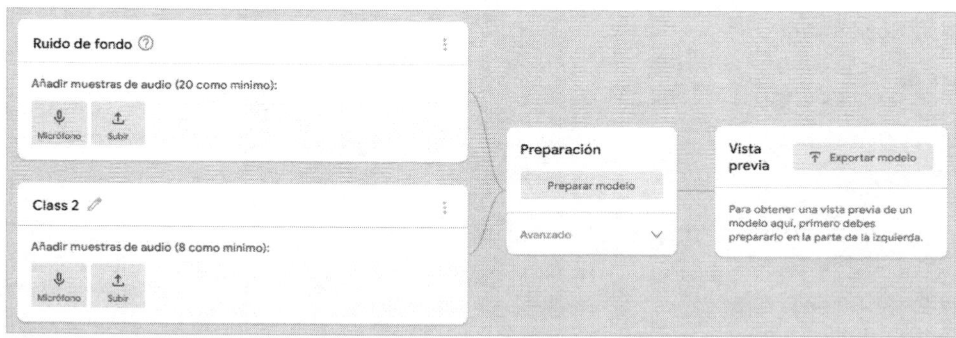

Ya se han creado dos clases. Una de ellas se llama **Ruido de fondo**. Todos los proyectos de reconocimiento de sonidos requieren que registre el ruido de fondo, es decir, el ruido de su entorno de trabajo, para que la máquina pueda distinguirlo e ignorarlo en las distintas clases.

Para añadir datos, puede:

- Grabar sonidos con el micrófono del ordenador.
- Importar sonidos.

Al hacer clic en el icono del micrófono, se abre una ventana en la que se solicita permiso para utilizar el micrófono del ordenador.

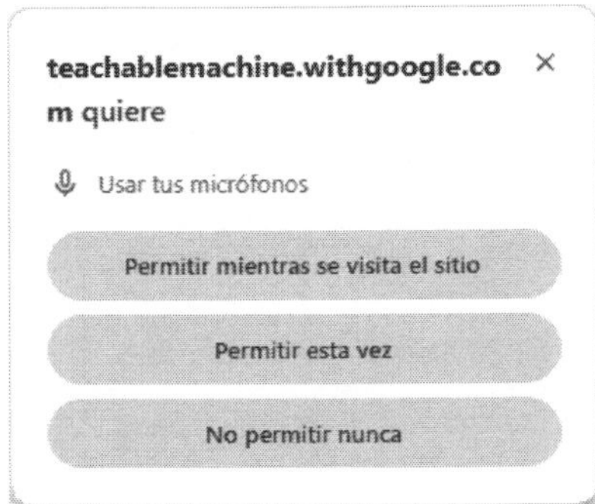

⇒ La muestra para el ruido de fondo debe durar al menos 20 segundos. Haga clic en **Grabar 20 segundos**.

⇒ Una vez realizada la grabación, seleccione **Extraer muestra** para añadirla.

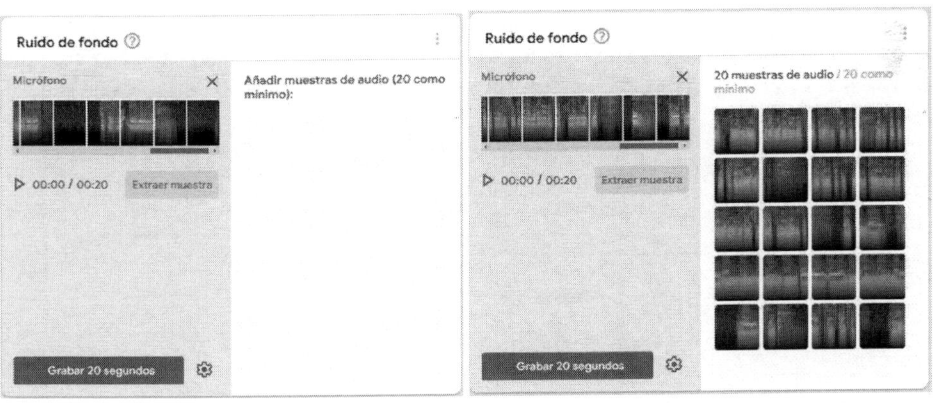

Ahora puede crear otras clases y grabar los sonidos que necesite para completar su proyecto.

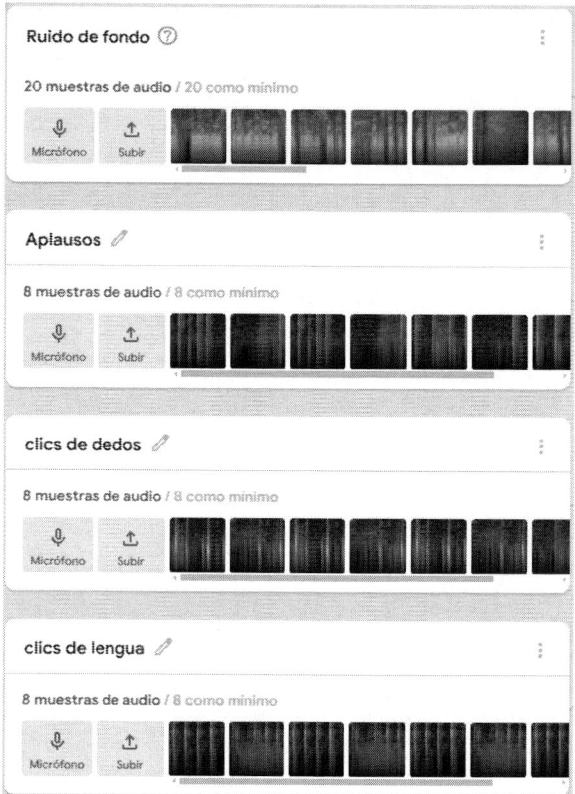

Al igual que en los proyectos de reconocimiento de imágenes, la segunda etapa consiste en **entrenar el modelo**, y la tercera, en **exportarlo**. El modelo puede probarse antes de ser utilizado.

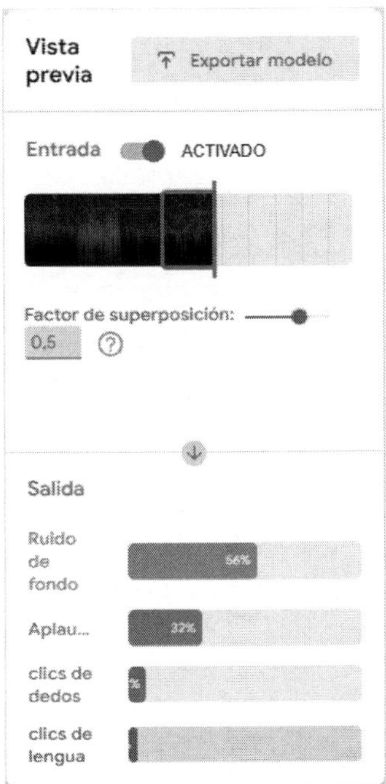

4.2 Utilización del modelo

4.2.1 Los bloques

⇉ Haga clic en **Añadir extensión**: se abre la biblioteca de extensiones.

⇉ Seleccione la extensión **Ada Sound**.
Los bloques dedicados se añaden automáticamente.

Los bloques de reconocimiento de sonidos son comparables a los utilizados para el reconocimiento de imágenes.

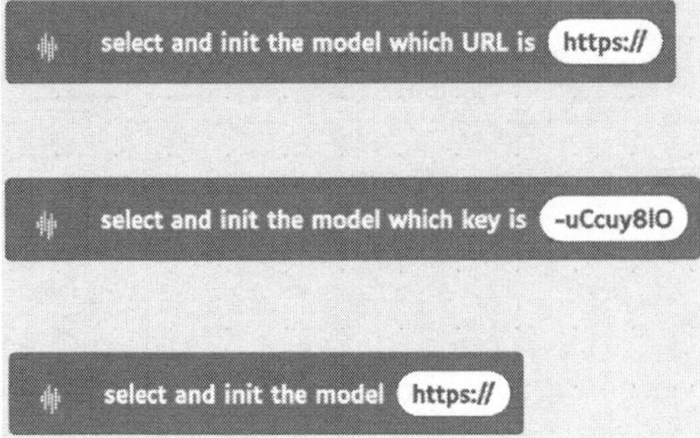

Hay tres bloques disponibles para importar y utilizar el modelo a partir de su URL o su clave.

Este bloque permite detectar sonidos utilizando el micrófono del ordenador para comparar los sonidos captados con el modelo e identificarlos.

Este bloque se utiliza para realizar la detección de sonido a partir de la dirección (URL) de un archivo.

Estos dos bloques sirven para utilizar los datos del modelo haciendo referencia a un nombre de clase o a un número de clase.

4.2.2 El programa

Este programa utiliza el reconocimiento de sonido para modificar el disfraz del objeto en función del sonido detectado.

⇉ **al hacer clic en la bandera verde**

⇉ **select and init the model which URL is ()**

⇉ **cambiar disfraz a Disfraz1** // el objeto tiene cuatro disfraces.

⥱ **run detection on the mic**

⥱ **por siempre** // abre un bucle de repetición que contiene las tres condiciones utilizadas para modificar el disfraz del objeto según el reconocimiento del sonido.

⥱ **si best detection class = name of class number 2 entonces** // la clase detectada se compara con el número de clase.

⥱ **cambiar disfraz a Disfraz2**

⥱ **si best detection class = name of class number 3 entonces**

⥱ **cambiar disfraz a Disfraz3**

⥱ **si best detection class = name of class number 4 entonces**

⥱ **cambiar disfraz a Disfraz4**

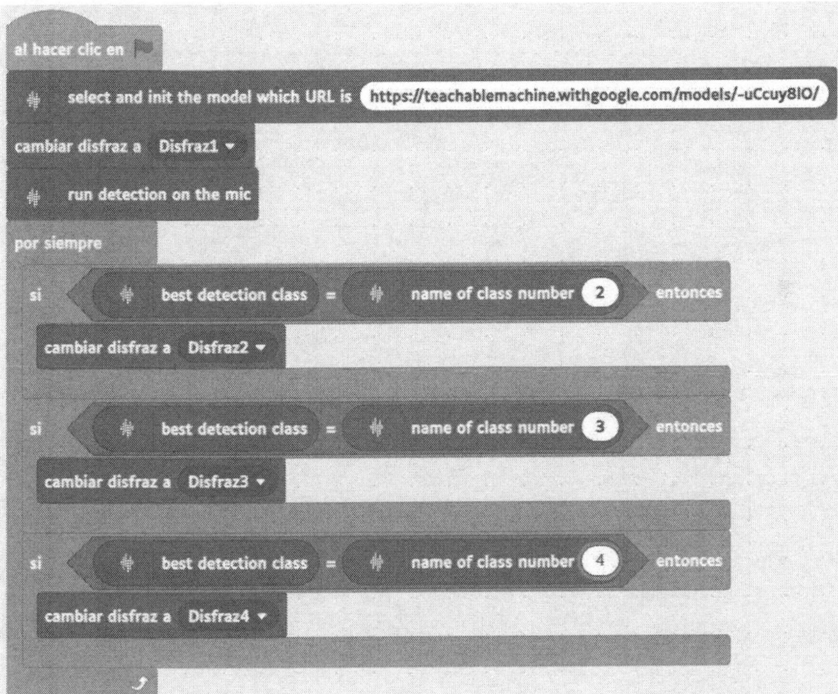

5. Conclusión

A diferencia de Machine Leaning for Kids, adacraft es un proyecto actualmente en desarrollo. Puede contribuir a su desarrollo poniéndose en contacto con su creador. Adacraft se ha integrado en la plataforma educativa Vittascience, que ofrece herramientas para la enseñanza de la codificación.

Conclusión

Software muy completo, Scratch es una excelente herramienta de introducción a la programación. A pesar de su interfaz colorida, que le otorga un aspecto infantil, este software también es adecuado para adultos que deseen iniciarse en la programación. A través de los conceptos y funciones que aborda, permite explorar los fundamentos de la programación y, espero, despertará en usted el interés por profundizar en este ámbito.

Los lenguajes basados en bloques suelen infravalorarse en comparación con los basados en texto. Cabe señalar que, en los últimos años, siguiendo el movimiento de Scratch y Blockly, han surgido una serie de interfaces basadas en bloques que ofrecen mayores posibilidades que Scratch, como Snap y GP Blocks. En la misma línea, se han desarrollado editores basados en bloques para programar microcontroladores como la placa Arduino y la placa micro:bit. Entre ellos se encuentran Ardublock y Makeblock. Ahora, incluso lenguajes como Python y JavaScript están desarrollando interfaces basadas en bloques para permitir una transición gradual de la programación visual a la basada en texto.

Esta forma de lenguaje tiene una serie de ventajas:

- En la mayoría de los casos, la interfaz se traduce al idioma del usuario.
- Sin riesgo de errores tipográficos, sintácticos u ortográficos.
- Crear un programa es rápido y sencillo.
- Leer un programa es fácil para los no iniciados, porque el lenguaje de programación es similar al suyo.

En el ámbito de la robótica, muchos proyectos basados en Raspberry Pi o Arduino utilizan bloques de programación para realizar tareas de diversa complejidad. Intuitiva y fácil de leer, la programación visual tiene la ventaja de permitir formar rápidamente a un no experto en el manejo del sistema.

Como Scratch es de código abierto, cada año se crea un gran número de interfaces para satisfacer nuevas necesidades y herramientas educativas, especialmente en el campo de la robótica educativa. El último ejemplo es el desarrollo de extensiones en torno a la inteligencia artificial y el aprendizaje automático.

Todas estas herramientas tienen los mismos objetivos: facilitar y democratizar el aprendizaje de la programación. El único límite es tu imaginación.

Anexo

Archivos disponibles para descarga

Técnicas de animación

Avery y Abby.sb3

Avery caminando y de fondo.sb3

Avery camina.sb3

Fantasma.sb3

Holograma espacial.sb3

Técnicas para videojuegos

corazón-sprite.sb3

Desplazamiento horizontal.sb3

Escalar un rascacielos.sb3

Platanos.sb3

Proyectos

Burbujas de jabón.sb3

Búsqueda de huevos.sb3

Canción infantil.sb3

Carrera de pingüinos.sb3

Carreras de coches.sb3

Ensalada de sandía.sb3

Interfaz Mindstorms.sb3

Invasión micro bit.sb3

Juego de disparos.sb3

Juego del loro.sb3

Juegos de puntería.sb3

Laberinto de vídeo detección.sb3

Laberinto.sb3

Latas en el desierto.sb3

Los colores.sb3

Morse.sb3

Piano.sb3

Pizarra.sb3

Pong1.sb3

Rescate.sb3

Rompe ladrillos.sb3

Space war.sb3

Juegos para descargar

Cuestionario sobre pinturas.sb3

Personalización.sb3

B

C

D

E

F

J

L

M

O

P

S

T

V